DICTIONARY OF
MEDIEVAL LATIN
FROM BRITISH SOURCES

FASCICULE VIII

O

DICTIONARY OF
MEDIEVAL LATIN
FROM BRITISH SOURCES

Fascicule VIII   O

PREPARED BY

D. R. HOWLETT, M.A., D.Phil., F.S.A.

With the assistance of

T. CHRISTCHEV, M.A.
and C. WHITE, M.A., D.Phil.

UNDER THE DIRECTION OF A COMMITTEE
APPOINTED BY THE BRITISH ACADEMY

Published for THE BRITISH ACADEMY
by OXFORD UNIVERSITY PRESS

Oxford University Press, Great Clarendon Street, Oxford OX2 6DP

Oxford New York

Auckland Bangkok Buenos Aires Cape Town Chennai
Dar es Salaam Delhi Hong Kong Istanbul Karachi Kolkata
Kuala Lumpur Madrid Melbourne Mexico City Mumbai Nairobi
São Paulo Shanghai Taipei Tokyo Toronto

Published in the United States
by Oxford University Press Inc., New York

Database right The British Academy (maker)

First published 2003

British Library Cataloguing in Publication Data
Data available

Library of Congress Cataloging in Publication Data
Data available

ISBN 0-19-726300-3

Typeset by John Waś, Oxford
Printed and bound in Great Britain by
CPI Bath

MEMBERS OF THE COMMITTEE

PREFACE TO FASCICULE VIII

The present fascicule VIII (O), the third of the second volume of the Dictionary, appears a year after fascicule VII (N). We owe thanks for generous financial support to the Arts and Humanities Research Board, the British Academy, the Classics Faculty and the Humanities Division of the University of Oxford, and we are also grateful to the Bodleian Library for continuing to provide accommodation. We wish to thank Tina Chronopoulos for service as Editorial Assistant, Professor J. D. Latham for provision of etymologies for words derived from Arabic, and Dr Margaret Bent, Dr Bonnie Blackburn, and Dr Edward Roesner for help with musical entries.

J. N. Adams

O

1 O [CL]

1 O (letter of the alphabet); **b** (as part of diphthong).

e quibus [litteris] quinque vocales appellantur, A, E, I, O, U BEDE *AM* 82; I littera inter dentes, O littera inter labia HARCLAY *Adv.* 74. **b** 'fedus' quod est deformis, per E solam scribendum; 'foedus' quod est pactum per OE diphthongon BEDE *Orth.* 25.

2 (representing a letter of the Greek alphabet): **a** omicron. **b** omega; **c** (w. ref. to omega as the end; *cf. alpha* b).

a o brevis, o, *O*, lxx *Runica Manuscripta* 351; nam habent unum O breve quod vocant O micron hoc est O parvum, et aliud O longum quod vocant O mega id est O magnum BACON *Gram. Gk.* 5. **b** porro H et Ω hoc a nostris E et O differunt quod semper longae sunt BEDE *AM* 83; o longa, o, Ω, dccc *Runica Manuscripta* 351; BACON *Gram. Gk.* 5 (v. 2a supra). **c** alpha manet semperque fuit fons, finis et est ω WULF. *Brev.* 69; **1534** alpha, caput, finisque simul vocitatur, et est oo (*Man. Sal.*) *Mon. Rit.* I 66.

3 musical letter, mark on the monochord that represents G above middle C.

si R addatur tercia pars sui, fit O cum P faciens tonum. . . si O duplicetur, fit G ODINGTON *Mus.* 83.

2 O [CL]

1 (interj.) oh! lo!, or sim. (in addressing other person, exclamation, wish, or sim.); **b** (w. nom.); **c** (w. acc.); **d** (w. voc.); **e** (w. acc. & inf.); **f** (w. imp. or jussive subj.); **g** (w. quasi-indir. qu., *si*, or sim.); **h** (understood as adv.).

o gehyr *GlS* 213. **b** o patres, populus, Romanae gloria gentis ALCUIN *Carm.* 25.10; 'owz', inquit, 'anima mea' *Wager* f. 41b. **c** o altissimam sensus caliginem! o desperabilem . . mentis hebetudinem GILDAS *EB* 23; o medicinam omnibus consulentem OSB. BAWDSEY clxxii; o rem pudendam AILR. *Spec. Car.* II 5. 8. 549D. **d** 671 fateor, o beatissime antistes, me dudum decrevisse ALDH. *Ep.* 1 p. 476; o Bassine bone, Spirensis gloria plebis ALCUIN *Carm.* 4. 56; o inclite juvenis venturique evi inscius BURGINDA 10; o Judee impie, invide, quid glorie Dei invides? BALD. CANT. *Commend. Fid.* 107. 5. 640A. **e** o mirabile quoddam dixisse eum opprobrium hominum, cum omnis mundi opprobria deleverit GILDAS *EB* 74. **f** spes miseris et certa salus, o semper aveto ALCUIN *Carm.* 7. 16; hoc symmista Dei teneat altare Johannes / Matheus o meritis ornet et ipse suis *Ib.* 89. 14. 2. **g** o quanta ecclesiae matri laetitia . . foret! o quam profusus spei caelestis fomes . . inardesceret! GILDAS *EB* 34; o quam dura necis graviter tormenta luebant! ALDH. *VirgV* 1873; o quam grandi distantia divisit Deus inter lucem et tenebras BEDE *HE* V 14 p. 314; o quales reges potentes . . ibi stabunt ante thronum, cum magno fletu gementes *Ps.*-BEDE *Collect.* 381; o si ex corde intelligas quae praecepta legis sunt *Ib.* 382; o quando optandi veniat mihi tempus amoris / quando erit illa dies . . ALCUIN *Carm.* 55. 2. 1; o si daretur mihi vel modica requies AILR. *Spec. Car.* I 18. 51. 521; o, utinam resipiscat gens illa indomabilis et condoleat proprio sanguini G. Hen. V 17 p. 126; **1433** reverende domine, o si stemus et perseveremus invicem in amicicia vera et non ficta *Mem. York* II 188. **h** hinc igitur sunt adverbiorum viij species speciales, ut interrogandi, dubitandi, admirandi, respondendi, affirmandi, negandi, confirmandi, jurandi, ut forsan, o, cur, heu, non, certe, edepol *Ps.*-GROS. *Gram.* 59; dicendum quod per hujusmodi adverbium o ideo simul cum nominativo exercetur actus vocandi BACON XV 106.

2 (eccl. & mon.) (incipit of) antiphon sung during Advent (for names and dates *v. Reg. Pri. Worc.* lxxxix). **b** allowance or pittance dispensed on a certain day or for the singing of antiphon at Advent.

ibi pausavit faciens festum de 'O Sapientia' M. PAR. *Maj.* II 278; abbas 'O Sapientia' ad vesperas incipiet *Obed. Abingd.* 355; abbas, quociens fuerit ad vesperas vel laudes, incipiet antiphonam super 'Magnificat' et 'Benedictus', exceptis antiphonis vij ultimis per O incipientibus ante Natale, quas solent obedienciarii, ut sunt seniores, gradatim incipere vel cantores *Cust. Cant.* 50; abbas . . non tenetur vesperis aut vigiliis interesse, nisi . . quando presens erit ad vesperas, quando antiphona 'O Sapiencia' debet inchoari, pro eo quod ipsemet solet eam semper inchoare *Ib.* 51; in omni duplici festo idem cantor et socii sui, viz. qui faciunt O, ad secundam collacionem sedere debent *Cust. Swith.* 18. **b** percipit proventus molendini . . et facit inde O Rex gentium *Reg. Pri. Worc.* 99b; debet invenire O Radix et sapores in coquina *Ib.* 111b; **1323** lib' suppriori pro O et Olla juxta disposicionem conventus *Sacr. Ely* II 26; **1356** in O Emmanuel xxiiij s. ij d. *Ac. Obed. Abingd.* 7.

ob [CL]

1 in front of, in the way of, along, or sim.: **a** (w. acc.); **b** (w. abl.).

a ut . . Dominum . . Gregorius . . et W. . . comitarentur, quousque ob iter eis occurreret auctoritas apostolica, per quam ad curiam accedere valerent AD. MARSH. *Ep.* 170. **b** s872 castra metati sunt ob ambitu London urbis ÆTHELW. IV 3 p. 40.

2 (causal) on account of, because of, by reason of, or sim.: **a** (w. acc.); **b** (w. abl.).

a beatissimum dicebam Petrum ob Christi integram confessionem GILDAS *EB* 1 p. 26; a caelo ob scelera adempti *Ib.* 109; p675 diversas ob causas ALDH. *Ep.* 4 p. 483; ecclesia, quae et filia multitudinis ob abundantiam concurrentium ad fidem populorum vocatur BEDE *Cant.* 1193; ebrietas corporalis est quando homo ob nimiam potationem proprium sensum . . amittit AILR. *Serm.* 31. 23. **b** 814 ob incertitudine temporalium rerum *CS* 344; Severus . . murum . . ob incursione Pictorum . . facere praecepit NEN. *HB* 128; ob hiis . . et similibus objurgatus *Meaux* I 264; **1472** ob interna devocione quam ad . . Sanctum Thomam gerimus *Lit. Cant.* III 258.

3 (*ob hoc* or *id*) for this reason, because of that; **b** (w. *quia*) for the reason . . that; **c** (w. *ut* or *ne* & subj.) so that; (w. *ne*) so that not.

ob hoc sumptuosas . . opulentias . . cumulantem ALDH. *VirgP* 24; aiunt . . ob hoc fuisse altercationem diaboli cum angelo *Comm. Cant.* III 75; multae gravitatis ac veritatis vir et ob id omnibus . . honorabilis, cum mitteretur Cantiam ob adducendam inde conjugem regi BEDE *HE* III 15 p. 157; nos . . regulam ob id in prefatis temporibus conjunctivi flocci pendimus ABBO *QG* 15 (33); ob hoc quasi manifestus seductor judetur interfici BALD. CANT. *Commend. Fid.* 85. 9. 625. **b** ob id falsitas quia apte proferri cernitur veritas a stultis aestimatur BEDE *Prov.* 956; non ob hoc est maledictus quia sperat resurgere T. CHOBHAM *Praed.* 180. **c** ob id solum, ut . . habitudo corporea . . perornetur ALDH. *VirgP* 58 p. 317; quod huic libro vocabulum Solomon ob id imposuit ut sciremus altius . . intelligere *Id. Prov.* 937B; ut ob id maxime insequendos . . doceret hereticos ne fidem ecclesiae . . eorum infestatio scinderet *Id. Cant.* 1114; Saulum [percussit] ob hoc ut de Saulo persecutore in Paulum mutaretur apostolum *Id. Ep. Cath.* 57.

4 (final) with a view to, for the sake of, or sim.; **b** (w. gdv.).

vittae . . ut ligari possint ob signum recordationis *Comm. Cant.* I 430; ut . . legitima jugalitatis fecunditas ob liberorum posteritatem sumpta notabiliter squalescat ALDH. *VirgP* 9 p. 238; ob potiorem virginitatis gloriam ut spurca sterquilinia sprevit *Ib.* 44 p. 296; ob auram inanis glorie supremis se . . periculis exponunt NECKAM *NR* II 175; ob remedium animarum nostrarum sanctorum suffragia implorantes *Found. Waltham* 19 p. 22. **b** ob testimonium verum Deo ferendum GILDAS *EB* 73; ob indaganda secreto-

rum arcana ALDH. *VirgP* 20 p. 250; ob arcendos barbarorum impetus BEDE *HE* III 2 p. 129; ob memoriam conservandam *Ib.* V 24 p. 352; ille integer vitae ob detergendam rubiginem nostrorum facinorum sustinuit . . immanium clavorum acerbitatem in palmis et pedibus ABBO *Edm.* 11; ob [v. l. ad] pacificandos . . motus W. MALM. *HN* 450; a1180 (v. falda 1c).

oba v. obba.

obacceptare [CL ob+acceptare], to take up, accept (in one's turn).

c1280 quam ordinationem partes predicte gratanter ~antes submiserunt se jurisdictioni episcopi Sarr' *Reg. Malm.* II 77.

obaerare [CL *as p. ppl. only*], to hire, bind, or sim.

in tanto tumultu omnium provintiarum facile ~atis auxiliaribus W. MALM. *GR* IV 344; sollertis imperatoris deceptus astutia qui omnes duces ejus aut pecuniis ~atos ab eo alienavit aut veneno *Ib.* 387; ~atos habes meos scriptores per quos tibi ineptie mee publicantur OSB. GLOUC. *Deriv.* 185; ~are, ere conducere *Ib.* 402; cum igitur hinc frequentius et regie quoque, tam a se quam et a suis ~atis, pulsarentur aures *Chr. Battle* f. 51v.

obambire [ML]

1 to circle around, surround; **b** (w. ref. to coming to meet).

galeatoribus . . frequentius cursu citatiori navem ~ientibus [v. l. abambientibus] *Itin. Ric.* II 42 p. 207. **b** nobilis illa terre gleba apud Treignel delata extitit ubi eam ingenti et inopinata devotione fidelium populus ~ivit *V. Edm. Rich P* 1817D.

2 to envelop, to wrap.

cum linea qua indutus mortem perpessus fuerat, in loculo plumbeo panno cera obducto corpus totum ~iunt et . . sepelierunt (*V. S. Fremundi*) *NLA* II 694.

obambulare [CL]

1 to walk (about or back and forth).

inpavidas lupus inter oves / tristis obambulat [*gl.: lxsbþ, i. e. lusaþ*] *GlP* 192; juxta regis castra sensim ~ans W. MALM. *GR* III 233; ~o, . . i. circumambulare OSB. GLOUC. *Deriv.* 33; avironer, ~are *Gl. AN Ox.* f. 153r.

2 to walk by or along (usu. w. ref. to accompanying a person): **a** (w. acc.); **b** (w. dat.).

a quod clientum turba, nitore vestium superbiens, illius latus ~aret W. MALM. *GP* III 100 p. 220. **b** genitori in omnibus obsequelam gerens, ejus se oculis in dolis ostentans, ejus lateri in pace ~ans *Id. GR* IV 305; cornibus erectis pecora lateribus militum ~antia *Id. GR* IV 371; qui de prefato oppido veniebat et abbatis vestigia secutus indesinenter, quasi collateralis illi ~abat J. FURNESS *Walth.* 77.

3 to walk over, traverse.

canus adoptatus Perironis obambulat ortus J. CORNW. *Merl.* 63.

obambulatio [CL], (act of) walking about or back and forth.

1517 quod si fastidium oppidi levare ~one velis . . via ipsa imbre conspersa vel levi tenacius omni visco pedem moratur (C. TUNSTALL) *Ep. Erasm.* III 663.

obambulator [CL obambulare+-tor], one who walks along, member of a retinue, retainer.

tumere illum proculdubio et metiri altiora merito pro tot ~orum obsequio W. MALM. *GR* III 263.

obare v. 1 ovare.

obarare [CL], to plough up.

aro componitur exaro .. ~o .. et ab istis verbalia Osb. Glouc. *Deriv.* 20.

obatrescere [LL], to become dark or black (in quot., fig.).

ita nullis adversitatum livoribus ~it, ut amicorum casibus etiam singulis informetur (*Quad.*) GAS 529.

obaudibilis [CL obaudire + -bilis], that can be listened to or heeded.

concupiscibile vero et universaliter appetibile participat aliqualiter secundum quod exaudibile est ei et ~e Bradw. *CD* 448B.

obaudire [CL]

1 to hear or listen to (in one's turn), to heed, follow (usu. w. ref. to obedience): **a** (absol.); **b** (w. acc. or sim.); **c** (w. dat.).

a ~iens ab aure eo quod audiat imperantem Alcuin *Orth.* 2340; tuum est .. repungnare nolentibus ~ire W. Dan. *Ep.* f. 61d; sic Moyses audit, Jetro vir sanctus obaudit / gentiles verbis humiles sunt forma superbis *Vers. Cant.* 3 p. 15. **b** 940 (14c) non inhianter supra terminatam divinam admonitionem ~iens *CS* 757; 956 divino spreto mandato et suggestione diabolica ~ita protoplastus infelix omnem miseriam heu induxerit *CS* 938. **c** ~iant animarum nostrarum custodibus, viz. episcopis (*Leg. Eadg.* 1. 8) *GAS* 209; attamen, ne diutius tribuleris, ~i meis consiliis Gosc. *Transl. Mild.* 18 p. 177; nescius more apostolicis jussis abaudit [v. l. obaudit] Eadmer *HN* 107; si negligentie impulsu paterne jussioni non ~ierint T. Mon. *Will.* III 1 p. 117; quare mandato nostro non ~isti? *Ib.* p. 118; miser, quare non ~isti vocibus nostris *Descr. Constant.* 251; nec sibi hunc ~ire sed Deo suadeat Elmh. *Cant.* 83.

2 to fail or want not to hear (usu. w. ref. to disdain, disregard, disobedience, or sim.): **a** (absol.); **b** (w. acc.); **c** (w. dat.); **d** (w. acc. & inf.).

a ~iendo et surdam ad hoc faciendo aliasque divertendo recessistis Gir. *SD* 30; vidit etiam et audivit Sathanam licentiam cujusdam rei faciendi sepe a Domino petere .. Dominus autem quasi ~iens non statim respondit P. Cornw. *Rev.* II 3 p. 195; scribens regi Anglorum, ipsum .. redarguit castigando rex autem dissimulans ~ivit M. Par. *Min.* III 288; s1453 eramus .. requisiti a solidis fratribus .. ut de statu reperto demonstracionem .. faceremus. ~ivimus tamen .. et supersedimus .. per annum .. integrum *Reg. Whet.* I 106; *to mishere*, ~ire *CathA*. **b** 1245 qui Deum diligit .. vocatus, ejus vocationem non ~it Gros. *Ep.* 118; qui bonus est audit bona, set perversus obaudit Gower *VC* VII 1471; nec ullos reges aut gentes eos superare permisit, nisi cum populus iste vocem ejus ~iens eum contempserit Fortescue *NLN* I 14. **c** modernis temporibus nonnulli juvenes ~ire volentes senioribus Holcot *Wisd.* 176. **d** "audivi" inquit "sed miser ~ivi quondam, viros sanguinum et dolosos non dimidiare dies suos" W. Cant. *Mir. Thom.* V 32 p. 399.

obauditio [LL]

1 obedience; **b** (w. subj. gen.).

obaudiant .. ut illa ~one, quam eis recte pro amore Divinitatis impendimus, eorum doctrinis .. eterne beatitudinis laetitiam adipisci mereamur cum sanctis omnibus (*Leg. Eadg.* 1. 8) *GAS* 209; quicquid mater indixerat, ~onem velut bravium in stadio occupabat Gosc. *Edith* 61; nam si iste ita vapulavit, qui ~onem quam preposito suo debebat incognite jussioni preposuit, quantam ultionem dissuasor magister commeruit? *Id. Transl. Mild.* 21 p. 184; quorum vicissitudinem conanti nichil utique subvenit preter solam devocionem voluntarie ~onis Sulcard f. 11; tam in servitutis quam in ~onis sponsione fideli *V. Ed. Conf.* f. 39v; injustum .. censeo .. ut .. his, super quibus me vestra preceptio compellit, desit ~o mea Ad. Scot *TT* 743C. **b** videns alacritatem et ~onem eorum Gir. *GE* I 26 p. 93.

2 failure to hear, mishearing.

a misherynge .. ~o *CathA*.

obauditor [LL] **1** one who listens, eavesdropper; **b** (w. obj. gen., w. ref. to follower or sim.).

1413 in nocte sub parietibus .. est communis ascultator et ~or *Proc. J. P.* 97. **b** cunctis veritatis ~oribus salutem Nen. *HB* pref. p. 126.

2 one who fails to listen (correctly) or disobeys, mishearer.

a misherer, ~or *CathA*.

obauditus [LL]

1 obedience (in quot., w. subj. gen.).

quod suorum debito destitueretur ~u *V. Ed. Conf.* f. 51v.

2 failure to listen or obey, mishearing, disobedience.

a misherynge, ~us *CathA*.

obba [CL]

1 sort of drinking-vessel, usu. cup or beaker.

nimpha, limpha, ~a, offa Aldh. *PR* 116 p. 159; caupus vel ~a, *cuppe* Ælf. *Gl.* 122; fidelia, ~a, lechitus, omnia ista dicuntur pro parvis vasculis Osb. Glouc. *Deriv.* 402; puteus inferni a sono suo dicitur Tartara. similiter ~a monachorum. item clangor tubarum et tinnitus eris Gerv. Melkley *AV* 104; c1270 hac mensura bis in die ~e monachorum implebantur, sc. ad prandium et ad cenam *MonA* I 517a; 13 .. aurifaber .. item faciat calices, platenas, obas, justas .. (*Nominale*) *Neues Archiv IV* 341.

2 (understood as) larger vessel, just, jug; **b** (w. indication of volume); **c** (used for storage).

~a, *juste* (*Gl.*) *Teaching Latin* I 157; 1410 de j pari ~arum, viz. *potelers* Test. Ebor. III 48; ~a, genus est calicis, A. *a juyste WW*. **b** 1460 sol' pro ij ~is de corio empt' pro cerevisia imponenda continent' duas lagenas Ac. Durh. 88. **c** 1417 solutum pro una ~a empta hoc anno pro cenapio Househ. Ac. 512.

3 measure contained in such a vessel, jugful.

c1350 in die .. anniversaria uniuscujusque monachi .. percipiet elemosinarius panem et ~am pro anima defuncti pauperibus eroganda Cart. Bath 808.

obbata [cf. obba 3], jugful.

1278 habebit .. duos panes monachales et duas ~as de servisia conventuali Reg. Winchcombe I 137; dimidium panem et ~am cervisie debet procurare Obed. Abingd. 397; refectorarius .. ~am vini habebit, obbaque prioris implebitur Ib. 400; c1310 pro quatuor ~is cervisie .. quatuor ~as de cellario .. concedere .. possimus (*Cust. Winchcombe*) *MonA* II 306b.

obblaterare [? LL], to decry or disparage loudly.

blatera .. i. sonus rane, inde blatero .. i. detrahere vel declamare. et componitur oblatero .. in eodem sensu unde obblaterator .. oblateratio Osb. Glouc. *Deriv.* 68; in latere est clavus, oculo sudit [v. l. sudis], intimus hostis / auscultans, scrutans, oblateransque malum H. Cantor *Vers.* 221.

obblateratio, (act of) decrying or disparaging loudly.

oblatero .. unde oblateratio Osb. Glouc. *Deriv.* 68 (v. obblaterare).

obblaterator, one who decries or disparages loudly.

oblaterare .. unde oblaterator Osb. Glouc. *Deriv.* 68 (v. obblaterare).

obbrutescere [CL], to become dull or brutish, lose one's senses.

obrutescere, desipere Osb. Glouc. *Deriv.* 402.

obbuccare [CL ob + bucca], to chide, rebuke, reprimand.

tumidaque responsione ~atos a se inhonore dimittere G. Steph. 59; vir Domini quasi cum indignatione ~ans non tam miseram illam quam ejus inhabitatorem occultum demonem Ad. Eyns. *Hug.* V 8 p. 118.

obbulus v. obolus.

obburgare [cf. burgare], to burgle.

1275 domus ~ata fuit per predictos Judeos Hund. I 327a.

obc- v. et. occ-.

obcaecare [CL], to obscure the vision of (a person), to deprive of eyesight, to blind; **b** (transf. or fig.).

cave, ut ubi lucem putaveris, ne a tenebris ~eris Felix *Guthl. prol.* p. 62; cum vero praecipitatis, praecipitatum obruitis, obrutum ~atis, occaecatum obduratis Anselm (*Or.* 10) III 35; quod et factum est, divina eos ~ante justitia Osb. Bawdsey clxvi; ~are, cecare Osb. Glouc. *Deriv.* 404; erat in vico cui nomen est Ferendona puella quedam corporis illicita ex carnali superfluitate orta, animum ~ans, corpus enervans W. Donc. *Aph. Phil.* 11.1; emuli ejus facibus invidie inflammati, immo ~ati J. Furness *Kentig.* 6 p. 172; quoniam quot cogitatuum varietatibus mens fuerit dissipata .. et quasi nebulis ~ata Edmund *Spec. Relig.* 127 p. 104.

obcaecatio [CL = *act of concealing from view*]

1 (act of) blinding (in quot., w. obj. gen.); **b** (transf. or fig., w. ref. to confusion).

de ~one regis Runn pro illata sancto Caduco injuria (*V. S. Cadoci* 24 *tit.*) VSB 74; ut de sui ~one, quam juste meruerat, apud misericordem Dominum veniam postularet (*V. S. Cungari*) NLA I 252. **b** a1269 in odium animorum et ~onem linguarum (*Lit. Cardinalis*) EHR XV 117.

2 blindness (also fig.).

a primeve nativitatis ~one 'auri sacra fames' [Vergil *Aen.* III 57] usque hodie successive descendit in filios diffidentie *Found. Waltham* 17; usu oblivionis ~o penitus auferatur (*Hist. S. Crucis*) *Bannatyne Misc.* II 13; s1454 si assidue ante tuos oculos hujusmodi habueris velamen ~onis *Reg. Whet.* I 133.

obcetrix v. obstetrix. **obclaudere** v. occludere.
obcumbere v. occumbere. **obcapud** v. occiput.

obcognatus [CL ob + cognatus], related.

10 .. ~e, *þære sibban WW*.

obcurvus [CL ob + curvus], crooked, bent.

nasus ejus in supremo cardine aliquantulum videbatur ~us R. Cold. *Cuthb.* 41.

obdere [CL]

1 to shut, fasten, or block.

~ens, i. opponens, *forscyttende* [aenos pessulos] GlP 662; [murus] obditus et siccis Aquilonis hiatibus arcem / exsurgens repetit fortis ubique feram L. Durh. *Dial.* I 395; ne aliquis relictus pessulum ostii ~eret W. Fitzst. *Thom.* 137 p. 138; ~o .. unde obditus .. et obditio Osb. Glouc. *Deriv.* 163.

2 (p. ppl. as sb. n., leg.) objection, obstacle.

1254 ab omni judicio in quod dominus gravat ~itum Pat 66 m. 5d.

obdetegere [CL ob + detegere], to lay bare, disclose, reveal.

obdetectus, denudatus Osb. Glouc. *Deriv.* 404.

obditio [cf. CL obdere], (act of) shutting, fastening, or blocking.

obdo .. unde .. ~o Osb. Glouc. *Deriv.* 163.

obdormire, ~iscere [CL]

1 to fall asleep; **b** (w. ref. to dying); **c** (fig.); **d** (p. ppl. as quasi-dep.).

quasi leviter ~iens, sine ullo sensu doloris emisit spiritum Bede *HE* IV 11 p. 226; ibique ~iscens virginem sideream .. conspicit Gosc. *Lib. Mild.* 9; fastidio segnis ~iscebat W. Malm. *GP* IV 140; rinoceros procumbit et ~it in gremio speciose virginis Ad. Dore *Pictor* 151; descendit in sentinam navis et ibi ~ivit sopore gravi nec sensit fetorem sentine T. Chobham *Praed.* 105; †974 (13c) in carinula sua soporatus ~uit CS 1310. **b** pulchre dixit "~ivit", et non dixit "mortuus est"; obtulit enim sacrificium dilectionis et ~ivit in spe resurrectionis Bede *Retract.* 1014; rex Edredus ~ivit in Domino Osb. *V. Dunst.* 24; quanta pace ~iunt, qui ~iunt in Domino Anselm (*Or.* 13) III 54; 1168 nec nova scribo, nisi quod comes Leicestrie ~ivit in Domino J. Sal. *Ep.* 238 (277) p.

598; infra dies paucos in Domino feliciter ~ivit *Itin. Ric.* I 65; felici morte in Domino ~ivit *Eul. Hist.* I 189. **c** me commonere dignatus es ne mentis acumen inerti otio torpere et ~ire permittam Bede *Acts pref.* 937; ut amor tuus ne ~iat litteris excitetur Anselm (*Ep.* 59) III 173; ut in me memoriam vestri, quasi ne ~iat, excitetis *Id.* (*Ep.* 337) V 274; evigilet ad virgam mentis ne ~iat in vindicta judicis T. Chobham *Serm.* 8. 34ra. **d** ecce qui prius adulter in adultere carnis fece obdormierat et ~itus sic virum justum seditiose prostraverat H. Bos. *Thom.* II 6 p. 171; Domino manum suam apponente adhuc et ~itum trahente jam fortius et .. amovente dormitationem *Ib.*

2 (of limb or joint) to become numb.

conquesta patri manum suam ut vulgus loquitur ~isse *Canon G. Sempr.* f. 163; quando aliquod membrum ~ire dicitur [Trevisa: *whanne a lyme is aslepe*], quando sc. propter aliquam .. membri constrictionem spiritus sensibilis libere transire per membrum non permittitur Bart. Angl. III 21.

3 (trans.) to sleep off.

aliquo in angulum abeam, hoc villum ~iscam [cf. Terence *Ad.* 786: edormiscam hoc villi] Osb. Glouc. *Deriv.* 610.

obdormitare [cf. CL obdormire], to fall asleep (freq.).

soporatus palpebris meis ~are concessi [cf. *Psalm.* cxxxi 4: dormitationem] R. Cold. *Godr.* 182.

obdormitatio, (act of) becoming numb.

prima dies Veneri non sit data sive sopori [*gl.*: dum dormit concluduntur pori et fumi retinentur .. quid inducunt infinitas egritudines ut .. ~onem membrorum] D. Bec. 2683.

obdormitio [LL], (act of) falling asleep; **b** (w. ref. to death).

de ~one incarcerati et de cathenis duabus R. Niger *Mil.* III 27 *tit.* **b** in illa ergo ~one [sc. Christi] gratuita ego os ex ossibus ejus et caro de ejus carne processi J. Ford. *Serm.* 30. 6 p. 243; quis referat quam negotiosum fuerit interim otium cellule illius, quam luminose noctes, quid vigilie ille felicis in Christo ~onis habuerit, quantus fuerit in silentio clamor, quanto in clamore tranquillitas? *Id. Wulf.* 34; cum in loco ~onis ejus mundialem ipse habitum deposuerit *Chr. Abingd.* II 46.

obducere [CL]

1 to cover.

~ta, *bewrigen GlP* 634; operire, cooperire, tegere, ~ere Osb. Glouc. *Deriv.* 403; hic Phebus speciem obductam aperit Walt. Wimb. *Carm.* 307.

2 to overlay, envelop, wrap (also w. ref. to obstructing or blocking); **b** (wound, with scar tissue); **c** (partly fig. or fig.).

illo crucem ascendente sol obscuratus est et ipsum caelum est tenebris ~tum Bede *Acts* 948; decorem maceriarum vetustas et multimoda tempestas obduxerat, ipse illas candida calce dealbavit W. Malm. *GP* III 100 p. 217; ut terra inanis et vacua, vaporali aquarum raritate ~ta, ut appareret arida, detegeretur Pull. *Sent.* 717D; ne totam diei lucem nox .. suis ~at tenebris Ailr. *Inst. Inclus.* 10; albugine que virginis oculos .. obduxerat T. Mon. *Will.* V 17 (v. albugo 1a); vultus suavissimos pallor obducit J. Howd. *Cant.* 98. **b** verum ante septimanam exactam ita ~tis cicatricibus venusta cutis rediit W. Malm. *GR* II 222; donec ~ta vulneribus cicatrice incolumis rediret ad propria Ailr. *Ed. Conf.* 762A; vulneribus recentem in cicatricem ~tis Gir. *IK* I 7 p. 69. **c** quare sic nobis obseravit lucem et obduxit nos tenebris? Anselm (*Prosl.* 1) I 99; **1160** nube tristitie nuper ~ti G. Foliot *Ep.* 133; sed quandoque dolus obducitur arte loquendi J. Sal. *Enth. Phil.* 1163; induisti celos tenebris, omnipotentiam infirmitate, simplicitate sapientiam .. morte denique eternitatem ~ens J. Ford. *Serm.* 53. 6; cum nubibus istis nostrum ~itur celum *Ib.* 7; Cordeilla .. ob amissionem regni dolore ~ta sese interfecit M. Par. *Maj.* I 33; quando vero nequam, totam synagogam ignorancie et impietatis cecitas ~ebat *Regim. Princ.* 56.

obductio [CL], (act of) overlaying or wrapping; **b** (w. subj. gen.); **c** (of scar tissue on wound); **d** (w. ref. to *Sirach* v 10).

~o ista serenitatis nobis signum est non tempestatis, federis non iracundie, gratie non indignationis J. Ford *Serm.* 53. 6. **b** Ghilebertus abstulit monialibus .. capillos .. et peramplam velaminis ~onem J. Godard *Ep.* 233. **c** nec aliqua .. in ea cicatricum ~o .. comparuit R. Cold. *Godr.* 175. **d** a**1171** fratribus utcumque subtrahe aliquid ignaris aut invitis, unde incolumitas et indempnitas eorum in die ~onis valeat procurari J. Sal. *Ep.* 290 (294).

obdulcescere [LL=*to become sweet*], to make sweet, sweeten (in quot., fig.).

percussisti, verberasti, vicisti duritiam meam; ~uisti, sapuisti, prodidisti amaritudinem meam Ailr. *Spec. Car.* I 28. 79. 531.

obdurare [CL] **1** (trans.) to make hard, harden (var.); **b** (transf. or fig., usu. w. ref. to making obdurate or recalcitrant).

callis non quelibet, sed multa et frequenti attritione ~ata dicitur via Andr. S. Vict. *Sal.* 24; limosis locis .. gelu hiemali ~atis *Chr. Rams.* 9; fons .. qui .. ligna imposita .. in lapides ~at Gir. *TH* II 7 p. 86; apparuit caro corrupta et nigra .. nigredo ~ata potentiam abstulit masticandi M. Par. *Maj.* III 42; **1397** pro vadiis .. fabrorum .. acuencium et ~ancium diversa necessaria et instrumenta predictorum latomorum, positorum, carpentariorum, et aliorum *KR Ac* 479/23; ~o, A. *to make harde WW.* **b** ~ato corde salutem suam contempsit Alcuin *WillP* 30; causam reddidit cur infideles ~entur Lanfr. *Comment. Paul.* 137B; non est sanitas sed ~ata iniquitas Anselm (*Or.* 8) III 27; ~avit Pharaonem, id est non contulit ei gratiam qua salvaretur R. Melun *Paul.* 128; ut ignis penitentie comedat .. soliditatem et duritiam ~ati cordis in malum T. Chobham *Serm.* 19. 68va.

2 (intr.): **a** to last, endure. **b** to become hardened, recalcitrant, or sim.

a ut .. hec mea donatio .. stabilis .. imperpetuum ~et .. cartam .. signavi *Reg. Malm.* II 98. **b** ad vite verba, Israel, cur obduras? / et, filia Syon, quid frustra contendis? / ad instar aspidis cur aures obturas / adipemque parabole non attendis? J. Howd. *Cant.* 93.

obduratio [LL], (act of) hardening (in quots., fig.; usu. w. ref. to obduracy or recalcitrance).

1073 tot aliorum in diversis personis .. tribulationes, damna, ~ones, cupiditates .. incessanter audio, video, sentio ut .. Lanfr. *Ep.* 1; s**1169** neque dominum papam neque nos in verbo salutis vestre voluistis audire, sed ~o vestra semper in deteriora excrevit (*Lit. Archiep.*) Diceto *YH* I 333; quod ~o cecitas est et surditas Bald. Cant. *Commend. Fid.* 21 *tit.*; non jam mentis ~one, sed sancti propositi firmitate et virtute constantie petra facti sumus *Id. Serm.* 8. 24; duo postes ostii tui temeraria securitas et impenitens ~o, superliminare autem non dissimile his frontosa libertas et contumax impudentia J. Ford *Serm.* 31. 4; s**1460** ~one cordis obcecatus *Reg. Whet.* I 379.

obdurescere [CL], to become hard; **b** (transf. or fig., w. ref. to becoming obdurate or recalcitrant).

de stagno in quo ligna imposita in lapidem ~escunt Nen. *HB* 131 *cap.* **b** **1004** verumptamen hostis insidiis antiqui infidelium corda Judaeorum inter haec omnia ~uerunt *Ch. Burton* 28 p. 50; econtra, que ad aliena viscera expers pietatis ~uit, 'nec mihi nec tibi sit, sed dividatur' [cf. *III Reg.* iii 26] Ailr. *Spec. Car.* III 14. 36. 589D; qui instar muri ad vocem predicatorum ~uit *Id.* (*Serm.*) *PL* CXCV 497A; **1168** nec desistant, si ~escit ad preces, si irascitur ad comminationes J. Sal. *Ep.* 245 (274); firmat .. sibi cor ne medeatur infirmo; statuit obnixe ne deludatur amplius et totus ~escit in calibem Map *NC* IV 6 f. 50; que in sua malitia ~uerat P. Blois *Serm.* 651B.

obdurus [LL=*obstinate*], especially hard or firm.

~us, valde durus Osb. Glouc. *Deriv.* 404.

obelare [ML], to strike with an arrow; **b** (fig.).

~o, *to shete and smyte wyth a bolte WW.* **b** per quam luctus limitatur / per quam dolor obelatur Walt. Wimb. *Virgo* 106.

obeliscus [CL < ὀβελίσκος]

1 obelisk.

quadrati rotundus, obolisci globus Aldh. *VirgP* 22; ut flammantis pyrae cacumina minacem obolisci proceritatem .. praecellerent *Ib.* 36 p. 283; oboliscus, lapis quadratus *GlC* O 22; **10..** obolisci, genus lapidis *WW*; **10..** obolisci, *stanrocces WW*.

2 missile weapon, arrow, spear.

telum vel ~us, *flaa* Ælf. *Gl.* 143; obelus .., quod est signum grammaticum ad modum sagitte, confodiens et auferens superfluum in textu aliquo, quo multum utuntur theologi, corripitur; nam Virgilius corripit penultimam in suo diminutivo quod est ~us. et obelos scribitur in Greco per e breve, quod est sagitta Bacon *Gram. Gk.* 114; ~os sepulchris tot adhiberi quot ex hostibus occiderant Boece f. 20v.

1 obelus v. hobelus.

2 obelus [LL < ὀβελός]

1 spit, rod, arrow; **b** (partly fig. or fig.).

~is, virgis *GlC* O 33; obolus est virga ex aere facta in modum sagittae ad cujus similitudinem fiunt figurae quae apponuntur medietati scripuli ac recidendis jugulandisque verbis, licet in quibusdam exemplaribus penultima sillaba per 'e' productam scribatur sub hac significatione cum obeli nomine ⋗ sit figura Abbo *Calc.* 3. 54; ~us, nota in libris vel ferrea regula Osb. Glouc. *Deriv.* 398; sagitta .. Grece ~us dicitur Gros. *Hexaem. proem.* 143 (v. 2 *infra*); quod sit fidelis David pandetur obēlis [*gl.*: i. ostendetur ejus fidelitas cum sagittis quibus David percussus fuerat in bello predicto] (J. Bridl.) *Pol. Poems* I 176. **b** Deus .. hunc diaboli dolum suo ipsius confodit ~o Gosc. *Mir. Iv.* lxxix; dignitas conditionis humane .. cupiditatis mundane ~o sauciata *Chr. Rams.* 56; non bene offers nec recte dividis, qui quasi veru idest ~o confodis et jugulas nomen meum M. Rievaulx (*Ep.*) 74 p. 82; mors victrix institis victores vinciens, / fortunam divitis obelo fodiens Walt. Wimb. *Sim.* 113.

2 obelus, obelisk, straight horizontal stroke, sts. w. dot above and below; used in texts to mark superfluous, doubtful, or corrupt passages.

ut in scriptura sacra ~us ÷ vel astericus * Alcuin *Gram.* 858B; ~is, virgis; asteriscis, stellis *Gl. Leid.* 19. 1; cum obeli nomine ⋗ Abbo *Calc.* 3. 54 (v. 1a supra); transvolutis ab hoc ~o usque ad astericum [*sic*] foliis Gir. *GE* I 24 p. 64; Origines, post xviij annos post quintam editionem, translationem lxx ~o et asterisco correxit R. Niger *Chr. II* 120; virgulis, id est ~o in modum veru formato designans que ex superfluo videbantur apposita S. Langton *Chron.* 65; ~us, id est virgula jacens, apponitur in verbis vel sentenciis superflue iteratis, sive in hiis locis ubi lectio aliqua falsitate notata est, ut quasi sagitta supervacua jugulet atque falsa confodiat. sagitta enim Grece obelus dicitur Gros. *Hexaem. proem.* 143.

3 obelus v. obolus.

obequitare [CL=*to ride up to*], to ride (a horse) around or about.

ab aquilonari parte venit quidam demon equum nigrum precipiti cursu ~ans Coggesh. *Visio* 17.

oberrare [CL]

1 to wander around or about (usu. aimlessly): **a** (of person or animal); **b** (of natural element or celestial body); **c** (fig.).

a neque beluae vibrantibus / rabidi rostri rictibus / oberrantes per devia / dumosi ruris limina (Æthelwald) *Carm. Aldh.* 2. 61; [caeci] lucem enim nesciunt, sed in tenebris semper ~ant Felix *Guthl. prol.* p. 62; quoscunque ob culpam inoboedientiae veris expulsos monasteriis alicubi forte ~antes invenerint Bede *Egb.* 12; a**805** quid erit de grege, si pastor ~at? Alcuin *Ep.* 282; pro deliramento canonicorum dicentium regios manes resumpto cadavere noctibus per domos ~are W. Malm. *GR* II 124; tota nocte noctivagus cum sociis ~abat R. Cold. *Godr.* 94. **b** populator oberrat / ignis et in medios gladii venere sopores J. Exon. *BT* VI 758; stridor sonabit dencium admirandus; / motus obibunt orbium oberrantes J. Howd. *Cant.* 140. **c** turpiter alvus hiat. laterum latus horror oberrat. / plage terga replent. ossa recta patent L. Durh. *Dial.* II 359; interpretacio deficit, et in senem turpiter et multipliciter ~atur Bacon *Gram. Gk.* 60; compatere mundo sub quescionis nostre nebulis ~anti Fortescue *NLN* II 1.

2 to stray or wander away from (also fig.): **a** (w. *a* or *ab*); **b** (w. *de*); **c** (w. *in* & acc.).

a ut ab eo numquam vos quibuscumque fantasiis ~are permittat Egb. *Pont.* 71; nec ab eo quod papa predixerat aliquatenus ~avit Alex. Cant. *Mir.* 30 p.

219; ne canonici regulares ~ant a regula *Obs. Barnwell* 34; si .. calamus preceps ~averit .. a semita veritatis CONWAY *Def. Mend.* 1410 (*recte* 1310). **b** a**799** revertere in viam, de qua ~asti ALCUIN *Ep.* 131 p. 197. **c** si forte in alienas manus ~averit haec peregrina epistola in incertis ventis dimissa GOSC. *Lib. Confort.* 26.

3 to stray, wander.

amens, si tibi mus parvus oberret, eris *Babio* 28.

4 (trans.) to go about, take care of, or sim.

proque Deo dominos sua crimina servus oberrat, / quot vitiis tot iners subjacet unus heris L. DURH. *Dial.* IV 221.

oberratio [cf. CL oberrare+-tio], (act of) wandering around or about; **b** (w. obj. gen., w. ref. to voyage or travel).

facta est tibi longa illa cecitas et ~o tua compendium quoddam salutis et semita directionis J. FORD. *Serm.* 64. 8. **b** a**1241** post longam pelagi ~onem *RL* II 18.

obes v. orbus.

obesare [CL=*to fatten*; cf. obesus 2], to eat away, make thin, emaciate.

~are, macerare OSB. GLOUC. *Deriv.* 398.

obesitas [CL], fatness, obesity.

~as ventris nimis protensa W. MALM. *GR* III 279.

obesse [CL], to be a hindrance or nuisance (to), do harm (usu. dist. from *prodesse*); **b** (w. dat.); **c** (w. *ad*); **d** (w. *quin*).

obest, contrarium est *GlC* O 77; c**1168** nec solum regem timeas, quia et obesse et prodesse possunt ecclesiastice potestates J. SAL. *Ep.* 282 (264); si probitas non fuisset, improbitas obfuisset LUCIAN *Chester* 41; quantum profuit Jerusalem cum fuit religiosa et quantum obfuit cum fuit supersticiosa T. CHOBHAM *Serm.* 13. 51vb; in quantum terra profuit, mare obfuit M. PAR. *Maj.* V 420. **b** neque illis multum obesse reor talem paschae observantiam BEDE *HE* III 25 p. 188; ustilatum est caput ejus duodecim adustionibus, quae nihil ei prorsus profuerunt, verum multo magis obfuerunt LANTFR. *Swith.* 28; **1165** precor .. ut .. vos .. istos pro me sollicitetis, quatenus tamen ecclesie vestre non credideritis obfuturum J. SAL. *Ep.* 163 (151); in consiliis domini regis primus prodesse poterat vel obesse quibus volebat *Found. Waltham* 14; secundum genus mendacii est quod nulli prodest sed obest alicui WYCL. *Ver.* II 11. **c** intellexi me volentes promovere in tanta .. persistere constantia, ut ad hoc nihil obesse intelligerent ANSELM (*Ep.* 156) IV 21; quod ad vitam beatam obtinendam obesse potest BALD. CANT. *Serm.* 22. 6. 539D. **d** nec cordis desidia obfuit quin persequeretur fugitantem W. MALM. *GP* IV 178.

obessus v. obesus.

obesta, obestrum, beestings.

~rum, *beost GlC* O 34; obesca, *grestu Ib.* O 91; ~a, *beost* ÆLF. *Gl.* 127; colostrum, i. lac novum, *beost* vel ~um *GlH* C 1568.

obesus [CL]

1 fat, plump.

dum stratis recubans porcaster pausat obesus / juncis et stipulis necnon filicumque maniplis ALDH. *VirgV* 2779; obessus, pinguis *GlC* O 44; ~us, *oferfæt* ÆLF. *Gl. Sup.* 172; tu rusticus es ~us et .. stercorarius R. COLD. *Godr.* 220; ~a corpora P. BLOIS *Ep.* 85. 260C (v. demptio).

2 eaten away, thin, meagre, emaciated; **b** (of artefact, w. ref. to condition).

~us, circumesus, macer, macilentus OSB. GLOUC. *Deriv.* 398. **b** literas .. fere obsoletas et ~as diuque deperditas .. vix extraxit GIR. *JS* III p. 187.

†obevect' [cf. CL ob-+e-+vector or vectura], one who or that which carries away, or act of carrying away, or cartload.

1323 de xviij d. receptis de ij †obevect' herbag' *Ac. Wellingb.* 123.

obex [CL]

1 feature of landscape or artefact that blocks or stops. **b** bolt or bar for fastening of door. **c** spigot, tap. **d** hook. **e** axle-tree, linch-pin.

Italia .. quae ab Africo et a borea mari magno cincta reliqua Alpium obicibus obstruitur BEDE *Nom. Act.* 1038A; fluctus .. maris sunt perversi doctores qui .. pacem ecclesiae quasi stabilitatem firmitatemque .. obicum .. impugnare non cessant *Id. Ep. Cath.* 127D; labentibus in oceanum ratibus, collecti in proxima obice [*gl.*: id est in litore] flectebant genua supplicantes Domino *Id. CuthbP* 3; hostes ut multa vis aquarum obice rupto [cf. Vergil *Georg.* II 479-80] per portam irruunt MAP *NC* II 17 f. 29v; mare .. in agros .. ruptis obicibus suis erupit W. CANT. *Mir. Thom.* VI 161. **b** obex, *ogengel GlC* O 107; hancque [cistam] iterum propriae claudentes obice claves WULF. *Swith.* I 346; singuli demones hostium aeclesiae, immani obice clausum, levi negotio defringentes extremas catenas diruperunt W. MALM. *GR* II 204 p. 378; obites, vecticellus liminis OSB. GLOUC. *Deriv.* 404; hic obex .. A. *darebar WW.* **c** s**1138** repperit unam de cupis, quam .. plenam reliquerat usque ad foramen obicis .. evacuatam FL. WORC. *Cont. A* 46. **d** hic obex, A. *a hoke WW.* **e** obicem, i. axedonem quod rotas detinet. hoc est quod Italia sivelbum vel axirotulum vocat *Gl. Laud.* 1121.

2 (gen.) barrier, hurdle, hindrance (also transf. & fig.); **b** (w. subj. gen.); **c** (w. obj. gen.); **d** (w. dat.); **e** (w. *contra*).

hebetatus insipientiae cumulo sensus velut quodam obice tardatur GILDAS *EB* 35; obices, qui obponuntur *GlC* O 7; obices, resistentes *Gl. Leid.* 35. 216; hic obex .. i. obstaculum quod obicitur OSB. GLOUC. *Deriv.* 284; c**1281** quamplures iniquitatis filii, sedentes in insidiis ac solum versantes in manibus et corde maligno dolos et obices per comenta *Reg. Ebor.* 167; si aliquis offerat se obicem ipsis conclusionibus obiciendum; peto me ad sibi respondendum in scriptis de die in diem admitti PECOCK *Abbr.* 615. **b** ne omnino in preceps ferretur, divine miserationis austeritas obicem opposuit W. MALM. *GR* I 10; causam minarum, et obicem impedimentorum in Gestis Regum Anglorum exposui *Id. Wulfst.* III 16; obice virtutis confringitur impetus oris J. SAL. *Enth. Pol.* 8; c**1240** si tollatur obex solummodo vestre repulsionis GROS. *Ep.* 90 p. 281; cum mors arcum suum tendit, / turris regem non defendit / .. / nec athletam obex scuti WALT. WIMB. *Van.* 147. **c** data erat etiam lex in obicem concupiscencie GROS. *Cess. Leg.* IV 8. 35; **1284** nusquam .. crevit aliquid quod mutue caritatis daret obicem PECKHAM *Ep.* 501 p. 643. **d** Egbirhtum .. quem validissimum suis utilitatibus metuebat obicem, Frantiam fugandum curavit W. MALM. *GR* I 43. **e** a**1440** nec contra id quod equum est in minimo obicem ponat in aliquo *Reg. Whet.* II *app.* p. 410.

obfirmare v. offirmare. **obfusc-** v. offusc-.

obgannire [CL], to snarl, to grumble, utter menacingly.

ne quid hic avaritia Judae loculosa ~iat, post Domini pauperes etiam in beluas liberalis erat GOSC. *Edith* (II) 66; oggannire [v. l. obgannire], stulte loqui OSB. GLOUC. *Deriv.* 403; superis lascivus ~iebat W. CANT. *Mir. Thom.* IV 2; frustra surgere conantem et parasitoogganienti [ed. Scheler: obgannienti; *gl.*: *arrechinont, ganglaunt*] arridentem BALSH. *Ut.* 47; **1549** adversus ipsa sacramenta aut ceremonias .. ~iunt *Conc. Scot.* II 120; multi .. de quibusdam caeremoniis impie ~iebant LESLEY *RGScot* 160.

obgarrire [ML], to chatter (against or in protest at).

admittitur .. non modo ad cavillationem eorum quibus de quavis materia satis est oggarrire J. SAL. *Met.* 881C; c**1168** ut nec velit occlamare clamosis nec garrientibus oggarrire *Id. Ep.* 258 (255); nolunt acquiescere veritati; sed et resistunt pro viribus, ~iunt, contradicunt BRADW. *CD* 63A.

obgerit v. obire.

obgrunnire [ML], to grumble, complain; **b** (w. *contra*).

sola tamen Francorum superbia ~ivit M. PAR. *Min.* II 24; s**1410** vocaveruntque nomen ejus Alexandrum quintum licet Gregorius et Benedictus .. procaciter ~irent *Chr. S. Alb.* 51. **b** nullus contra ipsum ausus erat ~ire *G. S. Alb.* I 279.

obiare v. obviare.

obicere (objic-) [CL]

1 to throw or put before, against, or in the way of; **b** (person or sim.; also refl. & pass.; sts. partly fig. or fig.); **c** (feature of landscape or heavenly body; w. ref. to appearance or sim.); **d** (abstr. or fig.).

objectas sibi evincit gurgite moles GILDAS *EB* 17; muscipulas nostis quas obicit aemulus hostis FRITH. 1344; sicut lux pertransiens vitrum coloratum colorat parietem objectum GROS. *Quaest. Theol.* 205. **b** Polycarpus .. objectus flammis pro Christi caritate dixit: .. GILDAS *EB* 75; contra quosdam .. Angligenam exercitum et ducem objecit W. MALM. *GR* III 254; manus cetera membra disponunt, manus sese contra ictus obiciunt AILR. *Serm.* 21. 46; ipse se periculis objiciebat, scandalis emergentibus obviabat *Id. Spir. Amicit.* III 125. 699; ut .. me obiciam reprehensionibus plurimorum J. SAL. *Met.* 876C. **c** interea pelagi claustrum procul Anglia nostris / visibus obicitur L. DURH. *Dial.* III 130; lunam exsequitur / que perlucet cum sol obicitur J. HOWD. *Ph.* 15. **d** saepe rebellans et murmurans exstiti. saepe corde tumido excusationes falsas objeci ALCUIN *Liturg.* 471A; stultitias fatuorum insania objectas artifitioso silentio dissolvens W. MALM. *GR* V 394; quibus inspectis, congruum instrumentum cuilibet passioni obiciat AILR. *Spec. Car.* III 33. 79. 607; corda nostra fide purificans et caritate replens, duo bona contrariis malis obitiens BALD. CANT. *Commend. Fid. prol.* 3 p. 343.

2 to place between, interpose: **a** (in time); **b** (in space).

a Domine, mortem Domini nostri Jesu Christi obicio inter me et tuum judicium, aliter tecum non contendo ANSELM *Misc.* 353; quid illis responsurus sit videat qui tres annos educationis puerorum .. priusquam in conspectu regis venirent illi sunt objecturi ANDR. S. VICT. *Dan.* 18. **b** ne mulier sacrarium .. intrare presumeret nec etiam velis objectis intro prospiceret GIR. *GE* II 16 p. 241.

3 (leg.) to bring forward as charge or accusation.

illa enim controversia, quae quaerit quale illud factum sit, quod reo obicitur, constitutio generalis vocatur, et habet partes duas, juridicialem et negotialem ALCUIN *Rhet.* II; supervenit nuntius .. qui allegationes Anselmi enervaret, objecta crimina dilueret W. MALM. *GP* I 54 p. 101; adjuratio hominis cui culpa obicitur (*Pont. Magd.*) *HBS* XXXIX 184; ut de inhonestate terreni .. conjugii .. improperium aliquis obitiat *Tract. Ebor.* 651; **1433** ad respondendum super omnibus et singulis que eis per ipsum Thomam obicientur *Cl* 284 m. 10d.

4 to object, raise as objection, state in opposition, contradiction, or disagreement (also impers.); **b** (w. inf. or acc. & inf.); **c** (w. *quod* or *quin*); **d** (w. *ad* or *contra*); **e** (w. *de*); **f** (absol.); **g** (pr. ppl. as sb.) one who raises objections. **h** (fut. pass. ppl. as sb. n.) controversial matter, matter that can be objected to.

Arrius .. verbum consubstantialitatis in Patre et Filio nusquam Scripturarum inveniri posse contendebat cum ei manifeste obiceretur 'ego et Pater unum sumus' BEDE *Prov.* 981; haec nobis infideles obicere posse videntur ANSELM (*CurD* I 6) II 55; cum .. hec .. archiepiscopo .. objecissem GIR. *TH* III 32; sed obicies quomodo est aliquid formaliter sapiens sapientia, si ipsa non est forma ejus? DUNS *Ord.* IV 271. **b** sed obicietur non esse sacerdotis ut se cede cujuslibet immaculet, et ego concedo W. MALM. *GR* II 202 p. 252; si objiciant hoc non esse simoniam GIR. *GE* II 32 p. 324. **c** si obicitur quod majus est damnum animarum quod cognoscitur propter meam absentiam ANSELM (*Ep.* 311) V 237; item obicitur quod adulatio grave peccatum est T. CHOBHAM *Praed.* 290; ipsum non esse regem Hibernie ultimum quamplurimi autumant, nec obicit quin plures possunt esse reges, quia aliquando talia prenotata locum non tenent *Eul. Hist.* I 419. **d** non est quod obicitur contra hoc quod supra diximus ANSELM (*Praesc.* I 5) II 253; ad hoc sic potest obici .. ad ultimum objectum potest dici quod .. T. CHOBHAM *Praed.* 289-90; ad majorem tamen declaracionem predictorum obicio sic W. ALNWICK *QD* 26; volo objicere contra eam [distinccionem], ut ex solucione objeccionum .. magis intelligam .. OCKHAM *Dial.* 933; set objici potest contra istum processum T. SUTTON *Gen. & Corrupt.* 53; si objicitur contra hoc .. *Ib.* 55. **e** eodem modo potest obici de sustinentia T. CHOBHAM *Praed.* 239. **f** **1291** qualitercumque ceteri .. objecerint seu contra dictum trium

eorum reclamaverint (*PlRExch*) *Law Merch.* II 60.
g delectabaturque eximie cum questionibus propositis
obitientium acumen experiretur W. MALM. *GP* I 65.
h 1290 tunc eos haberet coram rege ad hunc diem . .
domino regi super hiis que duxerit inde sibi obiciendum responsuri *CoramR* 124 m. 70; **1336** preceptum
est summonire Johannam que fuit uxor Ricardi de
M. ad respondendum communitati super obiciendum
Gild. Merch. II 331.

5 to face in hostility or defiance, confront,
oppose.

qui in prosperitate sua multos objecerat et contempsit *Flor. Hist.* III 82.

6 (p. ppl. as sb. n.) an object, artefact, or sim.
that can be perceived by the senses (usu. phil.);
b (w. ref. to person).

verba . . excitant intellectum . . qui quedam anime
manus est, rerum capax et perceptibilis objectorum J.
SAL. *Met.* 840B; gustus et tactus . . sunt diverse vires
et diversa habent propria objecta J. BLUND *An.* 56; ad
objectum . . dicendum quod objectum denudari a conditionibus materialibus dupliciter potest intelligi; aut
secundum rem, aut secundum suam speciem. primo
modo quidem vocatur, secundo modo oportet objectum
intellectus nostri denudari BACON VII 128; fides aliquando vocatur actus credendi, et aliquando ipsum
objectum creditum OCKHAM *Dial.* 675; singuli quoque
sensus objecti proprii mollicie refoventur *Eul. Hist.*
I 431.   **b** ab actu vener[e]o restringitur, vel quia
deficit sibi objectum quod concupiscit, vel quia timet
confusionem OCKHAM *Dial.* 593.

7 charge, accusation, or objection.

non agitur de qualitate peccati, sed de transgressione mandati. itemque illum objecta . . purgantem et
apologias . . adnectentem . . tali animadversione multavit GILDAS *EB* 38; vel aliorum objecta eludens W.
MALM. *GP* I 65; Henrico quidem resistente et predicto
Roberto in concione et objecta penitus inficiante . . ad
corporale duellum perventum est BRAKELOND f. 140v;
unus illorum sit prothonotator a cujus nota omnes alii
sumant exemplum tam objecta regia quam
responsa universitatis *MGL* I 56.

obiciter [CL obex + -iter], through obstacles,
with difficulty.

regina . . velociter evecta ad castrum de Notingham,
nimium perterrita ~iter pervenit *Flor. Hist.* III 189;
eveccionibus equoris ~iter transductus rex . . tellurem
prospere nactus est Anglicanam *Ib.* 193.

obicula [CL obex + -ula], (little) door-bar.

~a, geocstecca *GlC* O 108; ~a, iocsticca ÆLF. *Gl.*
106; ~a, parvus obex OSB. GLOUC. *Deriv.* 402.

obigere [cf. CL obigitare], to disturb, harass.

aut frenesi premeris aut te letargus obegit / aut
furis, aut Lethes infatuaris aquis *Babio* 291.

obinde [ML], from now on, further, subsequently.

s1302 de quo nobis et vobis . . laudis . . proveniat
incrementum; nos et ~e teneri debeamus ad ea que
vobis utilia fuerint . . prompciores (*Lit. Regis*) *Chr.
Rams.* 378.

obire [CL]

1 to come up against, meet, undertake, fulfil.

obeunda, exsequenda *GlC* O 9; nec deerat mulieri
spiritus ad obeunda regni munia W. MALM. *GR* I 32.

2 (*diem* or *mortem obire*) to meet one's last day
or death, die; **b** (intr. or absol.) to die; **c** (w. abl.
to indicate cause or instrument of death); **d** (as
quasi-pass.); **e** (partly fig. or fig.; also with ref.
to stopping). **f** (*obiit* as sb.) death; **g** (leg., as
form of custom).

diem obiit, asualt *GlC* D 249; apud Rofecestram
diem obiens W. MALM. *GR* I 65; ut . . amaram
mortem obiret *Id. GP* V 240 p. 394.   **b** nec
. . cruentus carnifex obeuntem virginem gratulabundus conspexit ALDH. *VirgP* 42 p. 294; saepe videmus
bonos sine filiis obire BEDE *Prov.* 979; per deserta
negans Dominum perit inproba turba / ac mandante
Deo legifer almus obit ALCUIN *Carm.* 69. 92; †**900**
(11c) quando Ælfred rex obiit *CS* 594; **10** . . non
obgerit [i. e. obierit], *ne swylteþ WW*; omnes justi qui
obierunt ante vitalem ejus mortem exultant diruptione
captivitatis suae ANSELM (*Or.* 7) III 21.   **c** Severus

. . apud Eboracum oppidum morbo obiit BEDE *HE* I 5
p. 17; Constantius . . in Brittania morte obiit *Ib.* I 8 p.
22; defunctus est . . Aurelius Ambrosius cujus obitu
obibimus omnes G. MON. VIII 15. **d 1243** inquirat
utrum infans . . qui nuper obiis fuit . . in S., obitus
fuit casu inopinato, an per feloniam *RGasc* I 204b.
e si hoc carneum animae ergastulum . . non obierit
ALDH. *VirgP* 60 p. 321; ut licet ex humanis exemptus
. . in meo tamen animo numquam videatur obiisse
AILR. *Spir. Amicit.* II 5. 670A; stridor sonabit dencium admirandus / motus obibunt orbium oberrantes
J. HOWD. *Cant.* 140.   **f** eodem . . tempore obiit
episcopus Landavensis Willelmus, cujus obiit cecitas
septennis subarraverat M. PAR. *Maj.* V 382.   **g 1396**
seisiti . . de quadam consuetudine sive custuma vocata
obit *Pat* 346 m. 30.

3 to go about, to visit.

ut . . post dies, salutis vigore refuso, cuncta loca sua
obiret W. MALM. *GP* III 109 p. 243.

4 to go around or about, to surround: **a** (of topographical feature); **b** (w. ref. to accompanying
in a group).

a obeuntia, gignentia [i. e. cingentia] *GlC* O 45;
hanc [vallem] obeunt montes; rorant aspergine fontes
R. CANT. *Malch.* I 388; flumen eam [sc. tellurem, i. e.
Durham] ferri preceps obit instar equini L. DURH.
Dial. I 275.   **b** quarundam [equarum] ventres
fetibus protument, alias editi fetus obeunt . . sequela
inseparabilis W. FITZST. *Thom. prol.* 11.

obitarius [CL obitus + -arius]

1 (as adj., eccl. & mon.): **a** of death. **b** that
contains records or dates of death.

a s1459 ad observandum . . post nostrum decessum
diem annalem ~arium nostrum *Reg. Whet.* I 325.
b 1476 faciemus . . nomina vestra in libro nostro
~ario inscribi *FormA* 336.

2 (as sb.): **a** (m.) one who records or transmits
dates of deaths or names of deceased. **b** (f.) the
office of such a person.

a quidam ~arius ad hoc electus . . qui nomina abbatum . . defunctorum . . a prefatorum monasteriorum
. . exigeret et ad nos . . rediret *Cop. Pri. S. Andr.* 103.
b ordinavimus . . Stephanum obitarium nostrum generalem qui officium hujusmodi ~arie exercere valeat
Ib.

obiter [CL, al. div.]

1 on the way, en route.

dum reverteretur ad propria multos ad Christi Jesu
fidem conduxit obiter populos *V. Neot. A* 6; s1136
vestigia obiter reliquerunt (v. diarria 1); si . . clericus
ille . . obiter obierit GIR. *GE* II 27 p. 299; ob iter
vero per agros et villas . . obviam confluebant sacri
funeris portitoribus AD. EYNS. *Hug.* V 19 p. 219; dum
spiculator cruentus ista ferret, caput obiter amissum
est feliciter *V. II Off.* 24 (242).

2 in the meantime, meanwhile.

interduatim, interim, obiter, interdum OSB. GLOUC.
Deriv. 290.

obitus [CL]

1 death. **b** (*~us vitae*) end of life.

in tertia propinquitate non licet uxorem alterius
accipere post ~um ejus THEOD. *Pen.* II 12. 26;
denique post obitum signorum non vacat expers
ALDH. *VirgV* 1768; de ~u beatae genetricis Dei BEDE
Retract. 1014; post ~um ipsius abbatissae redierunt
ad pristinas sordes *Id. HE* IV 23 p. 265; hujus
vita quidem qualis fuit ante magistri / claro post
obitum signo est patefacta salutis ALCUIN *SS Ebor*
1315.   **b** in psalterio usque ad ~um vitae tuae
habes materiam legendi, scrutandi, docendi *Id. Liturg.*
467D; usque ad ~um vitae suae ASSER *Alf.* 13.

2 (eccl. & mon.) obit: **a** date or record of
person's death, obituary notice; **b** service of
commemoration of deceased person.

a mittetur ~us ejus cum ~u primi defuncti domus
illius post mortem illius *Inst. Sempr.* xcii*; s1438 ordinavimus quod . . nomina . . cum obitu eorum in nostro
martilegio inferantur *Ambrosden* II 328.   **b** dicetur
missa in conventu pro defunctis, sc. 'Deus cui proprium' pro anniversario, vel 'Inclina Domine' pro
presenti ~u *Inst. Sermp.* xcii*; ~us, si qui fuerint,

pronuntiet; sacerdos . . si qui pronuncientur ~us, respondeat *Offic. Sal.* 30; **1255** obligatio de quinque
marcis in quibus tenetur abbatissa Wiltonensis pro ~u
Roberti Hertford decani Sarum *Ch. Sal.* 325; **1256**
concessimus . . quod nos et successores nostri singulis
annis in perpetuum ~um ipsius episcopi in ecclesia
nostra . . solemniter celebrari faciemus *Ib.* 328; **1303**
ecce redditus ~uum conventus S. Salvatoris vicecomitis . . *CartINorm* 263; **1304** duos ~us singulis annis in
choro nostro cum aliis ministris dicte ecclesie . . dicant
Mem. Ripon I 120; pro ~ibus lectis in capitulo post
capitulum *Croyl. Cont. A* 132; **1418** in distribucione
pauperum in ~u Hugonis abbatis *Ac. Obed. Abingd.*
87; c**1446** in defectu . . rectoris ~us Margarete W. . .
non fuit celebratus *Eng. Clergy* 235; s**1458** pro missis,
suffragiis, et ~ibus habendis . . pro animabus dictorum
. . *Reg. Whet.* I 301.

3 (feud.) mortuary payment. **b** (eccl. & mon.)
money or sim. paid for celebration of memorial
service. **c** payment for free man on land of
Templars or Hospitallers.

1279 item dat merchetum et hieretum et ~um
Hund. II 634b; **1396** quandocumque aliquis nativus
. . obierit, . . bona et catalla ipsius defuncti, postquam
debita sua et expense funerales persolvantur, in tres
partes equales per tenentes ejusdem manerii dividi
debent . . quarum una pars domino manerii predicti
nomine ~us alia pars uxori et tercia pars pueris vel
puero cedere et assignari consuevit . . et si hujusmodi
tenens decesserit uxorem aut pueros vel puerum legitime non habens, tunc omnia . . bona et catalla ipsius
defuncti dicto domino nomine ~us cedant *Pat* 346 m.
30.   **b b 1377** capiet pro salario suo per annum
vj libras sterlingorum et partem ~us Ricardi Toller
Mem. York I 24.   **c 1297** reddendo eidem priori
et successoribus suis post mortem cujuslibet tenentis
predicta tenementa quadraginta solidos nomine ~us
PlRCP 199 m. 49d.

objacere [CL ob + 2 jacere], to throw in the way
of, oppose.

~ere, obponere OSB. GLOUC. *Deriv.* 404.

objectalis, (phil.) objective, that pertains to or
is in accordance with its object.

exinde proposicio est vera, quia habet veritatem sibi
correspondentem cui consonat, et per consequens talis
veritas ~is formabit et denominabit proposicionem
hujusmodi esse veram, consequentem, vel necessariam
WYCL. *Quaest. Log.* 236.

objectare [CL]

1 to throw or put before or against; **b** (person
or sim., also refl. & pass.; partly fig. or fig.);
c (fig.; sts. w. ref. to bringing forward charges
or sim.).

docebat quomodo . . clypeos ~arent et ictus remitterent W. MALM. *GR* V 395; missilibus eorum
leva objectans ancilia J. SAL. *Pol.* 598D.   **b** caput periculis ~ans eo studiosius quo fratri operam
ostentare affectabat impensius W. MALM. *GR* I 47;
1167 est enim temptare Deum se ipsum certis et
manifestis ~are periculis J. SAL. *Ep.* 225 (225 p. 392).
c norunt si qua meo vitiamine rupta vicissim / objectare queunt, vestro lustrabor ab ore FRITH. 1174;
ad flectendos animos audientium probe se de omnibus
que ~abantur expurgavit W. MALM. *GR* II 199 p.
244; restitit ille quantum potuit . . que unanimitatem
illorum infirmare possent, non segniter ~ans *Id. GP*
V 223; hec ille non jam tantum a tergo, set etiam
quadam die amariore bile succensus, in os ~avit *Id.
Wulfst.* I 8 p. 14.

2 to face in hostility or defiance, object to,
confront, oppose.

et quamvis ille se blande excusans preceptum pape
~aret, non tamen opinionem affectate deposicionis exclusit W. MALM. *GP* I 23.

3 to upbraid, reprove.

†oblectare [l. objectare], increpare *GlC* O 49.

objectio [LL]

1 (act of) throwing or putting before, against,
or in the way of; **b** (of heavenly body; partly
fig., w. ref. to appearance).

post mortem in sepulcro positus, et lapidis ~one
in eo clausus . . est custoditus *Eccl. & Synag.* 97;
cum . . sol sit luminosum corpus, ~one hominis vel
alterius rei aer illuminatus obscuratur quantum ipsum

solidum occupat *Quaest. Salern.* P 62; 'contra' dicit distanciam sive ~onem linearem *Ps.-Gros. Gram.* 55. **b** quando ad nos non pervenit claritas solis propter ~onem lunaris corporis interpositi inter nos et solem NECKAM *NR* I 13 p. 51.

2 (act of) blocking or countering, opposition.

quid sit sol? . . noctis ~o, caloris circuitus *Leg. Ant. Lond.* 184.

3 charge, accusation, reproach; **b** (w. obj. gen.); **c** (w. quasi-acc. & inf. or *quod*).

~onibus, *gestalum GlC* O 105; ipsi . . criminati sunt illum falsa quadam ~one coram rege B. *V. Dunst.* 6 p. 12. **b** cum eum conviciis et falsis ~onibus criminum diu fatigassent W. MALM. *GP* III 104; presertim cum nec odii neque invidie aut injurie alicujus poterat ~one crimen illatum evacuari GIR. *IK* I 7 p. 70; a1350 tanti criminis ~o probata *StatOx* 152. **c** tandem suis ~onibus id adjecere illum decretis Cantuariensis archiepiscopi Theodori minime parere EADMER *Wilf.* 46 p. 211; aliis ~onibus quod abbas jacebat ad maneria sua, respondere solebam BRAKELOND f. 130.

4 (act of) stating in opposition or disagreement, objection (also leg.); **b** (w. subj. gen.); **c** (w. obj. gen.); **d** (w. *contra*); **e** (w. *de* or *super*).

praeoccupabant . . se mutuo talibus ~onibus vel multo his mordacioribus GILDAS *EB* 1 p. 27; ad quam . . ~onem . . ego vobis respondeo ALCUIN *Dogm.* 150B; argumenta que . . paucis sunt ~onibus abolita W. MALM. *GP* I 29 p. 46; sic excluditur ~o in casu si unus coheredum injustas levaverit consuetudines *Fleta* 300; multis ~onibus factis per justitiarios et responsionibus per alios *Leg. Ant. Lond.* 33. **b** ut . . patronus ~ones adversariorum dispelleret W. MALM. *GP* I 70; sed ~o diaboli multos facit in hoc dogmate deviare M. PAR. *Maj.* III 428; sic procedit ~o Aristotelis T. SUTTON *Gen. & Corrupt.* 202. **c** perfidia confutatur, ita ut ad singulas verborum ~ones errare se, dum respondere nequiit, fateretur BEDE *HE* I 17 p. 35. **d** solent . . circa omnia predicta fieri quedam ~ones contra Augustinum T. CHOBHAM *Praed.* 288; 1293 predictus Galfridus quasdam ~ones contra formam eleccionis et personam electi proposuit *DC Cant. Reg. Q* f. 51; ut . . sciatur . . qualiter contra ipsam [sc. constitucionem apostolicam] ~ones adversariorum procedunt OCKHAM *Pol.* I 292; de quatuor ~onibus contra penitenciam *AncrR* 4; 1396 ~o Christiani contra Judeum (*Invent.*) *Meaux* III lxxxv. **e** illa ~o . . de auditu vocis divine . . nulla est T. CHOBHAM *Praed.* 113; ~onibus super jure libertatis regni Scocie . . respondere *Plusc.* VIII 41.

5 (phil.) (act of) making objective or presenting as object, objectivation.

in prima apprehensione et ~one rei generatur naturaliter talis actus, sed in qualibet posteriori ~one eque proporcionata non erit inpedimentum ex parte anime ad producendum novum actum WYCL. *Misc. Phil.* I 25.

objectiuncula [LL], slight objection.

ut ~e nostre quoquomodo respondeamus, patet quod secundum naturam Deitatis non effluxit aqua de latere, immo per hoc patet quod creatura fuit Christus NECKAM *SS* I 25. 3; potest autem proponi ~a, qualis et in pluribus locis occurrit, ut iam patet per precedens capitulum *Ib.* II 58. 3.

objective, (phil.) objectively, as object of consciousness or action, in actual outward fact; **b** (dist. from *subjectivus*).

similitudo ergo non potest cognosci ~e, nisi corrumpatur PECKHAM *QA* 81; ad actum videndi, illud tamen, quod per talem speciem est visum ~e, idest id, quod est ~e cognitum, non solum est visum, sed et illud, quod est sic visum natum est movere sensum communem qui est proximus sibi inter interiores sensus, non solum secundum illam particularem racionem, secundum quam sic est visum, sed eciam secundum aliam racionem objectivam ad ulteriorem actum qui est proprius sensus communis BACONTHORPE *Quaest. Sent.* I 16a; presens . . ~e sive in racione cognoscendi dicitur illud quod clare cognoscitur et immediate non cognicione abstractiva sed intuitiva (KYN.) *Ziz.* 11; ut enim communionis sanctorum in patria fundatur ~e super universitatem donorum Dei WALS. *HA* I 358. **b** c1301 queritur an veritas sit in intellectu nostro subjective vel solum ~e *Quaest. Ox.* 337; bonum ~e est in voluntate et non subjective *Ib.*

objectivus, (phil.) objective, that pertains to

the object of consciousness or action (sts. dist. from *subjectivus*).

non solum secundum illam particularem racionem . . sed eciam secundum aliam racionem ~am BACONTHORPE *Quaest. Sent.* I 16a; eo quod nullum eternum est fortuitum, et esse ~um est eternum (KYN.) *Ziz.* 71; aliqui [sc. actus] habent magnitudinem ~am et non subjectivam, ut visio et ceteri actus facti per virtutes multiplicatas WYCL. *Act.* 54; et iterum sicut duplex est materia, quedam cujus entitas est entitas materiati et vocatur materia subjectiva, alia cujus entitas non sic est entitas materiati vocatur, et materia ~a *Id. Quaest. Log.* 236.

objector [LL], objector, one who raises objection or brings charge or accusation.

1304 in quo termino nullus comparuit oppositor vel ~or *Reg. Cant.* I 481; 1422 magis . . expediens fore supponimus in manus ~oris insidere quam . . prohibiciones relinquere nostre norme [sc. nigrorum monachorum] *Conc.* III 416b.

objectrix [cf. LL objector], objector (f.), one who raises objection or brings charge or accusation.

1596 secunda ~ix deinde . . Brigitta Edmunds objecit seu excepit contra . . magistrum Georgium Mowntayne *REED Cambridge* 365.

objectus [CL]

1 (act of) throwing or putting before or in the way of, interposition (also partly fig.); **b** (w. ref. to barrier or shelter).

ut caput vestrum, quod est Christus, ~u quodammodo corporis defendatis GILDAS *EB* 95; prius illum [sc. solem] ejusdem terrae ~u cernere vetantur et post ocius amittere coguntur BEDE *TR* 32; luna in sanguine versa palam hominibus apparere non potuit, quae . . interdiu fuerat mortalium visibus ~u telluris occulta *Id. Acts* 949A; ~us, *witsetnis GlC* O 96; ager arcifinius cujus termini arcentur ~u fluminum et lapidum OSB. GLOUC. *Deriv.* 32; nam ex ~u corporis ad lucem habent creari [tenebre] S. LANGTON *Gl. Hist. Schol.* 40. **b** summoti hostes claustrorum muralium ~u salutem suam tutabantur W. MALM. *GR* IV 366; militem . . a leone invasum ~u clypei mortem aliquamdiu distulisse *Ib.* IV 373 p. 433.

2 (act of bringing forward as) charge, accusation, or (legal) impediment.

ut ipse se sine ullo criminis ~u adjudicaret W. MALM. *GP* III 105; ejus [sc. regis Ludovici] uxorem primam ~u parentele separatam, vivente marito, dux Henricus duxit R. NIGER *Chr.* II 167; ut nemini liceret Christianos sine ~u criminis aut probatione . . dampnare M. PAR. *Maj.* I 121; s1299 sublato difficultatis et dilacionis ~u (*Lit. Papae*) *Ann. Lond.* 112; 1302 super consanguinitatis ~u papa dispensat (*Chr. Bury*) *EHR* LVIII 72; 1342 appellans . . a prosecucione appellacionis sue per excommunicacionis ~um . . nullatenus repelletur *Conc.* II 687a; forsan in hoc scrutinio reperiet se gravioris culpe ~u divina quam humana lege repulsam FORTESCUE *NLN* II 26.

3 objection, stating in opposition or defiance.

dominus Johannes illud tenet et contrarios ~us dissolvit RIC. ARMAGH *Unusq.* 70; hec pauca sint dicta ad subtiles et altos ~us doctoris mei reverendi (WYCL.) *Ziz. app.* 474; respondendo tribus ~ibus declarat quomodo . . WYCL. *Mand. Div. prol.* 202; secundo obicitur quod dicta descripcio convenit cuilibet temporalium mercatori, et respondet declarando quod ~us tollitur per hoc quod symonia est inordinata volicio *Id. Sim.* 115.

1 objurare [CL], to bind by oath.

obtestatur, ~at *GlC* O 75.

2 objurare, *f. l.*

adjiciens quod . . numquam cum eo novum . . fedus contraheret, si non prius quodcunque imperatori juraverat id totum †objuraret [l. abjuraret] H. Bos. *LM* 1452B.

objurganter [cf. CL objurgare], reprovingly, reproachfully.

rex ~er cum magno impetu precepit ei, dicens . . KNIGHTON I 111.

objurgare [CL]

1 to chastise, reprove, complain about (also absol.); **b** (person); **c** (act or abstr.); **d** (w. *contra*); **e** (w. quasi-acc. & inf.).

quomodo respondebit invocatus qui sic ~abat provocatus? ANSELM (*Or.* 13) III 52; paruit ille nichil ~ans MAP *NC* II 17 f. 29v; ~are non possunt Muse *Ib.* IV 2 f. 44; 1476 dicit . . quod tam . . J. . . quam Ll. B. erant in cimiterio . . pariter luctantes et ~antes, per quod ipse venit inter eos et separavit ne pungnarent *March. S. Wales* 88. **b** unde merito voce beati protomartyris Stephani ~antur dicentis . . BEDE *Cant.* 1195; a1078 si aliter me corrigere non potest, verbis quoque ~are praesentem aut litteris increpare absentem non neglegant LANFR. *Ep.* 13 (14); uxor Job conviciatur ei inter flagella et ~at eum AD. DORE *Pictor* 162; eum super hoc acrius ~avit *V. Edm. Rich* P 1808B. **c** verbis coram nobis asperis et acerbis inepcias vestras acriter arguens et ~ans ac reprehendens GIR. *SD* 108. **d** contumeliam contra ipsum ~antis sine talione patiatur ANDR. S. VICT. *Sal.* 63. **e** obstrepebant dicenti . . illud maxime ~antes numquam in consuetudinibus servandis mentionem Dei fuisse vel recti W. MALM. *GP* I 50 p. 93.

2 to punish (corporally).

tu . . Speusippe, servulum istum verberibus ~a, timeo enim ne, quia irascor, plus faciam quam oportet W. BURLEY *Vit. Phil.* 222.

3 (in gl.).

~at, obpugnat *GlC* O 4; obuncans, ~ans *Ib.* O 25; ~etur, increpetur, culpetur *Gl. Leid.* 2. 127.

objurgatio [CL]

1 (act of) chastising or reprimanding, reproach, rebuke; **b** (w. *ad*).

siquidem parum auribus captasti propheticam ~onem ita dicentem GILDAS *EB* 35; sufficiat hoc in loco nostre severitatis ~o BYRHT. *Man.* 58; velut homo surdus et quasi vocem ~onis non curans effectus est B. *V. Dunst.* 6 p. 12; in omnibus servanda moderatio est, ut monitio acerbitate, ~o contumelia careat AILR. *Spir. Amicit.* III 104. 695; nec est oblitus Dominus in nepotes meos ulcisci superbiam ~onis MAP *NC* II 24 f. 32v; furorem vidi, quia post ~onem cum Moysi furorem, id est penam Domini sensit, id est lepram S. LANGTON *Ruth* 87. **b** in libris . . prophetarum in quibus increpatio et †abjurgatio [l. objurgatio] fit ad populum ÆLF. *Regul. Mon.* 196.

2 (w. ref. to corporal punishment).

flagello, ~one BERN. *Comm. Aen.* 107.

objurgativus, reproachful, critical.

obediencia . . debet esse simplex, non excessoria, hilaris, non ~a, perseverans, non frustrativa *Spec. Laic.* 58.

objurgator [CL], one who rebukes or chastises, critic, cantankerous person.

cum ipsi inquieti ~ores et pervicaci instantie insistentes, aut ex ignorantia, aut ex protervitate laborent J. SAL. *Met.* 882A; 1447 dicunt quod J. W. est communis ~or et sepius fregit pacem *MunAcOx* 581.

objurgatorius [CL], reproachful, critical.

jam . . non gemitus ejulatusque sed verba seria et ~ia jaculabatur J. SAL. *Pol.* 531A.

objurgatrix [CL objurgare + -trix; cf. CL objurgator], one who criticizes or scolds (f.).

1436 quod Margareta Smyth est communis ~ix *CourtR (North Leigh)*; 1447 intolerabilis ~ix (v. defectus 3a); 1563 Elisabeth Robinson . . et Margareta Foster . . sunt communes ~ices ad disquietacionem vicinorum suorum (*CourtR Auburn*) *Arch. Soc. Yorks J.* X 73.

oblaqueare [LL], to take in a snare, put in a noose.

~eare, illaqueare OSB. GLOUC. *Deriv.* 404.

oblargare [cf. LL largare], to widen or broaden.

1344 fossatum ~atum est cum manuopere . . et dictum fossatum elargatum fuit (*CoramR*) *Pub. Works* II 15.

oblare [cf. ME, OF *oblee* < oblata], to offer or bestow as gift.

1388 duo equi ~entur die sepulture mee, sicut moris est, et sint demissi cum ecclesia *FormA* 429.

oblarius v. hobelarius. **oblata** v. offerre, obolata. **oblaterare** v. obblaterare.

oblatio [CL]

1 (act of) offering, gift, oblation (also w. ref. to payment); **b** (to God or deity); **c** (eccl. & mon.; sts. w. ref. to regular income that issues from gifts or fees); **d** (of act, abstr., or fig.; also w. ref. to Christ's sacrifice).

~o, *ofrung* ÆLF. *Gl.* 130; solvunt autem et judicantur vicecomites et alii plures in regno, quorum quidam voluntariis ~onibus, quidam necessariis solutionibus obnoxii sunt *Dial. Scac.* II 1A; **1203** offert domino regi j marcam argenti pro habenda inquisicione per legales milites .. ~o recipitur *SelPlCrown* 29; **1326** super .. ~one summe pecunie sibi [sc. regi] facta pro suo status antiqui ecclesie nostre facto confirmatorio *Lit. Cant.* I 174. **b** pro ~one novorum fructuum *Comm. Cant.* I 274; ~ones .. et vota [pertinent] ad ea quae ad suasionem Jacobi et seniorum Deo in templo obtulerat BEDE *Retract.* 1030; Caspar .. thure quasi Deo ~one digna Deum honorabat *Ps.*-BEDE *Collect.* 53; mensa .. famosissima facta est, dum ad singulos septem sapientum sic ipsius procedebat ~o .. et munus oblatum contulit in Apollinem J. SAL. *Ep.* 143 (205) p. 336. **c** permitterent ~ones in usus transire sacerdotum vel in expensas pauperum W. MALM. *GR* II 201; c**1140** ne mea ~o quam ego ipse optuli super altare S. Werburge .. disturbetur *Cart. Chester* 7 p. 53; c**1198** sciant .. me dedisse .. ecclesiam cum omnibus decimis et ~onibus *Inchaffray* 2; quumque inter clericos Autisiodorenses et Turonenses pro partitione ~onum lis oriretur R. NIGER *Chr. II* 152; **1233** de ~onibus et obventionibus altarium in cathedrali ecclesia existentium *Ch. Sal.* 230; **1329** rectori ecclesie de Cardrosse, pro ~one ipsum contingente de sepultura domini regis, xx li. *ExchScot* 216. **d** in ~one Domino compunctionis lacrimarum deprecationes offerimus BEDE *Cant.* 1178; a**805** in omnibus injuriis, obprobriis, ac passionibus, quas unicus Dei filius sustinuit pro nobis, quod gestum est, nisi ~o pro peccatis nostris, nisi precium redemptionis nostrae? ALCUIN *Ep.* 307 p. 469; animas defunctorum commendabat devota ~one psalmi qui in penitentialibus sextus est J. SAL. *Met.* 855A–B; peccatorum causam .. ipse in sanctissimi corporis sui ~one suscepit J. FORD *Serm.* 73. 8; orare ad Deum et omnimodis satagere est, ut obsequii vestri ~o *Ib.* 90. 8.

2 (of or w. ref. to the Eucharist): **a** (of or w. ref. to the) Host (also distributed to the sick). **b** Mass (for dead person). **c** Offertory, anthem said or sung during Mass.

a de his in synodo dicitur, x° anno communionem sive ~onem recipiant THEOD. *Pen.* I 5. 10; postea communicent cum ~one *Ib.* 14. 1; si diaconus vel presbiter ipse calicem et ~onem manibus tenuerit *Ib.* II 2. 2; infirmanti puero de eodem sacrificio Dominicae ~onis particulam deferri mandavit BEDE *HE* IV 14 p. 235; per .. ~onem hostiae salutaris *Ib.* IV 20 p. 252; uno nomine vocant ~onem vel hostium, quod Christus non fecit ANSELM (*Sacr.* 2) II 240; aspirans ad regnum Anglie, contempsit donum ~onis divine R. NIGER *Chr. I* 87; unde Rabanus .. assignans tres causas iterate sepius ~onis eucharistie de tercia ait .. GROS. *Cess. Leg.* III 1. 30. **b** ubi missae et sacrae ~ones pro ejusdem animae redemptione celebratae sunt BYRHT. *V. Osw.* 450; qui in extremis .. digne non penituerit nec ~o pro eo fiat nec inter fratres accipiat sepulturam M. PAR. *Maj.* III 506. **c** c**1200** quod dixisset se secessisse statim post evangelium et factam ~onem *SelCCant* 20.

3 (in or as name of eccl. feast): **a** Presentation of Christ in the Temple (2 Feb.); also a representation of this. **b** Presentation of BVM (21 Nov.).

a ypapanti, susceptio obviantis vel ~o OSB. GLOUC. *Deriv.* 631; de ~one Christi in templo *Vers. Worc.* 101 *tit.*; c**1315** textus ligneus .. cum Annunciacione, ~one in templo, et aliis ymaginibus de nativitate Christi argenteis et deauratis *Invent. Ch. Ch.* 79. **b** in die ~onis ejusdem gloriose Virginis *Ord. Exon.* II 474; **1354** in festis .. ~onis Beate Marie que xi^mo^ kalendas Decembris in quibusdam locis celebratur *Lit. Cant.* II 321.

4 (w. ref. to salary or sim.); **b** (w. obj. gen.).

1324 clericus vicecomitis .. accipiet pro ~onibus suis dimidiam marcam per annum *MGL* II 98; **1390** sex servientes camere .. non querant ~ones suas per civitatem .. sed .. percipiant de camera predicta pro ~onibus suis predictis in festis Pasche et Natalis Domini duodecim marcas sterlingorum *Mem. York* I 43. **b** **1287** in ~onibus famulorum die omnium sanctorum iiij d. ob. *Rec. Elton* 15; **1334** in j tunica emp' pro eodem [hostillario], vj s. viij d. in ~one ejusdem, loco ~onis sue de feretro, vj s. viij d. *Ac. Durh.* 116.

5 offer, proposal.

facta ex parte regis ~one episcopis prefatis, ad plenariam restitutionem, centum millium marcarum argenti WEND. II 94; indigne ferens, quod non statim suscepta fuit ~o *Ib.*; s**1239** murum integritatis ecclesie multis, et specialiter ~one castrorum .. temptavit infringere (*Lit. Papae*) M. PAR. *Maj.* III 606; **1262** de subsidio .. de quo ante transfretacionem vestram ~onem vobis fecimus, sicut nostis, votum nostrum consequi non potuimus *Cl* 176; ipsius benevolenciam cupiens, amicabiles vias et ~ones eidem optulit subsequentes, viz. proposita una et recusata *G. Ed. III Bridl.* 131; s**1455** obtulit .. ei .. plenariam .. perdonacionem .. facere, dummodo .. cum .. hiis ~onibus non obstantibus, staret .. dux .. quasi altera rupes immobilis .. *Reg. Whet.* I 162; post paucula interlocutoria de ~one et postulacione inter ipsos, prout moris est emencium et vendencium, habita *Ib.* 188.

6 obley, wafer.

ad pinsendum ~ones et hostias *Croyl. Cont. A 132*; **1343** item j par ferr' pro ~onibus furniendis *Ac. Durh.* 205.

oblatiuncula [LL], small gift or offering.

hec oblatio .. unde hec ~a OSB. GLOUC. *Deriv.* 221; homo iste .. Christo Jesu et beatissimo militi suo Henrico fiducia non ficta eosdem interim commendavit, ei sc. apud Wynsore ~am suam iterum devovendo *Mir. Hen. VI* I 6.

oblativus [LL], offered voluntarily.

auguriorum vera alia ~a sunt, id est, que non poscuntur; alia impetrativa, id est, que optata proveniunt ALB. LOND. *DG* 11. 14.

oblator [LL=*offerer, presenter*], one who makes obleys or wafers, waferer (? passing into surname).

1290 Ricardo oblator' de Oxonia, iij s. j item aliis waffrariis et menestrallis ibidem, v s. vj d. *Ac. Swinfield* 148.

oblatorius [ML], that pertains to oblation or offering, oblatory; **b** (as sb. n.) place in which offerings are stored.

1316 magnus denarius ~ius (*AcWardr*) *Arch.* XXVI 343. **b** vide in tota Jerusalem non fuisse nisi unicum templum, unicum tabernaculum, unicum etiam in atrio templi sub divo altare ~ium GIR. *GE* I 49 p. 138.

oblatrare [CL]

1 (of dog) to bark at or against (also absol.).

†**725** (12c) contra malignantium hominum et ~antium canum insidias *CS* 142; instar apri quem canes ~ant eminus MAP *NC* II 19 f. 30v.; cum eum ~aret quidam canis .. lapidem ad ipsum .. jactavit *Ps.*-RISH. 494.

2 (of person; transf.) to rail or grumble at, criticize loudly (also absol.); **b** (w. *contra*); **c** (fig.); **d** (pr. ppl. as sb.) one who rails or criticizes.

~at, murmurat *GlC* O 48; de invidis .. quos adhuc ~antes .. patimini ANSELM (*Ep.* 63) III 178; disputant philosophi, oratores concrepant, vilissimum etiam vulgus ~at AILR. *Serm.* 10. 26. 263B; nihil quod remordeat, nihil quod ~et, sed omnia jucunda *Id. Spec. Car.* III 3. 578; multi detractores †oblactaverunt [l. oblatraverunt] BRAKELOND 130 (v. detractor); hec et hujusmodi ~antes obstrepunt sacrarum litterarum adversarii GROS. *Cess. Leg.* I 3. 3. **b** multi contra paucos ~are non audebant ORD. VIT. IX 17 p. 618; canes dicuntur qui ~ant .. contra verbum Dei quando predicatur T. CHOBHAM *Praed.* 75; c**1404** ~antes .. indoctos contra .. prelacias et dignitatis ecclesie .. compescuit *FormOx* 199. **c** ex parte habet carnem sibi subjectam et ex parte tamen contradicentem et ~antem BALD. CANT. *Serm.* 10. 19. 495. **d** Christum pandit et confundit ~antes *Miss. Westm.* II 1035.

oblatratio [LL], (act of) railing at, loud criticism, or sim.

tunc non debemus ei predicare quia contradictio et ~o posset nocere ecclesie T. CHOBHAM *Praed.* 141; despicabiles stultorum .. ~ones AD. MARSH *Ep.* 36 p. 140; de ~one mundi GARL. *Epith.* VI *tit.* a519.

oblatrator [LL]

1 watchdog (in quot., fig.).

s**1389** nullus ~or, qui saltem voce terreret fures, preter antistitem Northwycensem, sit nomen ejus benedictum in secula WALS. *HA* II 189.

2 one who rails, grumbles, or criticizes in a loud manner; **b** (w. obj. gen.).

de cavillationibus ~orum ORD. VIT. VI 1 p. 2; oblatrator ades, das thema 'resistere temptas' VINSAUF *PN* 1745; invidus percutitur mordax oblatrator GARL. *Epith.* VI *Summa* 37. **b** susurratoribus .. atque ~oribus ejus ita oppositus erat ut .. *V. Chris. Marky.* 77.

oblatratus [ML], (act of) railing or barking, loud criticism.

ego tamen invocata Spiritus Sancti gracia talium ~us [v. l. ablatratus] non verens syrenarum voces Ulyssis exemplo aure surda pertransibo *Chr. Dale* 1.

1 oblatus [CL ob-+latus], somewhat broad or wide.

mirta agrestis .. habet .. semen rotundum et ~um, et obrufum *Alph.* 119.

2 oblatus v. offerre.

oblectamen [CL], delight, amusement, pleasure.

hoc ~en, -nis, et hoc oblectamentum OSB. GLOUC. *Deriv.* 315.

oblectamentum [CL], delight, (object of) amusement or pleasure (sts. w. impl. of self-indulgence); **b** (w. subj. gen.); **c** (w. obj. gen.).

cum ~is carnalibus BEDE *Ezra* 921D; primum .. mulierum illi injecit amorem, quo per familiares mulierum amplexus mundanis ~is frueretur B. *V. Dunst.* 7; **10..** ~a, *lustfulnes WW*; **1073** quicquid alii de vobis dicant, laudantes fortasse et magnificantes quod parentes, possessiones, carnalia ~a pro Deo contempsistis .. LANFR. *Ep.* 47 (19); muliebria ~a .. curiosorum oculos pascunt AILR. *Spec. Car.* II 24. 572C. **b** medicus velut subjectus applaudit et infirmorum ~is assenciens curare non nititur, immo blandiendo nocere W. BURLEY *Vit. Phil.* 390. **c** sic .. theoricae vitae ~o suaviter satiantur ALDH. *VirgP* 14; fraudulento verborum ~o *Ib.* 57; contra nequitiam pravorum contraque vitiorum ~a praecipit armari BEDE *Ep. Cath.* 61; ~o divinae dulcedinis perflatus generosus puer .. didicit .. BYRHT. *V. Ecgwini* 354; non potest .. neque carnalis voluptatis ~um alias quam per compunctionis antidotum expiari J. FORD *Serm.* 22. 8.

oblectanter [cf. CL oblectare], rejoicingly, gladly, with pleasure.

mande .. et bibe gratanter et volupe et ~anter quicquid tibi proferimus ÆLF. BATA 5. 12.

oblectare [CL]

1 to delight, amuse, please; **b** (w. implication of self-indulgence).

videns bona oculus ~at cor BEDE *Prov.* 985; aliquando solus tactus, ut cum aliquem immoderate refectum contrectare ~at ventrem suum *Simil. Anselmi* 14; ibi, ut animum ~aret suum, piscatorium conscendit navigium W. MALM. *GR* II 228 p. 279; terra dicit, ego te porto, pane conforto, vino letifico, †omne [l. omni] genere fructuum ~o HOLCOT *Wisd.* 50. **b** ~o, *to lycoruse delyte WW*.

2 (refl. & pass.) to take great pleasure (in), rejoice, enjoy: **a** (w. abl.); **b** (w. *in* & abl.; sts. w. ref. to *Eccl.* ii 10); **c** (w. acc. & inf.).

a ~atur ergo ecclesia suavibus .. vitae quietae studiis BEDE *Cant.* 1156; coepit disserere pauca .. de pace et humilitate, cavendisque eis qui his obluctari quam ~ari mallent *Id. CuthbP* 39; contra vanitatem .. qua animus ~atur in prelatione AILR. *Serm.* 17. 15. 297; libidinum sordibus ~ari *Id. Spec. Car.* I 26. 528. **b** non prohibent cor quin omni voluntate fruatur et ~et se in his quae paraverint BEDE *Ep. Cath.* 37;

erige tibi columnam fidei .. et quasi inde picto omni colore tabernaculo in lege Domini ~are exercitando et meditando in ea die ac nocte GOSC. *Lib. Confort.* 69; secutus sum in omni voluptate complenda cordis mei desideria et ~atus sum in iis que paraveram ANDR. S. VICT. *Sal.* 105. **c** quomodo .. eum qui te in fide toto studio solidare usque etiam ad sanguinem ~atur equaliter diligere poteris .. ? PULL. *CM* 212.

oblectatio [CL], delight, amusement, pleasure; **b** (w. obj. gen.).

omnibus affatim satisfecit thurificatio, ita ut in claustrum fratrum etiam haec erumperet ~o GOSC. *Transl. Aug.* 41C; alter alterum sese deducunt ad tumulum, foveis se perverse ~onis imponunt J. FORD *Serm.* 38. 3; diligenter ab omnibus ~onum malorum infectionibus preservanda *V. Edm. Rich C* 602; ego ad ~ones tuas gratas temporum vicissitudines paro HOLCOT *Wisd.* 50. **b** puerum .. abducit secum in silvam quasi ad venandi ~onem *V. Kenelmi A* 8; civitas postremo exultans in mundi vanitatibus et letitie carnalis ~onibus J. FORD *Serm.* 103. 3; vite levis ac lubrice ~o pariter et ostentacio GIR. *SD* 140.

oblectator [CL], one who delights or charms (in quot., w. impl. of wrongfulness).

hunc plagiatorem .. ~orem [v. l. oblactatorem; *gl.*: *desevur*], femellarium, malo [v. l. nolo] ut cognoscas BALSH. *Ut.* 48.

oblegare [LL *gl.*], to send round.

~are, circummittere OSB. GLOUC. *Deriv.* 404.

oblĕvare [CL ob-+levare], to raise, lift up.

1290 in carecta ~anda per viam iiij d. *Ac. Swinfield* 47.

oblia [ME, OF *oblee, oblie* < oblata], 'obley', tax on corn or sale of goods.

c**1170** tali dispositione quod pro singulis vj denariis ~iarum de solucione vendarum decem solidis minuantur *Act. Hen. II* I 452; **1283** de quocumque solo quatuor brassatis de lato et amplitudine .. habebimus sex denarios ~iarum *RGasc* II 209b; **1310** gentes nostre .. quasdam ~ias .. indebite occuparunt *Ib.* IV 383; **1317** de quolibet furno .. solventur [regi] .. qualibet ebdomada xij d. ~iarum *Ib.* IV 383; **1321** pro precio et summa .. duodecim morlanorum ~iarum annuatim solvendorum dicto domino nostro regi (*Pat*) *Foed.* III 881.

oblidere [CL], to squeeze, stifle.

ledo componitur elido .. collido .. ~o OSB. GLOUC. *Deriv.* 312.

obligamentum [LL]

1 artefact bound to the body, charm, amulet.

~um, *lyb, lybsu GlC* O 43; **10..** ~um, *lyb, lyfesu WW*.

2 (transf. or fig.) bond, commitment.

ut .. ad ~a mundi quae abjecerat appetenda redeat BEDE *Cant.* 1155D; quando prius dixisti, quod obligata juramento fuisti etc., tale ~um non valet, quia pretendit ad malum finem sc. ad mortem *G. Roman.* 280.

obligantia [cf. CL obligare], bond, obligation, commitment.

1393 ob ~iarum et amicitie fedus inter nos et carissimam sororem nostram .. mutuo ineundum et firmandam (*Pat*) *Foed.* VII 744; **1573** riotas, routas, falsas oblegancias *Reg. Heref.* 175.

obligar [cf. CL obligare], artefact that binds or fastens (in quot., garter).

~ar, A. *a gartur WW*.

obligare [CL]

1 to tie up, bind: **a** (w. ref. to strangling); **b** (transf. or fig., w. ref. to paralyzing or immobilizing); **c** (abstr. or fig.).

a te Dominum .. prece deposco, ut qui furtum istud commisit .. gula ejus vel lingua seu fauces suae sic fiant constrictae et ~atae, ut panem vel caseum istum non praevaleat manducare (*Jud. Dei* 5.1) *GAS* 425; conjuro te .. ut panem .. numquam possis manducare, sed inflatis buccis .. fauces tue sicce efficiantur et ~ent te, antequam confitearis peccata tua Domino nostro (*Ib.* 11. 1) *Ib.* 427. **b** manus et brachia gelidus rigor ~at GOSC. *Transl. Mild.* 37 p. 208. **c** errores, quibus ante adventum Christi in carne omne humanum genus ~abatur astrictum GILDAS *EB* 4; p**675** quis paschalis festi regulam et tonsurae Romanae ritum refutans non potius se strictis nexibus inextricabiliter ~andum quam dementer absolvendum ullatenus arbitretur ALDH. *Ep.* 4 p. 485; si Deus .. me nodibus infirmitatis pro peccatis non ~asset *V. Cuthb.* I 4; sunt tamen qui de levioribus peccatis quibus ~ati defuncti sunt post mortem possunt absolvi BEDE *Prov.* 971; licet .. anima quam Dei Filius assumpsit numquam peccato fuerit ~ata AILR. *Serm.* 2. 24. 268; spernere namque Deum labor excipit, obligat error L. DURH. *Dial.* IV 217.

2 to tie up or engage (money or property) for a specific purpose, usu. as pledge or mortgage.

1200 hii [libri] cum ceteris ornamentis non vendantur nec pignori ~entur *Conc. Syn.* 1071; c**1200** quas viz. ecclesias eidem conventui ad hoc ipsum faciendum bona fide ~avi *Ch. Westm.* 482; advocantes sibi in consilium magistrum J. de B. .. advocatum, ~antes eidem .. decem marcas annue pensionis GERV. CANT. *GR Cont.* 259; **1272** pro toto .. debito .. ~avit dicto Abrahe unam domum quam habet .. in civitate Londonie *SelPlJews* 65; c**1290** ad horum [sc. iiij solidorum] solucionem predicti H. et M. ~averunt terram illam et omnes suas extra portam aquilonalem districcioni abbatis *Cart. Chester* 470 p. 276; **1320** pro denariis ~atis episcopo Coventrensi *Lit. Cant.* I 45.

3 to bind (person) legally or morally, oblige (also refl. & pass.); **b** (w. inf.); **c** (w. *in* & acc. or abl.); **d** (w. *ad* or *de*); **e** (w. *quod* or *quia*). **f** (p. ppl. as adj.) obliged, responsible. **g** (as sb. m.) person under legal obligation.

qui bonae rei detrahit se in futurum ~at BEDE *Prov.* 979A; quos respicit .. tantis debitis ~atos egestate tabescere ANSELM (*CurD* II 19) II 131; ad curiam coactos .. perpetuo sacramento sibi ~avit W. MALM. *GR* II 148; asserens se de fide qua se rex ~atum esse dicebat *Id. GP* III 125; cum Rollone comite amico ~atus federe *Ib.* V 247. **b** **1309** ~avit se teneri (*Year Bk* I) *Selden Soc.* XVII 157; **1410** universitas .. graciam hujusmodi ampliare se reputans ~atam *StatOx* 209; **1412** quibus misse et exequiis doctores et magistri regentes singuli interesse .. in fide universitati prestita ~entur *Ib.* 210. **c** c**1280** Robertus le Mercer fuit ~atus in xiiij solidis .. pro terra in vico aquilonali *Cart. Chester* 456 p. 272; **1307** ~amus nos conjunctim et divisim .. magistro .. in quadraginta solidis sterlingorum *Deeds Balliol* 119; **1329** noverit universitas vestra .. me .. ~ari .. Roberto .. in quadraginta solidis argenti *FormA* 361; **1350** quod .. Hugo .. ~aretur dicto [J.] in decem libros [*sic*] sterlingorum *Reg. Rough* 283; aliquem .. in suum defensorem .. ~are *Croyl.* 57; abbati .. in ducentas marcas se .. ~arunt *Meaux* II 21. **d** quicumque suscipit curam animarum ~at se ad predicandum eis T. CHOBHAM *Praed.* 137; c**1219** inhibemus ne .. vicecomites .. laicis potestatibus ad reddenda raciocinia ~entur (*Const. Lond.*) *EHR* XXX 298; **1255** ~avimus eosdem Judeos predicto comiti ad solutionem trium millium marcarum (*Pat*) *Foed.* I 543; **1275** ~avit se fide media de conservando dictum W. indempnem *SelPlMan* 28; **1285** ~et se .. de faciendo fieri eidem Johanni *RGasc* II 256b; **1309** nec S. et A. .. nec aliquis .. predecessor fuit umquam seisitus de tenementis .. per quod illa alicui dare potuerunt seu ~are se ad warantiam (*Year Bk.* I) *Selden Soc.* XVII 53. **e** voto se ~ans .. quia si cepisset insulam, quartam partem .. praedae Domino daret BEDE *HE* IV 14 p. 237; c**1280** renuncians in hac parte omni juris remedio .. necnon ~ans [*sic*] quod summam bladi .. quam .. recepit dicto abbati refundet si contra premissa venerit *Cart. Chester* 304 p. 195; ~avit se summa pecunie duobus leccatoribus quod induceret quendam sanctum heremitam ut ejus libidini consentiret *Latin Stories* 18; noveritis me ~asse me .. quod non vendam terram meam *FormA* 355. **f** impaenitentia ceteris ~atior invenitur esse peccatis BEDE *Luke* 490B; ex proprii voti sponsione facti sunt ~atiores BALD. CANT. *Serm.* 1. 15. 565. **g** **1435** si infrascripti ~ati .. amodo gerant pacem erga W. *FormA* 364.

4 (log. & phil.) to obligate disputationally, oblige a respondent to answer a proponent.

quando arguitur tu negas istam et bene respondes et non es ~atus .. igitur hec est falsa KILVINGTON *Soph.* 48 ww p. 150.

obligarius [cf. CL obligare+-ius; *assoc. w.* CL obligatorius], that binds, binding; (*scriptum ~ium*) bond, deed.

1310 quod scriptum suum ~ium nullum robur omnino habeat *Cart. Sallay* 156.

obligate [ML], in a binding, obliged, or obliging manner.

1236 hec et his similia ab eis debentur ~ius et fortius qui per sublimitatem gradus ecclesiastici fastigio ecclesie .. adherent proximius GROS. *Ep.* 36 p. 126; ad indefessam strenuitatem .. Redemptori animarum, animarum rectores ~issime constringuntur AD. MARSH *Ep.* 247. 44 p. 486; **1530** nos .. sibi .. ~issime devinxit *Conc.* III 742b.

oblig'aticus v. oligarchicus.

obligatio [CL]

1 (act of) binding or tying up (in quot., fig.).

alii .. solvi jussi sunt et perpetuam ab omni animi ~one solucionem reportarunt *Mir. Cuthb. Farne* 10.

2 (act of) engaging (as pledge or mortgage).

cartam .. continentem contractus donacionis vel ~onis possessionum ejusdem monasterii ELMH. *Cant.* 426; **1435** sub ypoteca et ~one omnium bonorum nostrorum presencium et futurorum *Kelso* 528 p. 420.

3 moral or legal obligation or bond; **b** (transf.).

non parituris sub ~one divina interminatus pernitiem W. MALM. *GP* V 225 p. 378; **1166** ut .. sic extorqueret ~onem fidelitatis J. SAL. *Ep.* 148 (177 p. 180); affectio vel consanguinitas vel ~o beneficii magis exigit dare uni quam alii T. CHOBHAM *Praed.* 194; s**1440** civilis ~o qua .. majestati vestre annectimur BEKYNTON I 107. **b** quia species .. ~onem generis non attingit J. SAL. *Met.* 880A.

4 (leg.) obligation, agreement by which one is bound to the payment of sum of money or the performance of certain tasks. **b** document that contains this agreement, bond, deed.

1219 super ~one, qua se obligaverunt .. ad solucionem duorum millium marcarum *Pat* 198; ~o est juris vinculum quo necessitate astringimur ad aliquid dandum vel faciendum BRACTON 99 (v. contraligare); **1271** nullus Judeus liberum tenementum habeat in maneriis .. per cartam, donum, .. confirmationem, seu quamcumquam ~onem *Leg. Ant. Lond.* 236. **b** c**1278** ut patet in quadam ipsius ~one ubi dicitur quod .. obligavit omnia bona sua .. ad solucionem dictarum xx marcarum *Cart. Chester* 688 p. 376; a**1292** se et omnia tenementa .. ad restituendum v marcas .. obligavit prout in quadam ~one patet *Ib.* 618 p. 347; **1292** de certis ~onibus, acquietanciis, privilegiis, et aliis singulis munimentis *MunAcOx* 58; c**1334** cuidam coco .. regis dicentis se habere quamdam ~onem de celerario Mich' de Chilton, vj s. x d. *Ac. Durh.* 523; **1379** ut patet per unam ~onem in custod' dom' *Hal. Durh.* 160; de ~one portante datam in nullo certo loco *MGL* I 175; **1441** in sigillacione ~onum *Cant. Coll. Ox.* II 161.

5 (log. & phil., w. ref. to terms of argument or rules of disputation) obligation by which a respondent is bound to answer a proponent.

quod per se et formaliter simpliciter contradiccionem seu repugnanciam non includit, ex quo sc. posito et admisso pro possibili absolute secundum speciem ~onum, que posicio nominatur, nusquam in consequencia bona et formali simpliciter, sequitur impossibile absolute, quod sc. per se et formaliter contradiccionem includit BRADW. *CD* 2A; ~o sic diffinitur a multis: ~o est prefixio enunciabilis secundum aliquem statum, quando sc. aliquis ex consensu proprio obligatur a ponente ad aliquid in disputacione, ad quod prius non fuit obligatus, et tunc fit obligatus. ~onis autem multe species assignantur; institucio, peticio, posicio, deposicio, subitacio, sit verum (*Ps.-*OCKHAM *Summa*) *GLA* IV 41n; argumentum potest fieri de posicione istius proposicionis .. et in aliis ~onibus similibus KILVINGTON *Soph.* 47 o; in regulis ~onum inseritur illa particula 'scitum a respondente esse tale' WYCL. *Act.* 80; ~o est quedam ars obligans respondentem ad respondendum affirmative vel negative secundum libitum proponentis *Id. Log.* I 69.

obligativus [CL obligare+-tivus], that binds (legally or morally).

patet quod prima et suprema lex eterna est jus increatum, cum ipsum sit veritas .. et est universaliter directivum et ~um creature ad omnia que exigit fieri ab eadem. ideo Deus autonomatice et propriissime est

lex quam debemus addiscere et servare Wycl. *Mand. Div.* 30.

obligator [ML], (leg.) one who gives bond or obligation, obligor, warrantor.

dum . . res contentiosa a seisina processerit ~oris *Fleta* 416.

obligatorius [CL]

1 that binds morally or legally, obligatory. **b** (log. & phil., w. ref. to argument or disputation) that binds a respondent to answer a proponent.

cum [mulier] errore inducta votum castitatis emiserit, votum hoc ~ium non videtur P. Blois *Ep.* 19. 70C; per nuntios solennes et secretos pluries vocavit et per cartas assertivas et ~ias, persuadens omnibus modis ut . . M. Par. *Min. II* 460; compota de bonis regiis consumptis exigebant ac per literas suas ~ias ipsos . . ad respondendum compellebant Fordun *GA* 51. **b** quis . . tam nescius in posicione ~ia ut hac admissa tanquam possibili, non se faciliter a contradiccione defendat . . omne . . concedendo, repugnans negando, impertinens rejiciendo, sicut juriste? Bradw. *CD* 838B; patet eciam noscentibus artem ~iam solucio ad illos consimiles casus, in quibus non certificatur de significato termini demonstrativi Wycl. *Log.* I 183.

2 (leg.; *littera ~ia* or sim.) bond, deed by which one is bound to the payment of a certain amount of money or the performance of tasks.

s1247 ut . . literas ~ias super summa certa pecunie pro subsidio sedis apostolice . . faceremus (*Lit. ad papam*) M. Par. *Maj.* VI 144; 1256 de quinque marcis quas mihi debent abbatissa et conventus . . annuatim . . sicut patet in carta illarum ~ia inter me et illas *Ch. Sal.* 1283; emanavit litera ~ia . . solvendis . . quam pecuniam prius receperat dominus *Reg. Heref.* 8; 1286 unde habuit scriptum suum ~ium quod reddidit in garderoba *Rec. Wardr.* 637; 1323 per letteras . . ~ias tenebatur conventui et ecclesie vestre in xij marcis sterlingorum *Lit. Cant.* I 93; 1400 prefatus Robertus se obligavit per scriptum suum ~ium prefato Johanni in centum marcis sterlingorum . . *Mem. York* II 14.

3 (as sb. n.) agreement by which one is bound to the payment of certain amount of money; also the document that contains this agreement, bond, deed, obligation.

s1295 tradidit c libras quas . . deferenti ~ium nostrum . . fideliter persolvemus *Ann. Worc.* 521; 1329 allocantur computanti, sub ~io Johannis Wolcopper, mercatoris Flandrice, remanente penes Reginaldum More, xiij li. xiiij s. *ExchScot* 239; 1360 ~ium prioris et conventus factum mercatori pro frumento et brasio emptis *Lit. Cant.* I 394; 1382 solute domino Roberto de Erskyne, de mandato et ex mutuo quondam domini Johannis Lyoun . . super quodam ~io ejusdem domini Roberti sibi facto, ut patet . . per idem ~ium *ExchScot* 85; ~ia in archa Eboracensi reposita *Meaux* I 377.

obligia v. oligia.

obligisticus [cf. CL obliquus, LL logisticus], (log. & phil.) that pertains to disputational obligation (v. et. *obligare* 4, *obligatio* 5).

si ponitur tale ens, eo ipso nichil ponitur imperfeccionis, insufficiencie, defectus vel malicie, ad per consequens nichil inconvenientis. igitur per regulam ~am possibile est tale esse Wycl. *Quaest. Log.* 283.

obligurire [CL], to waste or squander away.

etiam si . . relictum ipsi ~ierint [R. Robynson: *that . . they themselves have pyssed it agaynste the walles*] More *Ut.* 197.

1 oblimare [CL; cf. limus = *mud*]

1 to fill with mud or slime, clog up.

prostitute igitur ex frequentia coitus matrices habent ~atas, villosque in quibus semen retinere debent coopertos *Quaest. Salern.* B 12; nunc stagni fetoribus cenoque ~atus sorderet, lingue semper sue continuabantur incendia Ad. Eyns. *Visio* 35.

2 to make dark or obscure.

~are, obscurum facere Osb. Glouc. *Deriv.* 402.

2 oblimare [LL; cf. lima = *file*], to make clean, scour, polish.

~at, limpidat *GlC* O 84 (v. limpidare); olimat, limpidat *Ib.* 146.

oblinere, ~ire [CL]

1 to smear. **b** to anoint (also fig.). **c** to daub, coat. **d** to bemire, befoul.

culleum, vas pice oblitum *GlC* C 926; notandum tamen quod oblitus, si a verbo componitur quod est lino, corripitur Abbo *QG* 4 (10); ~o [v. l. ~io] unde oblitus . . et sciendum quod omnia composita a lino habent unum et eundem sensum Osb. Glouc. *Deriv.* 301; litus . . oblitus, collitus, inglutinatus *Ib.* 323; ~ire, circumlinire *Ib.* 402; legitur etiam . . secum Herculem ad Italiam ingens poculum ligneum attulisse, quo in sacris utebatur; quod ne carie consumeretur, pice oblitum conservabatur Alb. Lond. *DG* 13. 7. **b** hec . . unguentis oblitos . . odoratu pasci docuit Adel. *ED* 9; per vinum compunctionis sobria mentis alienatione jam mundi oblita Bald. Cant. *Serm.* 22. 15. 541; donis oblatis meretrix inmunda fit alma, / hoc est, quando satis est judicis oblita palma Walt. Wimb. *Scel.* 79. **c** oblitum, coopertum, *fordyt GlP* 633; habeat tabellam ceratam . . vel argilla oblitam [*gl.: enhoint*] Neckam *Ut.* 118. **d** oblitae, pollutae, *awlæette GlP* 659; luti sordibus ~itur et fedatur Andr. S. Vict. *Sal.* 50; est oblīta Deum meretrix ens oblita sorde H. Avr. *CG* f. 7v. l. 3; decalvatus, turpiter sputamentis ~itus in facie, vinculisque artatus ferreis, carcerali sex mensibus angustia maceretur Rob. Flamb. *Pen.* 274.

2 to soften.

lenio componitur ~io . . i. mitescere unde ~itus Osb. Glouc. *Deriv.* 304.

obliquare [CL]

1 to turn, direct, or place at an angle, to slant, to tilt: **a** (part of body); **b** (artefact); **c** (astr.); **d** (move in chess, pawn's diagonal capture).

a sinistra manu frenum retentat, quo capud equi in dexteram partem ~at, tanquam alio diversurus Greg. *Mir. Rom* 4; sunt aliqui joculatores qui nesciunt alium histrionatum nisi mutare vultus, curvare os, ~are [ME: *schulen*] oculos *AncrR* 75. **b** nunc ferri stimulus faciem proscindit amoenam / flexibus et sulcos obliquat adinstar aratri Aldh. *Aen.* 32 (*Pugillares*) 5; quoque magis facto applaudas, ampulla modo demisso ventre, modo ~ato sinu totiens vacuata, peracto . . inunctionis offitio, inventa est plena plus medio W. Malm. *GP* I 66 p. 123; sunt semibreves, sc. minor precedens majorem, que vero ~antur per se solummodo, non ligantur Haudlo 130; maneat igitur obliquitas per se simplex in qua breves et semibreves ~antur, non ligantur Hauboys 322. **c** quia zodiacus a cancro ad capricornum ~atus sit Adel. *QN* 71; zodiacus bis sex obliquat signa rotatu, / equalesque sibi non sinit esse dies J. Sal. *Enth. Phil.* 1067; zonas partiuntur, parallelos determinant cum signis suis ~ant zodiacum *Id. Pol.* 440B. **d** pedes directo tramite incedit . . tunc enim gressum ~at, cum predo efficitur Neckam *NR* II 184 p. 324.

2 to divert, deflect; **b** (partly fig.).

cursum teli ~asti ac lumen oculorum meorum perdere me non permisisti *Medit. Farne* f. 58v. **b** dux Ithacus, prudens consultum pendere, gnarus / obliquare dolos, doctus captare loquendo J. Exon. *BT* IV 123; cum tibi mordaces obliquent leva cachinnos / murmura, dum cupiant linguis lacerare profanis *Ib.* VI 976.

3 to follow at a slant or an angle.

cursum fluminis lateraliter ~ans . . ad oppositam . . ripam . . transvectus equo Gir. *EH* II 7 p. 321.

4 to make crooked, twist, distort (usu. fig.).

1168 plerumque, ~ata mente legum et canonum, qui munere potior est, potentior est et jure J. Sal. *Ep.* 237 (278); quamvis ceca dea cunctos obliquet amicos, / in tamen in minimis non sis obliquus amicis D. Bec. 726; nichil ~at [ME: *marreþ*] cor nisi peccatum *AncrR* 6; quia aliter tegit, ~at et obnubilat viam ad patriam Wycl. *Apost.* 78; quod utique originalis justicie ceptrum, si qua in sui parte ~averis leserisve integritatem racionis Chaundler *Apol.* f. 14.

5 (gram.) to express (grammatical mode) in an oblique manner.

articulus in gerundio ~at rem infinitivi modi Bacon XV 88; res infinitivi non significatur sub proprietate sua set prout ~atur per articulum construccionis *Ib.*

6 (intr.) to advance or extend at an angle, to glance, to slant; **b** (in chess).

~at, transversus vadit *GlC* O 5; 1155 terra . . que est infra ambitum illius vie, que incipit ex parte orientali versus D. et tendit ~ando et dilatando versus occidentem *Feod. Durh.* 121n; 1280 pilum ~avit super quondam ramum cujusdam piri crescentis juxta illud *IMisc* 38/23. **b** quod rex omnia juste capiat et in nullo omissa justitia omnibus exhibenda ~are debet J. Waleys *Schak.* 464.

7 (of eye) to look on the slant.

at ille lupino more ~antibus oculis predam insidians qua poterat parte id laniata capit *Ep. ad amicum* 18 p. 133.

8 to deviate (in quot., fig.).

si intencio sit recta, tota multitudo operum consequencium erit justa, et si intencio ~et a justicia, tota multitudo operum etiam bonorum de genere est injusta Wycl. *Civ. Dom.* I 3.

obliquatio [LL]

1 (act of) directing or placing at an angle, slanting, tilting; **b** (partly fig. or fig., w. ref. to crookedness, deviation); **c** (w. ref. to indirect implication).

erit *elmeil*, id est ~o ipsius [solis] septentrionalis et proclivis Adel. *Elk.* 15; deinde ipsius medii celi ~o quanta sit diligenter observandum *Ib.* 34; ex his ~onibus patet manifeste quod . . axes obliquantur nimis ab axe communi Bacon *Maj.* II 98; c1400 [canalis] secundum vici . . ~onem obliquatur Mon. Francisc. I 510. **b** ~o cohibenda compendio concordia studio advertenda Senatus *Ep. Conc.* xlvi; malum culpe est aversio a summo bono vel ~o secundum quod culpa dividitur in mortalem et venialem Middleton *Sent.* I 372b; complacuerunt sibi singula nostra obsequia, in tantum, ut si interdum oblique fierent, et nauseam propter ~onem singulis aliis generarent, sibi tamen soli signanter placuerunt, veluti recta *Reg. Whet.* II 394. **c** insinuatio . . alio modo epodos dicitur, id est ~o; quando indirecte sit et oblique omnia observantur in principio predicationis T. Chobham *Praed.* 263.

2 (of origin or line of succession).

s1461 per ipsum rectificabatur linea stirpis regie, que per sexaginta annos . . stabat . . sub ~one *Reg. Whet.* I 412.

3 (gram., w. ref. to semantic modification).

similiter 'ad' in comparacione dicit ~onem rei ad finem, in composicione quidem quietem dicit consequentem finem ut 'afficere', 'adducere' Ps.-Gros. *Gram.* 56.

obliquax [CL obliquus + -ax], (in quot., of eye) that looks askance.

1318 oculis ~acibus simplicitatem nostram viserunt *FormOx* 35.

oblique [CL]

1 slantwise, at an angle, obliquely.

cur [planete] oblique incedant Adel. *QN* 71; pensa libre ~e pendebunt donec aries recurva cornua sua subponat (*Proph. Merlini*) G. Mon. VII 4 p. 397; provectiores ejus annos plusquam vitricus ~e respiciens Gir. *EH* I 46 p. 305; signum recte oriri dicitur cum quo major pars . . equinoctialis oritur, ~e cum quo minor Sacrob. *Sph.* 98; quando virga cadit super virgam ~e, tunc multe partes virge cadentis tangunt multas partes alterius virge que prius non tangebant; et sunt alie partes cadentes et tangentes quando tangit ~e quam quando tangit directe Ockham *Quodl.* 53; omnis nota que sub se punctum habet bis perfecta dicitur, quia et ipse et proxima ~e ascendens perfecte sunt sicud prius, aut . . Will. 29.

2 (transf.) by implication, indirectly.

Ethelardum . . successorem Cuthberti ~e castigat W. Malm. *GR* I 82; ~e satis et ad hominem solvens non ad orationem respondet Gir. *TH* III 32; culpam suis aperte, sibi vero ~e, imponens *Id. GE* II 36 p. 347; ita nec in predicatione semper potest directe captari benevolentia, sed ~e T. Chobham *Praed.* 263; quintodecimo Pirrus ~e et mordaciter Agamemnon arguens querit . . Trevet *Troades* 26.

obliquilineus [CL obliquus + linea + -us], curvilinear.

superficialium quidam est rectilineus et quidam ~eus, et ~earum quidam est in superficie convexa ut anguli sperales WYCL. *Log.* III 48.

obliquitas [CL]

1 condition of being at an angle, obliqueness, slant; **b** (astr.); **c** (mus., w. ref. to) oblique note; **d** (gram., of case, w. ref. to grammatical modification).

~as, inequalitas OSB. GLOUC. *Deriv.* 403; tortura mandibule vel ~as visus in febre acuta significat mortem statim J. MIRFIELD *Brev.* 72. **b** de sole mirum videri potest que hujus ~atis necessitas ADEL. *QN* 71; de zodiaci ~ate .. de parallelorum interstitiis NECKAM *NR* I 5 p. 36; propter ~atem zodiaci et ~atem orizontis obliqui SACROB. *Sph.* 101; Hecate, id est luna, obliquis flexibus, quia ~ate zodiaci flectitur nunc ad septentrionem nunc ad meridiem, quasi dicat TREVET *Troades* 31. **c** ~atem .. distinguere oportet a ligatura quando per se sola est HAUDLO 122; si ligatura incipiat per descendentem ~atem, eadem omni tractu carente *Ib.* 128; ligature ~atum quarum medie breves sunt *Ib.* 134; ~as sola descendens habens in principio tractum descendentem, cum proprietate ~as dici debet HAUBOYS 324. **d** ille ~ates casuales sunt prima genitivi, secunda ablativi, tercia accusativi .. *Ps.*-GROS. *Gram.* 49; hec ~as minima est quia simul necesse est esse unde eorum casualitas prima est .. in genitivo est maxima ydemptitas .. in ablativo minima *Ib.* 61; in accusativo duo sunt, sc. ~as et res significata BACON XV 39.

2 (fig.) (w. ref. to) crookedness, deviation, or sim.

quia juxta utramque harum ratiocinationum cadit ~as et deceptio quam ut vitetur necesse est notam esse KILWARDBY *OS* 522; ipsa anima Ade fuit ordinata in se contra omnem ~atem R. MARSTON *QD* 183; ne sunt dissimulandi errores predicti quia continuata ~as a rectitudine Cristi preparat ad ruinam WYCL. *Blasph.* 46; in actu fallentis et mencientis est quedam ~as, quedam duplicitas vel defectus *Id. Ver.* II 9; creatura Dei, cui ex defectu hominis et non a Deo inest ~as, mendacium, aut falsitas *Ib.* 93; ut quam perversitatis ~as grandis sit .. discas J. BURY *Glad. Sal.* 590.

obliquus [CL]

1 directed or placed aslant, oblique, not straight or direct; **b** (of eye, w. ref. to squinting); **c** (anat.); **d** (astr., w. ref. to zodiac).

a sanctae religionis tramite per ~os [*gl.*: *gimeleaste*, i. curvos vel flexus] anfractus ALDH. *VirgP* 36 p. 282; de ~is [*gl.*: tortuosis] mortalis aevi anfractibus FELIX *Guthl.* 27 p. 92; ~us, *scytehald GlC* O 29; inter breves et semibreves ligatas vel ~as posite sunt HAUDLO 106; **957** (15c) per Maccanynges ~am terram [ME: *by Maccanynges ouyrtwertlond*] *CS* 988 *marg.*; **1421** prostrato quodam ~o muro lapideo *AncD* A1995. **b** Goduinum .. ~is oculis intuitus W. MALM. *GR* II 188; hic strabo .. qui ~os habet oculos OSB. GLOUC. *Deriv.* 517; cujus oculi fuerint ~i cito alienacionem significat J. MIRFIELD *Brev.* 72. **c** musculi ~i duo descendentes versus imum ventrem his subjacent. musculis ~is ascendentibus sub his locus est D. EDW. *Anat.* A 3v. **d** motus ~i circuli est causa generacionis T. SUTTON *Gen. & Corrupt.* 185; circa ~um circulum qui dicitur orbis signorum sive zodiacus *Ib.* 187; arcum productum querat inter ascenciones circuli ~i N. LYNN *Kal.* 199.

2 (gram.) subject to grammatical modification, oblique (of case or noun in oblique case; also as sb.).

nomina .. quae in ~is casibus id est genetivo et ablativo pirrichium gignunt ALDH. *PR* 113 p. 153; de eo quod est 'radico', sciendum est quia sicut fiunt verbo ex oblico casu nominis neutri generis, ut 'munus, muneris, munero, muneras' ABBO *QG* 6 (15); equivocatio te non decipiat; quam in ~o reperies et non in recto. illa enim Tylis, hec Tyle vocatur GIR. *TH* II 17 p. 100; nomen barbarum quod apud nos per casus non inflectitur ut Adam, Abraham .. dicunt .. quod isti ~i Ade, Abrahe sunt voces non significative accommodate ad significandum GERV. MELKLEY *AV* 90; substantivum ~um potest adjungi alii substantivo ablico, et rectum ~o ut 'capa Sortis', 'cape Sortis' BACON XV 49;

3 (w. ref. to origin or consanguinity) not directly related.

quidam filiorum ejus [regis Cnuti] Haroldus, ~o .. sanguine ei natus, successisset in regnum *V. Ed. Conf.* 42v.

4 (partly fig. or fig.) not straight, devious, crooked, twisted (sts. dist. from *aequus*, *rectus*, or sim.); **b** (of person); **c** (of abstr.).

~a potius quam aequa discretionis lance librabuntur ALDH. *PR* 136 p. 190; quod fuit obliqum, equm facit, equat iniqum, / justificat Saulum, dampnat sine crimine Paulum WALT. WIMB. *Scel.* 39. **b** sepius obliquus fit rectus amicus; ob illud / .. / tu tamen in minimis non sis obliquus amicis D. BEC. 724–7; per te rectus fit obliqus, / per te puer fit antiqus WALT. WIMB. *Virgo* 77; non erat obliqus, regni set verus amicus GOWER *CT* II 215. **c** contra omnes aemulorum catapultas et venenata garrulorum jacula, quae de faretra ~i livoris plerumque intorquere nituntur ALDH. *PR* 142 (143) p. 201; antiquus humani generis grassator .. ~o livoris zelo succenditur *Id. VirgP* 32 p. 271; quod ~a invidia et amaris stimulis obprobriorum dies noctesque agerent W. MALM. *GP* I 66 p. 124.

5 obscure.

obligus, obscurus *Gl. Leid.* 19. 1.

6 (in adverbial phr., *in* or *per* ~*um*, *ab*, *ex*, or *in* ~*o*): **a** at an angle, aslant, obliquely. **b** indirectly, in roundabout manner.

a acutus tonus est nota per ~um ascendens in dexteram partem ALDH. *PR* 141 p. 200; qui Cornewalenses vocantur quod in occidente Britannie siti cornu Gallie ex ~o respitiant W. MALM. *GR* II 134; [jussit] alias quoque duas [vias fieri] ab oblico insule que ad civitates ceteras ducatum prestarent G. MON. III 5; in eodem .. loco mansit in ecclesia ex ~o habitaculi illius posita GIR. *GE* II 17 p. 246; in choro constituti, non respiciebat puer alterum nisi forte ex ~o, tamen raro *Found. Waltham* 25; ambulat extento collo .. rugat frontem, oculos in ~um vertit AD. SCOT *OP* 491B; est etiam alius inferiorum sperarum motus per ~um huic oppositus SACROB. *Sph.* 79; vadit in obliquum cum ledere vult inimicum (*Vers. Corpus*) *Hist. Chess* 519. **b** ait .. ad Wirenses .. ex ~o fecisse arguens quod ne fatiant rogat W. MALM. *GR* I 70; 'homo' .. significat omnes homines eque primo, et non primo unum et secundario alium, nec significat unum in recto et alium in ~o OCKHAM *Quodl.* 583.

oblitare [*frequentative formed from* oblitus, *p. ppl. of* CL oblinere], to tear, befoul, or sim.

veprecule ~antes [*gl.*: *ravisauns*] sirmata [*gl.*: *ploit*] planete BALSH. *Ut.* 46.

oblitēre [ML *gl.*; cf. CL oblitescere], to be in hiding.

delitere, ~ere, abscondere, recondere OSB. GLOUC. *Deriv.* 180; ~ere, latere *Ib.* 404.

oblitigia v. oligia.

oblĭtor [cf. oblinere], one who smears or daubs.

allitor .. ~or, illitor, cementarius OSB. GLOUC. *Deriv.* 53.

oblitterabilis [cf. CL oblitterare], that can be erased or consigned to oblivion.

consideracione non minus obliterabili contemplacioneve vel causa nullatenus absimili E. THRIP. *SS* IV 6.

oblitterare [CL]

1 to erase, delete, or deface, to obliterate (also absol.); **b** (partly fig., w. ref. to disfiguring or distorting); **c** (fig.).

672 ob inextricabile sons protoplastorum piaculum priscorumque cirografum ~aturum [cf. *Col.* ii 14] terris .. destinare dignatus est ALDH. *Ep.* 5 p. 489; obliterarent, delerent *GlC* O 42; non debet subducta linea cancellari .. immo potius in quo erratum fuerit debet penitus obliterari ut quod scriptum fuerat, nulli pateat *Dial. Scac.* II 2B; **1445** in ecclesia Sancti Sepulchri horribiliter conspuendo, ~ando, lacerando *Stat. Linc.* II 527. **b** mors .. / venusti speciem vultus oblitterat / levemque faciem rugis exasperat WALT. WIMB. *Sim.* 66. **c** conici datur quam pretiosa sit .. pudicitiae generositas quam nec illud abolere et obliterare .. potest ALDH. *VirgP* 31 p. 270; verum his in quibus omnem virtutis sensum ~avit impietas AILR. *Spir. Amicit.* I 60. 668; cujus amicitiam non corrumperent, non minuerent, non obliterarent? *Ib.* III 94. 693; dulci ponduscula puellam onerat, / nec tamen virginis florem obliterat WALT. WIMB. *Carm.* 54.

2 (w. ref. to forgetting or consigning to oblivion); **b** (w. *quod*).

672 precibus efflagito ut ~ata nequaquam memoria excedat ALDH. *Ep.* 5 p. 491; obliteratum, oblivione obscuratum *GlC* O 53; **904** (12c) dicta aut facta vel etiam pacta .. litterarum memoriae commendare procuravi ne .. fusca oblivionis caligine ~ata .. devenirent *CS* 612; omnem ejus memoriam ~avere silentio W. MALM. *GP* II 75 p. 163; poterunt tamen per processum temporis vel omnia communi obliterari memoria *Hist. Llanthony* f. 31v. **b** nec illud ~andum quod cum abbas .. ejus tumulum .. effodisset, invenit corpus nullius labis conscium W. MALM. *GR* II 160.

3 (w. ref. to discontinuing or causing to fall into disuse).

~atis .. erroneis lxxx et quattuor annorum circulis BEDE *HE* V 21 p. 346.

oblitteratio [CL], effacement, erasure, obliteration.

oblittero .. i. delere .. et hec ~o OSB. GLOUC. *Deriv.* 298.

oblivio [CL]

1 (act of) forgetting, failure or inability to remember or bear in mind, forgetfulness (sts. w. ref. to negligence or oversight); **b** (as quasi-personified agent); **c** (w. subj. gen.); **d** (w. obj. gen.); **e** (in phr.).

si cui inponitur opus aliquod et contemptus gratia illud non fecerit, cena careat. si vero ~one, demedium cotidiani victus GILDAS *Pen.* 15; [angelus] intra se retinet apprehensa sine ~one BART. ANGL. II 2 p. 20. **b** non hoc fecit negligentia vel ~o, sed magna .. cordis .. dubitatio ANSELM (*Ep.* 159) IV 26; gaudeo .. quod a memoria vestra me non ventilavit ~o D. LOND. *Ep.* 2. **c** **1290** xij celdre prebende .. non fuerunt ei allocate, per ~onem dicti constabularii, probatam super computo *ExchScot* 48. **d** ne .. vel copia vel inopia transeuntium rerum in ~onem decidat aeternorum BEDE *Prov.* 1024; non solum omnium que in hoc mundo sunt rerum, sed et cunctorum charorum, amicorum, et parentum ~o AD. SCOT *QEC* 19. 833C; non in omnibus omnino, sed ut in pluribus regnat confusio et morum remissio et ~o virtutum et viget propago vitiorum R. NIGER *Mil.* IV 52; prudenter satis ~oni scripti remedium objecerunt, ut vive vocis silentium vox scripta suppleret SENATUS *Wulfst.* 68; semper .. remedium ~o doloris est GIR. *Ep.* 4 p. 184. **e** minime in ~one habui quod parvam partem .. pro .. donatione .. concedo *CS* 869.

2 (med., w. ref. to loss of memory).

amnestia, ~o, letargia OSB. GLOUC. *Deriv.* 56; letargia, ~o mentis *Ib.* 323; ~o est reposite ymaginis in memoria deletio J. BLUND *An.* 277; si veniat ad cerebrum opilant meatum qui est inter rationalem et memorialem cellulam, unde perpetua sequitur ~o *Quaest. Salern.* P 70; litargia est ~o mentis que fit ea flemate replente partem cerebri superiorem *SB* 27.

3 state or condition of being forgotten, oblivion; **b** (as quasi-personified agent).

ut omnis memoria .. tolleretur .. et hoc ipsum .. ~oni daretur BEDE *Prov.* 941; cogitationes meas stylo alligo, ne ~one fugiant *Ps.*-BEDE *Collect.* 96 **801** unde ego .. his litterulis vestrae sanctitati fidem meam in memoriam revocare volui, ne thesaurum memoriae longa ~onis rubigine vilescat ALCUIN *Ep.* 225; postquam hoc judicium putat esse ~oni traditum, rursus suam incipit causam, dicens sibi fieri injuriam *Simil. Anselmi* 74; ne ulterius sub ~one jaceant tam preclara patrie lumina W. MALM. *GR* V 445. **b** partem divitum occupavit ambitio, partem sepelivit ~o *Id. GP* IV 162; nec Lethee ~oni silentio recondendum quod .. (*V. S. Wenefrede* 45) *VSB* 304.

obliviose [LL], in an oblivious manner, forgetfully.

obliviosus .. unde ~e adverbium OSB. GLOUC. *Deriv.* 397.

obliviositas, forgetfulness.

item erat in eis refectionis ~as J. WALEYS *V. Relig.* 11 f. 236va.

obliviosus [CL], forgetful (of), oblivious (to):

a (of person; sts. w. obj. gen.); **b** (of act or abstr.); **c** (as sb. m.) forgetful person.

a c800 ne me quislibet ~um notaret vestrae bonitatis ALCUIN *Ep.* 204; a974 nec episcopatus occasione regulae precepta tumidus vel ~us temere intermittat *Conc. Syn.* I 136; si quis ~us non inceperit, cum incipere debet .. LANFR. *Const.* p. 147; currit mater curiosa, filii uteri sui non existens ~a *Mir. Wulfst.* II 12; non erat plane verbi divini auditrix ~a facta, sed factrix operum *V. Fridesw. B* 3; debet [prelatus] et Manasses esse, hoc est ~us, obliviscens sc. populum suum et domum patris sui GIR. *GE* II 27 p. 296. **b** 796 non meae culpa est voluntatis, sed ~us ignorantiae error ALCUIN *Ep.* 115; 889 (11c) quod simplicem memorialis praecordii oculum turbines ~ae obscenitatis quatientes reverberant *CS* 561; tria .. sunt que mentes hominum ebriosa oblivione et ~a ebrietate ab amore Dei alienant BALD. CANT. *Serm.* 1. 10. 564; nam in illis corporibus ubi dominatur est color albus, capillus mollis et laxus, intellectus durus et ~us, .. BART. ANGL. IV 2 p. 88. **c** de Lethe potant omnes ~i, de Stige odiosi, de Flegetonte iracundi, de Acheronte tristes BERN. *Comm. Aen.* 51; qui rudem hanc collectam respexerit parcat ~o sibi providere volenti J. MIRFIELD *Brev.* 48.

oblivisci [CL], **~ere** [LL], to lose remembrance, sight of, or sim., to forget (also refl.); **b** (w. gen.); **c** (w. acc.); **d** (? w. abl.); **e** (w. inf.); **f** (w. indir. qu. & indic. or subj.); **g** (w. *quod* or *quia*); **h** (as true pass.).

oblitum, *ungemyndige* GlP 20; producuntur in tertia conjugatione oblitus .. petitus et cupitus ABBO *QG* 4 (10). **b** matronalis pudicitiae ~ens ALDH. *VirgP* 44 p. 297; an mei .. oblitus es exempli? BEDE *HE* II 6 p. 92; a805 cursus cotidiani synaxeos .. ~ere noli ALCUIN *Ep.* 281; oblitus itaque sui Cesar, quem mille acies non perturbaverant, coram rhetore mentis inops factus est ADEL. *ED* 20; .. ut pene alienatus a sensibus excederet, et †obsitus sui, vix se pedibus ipse teneret [v. l. oblitus sui vix se ipse teneret] SERLO GRAM. *Mon. Font.* 120; a se contritus erexit se supra se pene suimet oblitus *V. Edm. Rich* 1785A; fatuus vero indutus illa [nova] tunica, oblitus sui ipsius, discurrit de aula in cameram J. SHEPPEY *Fab.* 61. **c** obsequium praebens praedas oblita recentes ALDH. *VirgV* 1439; judicat legem quae nos injurias ~i praecepit BEDE *Ep. Cath.* 34; omnia tormenta .. ~ebatur FELIX *Guthl.* 31 p. 104; oblitus cygneam capitis sui canitiem BYRHT. *V. Osw.* 471; s1381 pre multitudine seipsos obliti KNIGHTON II 131. **d** s871 jam apparatu aequestri .. classis .. per arva silvasque feruntur ÆTHELW. IV 2. **e** oblitus hoc alicubi deponere, permisit suo in sinu remanere BEDE *HE* III 2 p. 130; .. manibus Deo gratias agere non est oblitus CUTHB. *Ob. Baedae* clxi; cumque iret cubitum oblitus deponere muscum ALCUIN *SS Ebor* 449; cymbam .. puppi †advectere [l. adnectere] .. oblitus est *V. Bart. Farn.* 18 p. 310. **f** haec .. Paulus fecit non quidem oblitus quid de abolitione legis .. statuerat BEDE *Acts* 981; an es oblitus quid excusationibus tuis objecerim in hujus disputationis principio? ANSELM (*CurD* II 16) II 122; forte obliti estis que flagella patiebamini in seculo AILR. *Serm.* 6. 5. 239; nonne stultus reputabitur qui aliena lustrat hospitia et quo sibi in necessitate divertendum sit ~itur? J. SAL. *Met.* 943C. **g** ne umquam ~aris quia magnitudo dilectionis .. me pro te ad mortem usque perduxit BEDE *Cant.* 1213; ut non ~amini quod scriptum est .. ANSELM (*Ep.* 80) III 204; nec sum oblitus quia, cum Romam tenderem, benigna vestra largitas Lugduni impendere fuit me conducere atque necessaria quaelibet impendere *Id.* (*Ep.* 262) IV 176. **h** c800 ne me quislibet obliviosus notaret vestrae bonitatis, quae numquam ~i poterit ALCUIN *Ep.* 204 p. 337; tot impedimenta hinc et inde occurrunt, ut paene Dei memoria ~atur ALEX. CANT. *Dicta* 20 p. 180; ad hoc ea confessus sum ut delerentur, ut ~erentur, ut nulli amplius panderentur EADMER *Beat.* 8; c1140 rectum facite episcopo et canonicis ita ne rectum meum ~atur si ibi fuerit *Regesta* III 532.

oblivium [CL], (act of) forgetting, forgetfulness.

longa ~ia preteritorum et futurorum BERN. *Comm. Aen.* 118.

oblocutio [LL], obloquy, (act of) speaking against or railing at, objection, reproach; **b** (w. subj. gen.); **c** (w. obj. gen.).

qualibet detractione vel ~one confundor AILR. *Spec. Car.* II 25. 574; s1219 suis ~onibus depravare *Reg. S. Osm.* I 367; longe a nobis sint detractiones, ~ones, vituperationes (KILW.) PECKHAM *Kilw.* 146; cum .. ex hoc multa scandala et ~ones orirentur *Meaux* III

89. **b** c1175 moram trahens non longam propter ~onem populi .. et .. scandalum fraternitatis (*Stat.*) *MonA* VI 649b; nec insolentioris supercilii notam, nec odibilioris ingratitudinis ~onem .. effugeretis AD. MARSH *Ep.* 171; invidorum ~onibus honorem .. debitum canonizationis .. distuli nimis insipienter *Flor. Hist.* II 315. **c** apud principium .. publicam in ordinis scandalum ~onem GIR. *Symb.* I 3 p. 215; s1258 contempto Dei timore, et tam reverendi martyris et hominum ~one .. ecclesie statum perturbarunt M. PAR. *Maj.* V 688; injungimus priori quod familiam suam a .. ~onibus et injuriis monasterii .. temperet *Reg. Ebor.* 131.

oblocutor [CL], one who speaks against, slanderer.

quia monachus ille unus erat ex ~oribus *V. Chris. Marky.* 77.

oblongare [ML], to make oblong (in quot., p. ppl. as adj.).

Anglia .. in circuitu tria milia miliaria .340. sed ~ata W. WORC. *Itin.* 326.

oblonginquitas [cf. CL oblongus+longinquitas], oblong or elliptical shape.

c1270 videtur etiam [galaxia] quasdam stellas sua ~ate pertransire *Ps.*-GROS. *Summa* 556.

oblongitudo [cf. CL oblongus+longitudo], oblong shape.

ut ~o lacertorum est quasi semiculus epatis GILB. IV 203. 1.

oblongulus [CL], rather long or tall (in quot., as sb. f.) tall woman, gammerstangue.

a gamarstangue, ~a, -ae LEVINS *Manip.* 23.

oblongus [CL]

1 of greater length than width, oblong, elongated; **b** (as sb. n.) length, spread.

qui .. ad focum ~o schemate factum sese calificant BEDE *TR* 34 p. 246; ~us, ex obliquo longus OSB. GLOUC. *Deriv.* 404; Britannia .. oblongior et arctior esse dignoscitur GIR. *TH* I 3; queritur quare quedam arbores frondes .. producant .. ~as et non scissas *Quaest. Salern.* B 60; qui habet ~am faciem est injuriosus BACON V 169. **b** quo ad latam vallem devenimus atque profundam, / cujus in oblongum extensa est sine fine vorago ALCUIN *SS Ebor* 908; illuc vero, sub murorum ~o, tante latitudinis stagnum ipsas partes tuetur *Ps.*-ELMH. *Hen. V* 51; per arvorum ~um *Ib.* 52 p. 130.

2 (w. ref. to duration) lengthy.

1527 ne ~a oratione tuae .. sublimitati fastidio simus *Conc.* III 710a.

obloquamentum, reproach, obloquy.

1357 cordi suo gracia piaculum sic impressit, quod nullis poterit ~is aut precibus aboleri *Lit. Cant.* II 363.

obloqui [CL]

1 to utter, speak.

c1300 ordinamus quod inter altare beate virginis et vestiarium diversorium statim erigatur, per quod imposterum ~endi malum materia abscidatur (*Vis. Ely*) *Camd. Misc.* XVII 23.

2 to talk (to), admonish.

ad prope longeque stantes .. ~ebatur ne .. ipsum ferramentis lederent W. CANT. *Mir. Thom.* III 1 p. 255; ~i, proloqui, *porparler Gl. AN Glasg.* f. 18ra.

3 to talk against, contradict, object, slander, or sim. (also absol.); **b** (w. dat.); **c** (w. *de*); **d** (w. *quia*); **e** (pr. ppl. as sb.) one who slanders or contradicts.

obstrependum .. ~endum *GlC* O 6; non letari in eo qui de humilitate ad solii fastigium conscendit, sed potius ~i et detrahere ANDR. S. VICT. *Sal.* 115; aperta fronte resistit, contradicit, ~itur AILR. *Spec. Car.* II 26. 575; c1178 hic autem solutus in risum ~i cepit et detrahere audacter asserens .. J. SAL. *Ep.* (325) p. 804. **b** 1166 ut reus videretur quia ~ebatur .. iniquitati *Ib.* 183 (175) p. 154; nec sibi ~itur cum dicit BALD. CANT. *Serm.* 15. 84. 561; que fieri debent juxta canones loquimur; .. consuetudinibus autem non ~imur GIR.

GE I 7 p. 24. **c** 1437 ipsos scandalizando et de ipsis ~endo *Stat. Linc.* II 369. **d** ibi .. didicit idem esse ex contradictione cum Aristotiles ~atur quia idem cum sit et non sit non necesse est idem esse J. SAL. *Met.* 868D. **e** ne cum ~entibus incipiant quod diligunt fastidire GOSC. *Aug. Maj.* 45A; ut .. aliquid .. salsioris .. in ~entes dicacitatis quam gradus ejus interesse deberet W. MALM. *GP* II 90 p. 195; ut .. ~entium linguas retunderet G. COLD. *Durh.* 7 p. 12; 1433 predictus Robertus .. per nonnullos ~entes multipliciter extitit diffamatus *Cl* 283 m. 4d.

obloquium [CL], (act of) speaking against, reproach, obloquy.

ut fieri solet quod morbus ~ii ab uno serpat in omnes W. MALM. *GR* II 201; cum .. eorum ~ia, honesta diu conversatione vitasset *Id. GP* I 47; murmurationes, ~ia, susurria J. FORD *Serm.* 68. 5; s1239 omnes ad quos .. pervenerunt ~ia blasphemie (*Lit. Papae*) M. PAR. *Maj.* III 591; 1252 ut cessante totius orbis terrarum ~io denigratum .. Anglorum nomen ingenuum primevos posset honoris titulos inducere GROS. *Ep.* 131; increpans illorum ~ia, et facta sua affirmans bona *Eul. Hist.* I 261.

oblucere [LL], to flash or shine against.

ensibus oblucent enses et brachia truncant GARL. *Tri. Eccl.* 63.

obluctari [CL], to offer resistance (to), contend or struggle with (sts. contrasted w. *luctari*); **b** (w. dat.); **c** (fig.).

ut fidem quam didicit etiam inimicis ~antibus palam confiteri non timeat BEDE *Tab.* 462; ~ati .. diutius regem proficisci volentem non .. avertunt *V. Ed. Conf.* f. 51v.; ~ari, reniti OSB. GLOUC. *Deriv.* 404; luctor et obluctor; si longo tempore lucter / non tamen hac lucta plenius ista sequar GARL. *Epith.* VI 575; nil cetus fortiter obluctans proficit / cum hamum branchire reduncum inicit WALT. WIMB. *Sim.* 188. **b** ~atur tibi hostis quem non potes videre PULL. *CM* 203; virtutum numerare gradus vitiis prohiberis; / obluctans ipsis Jacob alter, Paule, videris NIG. *Paul.* 46v. 161. **c** solo fit amicior usu / cenula, luctanti minus obluctata palato HANV. III 74.

oblus v. obolus.

obmergere [CL ob-+mergere], to emerge, arise.

quem terminum liceat summo pontifici de fratrum suorum .. Romane ecclesie cardinalium consilio ~entibus forte causis abbreviare BOWER XVI 2.

obminatio [CL ob-+minatio], (act of) threatening, menace, threat.

per sternutationes et per ~ones et per inpactiones pedum ad limina credunt sibi prospera vel adversa inminere T. CHOBHAM *Praed.* 167.

obministrare [CL ob-+ministrare], to serve, attend.

si sanctus Edmundus advocatus meus michi tantum vellet quantum vobis suffragari, in brevi melius erit in regno Babilonie servicio famulancium honoratus, quam sit in Anglicana regione ab Anglicis ~atus (*V. S. Edm.*) *NLA* II 664.

obministratio [CL ob-+ministratio], (act of) dispensing, administering, or supplying.

ad dicti subsidii colleccionem et aliorum nobis necessariorum ~onem promisit .. interponere partes suas AVESB. f. 95v.

obmittere v. omittere.

obmortuus [LL], dead, not functioning (in quot., of limb).

quidam .. puer, membra sua sibi deputans inania, quia erant ob mortua [MS: obmortua] (*V. S. Wenefrede* 37) *VSB* 304.

obmurmurare [CL], to grumble or protest (at), complain (about); **b** (w. dat.); **c** (w. acc.); **d** (w. *ad*).

murmuro .. et ~o OSB. GLOUC. *Deriv.* 343; stertere dicuntur illi qui ~ant *GlSid* f. 143va; si ergo obtemperans Deo est; si obmurmurans contra illum est *Regim. Princ.* 75. **b** ~are tamen cogar quibusdam cenobitali vita degentibus J. GODARD *Ep.* 222. **c** ibi .. actiones perstrepant et declamationes, hic .. lectiones ~ent et orationes GIR. *IK* I 3 p. 41. **d** 1168 ut

filius ad flagellum patris erumpat in indignationem, ad castigationem servus ~et J. Sal. *Ep.* 235 (276) p. 586.

obmutatio [CL ob-+mutatio], exchange, alternation.

c1275 reddent .. ~onem servitiorum *Cart. Glouc.* II 208.

obmutescentia, obmutentia, [cf. CL obmutescere, ML obmutere], (act of) becoming dumb or falling silent.

queratur secundum doctrinam Petri constanter propter habendam ~escenciam, quid secundum naturam suam sit hoc venerabile sacramentum Wycl. *Apost.* 230; Heli propter ~enciam correccionis pastoralis privatus est sacerdocio *Id. Ver.* II 191.

obmutescere [CL], **obmutere** [ML]

1 to become dumb or speechless, fall silent; **b** (w. ref. to loss of speech as result of illness or sim.); **c** (w. organ of speech as subj.); **d** (fig.).

p675 aut veritatem ignorando aut falsitatem dissimulando ~escunt Aldh. *Ep.* 4 p. 482; a805 quid .. restabat nisi ut ~esceret Alcuin *Ep.* 268; torpuit, ~uit *GlC* T 189; ad reverentiam tanti misterii sese erigi fecit et vespere facto ommutuit *V. Gund.* 46; ~escit .. detractor cum videt displicere quod dicit Andr. S. Vict. *Sal.* 76; si ~ire audes, ut ad singula que dicunt aut faciunt non dixeris: 'euge, euge.' J. Sal. *Pol.* 591A; de regis sapiencia non est ~endum *Flor. Hist.* III 319. **b** eis qui sobito [sic] ~escunt *Leechdoms* III 100; loquelam amisit et omutuit et similis mortuo fuit Anselm Bury *Mir. Virg.* 33 p. 52; quem .. ~escentem martyr .. sanitati restituit W. Cant. *Mir. Thom.* VI 66; si quis .. ex morbi vehementia ~uerit Gir. *GE* I 40. **c** labrum ~uit Felix *Guthl.* 50 p. 160; lingua ~uit, os saliva defluente spumat Gosc. *Transl. Mild.* 37 p. 208; ut etiam os ~escat ad orationem Anselm (*Or.* 5) III 13. **d** c799 quare tua, frater carissime, caritas taciturnitate ~escit? Alcuin *Ep.* 191.

2 (trans.) to render speechless or dumb (in quot., refl.; w. ref. to *Is.* liii 7).

tanquam ovis ad occisionem ductus est, et quasi agnus coram tondente se ~uit, et non aperuit os suum Ailr. *Spec. Car.* III 14. 582; quasi agnus coram tondente se ~escens Ad. Marsh *Ep.* 102 p. 231.

obnebulare [CL ob-+LL nebulare], to obscure, darken, cover (as if) with a cloud; **b** (fig.).

~are, obscurum facere Osb. Glouc. *Deriv.* 400; ~are, caligare *Ib.* 401. **b** 1518 cum eos ~averit caecitas *Conc.* III 669a.

obnectere [CL =to entwine], to bind up, tie.

obnectare [l. obnectere], colligare *GlC* O 74; ~ere, nectere Osb. Glouc. *Deriv.* 404.

obnervare, to stretch, extend.

albedo .. intensa visum disgregat et maxime nervum obticum obtenebrat vel ~at [gl.: *enfablir*] Neckam *Ut.* 117 (ed. Scheler 168).

obnexus v. obnectere, obniti.

obniti [CL]

1 to offer resistance (sts. physical), be opposed to; **b** (w. dat.); **c** (w. inf.).

~entibus tandem et ipse lacrimans obtinuit quatinus ei .. licentiam darent *Hist. Abb. Jarrow* 24; obnexus [l. obnixus], oppositus *GlC* O 61; obnixus, contradixit *Ib.* O 66; non fuit ~endi potestas cum eum urgeret regis .. auctoritas *V. Gund.* 16; episcopis suo more ~entibus .. Elfleda .. terminum fixit W. Malm. *GP* III 109 p. 242; dum et exterius impugnantium et interius ~entium anceps esset victoria *G. Steph.* 18. **b** quidquid requiei placidae voluntatis vestrae ~ebatur Anselm (*Ep.* 433) V 379; cui .. rei vehementer ~ebatur vir sanctus *Canon. G. Sempr.* 44. **c** licet enim Deo difficile nihil sit, possibilius tamen videtur quod nihil non est ad esse, quoniam nihil ~itur adduci, quam quod male est, et per hoc obluctatur, emendari Pull. *Sent.* 745A.

2 (p. ppl. *obnixus* as adj.) persistent, eager.

c741 ~is precibus postulamus Bonif. *Ep.* 49; c746 hoc ~a prece flagito *Ep. Bonif.* 70; ~us, *strimendi*, obstinatus, perseveram [l. perseverans] *GlC* O 30; 1008 ideo rogavit ~is precibus Ch. Burton 31; ~is favoribus regis vota debere impleri pronuntians W.

Malm. *GP* I 58 p. 112; invisi operis florem .. ~a expeteret voluntate Ord. Vit. VI 1 p. 2.

obnixe [CL], strenuously, eagerly.

672 idcirco supplex tam ~e Aldh. *Ep.* 5 p. 491; p705 ~e precamur *Ib.* 10 p. 503; a713 obnixæ [sic MS] omni cum diligentia commendamus *Ep. Bonif.* 8; ne tamen ~e petenti nil ferret auxilii Bede *HE* III 7 p. 141; ~ius deprecor clementiam vestram Alcuin *Ep.* 223; petebat †obnoxius [l. obnixius] ut .. Turgot *Marg.* 247; c1146 ~e postulantes a nobis *Doc. Theob.* 138; rex .. deprecans †obnoxe [l. obnixe] ut militem illius intuitu exaudiret M. Par. *Maj.* III 219.

obnixus v. obniti, obnoxius.   **obnoxe** v. obnixe.

obnoxietas [LL], indebtedness, bond, liability.

dulcis quedam et grata ~as est H. Bos. *Thom.* III 13 p. 212; si tanta invenitur ~atis parilitas ubi junctis manibus hominia fiunt Gir. *Symb.* I 7 (v. hominium 1); reatus peccati est quedam ~as pene eterne S. Langton *Quaest.* f. 222vb; ~as sive obligatio qua aliquis astrictus est T. Chobham *Conf.* 199; 1293 ab inmunitate malicie in obnoxitatem pene S. Gaunt *Serm.* 208.

obnoxius [CL]

1 bound (to), indebted, obliged (usu. w. dat.); **b** (w. gen. to indicate cause of indebtedness).

796 igitur infantes, ratione non utentes, aliorum peccatis ~ii .. per baptismi sacramentum salvari possunt Alcuin *Ep.* 110; donum igitur vestrum nequaquam vobis reddo ne quo modo minus vobis reddar ~ius Anselm (*Ep.* 1) III 98; quod negotium, tum quia omnino eramus ~ii adinvicem, libens concessi Dominic *V. Ecgwini* I 9; ut in nullo vobis ~ius foret vel astrictus Gir. *SD* 108; 1227 ut munificentie vestre liberalitatem .. multiplici gratiarum actione prosequi debeamus, specialiores et obnixiores [sic MS] solito vobis effecti *Pat* 35. **b** si servilis aut ex origine non est conditionis ~ius Egb. *Dial.* 410; ei non solum Cantia ingentis beneficii est ~ia W. Malm. *GP* I 12 (=Gerv. Cant. *AP* 347)

2 subservient (to), under the power or authority of.

Christiani .. Turcis ~ii Ord. Vit. IX 9 p. 520.

3 liable or subject (to) (also leg.): **a** (of person); **b** (of land).

a c1170 magne pecunie dampno ~ius erit *Hexham* I 20; 1549 poenis etiam canonicis sese sciant esse ~ios *Conc. Scot.* II 108. **b** ut exempti sitis ad decimarum solutione, quibus ~ie terre erant P. Blois *Ep.* 82. 253B.

4 exposed or susceptible (to).

operum .. bonorum perfectionem liberam et nulli ~iam perturbationi possidet Bede *Cant.* 1068; vitam temporalem et morti ~iam agebat in carne *Id. Ep. Cath.* 116; domestico ~ius veneno W. Malm. *GR* III 262; caro nostra .. afflicta infirmitatibus, ~ia passionibus P. Blois *Ep.* 11. 34C.

5 guilty or accused (of); **b** (w. gen.); **c** (w. abl. or *in* & abl.); **d** (as sb. m.) guilty person.

~ius, *scyldig GlC* O 106; quod autem et regi et his qui ~ii videntur adeo condescendimus W. Malm. *GR* V 416. **b** quia quicumque illuc confugerit, cujuscumque criminis ~ius, subsidium invenit *Ib.* II 172; proditores eos proclamant ac laesae majestatis criminis ~ios Chauncy *Passio* 86. **c** Adam praevaricator extitit et isti quoque praevaricatione ejus ~ii fuere *Comm. Cant.* II 17; 800 qui in simili praevaricatione ut ego nequaquam ~ii sunt *Ep. Alcuin.* 199 p. 330. **d** quatinus innocens sine ulla difficultate hoc pabulum probationis deglutiat, ~ius autem .. nullatenus devorandi valetudinem percipiat (*Jud. Dei* 3. 2) *GAS* 409; c1440 ~ium cohercere et innocentem .. liberare *FormOx* 465.

6 (w. ref. to crippling) deprived (of), injured (in).

omnes .. exules faceret vel membris ~ios G. Herw. f. 329.

7 obnoxious, harmful (in quot., as sb.).

quippe multis ~iis, qui vix aliorum dictamina .. intelligere .. quiveram nedum propria incudere sufficiens, sed velut barbarus aliorum linguam infringens temere commendavi Nen. *HB Pref.* p. 126.

obnubere [CL], to veil, cover; **b** (fig.); **c** (w. ref. to concealment or cover-up).

astra indicant nascentem, patientem ~unt, recipiunt nubes ascendentem Bede *Acts* 942; nubes .. aliquamdiu jacentem ~ens, stuporis spectantibus fuit W. Malm. *Wulfst.* I 1 p. 6; ~ere, tegere Osb. Glouc. *Deriv.* 401; eo quod pubentes gene seminudum eum incedere clamideque indutum parva invelatumque cetera umerorum cacumen ~ere, sine magno risu Cipridis non sinebat J. Sal. *Met.* 933A. **b** Felix *Guthl. prol.* p. 62 v. 1. (v. obnubilare c); non ulterius munus meum ~et meticulosa cunctatio W. Malm. *Wulfst. ep.* p. 1; cum sensus carnis menti copulatur et velamento pudoris ~itur Gros. *Hexaem.* VIII 33. 3. **c** [Hen. II] inter eligentes serens discordiam .. ut factionem propriam aliena malignitate ~eret R. Niger *Chr.* II 169.

obnubilamen [cf. CL obnubilare], (act of) covering or darkening, darkness.

hoc ~en, -nis, i. obscuritas Osb. Glouc. *Deriv.* 378.

obnubilare [CL], to becloud, cover, darken; **b** (eyesight, w. ref. to rendering blind); **c** (fig.); **d** (w. ref. to concealment or cover-up).

obtegi, ~ari, *beon oferheled GlP* 69; melancolicus fumus a stomaco resolutus .. obvolvit cerebrum et ~at *Quaest. Salern.* 1; aeris facies ~ati variis perturbationibus perturbatur Neckam *NR* I 18 p. 62; totam domum ~abit aqua inde evaporans S. Langton *Gl. Hist. Schol.* 42; coverer, obnubilare *Gl. AN Ox.* f. 154; ut fumi magnitudo etiam sidera ~aret *Flor. Hist.* II 33; ita aera ~avit ut omne lumen obtexuit *Eul. Hist.* I 397. **b** hostes .. mox oculis ~atis nec retro regredi nec ante tendere valuere W. Malm. *GR* II 127. **c** antra caliginis obnuvilante [v. l. obnubilante] mendacio .. nos veritas luce .. illustret Theod. *Laterc.* 11; ne sensus legentium prolixae sententiae molesta defensio ~et [v. l. obnubet] Felix *Guthl. prol.* p. 62; quia gratiam sensuum spiritalium improba rerum carnalium meditatione ~ant Bede *Cant.* 1132; si vestra dilectio erga me aliquatenus ~atur, mihi est amarius Anselm (*Ep.* 159) IV 27; c1130 ne dampnosa temporum interjeccio antiquet et obnubilet [sic] id quid misit in dubium (H. Hunt. *Ep.*) *EHR* XVIII 713; ut sophismatum umbras que verum ~ant discutere possit J. Sal. *Met.* 850B. **d** eatenus ~ata regie auctoritatis terrore .. conspiratio *Chr. Battle* f. 38.

obnubilatio [LL], (act of) beclouding or darkening; **b** (fig.).

obnubilo .. et inde .. ~o Osb. Glouc. *Deriv.* 378; ita quod nubes .. fulgorem claritatis ~one sua subducant oculis humanis Neckam *SS* I 1. 25; s1230 in aere facta est nubium densitas et solaris ~o claritatis M. Par. *Maj.* III 193; nubium densitas et solis ~o *Ann. Lond.* 29. **b** cujus gratie nimiam .. una die irruit ~onem G. Crispin *Herl.* 64 p. 97; a1400 nos talia enormia considerantes in status monastici ~onem quamplurimum redundare *Pri. Cold.* 83; hujus opusculi qualitatem .. exili duxi ~one velandam Elmh. *Metr. Hen.* V intr. p. 80.

oboedibilis [ML], (able to be) obedient.

a871 ~is servunculus .. fieri paratus sum *CS* 527; ypocrite qui pretendunt se esse filios maxime ~es ecclesie Wycl. *Ver.* III 27.

oboedienter [LL], obediently, dutifully.

discipulus qui increpationibus docentium ~er adnuit Bede *Prov.* 986; propter justitiam quam ~er servabat Anselm (*CurD* II 18) II 127; quorum alter preceptis tuis .. ~issime pareret Ailr. *Spec. Car.* II 45. 563; obedio .. unde ~er, ~ius, ~issime adverbia Osb. Glouc. *Deriv.* 19.

oboedientia [CL]

1 act of obeying or condition of being obedient, obedience (also eccl. & mon.); **b** (w. subj. gen.; in quot., transf. & fig.); **c** (w. dat. or obj. gen.).

in superficie tantum vultus presso in altum cordis dolore sui ~iam proferentem edictis subjugavit Gildas *EB* 5; quo exemplum ~iae mortalibus in valle lacrimarum .. praebet Aldh. *VirgP* 6 p. 234; eis quae tonsura majores sunt virtutibus, humilitatis aut ~iae, non mediocriter insignitus Bede *HE* V 19 p. 323; 802 ~ia vestra, caritas vestra, humilitas vestra notae sint omnibus Alcuin *Ep.* 250 p. 405; in qua congregatione erat quidam frater, Aelfstanus nomine, simplex et magnae ~iae vir Ælf. *Æthelwold* 10. **b** ad hoc .. conveniunt .. sanguinis ~ia vel inobedientia, loci

habilitas, et tenor virtutis *Quaest. Salern.* B 299. **c** ut talentum verbi quod fama didicerunt per fidei ~iam reddant BEDE *Tob.* 932; regulariter sub abbatis ~ia et non in propriae voluntatis arbitrio ANSELM (*Ep.* 38) III 148; si pacem inter vos et ~iam domno priori servatis *Id.* (*Ep.* 286) IV 206; resurrectio . . et vita per ~iam Christi qui est resurrectio et vita BALD. CANT. *Serm.* 2. 1. 429; in dilectione familiarum, in ~ia majorum T. CHOBHAM *Praed.* 202; ~ia mandatorum Dei *Id. Serm.* 3. 13vb.

2 (feud., usu. Cont.): **a** (w. ref. to allegiance or vassalage); **b** (w. ref. to jurisdiction, power, or authority); **c** (w. ref. to) territory over which the power of a ruler extends, dependent territory.

a1283 homagiis, juramentis, fidelitatibus et aliis ~iis nobis . . per vos factis *RGasc* II 220a; rex Francie et filius suus senior . . tradent . . regi Anglie . . omnes ~ias, homagia, feoda, justicias etc. J. READING f. 175v; **s1360** omnes ~ias, homagia, feoda, justicias, recogniciones WALS. *HA* I 292. **b 1514** comitatus, civitates, opida, villae, territoria, et alia quaecumque sub ~ia dicti principis existentia *Foed.* XIII 419. **c 1502** infra terras, patrias, dominia, ~ias, portus, districtus, jurisdictiones, aut alia loca imperii *Ib.* XIII 16.

3 (eccl. & mon.): **a** (w. ref. to obedience required by monastic rule or ecclesiastical hierarchy); **b** (w. ref. to gesture or sim. that expresses vow or profession of obedience).

a ut . . monachi non migrent de loco ad locum . . sed in ea permaneant ~ia quam tempore suae conversionis promiserunt BEDE *HE* IV 5 p. 216; **c1075** tibi Lanfrance . . de canonica ~ia professionem facio LANFR. *Ep.* (3) p. 44; servitium pro viribus . . servata regulari ~ia, fideliter exhibere ANSELM (*Ep.* 308) IV 231; **1153** Rodberto Dei gratia Lincolniensi episcopo et . . universis sancte ecclesie filiis R. comes Cestrie ~iam et salutem in Christo *Ch. Chester* 108; a clericis exegit ~ias DICETO *Chr.* 250; **1228** faciendo ei [sc. decano] eandem ~iam que fieri solet predecessoribus suis *Pat* 227. **b** tabula post capitulum pulsatur et ~ia [AS: *hyrsumnys*] agitur *RegulC* 32; nescientes quid agere possent pocius in hac parte, Henrico priori intruso, sicut et ceteri, manualem ~iam prestiterunt *G. Durh.* 39; accedant ad eum fratres . . et faciant ei ~iam manualem, primo sc. flexis genibus manum osculando et os postea *Cust. Cant.* 44; **c1520** ~iam nostram manualem et juratoriam . . dicto . . patri . . prestandi *Conc. Scot.* I ccxliii.

4 ecclesiastical or monastic office (also w. ref. to papacy).

c1150 me . . vicarium suum . . fecit quam ~iam multo tempore implevi *Ch. Sal.* 17; **s1206** ne aliquo casu in manus regis deveniant ipsa officia . . vel per moram fiat deterioratio ~iarum *Chr. Evesham* 206; libentius voluisset fieri . . custos librorum quam abbas. illam utique ~iam dixit pre omnibus aliis se semper desiderasse BRAKELOND f. 130v.; antequam conveniret ad ipsum ~ia, mortuus erat ECCLESTON *Adv. Min.* 51; auxit siquidem supradictam ~iam, viz., coquinam monachorum *G. S. Alb.* I 207; **1411** Angelo Corario, tunc in sua ~ia Gregorio xij^mo nuncupato *Lit. Cant.* III 125.

5 room, cell, or sim. in a monastery, that is appropriate to a certain office.

omnes qui intra monasterium ~ias habent . . suarum ~iarum claves ante pedes ejus ponant LANFR. *Const.* 141; **c1156** concedimus monachis . . cameram suam et sacristariam et cellarium cum omnibus rebus ad easdem tres ~ias pertinentibus *Doc. Theob.* 47; **s1206** proventus recipiant universos tam ad abbatis cameram quam ad alias ~ias pertinentes (*Vis. S. Marie Ebor.*) *EHR* XLVI 449; **s1234** omnes . . similiter exeant vel ad gratias vel ad claustrum vel ad dormitorium vel ad ~ias suas (*Vis. Bury*) *EHR* XXVII 732; cameram et sacristariam, et alias obedicientias [*sic* MS] in manu sua . . tenuit *Chr. Evesham* 105.

6 dependency of monastery.

1151 ut . . exactiones quas Giraldus . . in ~ia Maironis immiserant . . quassarentur *Act. Hen. II* I 24; **c1159** Reginaldus Espeudri . . ibi coram me recognovit quod nullum jus habebat in ~ia de Fonte Caro *Ib.* I 322; in ~iis nostris libere et quiete per manum nostram tractandis *Cust. Abingd.* 297; **1199** in ~iis ipsius monasterii aut locis *RChart* 8b; tam hiis qui habitent in monasterio quam iis qui sunt per ~ias *Ib.* 9a.

oboedientialis [ML]

1 of or relating to obedience (usu. eccl. & mon.).

domino . . archiepiscopo frater A. ~em famulatus supplicissimi promptitudinem AD. MARSH *Ep.* 5; transcriptum littere ~is . . per quam minister generalis . . fratri Andree suam commisit auctoritatem *Ib.* 178 p. 319; dum solo verbo vinculi ~is hunc ad claustri gradum confestim potuisitis remittere (*V. J. Bridl.*) *NLA* II 69; **1417** clementissime in Christo pater et domine ~i recommendacione premissa cum honore debito tanto pastori *Reg. Cant.* III 48.

2 obedient.

c1404 vestre sanctitatis ~es filii *FormOx* 200.

3 (log. & phil.) caused or conditioned by obedience to external command or necessity.

dico quod ex se est in potencia ~i ad agens DUNS *Ord.* I 58; per hoc non excludo quin illa potencia naturalis absoluta sit potencia ~is . . ergo potencia illa absoluta sibi correspondens in rei veritate est potencia ~is BACONTHORPE *Quaest. Sent.* I 10b; forte homo, discendo et amando Deum, potest augere capacitatem suam, sed non ~em potenciam recipiendi felicitatem WYCL. *Log.* II 173; consequencius dicerent ponendo inesse cujuslibet forme substanciali quandam naturalitatem remotam ~em, sicut cuilibet forme accidentali inest quedam remota naturalitas ~is, ut inhereat materiali substancie *Id. Euch.* 134; non est tamen nihil factum aliquid, sed illud quod antea fuerat in potencia creativa et ~i FORTESCUE *NLN* II 18; totum ens analogum secundum esse ~e omnium contentorum NETTER *DAF* I 54b.

4 (eccl. & mon.): **a** (of person) who holds office in a department of a monastery (sts. dist. from *claustralis*). **b** (as sb. m.) holder of office or head of department in a monastery, an obedientiary.

a alium locum habent monachi claustrales, alium ~es, alium prelati AILR. *Serm.* 17. 4. 295. **b** ~es, verbi gratia celerarios, portarios, hospitales, solet impugnare . . avaritia *Ib.* 296; hujus electionis rumor cum ad conventum perveniret, omnes claustrales vel fere omnes, et quosdam ~es, sed paucos letificavit BRAKELOND f. 127; **s1206** nec quisquam de monachis aut ~ibus preter abbatis licentiam quicquam ab aliquo mutuare presumat (*Vis. S. Mariae Ebor.*) *EHR* XLVI 451; **s1256** voluit . . ut omnes ~es sibi tanquam proprio abbati computationes redderent de receptis et expensis *Ann. Wav.* 349.

5 (w. ref. to dependency of monastery) dependent, subordinate.

1280 simpliciter ad ~em ecclesie redeant unitatem . . PECKHAM *Ep.* 125 p. 150.

oboedientialiter [cf. ML oboedientialis + -ter]

1 obediently, dutifully.

1425 sic mandatum vestrum reverendissimum quatenus potui sum ~iter executus *Reg. Cant.* III 123.

2 in compliance with monastic obedience.

1279 nulli [moniali] a choro se liceat absentare, nisi sit ~iter in necessariis, non in forinsecis colloquiis occupata (PECKHAM *Reg.* f. 223) *Conc.* II 37b.

oboedientiare, to facilitate (as sign of obedience).

c1142 quod precepit et ~iavi et auxiliavi (*Lit.*) *EHR* XXV 302.

oboedientiarius [ML]

1 (as adj.): **a** (of person) who holds ecclesiastical or monastic office as an obedientiary; **b** (of office) of an obedientiary.

a 1233 de monachis ~iis *BNB* II 601 *marg.* **b 1306** religiosi . . in dignitatibus ~iis, seu officiis quibuslibet constituti *Conc.* II 285b.

2 (as sb. m., eccl. & mon.) holder of office or head of department in church or monastery, an obedientiary; **b** (dist. as *principalis* or *minor*).

de monacho quem ~ium fecerit, respondeat abbas ejus per omnia, sicut rectum sit (*Leg. Hen.* 23. 4) *GAS* 561; unde contigit quod quilibet ~ius haberet sigillum proprium BRAKELOND f. 121; **1205** prior et obedienziarii Sancti Swith' Wint' habent litteras patentes de simplici protectione *Pat* 50a; **1239** pro obedionariis Wintonie, de bailliis suis recipiendis *Cl* 158; omnes . . ~ios ejusdem monasterii facit bona sua . . fideliter taxare M. PAR. *Min.* III 336; super sergentariis laicorum et ~iis Roffensis ecclesie *Flor. Hist.* II 368. **b c1206** prior et subprior et quinque principales ~ii, sc. celerarius, camerarius, elemosinarius, sacrista et prior de S. Ivone, non ponantur neque deponantur sine consilio conventus et in capitulo *Cart. Rams.* II 213; **1234** minores vero ~ii aliis intersint regularibus horis (*Vis. Bury S. Edm.*) *EHR* XXVII 730; omnes principales ~ii hujus ecclesie, sc. sacrista, celerarius, camerarius, elemosinarius, infirmarius, pitanciarius, revestiarius, et maneriorum custodes . . (*Ib.*) *Ib.* 735.

3 (of bishop as owing allegiance to archbishop); **b** (in papal court).

1350 vos [Lincoln. episcopus] . . cervices degeneres vobis erigere statuistis . . adjicientes vos non esse ~ium, aut subditum nostrum nec ecclesie nostre Cantuar' *Conc.* III 7b. **b** Avinionensis presidentis ~iorum ex parte . . venit ambassiata AD. USK 87.

oboedire [CL]

1 to obey, comply with, submit to power or authority of: **a** (absol.); **b** (w. dat.); **c** (w. acc.); **d** (impers.); **e** (transf. & fig.).

a illi sine mora statim ~ientes venerunt ad lapidem *V. Cuthb.* III 2; obire, pro ~ire, *ongengan GlP* 532; neminem occidendo qui voluit ~ire AD. MUR. *Chr.* 29; tucius est ~ire quam jubere *Regim. Princ.* 75. **b 705** tui oris imperio ~ire memet ipsum amplius paro WEALDHERE *Ep.* 23; promittens ei felicem vitam . . si ei ~ire voluisset *V. Greg.* p. 90; quia . . ad ~iendum divinis imperiis jam prompta fuisset BEDE *Ep. Cath.* 23; querit . . ethica parentibus magis an legibus oporteat ~ire, si forte dissentiant J. SAL. *Met.* 870B; quia similiter ~ierunt maritis suis S. LANGTON *Ruth* 88. **c s1458** hoc nostrum laudum . . fractum, aut non custoditum, ~itum, vel non performatum *Reg. Whet.* I 306. **d** aliquando bene praecipitur et bene ~itur . . nonnumquam vero male praecipitur et bene ~itur ALEX. CANT. *Dicta* 15 p. 166; quia plus eis [verbis sapientium] intenditur et ~itur quam clamor principis inter stultos cui nec intenditur nec ~itur ANDR. S. VICT. *Sal.* 131. **e** anima . . que non bene vult regere carnem suam, sed ~it desideriis suis AILR. *Serm.* 45. 40; quia non potest exalare, nascitur ibi calor accidentalis qui dissolvit et consumit grossiores partes tritici. unde illis dissolutis et consumptis ~it decoctioni *Quaest. Salern. B* 131; o quam magna et omni laude extollenda est ista lex nature cui ~iunt alie humane leges universe FORTESCUE *NLN* I 5.

2 (eccl. & mon.; w. ref. to obedience required by monastic discipline or ecclesiastical hierarchy).

si . . abbas jusserit monacho suo pro hereticis mortuis missam cantare, non licet et non expedit ~ire ei THEOD. *Pen.* I 5. 11; possem in monachia paupertate serviendo et ~iendo abbati regulariter subesse ANSELM (*Ep.* 159) IV 27; dicens se libenter illis Theodori diffinitionibus ~iturum que sacratis canonibus consonarent W. MALM. *GP* III 104 p. 235.

3 (w. ref. to dependency of monastery) to be subordinate (to; in quot., w. *ad*).

872 (14c) liberabo civitatem illam et alia monasteriola loca quae ad se ~iunt et pertinent *CS* 535.

4 (pr. ppl.): **a** (as adj.) obedient; **b** (as sb.) one who obeys (in quots., eccl. & mon.).

aurem audientem dicit auditorem verbi ~ientem BEDE *Prov.* 997; litteras . . humili oboedientia et ~ienti humilitate suscepimus ANSELM (*Ep.* 87) III 212; ~ientem devotionem huic nostre hortationi non desistas accommodare (*Lit. Papae*) W. MALM. *GR* I 58; si deinde mitem eum et ~ientem spiritus pietatis effecerit AILR. *Jes.* III 20; **1369** hobediens et fidelis (v. legalis 2c). **b** et tunc seculares . . vitam ~ientium, hoc est contemplativorum, estimabunt insaniam? BALD. CANT. *Serm.* 7. 72; **14..** beatus frater . . Willielmus . . qui erat verus ~iens, qui gardiano suo obediebat post mortem suam *Mon. Francisc.* I 529.

oboeditio [ML], obedience; **b** (w. subj. gen.); **c** (w. dat.).

vestrae voluntatis desiderium et ~onis nostrae pariter assensio BEDE *CuthbP prol.* p. 142; bona est preceptio et bona est ~o cum precipitur ne castitatem quis violet, et servatur. mala est jussio et mala

~o, si jubetur alicui ut furetur ALEX. CANT. *Dicta* 15 p. 166; quecumque igitur humilitas, ~o aut subjectio, celestis illius humilitatis saporem non habet J. FORD *Serm.* 61. 8; **1239** fructus quales decent filios intemerate ~onis GROS. *Ep.* 71 p. 200. **b** quia humillimam Domini dispensationem ex lectione evangelica cognovimus etiam servi humillimam ~onem sollicita intentione videamus BEDE *Hom.* I 12. 58; **900** dabo meo fideli amico .. terram .. pro ejus humili placabilique ~one *CS* 583; ut .. per unius ~onem justi constituantur multi GARDINER *VO* 76. **c** **1375** increpacio scolari de non ~one jussis de exercitando se in dictamine *FormOx* 225.

oboeditivus [cf. CL oboedire+-tivus], that can obey.

volicio Dei .. non est .. ~a WYCL. *Dom. Div.* 149.

obolata, ~us [ML]

1 halfpenny.

s**1264** ad extremum ~um depredati sunt (v. depraedari 1b).

2 halfpennyworth; **b** (of land); **c** (of merchandise); **d** (of rent); **e** (as adj.) halfpenny-.

summa onerum .. cxxvj librate, x solidati, ij denariati, obulatus et quadrantatus per annum *Meaux* III 227n; ~us, A. *an halfpeny worth WW*. **b** **1208** cum viginti duabus solidatis terre et undecim denariatis et obulata *RChart* 178b; c**1319** sciatis nos dedisse .. Albino .. unam obulatam terre *RMS Scot* 49. **c** ~a cerae [AS: *healfpenigwurþ wexes*] de omni hida (*Quad.*) *GAS* 294 (cf. (*Inst. Cnuti*) *Ib.* 295: cera unius oboli); **1224** de ~a salis *BNB* III 47; c**1230** tolsextarium dare, sc. oblatam cervisie vel obolum (*Cust.*) *Doc. Bec* 50; **1242** uxor ejus vendidit j oblatam allecis *AssizeR Durh* 57; c**1280** habebit .. j panem meliorem, ~am leguminis, et ij alecia (*Cust.*) *Crawley* 232; **1300** xij d. de uxore Roberti G. vendente [sc. cervisiam] quinquies ad obolum et ad denarium. et ~us non valuit argentum *Rec. Elton* 91; cervisie ~us *Ib.* 96. **d** **1203** de ij solidatis redditus et x denariatis et j ~a *CurR* II 285; **1221** ij solidate et ij ~e redditus *Pat* 312; **1233** xix libratis xiiij solidatis et iiij denariatis et una ~a redditus in S. *Cl* 229; **1267** confirmavi .. et ~am annui redditus (*Ch.*) *Reg. S. Aug.* 163; de octo denariatis et ~o redditus annui *G. S. Alb.* I 475; **1377** simul cum uno ~u redditus (*Ch.*) *MonA* V 504a. **e** scire possint quot panes obolati fieri debent de quarterio frumenti *Fleta* 79.

oboliscus v. obeliscus.

obolitas [CL obolus+-tas; cf. ML obolata], halfpennyworth.

halfpenyworthe, ~as, -tis *PP*.

1 obolus v. 2 obelus.

2 obolus [CL < ὀβολός]

1 halfpenny; **b** (Scot.). **c** (used as weight).

reddit vj d. et ~um in geldum regis (*Norf*) *DB* II 131v; vj d. et j ~um de gelto *Ib.* 236; cera unius ~i [AS: *healfpenigwurþ wexes*] (*Inst. Cnuti* 12) *GAS* 295;**1162** singuli dabunt ~um unum *Act. Hen. II* I 365; **1201** capere de caretta qualibet j denarium de summagio quolibet et equo j ~um *CurR* I 449; c**1202** reddendo annuatim mihi .. iiij denarios et obulum ad festum S. Michaelis, iiij denarios et obulum ad Natale Domini, et .. *Ch. Chester* 301; c**1205** celerarius debet habere ~os et alia que emergunt per antiquam consuetudinem *Bury St. Edm.* 190; precium catallorum malefactoris xxviij denarii et ~um *Eyre Yorks* 303; **1242** aliqua de elemosinis nostris .. que contineat tres ~as in die *RGasc* I 105a. **b** **1421** de *gyans* et obulis Scoticis, iij s. iiij d. *Ac. Durh.* 463; **1446** de summa quadraginta novem solidorum trium denariorum cum uno obbulo *ExchScot* 244; c**1450** pro qualibet hora magna obulum *Reg. Aberd.* II 62; **1488** unum oblum secundum exigencian *Reg. Brechin* app. p. 122. **c** **1425** inventum est dictam dimidiam unciam puri argenti .. excedere standardum predictum in allaio per ~um ponder[is] ad libram *Pat* 419 m. 18.

2 halfpenny of specific metal: **a** (silver); **b** (gold; *cf. EHR* LXVI 75–81); **c** (alloy).

a a**1292** reddendo sibi annuatim unum ~um argenti *Cart. Chester* 618 p. 347; c**1300** idem respondet de xiij s. xj ob. de ~is albis receptis *DCCant. MS D. E. 150*; **1341** in ~is albis, quolibet pro decem denariis, quatuor centum quater viginti decem libras *Foed.* V 259; **1409** quorum quidem ardicorum quilibet valet unum obulum sterlingorum *Ib.* VIII 580; **14..** unusquisque nostrum .. offerat ~um argenti ad missam pro ornamentis nostri altaris sustentandis *MonA* VI 649b. **b** **1190** pro xx m. auri in obol' de Muscze *Pipe* 146; **1195** Benedictus f' Ysaac debet c li. et j m. auri de obul' de musce *Ib.* 160; c**1210** de qua sc. forisfactura mihi contingunt sexaginta solidi et ~us aureus *Ch. Chester* 371; **1216** unum ~um musc[e] *Pat* 3; a**1229** lx solidi et ~us aureus *BBC* (*Frodsham*) 156; **1401** j nobile aureum cum j obulo aureo *Ac. Durh.* 452. **c** **1340** habet denarios, ~os .. set metallum .. est mixtum cum stagno (v. denarius 3c).

3 halfpenny or obol as small coin or minimal amount.

egenis eleemosynam esse dandam .. praedicantes, sed ipsi vel ~um non dantes GILDAS *EB* 66; ~us, minutus nummus *GlC* O 65; pluris habens ~um quam abjurande fidei sue periculum DOMINIC *V. Ecgwini* I 19; ut pro uno nummo vel ~o feneretur .. summa votorum W. MALM. *GP* V 270; beatus Martinus .. reliquerat unum ~um de oblatione cujusdam T. CHOBHAM *Praed.* 53; si rex remisisset tibi c libras pro uno obulo nonne .. narrares beneficium regis omnibus amicis tuis HOLCOT *Wisd.* 30.

4 (as unit of weight).

duo vero obuli idest xij minutae efficiunt scripulum *Comm. Cant. app.* p. 564; ~us xviiij siliquas *Gl. Leid.* 31. 18; ~us medicinalis iij siliquas *Ib.* 31. 19; obulus est scrupule dimedium quod facit siliquas iij. in Hiezechielo siclus autem xx ~us habet *Ib.* 33. 8; in paucissima divisione dividitur scripulus in ij partes, i. in duos ~os. in plurima autem in viij partes que .. dicuntur calci. quare ~us iiij possidet calcos THURKILL *Abac.* f. 62v; ~us .. genus ponderis est GROS. *Hexaem. proem.* 143.

5 (in gl., understood as): **a** didrachm. **b** shilling.

a didragma, ~us OSB. GLOUC. *Deriv.* 175. **b** **10..** obelus [l. obolus], *scilling WW*.

oboriri [CL], to spring to view, arise, occur; **b** (of natural phenomenon, wound, or tear); **c** (transf. & fig., of act or abstr.).

~ti, subito nati *GlC* O 3; ~tus, exortus *Ib.* O 20. **b** pluvia .. ingens inopinate ~ta W. MALM. *GP* III 134; ~iuntur punctiones in oculis gravissime, caligaverunt oculi *Mir. Wulfst.* I 16; veniam deprecatur ~tisque lacrymis ait W. S. ALB. *V. Alb. & Amphib.* 20; vespere autem, tempestate ~ta, omnes .. dispersi sumus OSB. BAWDSEY cxlv; lacrime .. nostre ex predictis quatuor causis ~te BALD. CANT. *Serm.* 17. 18. 506; ~to imbre lacrimarum NECKAM *NR* II 176. **c** **795** ne quid novi et apostolicis inconveniens doctrinis per clandestinas subreptiones alicubi ~iri valeat ALCUIN *Ep.* 41; presentia mala mihi obhorta sunt H. LOS. *Ep.* 12 p. 21; astantum ~ta letitia clamor impulit astra W. MALM. *GP* I 66; in illis diebus ~tis .. magnis discordiarum querelis *V. Gund.* 35; hic quidem labor immanis ~itur, sed non est desperandum AILR. *Serm.* 24. 42. 334; **1170** ut in ~ta michi ad presens necessitate manum michi .. porrigatis G. FOLIOT *Ep.* 216.

obp- v. opp-.

obraucare [LL], to make or turn hoarse.

ea [grus ducens agmen] ubi ~ata est, succedit alia [Solinus 10. 14] NECKAM *NR* I 47.

obrepere [CL], to creep up suddenly or surreptitiously (upon), sneak in, pay unexpected visit (to)(also transf. & fig.); **b** (w. dat.); **c** (w. *in* or *inter*); **d** (impers.).

repsit, ~sit *GlC* R 95; sub imagine philosophantis spiritus fallacis elationis ~it J. SAL. *Met.* 830C; studiosus, ne aliquid sub veritate oppaliatum obripiat R. COLD. *Cuthb.* 3; Cisterciensis ordo .. laudari meruit .. donec iterum ceca malorum mater ~sit ambitio GIR. *IK* I 3 p. 41. **b** cum .. in lectulo membra posuissem ac levis mihi somnus ~sisset BEDE *HE* V 9 p. 297; victualia perquisivit quoties eis gravioris inopia paupertatis obripuit R. COLD. *Godr.* 12; domesticis .. tanti thesauri custodibus negligentia torporis ~sit *Id. Osw.* 43; unde tibi ~ere possit elationis occasio P. BLOIS *Ep.* 21. 75D; si forte dormitatio .. ~eret abbati J. FURNESS *Walth.* 76; dum .. sompnus obriperet sibi *Plusc.* VI 21. **c** timor ille nocturnus qui solet inter primitias sancte conversationis ~ere P. BLOIS *Ep.* 11. 33D; c**1203** tanta in eis ~serat vite dissolutio ut vitium evaderet in Dei contemptum *Id. Ep. Sup.* 4. 2. **d** c**1465** ita surreptum et ~tum fuerat ad sanctissimum dominum nostrum papam *Pri. Cold.* 195.

obrepticie [LL *gl.*], surreptitiously, on the sly.

1389 contra commissionem .. surrepticie et ~ie impetratam *Scrope v. Grosvenor* 17.

obrepticius [LL], surreptitious.

1301 presumo dicta privilegia .. velud ambiciosa et ~a .. de vestre sanctitatis consciencia nullatenus emanasse *Reg. Cant.* II 603; **1418** epistolas, procuraciones .. falsas, confictas, subrepticias, et ~as .. declaramus BEKYNTON II 133; c**1465** dicit illud [rescriptum] fuisse, et esse surrepticium et ~um *Pri. Cold.* 194.

obreptio [CL], (act of) creeping up surreptitiously (also fig.).

~one, *criopunge GlC* O 32; stando ~oni soporis occurrebat W. CANT. *Mir. Thom.* VI 134; nec aliorum quorumlibet ~one violari G. COLD. *Durh.* 4.

obrigescere [CL], **obrigere** [LL], to become stiff; **b** (of person, creature, or part of body); **c** (fig.).

~uit, *gefreos GlC* O 28; †obripuit [l. obriguit], obstipuit *Ib.* 58; ~esco, *ic stifie* ÆLF. *Gl.* 118; rigesco .. quod componitur ~esco .. rigeo componitur ~eo OSB. GLOUC. *Deriv.* 502. **b** et supercalcato dracone qui, ejus fide ~ens non se movere audebat GOSC. *Lib. Confort.* 50; feriendo defatigati adeo ut manus gladiis ~escerent W. MALM. *GR* IV 384; amiserat .. gressum, ~uerunt pedes *Mir. Wulfst.* I 23; regina quasi Gorgone visa per stuporem ~uit MAP *NC* III 2 f. 38v; cum vicissim nunc ignibus .. cremaretur, nunc nive madidus geluque constrictus ~esceret AD. EYNS. *Visio* 35; corpusque nudatum / a te lamentatum / obrigescere J. HOWD. *Sal.* 38. 6. **c** sed ~uerunt .. sensus animae meae vetusto languore peccati ANSELM (*Prosl.* 17) I 113; ~eo, A. *to be a ferd WW*.

1 obripere v. obrepere, obrigescere.

2 obripere [LL], to take, grab, seize (in quot., w. ref. to usurpation).

1295 principatum Wallie ~ere satagens *Reg. Cant.* I 1.

obripilare, *f. l.*

itaque, dum de loco suo per corpus effusum fuerit, in acredinis ejus corpus †obripitans [l. orripilans, sc. horripilans] alget ROB. BRIDL. *Dial.* 162.

obrixari [cf. CL rixari], to struggle (against), to put up resistance (to).

sic, nisi paruerit rationi, terrea massa / obrixans penas debet habere suas GARL. *Epith.* III 222.

obrodere [CL], to gnaw at, chew (in quot., fig.).

ne .. nomen .. Romanorum .. exterarum gentium opprobrio obrosum [v. l. abrasum] vilesceret GILDAS *EB* 17 (=BEDE *HE* I 12: obrutum).

obrosio [cf. CL obrodere], (act of) gnawing at or chewing (in quot., fig., w. ref. to back-biting).

scio, scio ego, nec me latere patitur magis emulorum ~o, non deesse qui me de incepto .. suggillent opusculo P. BLOIS *Opusc.* 1010C.

obrotundus [LL], somewhat round, roundish.

radix est illi grossa et mollis, folia habens ~a et viridia *Alph.* 197.

obruere [CL]

1 to cover (in quot., w. ref. to roofing).

1292 pro camera .. ~enda propter pluviam .. vij d. *Doc. Scot.* I 374.

2 to flood, inundate.

cujus [fluminis Acheloi] eruptiones non modice agros ~ebant, dum alterum ejus alveum exiccasset *Deorum Imag.* 22 p. 326.

3 to bury.

~it, sepelit *GlC* O 50; apud varias .. gentes diversa fuerunt genera sepulture. alibi enim ~ebantur, alibi exurebantur, alibi primas remittebantur ad patrias ALB. LOND. *DG* 6. 29.; adeo quod Juppiter tenet eos [hostes] sub montibus obrutos *Natura Deorum* 18.

4 to fence, hedge, protect.

Italia .. ab occidente .. obicibus Alpium ~itur DICETO *Chr.* 48.

5 to overwhelm, crush; **b** (w. ref. to military defeat); **c** (ship, w. ref. to sinking); **d** (w. illness or drunkenness as subj.); **e** (abstr. or fig.).

sagittarum ictibus ~tos angelicum protexit patrocinium ALDH. *VirgP* 34 p. 276; ~ere, *oberuurecan GlC* O 97; fortis . . canis . . ni magna vi ~atur, hominem strangulat *Simil. Anselmi* 40; quasi filiam fornicariam . . lapidibus ~i jussit SIM. GLASG. *V. Kentig.* 3; W. de A. ~tus fuit careta sua chargiata blado *PlCrGlouc* 33; quasi vasto ictu ~tus supinus concidit *V. Kenelmi B* 82rb. **b** qui quum ab Atlante rege navali certamine cum magna exercitus parte fuisset ~tus ALB. LOND. *DG* 5. 1; s1287 castrum de Drosselan ~it et dominus . . et plures alii sub muro illius sunt oppressi *Ann. Exon.* 15. **c** monstra maris . . ambiendo naves fere ipsas ~erunt G. MON. I 12; anchora sub navi ad eam tenendam ne tempestatibus et procellis ~atur [ME: *over warpen*] *AncrR* 45. **d** juventus . . potu ~ta W. MALM. *GR* V 419; a Domino speremus salutem ut non ~at infirmitas, ut non vincat cupiditas AILR. *Serm.* 24. 42. 334. **e** ad haec expugnanda vel potius ~enda actuum verborumve arma corripitis GILDAS *EB* 108; nihil . . intellegentiae habentes ipsaque insensibilitate ~ti BEDE *HE* II 10 p. 102; si ~itis ei spem exauditionis vestra mole ANSELM (*Or.* 5) III 13; quorum visus perspicuitatem moles peccatorum ~erat W. MALM. *GP* V 277; obruitur cum sole dies, cum lampade splendor NIG. *Poems* 401; concepciones . . periculosiores . . doctrine sane et catholice ~ent veritatem LUTTERELL *Occam* 1.

6 to cause to collapse, destroy (building).

1294 et aliud molendinum in eodem manerio ~tum de quo nichil (*Ext. Anglesey*) *Tribal System app.* 3.

7 to overshadow, surpass, eclipse.

ne nomen Romanae provinciae . . exterarum gentium inprobitate obrutum vilesceret BEDE *HE* I 12 p. 27; incomparabilis proculdubio nostro tempore princeps, si non eum magnitudo patris ~eret W. MALM. *GR* IV 305.

8 (intr.) to fall.

~ere, i. cadere *Gl. Bodl.* 90; non fulmina feriunt. non cataracte ~unt GIR. *TH* I 38.

obrufus [LL], somewhat red or tawny.

elleborus albus . . folia habet . . modicum ~a *Alph.* 52; mirta agrestis . . habet . . semen rotundum et oblatum, et ~um *Ib.* 119.

obruitio [cf. CL *obruere*], (act of) covering, overwhelming, immersing, or sim.; **b** (w. ref. to immersion at baptism).

obruo unde . . ~o OSB. GLOUC. *Deriv.* 495 v. l. **b** aqua illa [sc. baptismi] intinctionem gratiae significat, et ~onem quae nos absorbet in spiritum COLET *Sacr. Eccl.* 89.

obruitor [cf. CL *obruere*], one who overwhelms or crushes.

obruo unde ~or, obrutus, obruitio OSB. GLOUC. *Deriv.* 495 v. l.

obrumpere [LL], to break into.

~ere, ingredi OSB. GLOUC. *Deriv.* 404.

obruptio, (act of) breaking off, gap.

de cujus prole nulla nobis notitia extat . . per ~onem quodam modo temporum ÆTHELW. *prol.* p. 2.

obrutere [cf. CL *obrutus*], to cleanse, polish, make shiny.

~ere, limpidare, clarificare, nitificare OSB. GLOUC. *Deriv.* 400.

obrutescere v. obbrutescere.

obrutus [cf. CL *obruere*], (act of) overwhelming, crushing, or sim.

obruo unde . . ~us OSB. GLOUC. *Deriv.* 495 v. l.

obryzus [cf. LL < ὄβρυζος]

1 (of gold) pure.

obrizum rutilantis auri metallum ALDH. *VirgP* 9 p. 236; auri materiem fulvi obrizumque metallum *Id. VirgV* 157; quicquid erat vasorum aurum tegebat obrizum BEDE *Hom.* II 1. 119; **796** duas direxit armillas auri obrizi ALCUIN *Ep.* 96; **958** xl mancusis de auro obridzo *CS* 1040; tam inestimabile tamque pretiosum ut in ejus comparatione obrizum vilescat

omne aurum LANTFR. *Swith.* 3; c975 pretio lxx^{ta} solidorum auro obrixi *CS* 1290; aurum . . obrizum sciat discernere ab oricalco, a cupro, ne pro auro elico emat auricalcum NECKAM *Ut.* 119; pone super m[ercurium] et habebis solem obrigō [l. obrizon] M. SCOT *Lumen* 246; aurum ~um exigua fit arena R. BURY *Phil.* 1. 14.

2 shiny, that glitters or shimmers.

schynynge; splendens, splendidus, -didulus, nitens, nitidus, . . obrisus, coruscus, rutilis, rutilus, fulgorus *CathA.*

3 yellow, of the colour of gold, ochre, or sim.

vitriolum unde fiet terre ogrizos [*sic* MSS] sunt cum crete ubi verno tempore guttam colligunt ipsam ADEL. *MC* 192 p. 224.

4 (as sb. n.) pure gold; **b** (w. ref. to) splendour of gold.

c675 pompulentae prostitutae . . quae obrizo rutilante . . comuntur ALDH. *Ep.* 3 (=W. MALM. *GP* V 214); candelabrum cujus stipes obrizo ductilis . . comptis cultibus ornabatur *Id. Met.* 2 p. 66; c787 si cogniti placeant obrizi munuscula ALCUIN *Ep.* 4; obrizum, *smætegold GlC* O 24; purior obrizo niteris esse Deo ABBO *QG prol.* 2; dracones obrizo ardentes *Enc. Emmae* II 4; obrizon exponit beatus Gregorius in xxij Moralium, i. purum aurum . ., alii exponunt pro purgatissimo auro, quasi eurizon, i. bone radicis aurum *Alph.* 127. **b** abrizium [l. obrizium], splendor auri *GlC* A 20.

obscenitas [CL]

1 indecency, lewdness. **b** (pl.) carnal pleasures.

ne pudibunda corporis nuditas et indecens ~as castos offenderet obtutus ALDH. *VirgP* 37; concupiscentiae carnalis ~ate BEDE *Ep. Cath.* 77; 10 . . ~atis, *fracoðnesse WW*; ~atem libidinis, deformitatem corporis, turpitudinem vitae . . denudarem J. SAL. *Met.* 827D; candoris nostri serenitatem . . cogitationum carnalium et affectionum ~as frequentius dehonestat J. SAL. *Serm.* 45. 9. **b** quod is ab adolescentia ~ates execraretur W. MALM. *GR* IV 314; omnium tota vita omnino ~atum cupidinearum expers *Ib.* V 412; ~atibus deditus . . quamdam ex proximo ardebat feminam *Id. Mir. Mariae* 162; fugio ergo urbem tantis ~atibus plenam J. SAL. *Pol.* 487A.

2 (of moral fault) foulness, shamefulness.

si . . ego confundor in ~ate iniquitatis meae ANSELM (*Or.* 5) III 14; consideratis vitae meae ~atibus EADMER *Beat.* 8; ~atem erroris . . silentio . . tegendam . . arbitrantur J. FORD *Serm.* 85. 3.

3 (gram.) impropriety, barbarism, solecism.

ne prima [sc. syllaba] cum ultima efficiat ~atem, ut 'numerum numquam intellexi' ALCUIN *Rhet.* 38.

obscenus [CL]

1 indecent, lewd, obscene: **a** (of word or act). **b** (*liquor ~us*) semen.

pasceret obscenos ut nudo corpore visus ALDH. *VirgV* 2258; episcopo post ~a dicta vim inferre paranti femina forcipibus . . inguina suffodit W. MALM. *GP* IV 163; pro illecebris et delectationibus ~is ORD. VIT. VIII 17 p. 369; Waleranium accusabat quod . . de rege cantasset ~a carmina MAP *NC* V 5 f. 64; ne sis obscenus, carnis contagia vites D. BEC. 62; bene . . Lemnius, id est lutosus, dicitur quia ~a voluptas nonnisi in lutosis mentibus versatur ALB. LOND. *DG* 10. 4; vel in ~a materia gratus cultus sermonis addiscitur R. BURY *Phil.* 13. 178. **b** qui . . ~o liquore maculatus fuerit dormiendo . . iij noctis horis stando vigilet GILDAS *Pen.* 62.

2 shameful.

quisque verba turpia . . vel noxia . . ~o de pectore profert BEDE *Cant.* 1180; edito crucis signo in ~am vertit fugam FOLC. *V. Bot.* 8; quos ~a turpitudo transformavit in bestias AILR. *Spec. Car.* III 40. 620; invidet . . Lauso Parius . . et tractatibus ~is insistit pervigil . . qua possit arte nocere MAP *NC* III 3 f. 39.

3 repulsive, disgusting.

931 diris ~ae horrendaeque mortalitatis circumsepta latratibus *CS* 677; 10 . . ~a, *þa laðlecan WW*; vomebat crebro et resorbebat ~as salivas GOSC. *Transl. Mild.* 25; expulsis ~is Hibernensium gentibus GERV. TILB. II 10 p. 917.

4 dirty, filthy.

impurus, ~us, spurcus OSB. GLOUC. *Deriv.* 471; obseno luti contagio delibutus R. COLD. *Cuthb.* 127; 1503 circa mundificacionem aule et pro vectura rerum ~arum illic inventarum *Cant. Coll. Ox.* II 237.

obschar [? cf. OF *oschage* = *rent for arable land*], (right to) a fee.

1196 terram . . quam homines mei michi juraverunt esse de dominico meo et obschar de omnibus portagiis segetum mearum . . dedi *CartINorm* 391.

obscurabilis, that can be darkened or obscured.

celum insuper . . est quoque mutabile, alterabile, illuminabile, et ~e BRADW. *CD* 8C.

1 obscurare [CL]

1 to obscure or extinguish (light or its source); **b** (heavenly body, esp. in eclipse); **c** (quasi-fig.).

vitrum pervium est visui et tamen lumen ~at T. CHOBHAM *Praed.* 211. **b** Christus crucifixus est . . et ~atus est sol THEOD. *Laterc.* 10; illo crucem ascendente sol ~atus est BEDE *Acts* 948; †879 (12c) in hunc annum sol ~atum fuit *CS* 549; senibus . . sol ipse . . et lucida que sidera tenebrantur et ~antur ANDR. S. VICT. *Sal.* 136; restabit una sola [candela] de illis vigintiquinque, et incipiente cantore antiphona 'Traditor autem' extinguatur, significans mortem Christi qua ~atus est sol *Cust. Norw.* 80. **c** suam . . merito a Sancto Gregorio meruit ~ari lampadem *V. Greg.* 124.

2 to block (preventing passage of light).

quandocumque quis sic edificet ut rei facies quomodo mutetur, etiam fructuarius nuntiare potest, uti si ~averis fructuarii fenestras VAC. *Lib. paup.* 257.

3 (of darkness, smoke, or cloud) to cover, conceal; **b** (mind or understanding); **c** (soul).

Aegyptias . . turmas densissimae ~abant tenebrae BEDE *Cant.* 1094; obscurat sacrum nox tenebrosa diem ALCUIN *Carm.* 23. 26; favilla et fumus ita ~averunt [sc. diem] ac si esset obsitus densa nube TREVET *Troades* 5. **b** imagines rerum corporalium ~ant et deprimunt intellectum AILR. *An.* II 12. **c** istae . . affectiones quasi quedam nubes ~ant animam *Id. Serm.* 24. 31. 332.

4 (pass.) to grow dark; **b** (of mind or understanding); **c** (of soul).

vidi subito ante nos ~ari incipere loca et tenebris omnia repleri BEDE *HE* V 12 p. 305; nolite exercere quando ~atur EGB. *Pen.* 8. 3. **b** tenebris ~atum habent sensum BEDE *Ep. Cath.* 59; te . . illa preconia . . ~ata mente non intelligere estimo *Eccl. & Synag.* 60; imperiti, elati, obstinati, ~ati AD. SCOT *OP* 585D. **c** anima mea . . cupit in vos dirigere intuitum suum et caliginosis tenebris ~atur ANSELM (*Or.* 14) III 58; significat nox peccatum et dies virtutem quia per peccatum anima ~atur sicut per virtutem illuminatur T. CHOBHAM *Praed. prol.* p. 7.

5 to blind, deprive of sight.

~ati sunt . . oculi vestri ne videant AILR. *Jes.* II 14; visibilis spiritus . . non potest . . in nocte ejus obscuritate penitus ~ari *Quaest. Salern.* B 291.

6 to efface, blot out.

occupet . . memoriam meam hec suavis meditatio, ne ex toto eam oblivio ~et AILR. *Spec. Car.* I 5. 510; obliterare, ~are, vel delere OSB. GLOUC. *Deriv.* 402.

7 (fig.) to dim the brightness of, overshadow, eclipse.

omnes eorum adoreas triumphorum suorum splendore ~avit W. MALM. *GR* II 131; nimia adversitas omne ejus gaudium ~abat AILR. *Serm.* 20. 29. 314.

2 obscurare [cf. escurare < OF *escurer* < excurare], to clean out, scour.

1374 cursus aque infra camp' ~atur *Hal. Durh.* 124; 1378 communis via . . est ruinosa pro defectu obscuracionis fossatorum; quas quidem fossatas prior de Derehurst . . ~are tenetur (*CoramR*) *Selden Soc.* XXXII 132; injunctum est omnibus tenentibus ville quod ~abunt fossat' juxta le *Grendik* citra fest. S. Cuth. prox. *Hal. Durh.* 156; quia non ~averunt unum puteum ad finem ville *Ib.* 158.

1 obscuratio [CL]

1 (act of) darkening, obscuring, eclipse.

in illa ~one solis erat passio naturaliter impassibilis GROS. *Cess. Leg.* III 6 p. 152.

2 (med.) darkened condition.

~o matricis, vulneratio *GlC* O 88.

3 (fig.) darkening of reputation, denigration.

derogatio est excellentie alicujus persone ~o vel diminucio W. DONC. *Aph. Phil.* 6. 8.

2 obscuratio [cf. 2 obscurare, escuratio, excuratio], clearing out, scouring.

1378 communis via . . est ruinosa pro defectu ~onis fossatorum (*CoramR*) *Selden Soc.* XXXII 132; **1458** ad vacuandum et mundandum lez *Shelpes* et ceteras ~ones aque Thamisie *Steelyard app.* 100.

obscuritas [CL]

1 darkness, obscurity. **b** patch of darkness, shadow; **c** (fig.).

~as noctis . . nihil est aliud nisi umbra terrae BEDE *Cant.* 1135; tanta ~ate infusus est aer quod ab hominibus esse nox putabatur ALEX. CANT. *Mir.* 36 (I) p. 230; tria possumus videre in nube: ~atem, fulgorem, pluviam. . . in ~ate est quasi quedam nigredo AILR. *Serm.* 16. 4; visibilis spiritus . . noctis ~ate tenebrescit amplius et videre nequit *Quaest. Salern.* B 291. **b** quare luna habeat in se umbram . . seu ~atem cum ceteri planete hec non habeant? *Ib.* R 12. **c** debemus . . cogitare hanc stellam nostram que nobis luceat in hac nocte, in hac ~ate AILR. *Serm.* 24. 31. 332.

2 lack of clarity, unintelligibility; **b** (w. ref. to Scripture). **c** obscure point, unintelligible passage.

671 lectoribus tanto inextricabilior ~as praetenditur, quanto rarior doctorum numerositas reperitur ALDH. *Ep.* 1 p. 477; ne quis ~ate verborum se causetur a cognitione rerum reici, erit sermo cotidianus et levis W. MALM. *GR* IV 352; omnium que incerta sunt fugienda ~as J. SAL. *Met.* 907A; qui nunc latet sub modio vel displicet per ~atem scriptoris, fulgeat super candelabrum per vitam P. CORNW. *Disp.* 153. **b** allegorice . . nox, ~as scripturarum BEDE *Acts* 984; sapientia Dei adeo . . in enigmate loqui ad nos consuevit quatenus fecunda sensuum ~as multiplicem nobis lucernam accendat J. FORD *Serm.* 25. 2; verbis manifestis et nullam allegorie ~atem habentibus GROS. *Cess. Leg.* I 9 p. 49. **c** ut librum beati Job magnis involutum ~atibus mystica interpretatione discuteret BEDE *HE* II 1 p. 75; enigmata, id est ~ates et problemata ANDR. S. VICT. *Sal.* 12.

3 obscurity, condition of being unknown.

quanto nebulose tenebrositatis et turbationis . . incumbit ~as, tanto luce clariore strenuitatis gloria prefulgebit GIR. *EH* 28 p. 365.

obscure [CL]

1 dimly, indistinctly.

si Sortes videat Platonem clare et Robertus ~e, . . sequitur quod visio unius et alterius sit diversa OCKHAM *Quodl.* 542.

2 with obscurity of meaning or expression, unclearly; **b** (w. ref. to Scripture).

intelligens: . . ~e dicta callide advertens ANDR. S. VICT. *Dan.* 76; hec invenietis in principio Metaphysice . . sed ~ius quam hic dicta sunt KILWARDBY *OS* 11; que . . breviter tibi declarabo manifeste . . non ~e RIPLEY 123. **b** ea quae vel mystice gesta vel ~ius dicta videbantur . . dilucidare temptavi BEDE *Acts* 937; proverbia plerumque tam ~e dicuntur ut merito eadem possint etiam parabolarum nomine notari *Id. Prov.* 937; ~e dictum est, si tamen sensus in his verbis dignus inveniri poterit ALCUIN (*Adv. Elipand.*) *Dogm.* 265B; scripturam . . que de illo ~e . . loquebatur ad se pertinere . . comprobavit P. CORNW. *Disp.* 154.

3 in obscurity.

Deo permittente ~e et vere fecerunt *Comm. Cant.* II 18; reliquias . . ad illud tempus ~e reconditas W. MALM. *GR* I 87.

obscurus [CL]

1 dark, characterized by absence of light. **b** (as sb. n.) darkness; **c** (fig.).

nimbus / carceris et multo tenebris obscurior atris ALDH. *Aen.* 100. 55; carcerem atrociorem . ., foediorem et ~iorem BEDE *Prov.* 964; obscuro . . tempore noctis opacae WULF. *Swith.* II 865; quattuor elementa . . reddunt ipsum corpus ~um, passibile, tardum, et rude *Spec. Incl.* 4. 2 p. 131. **b** 8 . . in ~o, *on forsworcenan WW*; [Christus] subit obscura carceris J. HOWD. *Cyth.* XXXI 12. **c** sublato certe mox infidelitatis ~o, revelata facie in caritate AILR. *Spec. Car.* I 18. 521.

2 (of light or colour) dark, not bright.

domum hanc tanta luce inpletam esse perspicio ut vestra illa lucerna mihi . . esse videatur ~a BEDE *HE* IV 8 p. 221; si inveneris sigillum in jaspide viridi ~o sculptum *Sculp. Lap.* 453; verba diaboli numquam habent clarum lumen, sed ~um T. CHOBHAM *Praed.* 212; una albedo clarior est et alia ~ior KILWARDBY *OS* 292; aliter agit spiritus . . cum movetur a luce vel colore ~o, aliter cum ab intenso et valde splendido *Id. SP* f. 24vb; **1314** equum bayardum, oscuram stellam in fronte habentem *RGasc* III clxxv; **1340** pro . . restauro . . j equi badii obscuri *AcWardr TR Bk* 203 p. 322; j equi badii oscuri *Ib.* p. 312.

3 unclear, unintelligible; **b** (w. ref. to Scripture). **c** (of speech) indistinct. **d** (w. ref. to script) illegible. **e** (as sb. n.) enigmatic saying.

ibi legebam clarius quae mihi forsitan antea ~a fuerant, cessante umbra GILDAS *EB* 1; confusum, . . inconditum, ~um, inordinatum *GlH* C 1472; nec ~a posuimus verba, sed simplicem Anglicam, quo facilius possit ad cor pervenire legentium vel audientium ÆLF. *CH Praef.* I 1; tota illorum sapientia in ~is eorum dictis vel scriptis BALD. CANT. *Commend. Fid.* 590; fateor ~a mihi nimis sunt ista nec molestus tibi videar si velim te verbis simplicioribus hec ipsa repetere AILR. *An.* I 53; propter . . ~as sententias dictus est . . Eraclitus tenebrosus W. BURLEY *Vit. Phil.* 188. **b** legis enigmata, id est ~a dicta BEDE *Prov.* 939; doctor . . explanans obscura volumina sanctae / Scripturae ALCUIN *SS Ebor* 1306; oscura sunt prophetarum dicta nec omnibus satis aperta PETRUS *Dial.* 17; ~as sacre Scripture sententias sollerter indagavit ORD. VIT. IV 10 p. 245; ut deprehendatur quid in eis [sc. Scripturarum modis] lucidum, quod ~um, quid certum, quid dubium J. SAL. *Met.* 850D; enigma est ~e similitudinis ~a sententia T. CHOBHAM *Praed. prol.* p. 11. **c** isti, ne quid populus intelligat, omnia . . ~a et submissa voce . . mussitant JEWEL *Apol.* E vi. **d 1342** antiphonarium corrosum et male ligatum et quasi per totum ~um (*Vis. Totnes*) *EHR* XXCI 113. **e** ~a prophetiae in scientiae lucem proferret BEDE *Acts* 963.

4 unknown, hidden in obscurity; **b** (w. ref. to humble birth). **c** (*non ~us* or sim.) not unknown, illustrious, noble.

patriam antecessorum suorum socordia ~am, titulis suis reddidit illustrem W. MALM. *GR* IV 388; hec est . . virtus . . eloquentie ut . . nihil tam ~um quod non illuminet GIR. *TH intr.* p. 6; sunt in ecclesia militante multi ~i et parum cogniti qui apud triumphantem clarissimi gloriose triumphant *Id. GE* II 11. **b** vocavit eum filium fullonis, i. quasi nichil scientem ~umque hominem *Comm. Cant.* I 1; adeo infirmus ut lacte materno pascatur; adeo ~us, ut pannis obvolvatur AILR. *Serm.* 30. 12. **c** Aldfridus stemmata regni / non obscura gerens FRITH. 1037; fratribus haud ~a stirpe . . oriundis W. MALM. *GR* I 5; Hiberniae non ~os incolas *Ib.* I 23.

5 (fig.) enveloped in darkness, unenlightened.

iniquorum sunt mentes ~ae nimirum et caecae et ea quae in terris sunt . . appetentes BEDE *Cant.* 1155; cujus mens ~a est ad discernendum inter asinum suum et colorem ejus ANSELM (*Incarn. A*) I 285; in ~a hominum ignorantia ANDR. S. VICT. *Dan.* 24.

6 (*in ~o, in ~is*) secretly.

prelationis eorum tempora sunt in ~o, sed nomina illorum . . sunt in propatulo W. MALM. *GR* II 239; numquam . . sagittat diabolus nisi in ~o T. CHOBHAM *Serm.* 9. 38va; [Satan] laqueum aptat abditum in obscuris J. HOWD. *Cant.* 162.

obsecrabilis [cf. exsecrabilis], execrable, hateful.

angeli . . in peccando facti sunt hominibus deteriores, quanto ordine digniores, tanto ~iores S. GAUNT *Serm.* 211.

obsecrare [CL]

1 to ask, entreat, exhort.

te fiducialiter . . ~o *Ep. Aldh.* 6; ~o, ~as, i. rogare OSB. GLOUC. *Deriv.* 516; inproperat, arguit, ~at, se fugientibus obicit MAP *NC* IV 7 f. 51; *demonder* . . ~are *GL. AN. Ox.* f. 154v.

2 to beg, beseech (someone to do something): **a** (w. inf. or acc. & inf.); **b** (w. *ut* or *ne* & subj.); **c** (w. *quatenus* & subj.); **d** (w. subj.).

a non imperans sed ~ans eos fortes in fide persistere BEDE *Ep. Cath.* 67; ~ans eum pro se . . supplicare *Id. HE* III 15 p. 158; unumquemque . . ~ans pro eo missas . . et orationes facere CUTHB. *Ob. Baedae* clxiii. **b 705** ~o ut mihi innotescere digneris quid de hac re agere debeam WEALDHERE *Ep.* 22; ~ans ne vanitatem saeculi . . veritati caelestium praeponat scripturarum BEDE *Prov.* 1024; **805** omnes . . humiliter ~amus ut semper augere studeant . . bonum suum *CS* 320; suppliciter ~antes ut illi illis auxiliarentur ASSER *Alf.* 30; magnificentiam tuam ~o ut . . nobis consentias ORD. VIT. XII 24 p. 399; ~amus . . ut instare vellitis pro nobis STRECCHE *Hen. V* 173. **c** obsecrans summi per regna tonantis / quatinus haec nulli . . / dicant ÆTHELWULF *Abb.* 483; **c1150** vobis mando diligenter et in Domino ~o quatinus predictam ecclesiam . . manuteneatis *Ch. Chester* 98; Deum ~o quatinus angelicam voluntatem . . dignetur perficere *V. Chris. Marky.* 30. **d** obsecro, nulla manus violet pia jura sepulchri ALCUIN *Carm.* 123. 19; conticescant ~o ORD. VIT. VI 1 p. 2.

3 (~o, used parenthetically w. imp.) I beg you, please.

~o . . praecordia vestra replete BEDE *Cant.* 1152; supplex ~o . . me indignum in tuo timore confirma *Nunnam.* 61; perge, obsecro, tam nigram discute noctem *Mir. Nin.* 129.

4 (pr. ppl. as sb.) petitioner.

nullo alio responso ~antes dignati W. MALM. *GR* IV 318.

obsecratio [CL]

1 entreaty, supplication.

7 . . cum ~onibus, *mid halsungum WW*; **794** vestrae almitati se ipsos obnixa humilitatis ~one commendant ALCUIN *Ep.* 27; sollicita prece et ~one mihi . . mandastis ut nullo modo corpus meum ulli exponerem periculo ANSELM (*Ep.* 325) V 256; '~onibus', adjurationibus ANDR. S. VICT. *Sal.* 65; triplici quoque eam ~one Isaias invocat vel potius provocat ad consurgendum J. FORD *Serm.* 27. 3; presentat se . . comitissa . . dominationi vestre, per presentem scripturam, cum . . humillimis pietatum ~onibus AD. MARSH *Ep.* 30 p. 130.

2 prayer; **b** (w. ref. to *1 Tim.* ii 1); **c** (as part of Mass).

~onis [gl.: *gibedes*] hujus annua celebritate laetantes *Rit. Durh.* 9; cum precibus, ~onibus, suspiriis J. FORD *Serm.* 9. 1; hypocrita . . genuflexionum, ~onum, . . finem constituit popularem favorem NECKAM *NR* II 185. **b** in ore sacerdotis sint gratiarum actio et vox laudis, orationes, postulationes, et ~ones BALD. CANT. *Serm.* 6. 4. 414. **c** dividitur . . missa in quatuor partes: in ~ones, orationes, postulationes, et gratiarum actiones. . . pars prima extenditur ad offertorium BELETH *RDO* 34. 43; ~ones . . sunt quecumque in missa precedunt consecrationem hostie. orationes sunt ea que dicuntur in ipsa consecratione hostie T. CHOBHAM *Praed.* 23.

3 consecration.

si contingat quod illud quod in calice est ante ~onem corporis super corporalia ceciderit . . mutet ea *Cust. Westm.* 219.

obsecundare [CL], ~ari [LL]

1 to follow, comply with, obey.

748 in episcopi sit potestate disponenda [sc. pecunia] cum clericis qui in ejus ~ant eclesia (*Lit. Papae*) *Ep. Bonif.* 83 p. 187; ~at, obtemperat *GlC* O 14; ~at, servit *Ib.* O 19; **10** . . ~ans, *herende WW*; servire, ~are, obsequi OSB. GLOUC. *Deriv.* 60; annuere, consentire, ~are *Ib.* 151; ~are, favere, obtemperare *Ib.* 402.

2 (w. dat.): **a** to obey (command, law, or sim.); **b** to show obedience to (person or person's

authority); **c** to follow (tradition); **d** (gram.) to follow, comply with.

a cujus precibus et monitis ~ans ad summum virginitatis fastigium anhelat ALDH. *VirgP* 37; si .. voluntati ejus .. ~are volueris BEDE *HE* II 12 p. 111; voto suo magis quam precepto archiatri ~avit ORD. VIT. III 5 p. 79; cum legibus nature ~antes .. coire colunt pavones NECKAM *NR* I 39; s**1237** regis animum ad salubre consilium contorquerent, et consiliis eorum .. ~arent M. PAR. *Maj.* III 384; **1283** huic igitur mandato vestro volentes ~are reverenter PECKHAM *Ep.* II app. 1 vi p. 757. **b 942** concedens ei has terras .. ea ratione interposita ut ipse suaque posteritas regie dignitati fidissima stabilitate ~et *Ch. Burton* 6; **1033** (12c) dono cuidam familiari duci meo G. pro fideli obsequio quo michi fideliter ~atur x mansas *CD* 752; insatiabilibus paternae dilectionis filiis ~aremus GOSC. *Aug. Min.* 744B; quamplures .. ad nutum illi cum omni conatu ~abant *G. Steph.* 4; sicut ii qui regi propter aurum ~antur, non regem sed aurum cupiunt ALEX. CANT. *Dicta* 10 p. 150; Scotici quasi regi Francie ~antes *Lib. Mem. Bernewelle* 237. **c** suis potius quam Romanis ~arent traditionibus W. MALM. *GP* V 215. **d** genera verborum concordi suffragio proceleumatici regulis ~are noscuntur ALDH. *PR* 125; partes orationum quae epitriti secundi structuris rite ~ent *Ib.* 138.

3 (w. acc.) to force to obey, subjugate.

s**1165** Resus videns regem non solvere sibi promissa .. castellum .. valida manu combussit, totamque regionem Ceredigeaun ~avit *Ann. Cambr.* 50.

obsecundarius, follower, assistant.

convocatis fratribus et ~iis meis, excessum venerandi patris eis aperui DOMINIC *V. Ecgwini* I 9 [=W. MALM. *GP* V 230: obsecundatoribus].

obsecundatio [LL], compliance, obedience.

ut nulla sit ei molesta servilis ~o, nullum indecens videatur obsequium J. SAL. *Pol.* 486A; quenam erit ~o aut communicatio voluntatum, subtracto verbi commercio *Id. Met.* 827C; **1166** eum scio .. non auctoritatem prestitisse libidini sed ~onem necessitati *Id. Ep.* 145 (168); Johannes mandatorum ejus ~oni insistens AD. SCOT *Serm.* 305D; s**1382** dominum suum .. tante humanitatis ~one venerari WALS. *HA* II 47.

obsecundator [LL], follower, assistant.

convocatis fratribus et ~oribus meis, excessum venerandi patris eis aperui W. MALM. *GP* V 230 [=DOMINIC *V. Ecgwini* I 9: obsecundariis].

obsecundus [LL], that flatters, obsequious.

plus amat sermones utiles quam facetos vel amabiles, rectos quam †absecundos [l. obsecundos] MILEMETE *Nob.* 109.

obsecutio [LL], willingness to follow or serve, compliance, obedience.

forma et quantitas corporis, pietas et qualitas antiquae ~onis, primaeque tumulationis GOSC. *Transl. Aug.* 18B; quo quisque abjectior, eo promptissime ~onis ejus erat presumptior *Id. Edith* (II) 63; dilectio .. et ~o .. debent mutuo federari ut obsequens dilectio et diligens ~o possint ordinarie frequentari R. COLD. *Cuthb.* 1.

obsecutor [LL], follower, assistant.

cum eo, quo primum a sanctis ~oribus positus est, efferret sarcophago GOSC. *Transl. Aug.* 37D.

obsedatus v. obsidatus. **obsederare** v. obsiderare. **obsedere** v. obsidere. **obsederica** v. obsiderica. **obsedio** v. obsidio. **obseditio** v. obsiditio. **obsella** v. clitella 1. **obsenium** v. obsonium.

obsensus [cf. CL ob-+sensus], sanity.

1004 reddendo .. lunaticis daemoniacisque ~um mentis *CD* 710.

obsequaliter v. obsequialiter.

obsequela [CL], (act of) following in service, compliance, obedience (sts. w. subj. gen.); **b** (w. obj. gen.); **c** (w. obj. gen. of abstr.).

970 pro fideli ejus ~a quam michi .. impertivit *CS* 1259; infatigabilem fidelis ~ae famulatum persolvit B. *V. Dunst.* 24; genitori .. ~am gerens, ejus se oculis in bello ostentans, ejus lateri in pace obambulans W. MALM. *GR* IV 305; non quo voluptati esset .. frequens servientium multitudo. nec enim in corde parturiebat jactantiam si haberet multorum ~am *Id. Wulfst.* III 16; ibi probatissima religionis schola est, .. omnium communicatio, mutua ~a P. BLOIS *Ep.* 86. 270B; quis silentio premat tam benevole ministerium tutele, tam devote sedulitatem ~e J. FORD *Serm.* 113. 5. **b** crebras in Dei ~a protelando excubias W. MALM. *GR* I 49 p. 74; injungitur ei cura et ~a senis cujusdam monachi AD. EYNS. *Hug.* I 11; ab ~a martyris SAMSON *Mir. Edm.* I 8 (v. devotare 2). **c** succinctus ad omnem obedientiam, .. devotus ad omnem humilitatis ~am BALD. CANT. *Serm.* 2. 14. 432; omnimode servitutis suscipiens ~am .. factus sub illis nec conservus tantum sed servus illorum J. FORD *Serm.* 36. 6.

obsequenter, by doing service, obediently, deferentially.

bonis ~er juvantibus rectorem consueta libertate perfrui W. POIT. I 7.

obsequi [CL]

1 (w. acc.) to follow, accompany. **b** (pr. ppl. as adj.) following, accompanying. **c** (as sb.) follower.

incipiebat occulte de longinquo ~i eum *V. Cuthb.* II 3; rex .. ~entibus eum comitibus et baronibus Scocie .. ad Angliam lora vertit *Flor. Hist.* III 120. **b** virtutibus animae quasi ~entium comitum cuneis stipari consuerunt BEDE *Prov.* 987. **c** ibi perlatus ~entum manibus episcopus BEDE *HE* II 7 p. 94.

2 to follow as servant, to serve, assist (w. dat., acc., or adv.).

10.. ~itur, *folgað WW*; a**1087** villanorum curiae Cumenore ~i solitorum *Chr. Abingd.* II 7; videndum .. sic esse inter Deum et angelos et homines quomodo inter imperatorem terrenum et sibi ~entes *Simil. Anselmi* 80; **1167** in brevi dabitur oportunitas invicem ~endi J. SAL. *Ep.* 254 (221); ~i, ministrare, famulari OSB. GLOUC. *Deriv.* 60; **1257** Johanni de E. qui diu regi est ~tus, faciant habere unam robam *Cl* 61; **1349** mandatum ad monendum presbiterum quod teneat convencionem factam cum vicario de ~endo ecclesiam de Arretona post mortem dicti vicarii *Reg. Wint.* II f. 20 (311); **1422** suffraganeis suis in celebracione ejusdem misse sibi assistentibus et eidem ~entibus in pontificalibus ut est moris *Reg. Cant.* III 81.

3 to obey, submit, comply; **b** (w. dat.). **c** (pass.) to be obeyed, complied with. **d** (pr. ppl. as adj.) obedient.

paret et obsequitur praesul venerandus ÆTHELWULF *Abb.* 120; per legatos iterum iterumque monitus ad ~endum, mentem obstinatam non omisit W. POIT. I 40. **b** tuae voluntati velim si possim ~i ANSELM (*Orig. Pecc. praef.*) II 139; ducem ne sermonibus pacis ~eretur averterunt ORD. VIT. XI 20 p. 228; a**1165** ad ~endum per omnia voluntati vestre paratus sum et .. vobis servire .. cum summa diligentia disposui *Act. Hen. II* 388; obedientia .. Deo ~itur et voluntati ejus BALD. CANT. *Serm.* 9. 38. 426; pre ceteris animalibus familiarius ~itur jussioni humane canis NECKAM *NR* II 157; **c 1269** volentes quod concessio nostra .. Hugoni inde facta sibi ~etur *Cl* 152; **1564** si .. convenciones predicte non ~entur in forma ut superius express' .. *Pat* 999 m. 26. **d** s**1381** jurati .. dixerunt se .. cunctos fideles et ~entes regi fore WALS. *HA* II 35.

4 (w. dat.) to oblige, gratify. **b** to curry favour with. **c** (pr. ppl. as adj.) obliging, gratifying, compliant.

michi sors obsequitur non aspera / dum secreta luditur in camera, / favet Venus prospera P. BLOIS *Carm. CC* 3. 8. 33. **b** non quod non debeamus amicis dulciter ~i et plerumque blandiri, sed in omnibus servanda moderatio est AILR. *Spir. Amicit.* III 104. 695; presbyteri .. patronis donis creberrimis et exeniis ~untur GIR. *GE* II 34. **c** amicitia .. ~entis gratiae beneficio in majoris integritatis robur excrescit GIR. *EH* I 12 p. 247.

obsequialis [LL]

1 deferential, dutiful, obedient.

non tam obedientiali reverentia, quam devotione ~i AD. MARSH *Ep.* 21; **1284** dignis ~ibus honoribus venerari *Reg. North.* 81; **1328** vos tali [sc. provisoris esculentorum] ministerio ~i .. indigetis *Lit. Cant.* I 268.

2 (as sb. m.): **a** attendant, retainer; **b** (eccl. & mon.).

a 1343 te numero clientorum meorum familiarium et ~ium aggregamus *Pat* 210 m. 27; dux noster Gloucestrie cum illis et aliis ~ibus dominorum quos moveret appetitus ad videndum spectaculum *G. Hen. V* 25. **b 1301** rogamus quatinus .. clerici nostri .. absenciam .. pro tempore quo noster fuerit et erit ~is .. favorabiliter excusatam habentes *Reg. Cant.* I 412; c**1303** ~es .. monasterii *Reg. Cant.* II 640; **1377** sustentacionem canonicorum ejusdem prioratus et eorum ~ium in moderato numero sibi assistencium *Pat* 297 m. 26.

3 (as sb. n. pl.) obsequies, funeral rites.

1467 ~ia sunt perfecta STONE *Chr.* 8.

obsequialiter [ML], deferentially, dutifully, obediently.

c**1317** vobis .. ~er .. nos devocius offerentes *Form Ox* I 18; s**1456** que .. sub jugo ancillationis obsequaliter permaneret *Reg. Whet.* I 217; s**1460** ut sibi [sc. regi], ut suus fidelis ligens, in omnibus .. ~er subserviret *Ib.* I 380.

obsequiolum [ML], act of following as servant, service, obedience.

953 ob ejus amabile et fidele obsequiolum *Chr. Abingd.* I 156 (=*CS* 899, 905, 923).

obsequiosus [CL], who follows as a servant, obedient, compliant; **b** (of person, also w. dat.); **c** (of will); **d** (of deed).

~us, obsequio plenus OSB. GLOUC. *Deriv.* 403. **b** utrique ~us exstitit et fidelis AYLWARD 288; **1439** per .. fidelem semper et solicitum ac ~um apprime nuncium BEKYNTON I 98 (=I 214). **c** habitam [sc. gratiam] servare voluntas / obsequiosa potest HANV. VII 351. **d 1431** habita consideracione ad servicia magna et ~a computantis facta in servicio regis *Exch Scot* 539.

obsequium [CL]

1 act of following, movement, (~*ia pedum*) gait.

obicitur crinis pexus, gens pallida, sermo / mollis, et obsequia deliciosa pedum *Pol. Poems* I 92.

2 service: **a** (domestic); **b** (royal); **c** (eccl., mon., & acad.); **d** (to a saint); **e** (to devil); **f** (to God or Christ).

a ancillas .. ad publicum prostibulum aut ad externum ~ium venditabant W. MALM. *GR* III 245; deputavit ~io earum puellas aliquas pauperculas in habitu seculari servientes *Canon. G. Sempr.* 47v; **1316** quod predicta Isolda staret in ~io predicte Agnetis .. per annum integrum (*CourtR*) *Law Merch.* I 99. **b** voluntariae servitutis affectum quem erga suorum ~ia principum exercere noscuntur ALDH. *VirgP* 6; **957** tradidi cuidam meo fideli ministro .. pro ejus benevolo ~io *CS* 988; **1257** pro laudabili ~io quod magister R. de C. regi diutius impendit .. *Cl* 158; **1265** cum dudum obtentu diutini †obsequi [MS: obsequii] Johannis .. venatoris nostri .. concesserimus eidem Johanni decem et octo acras terre *Cl* 23; **1295** pro navibus .. usque Wynchelse ducendis in ~ium domini regis *KR Ac* 5/11; [Alquinus] .. unam [epistolam] transmisit scolaribus Cantebrigie cum esset in ~io Karoli in Francia CANTLOW *Orig. Cantab.* 274. **c** Gundulfus dulci ~io illi [sc. Anselmo] semper et firmiter et fideliter adhesit *V. Gund.* 33; **1368** lego .. quinque marcas .. si usque ad mortem in meis ~iis perseverent *Reg. Exon.* 1555; probitate armigerorum qui tunc in ~io abbatis erant WALS. *HA* II 26; **1503** quilibet laicus .. per ~ium alicujus clerici ad universitatis privilegia .. admittendus *StatOx* 309. **d** magno in Sanctum Aldhelmum ~io W. MALM. *GP* V 265; ob specialem devocionem quam ad gloriosum confessorem Cuthbertum .. gerimus, cujus ~iis .. filii nostri sunt in dies dediti *Feod. Durh.* 184; nobis itaque qui speciali martyris protectione gaudemus precipue congruit, ut nos in ejus ~io specialiter affligamus S. LANGTON *Serm.* 4. 31. **e** cum annis pluribus se diaboli ~iis .. mancipasset GIR. *GE* II 17. **f** in practicae conversationis studio .. quam Martha .. votivum Christo humanitatis ~ium praebens praefigurat ALDH. *VirgP* 29 p. 267; homo aeternum habere non posset praemium nisi Deo aeternum laborando exhiberet ~ium *Simil. Anselmi* 126; cum .. aliquem filiorum pro se in Christi ~ium .. misisse debuisset GIR. *EH* II 36.

3 (w. ref. to public or mil. service); **b** (w. ref. to crusade).

779 (12c) ab omni jugo seculari liberam exceptis arcis restauratione et pontis et expeditionis ~io *CS* 229; **951** preter urbis pontisque constructione et expeditionis ~io *CS* 893; a**956** praeter arcem atque pontem agonisque ~ium *CS* 1023; **1054** exceptis trium rerum obsequiis, expeditione sc. popularii viatici, fundatione pontis, arcisve conditione regalis *CD* 800; c**1214** super feodo prebende de B. in militare et laicale ~ium .. converso Gir. *Ep.* 8 p. 262; stipendia [in] suis ~iis militantibus erogare Avesb. f. 91b. **b** ob crucis ~ium Gir. *SD* 52.

4 compliance, consideration for others, submissiveness. **b** obsequiousness.

ejus delectabatur colloquio, gratulabatur ~io G. Font. *Inf. S. Edm.* 35; humilitatis .. tanta .. prepollebat gratia, .. omnibus ~ium, omnibusque compassionis exhibentem affectum *V. Fridesw. B* 3; Christus majori exhibitione ~ii hoc observari precepit Beleth *RDO* 92. 94; ~ium, A. *buxumnesse or servyse WW*. **b** tumere illum proculdubio .. pro tot obambulatorum ~io W. Malm. *GR* III 263; talique temeritatis sue ~io edoctus est ipse et similes sui (*V. Bregwini*) *NLA* I 135.

5 submission, obedience (by animal or natural phenomenon).

bestia .. / obsequium praebens praedas oblita recentes Aldh. *VirgV* 1439; ut omnes agnoscerent etiam torrentem martyri ~ium detulisse Bede *HE* I 7 p. 21; videbitis elementa jam conspirata in meum ~ium W. Malm. *GR* IV 320; aviculam .. tanquam nocturnum ~ium indemnitate remunerans .. mane remittit illesam Gir. *TH* I 12; que ~io maris in Italiam applicuit *Natura Deorum* 35; homo .. gaudens canis ~io fidelis Neckam *NR* II 157;

6 service, assistance. **b** favour, act of kindness. **c** allowance, indulgence.

10.. ~ia, *ðenunga WW*; videt .. angelos assistentes et coeleste illi ~ium praeparantes Osb. *V. Dunst.* 44; audivit angelum .. ministri ~ium ei deferentem Eadmer *V. Osw.* 7; eique ad scandendum equum ~ium prestitit Trevet *Ann.* 144. **b** omnia ferme amicitiarum ~ia insidie sunt J. Ford *Serm.* 38. 4. **c** cervisiam de celario .. est habiturus, necnon et vinum similiter, quociens conventui ~ium fit de vino *Cust. Westm.* 112.

7 task, duty, office. **b** (*~a conjugalia*) conjugal duties or rights.

servientibus sibi fratribus ad hoc ~ium deputatis Lanfr. *Const.* 111; si fratres .. non intersint alicui ~io quod .. imperfectum relinqui commodum non sit *Ib.* 190; in vestris secretariis et aliis ~iis privatis et publicis *G. Ed. II Bridl.* 51. **b** si matrimonium fuerit in facie ecclesiae solemnizatum et mulier recesserit a viro, vel e contra si vir repudiaverit uxorem, tunc agendum est in causa restitutionis ~iorum conjugalium *Praxis* 140.

8 celebration of divine worship, church service, office. **b** funeral rite.

peractis ergo consecrationum [sc. ecclesiae et sacerdotis] ~iis Felix *Guthl.* 47 p. 144; qualem vel quantam se in divinis praepararet ~iis B. *V. Dunst.* 10; diurno et nocturno B. Virginis ~io ministrare constituti sumus *Found. Waltham* 19; s**1098** dies natalicios in ~iis divinis .. magnifice celebrarunt M. Par. *HA* I 98; c**1335** quod .. capellanis in divinis humiliter ministret ~iis *Eng. Clergy* 267; Beate Virginis †obsequiis [l. obsequiis] insistendo Ad. Usk 46. **b** cumque .. in limine mors adesse putaretur, nihilque aliud quam funeris ~ium meditaretur Osb. *V. Dunst.* 7. a**1100** ut sit factum tale ~ium pro nobis quale debet fieri pro uno fratre de ecclesia, ubicumque moriamur *Chr. Abingd.* II 20; canonico .. defuncto statutum est triginta dierum in conventu ~ium fieri *Offic. Sal.* 10; a**1240** die quo celebrabitur dies anniversarius dicti Johannis, quilibet canonicus qui presens ~iis interfuerit tres denarios *Ch. Sal.* 217; de morte incliti domini de M. et de suis solennibus ~iis celebratis Elmh. *Metr. Hen. V tit.* p. 90; **1494** pro sustentacione .. aliorum ~iorum annuatim pro animabus omnium predictorum *Scot. Grey Friars* II 17.

obserare [CL]

1 to close, lock, bolt: **a** (door); **b** (building); **c** (chest); **d** to keep (teeth) tight shut. **e** (transf. or fig.).

a ut oppilatis atque ~atis janubus hostis intrare non possit Bede *Ezra* 888; obserrat, claudit *GlC* O 71; adventantibus, tam ~ata janua quam aperta, aqua gratiae non deesset Gosc. *V. Iv.* 89B; respexit ad hostium et vidit clausum .. sed non ~atum *V. Chris. Marky.* 6; ostium clausum et intus ~atum J. Furness *Walth.* 71; **1274** hostiis claustri iterum reseratis [v. l. †abseratis, l. obseratis] *Ann. Durh.* 52. **b** ibat ad jam ~atam ecclesiam B. *V. Dunst.* 11; ~atam ecclesiam .. intravit W. Malm. *GP* I 19 p. 29; cum .. domus firmiter ~ata fuerit, qualiter inde exire potuerit .. nescierunt Alex. Cant. *Mir.* 51 p. 264. **c** **1602** cistam .. clausam et ~atam *SelPlAdm* II 202. **d** stringentur dentes miserabiliter ~ati, quos solvit edacitas Elmer Cant. *Record.* 720B. **e** omnia mentis claustra seris vitiorum ~ata sua penetrabilitate perscindens Ailr. *Spec. Car.* II 11. 26.

2 to bar, block access to. **b** to close, shut (ear). **c** to shut out.

~atis, *fordyttum GlP* 798; foramen .. perpetuo ~asset si homines sine rebus humanis vivere potuissent *Canon. G. Sempr.* 47v; a regina et comitibus qui venerant foras muros Wintonie ~ate sunt vie ne victualia imperatricis fidelibus inferrentur R. Niger *Chr. II* 185; **1275** †obserpavit [MS: obserravit] communem viam reg' per cathenam ferream ad dampnum ville *Hund.* I 292a; obserrati siquidem erant vici immensis ex transverso cathenis ac repagulis *Chr. S. Edm.* 68. **b** aurium fenestre a fabulis et vaniloquiis .. sint ~ate Gosc. *Lib. Confort.* 80; ~at hec aurem, nec minus aure domum Walt. Angl. *Fab.* 9. 6. **c** quare sic nobis ~avit lucem et obduxit nos tenebris? Anselm (*Prosl.* 1) I 99.

3 to shut up, confine; **b** (fig.).

imbres adimens .. ac si fortissimo penurii clustello .. ~atos Gildas *EB* 71; serratur populus qui obseratur ne laxius evagetur R. Niger *Mil.* III 79; papam cepit, et in turri fortissima observavit *Eul. Hist.* I 265. **b** omnia consilia tua tam unice anime quasi hosti ~asti Gosc. *Lib. Confort.* 29.

4 **a** to fasten (fetter). **b** to bind (limb with fetters); **c** (fig.).

a manicae pessulo ~atae in terram de ejus ceciderunt manibus Lantfr. *Swith.* 38; boie .. rursus reserate sunt et rursus ~ate W. Cant. *Mir. Thom.* III 18. **b** brachia ei in manicis ferreis astrinxerat, .. tibias firiis ~averat R. Cold. *Cuthb.* 20. **c** obseratur amoris vinculo / et se gaudet serratum clangulo J. Howd. *Ph.* 1008.

obseratio [LL], bolt, lock.

unius .. clavis amminiculo non aperitur omnis obseratio R. Niger *Mil.* III prol.; necessarium quiddam ad ostii ~onem quod vulgo stapellum dicimus J. Ford *Wulf.* 20.

obserbare v. observare.

1 obserere [CL; cf. serere = *to sow*]

1 to plant with; **b** (transf.).

agrum suum parva licet ex parte tribulis et spinis obsitum .. evacuat Ailr. *Spec. Car.* II 21. 570B; terra .. silvis .. fuerat obsita Gir. *TH* III 2; ~itus, .. *plantyd a bowte WW*. **b** perrexerunt .. per pontem aculeis ~itum Coggesh. *Visio* 29.

2 to cover, surround; **b** (fig.).

aliquid de veteri musco quo superficies ligni erat obsita Bede *HE* III 2 p. 130; obsitus, circumdatus *GlC* O 52; praesertim cum nec locus iste habilis esset tanto monumento, nec, palude obsitus, foret accessibilis populo Alcuin *Vedast.* 425; cum crinibus prolongioribus obsitus, potius armiger quam clericus appareret R. Cold. *Godr.* 215; granum paleis vestitur et obsita spina / est rosa M. Rievaulx (*Vers.*) 10; favilla et fumus ita obscuraverunt ac si esset ~itus densa nube Trevet *Troades* 5. **b** dilecta denique anima variis perturbationibus obsita [ME: *umbesett*] Rolle *IA* 229.

3 to cause to be born, procreate, engender, beget (unless referred to 2a *supra*).

carneis adhuc vinculis obsitus, contuetur aeterna R. Cold. *Godr.* 163.

2 obserere [cf. CL serere = *to link*]

1 to link together.

repagula, serae atque cathenae quibus ~erebantur [sc. januae] confracta sunt Alex. Cant. *Mir.* 23 (I) p. 209.

2 to put together, compose.

cunctis scientibus quod fratribus suis conseruisset [v. l. obseruisset] calumpnias *Flor. Hist.* I 93.

obsericus v. holosericus. **obserpare** v. obserare. **obserr-** v. obser-.

observabilis [CL], that can or should be followed or observed.

1343 inquiratur .. que sunt ~es [sc. confederaciones et obligaciones mutue] et que non; super non ~ibus scribant presidentibus *Conc.* II 715b; Christus ergo tam potuit .. talem regulam perfectissimam pro statu viatoris ~em ordinare Wycl. *Compl.* 88.

observantia [CL]

1 deferential regard, respect. **b** attentiveness, care; **c** (leg., w. ref. to precise form of oath); **d** (as personified virtue).

~ia est hominibus dignitate antecedentibus reverentie exhibitio T. Chobham *Praed.* 202. **b** cuicumque fidelium fidem et juvamentum suum multa convenit ~ia custodire (*Quad.*) *GAS* 47; volo ut .. omnia injusticia, quanta possumus ~ia sarculetur et explantetur (*Ib.*) *Ib.* 309 (=*Cons. Cnut*: in quantum humana ratio et diligentia valeat); cum in cunctis sit modus observandus, .. in nullo magis actu humano opus est ~ia quam sermone Gir. *PI* I 1. **c** defendat se Francigena plano juramento, non in verborum ~iis (*Quad.*) *GAS* 484; in Hamtesira qui verborum jurat ~iis, semel juret (*Leg. Hen.* 64. 1c) *Ib.* 583. **d** est Pietas justo comes, Observantia Verum / Ultio Relligio Gratia grata juris J. Garl. *Epith.* VIII 17.

2 act of observance, practice (of law, custom, or sim.); **b** (w. gen.); **c** (w. ref. to Old Testament Law); **d** (w. ref. to mon. rule).

ut ~iam [AS *bihaldennisse*] quam corporaliter exhibemus, mentibus valeamus implere sinceris *Rit. Durh.* 9; a**1532** juxta ritum, consuetudinem, et ~iam predecessorum tuorum (*Vis. Leicester*) *EHR* IV 305; a**1559** ~iae et debitae executioni *Conc. Scot.* II 171. **b** in fide .. et confessione nominis ejus, .. in ~ia mandatorum ejus Bede *Ep. Cath.* 116; reconciliamur Creatori .. ~ia bonorum operum Lanfr. *Comment. Paul.* 107; super barones .. habet judex fiscalis justicie legis ~iam (*Leg. Hen.* 24. 1) *GAS* 561; juxta publicam juris civilis ~iam P. Blois *Ep.* 98. 307C; ad detestationem vitiorum per ~iam virtutum T. Chobham *Praed.* 145; **1333** quos .. impar legis ~ia non debeat separare *StatOx* 132. **c** immaturam litterae legalis ~iam Bede *Cant.* 1111; carnalis ~ia legis abolita est Bald. Cant. *Commend. Fid.* 589; ~ias rituum venerande legis .. infestare .. presumpsi Neckam *Sal.* 29; patefacta nostre redemptionis gratia cessat hec legalis ~ia Gros. *DM* III 1; ~ia decem mandatorum [ME: *holdung of ðe tene olde hesten*] *AncrR* 7. **d** eidem monasterio .. in ~ia disciplinae regularis .. praefuit Bede *HE* IV 10 p. 224; **803** ea regula et ~ia disciplinae, sua monastica jura studeant observare *Conc. HS* III 517; per clausuram ordinis, per disciplinae ~iam P. Blois *Ep.* 13. 40B; **1438** sub ~ia monastice vite Bekynton I 2.

3 what is observed, practice, rite, custom; **b** (w. ref. to Old Testament Law); **c** (mon.). **d** mon. rule; **e** (w. ref. to rule of Franciscan Observants).

munitissima civitas est ordo noster et vallata undique bonis ~iis .. ne hostis noster nos decipiat Ailr. *Serm.* 3. 221; ~iis quibusdam arida magis consuetudine quam pia devotione inservire curamus J. Ford *Serm.* 76. 11; **1340** secundum antiquas ~ias a sociis dicte domus usitatas *Deeds Balliol* 287; **1549** ceremonias, ritus, et ~ias ab ecclesia receptas *Conc. Scot.* II 120. **b** miscebantur quedam carnales ~ie adhuc Ailr. *Serm.* 11. 9. 273; Deus adoratur non in carnalibus legis ~iis sed in spiritu et veritate Bald. Cant. *Commend. Fid.* 639. **c** quomodo novicius habere se debeat .. et quibus uti ~iis oporteat dicendum *Instr. Nov.* 376a; oportebat eum interesse divinis obsequiis et claustralibus ~iis Brakelond f. 145; **1232** propter .. penuriam ~ias ordinis Cisterciensis observare non valuit *Pat* 505; **1325** injuncta est penitencia .. Roberto, juxta ~ias regulares *Lit. Cant.* I 150; ad intelligendas ~ias noviciorum in tempore professionis *Cust. Cant.* 383; a**1532** juxta .. regulares ~ias dictorum ordinis et monasterii (*Vis. Leicester*) *EHR* IV 305. **d** regularis ~iae magisterio fratribus praeesse jussus est *Hist. Abb. Jarrow* 4; fastidientes districtionem tantae ~iae Ælf. *Regul. Mon.* 175; cogor irrefragabiliter ferre monachilem ~iam Ord. Vit. I *prol.*; **1232** in hiis que spectant ad ~iam regularem et disciplinam

monachalem in dicto prioratu *Ch. Chester* 431; fratres eremite Sancti Augustini habuerunt initium ~ie sue a Sancto Paulo primo eremita *Eul. Hist.* I 438; a**1533** in .. regularis ~ie violacionem (*Vis. Leicester*) *EHR* IV 305. **e** magistri Johannis ordinis Sancti Francisci de ~ia GASCOIGNE *Loci* 206; **1451** statutorum .. familie cismontane de ~ia *Mon. Francisc.* II 81; regularem .. sacri ordinis Fratrum Minorum ~iam *Ib.*

observare [CL]

1 to observe, give attention to, watch (omen). **b** to note, remark.

qui auguria .. ~ant .. quinquennio peniteant THEOD. *Pen.* I 15. 4. **b** secundum quod superius ~atur BRACTON 61b.

2 to guard, defend, keep safe: **a** (w. acc.); **b** (w. dat.); **c** (absol.) to keep watch.

a hoc sacer observat dilubrum Mathias almum ALDH. *CE* V 1; Ealdredesgate et Cripelesgate ~abant custodes (*Quad.*) *GAS* 232; he autem sere sunt, quas marita ~are debet: sera dispense et ciste et scrinii (*Cons. Cnuti*) *Ib.* 363; **1166** excommunicari jussit omnes qui portus ~ant ut impediant appellantes J. SAL. *Ep.* 184 (174) p. 148; seratis et ~atis aditibus MAP *NC* IV 14 f. 54v; s**1204** .. oppidum .. cepit, familiaribus Mailgonis qui illud ~abant inermibus abire dimissis *Ann. Cambr.* 63; **1277** recepi ~andas et salvandas .. xxxv li. argenti *SelPlJews* 97; naute .. ita ~abant introitus et exitus ut nulli omnino pateret egressus *V. Ed. II* 242. **b** terras S. Ædeldrede invasoribus in feudum permisit tenere .. ut in omni expeditione regi ~arent (*Chr. Ely*) *EHR* VII 15; qui semitis ejus versus Albam Domum .. ~arent GIR. *Symb.* 31 p. 314. **c** mulieribus que ~abant ad hostium tabernaculi OCKHAM *Dial.* 588.

3 to keep, preserve, or maintain in a certain state; **b** (contract, oath, or sim.); **c** (peace).

memoratum continentiae modum ~abat BEDE *HE* IV 23 p. 264; s**1177** cum uno cantredo quem .. rex .. heredibus suis ~avit (v. cantredus 2); modum et modestiam minus ~at GIR. *TH* I 22; difficile est ~are virginitatem T. CHOBHAM *Serm.* 13. 49vb; **1269** volentes eorum securitati .. prospicere et eos .. indempnes ~are *Cl* 123. **b** ~ando pactum circumcisionibus *Comm. Cant.* II 17; **705** illam pactionis condicionem se ~aturos .. paciscebamur WEALDHERE *Ep.* 22; **873** si quis .. obserbare boluerit serbetur donationem nostram *CS* 536; **838** reconciliationem .. fidelibus ~andum praecipio *CS* 421; qui hoc non ~abat xl sol. emendabat *DB* I 262va; c**1180** hanc conventionem .. firmiter tenebunt et fideliter ~abunt *Ch. Westm.* 288; s**1191** juratio de fidelitate ~anda regi Ricardo *Flor. Hist.* II 107. **c** pro pace regis observanda inquiratur rei veritas per patriam *Eyre Kent* I 111; **1297** audientes hutesium exierunt pro pace domini regis ~anda *SelCCoron* 88; pro majori securitate pacis ~ande *Plusc.* VI 41.

4 to comply with, follow, obey, observe: **a** (custom or way of life); **b** (rule or law); **c** (will); **d** (liturgical order). **e** (pr. ppl. as sb.) one who complies with a rule, in quots. Franciscan Observant.

regularem vitam .. quam usque hodie cum regula Benedicti ~amus *V. Cuthb.* III 1; ut mores quos antecessores ejus in Normannia sub patre suo tenuerunt ~aret ORD. VIT. X 11 p. 63; hanc dietam medicinalem nobis a Christo medico injunctam male ~amus T. CHOBHAM *Serm.* 24. 10ra; quod per triginta sex annos continuos creditur ~asse *V. Edm. Rich B* p. 617. **b** sedet Lex cum Christo quia ~atur Lex cum Evangelio S. LANGTON *Ruth* 121; aliquid statuit [jus] et tunc illud statutum ~abitur RIC. ANGL. *Summa* 33 p. 60; ista regula non ~atur GARL. *Mus. Mens.* P 1. 45; quod leges et libertates predictas ~arent M. PAR. *Maj.* II 606. **c** numquid durum non est alterius hominis nutus tantum ~are, suis voluntatibus renuntiare BALD. CANT. *Serm.* 7. 45. **d** pascha non suo tempore ~abat BEDE *HE* III 17 p. 161; decreverunt .. ut septem canonice hore diebus singulis ~entur W. MALM. *GP* I 5. **e** **1538** nomina eorundem ~ancium defunctorum *TRBk* 153/4; Franciscanis .. quos ~antes vocitant J. HERD *Hist. IV Regum* 175.

5 a (w. *ut* or *ne* & subj.) to see to it, ensure. **b** (w. indir. qu. as obj.) to see, ascertain.

a ~ate ne quas mundi illecebras Conditoris amori praeponatis BEDE *Ep. Cath.* 120; **957** ~ans per clavem apostolicae auctoritatis Petri ut heredes fideliter agant *CS* 993; ~ans sollicite ne aliquis qui valeret surgere in lecto remanserit LANFR. *Const.* 155; ~et autem ille cujus arma erant, ut ea non recipiat antequam in omni calumpnia munda sint (*Leg. Hen.* 87. 2) *GAS* 601; debent ~are ne in labore sit aliqua desidia AILR. *Serm.* 17. 5. 295; diligenter ~andum est predicatoribus ut ipsi .. predicent contra falsos testes T. CHOBHAM *Praed.* 236. **b** ipsius est .. ~are .. utrum famulos idoneos .. habeant LANFR. *Const.* 153; cum ~arent Jesum si Sabbatis curaret hominem habentem manum aridam BALD. CANT. *Commend. Fid.* 608.

6 (w. *ab* or *de* & abl.) to keep from. **b** (w. refl.) to refrain from. **c** (refl.) to behave or conduct oneself.

.. malentes ~are manus ab omni rapina .. OSB. BAWDSEY clxxx. **b** a talibus vosmetipsos impietatibus ~ate ALCUIN *Ep.* 18 p. 52; nisi .. fidejussorem dederit, se deinceps ab hujusmodi ~aturum (*Cons. Cnuti*) GAS 339; **1277** possemus .. de contravenire .. nos observare *TreatyR* I 179; **1305** manuceperunt quod idem R. de hujusmodi conspiracionibus in posterum se ~abit *Gaol Del.* 39/1 m. 1. **c** **801** ammone socios tuos .. ut honorifice se ~ent in omni relegione sancta ALCUIN *Ep.* 230; vos hortatur vester eruditor ut .. ~etis vosmet [AS: *ge healdan eow sylfe*] eleganter ubique locorum ÆLF. *Coll.* 103.

7 to seize.

et solvant postea parentes ejus weram .. si cognationem habeat liberam; si non habeat, ~ent eum inimici sui [AS: *heden his þa gefan*] (*Quad.*) *GAS* 121; si hoc captale nolit dare pro eo, dimittat eum liberum; solvant postea parentes ejus weram illam, si cognacionem habeat liberam; si non habeat, ~ent eum inimici (*Leg. Hen.* 70. 5a) *Ib.* 588.

8 (p. ppl., leg.) precise, in a strict form of words (dist. from *planus*).

omnis tihla tractetur antejuramento plano vel ~ato (*Leg. Hen.* 64. 1) *GAS* 583.

9 (pr. ppl. or gdv. as adj., in forms of address) worthy of respect, honourable.

tui ~antissimus .. homo antiqua virtute et fide FREE *Ep.* 56; presul ~andissime *Ib.*; c**1531** ~andissimi patres *Conc.* III 747a.

observatinus, that observes the strict Franciscan rule, observant.

1496 familia nostra ~a *Scot. Grey Friars* II 264.

observatio [CL]

1 act of observing, giving attention to, watching: **a** (omen or sim.); **b** (for arrival or appearance). **c** note, observation.

~ones dierum et horarum in agendis negociis, et sompniorum ~ones R. WESHAM *Inst.* 151; a**1332** de ~one lune in rebus agendis *Libr. Cant. Dov.* 50. **b** angeli descensionem .. vigilanter expectant, ne si quis in ~one negligentior fuerit visione angelica .. fraudetur J. FORD *Serm.* 75. 6. **c** item, Sylvae seu ~onum pro texenda historia a Kynlos, lib. j FERR. *Kinloss* 45.

2 act of guarding, defending, keeping safe.

sanctorum locorum ~one ALCUIN *WillP* 1; que pertinent ad coronam et ad dignitatem et ad defensionem et ad ~onem et ad honorem regni (*Leg. Will.*) *GAS* 489.

3 act of keeping, preserving, or maintaining in a certain condition: **a** (contract or law); **b** (peace).

a dicit futurum de regno ejus legisque ~one *Comm. Cant.* I 440; ad que omnia observanda per hanc ordinationem statuo .. quod singuli priores .. post suam institutionem jurant .. quod hanc ~onem fideliter observabunt *Reg. Malm.* II 77; **1280** ad quorum omnium articulorum ~onem .. dicunt .. se esse adstrictos *MunAcOx* I 43; s**1255** in carte ~one totiens promisse OXNEAD *Chr.* 201. **b** a**1201** ut .. stabilis permaneat hujus pacis ~o *E. Ch. Waltham* 244.

4 compliance (with), following (of), obedience (to), observance (of): **a** (Old Testament Law); **b** (eccl. & mon. discipline); **c** (liturgical order).

a intimatum est typice quod litteralis ~o legis finem esset acceptura BEDE *Cant.* 1141; x annis, id est in ~one Decalogi S. LANGTON *Ruth* 92; plurimi in primitiva ecclesia .. astruerunt sacramenta veteris legis .. observanda esse nec sine illorum ~one salutem esse GROS. *Cess. Leg.* I 1. **b** inbuebantur .. parvuli Anglorum .. ~one disciplinae regularis BEDE *HE* III 3 p. 132; catholicae ~onis moderamina *Ib.* 28 (v. moderamen 2c); a**804** regularem vitam .. conservare nitimini, quia ~o mandatorum Dei protectio est a tribulatione adversariorum ALCUIN *Ep.* 287; habens alias ~ones, per quas ~ones tuae annihilentur LANFR. *Comment. Paul.* 117; nigredinem vestium aliasque ~ones sumpserunt ORD. VIT. VIII 27 p. 452; **1559** ecclesiasticae traditiones .. ad sui ~onem publice et privatim Christianos obligant *Conc. Scot.* II 163. **c** [Scottos] in ~one sancti Paschae errasse conpererat BEDE *HE* II 19; c**738** incantatores et veneficos .. et ~ones sacrilegas quae in vestris finibus fieri solebant (*Lit. Papae*) *Ep. Bonif.* 43 p. 69; quadragesimali ~one [AS: *bihaldnisse*] *Rit. Durh.* 14; quia .. in ~one Catholici Paschae delirabant W. MALM. *GP* I 72; per carnales ~ones et cerimonias AILR. *Serm.* 20. 15. 312; **12..** in proximis Dominicis post ~onem Quatuor Temporum excommunicentur .. venifici *Conc. Scot.* II 26.

observator [CL]

1 observer, one who watches: **a** (in order to guard or defend); **b** (in order to attack).

a emissarii atque ~ores, qui fures, raptores, viarumque obsessores perquireret BOECE 26. **b** medio foro vagabantur sicarii ... si quis semitarum ~ores aliquod transisset artifitio .. in sicarios incidens nullo modo sine .. dampno domum reverteretur W. MALM. *GR* II 201.

2 keeper, preserver, maintainer.

943 (14c) donacionis .. ~or *CS* 785 (v. fautor 1); author pacis diligentissimus et ~or GIR. *EH* I 46.

3 one who complies with, follows, obeys, or observes (law or custom).

s**1166** archiepiscopus Thomas excommunicavit omnes ~ores consuetudinum et libertatum regiarum apud Clarendune recitatarum M. PAR. *Maj.* II 235.

observatrix [LL]

1 one (f.) who watches in order to guard or defend.

accessit .. ad .. ancillulas, ~ices dominae suae B. *V. Dunst.* 11; verborum .. sollicita ~ix et studiosa ventilatrix est J. FORD *Serm.* 85. 2.

2 one (f.) who complies with, follows, obeys, or observes (law or custom).

nationem .. Christiane religionis ~icem W. CANT. *Mir. Thom.* IV 52 (v. 2 cultrix b).

observire [ML < CL ob-+servire], to serve (w. dat.).

ut Deiparae Virgini aliquando initiatus ~iat FERR. *Kinloss* 62.

obses [CL]

1 hostage; **b** (transf.); **c** (fig., in wordplay).

Ecgfrid .. in provincia Merciorum apud reginam Cynuise ~es tenebatur BEDE *HE* III 24 p. 178; **1153** per salvos ~ides et salvam custodiam eadem castra custodient *Act. Hen. II* I 62; s**1165** rupto petulanter federe ~idibusque quos in fidem pactorum dederant periculo expositis W. NEWB. *HA* II 18; **1195** in aquietandis ij militibus Pitav' qui erant ossides apud Rothomagum *RScacNorm* I 155; **1284** Body, scutario domini R. extranei, ducenti ad regem ~idies [*sic*] existentes ad montem G. *KR Ac* 351/9 m. 9; dedit rex .. xiij ~edes pro majori securitate pacis observande *Plusc.* VI 41. **b** [nos libri] in servos vendimur .. et ~ides in tabernis absque redemptore jacemus R. BURY *Phil.* 4. 66. **c** casses catholice / atque obses anthletice [i. e. *Helmgisl*] (ALDH.) *Carm. Aldh.* 1. 2.

2 surety, pledge, guaranty; **b** (abstr.); **c** (inanim. obj.); **d** (person).

vades, ~es OSB. GLOUC. *Deriv.* 623. **b** Christianitatem ~idem fidei sue professus W. MALM. *GR* II 141; Analavus, animum regis [Edmundi] tentans, cum Grimbaldo filio Gormundi deditionem obtulit, Christianitate ~ide. quod cum diu non observaret, anno sequenti pulsus est exilio SILGRAVE 53. **c** regi misere castelli claves .. future devotionis ~ides W. MALM. *GR* V 396. **d** ejus .. doni ~ides filium et nepotem .. Normanniam miserat *Ib.* III 240.

3 guarantor. **b** trustee.

705 nullo modo possum inter illos reconciliare et quasi ~es pacis fieri WEALDHERE *Ep.* 22; **1142** con-

vencionavi . . quod rex Francie erit inde ~es, si facere potero (*Ch. Imperatricis*) *Mandeville* 171. **b** ~es, sequester *GlC* O 68.

obsessio [CL], siege, siege-warfare.

usque ad annum ~onis Badonici montis GILDAS *EB* 26; obsideo . . unde . . hec ~o OSB. GLOUC. *Deriv.* 541; s1139 in ipsa ~one castella Salesberie, Sciresburnie, Malmesberie, regi data W. MALM. *HN* 469 p. 29; 1404 Alexandrum Berkerolles . . in castro predicto per rebelles nostros Wallenses obsisum ab obsisione predicta *Cl* 254 m. 29*d*; s1414 hoc anno fuit obsicio apud Harfley HERRISON *Abbr. Chr.* 4.

obsessor [CL]

1 besieger.

ponto transito ~ores, ejus audita fama, dissiliunt W. MALM. *GR* III 320; s1142 ~oribus . . dilapsis *Id. HN* 524; castri gnarus ~or vel unum eruere lapidem arietis ictu crebro studet NECKAM *NR* I 60.

2 one who ambushes or lies in wait to attack.

raptores viarumque ~ores BOECE 26.

3 guard.

~or, *weard GlP* 791.

obsessorius, that besieges, (*castellum ~ium*) siege tower.

castellum . . obsedit et in ipso pontis ingressu castellum ~ium construit quod inclusis escarum illationem . . diripuit H. HUNT. *HA* VIII 32.

obsi [ὄψον], bread, dish of food.

obsi, i. panis *Alph.* 127.

obsianus [CL < ὀψιανός], **obsidianus,** made of obsidian.

in genere vitri lapis obsidianus [TREVISA: osianus] numeratur BART. ANGL. XVI 100.

obsibilare [CL], to whisper.

comperit . . penes eos jam non modicum sui residere timorem . . ut nec ~are vel in occultis auderent G. COLD. *Durh.* 4.

obsicio v. obsessio.

obsidatio [cf. CL obsidere, obses; LL obsidatus], siege, blockade.

~onem continuando usque xiij kal. Aug. *Extr. Chr. Scot.* 163.

obsidatus [LL *4th decl.*, ML *also 2nd decl.*]

1 condition of hostage, custody as hostage.

obsedatus, *gislhada GlC* O 99; filiolum quem in ~um acceperat . . excecarit W. MALM. *GR* V 398; s1141 Willelmus filius comitis ab ~u liberatur *Id. HN* 500 p. 62; s1209 traderet eidem duas filias suas in ~um M. PAR. *Min.* II 119; s1357 postulatum . . habere . . valentiores personas . . in ~um WALS. *HA* I 284.

2 giving of hostages.

Mertii, non semel obtriti, ~u miserias suas levaverunt W. MALM. *GR* II 120.

3 hostage.

Haraldus . . ut patrem suum Wilnotum et filium patris sui Hacun apud ducem Willelmum obsidatos inviseret HIGD. VI 27 p. 214 (=KNIGHTON I 47: obsidiatos).

4 pledge.

in cujus pacis ~um [v. l. recordacionem] data est . . altera filia regis Francorum FORDUN *GA* 8.

obsiderare [cf. CL considerare], to sit on behalf of, to take into account, to comply with.

1220 ut vestris obsederaremus consiliis *RL* I 142.

obsidere [CL]

1 to take possession of, occupy. **b** (of thing) to occupy, fill. **c** (pass., of road) to be beset with.

obsessa, occupata *GlC* O 71; Claudius . . Britones vicit et usque Orcades totam insulam obsedit NEN. *HB* 17; cum homines terram et aquas, avis inimica gravisque tyrannus aerem ~ebat GIR. *TH* II

37. **b** albugo quae obsederat ejus oculos stultitiam sibimet placendi designat BEDE *Tob.* 934; major . . impetus aquarum terras ~ens alluebat *Id. Ep. Cath.* 76. **c** viam periculosam et a latronibus obsessam ANDR. S. VICT. *Sal.* 81; via . . mundus est ad celum vel ad infernum et ~etur [ME: *is al biset*] latronibus *AncrR* 49.

2 to besiege, blockade; **b** (fig.). **c** (pr. ppl. as sb. m.) besieger. **d** (p. ppl. as sb. m.) besieged person. **e** (p. ppl. as sb. n.) siege.

Ambrosius in sua civitate obsessus BEDE *Ezra* 841; Baldewinum . . apud Ramulam †obessum et vinctum [MS: obsessum et victum] W. MALM. *Mir. Mariae* 229; s1142 ab obsesso castello *Id. HN* 523; 1282 si villa de K. . . ab inimicis domini obcederetur . . *IPM* 32/7 m. 9; s1291 papa Martinus mandavit quod civitas Acon' esset obcessa per lxiiij dies per Milcadar soldanum Babilonie *Ann. Exon.* 16; 1315 civitatem et castrum nostra Karlioli hostiliter obsederunt *RScot* 148b; s1333 castrum de Berewik ~erunt *Ann. Paul.* 358. **b** obsedere dee turrim [sc. Superbie] vastisque procellis, / incursans muro, machina saxa scidit GARL. *Epith.* IX 147. **c** hostium apparatu civitatem . . ~entium GILDAS *EB* 72; ut et ~entibus placeret et obsessis suspectus non esset *V. Gund.* 28; unusquisque ~encium pacatus abiit in regionem suam FORTESCUE *NLN* I 29. **d** manum adducens armatorum . . ad hoc quibus indigent obsessi complura W. POIT. I 26; *V. Gund.* 28 (v. 2c supra); ad prestandum obsessis subsidium AVESB. f. 121; ante obsessorum reddicionem *Ps.*-ELMH. *Hen. V* 52. **e** in obsessum ejusdem congregata est armatorum . . multitudo BLANEFORD 139.

3 (of trouble or disease) to beset, assail.

psalmista angoribus obsessus BEDE *Cant.* 1088; morbo obsessus *Mir. Nin.* 260; oppressus . . morbis, variisque incommoditatibus senectutis obsessus P. BLOIS *Ep.* 151. 442C; quem labor obcedit requiei letus obedit (*Vers. Proverb.* 75) *Medium Ævum* III 11; filium . . tanta obsessum egritudine *Mir. Wulfst.* I 9.

4 (of demon or sim.) to possess; **b** (p. ppl. as sb. m. or f.).

exercitus malignorum . . spirituum . . domum hanc . . externis obsedit BEDE *HE* V 13 p. 312; exorcistarum est officium ex obsessis corporibus daemonia effugare LANFR. *Cel. Conf.* 629C; qui illos [sc. demones] ab obsessis corporibus expellerent W. MALM. *GR* II 169; Dominus precipit diabolo ut exeat ab obsesso corpore T. CHOBHAM *Praed.* 166. **b** vestis item, sacros quae texit virginis artus, / expulit atrocem de obsessis saepe chelydrum ALCUIN *SS Ebor* 775; cum . . liber evangelicus vel sanctorum reliquiae super os obsesse . . ponerentur, ad inferiorem gutturis partem fugiebat [sc. diabolus] GIR. *IK* I 12 p. 94.

5 to ambush.

Sarracenis ante et retro in arcta semita eum ~entibus *Latin Stories* 9.

6 (*bellum ~ere*) to wage war.

Grifud autem nepos Jacob non obsedit bellum Candubr inter filios *Ann. Cambr.* 27.

obsiderica [cf. CL obsidere+-icus], service as hostage.

1255 cum . . provisum fuerit quod Willelmum C. inter alios obsides . . nobiscum . . duceremus, . . volumus quod Willelmus R. a prefata obsederica nobis facienda sit quitus *RGasc* I *sup.* p. 52.

obsidianus v. obsianus. **obsidies** v. obses.

obsidio [CL]

1 act of besieging, siege; **b** (w. ref. to place besieged); **c** (w. ref. to *Eccl.* ix. 14–15); **d** (fig.).

in arta Betuliae ~one ALDH. *VirgP* 57; eam [urbem] neque armis neque ~one capere poterat BEDE *HE* III 16 p. 159; hanc [terram] dedit rex W. Roberto apud ~onem S. Susannae (*Oxon*) *DB* I 159va; legitur . . Gurmundum . . Cirecestriam ~one cinxisse GIR. *TH* III 39; durabat obcidio per v sept. et iij dies W. WORC. *Itin.* 186; 1486 tempore obsedionis castri de Dunbar *ExchScot* 434. **b** ad ~onem . . properaverunt . . ingressi tentorium regis ad pedes corruerunt ORD. VIT. XII 22 p. 393. **c** vir pauper est qui liberavit civitatem vallatam obsidione T. CHOBHAM *Serm.* 11. 46ra. **d** isti mortificationem carnis in corpore suo circumferunt nec ~onem extrinsecam timent P. BLOIS *Serm.* 666C; cum castrum mentis mee gravi . . ~one vallari sentirem et cir-

cumdarent illud . . dolores mortis J. FORD *Serm.* 22. 10.

2 ambush.

~o, i. insidie, unde dictum est iste positus est in ~one *GlSid* f. 147rb.

3 condition of hostage, custody as hostage.

1249 nisi . . iidem obsides velint onus ~onis pro eis subire *RL* II 382; 1290 civi Burdegale qui fuit in ~one cum aliis obsidibus pro rege in Aragon' (*Ward Bk.*) *Chanc. Misc.* 4/5 f. 45v.

4 (fig.) beleaguering or importunate address.

diutina . . ~one . . Minos eam . . accendi fecerat suo amore *Natura Deorum* 120.

obsidionalis [CL], of or relating to a siege.

in ipsa mora ~i W. POIT. I 28; nostri, qui nihil minus diligerent quam ~es erumpnas denuo perpeti W. MALM. *GR* IV 371.

obsidium [CL], siege.

durabat dictum ~um usque diem Septembris W. WORC. *Itin.* 188.

obsiditio, siege.

in castri obseditioni ALEX. BATH *Mor.* II 26 p. 143.

obsigala v. oxygala.

obsignare [CL]

1 to affix a seal to, put a seal on.

obsignat, simul cum aliis signat *GlC* O 16; 1584 licenciae . . sigillitae et ~atae *StatOx* 430.

2 to fasten securely.

cistas thesaurorum, plumbo impletas et ~atas W. MALM. *GR* V 410.

3 (fig.) to mark with a seal, stamp.

sicubi suos sibi filios ~averit Deus GARDINER *VO* 114.

obsio v. optio.

obsipare [CL], to sprinkle, scatter.

~o, -as, i. farinam in pultes facere quod et pro spargere vel comminuere dicitur . . et inde ~atus et obsipatio OSB. GLOUC. *Deriv.* 551; *to sparpylle,* †obstipare [l. obsipare], spargere, dividere *CathA.*

obsipatio, sprinkling.

OSB. GLOUC. *Deriv.* 551 (v. obsipare).

obsisio v. obsessio.

obsistentia [LL]

1 obstruction, obstacle.

inexplicabiles pavende difficultatis ~as AD. MARSH *Ep.* 3; leges Edwardi . . sc. . . *forstallyng,* ~a facta in regia strata *Eul. Hist.* II 155.

2 resistance.

s1322 eodem anno circa festum Sancti Petri ad Vincula rex adivit Scociam, et quamvis non haberet ~am [TREVISA: *wiþstanddynge*], multos de suis fame et morbo amisit HIGDEN VII 42 p. 316; ingresso . . rege . . cum exercitu . . in terram Scocie, quamvis ~am non haberet, tanta fames Anglos invasit quod plures . . perierunt *Meaux* II 345; propter vias strictas in quibus ~a brevissimi populi oppugnationi multorum milium suffecisset G. *Hen.* V 3.

3 (in gl.).

componitur . . obsisto, -is, unde hec ~a, -e OSB. GLOUC. *Deriv.* 553.

obsistere [CL]

1 (intr.) to stand in the way. **b** (trans.) to stand in the way of, block.

longa terrarum marisque intervalla quae inter nos ac vos obsistunt BEDE *HE* II 18 p. 121; acutum lictorum torva vorago / obstitit FRITH. 836; quisque velocior illo si nihil obstiterit (*Vers. Corpus*) *Hist. Chess* 519. **b** discedite omnes de via! nec mihi aliquis ~at itinera mea LIV. *Op.* 52.

2 (of natural force, w. dat.) to block, provide a barrier for, withstand.

quibus [flammis] cum nullo aquarum injectu posset aliquis ~ere BEDE *HE* II 7 p. 94; nisi quantum siccitas terre humori aque ~it ad vitam animantium tuendam SACROB. *Sph.* 78.

3 to offer opposition (to physical attack), resist; **b** (w. dat.).

Gaufredus .. Martellus .. videbatur sibi felicitate quadam omnes ~entes contundere W. MALM. *GR* III 231; ~ebat Fortuna, omnes eorum conatus in irritum deducens *Ib.* V 419; hostibus se opponunt, ~entes repellunt AILR. *Inst. Inclus.* 33 p. 678. **b** validissimam pubem .. ad ~endum regi delectam G. STEPH. 16.

4 to oppose, resist (absol. or intr.); **b** (w. dat.). **c** to put objections in argument. **d** (*nullo* ~*ente*) with no one resisting, without opposition.

omnis sanctarum scripturarum repugnat auctoritas, ~it ratio, ipsa conscientia nostra reclamat AILR. *Spec. Car.* II 17. 564; canonica traditio non ~it AD. MARSH *Ep.* 9 (v. canonicus 1a). **b** ejus piis beneficiis ille densissimus suae nequitiae spinetis semper ~eret BEDE *Retr.* 1014; si quid responderis cui auctoritas ~ere sacra videatur ANSELM (*CurD* 1) II 50; tanta esset ejus nominis virtus ut nulla ei magia, nulla mathesis ~ere posset W. MALM. *GR* II 170; nulla est difficultas justis desideriis ~ens BALD. CANT. *Commend. Fid.* 598; per propriam minime, set per regiam solum se nobis ~ere posse reputat virtutem GIR. *SD* 98. **c** verum hic iterum ~endo queris R. MELUN *Sent.* II 12; nisi forte ~at quod non cujuslibet generis percunctativa .. interroganda esse videntur BALSH. *AD rec. 2* 142. **d** praedeas nullo ~ente trans maria exaggerabant GILDAS *EB* 17 (cf. BEDE *HE* I 12); comitatum suum ~ente nullo recepit W. MALM. *GR* V 394.

5 to conflict: **a** (transf.); **b** (fig., w. dat.) to conflict with.

a fortius obsistunt spiritus atque caro NIG. *Mir. BVM* 2416. **b** ita ut proprietas .. communioni non ~at, ut communionis bonum non impediat BALD. CANT. *Serm.* 15. 69. 558; affectui ratio ~ebat AILR. *Spec. Car.* I. 106. 542.

6 to hinder, prevent; **b** (of abstr.); **c** (w. *quin, quominus,* or *ne*).

1071 nisi ego censura canonica obstitissem .. clam ad monasterium confugisset LANFR. *Ep.* 2. **b** si non valetudo corporis ~eret, cotidie psalterium totum .. decantaret BEDE *HE* III 27 p. 193; cum spes procreande prolis permiserit .. vel consuetudo civilis .. non obstiterit ANDR. S. VICT. *Sal.* 110; ostendere voluit Dominus .. posse fieri impossibilia, si non ~at hesitatio nostra BALD. CANT. *Commend. Fid.* 602; inter multas ~entes difficultates que a bono nos retrahunt *Ib.* 603. **c** pondus corporeae infirmitatis, ne episcopus fieri posset, obstitit BEDE *HE* IV 1 p. 202; amor pecuniae non obtemperaret obstitit *Id. Ep. Cath.* 127; ostendit .. nec aliud obstitisse quin solutum sit quod promissum fuerat ANDR. S. VICT. *Dan.* 88; voluntas .. ~it ne promoveatur [sc. membra] BALD. CANT. *Serm.* 10. 15. 495; nec ~ens quin quidlibet esset naturaliter causativum cujuscumque novi in se existentis DUNS *Ord.* III 258; **1322** nichil canonicum ~it eidem Rogero quominus beneficum ecclesiasticum .. valeat recepere *Lit. Cant.* I 86.

7 (w. dat.) to harm, be detrimental to.

c801 [aurum et argentum] quae non prosunt possidentibus illa sed magis ~unt ALCUIN *Ep.* 242.

obsitus v. obserere, oblivisci.

obsolarium, neglect.

a *negligence,* †absolarium [l. obsolarium], ignavia, incuria, negligencia *CathA.*

obsolescere [CL], **obsolere** [ML]

1 to fall into disuse, fade away, be forgotten about, decline. **b** to become or be unfamiliar.

urbis .. quae jam ruinis crebrioribus paene ~uerat ALCUIN *Vedast.* 426; multae religiositatis unione fuscata theorici cultus absolvere [v. l. obsolevere] seminia O. CANT. *Pref. Frith.* 25; litterarum et religionis studia etate procedente ~everunt W. MALM. *GR* III 245; situ et neglectu vetustatis ~everant P. BLOIS *Opusc.* 871B; cum .. veteri .. vado dudum ~eto ad aliud ejusdem aque vadum quod moderniori usus frequentaverat jam transire parasset GIR. *IK* I 6; nominis .. ~escat

impositio BALSH. *AD rec. 2* 28n (v. impositio 11a). **b** *to be vn wonte,* .. dissolere, †absolere [l. obsolere] *CathA.*

2 to become or be dirty, vile, or fetid.

dicitur ~eo, -es, i. dissuescere, fetere, vilescere OSB. GLOUC. *Deriv.* 393.

3 (p. ppl. as adj.): **a** worn out, fallen into disuse or disregard. **b** dirty, vile, fetid.

a ~itus, deletus *GlC* O 27; nobili sed per vetustatem ~eta prosapia Noricorum W. MALM. *GR* II 127; nunquid aliquid vetustum aut ~etum J. SAL. *Met.* 829D; rerum usitatissimarum nomina ignotissima esse .. dicebas, ideoque jam pene absoleta [*sic* MS] BALSH. *Ut.* 45. **b** ~etum, i. sordidum *besutod GlP* 1075; sordidus, mendosus, maculosus, ~etus OSB. GLOUC. *Deriv.* 398; ~etus, fetidus *Ib.* 400.

obsolvere [ML; cf. CL ob-+solvere]

1 to undo.

quos delictorum catena constringit miseratio tuae pietatis ~at [*gl.: undoe*] *Rit. Durh.* 40.

2 to absolve, acquit, free (from condition or responsibility).

875 ut tota parrochia Hwicciorum a pastu aequorum regis et eorum qui eos ducunt ~uta et secura permansisset *CS* 540.

3 to solve, settle (question or problem).

ostenditur questionem illam non alia lege posse ~i humana quam solum lege nature FORTESCUE *NLN pref.*

obsomagarus v. obsonigarus.

1 obsōnare, ~ari [CL < ὀψωνεῖν], to dine.

~or est verbum, i. prandeo *GlP* 443n; quo sc. die Angli festive ~iari [v. l. ~ari] solebant W. MALM. *GR* II 144; indecens .. testabatur esse, si clam ~etur *Id. Wulfst.* III 2; ~o, -as, neutrum, i. cenare OSB. GLOUC. *Deriv.* 396.

2 obsōnare [CL], to interrupt (by making a sound), to dispute, quarrel. **b** (w. acc.) to dispute about, quarrel with.

obsōnor [*gl.:* litigare] iratus: obsōnor prandia sumens H. AVR. *CG* 8. 24. **b** scio .. Fortune filios presens opus clam detractionis spiculo obsunaturos J. CORNW. *Merl. pref.*

obsonatio [LL], purchasing of provisions, catering.

obsono .. inde .. ~o OSB. GLOUC. *Deriv.* 396.

obsonator [CL], person who purchases provisions, caterer.

obsono .. inde ~or OSB. GLOUC. *Deriv.* 396; **1535** item solut' ~ori communi ementi et providenti victualia .. iiij li. x s. viij d. *Val. Eccl.* II 287; **1565** in solutione servientium imprimis opsonatori xxvi s. viij d. (*Ac. Coll. Univ.*) *OHS* N.S. XL 382; **1578** per bursarios in collegiis et per ~ores, quos *manciples* vocamus in aulis *StatOx* 412.

obsoniari v. 1 obsōnare.

obsonigarus [cf. CL obsonium < ὀψώνιον+LL garus < γάρος], dish made of bread and fish sauce.

obsi, i. panis, iari succus, inde †obsomagarus [l. obsonigarus], quod fit de pane et sardellis *Alph.* 127; hoc obsoniofgrus, *a jusselle WW.*

obsoniofgrus v. obsonigarus.

obsonitare [CL], to feast frequently.

obsono .. inde .. ~o, -as, i. sepe cenare OSB. GLOUC. *Deriv.* 396.

obsonium [CL < ὀψώνιον]

1 provision of food, maintenance, allowance.

1045 episcopo et clero sibi volentibus .. contra leges .. quasdam consuetudines et ~ia usurpare *CD* 779.

2 feast, banquet. **b** (by assoc. w. *somnium*) evening meal (also fig.).

domus .. eidem reginae tribuitur, ceterum ~ium benigne offertur *Enc. Emmae* III 7; Dominus nuptis interfuit, convivas non abhorruit; insinuans cupiditatem, non ~ium timendum esse PULL. *Sent.* 969B; delicatas cenas et ~ia GIR. *GE* II 22; apposita opsonia R. NIGER *Chr.* II 155; domino .. et suis collateralibus in ~iis [*gl. sopers*] obsigalam [i. e. oxigalam] .. ministrare NECKAM *Ut.* 102; *rere soper,* ~um *PP*; hoc †obsenium [l. obsonium], .. *a rryresoper WW.* **b** huc acclinis somnii obrepentia ~ia sensit R. COLD. *Godr.* 17; ~ium, Anglice *wake meyte,* ~ium est cibus sumptum contra somnium *Teaching Latin* I 44.

3 dish of food. **b** (w. ref. to *Prov.* xvii 1) sauce.

~ia, *sanda GlP* 443; conspicantur .. apposita ~ia, astantes ministros, pateras multi ponderis W. MALM. *GR* II 169; magis explens esuriem quam multis ~iis urgens ingluviem *Ib.* V 412; multis ~iis tanto comitatui opus esse *Id. Wulfst.* III 15; panes .. apposuit .. et alia lactee pinguedinis ~ia R. COLD. *Godr.* 150. **b** sicca, sine ~o ANDR. S. VICT. *Sal.* 62.

obsons [cf. CL sons, insons], harmful, destructive.

obsontes animos florida lingua polit WALT. ANGL. *Fab.* 3. 4.

obsopsopon v. 3 ops.

obsorbere [CL]

1 to swallow up, engulf. **b** to absorb.

quia .. procederent ad .. ripam maris et .. fluctibus absorbendi [v. l. obsorbendi] deciderent BEDE *HE* IV 13 p. 231; crimina .. / flammis obsorbtus .. persolvat in atris ÆTHELWULF *Abb.* 375; ~uit tamen tandem rivulum pelagus *Ps.-*ELMH. *Hen.* V 114. **b** major pars vini et modica aque que a vino ~eri possit *Conc. Scot.* II 33.

2 (fig.) to engulf, destroy.

multa Deo et seculo digna .. vetustas obsorbuit [v. l. absorbuit] et delevit W. MALM. *GP* I 13.

obsordescere [LL], to become dirty; **b** (fig.).

a sordeo .. unde sordesco, -is quod componitur ~esco, -is OSB. GLOUC. *Deriv.* 519. **b s1234** ideo Jerusalem .. ~uit quasi polluta menstruis [cf. *Thren.* i 17] suos inter inimicos (*Lit. Papae*) M. PAR. *Maj.* III 281; **s1244** nec tantum carta cum libertatibus est propterea conservata, sed tam regnum quam ecclesia ~uit *Id. Abbr.* 292.

obstaculum [CL]

1 that which stands in the way, obstacle, barrier; **b** (w. gen.); **c** (transf.).

ad sanctum caput velut ad quoddam ~um pedem offendit *Passio Æthelb.* 13; jactitans solum oceanum progressioni sue esse ~um W. MALM. *GR* III 234; cum per apertum locum transit [sc. ventus] et non invenit .. non facit sonum *Quaest. Salern.* R 1; **1268** aqueductus aperiantur .. et .. alia ~a transitui impediencia amoveantur *BBC* (*Univ. of Cambr.*) 374; **s1460** calceta .. repleta sunt ~is et sparsim in eis arbores prostrate .. obvenientibus non parvo fuerant impedimento *Croyl. Cont. B* 531. **b** Helias .. caeli claustra et ~a nimborum precibus patefecit ALDH. *VirgP* 20; reclusis .. omnium parietum ~is, vidit monachum .. a lecto egressum W. MALM. *GP* I 46; **1194** concessi .. aquam de B. deliberandum [*sic*] .. ab omni ~o et impedimento †goidi [l. gordi] et stagni et piscature *BBC* (*Drogheda*) 200. **c** qui ponit in corde suo ~um Spiritui Sancto per pravas cupiditates .. retinet cor congelatum T. CHOBHAM *Serm.* 14. 52va; lumini autem gratie aliqui ponunt ~um et aliqui non, sed corda sua aperiunt et illuminantur T. SUTTON *Quodl.* 125.

2 that which provides protection, defence. **b** (fig.) defence, excuse.

quasi turris ~um et muri propugnaculum ruituris ignium imbribus opposuerunt ALDH. *VirgP* 41; oppidum Hiericho cum septiformi murorum ~o *Ib.* 55; terra .. ventis exposita nullam .. solidi ~i defensionem habet GIR. *TH* I 6. **b** numquam .. hanc meam vobis factam deditionem alicui exposui, sed obiciebam eam quasi firmissimum ~um ne promoveri ANSELM (*Ep.* 156) IV 21.

3 (fig.) hindrance, difficulty, problem; **b** (w. gen. of problem specified). **c** (*absque* or *sine* ~*o*) without difficulty; **d** (w. gen. of problem specified) without the problem of.

evolutam labilibus / mundi molem rotatibus / protelata praepatulis / intervalla obstaculis (ÆTHELWALD) *Carm. Aldh.* 2. 16; **838** absque omni ~o cuicumque personis digni habeantur *CS* 421; Radulfus .. grave illis ~um se interdum prebebat et conatus eorum .. impediebat ORD. VIT. XII 13 p. 344; addens, quod obstaculum nullum jam formidet P. BLOIS *Carm.* 26. 11. 87; qui nec ad veritatem agnoscendam aliquo impediuntur ~o OCKHAM *Dial.* 465; **1414** si eorum inhabilitas .. eis nullatenus obviaret, seu ~um preberet *Mem. Ripon* I 123; **1417** unde grande eisdem Ruthenis hoc modo reducendis prestatur ostaculum (*Lit. Regis. Polon.*) *Cop. Pri. S. Andr.* 40. **b 671** diversis impedimentorum ~is retardati .. illud perficere nequivimus ALDH. *Ep.* 1; **672** nullo torridae ~o siccitatis obtinente *Id. Ep.* 5 p. 491; tam .. aestus .. quam gestus per caeleste cataplasma .. sine tricarum ~o sanaretur *Id. VirgP* 25 p. 258; epistolarum .. vicissitudo quasi quodam dilationis ~o tricabatur *Ib.* 59. **c** ut cum praelatus subditos opprimit immoderate, ut suam praelationem .. sine ullo ~o possit habere *Simil. Anselmi* 24; Dani sine ~o succrescere dum et provintialibus timor incresceret W. MALM. *GR* II 120; **1236** abbas et conventus fructus anni preteriti .. integre et libere perceperunt absque aliquo per me ~o GROS. *Ep.* 26 p. 101. **d** absque scrupulorum ~o haec esse creduntur ALDH. *PR* 116; sine cujuslibet difficultatis ~o *Leg. Ant. Lond.* 27; **1317** fructus, redditus .. colligere .. absque alicujus difficultatis ~o permittant *Reg. Carl.* II 160.

4 (leg.) impediment, hindrance; **b** (w. ref. to marriage or sexual intercourse).

1178 absque ullius contradictionis vel appellationis ~o (*Bulla*) ELMH. *Cant.* 428; a**1184** neque appellationis ~um, neque reclamatio, neque contradictio *Cart. Glam.* I 18; **1215** omni dilationis et occasionis ~o remoto *Cl* 202a; **1439** aut aliis .. ~is, impedimentis, seu rebus que in contrarium eorum .. facere possent BEKYNTON I 45. **b** hoc ~o ab amplexu conjugis semper prohibitus est W. MALM. *GR* II 208 (cf. R. NIGER *Chr.* II 158, M. PAR. *Maj.* I 527); quo minus Elizabeth Graiam rex ducere posset nil fuit obstacli J. HERD *Hist. IV Regum* 13.

5 obligation, duty, tax.

939 rus liberum ab omni mundiali ~o .. exceptis istis tribus, expeditione pontis arcisve constructione *CS* 741; **940** rus liberum ab omni mundiali ~o (*Ch.*) *Chr. Abingd.* I 91.

obstagium [cf.: hostagium < *obsidaticum], pledge, security.

qui juravit tenere ~ia in certo loco J. BURGH *PO* f. 83vb.

obstanter, obstructively.

obsto .., inde ~er adverbium OSB. GLOUC. *Deriv.* 513.

obstantia [cf. CL obstare], obstacle, hindrance; **b** (leg.).

obsto .., inde .. hec ~a, -e, et hoc obstaculum OSB. GLOUC. *Deriv.* 513. **b 1352** pro .. debitis .. exsolvendis cum non ~is in ea parte requisitis *Conc.* III 26b; dominus papa in sua concessione ~am illam non posuit RIC. ARMAGH *Def. Cur.* 1404 (*recte* 1304); quantum ad hoc quod non impugnaret illius legis ~am *Ib.* **1407** aliis non ~is in litteris nostris patentibus .. contentis, si que fuerint, tantummodo exceptis *FineR* m. 28.

obstare [CL]

1 to be in the way of, block; **b** (transf.).

si .. aliquid visui ~et .. dicet se non posse videre montem ANSELM (*Lib. Arb.* 3) I 213; tauri .. qui ante quicquid ~abat solebant cornibus .. impetere W. MALM. *GP* III 110; flumen obest precepsque volans in valle profunda / obstat; et hostiles arcet abinde pedes L. DURH. *Dial.* I 292; ostium quod inimicis ~at, et amicis aditum introeundi ostendit HON. *GA* 587C; cum resideret, ~ante eodem tumore, non posset videre de femore .. nisi ad quantitatem digitorum duorum *Canon. G. Sempr.* 150. **b** inter ~antia pericula BEDE *Ep. Cath.* 52.

2 to oppose, withstand, fight against: **a** (absol.; also pr. ppl. as sb.); **b** (w. dat.); **c** (pr. ppl. as adj.).

stragem non minimam ex ~antibus facient G. MON. VII 3; quis resistet, quis obstabit / cum invicta mors vibrabit / jacula minancia WALT. WIMB. *Van.* 133. **b** tibine .. cura committitur ut ~es ictibus tam violenti

torrentis GILDAS *EB* 1; medicus populorum pestibus obstans ALDH. *VirgV* 770; integritas jejunis viribus obstat / frangantur dapibus ne propugnacula mentis *Ib.* 2539; **1257** cum venatores multitudini eorum ~are non potuerunt discesserunt *SelPlForest* 99. **c** uterque .. infremuit .. ictibus immensis arma ~antissima pares lacessunt H. HUNT. *HA* IV 19.

3 to oppose, resist (policy, plan, or sim.). **b** (w. inf.) to refuse.

argumentum quod tue ~et rationi non habeo PETRUS *Dial.* 54; quando .. homo vult relinquere seculum et converti ad Deum ~ant omnes, retinent, clamant 'relinquis nos?' AILR. *Serm.* 24. 29. 332; recte .. dicuntur oppositiones quia melioribus studiis opponuntur. ~ant enim profectui J. SAL. *Met.* 864D. **b** pectora .. / quae prius obstiterant regi parere nefando ALDH. *VirgV* 1060.

4 to prevent, be an impediment to; **b** (leg.); **c** (w. inf., *quin, quominus,* or *ut non*).

semper .. vigilare in orationibus fragilitate carnis ~ante nequimus BEDE *Ep. Cath.* 62; quod si aliqua re ~ante non potes ab eo legere ANSELM (*Ep.* 64) III 181; beneficia Dei .. peccato infidelitatis impediuntur adeo ut .. dicatur Deus non posse quod ~ante infidelitate prohibetur facere BALD. CANT. *Commend. Fid.* 605. **b 1313** hoc non ~abit .. ideo adjudicata fuerunt heredi predicta catalla *Eyre Kent* I 87. **c** quid ~at diligere Deum etiam si non diligo fratrem? BEDE *Ep. Cath.* 112; id quominus fieret, nichil ~are W. MALM. *GP* V 215; quid .. ~at ut non dicamus eum Gabrielem in visione .. vidisse ANDR. S. VICT. *Dan.* 93; si pectori nostro amoris vinculis astringantur, nihil .. ~abit quin veri illius sabbati requie perfruamur AILR. *Spec. Car.* III 4. 580.

5 (*non ~ante, ~antibus*) notwithstanding. **b** (w. *quod* or *si*) notwithstanding that. **c** (as first words in clause that authorizes disregard of normal rules).

1226 distringantur non ~ante libertate abbatis *LTR Mem.* m. 5*d*; plicatur ultima, non ~ante sillaba subterposita HAUBOYS 254; quibus omnibus non ~antibus *Plusc. pref.* p. 4. **b 1231** non ~ante quod ipsi non secuntur *BNB* II 464; **1291** non ~ante si aliquibus a sede apostolica .. indultum existat (*Bulla*) B. COTTON *HA* 188; non ~ante quod ecclesia Romana voce evangelica Domini .. sit praelata universis ecclesiis, ipsa tamen non est confirmata in fide OCKHAM *Dial.* 492; **13**.. nonobstante quod ipsi nubentes .. asserant *Conc. Scot.* II 68; iste Henricus quartus, non ~ante quod taxas .. exegit a communitate, tamen .. amantissimus communitati fuit *Chr. Southern* 277; **1587** non ~ante quod de nominibus tenencium .. vera non fit mencio *Pat* 1299 m. 26. **c** s**1251** tales litere in quibus inserta est hec detestabilis adjectio 'non obstante priore mandato' .. suscitabantur M. PAR. *Maj.* V 210.

obstatrix v. obstetrix.

obstergere, *f. l.*

10.. †obstergunt [l. abstergunt], *on wega dydan WW.*

obstetricare [LL], to bring to birth, act as midwife to; **b** (w. ref. to *Job* xxvi 13); **c** (w. dir. obj., in quot. w. ref. to *Exod.* i 16).

stera .. unde .. per compositionem hec obstetrix, -is, i. femina que steram tractat et inde ~o, -as OSB. GLOUC. *Deriv.* 512; *to be a medwyfe, ~are CathA.* **b** manus illa .. qua ~ante egressus est coluber tortuosus *V. Har.* 4 f. 7; s**1239** ut ecclesie ~ante manu educatur colubris tortuosus (*Lit. Papae*) M. PAR. *Maj.* III 605; ut ~ante manu per vinum et oleum contra vulnera et infirmitates educatur coluber tortuosus GROS. *Templ.* 6. 6; **1318** ~ante manu vestra .. ad deteccionem iniquitatis .. tortuosus coluber est eductus *FormOx* 31. **c** ~o, ut in Exodo 'quando ~abitis Ebreas' ALDH. *PR* 132.

obstetricatio [ML], bringing to birth (in quot., fig.).

quamvis non cessent ~ones malignantium et insidiantium molimina AD. MARSH *Ep.* 136.

obstetrix, midwife.

~ix, *byrððinenu GlP* 285; traditur .. puer .. ~ici et vocatur Brutus G. MON. I 3; non ~ices aque calentis beneficio vel nares erigunt vel faciem deprimunt GIR. *TH* III 10; ipsum .. suscipientes infantem mirate sunt ~ices *V. Edm. Rich C* 590; **1326** in solucione facta Johanni filio obcetricis, per literas Ade Roger

de recepto *ExchScot* 55; s**1318** dicebat se esse filium .. regis Edwardi .. et in cunabulis pro alio .. per ~ices mutatum G. *Ed. II Bridl.* 55; ~ix virginitatem cujusdam explorans, sive malevolentia .. sive casu fregit et perdidit ejus virginitatem HOLCOT *Wisd.* 138; hec obstatrix, A. *mydwyfe*; .. hec ~ix, *a mydwyfe WW.*

obstinaciter [ML], persistently, obstinately.

s**622** eorum posteritas in hoc errore usque in presentem diem ~iter est propagata M. PAR. *Maj.* I 271; s**1239** in sententiis .. excommunicationis .. ~iter perseverant GERV. CANT. *GR cont.* 169; **1305** in .. excommunicacione .. ~iter perdurantem *Reg. Cant.* I 489.

obstinantia v. obstinatia.

obstinare [CL], **~ari** [LL]

1 to resist, oppose. **b** (w. inf.) to resist doing, to refuse obstinately.

~at, opponit *GlC* O 79. **b 1450** ille .. qui sic ~atur solvere quod justum est debet solvere .. unam libram cere *BB Wint.* f. 33.

2 to persist: **a** (w. *in* & abl.). **b** (p. ppl. as adj., of attitude or behaviour) persistent, determined.

Judei nimis ~ati sunt in infidelitate sua T. CHOBHAM *Praed.* 79. **b** quorum ~atam importunitatem cum .. frustrari non posset ALDH. *VirgP* 37.

3 (p. ppl.) stubborn, obstinate: **a** (as adj.); **b** (w. *ad* & gd.); **c** (as sb. m.) stubborn or obstinate man.

a si non ~atus conjugis animus divortium negaret BEDE *HE* IV 11 p. 225; ~atus, pertinax, *anwilla* ÆLF. *Gl. Sup.* 172; hanc ~atam mundi zonam, armis gentium et daemonum septam, Augustinus invadit GOSC. *Aug. Maj.* 50; ~atus, .. in malo confirmatus OSB. GLOUC. *Deriv.* 403; ~ata malitia in propriam perniciem detestaris GIR. *TH* I 15; hoc .. grave peccatum est et ~ate mentis signum, quod nullo peccato intelligis te gravatum P. BLOIS *Ep.* 118. 349B. **b** me ab hiis qui ~atiores sunt ad credendum temeritatis .. calumpniaretur .. GOSC. *Wulsin* 12; s**1141** cum videret regios comites ita ~atos ad persequendum ut .. W. MALM. *HN* 506 p. 66. **c** corda .. ~atorum calore veri solis non tabescunt .. sed .. induratur in lapidem T. CHOBHAM *Serm.* 23. 90vb.

4 (*animo ~ato* or sim., as quasi-adv.) resolutely, obstinately.

s**1139** pauci milites in castello animis ~atis se includentes W. MALM. *HN* 480 p. 36; ille ~ato corde in obsidione perduravit ORD. VIT. XI 20 p. 225; quas tamen [premonitiones] omnes animo ~ato et corde indurato .. contempsit GIR. *IK* I 6; **1303** filii Belial, qui hostinatis animis ad exercenda nefaria velociter currere sunt edocti *Reg. Carl.* II 51.

5 (p. ppl. as adj.) stunned.

1212 illam verberavit quodam baculo et jactavit ultra quendam truncam ita quod ipsa ita ~ata fuit quod non potuit postea per xviij dies audire *SelPlCrown* 59.

6 (p. ppl. as adj.) desperate, hopeless.

~atus, desperatus *GlC* O 85.

obstinate [CL], **~er**

1 persistently, determinedly, resolutely.

Gregoriana basilica .. Mildretham ~e vestitur GOSC. *Lib. Mild.* 1; ~e, intente OSB. GLOUC. *Deriv.* 403; s**1098** Orcadas insulas .. armis subegit. jamque Angliam per Anglessiam ~er [v. l. obstinatus] petebat, sed occurrerunt ei comites .. et armis eum expulerunt *Eul. Hist.* III 51.

2 stubbornly, obstinately.

qua pertinaci dissensione ~issime compulsi ASSER *Alf.* 106; ut vel ~e negare vel affirmare procaciter presumat NIC. S. ALB. *Concept.* 94; nec ~e .. probrosis contendat inherere deliciis MAP *NC* III 2. f. 39; contrario non solum ~e sed ~issime omnes fere detinentur BACON *CSTheol.* 52.

obstinater v. obstinate.

obstinatia

1 persistence, determination, resoluteness.

tertia .. die videns rex mentis ipsius ~iam, timens

ne . . mortis discrimen incurreret *Arthur & Gorlagon* 8.

2 stubbornness, obstinacy.

tam recentia . . referemus signa ut ea calumniari non possit ipsa rebellatrix ~ia *V. Kenelmi B* 8ov. 1; si . . adhuc in vestra decernitis ~ia permanere nos . . pedum in vos pulverem excutiemus EADMER *HN* 280; 11 . . obstinantia, *onwillnis WW*; actus infatigabilis . . contra assentantium blanditias, contra perurgentium ~ias AD. MARSH *Ep.* 247. 3; hoc . . intelligitur de peccato temporali et non de peccato finali ~ie WYCL. *Ente* 263; 1425 pretextu erroris . . quem . . publice asseruit ac induracionis, ~ie et pertinacie quibus eidem errori . . adhesit . . incidit in heresim *Reg. Cant.* III 128.

obstinatio [CL]

1 obstacle.

Deus . . in facies eorum misit inundationes, tantas acerrimi frigoris ~ones, tantas ventuosi turbines impulsiones H. HUNT. *HA* VIII 34 p. 286.

2 persistence, determination, resoluteness.

magis carnis illecebra quam animi ~one devians W. MALM. *GR* I 10; s1142 cum relatum esset quod obsessis apud Waram a rege negaretur auxilium, ea sc. ~one, qua predixi, castellum recepit, . . *Id. HN* 523; conantur . . sola mentis ~one et irrationabili mortis contemptu cuncta ecclesie sacramenta subvertere AILR. *An.* I 59; iniquitates et peccata, et in his mentis ~o dense tenebre sunt *Id. Serm.* 8. 2. 247; quia nichil invenit quod non ex vetustate prodeat, repercussa resilit ~o MAP *NC* III 3 f. 39v.

3 stubbornness, obstinacy.

quae sectae Latine Graece dicuntur hereses, cum quis stulta ~one errorem quem semel coepit semper sectari nullatenus cessat BEDE *Ep. Cath.* 74; ~o, pertinacia, *anwilnes* ÆLF. *Gl.* 172; pertinacia furentis populi nullo timore . . flectitur . . sed acuitur . . tota ~one ORD. VIT. IV 4 p. 180; 1170 absit . . ut per blasphemiam aut ~onem . . peccatum irremissibile commiserit quis in vobis J. SAL. *Ep.* 296 (300) p. 702; c1188 ut . . nec per protervitatem suam et ~onem jura et rectitudines sancte matris ecclesie . . diminuant *Regesta Scot.* 281; s1378 vestra detestabilis ~o WALS. *HA* I 387.

obstinativus, that makes persistent or obstinate.

item si sic esset, aliqua esset causa proporcionalis ~a malorum in malo, que tamen non videtur posse racionabiliter assignari BRADW. *CD* 519D.

obstinax

1 persistent, determined, resolute.

ipse ob humilitatem ~aci mente renuitur et . . alius pontificali sedi praeficitur HON. *Spec. Eccl.* 992D.

2 stubborn, obstinate.

~acissimus, irrationabilis *GlC* O 12; ~aces regni sui insecutores *G. Steph.* 39; ~ax, improbus, inportunus OSB. GLOUC. *Deriv.* 403; 1438 si quis fortassis ~ax recusaret *EpAcOx* 166; *unbuxum*, . . contumax . . ostinax, pertinax *CathA*.

1 obstipare v. obsipare.

2 obstipare [ML; cf. CL ob-+stipare]

1 to enclose.

obstuppaverunt chasciam suam *Lib. Mem. Bernewelle* 133; de jure adhuc habere deberent chasciam suam cum animalibus . . prior levavit sepes et fossatas et chasciam suam obstuppavit *Ib.* 134.

2 to block, obstruct: a (road); **b** (watercourse); **c** (entrance or exit); **d** (view).

a venellas obstupatas . . nitebantur aperire *Leg. Ant. Lond.* 56; 1275 obsturpavit unam venellam cum uno thoralio *Hund.* I 311b; 1300 obstuppavit viam . . Rogeri ita quod ipse non habet ingressum ad terram suam *Leet Norw.* 51; si sint alique communes venelle obstupate et obstructe *Iter Cam.* 39; 1425 licebit . . eandem viam obstupare *Rec. Leic.* II 241. **b** 1192 omnes lade quas monachi de Saltreia fecerant in illo marisco obstupabuntur, excepta . . magna lada . . que remanebit aperta *Cart. Rams.* I 166; c1256 obstupavit quendam cursum de Charewell' descendentem in Thamis' *IMisc* 10/7; 1288 obstupavit aquam regalem . . cum fimis et cineribus *Leet Norw.* 3. **c** exitum . . a demonibus . . ~atum offendimus W. MALM. *GR* II

170. **d** 12 . . nec . . poterimus illum visum qui est de veteri domo . . obstupare *AncD* A 1475.

2 to stop up (crack or hole), to caulk, repair: **a** (ditch, quay, pond, or sim.); **b** (ship); **c** (domestic vessel).

a obstupavit altam ripam et salices plantavit *Hund.* I 197a; 1332 preceptum est villate de B. quod obstipuebit predictam foveam *SelCCoron* 82; 1333 in dicto *wharf* rammando et opstupando *DCCant* (*Ac. Merstham*); 1336 preceptum est obstupare puteum *SelCCoron* 42. **b** 1295 et vj d. ob. in *sy'* empto et filo inde faciendo pro dicta galea obstupenda *KR Ac* 5/8 m. 2. **c** 1323 in emendacione unius patelle enee et unius olle enee pro ij foramini[bu]s obstupandis, iiij d. *Ac. Wellingb.* 126; aquam crystallinam quam pone in vase cum longo collo . . bene ~atum cum cera RIPLEY 412.

4 (med.) to constrict, stop by constricting.

quod vene et nervi ac fluxus sanguinis predicti J. in hac parte debito modo ibidem obstupentur *Entries* 127.

5 to stop (payment of money).

1456 vij s. vj d. obstupavit propter Brigmylle . . *Ac. Almon. Peterb.* 62.

3 obstipare [ML; cf. CL obstipus], to bend, incline.

inclinare, ~are OSB. GLOUC. *Deriv.* 261.

obstipatio [cf. CL ob-+stipatio, 2 obstipare]

1 blocking, obstructing.

1313 per quam ~onem aqua de M. inundat et submergit domos vicinorum *Leet Norw.* 59; 1375 ~o fossati predicti extitit per xxx annos elapsos . . ad dampnum regis *Pub. Works* I 293; 1391 J. W. assuetus est jactare cineres . . et alia multa de arte sua provenientia in regia ripa ad obsturpacionem dicte ripe *Leet Norw.* 70.

2 blocking out (of).

1428 item in *bordes, lathes* . . pro obstupacione venti a predicto orelogio [=*for to stoppe the wynde fro the sayd clok*] (*KR Ac*) *Arch℥* CXXX 219.

3 stopping up (of crack or hole), repair.

1409 pro obstupacione et emendacione unius defectus stagni . . ij d. (*Ac. Durh.*) *EHR* XIV 525; 1446 sol. P. W. pro cariagio unius plaustrati de lyng pro obstupacione stagni molendini de S., viij d. *Ac. Durh.* 630.

4 (med.) constricting, stopping by constricting.

medicis . . in arte sanguinis obstupacionis optime eruditis *Entries* 127.

5 payment for making an obstruction.

1458 item idem solvit . . vij s. vj d. in obstupacione propter Brygmille . .; item vij s. vj d. *in stoppying* propter Brigmylle; item xv s. x d. et in obstupacione ut supra *Ac. Almon. Peterb.* 62–3; 1467 sacrista solvit . . iij s. per viam obstupacionis de redditu assise . . solvendo A. R. . . *Ib.* 168.

6 what has been crammed into an object, stuffing.

1376 [*a goose in which parsley*] petrocillum [*mixed with many feathers had been put as was evident when the stuffing*] obstupacio [*was examined in court*] *Pl. Mem. Lond.* 227.

obstipere, obstipescere v. obstupescere.

1 obstipuere v. 2 obstipare.

2 obstipuere [cf. CL obstipui, *perf. of* obstipescere], to be stupefied with fear.

arrestati . . ~entes et pavidi in turri intruduntur FAVENT 14.

obstipus [CL], inclined, bent forward. **b** (as sb. n.) sloping post or beam.

~um, obliquum *GlC* O 81; ~us, deorsum inclinatus OSB. GLOUC. *Deriv.* 402; quibus auditis, obstupo in terram capite diu conticuit R. COLD. *Godr.* 279; dicet et obstipo vertice "presul, ave!" NIG. *SS* 1782; ~o sic capite *Found. Waltham* 27; dexteram . . porrige / et

genas virginis obstipas erige WALT. WIMB. *Carm.* 628. **b** 10 . . obstupum, *feorstuþu WW*.

obstirpatio v. obstrepatio.

obstitus [cf. CL obsistere], (violent) obstruction.

rectitudines quas rex habet . . domi invasio, ~us, exercitus, reatus (*Cons. Cnuti*) *GAS* 317 (cf. *Quad.*: *foresteal*, id est prohibitionem itineris; *Inst. Cnuti*: *foresteal*, quod nos possumus dicere contrastationem).

obstomachari [cf. ob-+stomachari], to be angry.

talia semel audiens multum ~atus advenientes derisit *Croyl. Cont. A* 116.

obstratis v. obstratus.

obstratus [CL ob-+stratus *p. ppl. of* sternere] cloth, covering.

hic obstratis, A. *a pannyng WW*.

obstrepatio [cf. CL obstrepere], resounding noise, crashing sound.

672 spumiferas limphae obstirpationes ALDH. *Ep.* 5 p. 489.

obstrepere [CL]

1 to protest noisily; b (w. *contra*); **c** (w. acc. & inf.).

~endum, obloquendum *GlC* O 6; si auxilietur, neminem ausurum ~ere W. MALM. *GR* II 196; si . . lector . . quid invenerit . . quod viribus suis discrepet, non statim ~at L. DURH. *Ep.* 264. **b** canes dicuntur qui oblatrant et ~unt contra verbum Dei T. CHOBHAM *Praed.* 75. **c** cessent . . invidi . . amplius ~ere Anglorum reges nullo Hiberniam jure contingere GIR. *EH* II 6.

2 (w. dat.) to oppose.

~ebant dicenti rex et proceres, illud maxime objurgantes numquam . . mentionem Dei fuisse W. MALM. *GP* I 50; non penitus ausu regiis mandatis ~ere *Ib.* III 101.

3 to interfere with, hinder, prevent; b (w. dat.); **c** (w. *quominus* & subj.).

tantis malis ~entibus regii pueri magis optarent honestum exitum quam acerbum imperium W. MALM. *GR* II 118. **b** ambe ecclesie sic vicine . . ut voces canentium alie ~erent aliis *Ib.* II 124; hostium est carnalis sensus, per quem . . turbe fantasmatum orantibus ~unt ROB. BRIDL. *Dial.* 101; excludit omnia que possunt oculos sponsi offendere vel satis ~ere gaudiis J. FORD *Serm.* 1. 2. **c** socii ~erent quominus ad ecclesiam diverteret; audire supersedit W. MALM. *Wulfst.* I 15.

4 (w. inf.) to refuse.

~unt ab earum . . communione secernere AILR. *Spir. Amicit.* I 34. 665.

obstrepitare [LL]

1 to make a noise.

~ant, *noysunt Teaching Latin* II 7.

2 (w. dat.) to oppose.

hiis justis Zaroes magus Arfaxatque nefandus / obstrepitant GARL. *Tri. Eccl.* 102.

obstricamen v. obtricamen.

obstrigillus [LL], wooden-soled shoe fastened with leather thongs.

obstrigelli, *rifelingas* ÆLF. *Gl.* 25; *galegge, or galoch undersolyng off mannis ffette, . . ~us PP*.

obstringilis [cf. CL obstringere], bound, tied up.

plebs obstringillis stringetur cedere villis / . . plebs obstringillis, i. obstructa et captiva (J. BRIDL.) *Pol. Poems* I 176–7.

obstringillis v. obstringilis.

obstringere [CL]

1 to bind (fig.), to place under a moral or

legal obligation: **a** (w. abl.) to bind by oath or tie of loyalty; **b** (w. *ut* & subj.); **c** (w. dat.).

a a proceribus qui fide obstricti fuerant in exilium trusus W. MALM. *GR* II 125. **b** s1126 omnes totius Anglie optimates .. sacramento adegit et obstrinxit ut .. Matildam .. dominam susciperent *Id. HN* 451 (=R. NIGER *Chr. II* 178). **c** animos omnium timori, sermones amori obstrictos habebat *Id. GR* V 411; **1445** te .. tue .. ecclesie ~i (v. considerare 2a).

2 (*fidem ~ere*): **a** (w. dat.) to swear loyalty (to). **b** (w. gen.) to give assurance (of).

a s1135 Stephanus .. post regem Scottie primus laicorum fidem suam imperatrici obstrinxerat W. MALM. *HN* 460. **b** interitum Elfredi de quo superius fidem promisse narrationis obstrinxi W. MALM. *GR* II 136.

3 to affect painfully.

quae [sc. nix] tanto eum gelu rigoris obstrinxerat ut .. moriendo deficeret B. *V. Dunst.* 26; Pilatus vero obstrictus [v. l. obstructus] corde de altercacione eorum lavit manus suas *Eul. Hist.* I 106.

obstrucio v. ostrutheum.

obstructio [CL]

1 blocking up (of passage); **b** (w. ref. to sight).

1223 homines .. pro obstruxione aque de Witindun' sine dilatione replegiari facias *Cl* 540a; **1320** si quis conqueratur de †abstruccione [l. obstruccione] tali fiet ei ingressus per judicium *MGL* I 70. **b** s1462 propter senectutem .. ac corporis debilitatem, ~onemque visus, nequimus personaliter interesse *Reg. Whet.* I 13.

2 stopping up (of crack), repair.

1479 solutum lathamo .. pro .. ~one diversarum fracturarum in diversis locis xx d. *Cant. Coll. Ox.* II 205.

3 organ stop.

s1512 unum par organorum bene intonatum et sonoratum, cum ij ~onibus *Reg. Butley* 28; s1538 par organorum .. cum v ~onibus *Ib.* 66.

obstructivus, obstructive, that blocks passage to.

effectus .. vero contricionis .. est paradisi reservativus et per consequens jehenne ~us *Spec. Laic.* 19.

obstructorium

1 stopper.

~ium, *tappe Teaching Latin* I 44; *a stopple,* ~ium LEVINS *Manip.* 124.

2 small lump.

a dot, ~ium LEVINS *Manip.* 176.

obstructura

1 obstruction, blockage.

s896 consideravit quonam in loco alveum obstrueret .. ex utraque amnis parte ~am fieri mandat FL. WORC. I 115.

2 stopping up (of gap), repair.

1427 circa facturam et ~am diversarum fracturarum et scissurarum in quadam navi *Ac. Foreign* 61 E.

obstrudere, obtrudere [CL]

1 to block, close completely; **b** (door, opening, or sim.); **c** (mouth); **d** (ears); **e** (med.); **f** (fig., faculty of memory).

jam .. †per [l. prae] ~sis cavernarum rivulis novam et integram se veritas prodat ex utero THEOD. *Laterc.* 1; obtrudite, *fordyttat GlP* 698. **b** intra cellulam obstruso exitu contineri tutius estimabant AILR. *Inst. Inclus.* 2; nec umquam patentes [januas] sed semper sibi obstrusas .. repperit R. COLD. *Cuthb.* 129; **1200** obstrusit portas (v. obstruere 3); antea vero erant fenestre virgis et stramine obstruse SWAFHAM 107; **1408** os putei aquas recipientis lapide grandi .. stat obstrusum *Conc.* III 306b. **c** obstruso tacuit non laeti pectoris ore / vir ÆTHELWULF *Abb.* 370. **d** auribus obstrusis, penitus obsurduit J. FURNESS *Walth.* 117. **e** nervo obstruso per quem discurrit spiritus animalis, cessavit memoria *Quaest. Salern.* Ba

80. **f** quod non rationis necessitas sed obstrusa facultas recolendi quod volumus et tarditas memorie superinduxit SENATUS *Ep. Conc.* xlix.

2 to shut out, expel: **a** (person); **b** (smell).

a qui [sc. Johannes Baptista] Dominum obstrusus sensit genetricis ab alvo / pignus caelorum terris gestante Maria ALDH. *VirgV* 397; dux .. castellum obsidione vallavit, a cujus ingressu cum Hugo se videret obtrusum .. DICETO *Abbr. Norm.* 257 (=W. JUM. VI 5 p. 53 exstrusum, vv. ll. obtrusum, exclusum); s1125 coronatur a papa Innocentio, obtruso quoque Petro, qui papatum invaserat *Eul. Hist.* I 385. **b** reposuit tegmina nardifluo foramini ... illico obtrusus odor velut exclusus lucis radius evanuit. rursus ille detexit, rursus .. effusus odor redolevit GOSC. *Transl. Aug.* 27A.

3 (p. ppl. as adj.; assoc. w. *abstrusus*): **a** closed from view, hidden, secret. **b** closed off from understanding, incomprehensible.

a meditantium mentes facilius flectuntur prolatis exemplorum formulis stolidae obstrusum ignorantiae latibulum illustrantibus quam nuda garrulorum loquacitate verborum ALDH. *Met.* 10 p. 84; sagittarum spicula de obstrusis faretrae latibulis depromens *Id. VirgP* 2; in obstruso thalami cubiculo *Ib.* 37 p. 285; obstrusa, occulta *GlC* O 98; **10** .. de obstrusis, *of ðæm diglum WW.* **b** dum chaos obstrusum et torpens confusio rerum / tetrica terrificis texisset saecla latebris ALDH. *VirgV* 511; **705** arcana liberalium litterarum studia .. ignaris .. mentibus obstrusa .. propalarat *Ep. Aldh.* 7.

obstruere [CL]

1 to bar access to, block, shut off; **b** (part of body); **c** (w. ref. to *Ps.* lxii 12); **d** (fig.).

aditum siquidem paradisi lapsus hominis primi, Cherubim custodia et flammeo ~xerat mucrone FOLC. *V. Bot.* 402; januas ecclesiarum spinis ~i precepit .. laicis aditum arcens W. MALM. *GP* II 96; omnis locus ~ctus erat ne forte negociatores ad eos accessissent ORD. VIT. IX 9 p. 529; ubi officis lumini edium mearum tuas altius tollendo, perinde est ac si fenestras meas ~eres VAC. *Lib. paup.* 92; ita quod terras apertas .. ~ant et murum urbis fractum reficiant *Cart. Chester* 343 p. 226; obtruere, †*eluppe[r]* [? l. *estupper*] *Gl. AN Glasg.* f. 18ra; **1313** quidam ~xit quamdam semitam que ducebat inter duas villas *Eyre Kent* I 91; **1320** si terram tenens ab aliquo possit introitum abstruere, ita quod dominus feodi non possit venire ad feodum suum *MGL* I 70. **b** gutturis .. meatum tumor ~ebat et .. nonnisi cum difficultate cibaria degustare .. poterat *Mir. Fridesw.* 33; vermis .. pervium iter auditui quod ~xerat patefecit *Canon. G. Sempr.* 157v. **c** nec istud ad jactantiam dico sed ut ~atur os loquentium iniqua P. BLOIS *Ep.* 49. 147B; ~atur os loquentium iniqua W. NEWB. *Serm.* 830. **d** viam adipiscende felicitatis omnibus videtur ~ere J. SAL. *Met.* 826C; fenestris quinque sensuum continentie pessula apponendo, viciis in ipsas aditus ~xerunt ALEX. BATH *Mor.* III 92 p. 128; **1321** superbia .. graciarum abstruxerat aditus *FormOx* 68.

2 to obstruct the course of.

1198 abbas de Stratford ~sit aquam de Brumle *CurR* I 216.

3 to close.

antequam clausus ~ctis januis intus maneret *V. Cuthb.* III 5; ~it, *fordytte GlC* O 64; ~at, *fordytte GlP* 660; **1200** ~xit hostia sua .. et .. obstrusit portas suas et homines volentes ire ad succurrendum combustioni illi retinuit *CurR* II 181.

4 to stop up, repair.

1180 in reparandis et ~endis ostiis turris Vernolii *RScacNorm* I 84; **1221** due brecee aliquando fuerunt juxta terram, set nesciunt quomodo vel quando ~cte fuerunt *SelPlCrown* 113.

5 to block in, enclose (person or animal).

quos simul obstruxit felix spelunca sepultos ALDH. *VirgV* 1225; claudunt in vivariis pisces, ~unt in indagine feras P. BLOIS *Ep. Sup.* 43. 8.

6 to cover abundantly; **b** (fig.).

capiti illius circumdedit coronam ex auro obrizo et lapidibus pretiosissimis ~ctam *Found. Waltham* 13. **b** pudorem operuit, infamiam ~xit AILR. *Serm.* 45. 19.

7 to waste, use up, consume, destroy.

to waste, abligurire, .. abstruere *CathA.*

obstrusio [LL]

1 (act of) blocking; **b** (med.).

1291 in ~one cloace camere juxta aulam *KR Ac* 486/7d. **b** viscosi humores .. intestinorum aliquo enfraxim fecerunt, id est opilationem et ~onem *Quaest. Salern.* Ba 35.

2 obstruction, impediment.

remotis contra naturam linguae ~onibus F. MALM. *V. Aldh.* 69B; **1452** nonne .. extinccionem oculorum, avulsionem aurium, et lingue obtrusionem sceleratissime perpetrarunt? BEKYNTON I 268.

obstruxio v. obstructio. **obstupare** v. 2 obstipare. **obstupatio** v. obstipatio.

obstupefacere [CL]

1 to strike dumb (as result of fear or wonder).

~io, A. *to make a ferd, or a gast WW.*

2 (p. ppl.) struck dumb, shocked: **a** (as a result of fear); **b** (as a result of wonder).

a expavescens et ad rei novitatem ~tus *V. Gund.* 45; ille ~tus timuit nimis *Descr. Constant.* 248; frater .. plurima circa se igne succensa pertimuit .. et vehementius iccirco ~tus apparuit R. COLD. *Cuthb.* 37. **b** ~to .. sibi, .. intellegens eum angelum Dei esse *V. Cuthb.* II 2; cum .. ~tus luminum in eo figeret intuitu *V. Neot. A* 13; post terga relictam / Parisium cernens, obstupefactus ait / .. NIG. *SS* 1918.

obstupere v. 2 obstipare, obstupescere.

obstupescere [CL], obstupēre [LL]

1 to be shocked or astounded (as result of fear or wonder): **a** (absol.); **b** (w. abl.); **c** (w. acc.) to be shocked or astounded at; **d** (w. acc. & inf.).

a ad quod mirabile spectaculum vocavit incredulam, quo .. viso satis ~uit *V. Greg.* p. 94; ~uerunt antiqui electi ~escunt et moderni BEDE *Sam.* 648; obstipuit haesitque loco FRITH. 500; et stupeo componitur ~eo OSB. GLOUC. *Deriv.* 548; obstupeo studioque meo res addo novellas SERLO WILT. 28. 2; ~esco .. *to wexe aferd or dulle WW.* **b** semper quasi novis ~eo, semper magis ac magis admiranda conspicio GIR. *TH* II 38; turpem indecentemque personam nuditas insueta perfecerat. ~escit mater aspectu *Ep. ad amicum* 148. **c** ut non .. eos .. ~esceres GOSC. *Aug. Maj.* 63 (v. caeligena); cum .. prudentiam illius .. ~erent, admirantes dicebant ANDR. S. VICT. *Comm.* 281; ~ere .. continget que dicta sunt BALSH. *AD rec. 2* 143; eclipsim .. solis, quia raro accidit, totus orbis ~escit GIR. *TH* I 15; ille pretendens metum, crucis dixit se ~uisse virtutem *Id. GE* I 28; ut .. lector quisquam tam regis hujus quam filiorum suorum infaustos exitus minus ~eat, consideretur origo regis hujus Henrici KNIGHTON I 142. **d** magis .. ~escunt hominem potuisse ab inquietudine cessare quam ~uerunt non potuisse quiescere GOSC. *Edith* 291.

2 (gdv.) that is to be shocked by or astounded at.

prodigium nostroque seculo tam ~escendum quam insuetum GOSC. *Transl. Aug.* 29B; unitatem .. imo omnium seculorum seculis reverentissime admirandam et ~endam H. BOS. *LM* 1377A; illa quidem [generatio], quoniam a Domino nature tantum semel, ideo semper ~enda processit GIR. *TH* I 15; hoc ergo mirandum, hoc vehementer ~endum, quod .. *Id. SD* 130.

3 (of part of body) to go numb. **b** (w. ref. to *Jer.* xxxi 29 *etc.*, of teeth) to be set on edge.

manus obstipuit nimio grassante tumore ALCUIN *SS Ebor* 1124. **b** dentes filiorum obtupescunt BALD. CANT. *Serm.* 1. 13. 565; comedit princeps uvam acerbam et dentes populi ~escunt P. BLOIS *Ep.* 106. 329B; **1408** uvas acerbas .. quibus .. comestis a patribus .. dentes ~escunt filiorum *Conc.* III 318b; ~esco .. *an egghe,* ut dentes filiorum ~unt *WW*; dentes ~escunt, *my tethe ben on edge* STANBR. *Vulg.* 24.

obstupescibilis, that one can be shocked by or astounded at (also as sb. n.).

quod est pre nimia admiratione ~e H. BOS. *LM* 1378B; audi .. ~ia de hoc exsecutionis modo *Ib.* 1382A.

obstupidus [CL], stupefied, out of one's mind, confused.

~us, amens Osb. Glouc. *Deriv.* 404.

obstuppare v. 2 obstipare.   **obstupus** v. obstipus. **obsturpare** v. 2 obstipare.   **obsturpatio** v. obstipatio.

obsuere [CL], to sew up, envelop.

si . . proteletur [sc. palimbachius], circumflexa prosodia describitur ut . . ~tus Aldh. *PR* 124 p. 173; viri toto corpore cilicinis quasi ~to H. Bos. *Thom.* VI 15.

†obsumere, *f. l.*

toto corpore in pulverem †obsumpto [MS: absumpto], stola sacerdotalis . . corruptelae . . dampnum non sentiat W. Malm. *GP* III 115 p. 250.

obsurdare [LL], to cause deafness.

quandoque sanies [sc. aurium] fluit . . et si tardetur educi, ~at Gilb. III 146v. 1.

obsurdescere [CL]

1 to become or be affected by deafness; **b** (of ear); **c** (of person).

~uit, adeafede Ælf. *Gl. Sup.* 179.   **b** ~uerant aures adeoque invaluerat incommodum ut nisi tuum illius auribus os applicares, ab ipsa nequaquam audiri posses T. Mon. *Will.* V 23; eorum siquidem aures tenere sunt et jam ~uerunt vero et linguam severiorem sine gravissima non admittunt J. Sal. *Pol.* 507C; cum ~uissent ei aures . . ita quod sonum campanarum audire non posset *Canon. G. Sempr.* 155v.   **c** monachus . . auribus . . obstrusis, penitus ~uit J. Furness *Walth.* 117; cum . . auditum amisisset, sic ~uit ut nec etiam clamantium voces audire prevaleret *Mir. Fridesw.* 34.

2 to be deaf to (fig.), to refuse to listen to: **a** (w. *ad* & acc.); **b** (w. *ab* & abl. indicating cause of deafness); **c** (w. *ab* & abl. indicating obj. of deafness).

a alienorum ~esces ad vocem G. Hoyland *Ep.* 295B; **1167** ad vocem hanc vulgares amici ~escunt qui volunt beneficiis obligari, non obligare J. Sal. *Ep.* 186 (192) p. 264; ad juncturam hujusmodi animus ~escit *Id. Met.* 844B; ad preces illius ~esceret P. Blois *Serm.* 604A; numquid non surdus, qui ad suggestiones malignorum spirituum sepe ~escit, et fit tamquam homo non audiens J. Ford *Serm.* 19. 4; ~uisti . . ad judicium quod ex lingua ejus terribiliter tonuit W. Newb. *Serm.* 890.   **b** **1160** si ab inobedientia ~escis J. Sal. *Ep.* 129.   **c** ~uit namque homo ab audiendo vitae verbo postquam mortifera serpentis verba contra Deum tumidus audivit Bede *Hom.* II 6. 234.

obtaba v. octavus.   **obtabilis** v. optabilis.   **obtalgicus** v. otalgicus.   **obtalmicon** v. ptarmicus.   **obtalmicum** v. ophthalmicum.   **obtalmium** v. ophthalmicum.   **obtalmon** v. ptarmicus.   **obtalmos** v. ophthalmus.   **obtare** v. optare.   **obtarmica** v. ptarmicus.

obtectio [LL], (act of) covering, concealment (in quot., fig.).

quae . . aperte et sine aliqua ~one dicta vel acta sunt Bede *Sam.* 562.

obtectus [LL], covering, overshadowing (in quot., w. ref. to *Matth.* xvii 5).

tabernacula facere quaerebant ~u lucidae nubis Bede *Hom.* I 24. 100.

obtegere [CL]

1 to cover the surface of; **b** (transf., w. dat.). **c** to envelop.

buxeus o quantos obtexit pallor inertes Aldh. *VirgV* 1013; quod utilitatis habebat decor marmoris pretiosissimi lignorum tabulis obtectus Bede *Templ.* 757; [ignis] totam prope insulae . . superficiem obtexit *Id. HE* I 15 p. 32; terram . . nix obductam obtexerat R. Cold. *Cuthb.* 136; funduntur parentes, carissimi trucidantur, inundant[ur] campi sanguine, cadaveribus ~untur W. S. Alb. *V. Alb. & Amphib.* 35; beneficio . . manus os ~entis exclusus est hostis Neckam *NR* I 109.   **b** qui illorum perfidiam sectabatur quasi pelle serpentina oculis cordis obtexerat Bede *Acts* 964.   **c** soporis felicem obtexit pausatio puerum B. *V. Dunst.* 3; puellam instar cadaveris . . lintheis . . obtectam Gosc. *Transl. Mild.* 28; domunculam . .

vepres obtexerant W. Malm. *GP* II 74 (v. domuncula 1a).

2 to obscure, darken; **b** (fig.).

~i, obnubilari, *beon oferheled* GlP 69.   **b** quia animas, que lux sunt, mox quedam tenebre ~unt Hon. *Eluc.* 1115C; draco . . traxit de celo cauda sua partem stellarum et nebula peccatorum eas obtexit atque mortis tenebris obduxit *Id. Spec. Eccl.* 937A; splendidissimum diem nebula heresiarce pravitatis obtexit, donec . . fides . . solem justitie . . revexit Ailr. *Jes.* II 16.

3 to conceal; **b** (fig.). **c** (p. ppl. as adj.) hidden, unclear, obscure.

non se putent adulteri tenebris noctis aut parietum ~i Bede *Prov.* 959.   **b** vita presens altitudinis sue dignitate eam quam primitus duxit videretur ~ere V. *Birini* 3; confessio eis fatue mulieris furtum pandit, et furti causam gemendo coram multis obtexit hanc ita se habentem, corpore distorto viz. toto tempore vite sue *Found. Waltham* 26; puer . . silentio sui obtexit J. Furness *Walth.* 78; post Ilium destructum infamiam verecundie fuga ~entes Gerv. Tilb. II 10 p. 913; et legentes sententias ac alii sepe sine dampnacione in Oxonia obtexerant falsitatem Wycl. *Blasph.* 250. **c** non una [sc. auctoritate scripturarum] probabo, sed pluribus, nec obtectis, sed apertis et intelligibilibus Petrus *Dial.* 75.

obtemperabilis, (w. dat.) submissive, obedient (to).

1283 ut qui ejus beneplacitis et mandatis ~es existimus Peckham *Ep.* 406.

obtemperanter [CL], submissively, obediently, dutifully.

~er illum audite Bede *HE* II 2 p. 83; monebat omnes . . Domino ~er serviendum . . esse *Ib.* IV 23 p. 256; pariter surgentes suarum obedienciarum claves ante pedes ejus ad gradum ponent, illius se disposicioni et arbitrio ~er subjicientes *Cust. Cant.* 73; ut in omnibus et ab omnibus [fiat] ~er quod regula jubet et ordo deposcit *Ib.* 116; detecto capite ~er audiat quicquid ille proferre decreverit *Ib.* 260.

obtemperantia [LL], submissiveness, obedience, loyalty.

c804 amicitiam puram, ~iam veram *CS* 315; a802 ~iae semitam . . conservans *CS* 298 (=*CS* 333 [a812], *CS* 918 [c955]); Cuthberti misericordiam . . maris natatilia ex mansuetudinis ~ia obsecundando commendant R. Cold. *Cuthb.* 28 p. 63.

obtemperare [CL]

1 (absol.) to be submissive to, comply with, obey.

cum . . germanus . . ~are pertinaciter reluctaretur Aldh. *VirgP* 47 p. 300; **10** . . ~are, *hyrsumian WW*; proprium est . . militis imperare, equi ~are *Simil. Anselmi app.* 193 p. 99; ad optemperandum tam devotum . . se . . exhibuerat *Chr. Battle* f. 112.

2 (w. dat.) to submit to, obey: **a** (person); **b** (order, advice, will, or sim.); **c** (abstr.); **d** (*calcaribus non ~are*) to refuse to move.

a omnibus sibi ~antibus eandem vitae coronam . . promittunt Bede *Tab.* 409; **956** mihi per omnia fideli subjectione ~anti *CS* 945; solent . . ut . . omnes alii sibi ~ent desiderare Alex. Cant. *Dicta* 14 p. 159; dominorum est servis imperare, servorum dominis ~are G. Font. *Inf. S. Edm. prol.* p. 34; utrique parenti fere semper ~ans Gir. *TH* III 52; leges aliarum regionum . . que imperatori non ~ant Fortescue *NLN* II 51.   **b** qui . . jussis pontificalibus ~antes Bede *HE* I 23 p. 42; a984 regulares monachi . . regulae moribus ~ent (Æthelwold *Ch.*) Conc. Syn. 127; ipsius nutibus rationabiliter ~ent et fideliter obsecuntur Bald. Cant. *Serm.* 7. 2; a1161 si . . vestris admonicionibus minime ~averint *Doc. Theob.* 20; rex . . sano et salubri consilio suorum ~ans *V. II Off.* f. 3a.   **c** non ~ans libidini ut famulus W. Malm. *GR* V 412; ave [Jhesu] qui sic obtemperas / amori quod . . J. Howd. *Cyth.* 72. 1.   **d** equi . . calcaribus non ~abant H. Hunt. *HA* VII 7.

3 (w. acc.): **a** to obey. **b** to temper, moderate.

a dixerunt quod . . deceat regiam majestatem ~are se in legalibus institutis Bacon V 47 (cf. *Quadr. Reg. Spec.* 34).   **b** **1389** rigorem mansuetudine ~are volentes *Conc.* III 211b.

4 (pr. or p. ppl. as adj.) obedient; **b** (w. dat.).

regem . . fecerat ~antissimum Turgot *Marg.* 6 (=*NLA* II 170: ~atissimum).   **b** **1509** quod . . consiliis et correccionibus sint ~antes et obedientes juxta regulam divi Augustini (*Vis. Dorchester*) *EHR* IV 312.

obtendentia [cf. CL obtendere], putting forward, (in quot.) allegation.

semota excusationis cujuscunque ~ia Ad. Marsh *Ep.* 83.

obtendere [CL]

1 to hold or put before, to place in front or in the way. **b** to block, obstruct. **c** to offer, expose.

~ere, anteponere GlC O 62; ~it, opponit Osb. Glouc. *Deriv.* 403.   **b** sicut maxima claritas ~it visum, sic nimia perscrutatio secretorum Dei ~it intellectum Palmer 430.   **c** aperto vertice gladiis occurrens, sacram vulneribus coronam ~it Gir. *EH* I 20.

2 to cover.

tenuissima . . cicatrix / ulceris obtendens veteris vestigia tantum Alcuin *SS Ebor* 773; tumor . . Temesinus ~erat . . Thornensem insulam et intrare volentibus non nisi navigio aliquam affectabat viam Sulcard f. 12r.

3 to put forward, offer, show forth (abstr.); **b** (opposition or defence); **c** (as a reason, excuse, or sim.).

nisi quia maluit affectantibus potentiam, humilitatem ~ere Pull. *Sent.* 712A; caveant ne in vestimentis ovium apparentes, intrinsecus sint lupi rapaces, opus extra ~entes bonum, cor intra celantes pravum *Ib.* 940D.   **b** notum est . . quomodo ~erim repugnantiam ad hujusmodi officium naturae, aetatis . . et ignorantiae meae Anselm (*Ep.* 206) IV 100; non ~o iniquitatis meae defensionem *Id.* (*Or.* 11) III 44.   **c** nulla nostra merita ~imus, sed divinae voluntati et vestrae pietati committimus *Id.* (*Ep.* 126) III 268; mortua anima, quid ~et de se nisi quia peccatrix et misera est? *Id.* (*Or.* 10) III 39; mortem Domini nostri . . ~o inter me et mea peccata *Id. Misc.* 353; necessaria sibi ~ens neque raptum dimisit neque pro eo quicquam restituit Alex. Cant. *Mir.* 31 p. 219; hec clericis ~entibus, ille perstitit in sententia W. Malm. *Wulfst.* III 4; cur civitates dici debeant . . nichil ~unt Devizes 39v (v. civitas a).

obtendiculum [CL obtendere + -culum], (contemptible) little excuse, pretext.

ut propulsis . . formidolose pusillanimitatis ~is . . ducatum militie celestis subeatis Ad. Marsh *Ep.* 100.

obtenebrare [LL]

1 to darken, cover in darkness, obscure; **b** (light of day or luminous object); **c** (eye or sight); **d** (artefact); **e** (absol. or intr.).

dicuntur tenebre quasi tenentes umbram . . et componitur ~o, -as Osb. Glouc. *Deriv.* 569.   **b** avertit sol oculos, abscondit radios, ~avit diem W. Fitzst. *Thom.* 142; ~atus est dies hora sexta, ipso rege transfretante R. Niger *Chr. II* 165; qua de parte ruit alata superbia, turbo / pulveris erigitur obtenebratque diem Garl. *Epith.* IX 128; s1121 luna ~ata est M. Par. *Min.* I 231; s1230 dies obnubilabatur, sol ~atur *Eul. Hist.* III 116; missilium et sagittarum imbribus ~ato aere irruentibus *Itin. Ric.* I 31.   **c** fumus . . oculos ledit et visum ~at T. Chobham *Praed.* 212; spumabunt labia, ~abuntur oculi, facies ut testa pallescet P. Blois *Ep.* 117. 348B; albedo . . intensa . . nervum opticum ~at [gl.: *enoscuret*] vel obnervat Neckam *Ut.* 117; triduo . . ante obitum hominis adeo jam ~atur claritas pupille ut . . *Id. NR* II 154 p. 239; quemadmodum infirmi oculi a sole leduntur et ~antur, sani . . oculi ab eodem sole . . illustrantur Gros. *Cess. Leg.* IV 7 p. 183.   **d** **1233** picturam ~atam *Cal. Liberate* 194.   **e** sciendum quod oracio egrotos sanat, de hoste triumphat, ~antes illuminat, celum penetrat *Spec. Laic.* 59.

2 (pass.) to lose clarity, be unclear: **a** (of urine); **b** (of mind or intellect); **c** (p. ppl. as adj., of written work) obscure, unclear.

hoc enim est tornari urinam, i. eam obscurari vel ~ari Gad. 70v. 1.   **b** ~atur sensus et turbatur ratio Gilb. I 14v. 2; sicut sensus deficit in extremis, . . ita intellectus ~atus deficit Butler 404.   **c** **1408** tractatus ipse [sc. de extirpando schismate] obscuratus est et ~atus *Conc.* III 295b.

3 to darken, overshadow (fig., as the result of sin or moral error).

secundum interdictum veracis Dei ~atus est homo et in esuriem prostratus J. Sal. *Pol.* 819B; **1197** mutue dilectionis sinceritatem nunquam nubes aliqua fictionis ~averit *Ep. Cant.* 424; maculam totum decus . . tanquam nubibus . . ~antem Gir. *Spec.* II 34 p. 116; nihil est quod adeo vitam hominis cito ~et aut illustret sicut pontificalis auctoritas P. Blois *Ep.* 15. 54B; ingluvies . . mortificat animam et interioris hominis lumen ~at *Ib.* 85. 259D; is quem ~avit perfidie caligo Ad. Marsh *Ep.* 143 p. 272; hec sunt abhominationes Egiptiorum, mentium sc. carnalitate ~atarum Peckham *Paup.* 90; vitanda sunt . . ea que fidem Jesu Christi destruunt, obnubilant vel ~ant R. Wesham *Inst.* 151; homo . . propter peccatum ~atur in intellectu et efficitur cecus Chaundler *Apol.* f. 29b.

4 to leave in the shade (fig.), surpass.

ipsa per antifrasin hoc modo nomen habet / solis enim radius dum vixit Honorius ille / in tenebris radians obtenebravit eam / sole suo radiisque suis orbata priorem / plangit et a cantu cantica mesta silet (Nig. *Poems*) *MS BL Cotton Vespasian D xix* f. 4rb; in re militari Scotos omnes majores suos Kennedus ~avit Major II 14 p. 85.

obtenebrascere v. obtenebrescere.

obtenebratio [LL], darkening, darkness.

~o solis P. Blois *Serm.* 616C; ~o visus Gilb. II 99. 1; **1241** abyssales . . ~ones (v. abyssalis); vulneratus enim in naturalibus per intellectus ~onem effectus est cecus Chaundler *Apol.* f. 29b.

obtenebrescere [LL]

1 to become dark; **b** (of light or luminous object, also fig.); **c** (of night).

componitur . . obtenebrasco -is Osb. Glouc. *Deriv.* 569; squalet, id est sordet et ~it Trevet *Troades* 5. **b** unde si lassatur constantia tua, si ~it lucerna tua Gosc. *Lib. Confort.* 70; tanta vis solaris splendoris tota ~et a tanti luminis majestate et obscurabitur . . claritas siderum in meridiano splendore *Ib.* 108; orta est . . caligo tenebrarum insolita, ut diem licet advesperascentem ~ere faceret in noctem Gerv. Cant. *Chr.* 478. **c** ~ente nocte *V. Chris. Marky.* 5.

2 (fig.) to be covered in darkness: **a** (of person); **b** (of light of faith). **c** (of deed).

a qua vesania in conspectu solis et oculorum omnium a veritatis luce ~itis? Gosc. *Lib. Mild.* 10; ne quis ~at in opinione sua sicut qui palpat in meridie et qui umbram querit in luce Bald. Cant. *Sacr. Alt.* 661B. **b** fidei splendor ~it, spei celsitudo contabescit Bede *Mark* 175; finita illa luce solenni, ~ere cepit in advena lux presumpte fidei *V. Kenelm. B* 83ra. **c** stultarum lampades extinguuntur quia . . opera quibus coram hominibus fulgere videbantur ~ent cum internus arbiter adfuerit Bede *Cant.* 1214.

obtentare [LL < CL obtentus *p. ppl.* of obtinere], to hold, possess.

~at, obtinuit *GlC* O 21.

obtensio [cf. CL tensio], stretching out, drawing tight.

quare forme in speculo appareant . . . aliquando nigra dum sint alba, propter obtusionem sive ~onem spiritus per longum transmissi *Quaest. Salern.* B 172.

obtentor [ML], upholder, maintainer, possessor.

schismatis, quo tunc Allemanica exorbitabat ecclesia, factus incentor nec ~or Gir. *EH* II 31; sic . . pastoris excessum reformat sapiens successor, sic utique in causa succumbens obtentor censetur strenuus, sic fietque certissime, qui possidere desinit quod dolo possederat, dicetur dominus rei, et verus possessor *Reg. Whet.* II 415.

1 obtentus [CL; cf. obtendere]

1 spreading out, putting in the way (as means of protection). **b** protection (provided by human agent). **c** offering, expenditure.

oppidum . . ~u . . silvarum munitum Bede *HE* I 2 p. 14. **b** illius ~u ab omnibus adversis tueamini et bonis omnibus perfruamini Egb. *Pont.* 87; statum . . regni . . precum ejus ~ui deputabant *Canon. G. Sempr.* 73v; **1289** ~u . . episcopi Vasatensis, volentes . . magistros . . prosequi favore . . mandamus quatinus eosdem . . defendatis *RGasc* II 452b. **c c1223** prelati . . qui tales in suis iniquitatibus presumunt sustinere . . ~u pecunie vel alterius commodi temporalis, pari subjaceant ultioni *Ch. Sal.* 132.

2 pretext, excuse; **b** (~u, sub or pro ~u w. gen.) under the pretext of, as an excuse for.

quo moraris optentu? *Mir. Hen. VI* I 8 p. 27. **b** si quid pro hujus utilitatis ~u temeritatis . . perpetravero Theod. *Pen. pref.*; nec saltem sub spiritualis rei ~u [AS: *girnincge*] *RegulC* 11; **s1139** sub ~u culpe pontificum, ecclesie possessionibus spoliarentur W. Malm. *HN* 471 p. 29; aut sub pretextu religionis mergebantur in claustris . . aut sub ~u necessitatis . . avaritie voragine absorbebantur J. Sal. *Met.* 832A; sollempnitatum optentu negocium ventris agunt S. Langton *Serm.* 4. 2; **s1179** bulla ne archiepiscopus . . vel officialis aut legatus, ~u legacionis possit monasterium interdicere Elmh. *Cant.* 433.

3 reason, cause, purpose; **b** (~u, sub ~u, per ~um w. gen.) for the sake of. **c** (~u, cum ~u, per ~um) because of, on account of. **d** (in phr. *intuitu et ~u,* w. gen.). **e** (*in salutari ~u*) for a good cause.

sicut presens causa dictabit in circumstantiis vel paupertatis vel qui aderunt optentibus (*Leg. Hen.* 36. 1d) *GAS* 566. **b** episcopatum . . avaritie gratia, non spiritalis profectus ~u cupitis Gildas *EB* 108; castitatis ~u et regni caelestis causa contempnere decrevit Aldh. *VirgP* 31 p. 270; sub optentu veniae Folc. *V. Bot. Pref.* 373; philosophie deditus ejusque optentu episcopalem honorem . . respuens *Hexham* I 153; nec . . per ~um quietis omittamus ministerium caritatis Ailr. *Serm.* 19. 28. 308; **1226** mandans ut ~u pietatis subsidium . . nobis facerent *Cl* 152b. **c 639** ut nulla possit . . jactura per cujuslibet occasionis ~um . . provenire (*Lit. Papae*) Bede *HE* II 18 p. 121; **672** fraternae . . dilectionis ~u Aldh. *Ep.* 5 p. 493; **10** . . sub ~u, *under intingan WW*; **1283** cum inconvincibilitatis optentu merito habeatur venerancius (v. inconvincibilitas); **1430** pro amore nostro et precum optentu *Feod. Durh.* 2n. **d 1187** Dei solius intuitu et libertatis ~u (v. intuitus 4a); si non . . utilitatis intuitu . . faciatis hoc . . salutis ~u P. Blois *Ep.* 24. 87A (v. intuitus 4a); rogo quatinus . . missam . . pro fidelibus caritatis intuitu et precum vestrarum ~u celebrare velit Gir. *Symb.* 20 p. 252; divini amoris intuitu, et meorum [*sic*] precum ~um *Reg. S. Thom. Dublin* 411. **e** qui ex salutari conceptu . . in salutari ~u salvandis populis . . clementiam Patris . . interpellat Ad. Marsh *Ep.* 247 p. 447.

2 obtentus [LL; cf. obtinere]

1 act of occupying or holding. **b** possession, holding.

materiarum densitas ad loci ~um necessaria Adel. *QN* 70; **1279** vestra circa ~um beneficiorum . . privilegia Peckham *Ep.* 64. **b** qui regit optentum de concilio sapientum / regnum non ledit set ab omni labe recedit Gower *Carm.* 362. 15.

2 obtaining, action of gaining: **a** (~u, pro ~u, sub ~u w. gen.) in order to obtain. **b** (in letter or document or direct address, ~u w. gen.) so as not to risk losing.

a loca sanctorum per totam Angliam miserationis optentu peragravit T. Mon. *Will.* VI 10; hic etiam est error Avicenne in IX Metaphysice qui, quia nesciebat corruptionem originalem, credebat animam pro ~u eterne beatitudinis debere a corpore eternaliter separari Peckham *QA* 13 p. 112; regum esset . . sub ~u regni celorum symonias tales dissolvere Wycl. *Sim.* 32; **s1024** mando tibi sub ~u gracie mee . . quod inconstanti eum suffocare facias *Eul. Hist.* I 380; **1462** deprecans Altissimum ut, hujusmodi devocionis ~u, . . plenarie indulgencie . . participes fieri valeatis *Lit. Cant.* III 238. **b 1220** precipientes sub debito sacramenti vestri . . et in fide qua nobis tenemini, necnon et gracie nostre optentu quatinus . . *Pat* 226.

3 (leg.) winning of case, legal success.

de ~u consuetudinis Ric. Angl. *Summa* 13 *tit.*; contra fidejussores . . pars mea ~um habuit Ad. Usk 46.

3 obtentus v. obtinere. **obterare** v. obturare.

obterere [CL]

1 to crush. **b** to destroy.

demones cum rota plaustri ferrea . . et super dorsum peccatoris eam . . volventes . . dorsum . . flammanti rotatu obtriverunt Coggesh. *Visio* 24. **b** obtrivit, peremit *GlC* O 90; quicquid turbo bellorum obtriverat, reparavit . . Dunstanus W. Malm. *GP* II 91; ~ere, conterere, perimere Osb. Glouc. *Deriv.* 403.

2 (p. ppl., fig.) crushed, overcome: **a** (as result of battle); **b** (by abstr.).

a Mertii, non semel obtriti, obsidatu miserias suas levaverunt W. Malm. *GR* II 120. **b** confutata proinde penitusque obtrita utraque superbia ad Christianam eos revocat humilitatem J. Ford *Serm.* 66.8.

3 to speak of or treat with contempt.

~as, contempnes, *forhogas GlP* 705.

obtestari [CL], ~are [LL]

1 to bind by oath.

~atur, objurat *GlC* O 75.

2 to invoke, call upon.

obtestor Dominum: scit hoc ille omnia qui scit Wulf. *Swith.* II 904; omnia celi ~or numina *Arthur & Gorlagon* 1.

3 to entreat earnestly (esp. w. invocation of divine power; also as true pass.): **a** (w. *ut* or *ne* & subj.); **b** (w. *quatinus* & subj.).

a per . . nomen Jesu lectorem ~or ne me ex presumptione ad hoc opus estimet accessisse Ailr. *Spec. Car.* III 40. 620; prostratus ante pedes Jesu orat, plorat, adjurat, ~atur ut aut occidat aut sanet *Id. Inst. Inclus.* 18; ~atus a sacerdote adjuratusque . . ne eis noceret Gir. *TH* II 19 p. 101; †**604** (13c) archiepiscopos . . per Dominum Jhesum Christum . . ~or . . ne quisquam . . potestatem . . usurpare presumat *CS* 7. **b** per Dei virtutem . . ~ans quamvis ei miserendo virginitatem ipsius nec ipse violarent . . nec . . prostituerem Gir. *GE* II 11 p. 219.

obtestatio [CL]

1 invocation (of divine name or sim.); **b** (*sub ~one* w. gen., w. implication of warning or threat). **c** warning.

a910 (12c) ibi affuit . . Dei ~o eorum qui eandem terram eidem loco concesserunt *CS* 618; divina ~one ad se . . ursum accivit Gir. *TH* II 28 p. 115. **b s1258** juraverunt . . fratres . . sub ~one mortis et vulnerum Christi, numquam se castra . . resignaturos M. Par. *Maj.* V 697; **1437** sub ~one divini judicii *Stat. Linc.* II 366. **c 1166** cum promissis, minis, et ~one quamplurima J. Sal. *Ep.* 145 (168 p. 108).

2 entreaty.

cum ~one precipimus ut omnes studeant . . dare decimas O. Cant. *Const.* 10 p. 74; in illa figura jubilet est ~o cum conprecatione, ut in illo Vergilii: 'sic tua Cyneas fugiant examina taxos' Linacre *Emend. Lat.* lxii v.

obtexere [CL], to cover, veil (also fig.).

nature morumque mysteria variis figmentorum involucris ~entes J. Sal. *Pol.* 390D.

obticescere, obticēre [CL], to fall silent.

~uit, tacuit *GlC* O 76; tandem puer post . . angustias magnas ~uit *Mir. Wulfst.* I 38.

obticus v. opticus. **obtimas, ~us** v. optimas, optimus.

obtinere [CL]

1 to possess.

hanc privilegii paginam . . tibi . . in perpetuum concedimus ~endam W. Malm. *GP* I 37 p. 58; **1216** omnes abbates . . in decanatu vestro bona spiritualia optinentes *Val. Norw.* 620; aver, habere, optinere, possidere *Gl. AN Ox.* f. 153; rex totam terram Scotie in pace optinuit *Feudal Man.* 120; **1431** libros . . quos libraria non optinet *Test. Ebor.* III 92.

2 to occupy (place or position). **b** (intr.) to extend.

dactilus . . semper in versu . . quintam regionem proprie ~et Aldh. *Met.* 10 p. 83; sex decimas Antonius obtinet aeque kalendas *Kal. Met.* 4; cujus summe radicem octonarius ~et numerus Rob. Angl. (I) *Alg.* 78; in terra illa quam nunc lacus ~et Gir. *TH* II

9. **b** **a1165** iter de Trenta liberum esse debet navigantibus quantum pertica una ~ebit ex utraque parte fili aque *Rec. Nott.* I 4.

3 to hold (office). **b** (intr.) to hold office.

1281 a tempore a quo non exstat memoria optinuerunt predictam bedelleriam *PQW* 167b. **b** **931** Godescalco ~ente presbytero *CS* 683.

4 to have (w. abstr.).

ad consequendam veniam peccatorum .. magnam fiduciam ~emus Bald. Cant. *Serm.* 15. 85. 561; **1305** nos, de .. fidelitate .. Arnaldi .. fiduciam ~entes .. *RGasc* III 456a; **1305** ad laudabilia servicia que .. G. et parentes sui .. impenderunt consideracionem debitam optinentes *Ib.* 465a; **1317** de circumspeccione vestra .. plenam .. fiduciam ~entes *FormOx* 26; **1321** de fidelitatis vestre constancia plenam fiduciam optinentes *Lit. Cant.* III 403; **1340** delinquentis noticiam vel probabilem suspicionem optinentes *FormOx* 163.

5 (of condition, custom, or sim.): **a** to obtain. **b** (pass.) to be established, to be customary; **c** (pass. w. *consuetudo*).

a **672** nullo torridae obstaculo siccitatis ~ente Aldh. *Ep.* 5 p. 491; 'non debere peccare' .. in tantum ~uit usus, ut non aliud intelligatur quam 'debere non peccare' Anselm *Misc.* 348; adeo malignitas obtinuerat ut pars occidentalis melior filio, deterior .. patri daretur W. Malm. *GR* II 113; tranquilla concordia ~ente *Id.* *GP* III 100 p. 229; abiit enim ad sedandum scandalum, quod diutius ~uerat inter Hildebrandum et successores ejus contra Gerebertum R. Niger *Chr. I* 88; quod et in dextri orificii thalamis ~et Alf. Angl. *Cor* 6.6; etiam in his que non ex sui generis semine .. sumunt originem, eadem creationis necessitas ~et *Ib.* 12. 7; adhuc apud modernos eadem optinet consuetudo Bacon XV 53. **b** **1255** prout alibi .. observatum est et optentum *Rec. Leic.* I 51; **1330** de consuetudine ecclesie Cantuariensis .. hactenus est optentum, quod omnes episcopi .. in Romana curia consecrati, quamcito postea .. ad ecclesiam Cantuariensem accederent *Lit. Cant.* I 312. **c** **1237** volentes, sicut et tenemur, ecclesiis et ecclesiasticis personis deferre de consueta gracia et optenta rengni nostri consuetudine *KR Mem* 15 m. 21; **1272** consuetudinem in regno nostro hactenus optentam et approbatam *Cl* 533; **1296** consuetudinem .. antiquam et approbatam hactenus optentam *Reg. Cant.* II 1303; **1307** an dicta consuetudo sit obtenta in contradictorio judicio *Ib.* II 1171; **1372** et liberas consuetudines suas hucusque optentas et usitatas *Gild Merch.* II 354.

6 to retain. **b** (*robur ~ere* or sim., in documents of donation or dedication) to retain or preserve validity, authority.

Tiresias .. masculinam quodammodo ~et formam Alb. Lond. *DG* 4. 8; in primis .. mensibus suam ~ebat [sc. sanguis] violentiam *Quaest. Salern.* B 294. **b** **949** ut hec cartula inviolabile robur firmitatis optineat *CS* 885; †**948** (12c) condicio .. robur optineat sempiternum *CS* 860; ut .. literarum beneficio firmum perpetuitatis robur ~eat Gir. *TH pref.* p. 21; **a1210** ut hec mea donatio et concessio futuris temporibus firmitatis robur optineat, eam presenti scripto cum sigilli mei appositione confirmavi *Cart. Beauchamp* 68; **1230** ut .. mea confirmatio perpetuam opptineat firmitatem scriptum presens sigilli mei impressione confirmavi *E. Ch. Waltham* 211; **a1243** (1290) volo quod hec mea donacio perpetue firmitatis robur obptineat *Cart. Mont. S. Mich.* 4 (=*Ib.* 6: optineat).

7 to acquire, gain possession of, obtain control of; **b** (property); **c** (fort or castle); **d** (kingdom or government); **e** (abstr.). **f** (absol.) to be in control.

tertius vultur .. dejecit albos .. ~uitque cadaver Map *NC* IV 15 f. 56; **1277** hoc de sui prelati petita licencia et optenta *Doc. Eng. Black Monks* I 71; **1300** nisi .. vel alias licenciam ad modicum tempus optinuerint a sacrista *Vis. Ely* 23; enitar reserare ea que multis laboribus novem annorum spacio ~ui .. in Italia Ripley 123. **b** mulier si adultera .. vult .. monasterium intrare, quartam partem suae hereditatis optineat Theod. *Pen.* II 12. 10; p**705** precamur ut eandem agri partem .. ~ere et habere .. valeamus Aldh. *Ep.* 10; nescierat enim quonam ordine rex optinuisset illam [bibliothecam] Ad. Eyns. *Hug.* II 12; ~uit .. a rege Aethelberto .. Augustinus .. ecclesiam una cum terra adjacente Elmh. *Cant.* 81. **c** munitione optenta Guillelmum exheredavit Ord. Vit. I 24 p. 184; castellulum .. ~uit et accepit *G. Steph.* 63; rex .. obsedit castrum .. et optinuit post xx dies Ad. Mur. *Chr.* 5. **d** reges Romanorum cum orbis imperium ~uissent Gildas *EB* 5; qui apostolicam sedem legitime ~ent *Ib.* 92; vicit nec tamen ibi regnum potuit ~ere Bede *HE* V 24 p. 352; principatum proprium .. a patre relictum optinuit *Chr. Battle* f. 8v; historia .. habet Saturnum .. et Jovem .. regna in Creta ~uisse Alb. Lond. *DG* 1. 2. **e** successores .. eorum qui potestatis apicem optinent Ord. Vit. VI 1 p. 3; **1221** rex omnium possessionum illius custodiam abtinebit *Mon. Hib. & Scot.* 19b. **f** Buile .. tenuit Euboniam insulam ... filii .. Liethan ~uerunt in regione Demetorum .. donec expulsi sunt a Cuneda Nen. *HB* 156; garciones dicti preceptoris optinent aut optinere potuerint in domo supradicta *Reg. Kilmainham* 16.

8 to attain, arrive at: **a** to reach (place). **b** to achieve (abstr.).

a intuitus sum .. patriarchas .. exultantes .. quod eam quam olim a longe salutaverant patriam ~ent Anselm *Misc.* 358. **b** ad ~endam .. continentiae gloriam Aldh. *VirgP* 21; cum sepe viderimus predecessorum opera, successoribus invisa, debilem statum ~uisse *Found. Waltham* 14; s**1245** si fugit et occidatur malefactor non optinebit jus nec appellum M. Par. *Maj.* VI 117; sub spe victorie viriliter ~ende, regem .. ad prelium provocavit *V. II Off.* f. 2a; s**1331** superoritatem, quam rex .. deberet optinere Avesb. f. 79; utilitatem .. et honorem quos .. conspeximus nos posse faciliter optinere *Ib.* f. 95b; **1342** R. M. et W. de H. defamaverunt curiam domini, i. falso et maliciose quod nemo potest justiciam in curia predicta optinere in contemptum domini *CBaron* 127; a Penda rege Merciorum sociali bello mortem ~uit *Eul. Hist.* II 159.

9 to overcome, conquer. **b** (w. *in* & acc.) to prevail against.

~ere, vincere *GlC* O 78; virtute Dei .. / obtinuit gentes vacuo turgore minaces Frith. 552; sic .. rebelles omnes optinuit ut longe fortius .. confirmaretur in regno *Dial. Scac.* II 2E; qui morte proxima timuerat, quasi obtentus, siccis expectat securus lacrimis, quia spe defecta recessit et timor Map *NC* IV 15 f. 56. **b** in Longobardos rex non ad prelia tardos / inclitus optinuit Garl. *Tri. Eccl.* 90.

10 **a** to maintain (cause) successfully (also absol.). **b** (absol.) to win, be successful; **c** (leg.).

a ut causam Dei, quam prius obtenuerat, tutaretur Bede *HE* I 21 p. 40; synodus habita est .. apud Barrum .. ubi Anselmus Cantuariensis archiepiscopus disputavit et ~uit Diceto *Opusc.* 273. **b** ~uit vicitque tandem aliquando creditor Gildas *EB* 1. **c** cum putarent multi eum deponendum, quia tamen bonus dispensator erat .. judicio summi pontificis ~uit et abbas remansit. similiter et iste, quoniam bonus erat in .. gubernatione domus .. contra monachos ~uit Gir. *GE* II 36; ~ere credo de consuetudine Ric. Angl. *Summa* 13; *dereigner* .. ~ere, probare *Gl. AN Ox.* f. 154v; **1289** bajulus .. non debet recipere .. gagium, usque quo solvi fecerit rem judicatam parti que optinuit *RGasc* II 400b; **1593** cautionem .. teneantur procuratores .. recipere, receptamque casu quo appellans ~eat eidem restituere *StatOx* 449.

11 **a** (w. *ut* or *quatinus* & subj.) to arrange (that something happen). **b** (w. *ne* or *quin* & subj.) to prevent (something happening).

Hadrianus .. ut episcopus ordinaretur ~uit Bede *HE* IV 1 p. 202; ~uit quatinus ei cum benedictione .. viandi licentiam darent *Hist. Abb. Jarrow* 24; nec quicquam ~uit, nisi ut in regnum indempnis rediret W. Malm. *GR* IV 311; **1166** nullo .. tractu temporis .. ~ebit ut quod contra Dei mandata scienter presumitur licenter .. fiat J. Sal. *Ep.* 148 (177). **b** vix fluctu fervente potuerint ne laberetur ~ere Bede *Acts* 992; ne sibi .. nocerent ~ere poterat *Id.* *HE* II 7 p. 95; numquam .. ~ere potuit quin urceolus vacuus recederet W. Malm. *GR* II 154.

12 (w. inf. or acc. & inf.) to manage (to).

812 illam terram conparare et possedere optenuit *CS* 341; s**833** illud ~ui confirmari *Croyl.* 9; s**1411** graciam .. proclamari ~ui (v. gratia 3c); si pars actrix .. produxerit testes, et eorum dicta publicari ~uerit *Praxis* 155.

13 (*vices ~ere*) to take the place of.

coram vobis vices meas ~entes .. plenariam seisinam .. faciant *FormA* 183.

1 obtingere [CL]

1 (w. dat.) to fall (to) as lot.

Neptunus .. / tertia cui mundi sors obtigit ima profundi R. Cant. *Malch.* IV 193; cui dominium totius Romanie obtigerat W. Malm. *GR* IV 357; seniori filio Eustachio hereditas paterna obtigerat *Ib.* IV 373; sepe .. quod ex natura obtigit generi, speciei usus assumit Alb. Lond. *DG* 11. 16; michi [S. Johannes loquitur] obtigit ad custodiam porta solis, tibi credita est porta maris Lucian *Chester* 51.

2 to happen; **b** (w. dat.).

casu ita ~ente vel .. supernae dispensationis nutu moderante (Æthelwald) *Ep. Aldh.* 7 p. 496; obtegit, evenit *GlC* O 93; aliud .. quam quod intendebatur ~it W. Cant. *Mir. Thom.* III 24 (v. casus 4a). **b** quid illi .. perspicuum est vero vati .. obtigit Gildas *EB* 77; ita mihi ~at quod volo Free *Ep.* 58.

obtio v. optio. **obtisus** v. obtundere.

obtorpescere [CL]

1 to grow numb, become paralysed (in quots., fig.).

qui solus favor alit ingenia, cessante favore ~uerunt omnia W. Malm. *GR* III 292; spes omnis emendationis apud Anselmum ~uit *Ib.* *GP* I 50.

2 to become dim.

oleum .. defecit .. / et lichinus fumans furvis obtorpuit umbris Aldh. *VirgV* 908.

obtorquere [CL], to twist, turn, bend back.

obtorto collo incedentes et obliquis oculis respicientes eum W. Fitzst. *Thom.* 55.

obtrectare [CL], to criticize, disparage, oppose. **b** (pr. ppl. as sb. m.) detractor.

~ans, resistens *GlC* O 17. **b** pestiferis ~antium incantationibus Felix *Guthl. prol.*; in armatos obtrectantium cuneos Map *NC* III 1 f. 34.

obtrectatio [CL], malicious criticism, disparagement, detraction.

ut ab otiosis te confabulationibus, ~onibus ceterisque linguae indomitae contagiis coerceas Bede *Egb.* 3; sine lite et ~one P. Blois *Ep.* 6. 17C; ~ones fellee J. Ford *Serm.* 45. 7; justitia alicujus viri justi ~onibus dehonestatur *Ib.* 90. 6;

obtrectator [CL], critic, detractor.

sin autem .. more ~oris successeris, cave .. ne a tenebris obcaeceris Felix *Guthl. prol.*; **1007** (13c) omnibus praesentis donationis ~oribus et aemulis *CD* 1303; livor ~orum W. Cant. *Mir. Thom.* III 3; raritatem poetarum faciunt gemine lingue ~orum Map *NC* V 1 f. 59; nec ~orum linguas nec venenosos morsus invidie pertimescat P. Blois *Ep.* 14. 45D; ~ores et emuli *V. Edm. Rich P* 1823C.

obtrectatrix, that criticizes or disparages, maliciously detractive.

contra ~ices et venenatas linguas Ferr. *Kynloss* 53.

obtrepidare [cf. CL ob-+trepidare], to tremble with fear, to be in a state of confusion or agitation.

~ante mentis statu et totius compagine corporis vacillante *Text. Roff.* f. 57 (=(*Jud. Dei*) *GAS* 409).

obtricamen [CL ob-+tricare+-men], trickery, deception.

praesta .. ut quod in hac culpa humanos latet oculos .. tua coelesti et superna moderatione sine ullo reveletur obstricamine [v. l. obtricamine], et .. veritatis in hoc sententiam elucidare digneris (*Jud. Dei*) *GAS* 409 [=*Text. Roff.* f. 57: obtricamine; (*Portiforium Wulstani*) *HBS* LXXXIX 170: obstricamine].

obtrudere v. obstrudere. **obtruere** v. obstruere.

obtruncare [CL]

1 to chop off, lop off: **a** (part of body); **b** (part of plant); **c** (part of artefact).

a uno ictu .. sibilantia blandimentorum capita .. ~avit Gosc. *Edith* 85. **b** vitem obtruncat acies hilarantem J. Howd. *Cant.* 101; orteque spine segetem obtruncarunt *Ib.* 199. **c** per bella [nos libri] .. ~amur, distrahimur, vulneramur R. Bury *Phil.* 7. 112.

2 to slay, kill.

gigantem .. ~asse describitur [sc. David] ALDH. *VirgP* 53 p. 311; Angli .. in primis fortiores dira cede Danos ~arunt *Enc. Emmae* II 6; ni obstitissent .. obseratae fores .. male ominatos .. ~avisset W. POIT. I 25; **s1141** vulgus .. burgensium Lindocolinorum multa parte ~atum est W. MALM. *HN* 489 p. 49; fornicarios ~avit H. READING (I) *Dial.* III 1176D; et quem obtruncas trabibus / [amor] ad regni tronum erige J. HOWD. *Cyth.* 139. 8.

obtruncatio [CL], chopping off, mutilation (of part of body); **b** (*capitis* ~*o*) beheading.

ad capitis plexionem vel membrorum ~onem ne fugiat ligetur ALEX. CANT. *Dicta* 15 p. 167. **b** Anglica lex capitis ~one traditorem mulctat ORD. VIT. IV 13 p. 262; immunitos vel inermes .. capitum ~one et verendorum mutilacione trucidarunt CANTLOW *Orig. Cantab.* 278.

obtrusio v. obstrusio. **obtuitus** v. obtutus.

obtulare [cf. ob-+tulare < tuli *perf. of* ferre], to offer. **b** (*se* ~*are*) to present itself.

1555 ad ~endum redditum suum *Entries* p. 659. **b** **1317** quam primum ad id optularet se facultas *Reg. Carl.* II 144.

obtulatio, (leg.) appearance in court.

1269 essoniis sic seriatim irrotulatis tunc primo optulationes partium inscribantur sic – A. optulit se versus B. de hutesio levato *CBaron* 83.

obtumere [cf. CL ob-+tumescere], to swell.

to bolne, .. tumere, ob-, con-, per-, .. *CathA*.

obtunc, only then.

[Thomas archiepiscopus] accelerans versus Lundoniam obtunc audivit Henricum regem esse consecratum H. CANTOR f. 3.

obtundere [CL]

1 to beat, batter, pommel (also fig.).

istud non credere ingentis est impudentie, cum ora tot experientium ~ant frontem negantium W. MALM. *GP* V 217; transit humilitas ubi .. superbia ad superliminare ~itur P. BLOIS *Serm.* 655C; J. filius R. verberatus fuit in villa de S. et aure ejus obtisa *Eyre Kent* I 138; cum Judei os ejus ~erent [ME: *buffeteden*] pugnis funestis, Christianus .. os suum claudere labiis suis recusat *AncrR* 31.

2 to blunt, dull, reduce keenness of; **b** (fig.); **c** (person, w. ref. to senses); **d** (mind).

hebetare, obdurescere, ~ere OSB. GLOUC. *Deriv.* 198; terra est corpulenta, obtusa, immobilis, ignis acutus, subtilis, et mobilis D. MORLEY 64; clavi fuerunt obtusi [ME: *dulte*] quod carnem ejus foderunt *AncrR* 110; sic securis ad secandum aptatur et obtusa vanga disponitur ad fodendum FORTESCUE *NLN* II 8. **b** femina .. / insimulare studet stuprorum crimine vatem, / sed dicto citius verborum spicula peltis / presbiter obtundit ALDH. *VirgV* 1022; ni torpentis stilum ingenioli multimoda fatuitatis ignavia duro ~eret repulsu B. *Ep.* 386; o insensibilis torpor, ad quem concitandum sunt obtunsi tam acuti aculei! ANSELM (*Medit.* 1) III 78; fortis est dilectio ut ipsam mortem valeat triumphare, aculeum ejus ~ere BALD. CANT. *Serm.* 11. 13. 513; ~o cornua Wallie ne possint ledere matrem MAP *NC* II 23 f. 31v. **c** quando .. auditores sunt hebetati et obtusi per assiduam predicationem bonum est intermittere T. CHOBHAM *Praed.* 68. **d** non aciem cordis .. perdunt / otia neu propriam linquunt obtundere mentem ALDH. *VirgV* 2768; nostri .. academici stantes comedebant .. ne gravatis crapula stomacis, philosophantium acies intellectuum obnubilaretur vel ~eretur H. LOS. *Ep.* 77; ubi .. regnat ebrietas, ratio exsulat, intellectus ~itur P. BLOIS *Ep.* 7. 21A; ita possunt fieri auditores minus capaces et potest ~i animus eorum ut non intelligant quod dicitur T. CHOBHAM *Praed.* 286.

3 to dim, darken: **a** (light); **b** (sight); **c** (spirit or intellect).

a sol .. obtunsis una stellis cum luna per diem terris fulgeat BEDE *Gen.* 23; lucet .. obtusis stellarum radiis dies *Ib.*; **959** ab obtunsi caecitate umbraminis ad supernorum alacrimoniam patrimoniorum advocans (*Ch.*) *Chr. Abingd.* I 169 (=**993** *Conc. Syn.* 182). **b** caecis pupillarum orbibus et obtunsis palpebrarum obtutibus velut epilenticus et scotomaticus ALDH. *Met.* 2 p. 66; acies .. quas nec carnalis caligo illecebrae ~it nec spurcae obscenitatis glaucoma suffundit *Id. VirgP* 22 p. 253; ab ipsa luce reverberati sunt oculi mei et intuitus obtunsus ANSELM *Misc.* 358; in sero .. spiritus visibilis in eis .. nec multa claritate disgregatur ut in die nec multa obscuritate ~itur ut in nocte *Quaest. Salern.* B 32; jam aciem [i. e. *vision*] tenebra mentis obtundit J. HOWD. *Cant.* 148. **c** **1160** intelligentiam potius sermo tenebrosus ~it ARNULF *Ep.* 27.

4 to weaken, reduce.

c1175 quoniam animi vires et corporis senectus ~it ARNULF *Ep.* 118; in tristitia .. multa fit coartatio, ex qua coartatione vim virtutis ~ente .. sequitur .. respirandi angustia *Quaest. Salern.* B 191; humores confluere ad locum dolorosum .. qui congregati ~unt calorem N. LYNN *Kal.* 209.

5 to block up.

to stoppe, linere, obturare, obstruere, ~ere, oppilare, producto -pi-, opplere CathA.

6 (p. ppl. as adj.) dull, dim, feeble: **a** (of person); **b** (of intellect or sim.).

a S. P. fidus lector sed obtusior disputator J. SAL. *Met.* 869A; practicus obtusus medicalis, nescius artis / practizans temere fit mendax vilis ubique D. BEC. 1797; obtusi .. et inepti ad artes liberales primo addiscant mechanicas KILWARDBY *OS* 641. **b** non enim ita obtunsae mentis est, ut nihil aliud Deo simile cogitari posse nesciret ANSELM (*Casus Diab.* 4) I 242; licet si quis contra eum dicendum putasset, non eum obtunse scientie esse in respondendo intelligeret W. MALM. *GP* IV 140; homo obtusioris ingenii sum J. SAL. *Met.* 863B; dimittat mechanicas obtusis ingeniis que non facile aditum inveniunt aut profectum in liberalibus KILWARDBY *OS* 641.

7 (of fluid, air, or vapour) dense, murky.

quo purior et subtilior, tanto penetrabilior .. aer illustrat. .. quo nubilosior et obtusior, tanto benignior atque salubrior aura fecundat GIR. *TH* I 3; aqua est frigida et humida, labilis, obtusa, retinens qualitatem habentem motum ad centrum D. MORLEY 75.

8 (of sound) heavily struck, or dull, husky, or full, rich, deep.

sub obtuso grossioris chorde sonitu, gracilium tinnitus licentius ludunt GIR. *TH* III 11; quis dubitat U acui et A obtusa inpressione sentire? *Ps.*-GROS. *Gram.* 31.

9 (geom.) to make obtuse. **b** (p. ppl. as adj., of an angle) obtuse, greater than 90°. **c** (of a cone) obtuse, having an obtuse angle at the vertex when the axis is bisected by a plane.

cum incipit recedere a figura foraminis primo ~untur anguli et deinde tota figura variatur quasi angularitas sit magis contraria nature luminis PECKHAM *Persp.* I 7 p. 80. **b** angulus .. qui recto major est obtusus dicitur ADEL. *Elem.* I *def.* 11; si obtusus superficierum coeuntium fuerit angulus, et corpus obtusum J. SAL. *Met.* 898D; de angulo acuto vel obtuso GIR. *GE* II 37. **c** breviores [sc. pyramides] quia breviores sunt obtusiores esse necesse est PECKHAM *Persp.* I 19 p. 94.

obtunsio v. obtusio.

obtuperare [cf. CL vituperare], to censure, condemn.

10.. ~abitis, *gedemað and tælað WW*.

obtupescere v. obstupescere.

obturamentum [CL]

1 plug, stopper: **a** (part of mill-wheel); **b** (head of cask).

a versari rotam fecerunt, solutis sc. opturamentis aquarum *Mir. Hen. VI* I 1 p. 18. **b** ipsum .. dolii caput sive ~um capitale quod proprio .. vocabulo .. dicitur *the chyme* a suis sedibus ita ferme exilivit evulsum ut .. plurima preciosi liquoris copia .. deflueret *Ib.* II 44 p. 118.

2 obstruction, blockage.

1291 dicit se nullum opturamentum fecisse ad nocumentum transeuncium *Law Merch.* I 43.

obturare [CL]

1 to stop up. **b** to repair (gap or crack). **c** (fig.).

~ata fovea *V. Kenelmi B* 81ra; ejus damnationis puteus desuper ~atur H. READING (I) *Dial.* V 1198D; ~ato desuper puteo *Id. Haeret.* III 1294B; vas habens orificium valde strictum ut possit melius et firmius ~ari RIPLEY 153; opturatis mirifice venarum rivulis *Mir. Hen. VI* I 4. **b** qui sex foramina, ne aque subintrent, naufragiis ~at et septimum relinquit apertum .. periclitetur GIR. *PI* I 20; **1228** tria fusta de domo domini regis in foresta de B. ad exclusas .. ~andas *Cl* 32; talis est similis homini existenti in nave perforata et ~anti [ME: *dutteð*] foramina omnia, excepto uno, per quod tota submergitur *AncrR* 120; prerupta foramina [*in the town walls*] post pauca opturaverant [v. l. ~averant] *Ps.*-ELMH. *Hen. V* 125. **c** ingratitudo .. siccans fontem pietatis, rivulos dilectionis ~ans P. BLOIS *Ep.* 235. 537C.

2 to block, close, prevent access to or passage through; **b** (road, channel, exit); **c** (place); **d** (view); **e** to block up, prevent from coming out.

~are, obstruere *GlC* O 8. **b** occaecatum obduratis, obdurato omnem exitum ~atis ANSELM (*Or.* 10) III 35; monachi de F. opturaverunt viam suam *PlCrGlouc* 81; **1221** opturavit quandam guletam per quam naves solent transire per gurgitem suum *SelPlCrown* 113; **1234** portus debet opturari et aperiri per commune consilium duarum villatarum (*DL Misc. Bk.* 5) *Eng. Justice* 134; **1276** fecerunt purpresturam super regalem viam .. per qua[n]dam aquam quam opturaverunt *Hund.* I 54b; **1378** carta .. facta .. de ~anda quadam venella *MunCOx* 155; oppidani in primo auditu ascensus nostri, fractis pontibus opturassent meatum fluminis quod curreba per mediam vallem in villam, sic quod ex opturacione illa aqua intumuit in accessu nostro super omnia prata *G. Hen. V* 5. **c** per te infernus spoliatur et omnibus per te redemptis ~atur ANSELM (*Or.* 4) III 12. **d** **1249** non licebit .. aliquod edificium edificare per quod visus dictarum fenestrarum aliquo tempore ~etur *AncD* A 10849. **e** ne pereat ad fontem vivum anima siccitate. ne ~etur haustus arenti ANSELM (*Or.* 12) III 49; exhalat enim cerebrum calorem, qui, si in eo ~aretur, phrenesim procul dubio omnibus generaret ADEL. *QN* 20.

3 to stop up, cover (part of body so as to obstruct sense): **a** (ear, also fig. of hearing); **b** (w. ref. to *Psalm* lvii 5 or *Prov.* xxi 13); **c** (mouth, also fig. of speech, sts. w. ref. to *Heb.* xi 33); **d** (nostril); **e** (eye); **f** (w. ref. to person refusing to listen); **g** (heart, perh. assoc. w. *obduratus*).

a per has [sc. Sirenes] transiturus Ulixes sociis aures cera ~avit ALB. LOND. *DG* 11. 9; ~atis auribus illis fantasticis, aperte sunt aures corporales *Canon. G. Sempr.* f. 160; o felix auris hominis que sic prudenter disponitur quod contra voces illicitas non aperitur .. et contra sonos temptacionis singulos ~atur *Spec. Incl.* 1. 4 p. 79. **b** qui ~at aures suas ad clamorem pauperum, ipse clamabit et non exaudietur *Ps.*-BEDE *Collect.* 189; ebrietas .. ~at auditum *Ib.* 252; ~at, *folclaemid* [l. *forclaemid*] *GlC* O 100 (cf. ib. O 186: opilavit, *forclaemde*]; aures suas ad clamores pauperis opturare solitus est ORD. VIT. VIII 17 p. 371; ~antis aures suas ne audiret vocem incantantis sapientis J. FURNESS *Kentig.* 22 p. 198. **c** ora etiam scientium ~antes GILDAS *EB* 66; lacrimae .. ~antes et interrumpendo tardantes scriptori verba oris mei ANSELM (*Ep.* 156) IV 18; opturaverunt ora leonum H. LOS. *Serm.* 8. 218; tropos .. hujusmodi in sancta scriptura frequens est inveniri, sc. numerum pro numero, sicut obteraverunt ora leonum, cum tamen inter sanctos solus Daniel obterasset GIR. *Invect.* I 5; **1367** eam super quendam equum ex transverso posuerunt et os ejus capillis capitis sui ne clamaret ~averunt *Pat* 275 m. 8*d*; **s1397** comes [Arundell'] respondit "ad ~andum emulorum meorum linguas [impetravi perdonacionem]" *V. Ric. II* 137; **1428** percuciebat ipsum W. White super labia et ~abat manu sua os dicti sancti doctoris sic quod nullo modo potuit proponere voluntatem Dei *Heresy Tri. Norw.* 47. **d** cum appropinquarent cadaveri, quod jam per dies aliquos super terram jacuerat, heremita cepit ~are nares suas .. *Latin Stories* 132. **e** proiciamus avariciam; excutiamus manus a munere; ~amus aures a detractione et oculos a visu malo BYRHT. *Man.* 228. **f** ille obduratus ad punientem, ego ~atus ad blandientem ANSELM (*Or.* 8) III 27. **g** illi vero qui ~ato corde in sua confidit pertinacia, nil sufficit ALCUIN *Dogm.* 293D.

4 to cover with darkness.

scotomaticorum lumina tetris tenebris ~antur ALDH. *VirgP* 22 p. 253; et celum celi nubilis obturatur J. HOWD. *Cant.* 270.

obturatio [LL]

1 stopping up of cracks, repair.

1275 murus . . levatus ad predictam ~onem faciendam *Hund.* I 407a; **1275** nunquam post ~onem predictam plaustra nec carete alique transire potuerunt *Ib.* II 202b; nisi . . cum cemento et lapidibus rime patentes obturicionem sumant *Reg. Whet.* II 373; **1447** pro *fagotts* ligni emptis pro ~one dicti stallagii xij d. *Fabr. York* 63.

2 blocking, obstruction: **a** (of road or channel); **b** (of window).

a 1246 regi videtur sicut majori et vicecomitibus London' quod ~o venelle juxta domum Sancte Elene non est ad nocumentum civitatis regis *Cl* 465; **1291** dicit se nullam ~onem fecisse ad nocumentum transeuncium *Law Merch.* I 43; **1459** ~ones venellarum *Reg. Brechin* I 190. **b 1421** cum opturacione unius fenestre in domo capitulari *Ac. Durh.* 407.

3 blocking (of sense).

hiems . . infidelitatis a cordibus eorum pertransiit, torpor opturationis mortifere abiit *V. Birini* 14; inimicus . . humani generis duas illas portas sentiendi gravi opturatione obstruxit *Ib.* 15.

obturator, one who blocks up (a ditch or channel).

per monasterii eleemosynarium cui ab antiquo pertinere dinoscitur mundandum et reparandum et . . ~ores juxta jura regni castigandos AMUND. I 428.

obturatorium, plug, stopper.

a stopelle, ~ium *CathA.*

obturbare [CL], to disturb.

securae quietis spatium . . tumultuans saecularium strepitus ~abat ALDH. *VirgP* 59 p. 320.

obturgere [cf. CL obturgescere], to swell up.

to bolne, . . turgere, con-, de-, ob- *CathA.*

obtusangulus, obtusiangulus [cf. CL obtusus+angulus], obtuse-angled.

figurarum trilaterarum . . alia est rectangula unum angulum rectum habens, alia obtusangula aliquem angulum obtusum habens, alia acutangula in qua anguli sunt tres acuti ADEL. *Elem.* I *def.* 22; omnis trianguli obtusianguli *Ib.* II 12; factus est circulus continens triangulum obtusangulum secundum *Ib.* IV 5; figura . . quadrilatera, equilatera, obtusiangula unitatem significat . . . . . figura quadrilatera obtusiangula caudata *Mus. Mens. (Anon. VI)* 399–400.

obtuse [LL], dully, dimly.

rarius et securius et ~ius GILB. I 61. 2.

obtusiangulus v. obtusangulus.

obtusio [LL]

1 beating, battering (in quot., fig.).

contra ~ones illas BALSH. *AD rec. 2* 44 (v. corrixari).

2 blunting; **b** (of sense).

non tantum acumen amittit et obtunsionem suscipit sed etiam . . consumitur dens [sc. apri] et mollitur *Quaest. Salern.* B 162. **b** ~onem sensuum exteriorum BACON VI 6.

3 dimming, darkening.

spiritus visibilis nec multa claritate disgregatus nec nimia obscuritate ~onem suscipies, res sibi opposita visu percipit *Quaest. Salern.* B 32; aliquando [sc. videntur] nigra dum sint alba propter ~onem sive obtensionem spiritus per longum transmissi *Ib.* 172.

4 reduction.

humiditas dilatat, dilatatio et ~o ex flegmate, frigiditas enim obtundit GILB. IV 203. 1.

obtusitas [LL]

1 density, grossness (of material substance).

habet namque [aqua] communem cum terra corpulentiam et ~atem D. MORLEY 65; cum humiditas ~atis procreativa sit . . *Ib.* 81.

2 dullness (of apprehension or sensibility).

si . . nullum emolumentum vel fructum reportant hoc eorum ignorancie et magis eorum ~ati imputandum est et non sciencie ASHENDEN *AM prol.* f. 1ra; omnis illa surditatis ~as acumine auditus quodammodo commutata *Mir. Hen. VI* II 49.

obtusivus, that tends to make blunt, dim, or obscure (in quot., fig.). **b** (as sb. n.) something that tends to make blunt, dim, or obscure.

ex ignoratis veterum locutionibus licentiosis ~e ille orte sunt contentiones BALSH. *AD rec. 2* 16. **b** ne documentorum ~a sequeremur, que male doctos indoctis imperitiores quamvis loquaciores reddiderunt *Ib. rec. 2* 165.

obtutus, obtuitus [CL]

1 faculty of vision, ability to gaze, power of sight, vision.

de[di]dit obtutum ALDH. *VirgV* 472 (v. dedere 1a); **10** . . ~us, *gesihð WW*; stillam . . rapuit, qua cum oculos linivisset, dicto citius recuperavit ~um *V. Fridesw.* B 14; dexter obliquabitur oculus ut ~u careat in humanis rebus *Lib. Eli.* III 60 p. 309; Deus . . facit cor serenum et ~um [ME: *sihðe*] habere limpidum *AncrR* 151.

2 act of vision, gaze; **b** (w. vb. of seeing). **c** (~*ibus repraesentare* or sim.) to bring to the attention. **d** (pass. or refl.) to appear before. **e** (w. ref. to mental or spiritual vision). **f** (~*u caritatis*) lovingly.

ut se veritas luculentis rationis optutibus omnibus semetipsam perlustret in faciem THEOD. *Laterc.* 1; obtunsis palpebarum ~ibus ALDH. *Met.* 2 p. 66; c**795** solutis . . sigillis, avidis oculorum ~ibus per singulas lineas iter aperui ALCUIN *Ep.* 86; **926** cuncta quae humanis optutibus caducarum molimina rerum liquide videntur decidunt *Chr. Abingd.* I 83; aviculae . . ad pedes episcopi considentes totis optutibus in eum intenderunt ALEX. CANT. *Mir.* 42 (I) p. 241; princeps . . tanquam omnium obtuitus in se noverit esse conversos GIR. *PI* 1; solent . . objicere generosos equos ~ibus equarum concipiencium *Eul. Hist.* I 36. **b** non ultra nos in hoc saeculo carnis ~ibus invicem aspiciemus BEDE *HE* IV 27 p. 274; **957** terribiles demonum cohortes suis ~ibus indesinenter aspiciat *CS* 998; rex . . videns lucido ~u quod suos sincera devotione filios amasset . . delectatus est BYRHT. *V. Ecgwini* 361; illum undosis ~ibus respiciens mundi confixum peccatis GOSC. *Lib. Confort.* 31; Jesum limpidis cernunt obtutibus WALT. WIMB. *Palpo* 199; timebant proceres et ceteri conscii libera frente et vividis ~ibus in eum intueri RISH. 405. **c** haec . . vestrae beatitudinis venerandis obtutuum luminibus repraesentanda fore necessarium duxi (ÆTHELWALD) *Ep. Aldh.* 7 p. 497; **1319** dissencio amaras circumstancias nostris ~ibus representat *FormOx* 48. **d** invitatur . . beatus Birinus a summo pontifice, etiam illius presentatur optutibus *V. Birini* 4; muliercula . . ad servum Dei ire contendit. sistitur optutibus ejus *Ib.* 15; pape . . ~ibus presentati, quicquid poterant et muneribus et promissis agunt ut regis voluntatem effectui mancipare possint W. MALM. *GP* I 57; mulier . . prorumpit in curiam, regis se representat ~ibus AILR. *Ed. Conf.* 762A; **1341** cum discordia . . se nostris presentaret optutibus (*Lit. Imperatoris*) AVESB. f. 97v; **1440** ut quociens ~ibus nostris se offerat . . quispiam BEKYNTON I 108. **e** in Pathmo . . virginum . . canticum . . castis ~ibus contemplare meruit ALDH. *VirgP* 7; genitrix . . vidit . . nocte somnium. visum . . sibi est . . ~ibus suis adesse quoddam sublime vexillum WULF. *Æthelwold* 2; et cordis et corporis directis in celum ~ibus expiravit *V. Edm. Rich* C 595; anima tantum se novit habitu antequam se cogitet. cujus gratia cum non se cogitet, non fit in conspectu suo nec de illa sua [cognicione] formatur obtuitus PECKHAM *QA* 83. **f 1467** ipsum . . recommendatum acceptare, et caritatis obtuitu supportare dignemini *MunAcOx* 724.

3 eye.

infans . . trucidabatur coram maternis ~ibus ABBO *Edm.* 5; ante regis obtuitus mortuum prosternit *Arthur & Gorlagon* 13.

4 face.

~us, facies *GlC* O 101; bifax, qui duos habet ~us OSB. GLOUC. *Deriv.* 81.

5 will.

quod superno placuisset ~ui *V. Neot.* A 2.

obul- v. obol-.

obumbraculum [LL]

1 that which casts shadow or shade (also fig., implying protection); **b** (w. ref. to *Psalm.* civ

39); **c** (w. ref. to *Marc.* ix 4–6); **d** (w. ref. to *Luc.* i 35).

obumbrari enim nobis dicimus cum fervente meridiano sole vel arborem mediam vel aliud quodlibet ~i genus inter nos et solem obponimus quo ardorem ejus nobis tolerabiliorem reddamus BEDE *Hom.* I 3. 13. **b** de quibus dicitur 'expandit nubem', sc. ~um divine gracie in proteccionem eorum ROLLE *IA* 167. **c** qui materiale tabernaculum quaesivit nubis accepit umbraculum [*ed. PL*: obumbraculum] BEDE *Mark* 218D; ducimur a martyre ad cujus nutum fugimus aut mutamus tabernaculum tanquam nubis previe subsequentes ~um W. CANT. *Mir. Thom.* VI 168. **d** virtus Altissimi sit tibi ~um contra estum malarum temptationum *Mon. Rit.* III 346.

2 covering, that which hides; **b** (fig.).

amoto itaque tanti lapidis ingenti ~o *Found. Waltham* 6. **b** pellicula illa est . . fimorum et sordium tenue ~um W. MALM. *Mir. Mariae* 186.

3 shelter.

ecclesia, tot sanctorum ~um DOMERH. *Glast.* 334.

obumbramen [ML], protection.

orationum munimine, . . sanctorum pignerum ~ine, illorum insanias . . cohibebant R. COLD. *Cuthb.* 39.

obumbrare [CL]

1 to cast shade or shadow over: **a** (absol.); **b** (w. acc., dat., or sim.); **c** (w. implication of protection from heat; usu. in fig. context). **d** (fig., w. ref. to *Luc.* i 35).

a di aplane ~ante non adhuc illuminata *Comm. Cant.* I 23; σκηναι . . Graece tabernacula dicuntur, aethimologiam ab ~ando ducentia apud quos umbra σκια dicitur BEDE *Acts* 981; *Id. Hom.* I. 3. 13 (v. obumbraculum 1); ~o, *ic ofersceadewige* ÆLF. *Gl. Sup.* 178; virgo lactatrix . . sol obumbrans umbra perlucens GARL. *Poems* 2. 4. **b** cherubim gloriae propitiatorium ~ant [cf. *Heb.* ix 5] BEDE *Tab.* 46; vidit . . aquilam quae . . Uuentane civitatis edificia . . ~avit WULF. *Æthelwold* 2 (=ÆLF. *Æthelwold* 2: aquilam . . tam ingentem ut videretur tota civitas ejus auratis pennis ~ari); arbor . . superficiem totius insule latitudine foliorum ~abit G. MON. VII 3; sidus obumbrat nebula radiosum J. HOWD. *Cant.* 63; quod arbor quedam, de ventre suo procedens, totam Normanniam et Angliam ~avit SILGRAVE 71; misit Deus sapienciam suam in terris que etiam Beate Virgini ~avit [ME: *umbelappid*] *Itin. Mand.* 74. **c** nos ab aestu temptationum vitiorum ~emus BEDE *Ezra* 906; qui . . nostram fragilitatem ne aestu tribulationum . . arescat praesidio suae intercessionis ~ent *Id. Hab.* 1240; hec . . multitudo testium, quasi nubes a Deo nobis imposita, nos protegit et ~at ne noxius calor impietatis . . nos urat BALD. CANT. *Commend. Fid.* 619. **d** Patris obumbrabit te, virgo, celsa potestas ALDH. *CE* 2. 28; quam Pater sanctificavit, Filius fecundavit, ~avit Spiritus Sanctus AILR. *Inst. Inclus.* 29; quod obumbret virtus Dei / sue castitati P. BLOIS *Carm.* CC 3. 17. 3. 1.

2 to darken, dim, deprive of light; **b** (med.); **c** (fig.).

9 . . *apeostredan,* ~abant . . caligans, ~ans, *dymmede WW*; cilio pisces natura carere / jussit, ocellorum lumen obumbrat aqua NECKAM *DS* III 394; nebula densa veniens et obscura assidentem populum ~avit *V. Edm. Rich* P 1801A. **b** urina alba et spissa aliqualiter superius †obrumbata [l. obumbrata] significat citrinam quottidianam de flegmate naturali in principio esse . . urina . . si est perturbata vel ~ata vel livens GAD. 12. 2. **c** fit ut preclare sciencie studium falsis persuasionibus ~etur ASHENDEN *AM prol.* f. 1va; ne ista caligine aliqua ~ari videantur, ea apercius . . reserare conabor FORTESCUE *NLN* II 29.

3 to cover (also fig.). **b** to conceal, disguise.

pro aureis monilibus ornatur pudore, . . ~ata caput in die belli divino umbraculo [cf. *Psalm.* cxxxix 8] GOSC. *Edith* 43; ex auro et argento capse fabricam condidit que . . gloriosum corpus ~at et tegit OSB. CLAR. *Ed. Conf.* 29 p. 120; in sacratis vasis parum putamus actum nisi crassi crustam metalli ~et honor lapidum W. MALM. *GR* IV 337; vultu letitia ~ato subridens et Deo gratias agens J. FURNESS *Walth.* 57. **b** numerosa virtutum gratia preteritarum offensarum molem ~avit W. MALM. *GR* IV 339; tales . . sumptuosis locorum cultibus conabantur errata ~are *Ib.* IV 445; ob hujus nequicie infamiam ~andam TORIGNI *Chr.* 97; obumbrat melle venena suo WALT. ANGL. *Fab.* 2. 20.

4 to protect, shield; **b** (from sight). **c** (refl.) to hide oneself (also fig.)

quem . . ille sedula diligentia ~aret W. MALM. *GR* II 106; que . . contra adversa omnia . . sufficiat . . incolas ~are LUCIAN *Chester* 42; mihi scuto vestre protectionis ~ate D. LOND. *Ep.* 10. **b** hostilis . . exercitus quem huc usque a ducis conspectu montis cujusdam summitas ~avit *Ps.*-ELMH. *Hen. V* 114. **c 1292** non possunt se ~are per cartam . . regis *Doc. Scot.* 365; s**1298** per montes et colles atque silvarum et rupium abdita latibula . . se ~ans *Plusc.* VIII 28.

5 to foreshadow, prefigure (future event).

septem gentes Cananeorum quae septenos vitiorum cuneos tipice ~abant ALDH. *VirgP* 12; mulier illa procax et pertinax sinagogae tipum ~ans *Ib.* 57; **10** . . ~ando, figurando *WW*.

obumbratio [CL]

1 shading, overshadowing: **a** (w. implication of deprivation of light); **b** (w. implication of protection from light or heat); **c** (fig.); **d** (w. ref. to *Jac.* i 17); **e** (w. ref. to *Luc.* i 35).

a si quis . . edificium locandum putasset quod ~one sua lucem invideret ecclesie, patuit ruine W. MALM. *Glast.* 18. **b** vinea quae . . Palestinae montes sua ~one protexerat BEDE *Mark* 250C; omnia Dominus aeternae suae lucis ~one protegit *Id. Hom.* I 24. 100. **c** in amenitate amicabili ~onem habent celitus infusam, contra omnem estum lenocinii ac livoris ROLLE *IA* 159. **d** quoniam apud eum non est transmutatio nec vicissitudinis ~o, antiquum . . dierum appellat ANDR. S. VICT. *Dan.* 61; jam apud eum esse variatio et vicissitudinis ~o et Pater luminum esse desistit J. SAL. *Pol.* 445A; ~one vicissitudinis sue non nihil obscurum habent et de modo mutabilitatis sue aliquid citra perfectum J. FORD *Serm.* 99. 2; numquid es apud quem non est transmutatio nec vicissitudinis ~o antiquam consiliorum ordinationem poterit mutare? absit AD. MARSH *Ep.* 145. **e** que [Maria] et unigenitum tuum Sancti Spiritus ~one concepit (*Ord. Sal.*) *HBS* XXVII 9.

2 darkening; **b** (med.).

s**1230** in aere facta est nubium densitas et opaca solis ~o ita ut vix socium . . cognoscere valeret OXNEAD *Chr.* 160. **b** in urina . . si terrestres predominentur, fit color niger vel ~o *Quaest. Salern.* N 37; circa superficiem urine ~onem magnam GILB. II 99. 2.

3 covering (for concealment).

hanc omnem rex amoveri promulgavit simulationis ~onem *Itin. Ric.* VI 37 p. 448.

4 protection; **b** (fig.).

ignis nempe latius flamarum crines effudisset, si mea ibi ~o non fuisset R. COLD. *Cuthb.* 36; gratia Dei et densitate et ~one arborum nullum pertulit incendium nec lesuram *Ann. Ed. I* 476; ~one proprii corporis ipsum defendit *Ps.*-ELMH. *Hen. V* 27 p. 67. **b** tante protectricis ~one aut sensus et oculi omnium tenebantur ne intelligerent GOSC. *Transl. Mild.* 23; ut ipsam [sc. ecclesiam] . . citra juste tuicionis ~onem derelictam . . ab omni privaret proteccione *Chr. S. Edm.* 65.

5 foreshadowing, prefiguration (of future event).

per Hieremiam et Danielem . . virginitas misticis sacramentorum ~onibus figurabatur ALDH. *VirgP* 54; Deus . . qui remotis ~onibus carnalium victimarum, spiritalem nobis hostiam . . dedicasti *Nunnam.* 67.

obumbrator, overshadower (in quot., w. ref. to *Luc.* i 35).

in te descendet virtus altissima, virgo, / cujus obumbrator Spiritus Almus erit GARL. *Epith.* VI 102.

obuncare [LL *as p. ppl.*]

1 to bend, curve, hook. **b** to cause to bend.

~ans, *genyclede GlC* O 36; **10** . . ~ans, *gecnyclede WW*; ~are, curvare OSB. GLOUC. *Deriv.* 404. **b** non me pauperies cruciet nec languor obuncet (*Vers.*) ALCUIN *Liturg.* 579D.

2 to clasp, embrace.

presbiterum quem nefandis ulnarum gremiis procax ~abat [sc. prostituta] ALDH. *VirgP* 32; quem probrosa manus . . obuncat *Id. VirgV* 1023; ~o, *ic ymbclippe*

ÆLF. *Gl.* 118; **10** . . ~abat, *oferfeng*; . . ~abat, *ymbclypte*; . . ~at, *ymbfeng WW*.

3 to rebuke, reproach.

~ans, objurgans *GlC* O 25; a longe clamans et abbatem ~ans "tu, tu" inquit "male cogitasti" W. MALM. *GR* III 263; W. pre furore fere extra se positus et ~ans Heliam "tu" inquit "nebulo, tu quid faceres?" *Ib.* IV 320; eum vel aperte ~abant verbis vel occulte velicabant ludibriis *Id. Wulfst.* III 4.

obuncus [CL], bent, curved, hooked.

~a pedum fuscinula et rapaci ungularum arpagine alites . . crudeliter insectando ALDH. *VirgP* 58 p. 318; ~a, *crump GlC* O 39; ~us, curvus OSB. GLOUC. *Deriv.* 404.

obustus [CL], singed, burnt.

[inmundi spiritus] erant . . aspectu truces . . comis obustis FELIX *Guthl.* 31 p. 102; obusti, *gebærnede GlS* 213; obustus, circumustus OSB. GLOUC. *Deriv.* 404.

obvadiare [ML], to give as a pledge, to lay wager.

~io, *to legge wagere WW*.

obvallare [CL], to surround.

alti Olimpi arcibus / obvallatus minacibus (ÆTHELWALD) *Carm. Aldh.* 3. 4; ~atum, circumdatum *GlC* O 13; ~atus, circumdatus OSB. GLOUC. *Deriv.* 404.

obvelare [LL]

1 to cover with a veil; **b** (fig.).

tabernaculum . . velis cilicinis desuper ~atur BEDE *Acts* 943; ~atam fatiem pusioli cum retexisset . . anima privatum advertit W. MALM. *GP* III 100 p. 217. **b 1318** notabiles inobediencias . . palliare moliens . . ac volens suas . . inobediencias . . ~are *Conc.* II 477b.

2 to cover, envelop; **b** (fig.).

~are, tegere, cooperiri, amiciri OSB. GLOUC. *Deriv.* 402; velo componitur ~o, -as, i. tegere *Ib.* 615. **b** s**1147** gloriam generis nostri accumulare potius quam infamatam malitie panniscliis ~are OSB. BAWDSEY clviii; venit [sc. demon] . . ut malicie sue macula virginis animum ~aret *V. Chris. Marky.* 53.

obvelatio, (act of) covering.

obvelatus, ~o OSB. GLOUC. *Deriv.* 615; licet reliqua accidentia in sui natura integra maneant, ad significationis et ~onis usum GARDINER *CC* 349; ubi omni specie exteriori, figura et ~one sublatis, ipsa visione frueremur divinitatis *Ib.* 458.

obvenire [CL]

1 to come against, oppose: **a** (absol.); **b** (w. *contra* & acc.); **c** (w. dat.).

a subtrahit se atque palatur. ecce ~iunt ex parte hostili xv superbientes in equis et armis W. POIT. I 12. **b 1220** contra hanc concessionem et confirmationem nuncquam inposterum ~iemus *Kelso* 171. **c c1410** libeat . . tante . . excellencie . . illatis per emulos molestiis, velut inflictis . . letiferis vulneribus, celeriter ~ire *FormOx* I 205.

2 to fall to the lot of, to come into one's possession (usu. w. dat. of indir. obj.): **a** (through inheritance); **b** (by other means). **c** (pr. ppl. as sb. n. pl.) revenues.

a 1315 in omnibus proprietatibus feodis et retrofeodis ab eadem domina Yolandi . . moventibus et que eidem et coheredibus suis ~erunt ex successione . . patris sui *RGasc* IV 1330 p. 378b; **1357** terram nostram de le Garvyach nobis jure †obuientem [l. obvenientem] *Cart. Lindores* 147. **b** licet . . amicitie cultoribus plurime commoditates ex ipsa soleant ~ire P. BLOIS *Opusc.* 877C; redditis . . universis que ei ~erant GIR. *TH* II 46 p. 130; **1221** si contingat quod aliqua obventio a predictis parochianis in predicta capella ~erit, eam persone matricis ecclesie . . restituet *E. Ch. Waltham* 262. **c 1304** aliquos ex collectoribus principalibus super decimis et ~ientibus Terre Sancte requirebam quod redderent racionem (*Ac.*) *EHR* XXVIII 319.

3 to befall, occur, take place; **b** (w. dat.).

tertia sexta feria successit que jam in Epiphania Domini ~it GOSC. *Transl. Mild.* 21 p. 183; ~it occasio ut episcopatum vacantem daret clerico W. MALM. *GR*

II 190; c**1383** indempnitatibus ecclesie . . Cantuar', que frequenter, propter alienaciones . . librorum per socios . . collegii factas, hactenus ~erunt, prospicere cupientes *Lit. Cant.* II xxxiii. **b** quae quidem illi districtio vitae artioris . . ex necessitate emendandae suae pravitatis ~erat BEDE *HE* IV 23 p. 263; superiori volumini hic terminus ~it W. MALM. *GR* II 106; Turcis . . somno vinoque sepultis crudelior necis angustia ~it ORD. VIT. IX 9 p. 540.

obventio [LL], what comes into one's possession, revenue, income; **b** (royal); **c** (leg.); **d** (eccl. & mon.); **e** (~*o altaris, coemeterii, missae*, or sim.) altar offering, Mass or burial fee. **f** (w. ref. to fund to support crusading army).

sunt . . tertii generis ~ones que non videntur prorsus inter oblata computande set magis 'fines' . . dicuntur *Dial. Scac.* II 24; circa fructuum ~onem BRACTON 10; **1289** ille qui tenebit . . sigillum nostrum . . jurabit quod fideliter respondeat episcopo . . de medietate ~onis sigilli *RGasc* II 365b; **1294** collector denariorum et ~orum *Reg. Carl.* I 15. **b 1448** magnas . . pecuniarum summas de ecclesie decimis ac laicorum tributis ceterisque ~onibus regiis in fiscum regalem congestas *Croyl. Cont. B* 525. **c** sumptus . . enormes . . fiunt . . de ~onibus placitorum P. BLOIS *Ep.* 102. 319B; ad decanatum pertinet . . ~ones causarum *Chr. Evesham* 210. **d c1135** confirmavi . . monachis . . omnes decimaciones et ~ones de dominico meo, sc. de blado de estauramento de pecuniis meis *Ch. Chester* 17; c**1161** concessimus M. clerico nostro, qui perpetuam ecclesie de S. vicariam habet, ~ones et beneficia ejusdem ecclesie *Ch. Westm.* 284; **1184** due partes ~onum ecclesie illius et due partes decimarum in blado . . cedent in usus nostros TORIGNI *app.* 358; invehitur enim in decimarum et ~onum seu rerum quarumlibet ecclesiasticarum detentores GIR. *IK* I 2; **1287** statuimus . . quod ~ones et oblationes quas fieri contigerit in capellis . . non ipsis religiosis cedant sed vicariis *Conc. Syn.* 1056; abbas et conventus habebunt medietatem ipsius molendini et omnium ovencionum inde proveniencium et . . G. D. et heredes ejus . . omnes ovenciones . . habebunt *Cart. Dubl.* I 461; s**1318** fructus [et] ~ones omnium ecclesiarum infra tempus triennii vacancium sue disposicioni papa reservavit *Flor. Hist.* III 182. **e** unicuique canonico xl s. de ~onibus altaris et decimationum nomine commune *Found. Waltham* 15; de ~one prime misse debita quibusdam monachis, secunde sacerdoti GIR. *GE* I 49; c**1207** cum omnibus decimis et ~onibus altaris et cimiterii *Dign. Dec.* 1; **1219** prebenda in quadam portione ~onum majoris altaris consistebat *Ch. Sal.* 86; **1228** episcopus . . et ejus successores conferent . . idonee persone . . omnes minutas decimas . . et omnes ~ones altaris et cemiterii *Ambrosden* 205; **1228** in ~onibus alteriagiorum (v. altaragium) *Ib.*; **1230** habebit omnes oventiones altaris *Reg. Malm.* I 266. **f 1287** de quibusdam ~onibus Terre Sancte (*Ac.*) *EHR* XXXII 57; **1291** prior factus fuit custos ~onum collectarum ad Terram Sanctam a concilio Lugdunensi *Ann. Worc.* 507; **1308** recepta de ~onibus Terre Sancte et legatis ejusdem iijᶜ lxvij li. (*Ac.*) *EHR* XLI 353.

obventus [LL], what comes into one's possession, revenue, income. **b** profit.

1304 qui quidem monachi vivunt et vivere consueverunt de redditibus, proventibus, et ~ibus dicti prioratus *Pri. Cold.* 5. **b** vera . . amicitia in se ipsa fructus suos constituit, omnemque spem futuri ~us . . precurrit P. BLOIS *Opusc.* 877C; utinam omnes essent pauperes spiritu, uberior emineret in beneficio mutue benignitatis ~us *Ib.* 890A.

obversari [CL], ~**are** [LL], to appear before, pass in front of.

798 aliquis . . seniorem ingenti pugno percussit ita ut caligo ~abatur oculos senioris ALCUIN *Ep.* 145; ~are, versare OSB. GLOUC. *Deriv.* 403; videmus . . imagines earum rerum ~are ante oculos dormiturientibus FERR. *Kinloss* 16.

obversio [LL]

1 aversion.

ex eorum [sc. menstruorum] reductione . . fit in quibusdam ~o et fastidium, in quibusdam sanguinis fluxus e naribus *Quaest. Salern.* B. 309.

2 opposition.

necesse est ut articuli sequentes emendentur in evitacionem adversitatis et ~onis WALS. *HA* II *app. D* 422.

obvertere [CL]

1 to turn toward: **a** (w. *in* & acc.); **b** (w. dat.).

a Wilfridus .. leni Favonio provectus in altum, proras in eurum ~it ut Fresiam annavigaret W. MALM. *GP* III 100 p. 221. **b** ~unt Martino latus morbidum W. MALM. *GP* II 121.

2 to turn round: **a** to turn (ship out to sea). **b** to turn (to face an enemy). **c** (absol.) to turn in opposition, to take a hostile stand.

a naute .. navem ~unt W. MALM. *GP* IV 153 (v. higra). **b** pectus .. intrepide ille ~ens W. POIT. I 16. **c** mos est contra ~entes diversorum ictuum novum inicere modum *V. Neot. A* 2.

3 to turn so as to change.

stirps quaecumque volet fixos obvertere fines, / Tartara .. sub acerba rotetur FRITH. 283; ~ere, transvertere OSB. GLOUC. *Deriv.* 403.

obvestire [CL ob-+vestire], to clothe, cover with (in quot., fig.).

1520 cum .. omnia tam absurde tractasset ut nihil unquam quisquam tractarit absurdius, ita versibus ~ivisset alienis ut Valeriae Probae putares legere centonas (MORE) *Ep. Erasm.* IV 1087.

obvialis [cf. CL obviare, vialis, obviam], that goes out to meet, welcoming.

in Dominica Palmarum .. cum processione ~i pro more incedet *Cust. Westm.* 41 (=*Cust. Cant.* 100).

obviam [CL]

1 (w. dat.) so as to meet, facing. **b** (w. vb. of motion); **c** (fig.).

Philippus vestitus est cum abbate ~am corpori [mortui] et sine mitra erat per totum obsequium *Cust. Cant. Abbr.* 251. **b** Symeon et Anna .. ~am ei devoto corde .. venerant BEDE *Retr.* 1026; **1075** paratus sum venire vobis ~am quocunque preceperitis LANFR. *Ep.* 39 (31); civitas illa [sc. Lundonie] .. ~am ei occurrit *G. Steph.* 2; ~am Christo in aera rapti GIR. *TH* I 19 p. 52; Christus venit ei ~am exeunti a corpore T. CHOBHAM *Praed.* 51. **c** per istam .. viam oportet nos ire ~am Deo T. CHOBHAM *Serm.* 2. 9rb.

2 (w. hostile intent, usu. w. vb. of motion & dat.) to fight, oppose: **a** (person); **b** (fire); **c** (argument).

a multis .. hortatibus animati cum armis ~am processerunt ORD. VIT. VII 7 p. 176. **b** multitudo .. ~am currit incendio BEDE *HE* I 19. **c** ibisne his verbis ~am W. MALM. *GP* I 41 (v. ire 6e).

3 (*in ~am*): **a** (w. *esse* & dat.) to meet. **b** (w. vb. of motion, absol., or w. gen. or dat.) to go to meet. **c** (w. hostile intent).

a in ~am fuit ei Otho *Meaux* I 253. **b** uxor .. in ~am mihi occurrens .. ministrabit nobis *V. Cuthb.* II 8; ut possim iter caeleste .. migrare in ~am tui, aeterne Deus *Nunnam.* 80; **s1066** Haroldo in ~am veniens, fedus per fidem cum eo pepigit M. PAR. *Maj.* I 537; **s1320** in ~am regis Francorum .. mare transierunt *Flor. Hist.* III 193; cives exierunt in ~am regis usque promontorium de Blakehethe *G. Hen. V* 15. **c** innumerabiles enim inmundorum spirituum alas in [*omitted in 2 MSS*] ~am illis dehinc venire cerneres FELIX *Guthl.* 31 p. 104 ; **s314** Octavius in manu armata venit sibi in ~am et prelio commisso Trahern .. in fugam convertit M. PAR. *Maj.* I 157; [Northanimbri] cum .. hostibus conflictum habituri in ~am prodent SILGRAVE 44; egrediamur .. in ~am militis *G. S. Alb.* III 335.

4 (*~am dare, habere*) to meet, arrange a meeting with: **a** (w. dat.); **b** (w. acc.).

a **s1337** etc. (v. dare 6c); **1479** ordinavimus dare ~am certis patribus ordinis nostri Cistercii in civitate Salusburienci *Eng. Abbots to Cîteaux* 57; ~am dedimus .. in civitate Coventrie .. dominis abbatibus *Ib.* 58. **b** comites .. ~am habuit ORD. VIT. X 19 (v. habere 22c); cum aliquos eorum sibi ~am habuit BLAKMAN *Hen. VI* 12.

obvianter v. obviare.

obviare [CL], **~ari** [LL]

1 to meet (by chance): **a** (absol.); **b** (w. dat.); **c** (w. acc.); **d** (refl.).

a **1444** in Edynburgo ex casu ~arunt *Melrose* II 565. **b** Stephanus .. muliebriter aufugiens, ~avit imperatori H. HUNT. *HA* VII 13; **1201** sicut ivit per forestam ipse ~avit duobus forestariis *SelPlCrown* 42; **1251** ~avit cuidam garcioni domini N. venienti de bosco *SelPlForest* 100; pirate .. quemque sibi †obvianter [l. obviantem] depredabantur B. COTTON *HA* 163; si aliquis ex fratribus circuitori ~averit *Cust. Cant.* 83; cum michi ~averis, osculum michi audacter prebe *Itin. Mand.* 18. **c** **1298** contigit quod .. ~avit latrones ignotos qui ipsum insultaverunt *Rec. Leic.* I 359. **d** **1248** cum forestarii .. vigiliam fecissent .. se ~averunt duobus leporariis *SelPlForest* 75.

2 to go to meet: **a** (w. dat.); **b** (w. acc. or sim.).

a filiam .. ~antem victoribus cum tympanis et choris GILDAS *EB* 70; Melchisedech .. patriarchae .. numerosas Sodomorum reducenti praedas ~ans ALDH. *VirgP* 54; ubi scriptum est 'puellam ~are nobis' pro eo quod est Latine ~are in Graeco scriptum est ὑπαντῆσαι BEDE *Retr.* 1025; **s1177** Henricus rex .. et Gaufridus .. transfretaverunt in Normanniam quibus ~averunt .. Henricus et Richardus .. cum gaudio magno TORIGNI *Chr.* 273; **s1326** regina .. venit Londonias, cui cives Londonienses honorifice ob[v]iaverunt *Ann. Paul.* 319; astrinxit .. custodem .. ~are vicario .. apud Sanctum Petrum *Reg. Whet.* II 74. **b** ~are filiam regis Ybernie .. accelerans *G. Herw.* f. 324; **s1346** usque Dunelmiam processerunt. ibi enim ~ati sunt per .. archiepiscopum *Eul. Hist.* III 212; rex versus Cressy .. se traxit, ut .. Philippum ex altera parte foreste ~aret *Meaux* III 58.

3 (refl., of two people, objects, or sim.) to meet, bump into each other: **a** (w. *sibi* (*invicem*)); **b** (w. ref. to *Psalm.* lxxxiv 11, also w. ellipsis of *sibi*); **c** (w. *se*). **d** (of carts) to pass each other. **e** (fig.) to agree.

a ibi sibi ~abunt ubi currere ceperunt DICETO *Chr.* 12; dicunt .. quod quando sibi ~ant nubes, tunc soleant esse coruscatio et tonitruum AILR. *Serm.* 15. 10; **1269** unde adinvicem sibi ~averint [Adam et Henricus] litigando *Cl* 22; **c1272** ad Leylache ubi divise de Chelleford et de Faudon' et de Veteri Werford sibi invicem ~ant *Cart. Chester* 570 p. 327. **b** [vasculum] in quo balsamum mixtum est Christum intelligimus significari, in quo misericordia et veritas sibi ~averunt ÆLF. *Regul. Mon.* 186; **s1436** postquam .. via [?l. misericordia] et veritas ~averunt pariter, fueruntque, decisa lite, justicia et pax concorditer osculate AMUND. II 125; ecce quomodo misericordia et veritas ~averunt sibi BLAKMAN *Hen. VI* 11. **c** **s1318** ~averunt se .. ad quandam villam *Ann. Paul.* 283. **d** **1199** viam .. ad pasturam suam tante lattitudinis quod duo plaustra possint sibi oviare *Fines RC* I 178; **1275** due carette oviaverunt sibi ad capud de Bredestrate versus Westchip, et in illa obviatione fuit quidam garcio etatis xiiij annorum conculcatus .. occacione cujus moriebatur *Hund.* I 409a; concessi .. euntibus ad .. molendinum .. chiminum sufficiens ad caretas sibi invicem ~andas *FormA* 277. **e** dumque sibi eodem in itinere ~ant [sc. Plato et Aristoteles], contrarii dicendi non sunt ADEL. *ED* 11.

4 to go to meet (with hostile intent), to advance to attack: **a** (absol.); **b** (w. dat.); **c** (w. acc.); **d** (w. *contra* & acc.).

a si qui .. ~are et signa colligere temptassent, hostium multitudine .. destituebantur W. MALM. *GR* II 165; a plaustro Boreas ruit, obviat humidus Auster / alternatque minas ventus uterque suas GARL. *Tri. Eccl.* 29. **b** naves paganorum paratae ad bellum ~averunt eis, initoque navali proelio .. pagani omnes occisi .. sunt ASSER *Alf.* 67; hostibus armatis non obviat hostis inhermis D. BEC. 451; **1277** Willelmus et Henricus servus suus †obiaverunt [l. obviaverunt] cuidam garcioni apud Frithes nocturno tempore et vulneraverunt eum *Hund.* II 177a; cum strepitu militari predonibus ~avit CIREN. II 53; cum 600 Scottis patriam .. devastabat .. quibus in Scociam redeuntibus .. comes Lancastrie ~avit, et, occisis omnibus .. Thomam .. fecit decollari *Meaux* II 374. **c** **s882** rex .. ~avit .. dromones quatuor ÆTHELW. IV 3. **d** dux Edricus, convocato exercitu, ~averunt contra Knut B. COTTON *HA* 34.

5 to stand in the way, hinder, withstand: **a** (absol.); **b** (w. dat.). **c** (w. *quominus* & subj.) to prevent. **d** (w. acc.) to intercept.

a sed ~at relatio, quae prohibet Filium aut Spiritum Sanctum ANSELM (*Proc. Sp.* 1) II 182; nec ~at illa regula .. quia si papa hereticus est, minor est quolibet catholico OCKHAM *Pol.* I 295. **b** **s1093** omnia crimina que deinceps Angliam prement tibi imputabuntur si tu hodie per susceptionem cure pastoralis eis non ~averis EADMER *HN* p. 40; rerum gloria elatus quod nichil sibi ~aturum crederet W. MALM. *GR* I 42; **1273** hiis maliciis rex vult ~are (*CoramR*) *Law Merch.* II 13; **c1300** ut dampnosis eventibus ~etur *Lit. Cant.* I 6; **1401** Dei nostri offensis et contemptibus ~et vel succurrat BEKYNTON I 152; ad ~andum temerariis ausibus *Conc. Scot.* I cclxxxix. **c** aliquid eidem presentato ~avit de canonicis institutis quominus ad eandem ecclesiam admitti deberet *Reg. Brev. Orig.* f. 55b. **d** **1312** est forstallator pellium lanutarum, eo quod insidiatur et ~at hujusmodi mercimonia .. ad capud ville (*CourtR St. Ives*) *Law Merch.* I 92; **1375** emebat per forstallum tam per vicos venellas portas et pontes ~ando diversa blada *Leet Norw.* 62.

6 to be opposed to, to oppose, resist, contradict: **a** (w. person as subj., w. dat. or absol.); **b** (w. abstr. as subj., w. dat.). **c** (w. *contra* & acc.).

a constat .. de nostra parvitate quia nequaquam .. ingruentibus temptamentis ~are valemus BEDE *Cant.* 1222; **798** sunt .. consulentes utiliter adjuvandi, resistentes .. viriliter ~andi ALCUIN *Ep.* 132; te eas [sententias] edisserente, ego sicubi mihi videbitur, ~abo ADEL. *QN intr.* p. 5; paternis .. votis tenellus puer ~are non presumpsi, sed in omnibus illi ultro adquievi ORD. VIT. XIII 44 p. 134; pater Augustinus cui temerarium est ~are J. SAL. *Met.* 931A; **c1411** hoc venerabile sacramentum, cui nonnulli diebus nostris in opinionibus perfidis ~ant *Lit. Cant.* III 123. **b** quomodo huic tam praeclarae sententiae aliqua contraria sententia potuit ~are LANFR. *Corp. & Sang.* 433D; nihil video rectae fidei ~are ANSELM (*Casus Diab.* 26) I 274; huic sententie illud ~are videtur quod in Esdra legitur ANDR. S. VICT. *Dan.* 85; **1215** cui de canonicis nichil credimus ~are institutis *RChart* 208b; repugnat juri et ~at racioni OCKHAM *Pol.* I 298; **1337** consuetudines .. dum .. presenti ordinacioni non ~ent seu repugnent .. volumus observari *StatOx* 141. **c** **s1015** reprobavit plures libros hereticorum, qui maxime ~abant contra fidem catholicam *Eul. Hist.* I 279.

7 to contravene, infringe (law or sim.): **a** (w. dat.); **b** (w. *contra* & acc.).

a satius est sine lacrymis in apostolica paupertate .. vivere quam cum quotidianis lacrymis quotidie divinis ~are mandatis AILR. *Spec. Car.* II 20. 570; vos .. dedeceret, si .. preceptis apostolice sedis temptaretis ~are *Reg. Malm.* I 367; nec .. est qui regie constitutioni, que pro bono pacis fit, ~are presumat *Dial. Scac.* II 10K; **1236** nec se decipiat quisquam credendo quod principes seculi possint aliquid statuere .. quod ~et legi divine seu constitutioni ecclesiastice GROS. *Ep.* 23; **c1250** ne ego Johannes huic convencioni de cetero possim ~are *AncD* 2705; **1277** cum igitur vir venerabilis .. in multis ~averit .. canonicis institutis *Reg. Heref.* I 125; **1390** si .. statutis .. ~averitis *FormOx* 228; **1415** sacris ~at institutis mulieres .. vasa sacra contingere *Lit. Cant.* III 135. **b** **1291** renunciando .. omni juri, per quod contra predicta .. posset .. ~ari *Mon. Francisc.* II 36.

8 (w. dat.) to meet, respond to.

voluerunt .. ut nec simplicibus paeneque fatuis objectionibus mihi occurrentibus ~are contemnerem ANSELM (*Mon. prol.*) I 7; **1319** tante caritati cum gaudio ~antes *FormOx* 53.

9 (w. dat.) to satisfy, cater for.

cum .. duo praefati clerici ministerio abbatis ~arent, omnes de domo, exceptis illis duobus, discedere jussit FELIX *Guthl.* 43 p. 134; **1539** commoditatibus et saluti ~are et providere *Form. S. Andr.* II 120.

obviatio [LL]

1 act of coming upon, chance encounter.

de ~one alicujus in foresta cum canibus (*Leg. Hen.* 17.2) *GAS* 559.

2 meeting.

ut ~o sit, necesse est eandem teri viam J. SAL. *Met.* 912A; **1293** in ~one justiciarum *PQW* 604a; quando versus Sanctum Albanum .. Sancti Amphibali reliquie .. portarentur et eis obviam beati Albani feretrum .. bajularetur .. in ipsa ~one terra .. subita imbrium inundatione respiravit *G. S. Alb.* I 200; **s1428** episcopus Sarisburiensis .. eidem in obviam venit, et non plures episcopi interfuere sue ~oni *Chr. S. Alb.* 26; militem .. latuit causa hujus ~onis WALS. *HA* II

23; **1460** ad hoc conveniendum prout inter eosdem commissarios nostros et ipsos episcopos, abbates, et dominos .. in ~one et congregacione suis ad aliquem locorum .. concordari poterit *RScot* 400a.

3 hostile encounter. **b** clash.

qui proditor domini sui fuerit, quicumque ab eo in ~one hostili vel bello campali fugerit .. terram suam forisfecerit (*Leg. Hen.* 43. 7) *GAS* 569; **s1458** controversias .. causatas .. per certas ~onem et insultacionem .. apud villam de S. Albano, in quibus mariti .. et patres .. interfecti fuerunt *Reg. Whet.* I 299. **b** in ipsa ~one precedentium vexillatorum, horror nimius Dacos invasit et in fugam versi sunt H. HUNT. *HA* VI 13; illa ~o vel collisio nubium debet significare aliquam contrarietatem AILR. *Serm.* 15. 12.

4 prevention.

de earum [sc. causarum senectutis] ~one sapientes duas tradiderunt doctrinas BACON IX 12.

5 (log. & phil.) opposition, objection; **b** (w. *contra* & acc.).

logica .. non modo ad exercitationem sed ad ~ones .. utilissima est J. SAL. *Met.* 870C; quod manifestum est per ~ones sanctorum. nihil .. reprobant nisi quod per stellas necessitas rerum contingentium .. fiat BACON *Maj.* I 247; ubi propter difficultatem requiritur ~o justa exposita veritate per suas raciones .. signentur obicienda .. et solvantur *Id. CSTheol.* 37; dialectica valet ad tria, sc. ad disciplinas philosophicas, .. et ad ~onem et ad exercitationem KILWARDBY *OS* 506. **b** contra predicta alique ~ones mihi occurrunt OCKHAM *Dial.* 665.

obviativus, that refutes or contradicts.

dialectica ~a KILWARDBY *OS* 508 (v. exercitativus); in dialectica .. ~a aliqua intenditur gloria et exercitatio .. animorum *Ib.* 605.

obviator [ML], opposer, one who resists.

justicie cunei sunt .. equitas .. ratio ... hec justiciam flagitant semper et ejus ~oribus obviant W. RAMSEY *Cant.* f. 190ra.

obvius [CL]

1 that goes to meet, meeting: **a** (of person or animal); **b** (of artefact). **c** (w. vb. of motion) to go to meet. **d** (~*um habere* or ~*us esse* & dat.) to meet, encounter. **e** (~*is manibus*, fig.) with open arms.

a ~us honorifice suscepit eum W. POIT. I 41; cui cornix ~a dissuasit ne tale nuntium ferret *Natura Deorum* 11. **b** habet [Cestria] .. plateas duas equilineas et excellentes in modum benedicte crucis, per transversum sibi ~as et se transeuntes LUCIAN *Chester* 46. **c** ut te suscipiat victoriam Francia gaudens, / obvia palmatis et manibus veniat ALCUIN *Carm.* 45. 80. **d** ~os habuit quosdam suae militiae principes W. POIT. I 25; si .. abbas vel monachus .. latronem .. ~um habuerit in itinere, habeant potestatem eripiendi eum ab imminenti periculo W. MALM. *GR* II 150; **1164** non longe a strata publica ~um habui quem querebam J. SAL. *Ep.* 134 (136 p. 2); Antonio in deserto vaganti locutus est satyrus et ~us fuit centaurus R. NIGER *Chr. II* 125. **e** **c794** angelicos .. choros suscipientes ~is manibus animam ALCUIN *Ep.* 36; ~is ut aiunt manibus excipiens indulgentissime retinuit W. MALM. *GR* II 188; ~is manibus pacem amplexus, in fraterne necessitudinis amorem libenter accurrit *Id. GP* I 55 p. 106; quam ~is manibus accipiens indulgentissime retinuit CIREN. II 192.

2 (with hostile intent); **b** (w. gen.); **c** (w. vb. of motion).

ne confestim in ipso ingressu ~o propugnatore .. repellerentur W. POIT. I 34. **b s891** catervae .. exercitus visitant orientales Francorum partes. rex .. ~us quorum .. inbuit certamen ÆTHELW. IV 3. **c** tu .. armatus clypeo virtutis et ense, / ut rabiem perimas, obvius ibis eis J. SAL. *Enth. Phil.* 134.

3 that obstructs. **b** (fig., w. dat.) detrimental to.

in genus Israel genus Egipcium / furit sed pelagus occurrit obvium WALT. WIMB. *Carm.* 509. **b s1343** quod ipse .. ea .. fame, saluti .. ~a toleraret AD. MUR. *Chr.* 152.

4 that opposes or confronts.

~o, *geanulum GlP* 776; vix illi poterit equari Cin-

---

thia / cum totis ignibus fratris est obvia WALT. WIMB. *Palpo* 140.

5 that contravenes or infringes.

scripta sibi venie quod rex dedit obvia legi *Pol. Poems* I 228; si nostras .. rumor penetraverit aures / obvius his monitis, urbs luet R. MAIDSTONE *Conc.* 299.

6 (as sb.): **a** (m.) one who meets or confronts, opponent. **b** (n.) that which lies in the way, obstacle.

a custos ab ~is sciscitatus W. MALM. *GR* II 171; qui nichil aliud nisi predari ~osque ferire vel vincire cupiebant ORD. VIT. XIII 26 p. 72; ad ~orum oculos et facies offendendum J. GODARD *Ep.* 220; quo revocari possint errantes .. at pertinaciter reluctantes et ~i .. mitigari CONWAY *Def. Med.* 1410 (*recte* 1310). **b** quaeque ~a .. metunt GILDAS *EB* 16; grassatoribus ~a quaeque atrociter vastantibus ALDH. *VirgP* 31; saevius omni ferro quaeque ~a vastantes W. POIT. I 40; **s1176** conculcans et comminuens ~a quaeque FORDUN *Chr.* VIII 25.

obvolitare [ML < CL ob-+volitare], to flutter around.

quarum [sc. Musarum] picturae circum caput oraque jure / obvolitant dominae ter trino numine trinae R. CANT. *Malch.* IV 320.

obvolubilis [CL ob-+volubilis], that can be rolled or unrolled.

extremos candele fines in unum collegit, quos sexaginta sex plicaturas ~es in uno corpore habuisse comprobavit R. COLD. *Cuthb.* 66.

obvolucrum [cf. CL involucrum], covering, disguise, deception.

1412 Jebusei .. perversi sensus ~o nos impugnare non metuunt *Conc.* III 350b.

obvolutio [LL]

1 (act of) wrapping around, enveloping.

panniculorum ~one suffocantes W. CANT. *Mir. Thom.* III 19; ~onem ignium, densitatem tenebrarum MAP *NC* I 10 f. 8v; in singulis .. spheris, que celo subjecte sunt, quadam etherea ~one vestitur ALB. LOND. *DG* 6. 8; ~onibus .. illis utrum incorporentur an non, diversi diversa sentiunt *Ib.* 6. 9.

2 (w. ref. to darkness or inability to see): **a** (med.); **b** (fig., mental or spiritual).

a vertigo est ~o visibilis speciei ante oculos *SB* 43. **b** recidi in tenebras meas, immo non modo cecidi in eas sed sentio me involutum in eis .. et cum earum ~one natus sum ANSELM (*Prosl.* 18) I 114; ut vero illius materie ita confuse atque caliginosa ~one obducte discretio aliqua haberi posset R. MELUN *Sent.* 230.

3 wrapping, appurtenance, in quot. revenue.

1169 ei ~ones ecclesie sue plene reddi feceris G. FOLIOT *Ep.* 209.

obvolutorium, enclosure for catching birds, cockshoot.

~um, *toriere* GARL. *Comm. gl.* 230; *tonel to take byrdys,* ~*ium PP.*

obvolvere [CL]

1 to wrap up, envelop, cover; **b** (human body); **c** (animal).

10.. ~ere, *bewæfan WW;* potest .. aeris lucidi serenitas nubilosa densitate nebularum ~i [*gl.: estre volupé*] BALSH. *Ut.* 45; absurdum arbitror thesaurum tam preciosum tam vilibus ~i semicinctiis et lebo conabor illum cooperire .. lineis integris J. FURNESS *V. Kentig. prol.* **b** positus in presepio, pannis est obvolutus THEOD. *Laterc.* 14; dum liciis .. pollices ~erent simulque pedum alloces insuper adnecterent ALDH. *VirgP* 36; adeo parvus est, ut in presepio jaceat, .. adeo obscurus ut pannis ~atur AILR. *Serm.* 30. 12; sacri capitis thesaurus in sacculo purpureo .. ~itur R. COLD. *Osw.* 51 p. 381; corpus .. ~entes J. FURNESS *Walth.* 91 (v. incerare 1); ostendit caput et pannum quo fuerat involuta *Itin. Mand.* 40. **c** piscem de ~entibus pannis eduxit R. COLD. *Godr.* 55; vitellum ~itur .. cuticula subtilissima *Quaest. Salern.* N 34.

2 (fig., w. abl. or *in* & abl.); **b** (w. ref. to knowledge, truth, or sim.); **c** (w. ref. to mental

---

or spiritual darkness or blindness); **d** (w. ref. to sin).

a1078 ego tot tantisque hujus mundi negotiis obvolutus sum ut talibus studiis dare mihi operam .. non liceat LANFR. *Ep.* 50 (46); ratio .. in imaginationibus corporeis obvoluta ut ex eis se non possit evolvere ANSELM (*Incarn. A* 4) I 285. **b** vetus testamentum .. obscuritatibus .. et enigmatibus obvolutum et tectum ut a cognitione .. hominum .. remotum esset P. CORNW. *Disp.* 153; poete mysterium veritatis ~ebant figmento fabularum relationum NECKAM *NR* I 39. **c** mulcebat .. tetrum chaos quod ~erat morbidum GOSC. *Transl. Mild.* 36; tristitiae .. nebulis quibus ~ebar vestrorum me rivulus, tamquam novae lucis radius, perlustravit *Ep. Anselm.* 320; tam densis peccatorum tenebris obvoluti sunt ut nulla ratione se vel in ipsis tenebris esse possint advertere EADMER *Beat.* 15 p. 288; **c1211** que nunc tenebris ~untur (v. lux 3a); miserabili cecitate quidam obvoluti sunt *Canon. G. Sempr.* 35; aeris subsecuta est caligo .. et tanta cecitate regii corporis ~it custodes ut apertis oculis nihil viderent *Hist. Arthuri* 90. **d** pollutos libidine, obvolutos cupidine AILR. *Inst. Inclus.* 33; mens hominum ita erat in tenebris peccatorum obvoluta et excecata *Id. Serm.* 9. 7. 252; qui .. sepeliuntur in fecibus terrenis sunt quasi obvoluti sanie et putredine terrenorum T. CHOBHAM *Serm.* 17. 64rb; inductor aut invenit puerum peccatis obvolutum aut innocentem PECKHAM *Puer. Obl.* 422.

3 (*pedibus alicujus obvolutus*) prostrate before someone.

quia corporaliter non possum pedibus majestatis vestre spiritualiter obvolutus cum lacrimis et singultibus exoro ut .. *Feod. Durh.* 151n; pedibus ejus obvolutus supplex exorat *NLA* II 445.

ocare v. occare.

Ocastrum [cf. CL 2 O+castrum], play on surname Oldcastle.

Johannes Holdcastel, fautor fortissimus Lollardorum .. immemor versuum ejus prophecie: 'quetus Ocastrum tua fama volat super astrum. non tis falcastrum succidet Aron oliastrum' STRECCHE *Hen. V* 148.

occa [LL]

1 harrow.

ruptis sulcorum glebulis jugerum ~a .. deperiret ALDH. *VirgP* 31; ~a, *faelging GlC* O 111; ~a, i. quoddam instrumentum adaptatum ad terram proscindendam sicut rastrum OSB. GLOUC. *Deriv.* 396; ~a, *a clery* [? l. *cley*] *betel* (*Medulla*) *CathA* 68n. 5; *a betylle,* porticulus, ~a, territorium *CathA* .

2 area of cultivated land, furrow; **b** (fig.).

graculus ater / qui segetum glumas et laeti cespitis occas / depopulare studet carpens de messe maniplos ALDH. *VirgV* 225; **10..** in ~a, *on fyrh;* .. ~a, *furh, fylging, walh WW.* **b** de quo [sc. Paulo] sacra seges mundi succrevit in occa ALDH. *CE* IV 2. 4; fertilis coenubiorum seges et fecunda conversationis ~a *Id. VirgP* 28.

occalescere [CL ob-+calescere], **occalere** [CL ob-+calēre], to become warm or hot; **b** (? trans.) to make warm or hot.

~eo, -es, i. caleo OSB. GLOUC. *Deriv.* 88. **b** ~escere, calefacere *Ib.* 402.

occallescere [CL], **occallere** [LL *gl.*]

1 to grow hard.

cicatrix obductis putridis carnibus ~luerat W. CANT. *Mir. Thom.* II 27.

2 to harden (fig.), become callous.

adeo virtutes provincialium in preliis ~luerant ut .. in certamen ruerent W. MALM. *GR* II 125 (=SILGRAVE 48: †coaluerunt); denique ab eis morem vetustissimum sustulit qui sic animis eorum ~lluerat W. MALM. *Wulfst.* II 20; poterat ~lluisse animus noster frequenti tritus injuria, et usu ipso contra adversa durior reddi G. HOYLAND *Ascet.* 281.

3 (in list of words).

ob .. plerumque b mutat in eam conversam literam quae sequentem inchoat orationis particulam ut ~lluit ALDH. *PR* 140 p. 196.

occamen, act of harrowing.

occo . . et inde occator, occatus, occatio, et hoc ~en, -nis OSB. GLOUC. *Deriv.* 396.

Occamicus, relating to William of Ockham.

tercia est Hokcanica [sc. glossa] de consideracione mentis NETTER *DAF* II f. 136vb.

Occamista, follower of William of Ockham.

a**1436** nota quod Anselmus vocat Okkamistas dialecticos hereticos *MS Ox. Magd. Coll.* 56 f. 20.

occanere v. occinere.

occare [LL]

1 to harrow. **b** to break up (stone).

~abat, *egide GlC* O 123; ~o, Gallice *hercer* (GARL. *Unus gl.*) *Teaching Latin* II 166. **b** **1472** in solutis J. C. lathamo ~ando unius lapidis *Ac. Chamb. Winchester*.

2 to cut; **b** (transf. & fig., w. ref. to Fates or thread of life).

~are, scindere, secare OSB. GLOUC. *Deriv.* 401; videas hanc, quasi colum bajulando, nunc filum manibus et brachiis in longum extrahere, nunc extractum ~ando tanquam in fusum revocare GIR. *IK* I 2 p. 33. **b** extrema sorte juvenis mariti vite filum in imo pelagi celeriter ocante ORD. VIT. XII 15 p. 347; Clotho colum bajulat, Lachesis trahit, Atropos occat (*Vers.*) *Natura Deorum* 2; ita erat . . attenuatus infirmitate ut omnes illum intuentes magis ~andum crederent in eo quam protrahendum filum temporalis vite J. FURNESS *Walth.* 128; quod netum Attropos sororis medie / occabit forsitan cras aut perhendie WALT. WIMB. *Sim.* 91.

3 (fig.) to cut short, put an end to, quench, kill.

angit, suffocat, commercia gutturis occat R. CANT. *Malch.* V 201; guttura suffocat, sub faucibus artat et ocat *Ib.* 913 p. 173; ad ignem nimis furentem cucurrerunt . . ut vim foci viriliter ocarent ORD. VIT. III 14 p. 157; interimit, perimit, interficit, et necat, occat GARL. *Syn.* 1585D; Attropos occat eam [sc. juventutem] GOWER *VC* VII 448.

occarium, clod of earth.

a clotte, cespis, ~um *CathA*.

occarius, used for harrowing.

c**1200** equus ~us (v. 2 equus 3c).

occasio [CL]

1 opportunity, chance; **b** (w. sb. or gd. gen.); **c** (w. *ut* & subj. or sim.). **d** (*~onem capere* or sim.) to seize an opportunity. **e** (*per ~onem*) by chance.

spiritali data ~one inflammatus . . praecatus est dedisse licentiam *V. Greg.* p. 85; ~ones quaerit, qui vult recedere ab amico suo *Ps.*-BEDE *Collect.* 229; quia se ~o ingessit W. MALM. *GR* II 126; tempus actionis oportunum; Grece eucheria, Latine appellatur ~o ANDR. S. VICT. *Dan.* 50; qui . . querent cauta sollicitudine veritatem, parati eciam tenere explicite, si eam inveniunt sive per propriam meditacionem, sive per ~onem acceptam a scripturis OCKHAM *Dial.* 497. **b** ut non daemonibus inde oriretur ~o immolandi *Comm. Cant.* I 378; licet cruentae passionis ~o defuisset ALDH. *VirgP* 47; ipsa dispersio ecclesiae Hiersolimitanae ~o fuit plures construendi ecclesias BEDE *Cant.* 1090; s**1141** qui nullam ~onem ampliande potestatis omittere vellet W. MALM. *HN* 487 p. 47; longe . . separande sunt omnes ~ones peccatorum quia modica scintilla magnum ignem incendit T. CHOBHAM *Praed.* 20; quo ille iratus efficit per Willelmum ducem ut Lanfrancus ab omni Normannia submoveretur, sed ~o recuperande gracie fuit quod ad curiam comitis tendens Lanfrancus, equus ejus claudicans comiti cachinnum excussit KNIGHTON I 92. **c** obvenit ~o ut episcopatum vacantem daret clerico W. MALM. *GR* II 190; ipsa me monet ~o ut omnium patriarcharum nomina proponam *Ib.* IV 367; s**1140** nullam ~onem pretermittebat quo minus sepe et adversarios propulsaret et sua defenderet *Id. HN* 483 p. 42. **d** hac ~one inventa ALDH. *VirgP* 32 p. 271; captata ~one adventus Danorum W. MALM. *GR* II 120; ~one aucupata *Ib.* V 391; opportunitatis demum ~one captata GIR. *SD* 86. **e** cum per ~onem in Moraviam venisset FERR. *Kinloss* 15.

2 occasion, happening, circumstance.

~ones de industria colorantes GILDAS *EB* 23; nec ~o corporeae virginitatis vulnus in mente gignat elationis ALDH. *VirgP* 13 p. 243; excusabiles deinceps ~ones posthabens hinc narrationis contextionem faciam *Enc. Emmae prol.*; propter quasdam discordiarum ~ones que inter ipsum et regni principes orte fuerant *V. Gund.* 33; quod quantum profecerit, sequens ~o probavit W. MALM. *GR* II 121; **1252** de quibus rebus et †occasivo [l. occasione] concessionis predicte ferie *CurR* 146 m. 10; **1256** perdonavit ei uthlagariam in ipsam promulgatam et malas ~ones pro eo quod ipsa non venit ad mandatum regis *Cl* 3; **1336** vos . . ballivi illos quos predicti . . H. et W. . . premissa ~one ceperint . . ab eis et eorum quolibet recipiatis et in prisona . . salvo custodiri faciatis . . *RScot* 474a.

3 cause, beginning, reason; **b** (w. sb. or gd. gen.). **c** (*hac*, *illa ~one*, or sim.) for this or that reason. **d** (*~one*, *ex ~one*, *in ~onem*, *per ~onem* w. gen.) by reason of, on account of; **e** (phil.). **f** (*per suam ~onem*) by one's own fault.

plenaria causa septem habet circumstantias . . . in persona quaeritur quis fecerit, in facto quid fecerit, in tempore quando fecerit, in loco ubi factum sit, in modo quomodo fieri potuisset, in ~one cur facere voluisset ALCUIN *Rhet.* 6; **10..** ~one, *intingan WW*; Domine, fui ~o [ME: *biginnunge*] vel initum quare res sic processit *AncrR* 122. **b** ut . . hujus historiae ~onem dubitandi subtraham BEDE *HE praef.* p. 6; agnitum vero est quare venerit [sc. rex] et ipsius more ~o patuit EADMER *HN* p. 168; ~o contradictionis . . quod Ethelstanus ex concubina natus esset W. MALM. *GR* II 131; quecumque transeundi fuerit ~o . . adventus ejus fuit emolumento Christianis *Ib.* IV 344; hec summis auctoribus prima fuit et precipua scribendi ~o GIR. *TH intr.* p. 4; ex hoc habuerunt antiqui ~onem errandi T. SUTTON *Gen. & Corrupt.* 67. **c** quem morem qua sibi occasitione [*sic*] indixerit W. MALM. *Wulfst.* III 2; s**1227** ne hac ~one inter fratres vel de fratribus scandalum oriatur M. PAR. *Maj.* III 142; per consilium curie regis imprisonatus fuit . . quousque domino regi . . satisfecerat, et non aliqua alia ~one nec per maliciam . . Ricardi *State Tri. Ed. I* 16; **1305** si de transgressione foreste indictati fuerint et ea ~one capti et detenti *BBC* (*Norwich*) 170; ideo dictus S. inde fuit quietus . . et catalla ejus illa ~one confiscata ei liberata fuerunt *SelPlForest* 25. **d** ne per ~onem gentium Judaei a fide recederent BEDE *Acts* 977; ex ~one curae pastoralis saecularium hominum negotia patitur *Id. HE* II 1 p. 74; nos credere decet nihil eum monachicae perfectionis perdidisse ~one curae pastoralis *Ib.*; contrarias sententias per odii ~onem Christianis proferens composuit *Ps.*-BEDE *Collect.* 327; ~one barbarorum etiam indigene in rapinas anhelaverant W. MALM. *GR* II 122; discipline hujus severitas . . usurpatur in ~onem carnis J. FORD *Serm.* 41. 5; **1336** earum [sc. litterarum] ~one creditores ibi forte inveniret GRAYSTANES 46. **e** que cui a quo qualiter qua ~one quo proposito qua spe dicantur BALSH. *AD rec.* 2 164; potius potest [sc. materia] dici ~o essendi quam causa SICCAV. *PN* 71; natura est agens fortior et nobilior et potentior, quare, cum ars possit auferre ~onem sue materie, ergo multo fortius natura BACON XIII 134. **f** **1554** devenit ad mortem suum [*sic*] . . per suam occacionem et per percussum cujusdam equi *E. Sussex RO Rye* 1/1 f. 28v; devenit ad mortem suum . . per suam occacionem *Ib.* f. 29.

4 pretext, excuse. **b** (*~one quod*) on the pretext that. **c** (w. ref. to *Phil.* i 18).

sub hujusmodi ~onis praetextu ALDH. *PR* 142 p. 203; a**1087** archidiaconi repertis ~onibus pecunias ab eis exquirunt LANFR. *Ep.* 27 (30); afficta ~one comes Anschetillum in Papiam dirigit W. MALM. *GR* II 145; si quis . . sub aliqua ~one interrumpere . . hujus privilegii testamentum nisus fuerit *Ib.* II 185; **1255** testatum est per viridarios quod . . W. non venit illuc ~one malefaciendi in foresta *SelPlForest* 12. **b** **1221** R. de S. cepit nuper ab eis xl solidos ea ~one quod non potuerunt sequi hujus modi traceam *SelPlCrown* 113; G. de C. cepit de catallis W. de la Mare ~one quod debuit maledixisse de dom. rege l[m] *PlCrGlouc* 42. **c** sive per angelos malos, sive per homines malos et sive per ~onem sive per veritatem Christus annuntietur: per ~onem . . a malis, per veritatem . . a bonis BALD. CANT. *Commend. Fid.* 71. 618; sive per ~onem sive per veritatem, sive per bonos sive per malos sponsus ei annuntietur J. FORD *Serm.* 78. 10.

5 (leg.) disturbance of rights, molestation.

queratur an amplius dicere velit, ne quis ~one potius quam ratione placitare videatur (*Leg. Hen.* 49. 3b) *GAS* 572; c**1130** nullus . . super hanc libertatem eos amodo placitationibus et ~onibus . . gravet *FormA* 38; a**1186** ita tamen ne burgensis villanum per ~onem injuste vexet *BBC* (*Wearmouth*) 143; c**1200** ~one et appellacione cessante . . *Reg. Glasg.* 33; **1217** unusquisque liber homo decetero sine ~one faciat in bosco suo . . *SelPlForest* lxxxii; **1260** omnes . . possunt libere et sine aliqua ~one emere . . lanam *Gild Merch.* II 139; quilibet ostendat querimoniam suam . . sine ~one *Leg. Ant. Lond.* 43; **1305** sine ~one vel impedimento *Reg. Heref.* 417; **1486** tenebuntur quamcicius commode valeant recedere, absque quibuscumque impeticione, impedimento, arresta seu alia ~one quacumque *Foed.* XII 286.

6 (incidental) charge, tax, tribute.

1077 quietos . . ab omnibus . . schiris et hundredis et ab omnibus rebus et ~onibus *Chr. Rams.* 202; **1200** quieta . . de . . omnibus ~onibus que ad nos pertinent *ChartR* 48; **1226** liberi et quieti de omnibus exactionibus et ~onibus *MGL* II 45; remisse sunt omnes ~ones excambii *Leg. Ant. Lond.* 21.

7 (*~one* w. gen.): **a** with regard to. **b** according to.

a ~one gestorum Willelmi quedam succurrebant que pretermittenda non putabam W. MALM. *GR* III 267; **11..** hec est compositio facta . . de deterioratione . . decimarum bladi ~one molendini de Wytefelde *Cart. S. Nich. Exon.* 44. **b** illum sensum servavit Deus ut sibi proprium, licet ~one doctorum fidelium eciam cuilibet creature possit Deus doctrinam suam imprimere WYCL. *Chr. & Antichr.* 663.

8 (bot.).

herba ~onis similis est rubie minoris . . . flores habet croceos minutos in stipite et inter singulos ordines foliorum habet spacium trium digitorum in stipite *Alph.* 80.

occasionalis [ML]

1 opportune, timely.

~is opportunitas et nacta securitatem sine teste commoditas ad ambitum duxit et furtum GIR. *Spec.* III 16 p. 234.

2 incidental, that occurs as an indirect effect; **b** (phil.).

s**1213** non solum nemora exstirpata aut domus dirute, sed et fructus qui percipi potuerunt et ~es jacture W. COVENTR. II 214; ista autem jam dicta erunt ~is introductio ad inveniendum latentes difficultates in istis materiis WYCL. *Log.* II 72. **b** dicendum quod ly 'ex' potest notare ibi causam efficientem instrumentalem, nec talem qualis est noticia principiorum respectu conclusionis, sed minorem ~em DUNS *Metaph.* I 4 p. 62b.

occasionaliter

1 on occasion, occasionally. **b** in certain circumstances. **c** in accordance with circumstances, circumstantially.

memoria dignos eventus ~iter interserere . . non indignum reputavi GIR. *EH* II 31; exempla . . ~iter interponere preter rem non putavi *Id. GE* I 51 p. 147; [scientia] in thesauris memorie recondita . . infaustam procreat ~iter sobolem, sc. arrogantiam NECKAM *NR* II 155 p. 247; absencia boni rectoris in spiritualibus . . plurima mala ~iter causat GASCOIGNE *Loci* 64; vicia autem et peccata sunt ~iter bona, cum prosunt non solum in exemplum aliis, sed et ipsis peccantibus quod peccaverunt WYCL. *Log.* II 123. **b** **1208** facit . . ordinationem [ecclesiarum] . . vacantium . . perrogari, ut . . earundem proventus sibi posset ~iter vendicare (*Lit. Papae*) *Conc.* I 527b; ne forte frigiditate nimia ossium teneritudo cerebri ~iter [TREVISA: *by som maner occasioun*] lederetur BART. ANGL. V 2 p. 121; tempus turbidum et yemale . . facit pigros, saltem ~iter BACON *CSTheol.* 65. **c** causatur etiam hec varietas formarum materialiter vel ~iter a varietate preparationis materie GROS. 331; philosophi . . omnia que contingunt . . ascribunt celestibus, sc. vel causaliter et effective ut in omnibus naturalibus, vel ~iter et inductive ut in voluntariis BACON *Tert. Sup.* 4; intelligas divitias non esse malas essentialiter, sed ~iter PECKHAM *Kilw.* 143; 'per iniquitatem' non accipitur proprie causaliter, sed accipitur ~iter, quia iniquitas primorum parentum fuit occasio divisionis dominiorum OCKHAM *Pol.* II 669.

2 incidentally. **b** (usu. phil.) as an indirect cause or result.

aliud . . ejusdem factum egregium ~iter hic inserere dignum duxi GIR. *IK* II 11 p. 217; obiit . . ruine casum ~iter matri relinquens cum gemitu et merore M. PAR. *Maj.* III 445; ut pro ejus electione causaliter

vel ~iter tot peritos contigit deperisse *Id. Min.* II 439; sicut Judeis contigit ~iter ex merito vite Christi (Wycl.) *Ziz.* 271; s1422 ne ~iter transfunderetur in sobolem, concepit pastor iste remedium Amund. I 97; per Sarracenos qui eum occidere noluerunt eo quod .. judicaverunt eum ~iter esse causam effusionis sanguinis multorum Christianorum *Plusc.* X 22. **b** ista numerositas causaliter materie attribuitur, forme enim ~iter Bacon XV 198; intellectus judicat de actu sensus per noticiam ab actu sensus acceptam ~iter Duns *Metaph.* I 4 p. 58b; [Augustinus] dicit esse magnum peccatum, que tenentur cuncta peccata causaliter vel dispositive aut ~iter, sepe autem peccatum minus est causa, disposicio vel occasio gravioris Ockham *Dial.* 642; omnia ~iter ex usu privilegiorum, imo abusu proveniunt Ric. Armagh. *Def. Cur.* 1399 (*recte* 1299).

3 carelessly.

c1211 nevo quoque deterrimo pariter et teterrimo famam ejusdem ~iter obtenebravit Gir. *Ep.* 6 p. 220; illa visio, fuit ordinata an inordinata? si ordinata, quomodo ex ea superbivit nisi ~iter? Neckam *SS* III 49. 4; a1380 plurimum cavemus ~iter agere unde scintilla in copiosum ignem et destructivum poterit pertransire *Pri. Cold.* 54.

occasionamentum, molestation, hindrance, legal action.

1321 posset .. replegiari de indictamento predicto et ~o ejusdem indictamenti *MGL* II 371.

occasionare [ML], ~ari

1 to occasion, cause, be the cause of.

1339 guerra .. per x annos precedentes ~ata, inter reges Francie et Anglie exordium .. sortita est *Meaux* II 380; sic enim ex maxima malicia vel privacione que fundatur in substancia actus, frequenter ~antur multa bona Wycl. *Act.* 22; etiam licet non ~etur ab originali *Id. Ver.* III 213; scituri quod ~ante vestre reverencie affectuali expedicione in premissis .. *Dictamen* 353.

2 to cause incidentally.

ubicumque racio judicat sensum errare, hoc judicat non per aliquam noticiam precise acquisitam a sensibus ut causa, sed per aliquam noticiam ~atam a sensu Duns *Ord.* III 148; innaturalis est ignis ~atus, ut calor in febribus Ripley 136.

3 (leg.) to seek an occasion against, hinder, molest: **a** to make a claim on (usu. w. ref. to possession of liberty, land, or sim.). **b** to institute legal proceedings against (for offence).

a 1213 quod non vexes vel ~ari facias mercatores de terra nostra W. *Cl* 152b; frequenter dedit licenciam monachis .. capiendi mortuum boscum adeo quod .. quando inveniebant viride in summagiis suis eos ~abant et equos suos arrestabant *Feod. Durh.* 242; 1275 nolumus quod aliqui vicini sui, occasione illius detencionis, ~entur *Reg. Heref.* 23; 1285 nolentes quod .. magistri et scolares .. occasione statuti predicti inde ~entur in aliquo seu graventur *Deeds Balliol* 14; 1313 de hiis qui pro potestate officii sui alios ~averint ut per hoc extorserint terras et redditus et alias prestaciones *Eyre Kent* I 37; 1331 quod .. per vicecomitem vel alios ballivos nostros non ~entur, nec libertas ejusdem episcopi in aliquo ledatur *PQW* 148b; s1448 nolentes quod .. abbas et conventus .. per .. ministros nostros .. ~entur .. seu graventur *Reg. Whet.* I 47; 1583 nolentes quod .. ~entur, molestentur, impetantur *Pat* 1158 m. 39. **b** 1216 in nullo ~entur .. monachi pro subversione .. castri *Reg. Malm.* I 340; 1217 si porci alicujus liberi hominis una nocte pernoctaverint in foresta nostra non inde ~etur ita quod aliquid de suo perdat *SelPlForest* cxxxvi; 1217 abbatem .. occasione mutationis .. strate .. nullatenus ~etis vel ~ari permittatis, vel eis inde gravamen inferatis *Pat* 78; 1221 dant domino regi xx marcas ne ~entur eo quod ipsi subtraxerunt se in primo adventu justiciariorum *SelPlCrown* 87; c1250 si ea die [sc. falcationis] orta fuerit inter ipsos aliqua contentio, dominus abbas inde non ~abit eos nec implacitabit, sed quicquid ibi transgressum fuerit inter eos emendabitur *Cart. Ramsey* I 399; 1252 nullus eorum ~etur ab aliquo justiciario nostro foreste .. pro venatione *BBC* (*Bristol*) 106; 1335 dedimus vobis potestatem perdonacionem faciendi .. exceptis illis qui de morte Willielmi de Burgo .. ~ati, rectati, seu indictati existunt *RScot* 351b.

4 (p. ppl. as adj.) intended for a particular occasion.

aut feudum est simplex et indeterminatum propriam habens naturam, aut est ~atum et determinatum nec

habet simplicem et propriam feudi naturam Upton 46.

5 (p. ppl. as adj.) imperfect.

dicit [sc. Aristoteles] eciam quod mulier est 'mas ~atus', unde sicut ipsa deficit in complexione, sic et in racione Fortescue *NLN* II 8.

occasionatio, molestation, hindrance, legal action.

1275 testes .. recesserunt sine ~one quiete, et de jure postea venit [ballivus] et occasionavit eos et recepit ab eisdem dimidiam marcam *Hund.* I 442a.

occasionativus, that occasions, causes, produces.

item ociositas est discursuum inutilium ~a et verborum inutilium multiplicativa J. Waleys *V. Relig.* I 2 f. 220ra.

occasitio v. occasio.

occasiuncula [CL]

1 (slight) opportunity, (*qualibet ~a*) at the slightest opportunity.

gaudens .. quotiens .. beneficia spargere qualibet ~a prevalebat Gir. *Æthelb.* 3; qualibet ~a libenter recolo *Id. GE* I 18 p. 53.

2 (slight) pretext, excuse.

quidam nullis extantibus causis, quidam levibus ~is emendicatis W. Malm. *GR* V 394; dummodo possit invenire vel levem ~am *Id. Mir. Mariae* 222; numquam ubi quacumque ~a procul a nobis esse poterat propinquus esse volebat Gir. *SD* 8.

3 act, minor offence.

in aliis provintiis ob parvam ~am in transgressione precepti herilis .. viginti quinque pendantur W. Malm. *GR* III 256.

occasivus v. occasio.

occasus [CL]

1 setting, sinking below the horizon: **a** (of the sun); **b** (of other heavenly body).

a de occidentale plaga ubi sol ~um habet Hugeb. *Will.* 4; dies iste non hujus visibilis solis cursu peragitur, non ejus inchoatur exorti nec terminatur ~u Ailr. *Spec. Car.* I 19. 522; solis ortum et ~um, quo nihil in mundo pulchrius Gir. *TH* I 15 p. 49. **b** sidera errantia .. numquam in eodem loco ubi pridie fecerant ortum faciunt vel ~um Bede *Ep. Cath.* 128; 798 ortus et ~us siderum evenit Alcuin *Ep.* 149 p. 245; circa cursum et ortum et ~um astrorum, istorum .. versatur scientia Andr. S. Vict. *Dan.* 14; est ortus et ~us signorum quoad poetas triplex, sc. cosmicus, cronicus, et eliacus Sacrob. *Sph.* 3 p. 95; ortus planete dicitur cum exit de sub radiis solaribus .. ~us vero est talis introitus in eosdem Gros. 45; quia enim ejus [sc. astronomi] est determinare ortus et ~us stellarum Kilwardby *OS* 104.

2 position of sun at evening, west; **b** (w. ref. to *Psalm.* lxvii 5).

tantum inter virginitatis flores et jugalitatis mores distare dicimus, quantum distat oriens ab ~u Aldh. *VirgP* 8; fluvius autem Nilus .. et quo item flexus a Mari Rubro ad ~um refunditur *Lib. Monstr.* II 21; quae [insula] habet ab oriente in ~um xxx circiter milia passuum Bede *HE* I 3 p. 15; 824 hi sunt fines .. ab aquilonali parte via publica, ab oriente et austro agelli adjacent .. ab ~u finem Sturi fluminis habens *CS* 851; citissimis velis versus ~um eunt G. Mon. I 11; sit Thomas apostolus in India; sit Thomas martyr noster in Anglia ut .. ab ortu solis usque ad ~um sit laudabile nomen Domini P. Blois. *Ep.* 46. 136B. **b** super ~um .. illum ascendisse dicit, per quod eum a morte ad suam gloriam transiturum signavit *Eccl. & Synag.* 113.

3 sunset (indicating time of day).

vergente .. ad ~um sole G. Mon. IX 4; vesperum est ab hora nona usque ad ~um solis Osb. Glouc. *Deriv.* 627; 1253 forestarii comederunt eodem die Martis cum R. de C. apud G. et fuerunt ad domum suam usque ad ~um solis *SelPlForest* 107; proximo sequuntur ascendentes .. exinde altitudo meridiana cum gradu ascendentis in meridie, hore de *clok* in ~u .. Elveden *Cal.* 5.

4 (fig.) decline, end, death.

mortis in occasu extimplo fio pulpa putrescens *Aen. Laur.* 2. 13; **9** .. ~um, i. obitum nostrum, *forðsiþ urne WW*; in istis mutabilitas et varietas, ortus et ~us, in isto nisi eternitas et stabilitas Ailr. *Serm.* 41. 12; **1170** quod etiam in hostium ~u justos pie fecisse recolimus J. Sal. *Ep.* 296 (300) p. 700; cum .. S. Thomas illustraverit Londoniam ortu, Cantuariam ~u W. Fitzst. *Thom. prol.* 4; **1339** ad nostre .. salutis ~um (v. discriminose).

occatio [CL]

1 harrowing, breaking up of earth. **b** land cleared for arable, assart.

~o, *egcgung* Ælf. *Gl.* 104; occo .. et inde .. ~o Osb. Glouc. *Deriv.* 396; in his .. glebas cernebam ante sationem runcatione nudatas, letamine fetas, post autem ~onem [v. l. occetatione; *gl.*: *per ersure, debrussure, par blesture, bature*, ab occo, -as, G. *hersure*] fractas ~one dispersas Balsh. *Ut.* 46. **b** essarta vero vulgo dicuntur que apud Isidorum ~ones nominantur *Dial. Scac.* I 13.

2 break-up (fig.), disintegration.

ergo quia Eneas in partem regni per ~onem conjugii erat admittendus Alb. Lond. *DG* 11. 4.

occator [LL], harrower, one who harrows land or animal that is used for harrowing land.

occa .. et inde ~or Osb. Glouc. *Deriv.* 396; duo equi ~ores, quisque iiij s. *Cart. Rams* III 279 (v. 2 equus 3c); cum .. quatuor equis et uno ~ore *Ib.* III 285.

occatorium, instrument for breaking up clods of earth.

a *clottynge malle*, ~ium *CathA*.

occea, occeanus v. oceanus.

occen [CL] ob- + -cen], song-bird or bird that gives good omen.

~ines, prepetes Osb. Glouc. *Deriv.* 404.

occentare [CL], ~ari

1 to sing, celebrate in song.

~o, -as, verb. frequ., i. canere Osb. Glouc. *Deriv.* 86; jubilare, occanere, ~ari, carminari *Ib.* 475.

2 to reproach, quarrel with.

~are, clare et aperte convitiare, brutire Osb. Glouc. *Deriv.* 398; ~are, litigare, exprobrare *Ib.*

occentus [CL]

1 unpleasant noise, cry (in quot., squeaking of mouse).

[mures] illum solum dentibus, illum terribili quodam ~u persequebantur W. Malm. *GR* III 290.

2 song.

occino .. unde hoc ~us, -us, i. cantus Osb. Glouc. *Deriv.* 86.

occetacio v. occatio.   **occianus** v. oceanus.

occidentalis [CL]

1 western, of the west: **a** (topog., geog.); **b** (as one of four directions or regions of the world); **c** (of kingdom or area of jurisdiction); **d** (of church).

a ignis orientalis sacrilegorum manu exaggeratus .. donec rubra ~em .. oceanum lingua delamberet Gildas *EB* 24; quidam dicuntur e partibus Romam venisse ~ibus *V. Greg.* p. 94; duobus sinibus maris .., quorum unus ab orientali mari, alter ab ~i, Brittaniae terras .. inrumpit Bede *HE* I 12; in ~i turri monasterii Gosc. *Transl. Aug.* 39A; ~is provincia que Devenescire vocatur W. Malm. *GR* II 165; Thorneia vero Anglice .. et a vento vel situ civitatis ~e monasterium nomen accepit Osb. Clar. *Ed. Conf.* 10 p. 85; 1260 domus ~ior, prima sub muro *Cart. Osney* III 106; via regia ex parte oxidentali ejusdem pontis (*AncIndict* 32 m. 2) *Pub. Works* I 143; castellum Trethyn dirutum in fine ~issima Cornubie W. Worc. *Itin.* 20. **b** si inveneris lapidem in quo sit libra, gemini, et aquarius, tales lapides calidi sunt et aerei et ~es *Sculp. Lap.* 450. **c** p675 domino .. ~is regni sceptra gubernanti Aldh. *Ep.* 4 p. 480; patres

venerandi quorum imperio et orientalia et ~ia regna subici debent G. Mon. X 8; Dubricium sanctum ~is Britannie archiepiscopum *Lib. Landav.* 6. **d 1167** que inter ~es ecclesias hactenus religione insignis extitit J. Sal. *Ep.* 218 (242) p. 476; ~em respexit ecclesiam, qui in celis habitat et humilia respicit P. Blois *Ep.* 46. 136A; persuasum clero ~is ecclesie fuit, non autem orientalis Gir. *GE* II 6.

2 drawn from or that occurs in western parts.

ut de orientali abundantia replerent ~em inopiam *Ps.-Bede Collect.* 379; cum ~i [sc. classe] ad borealem . . remigare consuetus W. Malm. *GR* II 156; quod ~ia commoda sunt orientalibus preferenda Gir. *TH* I 40 *tit.*; Julius . . preliis ~ibus . . consummatis, Romam contra Pompeium properavit M. Par. *Maj.* I 75.

3 (of person) who lives in the west or western part of an area.

diverterunt ad provinciam ~ium Saxonum Bede *HE* III 28; ~es et orientales Anglos et Northanimbros W. Malm. *GR* II 125; vulgus et proceres terre, quod jam confederati Sarracenis peregrinos ~es subsannarent R. Niger *Mil.* III 85; rarius per ditonum et semiditonum, sicut homines ~es faciunt *Mens. & Disc. (Anon. IV)* 88.

4 (as sb. m. or f.): **a** westerner, person who lives in the west. **b** western region or part.

a stelle . . hominibus . . prius oriuntur . . illis qui sunt juxta orientem . . quod [stelle] . . orientalibus citius oriantur quam ~ibus bene patet Sacrob. *Sph.* 82; s1238 Sarracenus . . venerat . . ex parte universitatis orientalium . . et partes auxilium ab ~ibus ut possint . . furorem Tartarorum reprimere M. Par. *Maj.* III 489; similiter est de orientalibus et ~ibus et ortu et occasu quod prius oritur stella orientalibus quam ~ibus, et prius occidit similiter Kilwardby *OS* 105. **b** c1270 in terram que jacet versus oxidentalem et terram versus orientalem *Cart. Osney* IV 138 s1366 in qua nocte, ut ~ibus apparuit, . . rubor nimius totum firmamentum contexuit J. Reading f. 186b.

occidentaliter, westwards, on or toward the west.

1423 transiendo . . hostiatim . . usque finem . . vici . . ~iter *BB Wint.* 59; per unum latus strate . . secundum quod . . jacet ~iter, orientaliter, borialiter, australiter *Ib.*; **1587** duas acras jacentes prope altam viam borialiter et ~iter *Pat* 1299 m. 21; abbuttans ~iter super vicum *Ib.* m. 22.

1 occīdere [CL]

1 to kill, slay; **b** (person). **c** (p. ppl. as sb.) slain or murdered person. **d** to massacre.

8 . . ~endus, *to ofslanne WW*; cedo componitur ~o, -is, unde occisor Osb. Glouc. *Deriv.* 104; enecare, ~ere *Ib.* 202. **b** occisis . . parentibus Gildas *EB* 25; si quis pro ultione propinqui hominem ~erit, peniteat sicut homicida, vij vel x annos Theod. *Pen.* I 4. 1; rex Hyglacus qui imperavit Getis et a Francis occisus est *Lib. Monstr.* I 2; Ecgfridus . . regionem depopulans . . tamen secundum praedestinatum judicium Dei superandus et ~endus V. Cuthb. IV 8; carius est mihi capere piscem quem possum ~ere [AS: *ofslean*] quam illum qui . . me . . potest mergere Ælf. *Coll.* 95; qui facit propter quod ~itur, magis a seipso ~i quam ab alio Anselm *Misc.* 339; **1221** H. C. occisus fuit a quodam equo *PlCrGlouc* 12. **c** pro utriusque regis, et occisi viz. et ejus qui occidere jussit, animae redemptione Bede *HE* III 14; **1207** uxor occisi ei tradidit ad levandum *uthes* et sequendum malefactores *SelPlCrown* 55; inquisicio facta fuit . . in absencia amicorum dicti occisi . . dicti appellati fuerunt quieti de illa morte *State Tri. Ed. I* 82. **d** occisa sunt ab exercitu suo triginta sex milia Christianorum W. Malm. *GR* IV 368.

2 to kill, slaughter, sacrifice (animal). **b** (p. ppl. as sb.) slaughtered animal.

Judaeis praecepit ut ad vesperam agnum ~issent [cf. *Exod.* xii 6: immolabit . . eum . . ad vesperam] *Comm. Cant.* I 24; sunt duae vaccae occisae Bede *Tob.* 931; in prima . . fronte xl architenentes caballos ~erunt Ord. Vit. XII 39 p. 458; **1257** W. B. . . ~it quendam cervum in bosco *SelPlForest* xci; **1296** de W. de D. pro *hamsok* facta ad domum A. de C. ~endo canem ipsius A. in domo sua *Leet Norw.* 48; **1308** de coriis unius bovis et unius vacce occisorum ad primam precariam autumpni *Rec. Elton* 130. **b** c1142 medietatem coriorum et quartam partem seporum occise de Strivelin *Regesta Scot.* 35 (cf. ib. 118 p. 181 [c1155]: medietatem

coriorum et seporum et sagiminis omnium bestiarum que occidentur . . in Strivelin).

3 (fig.); **b** (w. ref. to *II Cor.* iii 6).

~ite in vobis ea que amat mundus. amate esse viles pro Christo Ailr. *Serm.* 6. 35. 244. **b** postquam Christus advenit . . ex tunc non secundum litteram ~entem sed secundum spiritum vivificantem legalia debuerunt instituta servare Petrus *Dial.* 61; Deus loquens patribus in prophetis sub quodam tegumento ~entis littere ac sub obscura et velut enigmatica locutione multociens loquebatur Coggesh. *Visio* 1; apostolus ait quod decalogus erat littera ~ens T. Chobham *Praed.* 93.

2 occīdere [CL]

1 to fall; **b** (of lot).

cado componitur ~o, -is, unde occiduus Osb. Glouc. *Deriv.* 100. **b** s1145 sorte data rei causam inquirentibus, sors super Reynerum ~ebat *Meaux* I 128.

2 to set: **a** (of the sun); **b** (w. ref. to *Eph.* iv 26); **c** (of other heavenly body).

a sol ~ens sub terram Bede *Cant.* 1135; quod sol sicut oritur ut ~at, sic ~it ut iterum renascens giret per meridiem Andr. S. Vict. *Sal.* 99; ignotum . . erit cum ~erit sol si adhuc feratur super terram et in nostrum sit emisperium J. Sal. *Met.* 872A. **b** excidit occīsus, quoniam ~it super iracundiam ejus sol Map *NC* III 3 f. 40v. **c** Arcturus . . numquam occasurus Aldh. *Met.* 3 p. 72; stelle que sunt juxta polum que nobis numquam ~unt Sacrob. *Sph.* 80.

3 to be struck down, to fail, to die.

9 . . ~imus, i. deficimus, *we gewitaþ WW*; **10** . . ~at, *aswelte WW*; tumulo non major humandus / occidis Hanv. VI 200; vulturem vero jecur ejus carpentem in figura mundi vult accipi . . et cadaverum nascentium ~entiumque perennitate depascatur Alb. Lond. *DG* 10. 9.

4 (pr. ppl. as sb. m. or n.): **a** a region in which the sun sets, the west. **b** western part of the world. **c** (w. ref. to *Psalm.* lxvii 5).

a girat . . in ~entem ab aquilonali plaga *Comm. Cant.* I 462; est Hibernia . . ad ~entem . . Brittanie sita Bede *HE* I 1 p. 11; sunt quattuor climata cosmi, id est oriens, ~ens, aquilo, meridies Byrht. *Man.* 202; de orientis . ., et ~entis collatione Gir. *TH intr.* p. 7; sanctissimus Paulus convertit et pascebat verbo Dei plagas orbis, sc. in oriente, ~ente, austro, et boria Gascoigne *Loci* 54; versus ~ens W. Worc. *Itin.* 196 (v. 2 feria). **b** exsulta, Anglia, exsulta, ~ens, quia visitavit nos oriens ex alto P. Blois *Ep.* 46. 136A; jam enim noster ~ens, qui olim fidei speculum et exemplar esse solet omnibus gentibus R. Niger *Mil.* III 66. **c** sed qua ascendit? videtur quod per ~entem Fishacre *Quaest.* 54.

1 occīduus [CL; cf. occīdere]

1 that declines or sets (of heavenly body, w. ref. to time of day): **a** (of the sun); **b** (of evening); **c** (quasi-fig., w. play on sense 5). **d** (as sb. f. or n. pl.) sunset.

a occiduo claudor, sic orto sole patesco Aldh. *Aen.* 51 (*Eliotropium*) 3. **b** vesper . . ~us bellum in crastinum protelavit W. Malm. *GR* II 119. **c** si Paridis forme rosei precelleret oris / gloria . . / occiduus sol ille perit Hanv. VI 204. **d** ~a, *setgang GlS* 212.

2 of the region where the sun sets, western: **a** (topog., geog.); **b** (w. ref. to church); **c** (as sb. m. or n.) the west.

a occiduas mundi . . partes Aldh. *Aen.* 58 (*Vesper Sidus*) 2; in ~is Tyrrheni maris faucibus *Lib. Monstr.* I 12; p792 clarissima stella in ~a caeli parte Alcuin *Ep.* 287; in ~is et extremis terrarum finibus Gir. *TH pref.* p. 20; oriens splendor justitie . . orbis ~i partes ~as novis lucis sue radiis tempore occiduo illustravit *Canon. G. Sempr.* 37v; statuit . . principem fore omnium ecclesiarum ipsius ~i orbis Elmh. *Cant.* 111. **b** sic ecclesia nostra ~a habet sacramentum infinitum azimum Wycl. *Apost.* 94. **c** vespere jam in ~um declivi W. Malm. *GP* V 276; cometem precipiti lapsu in ~o ruentem H. Reading. I *Haeret. Ep.* 1256B; Cestria . . in ~is Britannie posita Lucian *Chester* 45; in ~o nostro visum est quasi celum aperire G. Hen. V 1; in Hebrides sic insulas ad Albionis ~um Boece f. 4.

3 (of person) who lives in the west or western part of an area. **b** (as sb. m.) westerner.

~i Saxones Bede *HE* I 15 p. 31; ~i proceres invictam probitatem et . . eorum zelati sunt Ord. Vit. X 19 p. 117; quibus resistere Scoti ~i vᶜ in unum convenerunt *Extr. Chr. Scot.* 194. **b** in quadrivio . . cujus studium apud orientes magis, apud ~os vero minus vigere solet Gir. *GE* II 37.

4 (of part of body): **a** lower. **b** posterior.

a s1234 quorum unus videns ~am partem dorsi minus armis communitam percussit eum in posteriora M. Par. *Maj.* III 279. **b** capilli in diversa se vertunt et alii descendunt ad frontem, alii ad ~am capitis partem; alii hinc inde ad aures et tempora Bald. Cant. *Tract.* 8. 483A; transigit Euripilum jaculabilis hasta Menalce / occiduas ingressa comas J. Exon. *BT* VI 228.

5 that is in moral decline.

prodigia . . occidentalia . . his vel ~is temporibus inveniant editorem Gir. *TH* II pref. p. 74; tempore ~o *Canon. G. Sempr.* 37v (v. 2a supra).

6 perishable, mortal, that falls to death. **b** (as sb. m.) mortal man. **c** (as sb. n.) perishable thing.

ignari occiduae nullo prodente ruinae Wulf. *Brev.* 622; una sc. dies erit eternaliter in ~is beatis et una nox infinita damnatis Gosc. *Lib. Confort.* 48; vesperum est hec ~a vita et matutinum claritas sempiterna *Ib.* 89; ad oblectamenta hujus vite ~e deserenda non segnus accendit *Chr. Witham* 501. **b** seducit ~os quod non credant visui, ut panis sacramentalis sit hostia consecrata Wycl. *Versut.* 102. **c** ~a flere et ad aeterna anhelare Bede *Luke* 403.

2 occīduus [cf. CL occīdere], that is to be killed or slaughtered.

hic ovile dicit occiduum / et pastorem cesum precipuum J. Howd. *Ph.* 676.

occigalum, occigulum v. oxygala. **occillere** v. oscillare. **occimium, occimum** v. ocimum.

occinere, occanere [CL]

1 to interpose a song.

~entium . . modulationes J. Sal. *Pol.* 402C (v. intercinere).

2 to sing.

occanere, canere, cantare Osb. Glouc. *Deriv.* 402; jubilare, occanere . . carminari *Ib.* 475.

occipere [CL]

1 to begin.

~iunt, incipiunt *GlC* O 119.

2 to seize, grip.

quum ~ient te dolores [sc. puerperii] . . te concludes . . in conclavi Liv. *Op.* 93.

3 (in list of words).

ob, praepositio accusativi casus, plerumque B mutat in eam conversa litteram . . ut . . ~io Aldh. *PR* 140 p. 196.

occipitium [CL], (anat.) the back of the head.

~ium, pars posterior capitis *GlC* O 118; **10** . . ~ium, *hnecca WW*; discernunt . . memoriam in ~io Adel. *QN* 18 (v. cella 2a); s1170 (v. cella 2a); a posteriori parte cerebri, sc. ab ~io *Quaest. Salern.* W 9; in ~io, in molliori et superiori parte capitis [etc.] Ric. Med. *Anat.* 229; usque ad occipucium conceditur caput capucio operire *Ord. Ebor.* I 39.

occipucium v. occipitium.

occiput [CL], (anat.) the back of the head.

caput ~ut, sinciput ex duobus corruptis Aldh. *PR* 140 p. 196; ~ut, †hrecca [l. hnecca] *GlC* O 113; ~ut vel postex, *æfteweard hæfod* Ælf. *Gl.* 156; caput . . Oswaldi . . productilis ab ancipite usque in ~ite R. Cold. *Osw.* 51; caput . . tam in ~ite quam anteriori parte calvitio deforme Gir. *TH* II 21 p. 108; ~itis pilos ad anteriorem capitis partem retorserat, ne calvus appareret R. Bocking *Ric. Cic.* 296.

occisa, (act of) slaughter.

viderit etiam porcarius, ut post ~am [AS: *æfter sticunge*] ipsam porcos occisos bene correddiet et suspendat (*Quad.*) *GAS* 449; p**1128** concedo etiam .. medietatem sepii et uncti et coriorum de ~a de Edwinesburg *E. Ch. Scot.* 153.

occisio [CL]

1 killing, slaying, murder; **b** (*~o gladii*; cf. *Hebr.* xi 35) murder by the sword. **c** massacre, slaughter (of many); **d** (w. ref. to spiritual death).

de ~one hominum THEOD. *Pen.* I 4 *tit.*; locum ~onis ejus parvula de lapide crux ostendit *Obsess. Durh.* 7; dicit Augustinus quod magis vitanda est corruptio corporis quam ~o corporis T. CHOBHAM *Praed.* 293; Judeis quidem de Christi ~one tractantibus J. FORD *Serm.* 57. 8; sextus actus de ~one Polixene ad tumulum Achillis TREVET *Troades* 61. **b** interemerunt .. Heuualdum veloci ~one gladii BEDE *HE* V 10 p. 300. **c** ut .. perirent plus quam centum milia. .. impune non remittetur tam feralis ~o ORD. VIT. IV 5 p. 196; magna Francorum ~o facta est ibi H. HUNT. *HA* VII 15; s**1217** ~o magna baronum Francie apud Lincoln' *Ann. Exon.* 12. **d** pastores .. ~oni animarum lupos paratos GILDAS *EB* 66.

2 slaughter (of animal); **b** (w. ref. to *Psalm.* xliii 22). **c** animal for slaughter.

det singulis annis xv porcos ad ~onem [AS: *to sticunge*] (*Quad.*) *GAS* 449; circa festum S. Martini emebant animalia .. ad faciendas suas ~ones contra Natale Domini (*Leg. Ed.*) *Ib.* 670; p**1150** totam decimam domus mee in omni blado et in brasio et in porcorum ~one ubicunque fuerit facta *E. Ch. Yorks* VI 63; **1335** item in ~one j juventa [*sic*] de manerio de Blacworth' precium utriusque xviij d. *Househ. Ac.* 181; in ~one iiij bidentes [*sic*] matrices de manerio de Metingham precium ij s. viij d. *Ib.* 184. **b** sancti martires ut oves ~onis .. mactarentur ALDH. *VirgP* 34; clamorem .. compatientium nobis tanquam ovibus ~onis W. FITZST. *Thom.* 137. **c** suam ~onem [AS: *his slyht*] det, secundum quod in patria statutum est (*Quad.*) *GAS* 449; **1120** de omnibus ~onibus de quibus alteram partem habeo et similiter de unctis et de sepis sicut de coriis et omnes pelles multorum *Kelso* 1; medietatem coquine mee de omnibus ~onibus meis ... hos .. redditus coquine mee et ~onum mearum dedi eis *Ib.* 2; c**1130** totam decimam de sepo ~onis mee *Reg. Glasg.* I 10; **1159** dimidietatem coriorum coquine mee et omnium ~onum mearum *Regesta Scot.* 131 p. 194.

occisitare [CL], to kill (often or repeatedly).

~are, sepe occidere OSB. GLOUC. *Deriv.* 398.

occisor [CL], killer, murderer; **b** (in apposition).

occisor fratris, regni et vastator acerbus ALCUIN *SS Ebor* 519; ~or latronum ÆLF. *Ep.* 3. 86 (v. computare 2d); **1203** catalla ~oris v hominum fuerunt ij s. *SelPlCrown* 70; duo peregrini hospitati fuerunt in horreo W. de P. et unus eorum occidit alium et fugit; nescitur qui fuit ~or vel occisus et ideo murdrum *PlCrGlouc* 10; tales aves viz. arpias portare deberent hominum ~ores, ad plangendum hoc peccatum UPTON 174. **b** porro clerici vel episcopi ~ores Romam mittuntur P. BLOIS *Ep.* 73. 225B; xxij Thurcorum millia gladius ~or consumpsit GIR. *PI* III 21.

Occitanus [Prov. *oc* < hoc=*yes*], Occitan, (*lingua ~a*) the area in which the langue d'Oc is spoken, the Languedoc region.

de Normandia .. transeundo per Linguam ~am venit Avinionem *Chr. Ed. I & II* II cv; comes .. major, sc. tocius lingue Doxitane BAKER f. 137v.

occlamare [CL ob-+clamare], to cry out, shout.

id nolle nec assentire me debere ~arem ANSELM (*Ep.* 198) IV 88; ~abant occurrentes "quis est iste rex gloriae?" H. LOS. *Serm.* 8 p. 244; ~antes Deo gratias egerunt (*V. S. Samsonis*) *Lib. Landav.* 18; Turci ~antes advenerant ORD. VIT. IX 8 p. 509; c**1168** nec velit ~are clamosis (v. obgarrire); itaque ~atum est .. adversus eum JEWEL *Apol.* C 7v.

occludere [CL], **occlaudere** [LL]

1 to obstruct (passage), close with obstacles.

caveamus seduli ne ignem nobis ipsi qui vitae iter obclaudat nostrorum crebro accendamus fomite vitiorum BEDE *Hom.* I 12. 61; quando non miseretur, quando sepit vias nostras spinis et ~it maceria AILR. *Serm.* 450C; a**1207** abusione superba opprobriis et comminationibus os appellantis violenter obcludit P. BLOIS *Ep. Sup.* 8. 6.

2 to shut up or in, to prevent access to or exit from.

cum praecordia proximorum quae obclusa viderat Domino aperire curabat BEDE *Cant.* 1159A; vestem summi pontificis obclusam retinens, nunquam ejus usum alicui concessit M. PAR. *Maj.* I 77.

3 to obstruct the way or course of.

cum vocem ~at affectus AILR. *Inst. Inclus.* 31 p. 672; tolle de oculis meis pituitam que obcludit visus mei pupillam R. COLD. *Godr.* 94.

4 to shut, close: **a** (door or sim.); **b** (eye); **c** (finger).

a ante portas seris occlusas W. MALM. *GR* II 203; in rogum detrusum ubi occluso ostio estuabat incendium *Ib.* III 286; insuper in scripto diabolo tradito januam sibi venie obcluserit HON. *Spec. Eccl.* 993C. **b** divina correptio iterum occurrit oculosque michi terrenis illecebris patentes occlusit GOSC. *Transl. Mild.* 31; cilia que antea obclusa habuerat .. tunc aperuit T. MON. *Will.* VI 9. **c** caeteris digitulis pertinaciter occlusis ANSELM (*Ep. Anselm.* 149) IV 7.

occolitatus v. acolytatus.

occubare [CL], to lie down, to lie dead.

~are, cadere, occumbere OSB. GLOUC. *Deriv.* 403.

occubere v. occumbere.

occubitare, to lie down.

notandum quod similiter ex omnibus verbis .. dicuntur frequentativa .. dicimus enim .. ~o, -as OSB. GLOUC. *Deriv.* 91.

occubitus [LL]

1 setting (of the sun); **b** (w. ref. to time of day).

solis ~us passionem mortemque significat BEDE *Luke* 380. **b** nam mos illic fuerat ut post solis ~um januae, donec illucesceret mane, clausae manerent ALEX. CANT. *Mir.* 23 (II) p. 208; facto tonitruo magno circa ~um solis TORIGNI *Chr.* 175; ab ~u solis usque in crastinum afflictus W. CANT. *Mir. Thom.* IV 32; dormivit post solis ~um *Holy Rood-Tree* 44.

2 a act of lying down, or place in which one lies down. **b** (act of) lying dead, death.

a extraxit eum de moechali genearum ~u B *V. Dunst.* 21 (cf. OSB. *V. Dunst.* 27: a moechali toro, s.v. 1 ganea 2). **b** languor tamen augmentabilis .. hunc usque ad ~um misere perduxit B. *Ib.* 20.

occulamarium v. oculamarium.

occulere [CL]

1 to conceal from view by covering or hiding; **b** (refl.). **c** to bury (also fig.).

confessorem .. domo primum ac mutatis dein mutuo vestibus ~uit GILDAS *EB* 11; **672** flagrans lichinus clancule fuscata tetrae ~itur latebra urnae ALDH. *Ep.* 5 p. 491; cum .. ~endos se a facie regis victoris credidissent BEDE *HE* IV p. 237; occulit algentem surgens Aurora Bootem WULF. *Swith.* I 1158; caput .. divisum dumeta Danis proicientibus ~uerant W. MALM. *GR* II 74; ipsam virgam sub sua manica, que longa et diffusa pendebat, ~ens *Arthur & Gorlagon* 8; *coverer* .. velare, oculere *Gl. AN. Ox.* f. 154. **b** profugus .. sub ponte ligneo .. se ~it W. MALM. *GR* II 167; ibi in abditis locis se ~uit R. COLD. *Godr.* 16; medenti se fax oculit, / que me latenter perculit P. BLOIS *Carm.* 12. 7. 55. **c** tum jubet parvos necari / turbam facit martyrum / fertur infans oculendus / Nili flumen quo fluit *Cerne* 167; imperii gloria .. / .. / hanc ultra spetiem non habitura / quam tecum moriens occuluisti W. MALM. *GR* II 194; illum in saccum intromisit et longius pertraxit atque humo cooperiens ~uit ORD. VIT. III 3 p. 44; beati martyris corpus auferens sub terram ~uit diligenter W. S. ALB. *V. Alb. & Amphib.* 44.

2 to conceal from knowledge, keep unknown.

veritas .. e contra sit ~enda salubriter BEDE *Sam.* 650; quem fama obscura .. ~eret, nisi filii conspicuus vigor patrem in speculam extulisset W. MALM. *GR* I 47; liceat mihi .. verum non ~uisse *Ib.* IV 312; ut superior sermo non ~uit *Ib.* V 391; c**1213** qui hactenus .. nobis adversarius erat ~tus, occasiones jam querit .. ut amodo fiat manifestus GIR. *Ep.* 7 p. 256.

3 (p. ppl. as adj.): **a** unseen, hidden from view. **b** unknown, concealed from knowledge, kept secret, not obvious. **c** mysterious, obscure. **d** (p. ppl. as quasi-adv.).

a dux .. perdius et pernox equitans, vel in abditis ~tus W. POIT. I 17; ~ta manet lux tota meritorum GIR. *TH intr.* p. 5; [pulsus] ~tus et strictus BART. ANGL. III 23. **b** de ~to orbis terrarum situ interrogasti et si tanta monstrorum essent genera credenda *Lib. Monstr. prol.*; plus dolor occultus tectus plus estuat ignis NIG. *Paul.* f. 50 l. 607; quod autem ~ta peccata publicari non debent, Johannes Chrysostomus ostendit GIR. *GE* I 16; si tunc appareant signa digestionis ~ta RIC. MED. *Signa* 35; c**1298** veniet rex Anglie manu non occulta (*Dunbar* 155) *Pol. Songs* 172. **c** Simfosius poeta .. ~tas enigmatum propositiones .. legitur cecinisse ALDH. *Met.* 6; ~tum Dei equanimiter expectans arbitrium W. MALM. *GR* I 61; cum membra gravari .. incipiunt, natura quadam ~tissima ducenti serpentem pro remedio querit .. *Quaest. Salern.* B 78. **d** cum .. per diversa ~tus loca .. profugus vagaretur BEDE *HE* II 12 p. 107; qui autem flagitiosus quantumlibet, sed ~tus, occulte premoneatur, ne quod debet esse saluti, presumat perditioni PULL. *Sent.* 968B.

4 (p. ppl. as sb. n.) hidden place. **b** secret. **c** (*in ~o, in ~is*) secretly.

de ~to celorum tibi cometa dirigitur *V. Birini* 7; de ~to venit et procedit ANSELM (*Proc. Sp.* 2) II 189. **b** de ~tis cordis alieni temere judicare peccatum est *Ps.-*BEDE *Collect.* 255; et investigabit (id est scrutabitur) ~ta ejus ANDR. S. VICT. *Sal.* 64; cogitationum et intentionum ~ta denudare intendo J. FORD *Serm.* 117. 30; ut ~ta sufficienter fiant manifesta FISHACRE *Sent. Prol.* 82. **c** quid anima in ~to passa sit, caro palam praemonstrabat BEDE *HE* III 19 p. 167; statuat apud se quasi is de quo agitur in ~to adesset ALEX. CANT. *Dicta* 7 p. 145; idolatra fuit, prius in ~to et postea in manifesto R. NIG. *Chr. I* 39; **1291** et in campo in oculto moram fecerunt ad predictos W. L. et R. G. insidiandos *JustIt* 3/37/1 m. 1; minus scandalum est tibi in oculto me occidere, quam in publico *G. Roman.* 9; excepta potestate Fratribus Predicatoribus et Minoribus in ~tis commissa *Conc. Scot.* I cclxxiii.

5 (p. ppl. as sb. m.) secret agent, murderer.

statutum est .. contra ~tos, quales Anglice *mordrers* appellant *V. Ric. II* 121.

occultamen [ML], (act of) hiding, concealment.

~en, absconsio OSB. GLOUC. *Deriv.* 399.

occultanter, in concealment, secretly.

~er, occulte, latenter OSB. GLOUC. *Deriv.* 399.

occultare [CL]

1 to hide from view, cover; **b** (refl.); **c** (fig.).

dicitur a negotiatoribus se obtinuisse ut in cratere ~atus educeretur. sic .. interseruit se frondissimis fruticum opacis ~andum *V. Greg.* p. 82; fugientes cum parte vasorum ut ~arentur et ab hostibus salvarentur ANDR. S. VICT. *Dan.* 9; crines collum ~ant ALB. LOND. *DG* 8. 17; lumbos et femora habere dicuntur [angeli] sed vestibus ~ata [TREVISA: *ihid*] BART. ANGL. II 3; *coverer* .. ~are *GL. AN Ox.* f. 154; ne quis ~are presumat aliquam pecuniam in pannis, in fardellis, in balis et alibi in loco suspecto *Fleta* 33. **b** ipse vero se .. a tali honore gradus ~ari potuisse dicebat *V. Cuthb.* III 6; aliquando in actu et visu et auditu, ut cum aliquis se ~at causa videndi et audiendi aliorum secreta *Simil. Anselmi* 29. **c** major occupacio animi ~at minorem sicut major lux ~at minorem visui BACON *CSTheol.* 63.

2 to hide from knowledge, keep secret, conceal; **b** (w. indir. qu.); **c** (w. ref. to fault, crime, or sim.) to dissimulate, conceal.

quamvis .. virginale munus clanculis ~are latebris deliberaret ALDH. *VirgP* 44 p. 297; nobilitas vestra non hoc patitur ~ari, sed .. facit publicari ANSELM (*Ep.* 134) III 276; s**1137** Robertus quoque, arte artem eludens, ~abat fronte animum W. MALM. *HN* 466 p. 21; si tegit quis propositum ut arte deludat, si alter detegit ~atum, ut prudenter evadat J. SAL. *Met.* 913B; laicus sepe audiverat a fratre suo quod mulieres secretum alicujus non poterant ~are *Latin Stories* 104;

licet in predicacionibus . . ~are pro tempore veritatem, mentire autem numquam WYCL. *Ver.* II 30. **b** an . . aliqui literati teneant, omnem heresim esse damnatam, nequaquam ~es OCKHAM *Dial.* 423. **c** qui mala cogitant haec a Deo ~are . . vellent BEDE *Ep. Cath.* 104; a**804** antiquus hostis . . sub praetextu pietatis venena mortiferae suggestionis ~at ALCUIN *Ep.* 267; nequitiam erga patrem . . amplius ~ari non preferens GIR. *EH* I 44; ~at diabolus hamum suum in qualibet re mundana T. CHOBHAM *Serm.* 9. 38va; fraus ancilla necis, quod abhorreo dicere, vobis / occultat laqueos insidiasque suas GARL. *Tri. Eccl.* 134.

3 (pass. w. *in* or *apud*) to be latent or present (in).

ubi modo soporatur / vel in quibus occultatur / veritas climatibus? WALT. WIMB. *Van.* 120; apud congregacionem unum [elementum] ~atur in alio in quo miscetur T. SUTTON *Gen. & Corrupt.* 48.

4 (p. ppl. as adj.) mysterious.

virgo, mater diceris, / jungens separata / es utrumque, docet hoc / fides occultata S. LANGTON *BVM* 1. 36.

occultatio [CL]

1 act of concealing, state of concealment from view; **b** (concealment from other senses); **c** (astr.).

tu vero, que illa que manifestationis et potentie sunt testimonia recolis, cur ea que ~onis et infirmitatis sunt non reminisceris? *Eccl. & Synag.* 110; quamdiu manus est in sinum, id est in occulta, munda est; . . retrahatur ergo ad sinum, id est ad ~onem, et ad mundiciam revertetur ALEX. BATH *Mor.* III 84 p. 137; detectio coloris et ~o coloris sunt opposita, et detectio coloris est lux; ergo ~o coloris est tenebra J. BLUND *An.* 122; dividitur in duas, quia primo agit de ejus ~one, secundo de ejus tradicione TREVET *Troades* 32. **b** in quibusdam autem propter cordis regentis ~onem, in quibusdam autem propter ossium constrictionem BART. ANGL. III 23; in macilentis . . est pulsus fortior . . et hoc forsitan propter minorem arterie per molem carneam ~onem *Ib.* III 24. **c** quedam stelle sunt sempiterne apparitionis . . alie . . sunt sempiterne ~onis que sunt propinque polo antartico SACROB. *Sph.* 82; apparitionem . . et ~onem et universaliter que in celo apparent humanis visibus in terra KILWARDBY *OS* 104; occasus . . est talis introitus in eosdem [sc. radios solis] et ~o BACON IX 193.

2 concealment from knowledge. **b** (w. ref. to scriptural wisdom) concealment, obscurity. **c** (w. ref. to fault, crime, or sim.) dissimulation.

in parabolis potius ~onem quam veritatis propalationem esse significans ANDR. S. VICT. *Sal.* 4; ibi nulla cogitationum ~o, nulla affectionum dissimulatio, hec est vera . . amicitia AILR. *Spir. Amicit.* III 80. 690; 'gloria Dei' sit, ut ait Salomon, 'celare verbum' et ipsa glorie ~o non modicum quid saporis ipsi glorie conferat J. FORD *Serm.* 37. 5; adverterunt . . per illam factorum ~onem Dei . . honorem non revelari *Canon. G. Sempr.* 102. **b** allegorice . . per aes in zona ~o sapientiae designatur BEDE *Mark* 187; preter ~onem, qua voluit [sc. Christus] sensum suum occultari infidelibus et indignis WYCL. *Ver.* II 104. **c** peccata committit . . quedam ad ~onem vel excusationem vel defensionem precedentium BALD. CANT. *Serm.* 18. 459B.

3 (log., rhet.) concealment (of argument).

in omnibus precipuam virtutem ducit ~onem conclusionis J. SAL. *Met.* 911B; ad ~onem . . propositi . . idiotismus et ortonoismus perutilis est ut uterque sc. sic artem dissimulet *Ib.* 912A.

4 hiding-place, lair.

latibulum, latebrae, ~o OSB. GLOUC. *Deriv.* 324.

occultatrix, that hides or conceals (f.).

coelestium ~ix umbra secretorum BEDE *Luke* 585A.

occulte [CL], secretly, in secret.

femina ceu quondam fluxu vexata cruoris / occulte Christum tetigit ALDH. *VirgV* 1792; quodam clerico . . qui incipiebat ~e de longinquo obsequi eum temptando *V. Cuthb.* II 3; et si hoc ~e fecerit et ~e ad confessionem venerit, ~e ei penitentia imponatur ÆLF. *EC* 33; quis lapis ceteris amplius promineat vel quis ~ius introrsus lateat demonstratur ANSELM *Misc.* 317; s**1140** se daturos operam ut quam ~issime rex castello potiatur W. MALM. *HN* 487 p. 46; **1428** doctrinas hereticas . . tenentes vel docentes publice vel ~e *Heresy Tri. Norw.* 34.

occultim [LL], **~atim,** secretly, in secret.

~im, ~atim, occultanter OSB. GLOUC. *Deriv.* 399; ?**1236** Paganus . . ~im gerens se, terras nostras et maneria nostra minans comburere *RL* II 14.

occultor [cf. CL occultator], one who hides or conceals.

a**1362** detentores . . reddituum, . . bonorum ad . . monasterium spectancium, et ~ores eorum *Meaux* III 153n; **1403** omnes . . ~ores, detentores decimarum *Mem. Ripon* I 115.

occultrix, one who hides or conceals (f.).

mane facto cum visionem aperuisset ~ici sue Alfwen *V. Chris. Marky.* 36.

occulus v. oculus.

occumbere [CL]

1 to fall (on to something).

ille . . in gladium ibidem in navi ~eret. . . ille qui in gladium incubuerat leviter saucius ex vulnere recreatus est ALCUIN *Rhet.* 9.

2 (astr.) to sink, set (transf. & fig.).

stravit cubile suum rosis et punicea palla occumbens vespera GOSC. *Lib. Mild.* 26; occumbit mundo, sed surgit mane secundo, / sol et sublimis lucet qui luxit in imis *V. Anselmi Epit.* 169.

3 to lie dying, be on one's death-bed.

~ens diem suum expectavit extremum GERV. CANT. *Chr.* 168.

4 to fall to one's death, to be laid low in death; **b** (fig.); **c** (*morti ~ere*). **d** (*gladio ~ere*) to fall on to a sword (and die).

martiryzantes occubuerunt ALDH. *VirgP* 35; in illud loci ubi rex memorabilis occubuit BEDE *HE* III 9; occubuit, *gecrong GlC* O 112; in majorem [sc. insulam] numquam femina . . intrare potuit quin statim moreretur. probatum est hoc . . per canes . . aliaque sexus illius animalia que . . statim occubuerunt GIR. *TH* II 4 p. 80; quo adveniente fit clamor undique, multis hinc inde ~entibus; cum quo eciam sepultus est quidam ex parte regis in eodem bello ~ens, dominus Willelmus de Wiltonia *Chr. Battle (1258–65)* 377; **1459** ultimus fuit Willelmus qui occubuit apud Edynburgh *ExchScot* 552. **b** facili non labitur fundatum in solidum nec potest cause negocium maliciosis adversancium conatibus ~ere J. MASON *Ep.* 7 p. 199. **c** non paciar ut regia virgo occidat, id est ~at morti TREVET *Troades* 24. **d** Cantuarensis archiepiscopus . . gladiis impiorum occubuit GIR. *EH* I 20; s**141** post multa tormentorum genera gladio occubuit M. PAR. *Maj.* I 124.

5 to lie dead.

maxima ex parte omnes . . coetus, occisis duobus regibus, deleti occubuerunt. reliqui qui evaserunt, pacem . . pepigerunt ASSER *Alf.* 27; alter de duobus . . regibus et quinque comites occisi occubuerunt *Ib.* 38; quorum factione et filiorum suorum imperio frater meus Aluredus interemptus occubuit OSB. CLAR. *V. Ed. Conf.* 6.

occupamen, occupation, act of occupying.

occupo, -as . . inde . . hoc ~amen, -inis OSB. GLOUC. *Deriv.* 397.

occupare [CL]

1 to apprehend, catch (person or animal). **b** to seize, occupy (land or sim.). **c** (fig.) to grasp, claim, win.

excutit hic dumos, occupat alter aves J. BLUND *An.* 164 (cf. *Babio* 184: aucupat alter aves); apostata . . viso fratre . . velocius fugere cepit, sed tandem frater ipsum ~avit *Latin Stories* 103. **b** dolo civium totam jam pridem ~averant urbem W. MALM. *GR* V 392; properabat ei in auxilium venire ne a barbaris ~aretur [sc. Aldclud] G. MON. IX 5. **c** cum . . victoriam pene ~asset . . palmam amisit W. MALM. *GR* II 107; facilis necis compendio celestem ~arint gloriam *Ib.* II 207; initium laudum rex Godefridus ~at *Ib.* IV 373.

2 (w. implication of wrongfulness): **a** to appropriate (person or his service). **b** to seize, occupy (land or property). **c** (*~are super* & acc. or abl.) to encroach upon the rights of, to appropriate from. **d** (*~are ad manus nostras*) to appropriate into our hands. **e** (p. ppl. as sb. n.) encroachment, appropriation.

a huic manerio jacent v sochem' quorum ij ~avit Ingelric . . qui tunc erant liberi homines (*Essex*) *DB* II 28b. **b** **714** (13c) monasterium dedi . . pro terra quae erat in Stratforda quam injuste ~averat *CS* 131; Godricus enim ~avit [eam terram] injuste (*Berks*) *DB* I 57vb; Hengestus . . fratrem . . et filium . . ad ~andas aquilonales Britannie partes miserit W. MALM. *GR* I 44; cum . . miles . . terram . . citra presulis assensum ~asset GIR. *TH* II 49; **1258** terras nostras . . hostiliter aggressus . . ~are et devastare presumpsit *CBaron* 59; **1369** J. W. et W. W. vicarius ecclesie de B. ocupaverunt quamdam porcionem terre *SelPlForest* xlix; injuste . . ~ando bona nostra et subditorum nostrorum *Feudal Man.* 110; **1453** pendent super Reginaldo Alexandro, quia ~avit vi et violencia terras de Lochede *ExchScot* 576. **c** cum his iiij hidis sunt modo liij acrae terrae quae non erant ibi T. R. E., quas ~avit Hugo de Verneres super canonicos S. Pauli (*Middx*) *DB* I 130rb; **1225** vos et ceteri ballivi . . super Mailgon' multa occupastis [*sic*] *Cl* 17b; **1266** firme nostre de P. . . et S. . . que tempore turbacionis habite in regno nostro ~ate fuerunt super . . Hugonem *Cl* 198; **1268** Willelmus . . tenementa, que super . . Ermetrudam ~avit et que ipsa habuit in dotem . ., reddidit et ipsam ad statum . . pristinum . . restituit *Cl* 545; **1315** molendina predicta in manu nostra nuper existencia super nos . . fuerant indebite ~ata *RGasc* IV 1324; rex Francie reddidit Johanni regi Anglie . . omnia que ~averat super regem Ricardum per werram et super ipsum *Feudal Man.* 95; **1564** ~abunt super tenemento predicto *Pat* 999 m. 26 **d** **1262** si quas terras vel feodalia que fuerunt predicti Lewelini ~are possitis ad manus nostras, hoc fieri faciatis *Cl* 144. **e** de excidentibus et ~atis quod nos usitatius dicimus de propresturis et eschaetis *Dial. Scac.* II 10A; fit interdum per negligentiam vicecomitis . . vel etiam per continuatam in longa tempora bellicam tempestatem ut habitantes prope fundos . . aliquam eorum portionem sibi usurpent. . . . hec dicimus 'propesturas' vel '~ata' *Ib.* II 10B.

3 to occupy (for dwelling), inhabit, possess.

Brittaniam Picti habitare per septentrionales insulae partes coeperunt; nam austrina Brettones ~averant BEDE *HE* I 1 p. 12; cavernas ipsius ~abit albus draco G. MON. VII 3; **1181** preter Ruthehydam quam ~atam detinet R. de V. *Dom. S. Paul.* 144; **1423** domus Thome Wyke lx s. ~atur per coquinarium *Cart. Osney* III 227; **1466** de firmis . . terrarum de E. . . ~atarum per episcopum Dunkeldensem tempore domine regine bone memorie *ExchScot* 396; **1559** licebit dictis praelatis . . easdem terras suis propriis bonis ~are *Conc. Scot.* II 169.

4 **a** (w. *locum* or sim.) to occupy (space). **b** (w. *diem* or sim.) to spend (time).

a ponaturque centrum supra A ~ando spacium quod est inter A et B circulo ADEL. *Elem.* I 1; convenientius alium laboris nostri locum ~abunt W. MALM. *GR* I 83; cetera proprium ~abunt libellum *Ib.* V 446; [tumulus] explicat exiguum diffuso vertice campum, / quem satis arte placens occupat arcis apex L. DURH. *Dial.* I 366; partem lecti majorem ~ans GIR. *SD* 6; si [angelus] moveatur motu deperditivo et non perdat totum locum quem prius ~avit OCKHAM *Quodl.* 35; pausa vero duorum temporum . . tres lineas tangit, duo spacia ~ans HAUBOYS 336; A quum ~atur per duos homines adversarii sui vel plures, et quum non est ibi nisi unus homo . . *Ludus Angl.* 162. **b** si adhuc inveneris temetipsum . . litibus et fabulis ~are diem AILR. *Spec. Car.* II 14. 559; cum deinceps in communione et tractatibus triduum ~assent . . rex fecit sibi et optimatibus suis convivium grande *G. Hen. V* 25.

5 to seize, invade, cover, fill: **a** (of physical phenomenon); **b** (of mental condition); **c** (of sin).

a tum sopor in strato regales occupat artus ALDH. *VirgV* 630; reuma maris obstabat, alveum divae insuperabili mole ~antis W. POIT. I 34; verum somnus fessum inter preces ~ans usque ad signa matutinorum detinuit . . GOSC. *Transl. Mild.* 26; nox infidelitatis tunc totum mundum ~averat AILR. *Serm.* 20. 23; genus humanum statum funditus cataclysmo evertere, jamque omnem diluvio terram evertente ~ante . . *Natura Deorum* 24; cum collo scapulas in brevi ~avit *Mir. Wulfst.* I 18; **1256** ipsa ~ata fuit frigore *AssizeR Northumb* 72; s**1345** navem . . tanta inundacio ~abat (v. castellum 4); emigranea passio dicitur que medietatem

cranei sive capitis ~at *SB* 19. **b** quem vestrum .. talis intimo corde ~abit affectus? Gildas *EB* 99; vidit hominem Dei mire stupore in excessu mentis ~atum *V. Cuthb.* IV 10; quem hic ad alienae vitae exquirenda crimina detractionis suae languor ~avit Bede *Prov.* 1007; timor iste ~at cor illius Ailr. *Serm.* 43. 18. **c** harum .. malorum aliae cor dissipant, ut irae ..; aliae tantum ~ant, ut vanae non nimis nocivae *Simil. Anselmi* 41; omnia palatia regum luxus et ambitus ~avit W. Malm. *GR* II 202; Tancredus intempestiva cupidine ~atus *Ib.* IV 370.

6 to occupy, keep busy. **b** (pass. or refl., also w. abl. or *in* & abl.) to occupy oneself, be engaged in. **c** (p. ppl. as adj.) occupied, busy; **d** (w. abl. or *in* & abl.); **e** (w. *circa* or *erga* & acc.).

a**705** obsecrans ut assidua scripturarum meditatione mentem tuam ~are non desistas Aldh. *Ep.* 6 (8); **9..** ~are, *gebysgian WW*; illam cogitationem, ne mentem meam frustra ~ando ab aliis .. impediret Anselm (*Prosl. prol.*) I 93; lectione usque ad sextam spiritum ~et Ailr. *Inst. Inclus.* 10; dolens in sanctuario Dei fieri picturarum ineptias .. optabam .. mentes oculosque fidelium honestius et utilius ~are Ad. Dore *Pictor* 142. **b** 'non exierunt ad tabernaculum', i. quia ~ati erant alioqui *Comm. Cant.* I 419 in psalmorum cantu .. se ~abat Cuthb. *Ob. Baedae* clx; plures .. anni apud eos transierant in quibus nullus episcoporum illic fuerat tali officio passus ~ari Eadmer *V. Anselmi* II 25. **c** ~atis animis multa illicita .. surripi possunt W. Malm. *GR* I 87; vix integer hic mihi dies potuit ~ato laborare L. Durh. *Hypog.* 63; **1169** non quod tenacitatem aut inhumanitatem vestram accusem hec scribo, quia forte ~ati eratis J. Sal. *Ep.* 289 (292 p. 668). **d** [partitio] duas habet partes: una pars est, quae quid cum adversariis conveniat et quid in controversia relinquatur ostendit, ex qua certum quiddam destinatur auditori, in quo animum debeat habere ~atum Alcuin *Rhet.* 23; finitis quibus ~atus erat orationibus Asser *Alf.* 38; monachus .. ~atus sum [AS: *ic eom bysgod*] lectionibus et cantu Ælf. *Coll.* 90; qui animalis est affectu .. divinis laudibus non ~atur Bald. Cant. *Serm.* 3. 54. 528; mens justi que in rerum temporalium dispensatione ~ata est *Ib.* 20. 4. 517; ratio virtus aut mentis agitatio est que ~atur in perspicientia veri J. Sal. *Met.* 942C. **e** neminem .. erga sanitatem animae suae ~atum repperi Bede *HE* IV 23 p. 265; videntes .. alios circa temporalia ~atos, invident Ailr. *Instit. Incl.* 28; patet .. non circa unum grammaticum ~ari sed ad omnia que verbo doceri possunt J. Sal. *Met.* 851C.

7 to trouble, oppress: **a** (p. ppl. as adj.); **b** (w. abl.).

a ~ati, i. oppressi *Gl. Bodl.* 88. **b** paganorum .. infestationibus ~atus, immo etiam perturbatus Asser *Alf.* 25; ~atum se rescripsit bello Vindelicorum W. Malm. *GR* II 202; **1300** precipimus .. quod prior, cum exterioribus negociis non fuerit occupatus nec infirmitate aut debilitate prepeditus, in claustro .. resideat *Vis. Ely* 19.

8 a (w. acc.) to ply a trade or to hold office; **b** (absol. or ellipt.). **c** (*locum ~are*) to exercise the office of another.

a rege in regno suo non existente cujus †locus [l. locum] occupat hodie thesaurarius, set officium .. ~are non potest *Fleta* 82; **1453** habendum et ~andum officium (*DL Ac. Var.*) *JRL Bull.* XL 412; **1557** J. S. ~at artem suam infra civitatem N. tanquam civis ejusdem civitatis *Leet Norw.* 85. **b 1347** procuratores seu eorum substituti, si per diem ~averint naturalem, ad harum ordinacionum oberracionem .. astringantur *StatOx* 151; **1408** ero .. obediens .. custodibus ville qui nunc ~ant *Doc. Bev.* 14; **1463** Johannem W., valettum avenar' domine, et alios ~antes in absencia sua, de precio xiij quar. iij buss. avenarum que supersunt *Comp. Dom. Buck.* 55; **1514** dat pro libertate et fine suo ad ~andum et vendendum diebus mercati .. v s. *Gild Merch.* II 105. **c** [locum] .. ~are *Fleta* 82 (v. 8a supra); **1302** omnes rectores vel ~antes locum talium beneficiorum *MGL* II 232.

9 to do a thing first, anticipate.

7.. ~avit, *onette WW*; **1487** quod non sit melior condicio ~antis inter eos, set quid unus eorum inciperit, alter eorum prosequi valeat mediare et finire *Conc. Scot.* I ccxxxix.

10 (leg.) to charge (with a crime).

si qui .. aecclesiastici crimen aliquod inter laicos perpetraverint, .. hos placuit a secularibus in quos peccaverunt omnimodo ~ari Egb. *Dial.* 8 p. 407; sit omnis homo credibilis, qui non fuerit accusationibus infamatus, id est latrocinio ~atus, .. simplici lada dignus (*Quad.*) *GAS* 325.

11 to bind.

to bynde, .. ~are, ut, 'occupat ora loris', i. e. ligat, stringere *CathA*.

occupatio [CL]

1 seizing (of land, place, or goods), occupation. **b** illegal or unjust seizure, usurpation, encroachment.

ut in ~onibus terrarum non tyrannica invasione, verumtamen certa mensura uterentur Adel. *ED* 28; ~one Abrincarum et quorundam castellorum coegit fratrem .. paci manum dedere W. Malm. *GR* V 392; inter Alexandri magni successores maximus habebatur et in terrarum ~onibus potentissimus Gir. *PI* I 17; **1291** ratio loci ~onis de hiis nulli dat juris actionem propter proprietatem petendi per Berwik *Eyre Kent* I 108. **b 1263** quia barones quidam et alii .. ~ones et purpresturas plurimas super nos in dominicis libertatibus fecerunt .. vobis mandamus quod super hujusmodi ~onibus et transgressionibus nobis factis diligentem faciatis inquisicionem *Cl* 299.

2 possession. **b** occupation, tenancy. **c** land possessed or occupied, holding.

1450 relaxavimus .. omnes donaciones .. ~ones .. predictorum duorum toftorum *Mem. Ripon* I 244. **b 1335** vos eidem Henrico pro locacione et ~one domorum et celariorum .. quicquam adhuc solvere recusastis *RScot* 385a; **1447** ponunt se in gracia domini pro ocupacione dictorum terre et tenementi *CourtR Carshalton* 64; **1559** juxta ratam ~onis eorundem moderato pretio .. locentur tales decime *Conc. Scot.* II 170. **c** hanc ~onem percepimus in manu regis (*Essex*) *DB* II 94b; sunt .. xvij mansure vacue que sunt in ~one castelli (*Norf*) *DB* II 116b; astrictum est ut quisque sue ~onis terminum poneret Adel. *ED* 28; non pertinet ad viros de assisa ad emendam aliquam ~onem de qua aliquis habuerit pacificam seisinam per unum annum et diem *Leg. Ant. Lond.* 211.

3 condition of being occupied with or engaged in. **b** that with which one is occupied, occupation.

honesta quidem ~o. non fures .. non predones Gir. *EH* I 14; ego semper emulabor scripta veterum: in his erit ~o mea nec me .. sol unquam inveniet otiosum P. Blois *Ep.* 92. 290A; si acediam habet [sc. psalmodie prolixitas] sociam, ~o tamen est honesta *Ib.* 97. 306A; quamvis .. principalis ~o studii theologorum deberet esse circa textum sacrum Bacon *CSTheol.* 34. **b** ridiculum videtur ejus artis nescisse praecepta, cujus cotidie ~one involvi necesse est Alcuin *Rhet.* 1; dum quibusdam studiorum ~onibus detineor Abbo *QG* 1 (3); cunctis ~onibus praetermissis ad initium capituli omnes conveniant Lanfr. *Const.* 93; admirande autem et utiles imprimis erant hujus sancti occupacyones *Offic. R. Rolle* xxx.

4 condition of being busy. **b** that which keeps one busy, business. **c** (*domus ~onum*) work house.

me .. a pristinae quietis vita mucrone suae ~onis extinxerat *V. Greg.* p. 77; **802** de canonica vita .. quid mea ignavia scribere vel vestra ~o implere poterit? Alcuin *Ep.* 254; omnia hominum negotia pariter et otia, omnes ~ones et vacationes huc se vertunt Bald. Cant. *Serm.* 14. 21. 446; sane et in ~one exteriori .. et in sollicitudine interiori J. Ford *Serm.* 90. 9. **b** ~ones regni et curas palatii Alcuin *Rhet.* 1; propter multimodam populorum ad se venientium adhaesionem vel etiam aliorum multorum ~onem B. *V. Dunst.* 36; multis me ~onibus impedientibus, postquam vestram epistolam suscepi .. breviter respondeo Anselm (*Ep.* 129) III 271; magnis id potius ~onibus tuis attribuo quam quod te immemorem putarem mei Free *Ep.* 58. **c 1553** in domum ~onum .. committere (v. 1 domus 4b).

5 (*~o saecularis* or sim.) secular occupation, distraction.

c**798** onera secularium ~onum abicientes Alcuin *Ep.* 137 p. 210; temporales divitie et ~ones mundi sunt quasi quedam vincula quibus diabolus tenet homines ligatos Ailr. *Serm.* 24. 25; ceteris ~onibus vanis implicatur Bern. *Comm. Aen.* 24.

6 restraint.

data erant precepta legis veteris propter fidelis populi distinccionem, propter populi insolentis ~onem, propter populi rebellis meritoriam humiliacionem Wycl. *Ver.* III 194.

7 keeping, storage.

1543 viij d. receptis pro ~one vestimentorum lusoribus ibidem hoc anno *REED Devon* 25.

8 (rhet.) figure by which one mentions something while professing not to mention it, pretericion.

~o est quando dicimus nos nolle dicere quod dicimus .. sic: 'quid referam que ferma tibi? ..' Vinsauf *AV* III 167; additionum alia est ~o, alia coadunatio, alia determinatio. .. ~o est additio quedam dissimulationis .., quando sc. simulamus nos nolle dicere quod dicimus Gerv. Melkley *AV* 33.

occupativitas, condition of being occupied, filled.

illa insuper intelligencia est entitatis tantum finite, quare et presencialitatis, et repletivitatis, et ~atis simpliciter finite Bradw. *CD* 85B.

occupator [CL]

1 one who seizes unlawfully or by force, usurper: **a** (property or sim.); **b** (kingdom or power).

a cum quis contra alium quam contra regem purpresturam facit .. distringetur ipse ~or Glanv. IX 11; **1287** debitores, detentores, seu ~ores bonorum *Deeds Balliol* 282; **1332** nos .. adversus ~ores, presumptores .. et injuriatores .. volentes eis remedio subvenire per quod ipsorum compescatur temeritas *Mon. Hib. & Scot.* 252b; **1339** quia datum est nobis intelligi quod diverse terre .. que .. nobis forisfacta remanere deberent per diversos homines .. occupantur et nobis detinentur ... nos hujusmodi dampno .. precavere et ~ores et detentores .. puniri volentes .. vobis mandamus .. *RScot* 576a. **b** s**910** Rollo, Normannie dux et ~or M. Par. *Maj.* I 440; **1262** dominus Manfredus regni Sicilie ~or *RL* II 204; s**1289** inter Jacobum, ~orem Sicilie, et comitem Attrabatensem firmantur inducie biennales Rish. 118; s**1339** regni Francie .. est invasor et illicitus ~or Ad. Mur. *Chr.* 92; s**698** imperium recuperavit, Leonem atque Tiberium imperii ~ores jugulavit *Eul. Hist.* I 361.

2 holder, possessor, occupier: **a** (of goods); **b** (of land).

a s**1173** bonorum ~ores que suam ad mensam .. ab antiquo pertinere noscuntur, patrimonio proprio contentos esse debere Diceto *YH* I 371; per possessores et ~ores dictarum possessionum *Reg. Brev. Jud.* 56a. **b 1413** que quidem maneria et piscaria per forisfacturam Thome Knayton nuper tenentis et ~oris eorundem ad manus predicti patris nostri devenerunt *RScot* 207b; **1555** subtenentes .. ~ores terrarum *Melrose* 605; **1559** ipsis colonis sue terrarum ~oribus *Conc. Scot.* II 170.

3 one who holds a post or plies a trade (w. gen. of trade).

1472 ad supportanda onera et custus ludi et pagine ~oribus ejusdem artis [sellatorum] et civitatis assignat' *Enr. Chester* 144 m. 7.

occupatrix, one who seizes unlawfully (f.).

1462 perdonavimus .. Elizabeth abbatisse monasterii Sancti Salvatoris .. de Syon .. ~ici abbatie de Sagio alienigen' *Pat* 500 m. 17; **1479** omnes et singulos supradictos occupatores et ~ices *Mon. Hib. & Scot.* 485a.

occurrere [CL]

1 to run to meet, meet, encounter: **a** (absol.); **b** (w. dat. or prep.); **c** (w. *sibi invicem*); **d** (in order to help); **e** (fig.) to run into, incur, encounter.

a regulos apud Herefordensem urbem coegit ~ere W. Malm. *GR* II 134; omnes salvandi ~ent in die judicii in una et non discrepante fide Ockham *Dial.* 762; hominum ~encium et eum judicancium de hoc quod ipse asinavit *Latin Stories* 129. **b** ~amus in virum perfectum Theod. *Laterc.* 16; superno repedanti sponso feliciter ~ere merebuntur Aldh. *VirgP* 16; eum sibi ~entem cum exercitu .. occidit Bede *HE* II 12 p. 110; monachum ad vicum Argentias sibi precepit ~ere W. Malm. *GR* II 178; occurit eis rex .. cum exercitu Anglicorum *Chr. Kirkstall* 123;

dolphino pretenso .. qui jam oppidum et castellum de G. proditorie acceperat occursurum ire festinat *Ps.*-ELMH. *Hen. V* 117. **c** [abbas et prior] invicem se honorent et invicem sibi ~ant AD. SCOT. *OP* 566D. **d** spectat ad munus episcopi ut, si videat naufragari innocentiam, et manu et lingua ~at W. MALM. *GR* II 202; in auxilio Cesaris ~ens G. MON. IV 9; alterius voluntatem sue preferre, illius necessitati magis quam sue ipsius ~ere AILR. *Spir. Amicit.* III 132. 701. **e** s**1340** Philippus .. dampna ~ere .. non audebat AVESB. f. 91v.

2 (topog.) to run out to meet, extend.

bini aestus Oceani .. sibimet invicem .. conpugnantes ~unt BEDE *HE* IV 14 p. 238.

3 to resist, oppose, withstand, check the progress of: **a** (absol.); **b** (w. dat.); **c** (w. *contra*). **d** (w. dat.) to take measures to deal with.

a successorem .. repetita ~entem audatia exitio dedit W. MALM. *GR* I 34; temptavit .. Edmundus ~ere sed ab Edrico prepeditus copias .. continuit *Ib.* II 180; ~entes comites .. priorem fugavit, secundum interemit *Ib.* III 260; hic Timotheus occurrunt et Machabeus *Vers. Worc.* 113. **b** his .. denso virtutes agmine plures / occurrunt vitiis ALDH. *VirgV* 2462; dum pari arte temptamentis ejus ~eret W. MALM. *GR* II 168; severioribus remediis inveterato morbo temptavit ~ere *Ib.* II 201; morbis venientibus ~endum GIR. *EH* II 7; **1290** nullum tempus ~it regi SelPlMan xxiv. **c** contra crimen heresis pape est vigilantissime ~endum OCKHAM *Dial.* 625. **d** cum aties suas labare cerneret desperatis rebus ~it W. MALM. *GR* IV 381.

4 to present itself, to be found, occur, appear; **b** (w. indir. obj.).

inter verba praedicationis ~it occasio curationis BEDE *Acts* 985; ut meo stilo apponantur .. in margine que non ~erunt in ordine W. MALM. *GR* II 105; ~unt hoc loco que de illo viro feruntur magna miracula *Ib.* II 194; multa hic ~unt que possemus dicere de ista historia AILR. *Serm.* 15. 17; cum .. desiderare se diceret ut .. ad transitum ejus mereretur ~ere J. FORD *Wulf.* 99; **15** .. preter ~entes eleemosynas, contulit pro fratrum structuris .. supra quadraginta libras *Mon. Francisc.* II 134. **b** Hieremias ad exemplum virginalis materiae .. nobis ~it ALDH. *VirgP* 20; hec et alia ex reliquis memorie preterite ultro ori ~ebant exempla W. MALM. *GR* I 61; legenti Vitam Karoli in promptu ~it quod sermo meus a vero non exulat *Ib.* I 68.

5 (impers. or w. abstr. subject) to present itself, to occur to: **a** (absol.); **b** (w. *menti, memoriae*, or person in dat.); **c** (foll. by inf. or *ut* & subj.).

a dum volui certo te fine, Thalia / claudere, res nostris occurrit gesta diebus ALCUIN *SS Ebor* 1597; ~it: si ergo propriam recipit naturam, quare penas apud inferos patitur? ALB. LOND. *DG* 6. 12. **b** ceterum non facile nobis ~it explicare quanta vel qualia sanctus Adeuuoldus sustinuerit pro monachorum defensione pericula WULF. *Æthelwold* 37; cogitantem tamen Gundulfi citius ~it sanctitas *V. Gund.* 15; quicquid flagitii mente [? l. menti] ~ebat G. *Steph.* 1; ibi afflictos conspice ... ibi ~ant animo miseria pauperum AILR. *Inst. Inclus.* 28; ~at jam nunc memorie mulier .. deprehensa in adulterio *Ib.* 31; talia .. mihi .. proponenti angulus unus .. terrarum .. ~it GIR. *TH intr.* p. 6; ponemus quedam que eorum sentenciam videntur confirmari prout occurent .. paucitati .. memorie nostre GROS. *Cess. Leg.* I 1; secundum quod ~erunt mihi vocabula BACON *Gram. Gk.* 68. **c** **966** ~it animo ut ipse criminibus cessarem cunctis *CS* 1190; voluptati querentibus aptitudinem ~it .. effugere presenciam obtrectancium MAP *NC* IV 6 f. 48v.

6 to happen, take place. **b** (w. dat.) to befall (someone). **c** (pr. or p. ppl. as sb. n.) present or past occurrence.

sequamur eum intentione pura, et, si mala ~erint, in patientia PULL. *CM* 200; totum quod ~it aut quod intra nos aut extra nos est vix aliud est quam lugendi materia BALD. CANT. *Serm.* 17. 8. 502. **b** omnes quae mihi .. ~unt temptationes vincam in claritate ipsius BEDE *Hab.* 1253; rugiunt .. ferae .. ferre non valentes si quid eis adversitatis ~erit *Id. Ep. Cath.* 75; victor .. civilium bellorum quae ei gravissima ~erant *Id. HE* I 5 p. 16; noluit ei aliquid offensionis post mortem ~ere quem se toto corde sciebat amare W. MALM. *GR* V 443. **c** c**1406** relatibus .. suis .. circa occursa et ~encia credere serenitas vestra dignetur *Conc.* III 291b.

7 to exist, be available: **a** (w. possessive dat.); **b** (w. predicative dat.); **c** (*ad manum* ~*ere* or sim.); **d** (w. *in* & acc., w. ref. to *Eph.* iv 13).

a junge igitur xl ad xvj, et ~ent tibi lvj THURKILL *Abac.* f. 57v; si tibi cifra superveniens occurrerit, illam / deme suppositam (*Carm. Alg.* 48) *Early Arith.* 73; **1279** ita quod .. omnes panni inventi qui non sint de eadem assisa ~antur regi *RParl Ined.* 1. **b** ~it medele qui recentem cruorem capitis imbiberat stipes W. MALM. *GR* I 49. **c** fustibus et subselliorum que ad manum ~issent fragminibus .. sevitum W. MALM. *GR* III 290. **d** futurus .. praedicator erudiebatur, donec ~eret in virum perfectum et in aetatem plenitudinis Christi ALCUIN *WillP* 4; Jesus in nobis nascitur .. et crescit .. donec occuramus omnes in virum perfectum AILR. *Jes.* I 4.

occursare [CL]

1 to come together, meet: **a** (w. dat.); **b** (pr. ppl. as sb. m.).

a abbati venienti .. ~ans GIR. *IK* II 4; s**1254** quod .. soror .. venientibus ~aret transmigrantibus M. PAR. *Maj.* V 467. **b** s**1254** ~antium tanta talisve solempnis occursatio *Ib.* V 477.

2 to rush in.

tumultu sensuali usque ad sedem anime ~ante ADEL. *ED* 13.

3 to come up against, clash with: **a** (w. dat.); **b** (w. *sibi invicem*).

a sono .. clamantium stupefacti cautis incauti ~abant ORD. VIT. IX 9 p. 539; videas homines quasi furiosos excurrere .. et quadrigas ~are quadrigis P. BLOIS *Ep.* 14. 48C. **b** resolutiones, que ~antes sibi invicem in nubes elevate fuerint *Quaest. Salern.* C 6.

4 to oppose, attack: **a** (w. dat.); **b** (pr. ppl. as adj.); **c** (pr. ppl. as sb. m.).

a Sathane .. qui etiam victus et confusus victoribus victricibusque a castris tuis ad te redeuntibus ~are .. assolet *V. Fridesw.* B 21; quibus [sc. hereticis] .. Augustinus gladio verbi Dei ~abat HON. *Spec. Eccl.* 995B. **b** restat ostendi quantum ipsa ecclesia ~antibus adversis .. servet amorem BEDE *Cant.* 1094; post separationem sui a corpore, nonne anima a multitudine ~antium demonum .. ELMER CANT. *Record.* 720C; validam manum ~antium demonum non timebit ALEX. CANT. *Dicta* 14 p. 163. **c** sola inbellis puella .. ~antes gaudet excipere GOSC. *Edith* (II) 67.

occursatio [CL], meeting, gathering, reception.

somlempnis ~o M. PAR. *Maj.* V 477 (v. occursare 1b).

occursio [LL]

1 gathering, reception.

rex .. per Angliam procedere .. cum festiva ~one recipi G. *Steph.* 7.

2 attack, assault.

s**1136** alii ferocem hostium non ferentes ~onem .. inglorii recesserunt G. *Steph.* 8.

occursitare [LL], to run to meet (absol.).

turbe certatim cum spatulis palmarum ovantes ~ant HON. *Spec. Eccl.* 917C.

occursor [LL], one who or that which aids or assists: **a** (of person); **b** (of number; cf. Aug. *Mus.* VI 6. 16).

a te in nostris principiis ~orem poscimus .. sc. ut ignorantie parcas, errori indulgeas EGB. *Pont.* 99. **b** sapiens igitur est qui .. novit .. proportiones in numeris sonantibus effectas ut progressores et ~ores anime illabantur et ex incommensuratione omnia redeunt [? l. redeant] ad propriam commensurationem GROS. 5.

occursus [CL]

1 encounter, meeting (partly fig.; also w. implication of welcome); **b** (*in* ~*um, in* ~*u*, w. vb. of motion, usu. foll. by gen.) to go to meet someone; **c** (w. ref. to Day of Judgment); **d** (of abstr.). **e** (astr.) incidence.

~us amicorum jocundus mihi fuit ADEL. *QN intr.* p. 1; venientibus .. Anglis undique ~um: a rege impertite gratie, a populo effusus favor W. MALM.

GR I 6; tantum vulgus ejus se infundebat ~ui, ut nequiret numerari *Id. Wulfst.* III 10; in misericordie et veritatis ~u, et amplexu justitie et pacis AD. MARSH *Ep.* 85. **b** in ~u sanctorum .. properaret BEDE *HE* I 21 p. 40; dum famuli cervos in ~um eorum ducerent G. MON. I 3; rex .. volat in ejus ~um DEVIZES f. 29; cum aliquantulum quasi in ~um hospitis advenientis processisset GIR. *GE* I 22; **1220** ad partes Salopesbiry accedatis in ~um nostrum *Pat* 261; non meruimus .. de vestro itinere scire, ut in vestrum iter mitteremus ~um? *Eul. Hist.* I 133; super quem pontem exivit de castro in ~um regis chorus pulcherrimarum puellarum G. *Hen. V* 15. **c** **801** omni homini necesse est vigili cura se praeparare ad ~um Domini Dei sui ALCUIN *Ep.* 236; quis non timebit judicem eminentem? / quis in occursu tam horrendo perstabit? J. HOWD. *Cant.* 139; omnes salvandi occurrent in die judicii in una et non discrepante fide, igitur usque ad illum ~um omnes tenebunt fidem OCKHAM *Dial.* 762. **d** ipse intellectus occurrit tali passioni ... et in isto ~u intellectus combibit illam intelleccionem confusam DUNS *Ord.* III 316. **e** propter variantem ejusdem Dominici ~um BEDE *TR* 62; xj calendarum Aprilium die ~um aequinoctii ÆLF. *Temp.* II 4 p. 19.

2 (w. hostile intent) onrush, attack; **b** (w. ref. to *Prov.* xxx 30).

967 nobilita[tis] mundanae fastigium .. inflatur ~ibus, rapinis pascitur *Ch. Burton* 22; non manus latronum fortium .. timebit, non malos ~us timebit ALEX. CANT. *Dicta* 14 p. 162; quid sentirem de ejusmodi ominosis ~ibus, de somniis et lemuribus P. BLOIS *Ep.* 65. 190C. **b** fortissimus bestiarum ad nullius pavescens ~um ALDH. *Met.* 2 p. 65; ne ancilla tua ad te migratura Sathane paveret ~um *V. Fridesw.* B 21.

3 approach, moving forward.

angelorum ascendentium et descendentium infatigabilis omni hora ~us et recursus J. FORD *Serm.* 54. 8; nec mora, naves armifere raptissimo occurrunt ~u *Ps.*-ELMH. *Hen. V* 37.

4 (w. *ad* & acc.) arrival at.

primam subdivisionis speciem vocans eam, cujus partes subdividentes usque ad unitatis ~um in paria dividuntur ADEL. *ED* 24.

5 bar to progress.

interjecto in media regione planetarum ~u .. motus innativus observatur ADEL. *QN* 72; processerat juvenis .. cui .. magnis artibus ducum, magnis viribus militum apud Brunefeld ~um W. MALM. *GR* II 131.

6 occurrence, cropping up.

internus cogitationis ~us mentem suam a sapore et intelligentia divini verbi averteret *Canon. G. Sempr.* 61v.

oceanalis, of the ocean.

'tarascus' serpens de genere pessimi illius leviathan ~is anguis occultabatur GERV. TILB. I 85 p. 988.

oceanitis [CL = *daughter of Ocean*], situated in the ocean.

Augustinus .. a Romano apice haereditatem sortitur ~idis Britanniae GOSC. *Aug. Maj.* 45C.

oceanus [CL < ὠκεανός]

1 ocean (envisaged as a sea flowing round the world); **b** (w. ref. to sun setting on horizon); **c** (personified).

Aegyptus a septentrione mare magnum .., ab oriente rubrum mare, a meridie ~um, ab occasu Lybiam habet BEDE *Nom.* 1033; ~um, mare qui circumdat omnem terram *GlC* O 125; quos ultra fines .. trans omnem horizontem in infinitum per .. occultas vias solus ~us circumfertur et evagatur GIR. *TH pref.* p. 20; [mare] quod cingit terram sub polis Amphitrites vocatur, reliquum vero ~us GROS. 24; quicquid oceani septitur cingulo / devota munia persolvit sacculo WALT. WIMB. *Sim.* 37; undique occianus circumfluens J. FOXTON *Cosm.* C. 2 d. 5. **b** oceano Titan dum corpus tinxerat almum ALDH. *Aen.* 58 (*Vesper Sidus*) 3; Phebo in ~um proclivi W. MALM. *GR* IV 333. **c** ~umque patrem rerum ALB. LOND. *DG* 5. 5.

2 sea; **b** (w. implied ref. to Atlantic Ocean, North Sea, or English Channel); **c** (w. *mare*, as apposition); **d** (fig.).

oportet quod latior sit [sc. anima] ~o, excellentior celo, longior et profundior terra T. CHOBHAM *Serm.* 2.

9va. **b** in litore . . ~i . . turres . . collocant GILDAS *EB* 18; ossa in Rheni fluminis insula ubi in ~um prorumpit *Lib. Monstr.* I 2; quando et lumen lunae et reuma ~i in cremento est BEDE *HE* V 3 p. 285; Britannia . alter orbis appellatur quod ~o interfusa non multis cosmographis comperta est W. MALM. *GR* I 54; in orientali Anglia principatum tenuit. provintia illa ab austro et oriente cingitur ~o *Ib.* II 213; juxta villam que vocatur Cotum super occea[nu]m situatam non multum distantem a monasterio *Chr. Kirkstall* 122; ab occiano milibus distantibus sex W. WORC. *Itin.* 98. **c** longius extra orbem, hoc est in insula maris ~i, nati et nutriti BEDE *Cant.* 1077; occeanum mare ingressus in portum . . applicuit G. MON. V 10. **d** in miseriarum ~um pessundata fuisset ROBERTSON *Rolloc* 13.

3 (spec.).

ignis . . occidentalem trucique ~um [*Atlantic Ocean*] lingua delamberet GILDAS *EB* 24; rubicundi tumentes ~i gurgites [*Red Sea*] ALDH. *VirgP* 4; juxta ~um Indicum [*Indian Ocean*] *Lib. Monstr.* I 12; ~um, *garsecg, mer betee* [*Red Sea*] (ÆLF. *Gl.*) *Teaching Latin* I 24; omnia inquietaverint Northmanni ab ~o Britannico [*North Sea*] . . usque ad Tirrenum mare W. MALM. *GR* II 127; ~o circumluitur . . ad Septentrionem Deucallidonico [*North Sea around Scotland*] BOECE I; ~o circumluitur . . Hibernico [*Irish Sea*] quod in Vergivium dicitur *Ib.*

4 (~*us Gallicus* or *Anglicus*) English Channel.

regressus . . ad Anglicum ~um GOSC. *Transl. Mild.* II; ~us Gallicus *Jus Feudale* 96.

5 river.

oceanum Rhenum sub te natet unca carina ALCUIN *Carm.* 4. 65.

ocearium v. aciarium.

ocellulus, eyelet, small opening.

~us, A. *an ylet WW.*

1 ocellus [CL]

1 eye.

lacrimarum flumina fudit / . . donec ocellorum caruissent luce pupillae ALDH. *VirgV* 966; **934** quamdiu aura naribus spirabili ~onumque convolatu cernibili potiatur *CS* 702; statim precibus impletis tersisque ~is e lacrymarum rivulis B. *V. Dunst.* 14; si ~orum jocunda varietas, si vultus tractus, si facies tenella studiose considerentur W. DONC. *Aph. Phil.* 7. 3; visu, licet unius tantum ~i, pristino fruebatur *Mir. Hen. VI* I 8 p. 30.

2 (*cervi* ~*us*) (?) sow-fennel (*Peucedanum*).

cervi ~um *Alph.* 54 (v. cervaria).

2 ocellus [*pronunciation spelling of* LL *aucellus*], little bird, gosling.

pinguidedinem inferunt parvi ~i, et maxime passeres et sorices ADEL. *CA* 14.

ocenaus v. echenais. **oceum** v. oscheum. **ochimonides** v. ocimoides. **ochis** v. 1 ota.

ochra [CL < ὤχρα], **ochron**, ochre, var. from light yellow to deep orange or brown.

~a [TREVISA: ocra] nascitur in Topazion insula BART. ANGL. XIX 30; ocra eligenda est mellinum colorem habens et sine lapide fricabilis, virtus est ei stiptica *Alph.* 127; ocron *Ib.* 127 (v. idiocrus); *ocur, colowr, ocrea* PP; ocra, A. *oker WW*; uncia . . colore . . corporis pallescentis ~ae CAIUS *Anim.* 2; ~a, Theophrastus simpliciter ~am esse terram luteam describit, et situ diversa enumerat genera *LC* 256.

ochreare, to colour or paint with ochre.

1388 item solutum . . pro xiij novis shopis ocriandis *Ac. Bridge Masters* 7 m. 8.

ochreatio, colouring or painting with ochre.

1358 pro dealbacione, ocriacione, et vernacione camere (*KR Ac* 472/4) *Building in Eng.* 159; **1376** pro dim' c de ocr' empt' apud London' pro ocreacione predicte nove capelle *KR Ac* 464/30 m. 2.

ochus [ὄχος, ὀχή, cf. συνοχή], affliction, fever.

~us vel orchos interpretatur labor *Alph.* 127, 132.

oci, cry of a nightingale.

oci cantat tale cor / gaudens in pressura PECKHAM *Phil.* 24; oci, oci anima / clamat in hoc statu *Ib.* 47.

ociari v. otiari. **ocillare** v. oscillare. **ocillum** v. oscillum.

ocimoides [CL < ὠκιμοειδής], clinopodium, wild basil (*Clinopodium vulgare*).

ochimonides folia habet ozimo similia, potui datum medetur serpentum morsibus *Alph.* 127.

ocimum [CL < ὤκιμον], ~**us**.

1 herb basil (*Ocimum basilicum*).

ozimum, i. basilicum *Gl. Laud.* 1081 grana novem . . origani, balsamite, ozimi, brance ur[sine] . . GILB. II 119v. 1; basilicon, ozimum idem. . . basilicon, i. semen brance ursine secundum quosdam *SB* 12; basilicon semen est majorane, ozimus idem vel ozimum . . bachador, i. ozimum magnum *Alph.* 18; ozimum, i. semen basiliconis *SB* 33 eliotropium magis . . folia habet azimo similia sed asperiora et nigriora *Ib.* 53; ozimum vel ozimon, i. basilicon, herba est cujus semine utuntur apotecarii, folia habet similia satureie, sed albiora, hastas duarum palmarum, que haste folliculos habent similes jusquiamo et semen nigrum simile melancio, cum vino bibita morsus venantus compescit *Ib.* 133; oximum, semen basiliconis *MS BL Sloane 282* f. 171v; osimum, gariofilatum semen . . vel bassilicon' *MS BL Sloane 3217* f. 57; occimium, i. semen basiliconis *MS BL Addit. 15236* f. 5v.

2 mistletoe.

10.. ~um, *mistel WW*; ~us, *mistel Gl. Durh.* 304; ozimum, i. *draganus, naddirwort*, vel *lambesfot MS BL Sloane 420* f. 119; ~um, *mistelto MS BL Sloane 2479* f. 101; *zetiwale* . . ozimum *MS BL Sloane 2527* f. 226; occimum, *mistoles MS BL Addit. 18752* f. 109; ozimum, *nedirwort MS Soc. Antiq.* 101 f. 89ra.

3 nettle.

ozminum, urtica idem . . ozima, id est semen urtice *Alph.* 133; ozimum, igia acantum, urtica, *doces netel MS BL Sloane 282* f. 171v.

ocior [CL], that moves faster, more rapid.

ocior et feta tigride currit eo L. DURH. *Dial.* II 306; ocior OSB. GLOUC. *Deriv.* 394 (v. ocis).

ocis [*hypothetical positive form of* CL *ocior*; cf. ὠκύς], fast.

ocis Grece, velox Latine, et . . comparatur ocis, ocior, ocissimus OSB. GLOUC. *Deriv.* 394.

ocitare v. oscitare. **ocitatio** v. oscitatio.

ocius [CL]

1 (compar.) more quickly.

longe ~us quam ascenderant properant ad descensum GIR. *TH* III 12 p. 157.

2 (positive) quickly, without delay.

"dirige" inquit "sagittam in avem ~us" *V. Greg.* p. 88; adceleravit ~us ad legendum BEDE *HE* III 5 p. 136; ad me ~us festinans *Ib.* V 12 p. 307; dum resistit . . diabolo ipse diabolus a puella recessit ~us et ab ipso *V. Edm. Rich P* 1784 B; Anglici . . in fugam conversi sunt et usque ad Mungumbriam ~us fugerunt *Ann. Cambr.* 92.

3 quickly, soon. **b** (*sive* ~*us sive sero*) whether sooner or later.

insidiae veteres dormiscant otius omnes FRITH. 1196; scito quoniam tolletur ocius potestas imperii de manu tua W. MALM. *GR* II 111; . . aliaque castella in Dewet cepit, que per malam custodiam ~us amisit *Ann. Cambr.* 57; cruenti apparitores ~us revertuntur *V. II Off.* 8. **b** sive ~us sive sero veniens paratos nos possit invenire BEDE *Ep. Cath.* 80.

4 (*ocissime*) very quickly, fastest.

misit rex . . Uulfstanum . . cum episcopo, qui regia auctoritate mandavit clericis ~ssime dare locum monachis ÆLF. *Æthelwold* 14; ocior . . unde ocius, ~ssime, i. citissime adv. OSB. GLOUC. *Deriv.* 394; quod is locus ocyssime putrescat D. EDW. *Anat.* A3.

oclamarium v. oculamarium. **ocra** v. ochra.

1 ocrea v. ochra.

2 ocrea [CL], ~**us**

1 (metal) greave; **b** (fig.).

~eis, *baangeberg GlC* O 110; itaque de galea, scuto, lorica et ~eis taceo AD. EYNS. *Visio* 41; cum juvenis quidam . . ferreas ~eas furto sustulisset GIR. *TH* II 46; dederunt ei . . caligas ferreas quas quidam proprie ~eas dicunt *Chr. Battle* f. 101v; hec ~ea, *chauce de fer Gl. AN Ox.* 142. **b** arma fuerunt / scutum justitie, calcar crucis, ocrea legis H. AVR. *Hugh* 7.

2 leather legging or boot; **b** (spec. for riding); **c** (mon.). **d** (in surname, *curta* ~*a*) Curthose.

1253 ~eas corii bovini *RGasc* I 359b; **1272** nullus allutarius ~eas faciat seu sotulares de coreo vitulino *MGL* III 442; **1382** pro ~eis vocatis *bothes* (*Ac. Bridge Masters*) *Building in Eng.* 80; **1453** ratones roderunt et laceraverunt ~eas ac dicti domini episcopi *Reg. Brechin* I 78; constat, quoniam obtusis sotularibus et ~eis a juventute uti consueverat BLAKMAN *Hen. VI* 14; *a bute of ledyr or wandis*, crepida, crepidula, diminutivum ~ia *CathA*; **1592** unum par acrearum ad valenciam vij s. *JustIt* 35/34/8 m. 14. **b** "calcia pedes meos ~eis istis." erant . . pulcherrime omnium et alotate. . . "appone . . et calcaria." W. CANT. *Mir. Thom.* II 39; de ~earum amissione et calcarium et calciamentorum R. NIGER *Mil.* I 34; **1390** equo et sella, ~eis et calcaribus *FormOx* 236. **c** da mihi . . et pedules et ~eas meas ÆLF. *BATA* 4. 1; ~eas, sive . . hujuscemodi equitature necessaria *Cust. Westm.* 147; hic quoque sotulares corrigiatos pro ~eis, de cute quam vulgus *bazan* appellat, commutavit G. S. ALB. I 211. **d** probus erit Robelinus Curta ~ea. hoc enim erat ejus cognomen, quod esset exiguus W. MALM. *GR* IV 389; Robertus Curta ~ea dictus de Normannia venit in Angliam *Eul. Hist.* III 58.

3 leather bottle or cask (*cf. hosa* 3); **b** (w. ref. to serjeanty).

hirnea, ~ea que ad potum bajulatur OSB. GLOUC. *Deriv.* 277. **b 1219** Hugo de Sancto Philiberto tenet . . per serjaunteriam serviendi de ~eis domini regis *Fees* 255.

4 (agr.) collar or pipe-shaped leather covering for a trace-chain of a harness.

1307 in ~eis ad tractus emptis (*MinAc. Wroughton*) *Ac. Man. Wint.*; **1314** in ~eis ad tractus circumligandos emptis, iij d. (*Ib.*) *Ib.*; **1325** in j. pari ocr' pro iiij collariis inde faciendis cum filo ad idem empto (*Ac. Easton*) *Ib.*

ocrealis, of a greave, of leg armour.

accidit . . quemdam militem . . per mediam coxam, cum panno lorice ac ~i ferro utrinque vestitam, sagitta percussum esse GIR. *IK* I 4.

ocreare [CL p. ppl.]

1 to equip with boots, leggings, or greaves. **b** (p. ppl. as adj.) who wears boots, leggings, greaves. **c** (as surname, representing Greave or sim.).

to bute, ~*eare*, ocreis ornare *CathA*. **b** observato ut conventus tunc in claustro non sedat, nec aliquem ~eatum LANFR. *Const.* 154; ut nullus . . ~eatus vel calcaria habens pedibus . . claustrum introeat *Cust. Westm.* 170 (=*Cust. Cant.* 215); dux B. humatum parentem querens et tunicatum et ~eatum in sepulcrum . . reperiens . . alibi honorabilius inhumandum relevat *Ps.-ELMH. Hen. V* 93. **c** prologus N. ~eati in Helceph ad Adelardum Batensem magistrum suum OCREATUS *Helceph* prol. 132.

2 (agr.) to cover trace-chain of harness with leather, to pipe traces.

1309 custus carectarum . . in ocreis emptis ad tractus ~eandos, v d. (*Ac. Wonston*) *Ac. Man. Wint.*; **1316** in ij cor' ad ij paria tractuum ~eanda (*Ac. Oveston*) *Ib.*; **1364** in corio empto pro tractibus ~eandis (*Ac. Wonston*) *Ib.*

ocrearius, maker of leggings or boots.

13.. urbani . . cordevanarius, corvesarius, husuarius sive ~ius, loremarius, pelliparius et consimiles (*Nominale*) *Neues Archiv* IV 339.

ocreola, low boot, greave that covers only part of the shin.

butewe, ~a *CathA*.

ocria v. ocrea. **ocriare** v. ochreare. **ocriatio** v. ochreatio. **ocron** v. ochra. **octab-** v. octav-.

octaëdrum [ὀκτάεδρον], eight-faced solid, octahedron.

secunda habet superficies octo triangulares, et ideo vocatur ~um, nam octo purum est Grecum, non Latinum BACON *Maj.* I 160; est octocedron figura octo basium triangularium *Id. Tert.* 139; omne namque corpus hujusmodi est pyramis, cubus, octoedron, duodecaedron, icosaedron, vel sphera BRADW. *CD* 120C.

octaginta v. octoginta.

octagonus, octogonus [CL < ὀκτάγωνος], eight-angled, octagonal (also as sb. m.).

ut octogona turris manifestius appareret *G. S. Alb.* I 280; et multo fortius heptagonus et octagonus non replebunt locum BACON *Tert.* 137.

octare [cf. CL octo], (math.) to move to eighth place.

si autem divisor fuerit decenus secundat a se, . ., si decenus millenus ~at THURKILL *Abac.* f. 58.

octavarius [LL = *collector of tax of an eighth part*], (by assoc. w. *octonarius*, w. *numerus* or as sb. m.) (number) eight.

aghte, octo, occies, octavus, ~ius, octoplus *CathA*; **1503** visum est numerum ~ium seniorum magistrorum tunc existentium domi (preter vicecustodem) sufficere *Reg. Merton* I 273.

octavus [CL]

1 eighth. **b** (as sb. m. or f.) an eighth part, (tax of) one eighth. **c** (~*us decimus*) eighteenth, (also as sb. m.) eighteen. **d** (as sb. f.) an eighteenth part, (tax of) one eighteenth. **e** (abl. sg. as adv.) in eighth place, eighthly.

octavam cumulat truculenta superbia turmam ALDH. *VirgV* 2702; foeminae . . non amplius quam ad annum ~um perducunt vitam *Lib. Monstr.* I 27; erant cum Willibaldo et contribuli illius, et ille ipse fuit ~us HUGEB. *Will.* 4; **805** octabo anno regni mei *CS* 322; ut . . premissi topici dictionales libri sunt, sic topicorum ~us constructorius est rationum J. SAL. *Met.* 910B; in †octano [l. ~o, sc. die] non movetur [luna], sed jacet GILB. I 54v. 2. **b 1297** cum . . laici regni nostri extra civitates, burgos, et dominica nostra octavam partem omnium bonorum suorum mobilium et . . probi homines de . . civitatibus et burgis ejusdem regni nostri . . et de omnibus dominicis nostris quintam partem . . nobis concesserint . . pro confirmacione Magne Carte, . . assignavimus dilectos et fideles nostros R. de la F. et A. de C. . . ad dictas ~am et quintam in comitatu predicto assidendas, taxandas, levandas, colligendas et nobis solvendas *RParl* I 239a; **1393** pro vj *colers* argenteis . . qui ponderant xvj uncias j ~us minus *Ac. H. Derby* 85; concedebatur . . regi . . decima a communitatibus et a mercatoribus et civibus ~a *Meaux* II 264. **c** mense . . vij ~i decimi anni regni ejus . . Jesus Christus . . traditus est THEOD. *Laterc.* 10; nunc revelatis oculis de octavodecimo rithmicemus BYRHT. *Man.* 228; obiit ~o decimo anno imperii emenso W. MALM. *GR* II 194. **d 1319** collectores decime ~e a laicis domino regi concesse *Conc.* II 495b; breve pro duodecima et ~a decima assidenda *MGL* I 595. **e 1279** ~o, excommunicantur . . illi qui . . *Conc* II 35b; ~o isti impugnatores ostendunt quid per proprietatem intelligant OCKHAM *Pol.* I 309.

2 (denoting days of the calendar, w. *dies* or ellipt.): **a** (using Roman system); **b** (reckoning from the first day of a month). **c** eighth day inclusive after festival in eccl. calendar.

a ~a kal. Januarias natus est de virgine THEOD. *Laterc.* 9; anno . . quo Pascha Dominicum ~o Kalendarum Maiarum die celebrabatur BEDE *HE* V 22 p. 347; die ~a [v. l. ~o] kalendarum Septembrium FELIX *Guthl.* 27; mando . . vobis ut ~o Idus Septembris sitis apud . . ecclesiam Cantuariensem ANSELM (*Ep.* 443) V 390; consecratur ~o Kalendas Januarii W. MALM. *GR* II 110. **b 1479** ab ~o Augusti anni lxxviij[vi] *ExchScot* 575. **c** festivitas Sancte Margarete virginis accedebat que diem feriati transitus . . Mildrethe ~am illustrat et eadem lux et una vox prime et octave diapason consonat GOSC. *Transl. Mild.* 22 p. 186; **1210** in ~o Epiphanie *FormOx* 277; die viz. ~a Dominice Ascensionis *Mir. Hen. VI* III 97.

3 (as sb. f. sg. or pl. foll. by gen.) eighth day inclusive: **a** (eccl., after festival); **b** (leg., after term-day).

a his peractis rursum repetatur 'Tecum principium' usque ~as Domini *RegulC* 31; Dominica post octabas Pentecosten [*sic*] ÆLF. *Regul. Mon.* 195; **a1088** apud Vestmonasterium in octabis Pentecostes *Regesta* 243 p. 130; rex Anglorum Heinricus anno regni sui xxviij in ~is Pasce quod erat iij Kal. Maii . . tenuit concilium J. WORC. 26; **1218** in crastino octabarum S. Hillarii (v. 1 esse 6h); diem suum extremum clausit in ~a beatorum apostolorum Petri et Pauli TREVET *Ann.* 113; circa octabas Assumpcionis AD. MUR. *Cont. A* 227. **b c1161** ita sane ut infra ~as utriusque termini totum persolvat *Ch. Westm.* 284; **a1180** si a solutione prenominati census infra octabas terminorum defecerint *Cart. Glam.* 119.

4 (as sb. f. pl.) eight days inclusive following a day: **a** (eccl.); **b** (leg.).

a qualiter Sabbato ~arum Paschae totoque aestatis tempore agatur *RegulC* 13; **1206** ad prandium singulis diebus octabarum principalium festivitatum (c. caritas 4b); **s1260** papa . . instituit festum . . Corporis Christi ad cujus solemnia celebranda . . tanta divine largitatis gracia indulgenciarum concessa est, tam in prima die quam in diebus ~arum sequencium, quod fere se extendit ad xiiij m annorum *Plusc.* VII 22; completis vero inde octabis resurreccionis Dominice prefatus . . imperator . . venit in Angliam G. *Hen.* V 18; **1437** per ~as dictarum festivitatum *Melrose* 561; **1498** habeant . . nundinas publicas . . unam viz. in Cena Domini ante Pascha . . aliam vero in die Sancti Luce evangeliste et per ~as eorundem cum omnibus theloneis libertatibus *Reg. Aberd.* II 305. **b 1302** modo die sabbati contingente in prefatis octabis, sc. ipso eodem primo die octabarum illarum *PIRCP* 40/141 m. 97.

5 (*aetas* ~*a* or ellipt.) eighth age of the world, time of resurrection and judgement. **b** (*ad* ~*am transire*) to pass into the next life, to die.

prima die in qua principia mundi sunt ipsa nobis octabam per resurrectionem fecit THEOD. *Laterc.* 23; sex . . sunt saeculi praesentis aetates, septima . . nunc agitur aetas in illa vita ubi animae sanctorum sabbato felici, ad est requie, perfruuntur aeterna, ~a est ventura tempore resurrectionis omnium et universalis judicii BEDE *Ep. Cath.* 271. **b** eadem septimana, qua martyr ad ~am transiit . . defunctus apparuit BEN. PET. *Mir. Thom.* I 4.

6 (med.) that lasts eight days.

hic est questio quare non sit febris ~a sicut relique GILB. I 54v. 1.

7 (mus. as sb. f.) octave.

quando cantamus per ~am debemus respicere tenorem et cantare per clavem superiorem, respiciendo litteram superiorem consimilem littere tenoris HOTHBY *Contrap.* 63.

8 eight.

sicut sunt octo [*ed. Script. Mus.* 405: octavi] toni sive modi, sic sunt octave species figurarum HAUBOYS 192.

October, ~imber [ML], October.

sextas Octembris nonas Bosa optat habere *Kal. Met.* 61; Octembrem libra perfundet lampide mensem *Kal. M. A.* I 415; Janus et Octimber binis regulantur habenis BYRHT. *Man.* 42 [= *Miss. R. Jum.* 35: Octember].

octena v. octonus.　　**octeni** v. octonus.

octennis [LL], of eight years, eight years old.

puer . . nolens ~is trimum despectus habere magistrum BEDE *CuthbV* 55; Oswaldum non nisi ~em regem fuisse R. COLD. *Osw.* 19; huic [sc. Cuthberto] cor dissuadens puero puerile triennis / precinit octenni multa propheta puer L. DURH. *Hypog.* 69; paries inclinatus et jam cadens me ~em oppressisset, a cujus ruina . . elevans sustulisti me quem . . nunquam fecissem in tam tenera etate ex nisu proprio *Medit. Farne* 58; quinquennis . . locum sacratum . . fedavit, ~is . . coronatus . . est *Meaux* II 361.

octennium [LL], period of eight years.

nec ille in vita moratus plus ~io W. MALM. *GR* IV 337; a patria in ~ium exul progrediens T. MON. *Will.* VI 10; qua [sc. infirmitate] cum . . per ~ium . . sine ulla interpolatione . . flagellasti AILR. *Spec. Car.* I 34. 543; octennis, unde hoc ~ium OSB. GLOUC. *Deriv.* 14.

octenus v. octonus.　　**octi** v. octo.

octiens, ~ies [CL], eight times.

arsis ~ies semis continet et thesis quater semis ALDH. *PR* 132 p. 182; efficitur ut circuitus ejus quadragies ~ies lxxv milia conpleat BEDE *HE* I 1 p. 9; rite vicenis cum quadrāgiēs octiēs una / quaeque sororum formatur de mearum / nempe momentis HWÆTBERHT *Aen.* 29. 1; potest tamen alter pro altero capi, nuncupativus viz. pro adverbiali et adverbialis pro nuncupativo. ita, quater viij aut ~ies iiij, septies v aut quinquies vij, ad unum namque redit THURKILL *Abac.* f. 57; ~ies . . binario de xviiij sublato xxxij ADEL. *Alch.* 20; pre doloris vehementia, quandoque septies, nonnumquam ~ies mente alienata *Mir. Fridesw.* 29; aduxisset proditorem, in foro publice decollatus est, ~ies percussus antequam caput esset a corpore separatum WALS. *HA* II 3; *aghte* . . ~ies *CathA*.

octies v. octiens.　　**Octimber** v. October.

octimembris, that has eight members or sections (in quot., rhet.).

prima trimembris divisio plene conplectitur ~rem divisionem T. CHOBHAM *Praed.* 288.

octingentesimus [CL], eight-hundredth.

exivit autem de ergastulo hujus saeculi anno ab incarnatione dominica ~o sexagesimo secundo *V. Swith.* 380; anno Domini ~o octogesimo primo W. MALM. *GR* II 110.

octingenti [CL], eight hundred.

Brittannia . . ~orum in longo milium, ducentorum in lato spatium GILDAS *EB* 3; ibi . . octingent' lxxv anguill' *DB* I 48vb; cum ~is navibus plenis armatis paganis G. MON. XI 1; **1254** trium millium octoginta·rum viginti in annis marce *RGasc* I 503b; **1269** concessimus . . pro octogentis marcis argenti quas nobis dedit in gersumam totum manerium nostrum de Northon' cum pertinenciis *Cl* 112; cesseruntque ibidem in usus militum ~i equi WALS. *HA* II 19.

octinginta v. octoginta.

octiplex, eightfold.

si queritur evidencia ad hunc sensum ~icem WYCL. *Ver.* III 256.

octium v. otium.

octo [CL]

1 eight. **b** (~*o dies*) octave, eight days inclusive from eccl. feastday.

gigantes: dicunt decem et ~o cubitorum staturam illorum fuisse *Comm. Cant.* I 70; in conflictu ~o principalium vitiorum ALDH. *VirgP* 11; dum ergo puer esset annorum ~o *V. Cuthb.* 3; leporarius ejusdem inventus est per ~o fere dies absque cibo domini cadaver non deserens GIR. *IK* II 10; ~o [ME: *achte pinges*] sunt que nos excitant ad vigilandum in bono et operandum *AncrR* 46; **s872** viginti ~i annis et dimidio regnavit *Croyl.* 25. **b b1175** infra ~o dies S. Michaelis . ., infra ~o dies Natalis Domini . ., infra ~o dies Pasche . . *Ch. Westm.* 394.

2 (in surname, ~*o denarii*) Huitdeniers.

1130 de istis sunt plegii . . Osbertus ~o denarii de v m. *Pipe* 146; **c1144** mihi traho testem . . Osbertum ~o Denarios et omnes Londonienses (*Ch.*) *EHR* XXV 302.

octoagesimus v. octogesimus.

October [CL], October (adj. or sb.); **b** (personified).

705 ut in idus kalendarum ~rium in loco qui d[icitu]r Bregunt ford omnes advenissent reges WEALDHERE *Ep.* 22; [apud Anglos] ~er *Winterfilleth* . . mensem quo hiemalia tempora incipiebant *Winterfilleth* appellabant composito nomine ab hieme et plenilunio, quia viz. a plenilunio ejusdem mensis hiems sortiretur initium BEDE *TR* 15; occisus est . . die iiij Iduum ~rium *Id. HE* II 20 p. 124; quarto idus Octebrium / tertio dono dierum *Epigr. Milredi* 818; decimo anno kalendis ~ris apparuit cometes W. MALM. *GR* IV 328; hoc anno idibus ~ris vehemens ictus fulminis turrim Wynchecumbrie ecclesie concussit KNIGHTON I 95. **b** mensis et October foenore ditat agros. / equat et October sementis tempore libram *Kal. M. A.* I 416; namque quadris constat nonis concurr[er]e menses / omnis excepto Marte et Maio, sequitur quos / Julius et October BYRHT. *Man.* 42.

Octobrius [LL], of October.

lvj anno regni sui mense Octubrio THEOD. *Laterc.* 8; in ~io mense *Comm. Cant.* I 275.

octocedron v. octaëdrum.

octodecies, eighteen times.

aghten . . ~ies CathA.

octodecim [CL], eighteen.

quando plures sedecim vel ogdecim, quando vero pauciores quinque vel tres LANTFR. Swith. 4; Cantiam ~im annis obsedit W. MALM. GR I 15; si . . novem tales accipiantur erunt ~im BACON Tert. 139; a1350 procuratores auctoritate cancellarii convocabunt ~im magistros actualiter regentes per quos veritas melius inquiri poterit StatOx 29.

octodecimus[LL], eighteenth.

c1467 ~o die Maii MunAcOx 726; aghten . . ~us CathA.

octodecuplus, eighteenfold.

inter minimas et maximas est proporcio ~a singula HOTHBY Cant. Mens. L 53.

octodenarius, of eighteen, eighteen.

c1400 quociens . . numerus . . ad numerum ~ium se extenderit StatOx 188; aghten . . ~ius CathA.

octodenus, eighteen each.

aghten . . ~us CathA.

octoedron v. octaëdrum.

octogenarius [CL]

1 (w. numerus) eighty.

illae recte numero sexagenario, hae comprehenduntur ~io BEDE Cant. 1181; c798 quia pridem de numerorum ratione mecum egisti interrogans, quomodo in excellentissimo cantico Salomonis sexagenarius numerus reginis conveniret, et ~ius concubinis ALCUIN Ep. 133.

2 eighty years old; **b** (as sb. m.).

adhuc in suburbio Cantuariae degit anus fere ~ia jamque anachorita trigenaria GOSC. Transl. Mild. 30 p. 197; abbas jam ~ius . . obiit ORD. VIT. V 9 p. 345; ~ium . . illum Bigoth, qui in Nestorinis annis Hectoris audacia delirabat W. CANT. Mir. Thom. VI 95 [recte 96 p. 491]; non decet, amatissime pater, virum ~ium se talibus immiscere, nedum episcopum P. BLOIS Ep. 56. 169B; 1461 venerabilis frater noster Jordanus episcopus . . octuagenarius et adeo senectute confectus existat Mon. Hib. & Scot. 430b. **b** ~ium te audivimus esse ALCUIN (Adv. Elipand. I 15) Dogm. 251C; cumque ~ius jam moriturus in lecto decumberet W. BURLEY Vit. Phil. 22.

octogesimus [CL]

1 eightieth (also in comp. numeral).

tunc existente olimpiade octuagesima quarta ALDH. Met. 2 p. 69; **799** me tamen cognoscite senectute jam decrepita octuagesimo secundo anno a die octavo Kalend. Aug. ingressus fuisse Ep. Alcuin. 183; Augustinus super Psalmum ~um nonum reprehendit eos GROS. Cess. Leg. IV 7; hic anno vite sue octuagesimo adeo exactissime subtilitatis volumen scripsit W. BURLEY Vit. Phil. 108; 1386 anno Domini millesimo ccc octoagesimo sexto (Test.) FormA 427; anno gracie sexcentesimo octoagesimo primo J. GLAST. 43; 1482 anno Domini millesimo quadringentesimo octoagesimo secundo FormA 395; 1491 de annis Domini octuagesimoseptimo et octavo ExchScot 254.

2 (as sb. f.) suggested name for Sunday preceding Septuagesima.

798 ~am . . nuncupare debuissent (v. decagesima).

octoginta, octaginta [CL], eighty.

centum octoginta quinque milia exercitus Assyriorum . . prostrata sunt GILDAS EB 72; c798 octogenarii quadragenarius medietas, et viginti quarta pars et denarius octava: quae simul ducta septuaginta faciunt non octoginta ALCUIN Ep. 133; 973 octuaginta mancusis auri CS 1295; octoginta . . decades ÆTHELW. IV 3 (v. decas a); 11 . . cc hidas et octinginta hidas CS 297A; 1219 de octaginta acris terre CurR VIII 14; excedere numerum octuaginta septem Reg. Whet. I 462; 1491 pro naulo octuaginta unius celdrarum frumenti ExchScot 253.

octoginti v. octingenti.   **octogonus** v. octagonus.

octomestris, of or for eight months.

1524 majoribus nostris Scotorum regibus . . Romani pontifices ~e concessere privilegium Mon. Hib. & Scot. 546a.

octonarius [CL]

1 (w. numerus or as sb. m.) (the number) eight (also in comp. numeral).

~ium numerum BEDE Sam. 613; c798 ~ius numerus . . habet dimidiam sui partem quattuor ALCUIN Ep. 133; mensurari . . XVI non solum quaternario per se sed etiam binario et ~io ABBO Calc. 3. 8; ~ii numeri magnitudinis excellentia supereminet ceteros BYRHT. Man. 212; numerus . . diminutus est cujus partes multiplicative reddunt summam minorem toto, ut ~ius NECKAM NR II 173; vij[us] autem est quarta pars vicenarii ~ii S. LANGTON Gl. Hist. Schol. 51; GILB. VI 243v. 1 (v. cubicus); ~ius [TREVISA: the nombre of eighte] autem qui crescit per additionem unitatis ad septenarium BART. ANGL. XIX 121; ~ius comparatus ad quattuor duplus est, ad duo quadruplus, ad unum octoplus ODINGTON Mus. 49.

2 (as sb. m. or n.) set of eight. **b** (as sb. f. or n., w. ref. to division of eight verses in Psalm. cxviii).

1187 in ~io hebdomadarum decessit (v. ogdoas 1); ogdoas quod est ~ius BACON Gram. Gk. 74 (v. octonus 1c); s872 omnis . . diei naturalis . . [sc. Alfredus] dividebat in tria ~ia juxta mensuram et metam cujusdam cerei Chr. Angl. Peterb. 24. **b** in omnibus ~iis post tres primos versus non loquitur psalmista nisi ad solum Deum T. CHOBHAM Serm. 11. 45vb; in exposicione ~ii super eodem versu stilarius [inquit] NETTER DAF II 110; ~iae et spirituales meditationes Mon. Rit. III 162 n.

3 (every) eighth (also in comp. numeral).

s1296 concessus est ei . . ~ius denarius (v. duodenarius 2); s1297 prohibuerunt baronibus loci illius ne levare facerent per vicecomites ~ium denarium a populo Anglicano Flor. Hist. III 103.

4 (as sb. m.) line of verse of eight feet or syllables; **b** (w. ref. to Ambrosian hymn).

1540 [he began Protasis with] trochaiis ~iis REED Cambridge 119. **b** a1332 ~ius Ambrosii Libr. Cant. Dov. 23.

octonus [CL], **octenus** [ML]

1 (pl.; also in comp. numeral) eight (each or at a time). **b** eightfold. **c** (as sb. f.) group or series of eight.

octenos . . duces . . / viribus armatis nitatur vincere virgo ALDH. VirgV 2471; sive enim decies novies viceni et ~oni seu vicies octies deni ac noveni multiplicentur, dxxxij numerum complent BEDE TR 65; per ~onos dies viz. a Sabbato usque ad Sabbatum Id. Ezra 855; octonas studeas vitiorum vincere turmas ALCUIN Carm. 72. 24; septies ~oni lvj BYRHT. Man. 28; ~onis humeris vix assumitur [feretrum] GOSC. Transl. Aug. 42A; has vero mutationum vicissitudines semper per ~onos dies observabant COGGESH. Visio 29. **b** octenusque simul peccati calculus atri / expositus ALDH. VirgV 2863; 10 . . ~ena, eahta siðum . . ~enis temporum lustris, xl WW. **c** ab eo ogdoas quod est octonarius vel magis proprie ~ena BACON Gram. Gk 74.

2 eighth.

mensis . . Novembri / idibus octenis, caeli migravit ad aulam ALCUIN WillV 24. 8; ~onus, octavus OSB. GLOUC. Deriv. 404; jugis dum his institit, annus fit octonus, / raro interstitium, raro rigor pronus Poem S. Thom. 78; ~one kalende LUCIAN Chester 36.

octoplicitus, eight-plied fabric.

tenet duas virgatas et dim. pro v s. et sudario de ~is Cart. Rams. III 242.

octoplus v. octuplus.

octopondium, weight of eight pounds.

a stone, weight, ~ium LEVINS Manip. 168.

octoviginti, eight twenties, one hundred and sixty, or twenty-eight.

super debito ~i librarum Reg. Malm. II 81.

octuagenarius v. octogenarius.   **octuagesimus** v. octogesimus.   **octuaginta** v. octoginta.

---

octuplare, to make eight-fold, to multiply by eight.

aghte folde, ~are CathA.

octupliciter, in eight ways.

arguit que ~iter ad negativam excluditque tres ficciones quibus affirmativum mendacium coloratur WYCL. Sim. 117.

octuplus [CL], eight-fold, eight times in size or amount (also in comp. numeral).

diameter ergo solis erit decuplum ~um ad diametrum lune, et quatuor quinte ejus BACON Maj. I 233; ut si diametrum A sit duplum ad diametrum B, sphera C ad spheram D sit ~a ODINGTON Mus. 45; si sesquioctava inquiritur describantur numeri naturales ~i et noncupli Ib. 50; agthe . . octoplus CathA.

octussis [CL]

1 the sum of eight 'asses'.

~is, i. octo asses OSB. GLOUC. Deriv. 35.

2 (after 1351) a silver groat worth four pence or eight halfpence.

aghte halpennis, ~is CathA; a grote of sylver, ~is, grossum Ib.

oculagium [oculus 9+-agium], ullage. v. et. oillagium.

1242 dolia vini posita in ~io Liberate 2 m. 2.

oculamarium, ~ia [cf. calamarium, misr. as oclamarium or oculamen, ocularis, ocularius+ -arium], penner, pen-case, or spectacle-case.

1507 item pennarium et ~ium (Ac. W. Ingram) DC Cant MS C. 11 f. 115b; 1509 item pro pennario et ~ia iiij d. Ib. f. 118a; 1515 item pro duabus pennariis et oclomar' ij d. ob. Ib. f. 125b; 1518 item pro . . et uno pennario et ocl'm'io xij d. Ib. f. 130b; 1519 item pro duabus zonis et occulamariis et pennariis vj d. Ib. f. 131a; item pro duobus ~iis ij d. Ib. f. 131b.

oculamen, eye.

lincea namque viro fuerant oculamina tanto FRITH. 1072.

oculare [LL; CL as p. ppl.]

1 to make holes in, perforate; **b** (building, to make a window).

nocte tamen eadem dieque sollemni nihil efficere potuit, quia plebs multitudinis ~ato bicipiti capite undique attonita omnia circumspexit R. COLD. Osw. 49 p. 376; 1350 in c veteribus barris oculand' et emendand' pro tenebris vitreis Sacr. Ely II 143. **b** turris . . / quinque tenet patulis segmenta oculata fenestris / WULF. Swith. pref. 177; aurea tota domus micat . . / regia prelustris multis oculata fenestris GOSC. Edith 89.

2 to bud, graft.

habeat artavum quo surculos excecat et eosdem arboribus ~andis [gl.: a mussers, a enters, a musirs ensemble] inserat NECKAM Ut. 111; ~o, muscer Teaching Latin II 24.

3 to look at.

in palma naris cum sit purgatio facta, / sordes in palma missas oculare [v. l. occultare] caveto D. BEC. 1051.

4 (p. ppl. as adj.) furnished with eyes; **b** (w. ref. to Ezech. i 12 and Apoc. iv 6).

ante, retro, foris, intus homo est sapiens oculatus, / luscus vel potius cecus homo stolidus H. CANTOR Vers. 224; ~atus, -a, -um, i. oculis plenus OSB. GLOUC. Deriv. 389. **b** oculosus et ~atus ut Apocalipseos animalia altrinsecus ~ata ALDH. PR 135; Dunstanus igitur videns vidit, qui velut animal coeleste ante et retro ~atum, oculis apertis ADEL. BLANDIN. Dunst. 9; o propheticum, o videns et videntis ~atum animal! H. BOS. Thom. III 3.

5 marked with spots like eyes.

polymita vel ~ata, hringfagh ÆLF. Gl. 125; panthera minutis est orbiculis superpicta ita ut ~atis ex fulvo circulis NECKAM NR II 133.

6 eye-shaped.

affuit quidam ambicionem Alexandri vehementer redarguens, qui lapidem modicum et ~atum illis tradidit, domino suo proferendum *Eul. Hist.* I 434.

7 seen by the eye, clear, certain. **b** (*~ata fides*) ocular witness, testimony of an eyewitness.

tunc erit sera inutilisque poenae ~ata cognitio GILDAS *EB* 36; infra finem malorum bonorumque ~ato judicio praetendens *Ib.* 62; non sis securus in securis oculatis; / actus securos ledit quandoque securis D. BEC. 246. **b** ad angustias accessit fide ~ata visurus loci naturam W. MALM. *GR* IV 376; avelli me oportet et credere regnantem quem certantem ~ata fide descripsi H. BOS. *Thom.* VI 6; hoc .. in libro experientie jam de multis legimus et fide ~ata cognovimus P. BLOIS *Ep.* 66. 210A; **s1308** ad nos fide dignorum quamplurimum ~ata relacione pervenit *Flor. Hist.* III 332; tam ~ata fide quam oraculo et scriptura *Dictamen* 359.

8 clear-sighted, perceptive, insightful.

docet .. legis sacramenta solos intueri posse eos quos ~atos .. eruditio reddidisset BEDE *Cant.* 1067; si jucundum ducis insidias scribarum .. ~ata mente perspicere, sapientie ejus lucem clarius emicare persenties AILR. *Jes.* 25; cujus mater miserta dolenti doluit, et velut ~ata mulier doloris causam precogitans eum alloqui sic incepit *V. Edm. Rich. P* 1778C.

ocularis [CL]

1 of or relating to the eye. **b** (*sphaera ~is*) ocular sphere, eye.

nec obstet emissionibus ~ium radiorum J. GODARD *Ep.* 233; fletus exudat acies ocularis J. HOWD. *Cant.* 268. **b** nuca .. procedens ad medium sphere ~is *Ps.*-RIC. *Anat.* 26; centrum totius sphere ~is GILB. III 125. 2.

2 perceived by the eye, ocular.

~i revelatione BACON *Min.* 315; nec est alicubi verior probacio quam ubi est facinoris ~is ostensio WYCL. *Blasph.* 185.

3 (as sb. n.) eye-glass, spectacles.

imponunt .. òculis eorum ~ia falsa per que populus a veritate deviat *Ziz.* 352; *a spectakyl*, .. ~e, spectacula *CathA.*

oculariter [LL], by the human eye, with the eyes. **b** with one's own eyes.

illi autem negant quod corpus Christi ~iter videtur in hostia WYCL. *Apost.* 117. **b** **1382** alia dixit que ~iter vidit (STOKES) *Ziz.* 304.

ocularius [CL=*of the eye*]

1 (as sb. m.) eye-glass, spectacles.

a spectakyl, spectaculum, ~ius, oculare, spectacula *CathA.*

2 (as sb. n.) eye-hole (of helmet).

per ~ium galee caput ejus perforando cerebrum effudit M. PAR. *Maj.* III 22; **s1217** cujus quidam Anglicus ~ium galee perfodit B. COTTON *HA* 107 (=OXNEAD *Chr.* 140).

oculate, with one's own eyes, clearly.

1296 patenter et ~e conspicimus quantum imineret dispendium *Lit. Cant.* I 23.

oculatim [LL], with one's own eyes, clearly.

ecce contemplata est palam et ~im beatum Johannem GOSC. *Lib. Confort.* 85.

oculere v. occulere.

oculeus [CL], covered with eyes.

hec [virgo] quam vides splendore lucidam totumque corpus quodammodo ~eam ADEL. *ED* 31; oculis plenus qui et .. ~eus dicitur OSB. GLOUC. *Deriv.* 399.

oculissimus [CL], apple of one's eye, dearest.

hinc etiam tractum est ~us sicut ostium amice sue OSB. GLOUC. *Deriv.* 390.

oculosus [LL *gl.*]

1 furnished with eyes.

~us et oculatus ut Apocalipseos animalia altrinsecus oculata ALDH. *PR* 135; oculis plenus qui et ~us .. dicitur OSB. GLOUC. *Deriv.* 399.

2 that has eye-like spots, ocellated.

murenis .. ~is .. Sinnenus abundat GIR. *TH* I 9.

3 (fig.) perspicuous.

c798 sermo Domini ~us est et undique perforari potest ALCUIN *Ep.* 136.

oculto v. occulere.

oculus [CL]

1 eye (as part of body); **b** (w. ref. to sleep, disease, or blindness); **c** (invoked in oaths). **d** (*ictus ~i, in ictu ~i, in nictu ~i*) wink, in the twinkling of an eye.

patentibus ~orum orbibus ALDH. *VirgP* 50; quoddam hominum genus .. qui unum ~um sub asperrima fronte .. habuerunt *Lib. Monstr.* I 11; ~us, *eage*; ~i, *eagan* ÆLF. *Gl.* 156; donec videris apparere in superficie materie terram albam crystllinam lucentem sicut ~i piscium RIPLEY 393. **b** somnum dat ~is BEDE *Prov.* 960; ab ~i langore curatus *Id. HE* IV 30 p. 279; **a747** adquirere non possum et caligantibus ~is minutas litteras ac connexas clare discere non possum BONIF. *Ep.* 63; faciunt miracula et sanant dolorem occulorum *Descr. Constant.* 256; tutia .. alba .. valet hiis qui habent ~os rubeos et fervidos ex fumo vel hujusmodi *SB* 42; **1438** cecitate occulorum (v. caecitas a). **c** **c1150** super amorem Dei et meum forisfactum et super ~os vestros precipio quod .. *Ch. Chester* 81; "per ~os," inquit "Dei .. avis illa evadere non poterit, etsi Deus hoc ipse juraverit." GIR. *GE* I 54; **s1182** dixit rex: .. "per veros ~os Dei!" BRAKELOND 127; juravit per ~os Dei STUDLEY 7. **d** et resurrectio creditur esse .. in ictu ~i *Comm. Cant.* I 30; angelus tuba cantabit, in ictu ~i cum audierunt vocem *Ps.*-BEDE *Collect.* 381; GOSC. *Mir. Iv.* lxxxiii etc. (v. ictus 5a); uno temporis momento corporearum imaginum sordes potest abigere, et in ictu ~i intellectualem attingere puritatem AILR. *An.* III 10; RIPLEY 15 (v. nictus).

2 (w. ref. to visual function, esp. of verification by visual means); **b** (*~o ad ~um*) eye to eye, clearly; **c** (*ad ~um*) with the eyes, with one's own eyes. **d** (*ante ~os, prae, in* or *sub ~is*) before one's eyes.

conjugem .. maturam, ita pulchrum ~is visum, eduxit ex latere dormientis THEOD. *Laterc.* 17; quam nos ipsi nostris propriis ~is vidimus ASSER *Alf.* 39; testibus ~is ipsius judicis ANSELM (*Or.* 13) III 50; quis item atomi parvitatem ~o distinxit? ADEL. *ED* 13; fame .. incertum fide ~orum ponderare deliberans W. MALM. *GR* II 213. **b** nos invicem videntes ~o ad ~um ANSELM (*Ep.* 130) III 273; nunc in presenti Nazarei quodammodo Deum vident, ~o ad ~um BALD. CANT. *Serm.* 1. 50. 572; de sonitu qui fit in simplicibus feriis non est necesse tractare, quia cotidie ~o ad ~um videtur qualiter fieri debeat *Cust. Westm.* 314. **c** **802** oboedientes praepositis vestris, non ad ~um tantum, sed ex corde, quasi coram Deo ALCUIN *Ep.* 250; sicut ad ~um vidi frequenter GAD. 129. 2. **d** ascendit in caelum ante ~os discipulorum suorum BEDE *Ep. Cath.* 44; de his quae prae ~is habemus sanctorum operibus *Id. Cant.* 1105; in ~is regiis fere cuncti ferro ceciderunt W. POIT. I 34; in hominis forma ante ~os ejus angelus apparuit ANDR. S. VICT. *Dan.* 74; debet proficere fides nostra quando et auribus nostris audimus et quasi sub ~is nostris videmus quid Christus pertulit pro nobis AILR. *Serm.* 9. 2. 251.

3 (*~us interior*, *~us cordis*, *mentis*, or sim.) intellectual or spiritual vision, the mind's eye; **b** (contrasted w. physical vision).

hoc est coelo aperto non reseratione elementorum, sed spiritalibus ~is intuens *V. Cuthb.* I 5; illic velut in nocte ~us nostri intellectus caligat BEDE *Tab.* 491; ~o mentis perscrutato textu *Enc. Emmae arg.* p. 8; manent temptationes .. que sunt quasi pulvis in oculo et non patiuntur nos aperire ~um cordis AILR. *Serm.* 46. 3; filios .. ad divini luminis intuitum .. ~os dirigere docent interiores GIR. *TH* I 13; fac quod in mentis oculo / trabes nulla resideat J. HOWD. *Cyth.* 104. 2. **b** nec .. merebatur habere carnis ~os qui mentis ~os aliis auferre laborabat BEDE *Acts* 974; ut .. tibi tam mentis quam corporis ~os aperiat GIR. *TH* II 39; sicut .. ~us corporalis plenus sordibus lippitudinis bene videre non potest, ita ~us spiritualis nisi purus sit ab omni sorde peccati, Deum videre non potest CHOBHAM *Praed.* 96.

4 glance, look. **b** watchful or attentive gaze. **c** (w. ref. to movement of eyes or direction of look; also fig.).

sex sunt quae odit Dominus .. ~os sublimos, linguam mendacem .. *Ps.*-BEDE *Collect.* 169; Jesus .. astabat, intendens dictis et serenis favens ~is W. MALM. *GR* III 264; denique manum prensitare, ~o annuere, et cetera que sunt moriture virginitatis indicia lascivis etiam gestibus impudicitie facere solebat *Id. Wulfst.* I 1 p. 6; "qui annuunt ~is". annuere cum simpliciter dicitur pro favore, .. quando vero cum ~orum additamento protensionis vel alicujus deceptionis gestus vel signa facere .. poni consuevit ANDR. S. VICT. *Sal.* 44; **1327** inter Anglicos et precipue boreales, qui ~os habent sublimes, et dictos Hanonienses, sicut inter personas discolas, de facili dissentio poterit exoriri *Lit. Cant.* I 224. **b** nec ~us episcopi cuiquam eorum (malefactorum) pepercit, sed .. eadem mensura qua mensi fuerunt remeciebatur illis KNIGHTON II 141. **c** non abstuli ~um ab eo qui semper manet BEDE *Acts* 949; non vultum avertas, non deponas ~os AILR. *Spir. Amicit.* III 99. 694; aliorsum respicit et a Domino ~um avertit BALD. CANT. *Serm.* 12. 17. 481; ponitifices .. evangelistarum ~os .. in questum pecuniarum non sine sua damnatione convertunt P. BLOIS *Ep.* 209. 490C.

5 (fig.) means of seeing; **b** (w. subj. gen.); **c** (in book title).

sol, oculus rerum, non vidit tale per evum GOSC. *Edith* 89; philosophi .. dixerunt quod consilium est ~us futurorum BACON V 138. **b** **801** sicut duo oculi in corpore, sic vos duos per totius Brittannie latitudinem lucere credo ... noli dextrum patriae subtrahere ~um ALCUIN *Ep.* 230; vulgariter dicitur quod archidiaconi sunt ~i pontificis sui P. BLOIS *Ep.* 209. 490C; cardinales oculi pape nuncupantur (*Divers. Ordin.* 17) *Ps.*-MAP 229; ceci palpantis qua vel que sit via, cujus / est oculus baculus VINSAUF *PN* 1596. **c** **1368** unus liber qui dicitur ~us Sacerdotis continens tres partes *Invent. Norw.* 140.

6 (periphrastically, with gen. of abstr. noun): **a** (w. ref. to intention or attitude); **b** (w. ref. to faculty of judgement or discernment); **c** (*~us fidei*) eye of faith.

tres sunt ~i in homine. unus est ~us misericordie quo respicit proximum ... secundus est ~us discretionis quo se considerat pro peccatis puniendum. tertius ~us intelligentie quo videt Deum remotum T. CHOBHAM *Serm.* 4. 23ra; **1293** ad scolarium indigencias .. compassionis et misericordie ~os .. convertit *StatOx* 105. **b** que divine rationis ~us contemplatur vera .. sunt J. SAL. *Met.* 935D; ~us intellectus T. CHOBHAM *Serm.* 4. 23ra; secundo principaliter, vos inclusi, in hoc opere, ad quid vocati estis, consideracionis ~o videre debetis *Spec. Incl.* 2. 1. **c** ~us .. fidei acutus est, quo invisibilia Dei intellecta conspiciuntur BALD. CANT. *Serm.* 4. 12. 407; ~is fidei apparuit et oculis carnis non apparuit *Id. Commend. Fid.* 586.

7 (*in ~is* w. poss.) in the eyes of, in the estimation of. **b** (*~o bono, ~is aequis*) with a good or favourable eye, favourably. **c** (*ponere ~os in bonum super* w. acc.) to be favourably impressed with. **d** (*~us simplex*; *cf. Luc.* xi 34) candid, guileless, well-disposed attitude. **e** (*in ~is habere*) to have in one's sight, to consider.

cum modo jacerem in ~is vestris velut mortua GOSC. *Transl. Mild.* 25; tantam in ~is ipsius invenit graciam ut .. J. SAL. *Thom.* 8; viles simus et despecti in ~is nostris AILR. *Serm.* 6. 29. 243; in ~is episcopi Lundoniensis se videns gratiam invenisse DICETO *Chr.* 251; si inveni gratiam in ~is sancte benignitatis vestre AD. MARSH *Ep.* 32; **s1452** talem graciam in ~is ejus [sc. regis] invenit *Reg. Whet.* I 26. **b** que si quis ~o bono videre dignabitur, hanc sub fraterna caritate regulam teneat W. MALM. *GR* II *prol.*; nec equis aspicit [sc. diabolus] ~is suum domicilium in Christi hospitium commutatum AILR. *Jes.* II 12. **c** Dalfinus .. super .. Wilfrithum posuit ~os suos in bonum .. EDDI 4. **d** Veritas dicit, "si ~us tuus fuerit simplex, totum corpus tuum lucidum erit; si vero nequam fuit, totum corpus tuum tenebrosum erit" W. MALM. *GR* II 202; qui .. novit etiam inimicos simplici ~o intueri, ille est qui veraciter dicere potest "dimitte nobis sicut et nos dimittimus" AILR. *Spec. Car.* III 4. 581; ~um hunc non simplicem in viro .. perfecto .. vir animo duplex et dolosus frustra quesivit GIR. *SD* 140; laus obedientie .. eisdem sacrificiis, etiam cum simplici ~o et sana intentione geruntur, juste preponitur BALD. CANT. *Serm.* 7. 27; ~us .. simplex .. quia per rectam cogitationem videt quod faciendum est *Ib.* 18. 84. 467. **e** ob morbos .. quos frequenter patiebatur

plus Deum in ~is habebat W. Poit. I 5; cibum mellis, id est dulcedinis sacre Scripture, habetis cotidie in ~is in legendo, in corde meditando T. Chobham Serm. 13. 49ra; quem tantus tamque summus praesul in ~is habet, cujus virtutes admiratur Free Ep. 58.

8 (eye-shaped natural feature or object): **a** bud or eye (of plant). **b** hole or hollow. **c** nugget (of gold).

a arborum .. quarumdam ~is cum adherente libro ad aliarum ramusculos translatis Balsh. Ut. 46. **b** erat autem intra concavitas ut prodesset costis que ossa sunt habencia nodos suos quos medici vocant spatularum ~os [Trevisa: ȝʒen] .. sicut enim oculi tocius corporis anterioris sunt defensores Bart. Angl. V 26; **1285** in . . ~o molature reficiendo (Ac. Adisham) DC Cant. **c 1269** allocate .. duo occul' auri ponderis xij s. j d., precii vij li. v s., precium ponderis denarii xij d. Liberate 45 m. 11; **1271** in duobus ~is auri pond[eris] sex solidorum et octo denariorum ad oblaciones nostras Ib. 47 m. 2.

9 (eye-shaped artefact): **a** knot. **b** eye through which hook or pin is hung. **c** part of saddle-bow.

a a knotte, ligamen, nodus, nodulus, nexus, ~us. est oculus nodus, oculus quo cernimus omnes CathA. **b 1368** item j capa panni aurei cum ~is aureis Invent. Norw. 7; **1368** [18 iron eyes] ~is [for doors and windows] (DL Misc. Bk.) Building in Eng. 297; **1575** pro j li. de hamis et ~is (v. hamus 1f). **c** in occulo Cust. Bleadon 203 (v. arcus 3a).

10 (~us bovis) artefact in the shape of an ox-eye or bull's eye.

ei homagium et fidelitatem fecit Heraldus, et ei .. tria sacramenta super filacterium quod vocabant ~um bovis quod ei fidem et promissionem, quam ei faciebat, bene custodiret BR Will. I 4; infinitam namque sanctarum multitudinem reliquiarum deferri jussit, superque eas filacterium gloriosi martyris Pancratii, quod ~um bovis vocant, eo quod gemmam tam speciosam quam spaciosam in medio sui contineat, collocavit Lib. Hyda 290; fecit dux Haraldum super sacrosanctis jurare .. quod cum jurasset, ostendit ei dux illud scumarium, quod dicitur ~us bovis, et ceteras infinitas relliquias que fuerant in vase cooperto pallio, dum ipse faceret juramentum, uno solo filacerio deforis ostenso Silgrave 70; **1446** unam magnam balace de factura ~i .. bovis (v. factura 2).

11 (bot): **a** (~us bovis, consulis, diei, leonis, vacce) daisy, usu. ox-eye daisy (Bellis perennis or Chrysanthemum leucanthemum). **b** (~us Christi, consulis, solis) ox-eye daisy (Chrysanthemum leucanthemum), clary (Salvia sclarea or verbenaca), pot marigold (Calendula officinalis), or larkspur (Delphinium ambiguum). **c** (~us lucidus, lucii) honeysuckle (Lonicera periclymenum or caprifolium). **d** (~us populi) poplar bud (Populus). **e** (~us sponsi) hemlock, herb bennet (Conium maculatum).

a butalmon, vel butalmos, ~us bovis idem, A. oxie Alph. 24; oculus consulis, ~us bovis, idem A. oxeseghe Ib. 126; ~us bovis, i. bothon MS BL Sloane 282 f. 171v; ~us consulis, ~us bovis MS BL Sloane 420 f. 108va; ~us solis, ~us Christi, centrum gali, i. cokkispore MS BL Harley 2378 f. 116; ~us consulis, ~us bovis, oyle de beuf, cowslype MS BL Harley 3388 f. 83; ~us leonis A. daysye MS BL Addit. 27582 f. 51rb; ~us vacce, coweye MS BL Royal 12 E i f. 98. **b** ~us Christi est herba frigida Gad. 28v. 1; SB 22 (v. callitrichum); ~us Christi, i. centrum galli SB 32; oculus Christi similis est ~o consulis nisi quod redolet illa non et habet florem citrinum SB 32; centrum galli vel centum grana, gallitricum, gallicresta .. ~us Christi idem, nomine vulgari dicitur herba cancri Alph. 38; ~us Christi, ordorifera [sic] est, laciora habet folia juxta stipitem et superius rotunda et florem citrinum Alph. 126; chekyn wede .. ~us Christi PP; occulus Christi, solsequium idem, A. seint Mari rode vel Cristis hey MS BL Addit. 15236 f. 5v; occulus Christi, calendula, solsequium, solsekyl Ib. f. 181; ~us Christi, A. oxeseye MS BL Addit. 18752 f. 109; ~us Christi oper wilde worte oper scabwort MS BL Sloane 5 f. 4orb; ~us Christi .. A. reddewort MS BL Sloane 405 f. 13v; ~us Christi, A. schilwort MS BL Sloane 964 f. 74v; ~us Christi, idem mersewort, A. claveroksporre MS BL Sloane 3217 f. 57; ~us Christi, okyl Christi, ~us consulis, clarrey MS CUL Dd. 11.45 f. 110vb; verbena supina que a vulgo vocatur ~us Christi Turner Herb. C2. ~us lucii, i. volubile majus, i. caprifolium; ~us lucidus, i. licium SB 32; volubilus, caprifolium, mater silvarum, ~us lucii, idem sunt SB 43; occulus lucii, volubis major, wodebonde MS BL Addit. 15236 f. 181v; ~us lucii, woodbynd MS CUL Dd. 11.45 f. 110vb. **d** ~orum populi, lib. j Gilb. IV 204v. 1; ~us populi, borjions of popler MS BL Sloane 282 f. 171v; ~us populi, popeler MS BL Sloane 405 f. 13v; ~us populi, the beriez of ye popler MS CUL Dd. 11.45 f. 110vb. **e** ~us sponsi .. A. hemlock or herbe benet MS BL Addit. 27582 f. 4orb

12 (in nickname or surname).

1167 Gilbertus ~us Latronis Pipe 204; **1195** Ricardus cum Rubeis ~is, **1260** Walterus cum Uno ~o (v. 1 cum 2g).

13 (~i mei) beginning of the introit (Psalm. xxiv 15) for the third Sunday in Lent. **b** third Sunday in Lent.

die qua filii ecclesiae '~i mei' officium Christo persolvunt Byrht. V. Osw. 470. **b c1300** dies Martis post ~i mei FormMan 22.

ocupare v. occupare.

oda v. hodus, 1 hotta, ode.

odare [cf. LL oda], to sing.

noctibus in furvis, fratrum pausante caterva, / imnos ac psalmos crebris concentibus odat Æthelwulf Abb. 554.

ode, oda [LL < ᾠδή]

1 poem.

Aldhelmus cecinit millenis versibus odas Aldh. Aen. pref. (acrostic and telestich); quae effari sublimiter / odes hujus inormiter / surgens nempe prolixitas / refragat atque vastitas (Æthelwald) Carm. Aldh. 4. 72; pangere magnificas athletae nobilis odas Frith. 103; unde hendecasyllabas vocamus odas undecim syllabarum Osb. Glouc. Deriv. 461; c1170 ode [sc. Horatii] in corio Libr. Cant. Dov. 10.

2 song.

volucres .. cantibus odas / fundere perpulchris Æthelwulf Abb. 241; concinit ante Deum lyra pacis et oda pudoris, / vite dulce melos, tibia leta precum Garl. Epith. IV 459; sive odarum ut in cantilenis sive litterarum ut in syllabis Kilwardby OS 194; Syrenes neumis inolent mersare carinas, / cetus odore suo pisciculos laqueat: / sic oda mulier stolidos juvenes citat ad se Latin Stories 188.

3 (eccl.) song or hymn of praise or thanksgiving; **b** (spec. Psalm).

aetheras Domini decantans laudibus odas Alcuin SS Ebor 860; odas reddidit summo Jhesu Byrht. V. Osw. 436; tibi digne damus odas Walt. Wimb. Virgo 7; odas ymnizat Miss. Westm. 956; s1438 sit quicquid placite vox psallere sciverit ode Amund. II 186; oda, i. lau WW. **b** classibus et geminis psalmorum concrepet oda Aldh. CE 3. 47; odis Daviticis modulantes carmina sancta Id. VirgV 2415; fratribus inmixtus psalmorum concinat odas Æthelwulf Abb. 497.

oderensicus, oderinsecus, oderinsicus, oderinsiquus v. odorisequus.

odeus [OF odieux < CL odiosus], odious, (also as sb. m.) obnoxious person.

a1420 quod si odeus aliquis facere presumpserit Cart. Cockersand 1068.

odibilis [CL], worthy of dislike or hatred, hateful, odious: **a** (of person, body, or animal); **b** (of object or artefact); **c** (of act or abstr.).

716 ut .. nihil tam ~e, nihil tam despectum .. videret quam proprium corpus Bonif. Ep. 10 p. 15; **786** quia illos [equos] inlaeos habere potestis, hoc nolentes, cunctis ~es redditis (Synodus Anglorum) Ep. Alcuin 3 p. 27; Valens igitur, Deo ~is, quatuor annis regnavit R. Niger Chr. I 43; quia venient dies in quibus erit rex Francie cupidus, crudelis, vecors, et sue communitati ~is et exosus G. Ed. III Bridl. 94; ~is est Deo qui sophistice loquitur J. Bury Glad. Sal. 605. **b** ut retrudas a me invisibiles / sudum clavos quos fingunt odibiles [gl.: þa hatienden] (Laidcenn mac Baíth Lorica) Cerne 86 (=Nunnam. 93); per illud lignum quo nihil erat abjectius, nihil vilius, nihil ~us Ailr. Serm. 10. 27. 263. **c** c705 saecularis gloriae Deo semper ~is Aldh. Ep. 8; cogita etiam quia peccata tantum sunt ~ia quantum sunt mala Anselm (CurD 2) II 114; cecitas cordis est dampnabilis Deoque ~is Bald. Cant. Serm. 4. 34. 409; ob ingratitudinis ~e

vicium Gir. SD 60; enumeratis vero sex ~ibus, septimum ponit, sc. inter amicos discordiam seminare P. Blois Ep. 147. 435A; vitam illam sibi ~em habuit Wycl. Ver. II 92.

odibiliter [LL]

1 in a manner that arouses hatred or ill-will.

odiose, .. exose, ~iter Osb. Glouc. Deriv. 399; s1249 prelatos sanctos adeo ~iter persequebatur, ut multorum gratiam amittere cepit et favorem M. Par. Min. III 53; si .. vis calcare affecciones mundi, disce quomodo filius Dei penaliter, ~iter, et exiliter se habuit ad hunc mundum; .. ~iter se habuit, quia prima Joh. tercio: 'nolite mirari si odit vos mundus' Wycl. Ver. II 142.

2 as hateful or odious.

omne objectum eo modo quo potest esse in memoria potest esse in intelligencia actualiter et in voluntate secundum actum ejus amabiliter vel ~iter Duns Sent. II 3. 10. 10.

odiolum, mild hatred.

~um, parvum odium Osb. Glouc. Deriv. 399.

odiose [CL], hatefully.

~e, perose, exose Osb. Glouc. Deriv. 399.

odiosice, hatefully.

~e pro odiose Osb. Glouc. Deriv. 388.

odiositas [LL], act of hating, hatred.

confiteor tibi iniquitatem et torpositatem et conturbacionem, inanem vigiliam, maledictionem, ~atem, inanem dilectionem mente vel ore Cerne 93.

odiosus [CL]

1 who or that excites dislike, distasteful, disagreeable, offensive: **a** (of person); **b** (of act or abstr.).

a ut nec .. ~us inveniar W. Malm. GR IV prol.; si .. mendacissimus crimen quodcumque de paupere ~o confinxerit Ockham Dial. 670. **b c1168** a cujus proposito semper extitit alienum et est ~um sub quocumque pretextu mendicare J. Sal. Ep. 260 (260); contra ingratissimum et ~issimum vitium quod nec effectu prodest aliis nec affectu Id. Pol. 774B; volens igitur facere religiones istas hominibus ~as, veritati .. plures immiscuit falsitates Peckham Paup. 76; 'detrahe patri tuo invidiam odiumque quem jubes coli pena', sc. quod invidiosum et ~um est Trevet Troades 24.

2 (in stronger sense) filled with hatred or malice.

si vero dicatur testis odio quid dicere, si quidem lite mota ~us dicitur Ric. Angl. Summa 30 p. 46; non per illu[d] acetum sed per eorum ~am [ME: ondfule] invidiam per acetum figuratam quod ei optulerunt AncrR 160.

3 (in milder sense) tiresome, irritating.

hoc enim exemplis ostendere pretermittimus ne afferat docendi studiosa diligentia dicendi ~am prolixitatem Balsh. AD 60; **1284** nisi esset comparatio ~a (v. 1 comparare 2a).

odisse [CL], odire [LL]

1 to hate, detest, dislike: **a** (person or animal); **b** (act or abstr.).

a pacem patriae .. ceu serpentem odiens Gildas EB 30; in India cum ceteris quibusque prodigiis oditae serpentes atrocissimi nascuntur generis Lib. Monstr. III 19; si bene pensamus, cum pulpam saepe fovemus / nos male decipimus, nec amamus nos sed odimus R. Cant. Malch. III 78; illorum qui mihi timent ut aut odiar aut mentiar, benivolentie gratus, ita .. satisfaciam ut nec falsarius nec odiosus inveniar W. Malm. GR IV prol.; olim enim episcopi nostri dicuntur pseudo-fratres tanquam diabolos odivisse (Wycl.) Ziz. 284; tantum . . te .. odio, ut nec celum intrare te faciam manus mee ministerio Meaux I 151. **b** Gildas EB 30 (v. 1a supra); accepit potestatem discernendi, ut odisset et vitaret malum Anselm (CurD 1) II 97; hoc ōdiunt quod ego sine fine fideliter odī Nig. SS 2113; voluntas depravatur ut .. odiat sapientiam Bacon CSPhil. 407; hoc est in omni homine odiendum, quod est Deo contrarium Ockham Dial. 702.

2 (w. inf.) to be disinclined to, hate to.

odit justicie consentire; .. odit non peccare BALD. CANT. *Serm.* 18. 75. 465; tam dure eum percute quod odiat odorem cibi sumere *AncrR* 125.

odium [CL]

1 dislike, distate, hatred, aversion; **b** (w. obj. gen.); **c** (w. prep. & acc.); **c** (w. prep. & acc.); **d** (as pred. dat.); **e** (pl.).

amore, odio, timore .. saepe judicum integritas violatur *Ps.*-BEDE *Collect.* 149; non solum suum proprium odium mereretur ut a reginali solio proiceretur ASSER *Alf.* 13; auditores in benevolentiam .., adversarii .. in odium, invidiam .. ducendi sunt ADEL. *ED* 21; hereditarium sui cordis odium .. occultantes ANDR. S. VICT. *Dan.* 56; clementia est virtus per quam refrenatur impetus odii T. CHOBHAM *Praed.* 256. **b** odium veritatis .. amorque mendacii GILDAS *EB* 21; amorem justitiae et odium poenae ANSELM (*Casus Diab.* 24) I 271; excitans eum etiam ad odium sui AILR. *Serm.* 35. 15. **c 800** et multum me amat; totumque odium, quod habuit in me, versum est in caritatis dulcedinem ALCUIN *Ep.* 208; **s1139** ex veteri odio in Alanum W. MALM. *HN* 473 p. 31; propter odium quod erga fundatores illius cenobii ferebat, plures molestias .. inferebat ORD. VIT. III 3; in Anglos .. ex innato Normannorum invectus odio GIR. *GE* II 36. **d** fuerit Anglis stupori, Britonibus odio, utrisque exitio W. MALM. *GR* I 17. **e** interiora mentis ab odiorum sorde .. expurgare BEDE *Prov.* 985; veteranis eum odiis etiam mortuum insequebantur *Id. HE* III 11 p. 148.

2 a (*odio habere* w. acc.) to hate. **b** (*odio capere* w. acc.) to take an aversion to. **c** (*in odium ducere* or *concitare*) to incite to hatred.

a odio habebat et dispiciebat eos BEDE *HE* III 21 p. 170; potuit odio haberi, irrideri, conspui AILR. *Serm.* 30. 14; aliqui odio habent quos diligunt BALSH. *AD* 102; insuper passer habet naturam oportunam anachorite, licet odio habeatur [ME: *hatie*], viz. morbum caducum *AncrR* 58; associaverat sibi .. quoscumque callebat habuisse avunculum suum odio *Eul. Hist.* II 360; qui odio habet rapinam *Meaux* I 239. **b** virgo .. cepit odio Sigismondum LIV. *Op.* 30. **c** quos .. in odium nominis Christiani concitant BEDE *Ep. Cath.* 74; in odium ducentur, si quod eorum spurce, superbe, .. factum proferetur ALCUIN *Rhet.* 20; clementia qua refrenatur mens temere in alicujus odium concita EADMER *Virt.* 582D.

3 (leg.) malice, hatred; **b** (in name of common law writ *De Odio et Atia*).

si laicus alterum occiderit odii meditatione, si non vult arma relinquere, peniteat vij annos, sine carne et vino iij annos THEOD. *Pen.* I 4. 4; **1178** convictus fuit quod pro odio appellasset Tomam *Pipe* 104. **b 1227** si .. rectati sint Odio et Athia et non eo quod .. culpabiles sint (v. atia); utrum appellati essent Odio vel Atya BRACTON 123 (v. atia); **1275** *par bref le rey kest appele* Odio & Atia (*Stat. Westm.*) *StRealm* I 29; **c1280** De Odio et Atia .. rettatus sit vel appellatus sit de morte illa odio et atia (*Reg. Brev.*) *Selden Soc.* LXXXVII 66; **1285** habeant breve de Odio et Atya sicut in Magna Carta dictum est (*Stat. Westm.*) *StRealm* I 85.

4 expression of hatred, curse.

in amicum odia et maledicta congeminent AILR. *Spir. Amicit.* III 43. 685; **1189** si quis autem socio oppbrobrium aut convitia aut odium Dei injecerit, quot vicibus ei convitiatus fuerit, tot uncias argenti ei det (*Ch.*) *Foed.* I 65.

odizare [cf. LL ode+-izare], to sing.

pauca autem de multis que fidelium testimonio vel patriis libris didicimus tam fiducaliter exponimus, ut pro hystorie notitia potius epitalamium ~are gestiamus GOSC. *Edith* 39.

odoporion v. hodoeporicum.

odor, olor [CL]

1 smell, fragrance; **b** (w. gen. or adj.).

ad odorem .. efficiendum, aer odore affectus quibusdam mammulis a cerebro suspendulis, que hujus sensus instrumenta sunt, conjungitur ADEL. *QN* 31; olfaciendi vis in odoribus tota versatur J. SAL. *Pol.* 437A; dicitur olfactoriolum quasi olorem faciens OSB. GLOUC. *Deriv.* 392; olor et pro fetore et pro ave dicitur qui vocatur cignus *Ib.* 399; de illis .. que consideravimus in flore: pulchritudine, odore et materia fructus AILR. *Serm.* 38. 15; odor [TREVISA: *smel*] .. nihil aliud est quam aerea seu fumosa substantia BART. ANGL. III 19; **1412** ut ver dat florem, flos fructum, fructus hodorem, / sic studium morem, mos sensum, sensus honorem *Ac. Durh.* 609. **b** quia noverat odorem vestimentorum *Comm. Cant.* I 159; fetentis lotii lustramentum .. in rosatum nectaris mutatur odorem ALDH. *VirgP* 35 p. 279; nares odore panis suavissimi replete sunt *V. Cuthb.* II 2; serpentes mox ut .. odore aeris illius adtacti fuerint, pereunt BEDE *HE* I 1 p. 12; secutus est odor teterrimus, hominum importabilis naribus W. MALM. *GR* IV 323; odor rose subtilis est *Quaest. Salern.* B 253; **1365** talis gravis odor procedit de infusione olei *Hal. Durh.* 39.

2 (partly fig. or fig.): **a** (*odor suavitatis*, w. ref. to *Eph.* v 2); **b** (of virtue or sim.); **c** (or reputation, fame, or sim.); **d** (of promise or gift) whiff, hint.

a incensum Domini incendatur in natale sanctorum pro reverentia Dei, quia ipsi sicut lilia dederunt odorem suavitatis THEOD. *Pen.* II 1. 9; qui tradidit semetipsum pro nobis oblationem et hostiam Deo in odorem suavitatis *V. Greg.* p. 79. **b** expurgatis .. vitiorum fetoribus virtutum sunt spiritalium odore referti BEDE *Cant.* 1221; in lege, qui hostias bono voto offerebat, bonus odor Deo erat et acceptabilis, ita et praedicationis piae vir (aliter, virtus), doctrinae odorem praestat fragrantem Deo LANFR. *Comment. Paul.* 223; se .. bono virtutum odore laudabiles reddunt GIR. *TH* I 18; tractus odore virtutum sancti pontificis J. FURNESS *Walth.* 27; desiderat homo in se tenere dulcem odorem spei [ME: *a swete spice wiðinne þe heorte*] *AncrR* 20. **c 802** esto inreprehensibilis et morum dignitate .. omnibus odor vitae factus ALCUIN *Ep.* 244; ut ad noticiam audientium odor sanctae societatis eorum gratanter fragrando resplendeat *V. Gund.* 12; Angliam Christi bono odore repleverunt J. FURNESS *Kentig.* 27 p. 209; de quo egreditur .. malus odor, id est pessima fama AILR. *Serm.* 43. 16; vir iste suaveolentis opinionis est penes nos, quia nimirum longe lateque respersit bonum odorem nominis sui M. RIEVAULX (*Ep.*) 75. **d** corrupta libidine dominandi, sed pocius odore promissorum vel munerum Gallicorum *G. Hen. V* 2.

3 breath. **b** vapour.

animalia maritima .. pedes ejus tergebant pellibus suis, .. calefacientes [v. l. calefacientia] odoribus suis *V. Cuthb.* II 3. **b** lapides .. ad fumi odorem spumantis equoris cinerescunt R. COLD. *Cuthb.* 21.

4 sense of smell.

malum quod et visu et odore et gustu gratum est lignis solet antecellere silvestribus BEDE *Cant.* 1102; qui hominum vel visu aquilis vel odore canibus .. possint equari AILR. *Anim.* II 18; quare canis percipit cervum remotum odore et non aliud animal vicinum? *Quaest. Salern.* Ba 22; quintus sensus est odor .. homo inter omnia animalia habet pejorem odorem BACON V 134; odor nasi [ME: *smel of nase*] est unus quinque sensuum *AncrR* 31.

odorabilis [LL]

1 that emits a pleasant smell, fragrant; **b** (of person, in spiritual context).

infert passionem delectabilem et ~em RIC. MED. *Anat.* 217. **b** primulam [sc. Johannem de Brydlyngton] .. quem celestis agricola in horto paradisi delectabilis .. complantavit, cujus ~is redolentia restaurat gradus rectissimos sospitatis *NLA* II 75; in Christo ~es COLET *Eccl. Hier* 230.

2 of or pertaining to smell, (*nervus ~is*) olfactory nerve.

duo .. nervi in prora cerebri oriuntur et dicuntur ~es GILB. III 149v. 1; a fantastica [cellula] .. oritur etiam nervus ~is, qui dispartitus tendit ad caruncula narium RIC. MED. *Anat.* 217; spiritus animalis per quosdam nervos qui dicuntur ~es ad .. caruncula a cerebro transmittuntur BART. ANGL. III 19.

3 perceptible to smell; **b** (as sb. n.) odorous substance.

quod a re ~i resolvitur fumus qui ad olfatus organum delatus ipsum immutat GILB. III 149. 1; non .. omne corpus est gustabile nec ~e nec in alio genere sensibilium T. SUTTON *Gen. & Corrupt.* 120; in febri acuta nullo presenti ~i videtur pacienti quod senciat odorem fetidum GAD. 116v. 2. **b** in cerebro multo abundat humiditas propter disconvenientiam inter principium sensus et ~e GILB. II 149. 1; 'oculus per res varias fornicantes'. similiter .. olfactus cum ~ibus FISHACRE *Serm.* 2. 125; in tangibilibus et ~ibus BACON *Maj.* II 44; in additamentis istis [nasi] est indicium de ~i GAD. 116v. 2.

odorabiliter, fragrantly.

odorabilis .. et ~iter OSB. GLOUC. *Deriv.* 394.

odoramen [LL], scent, fragrance.

934 melliflua vernantium rosarum ~ina *CS* 702; **c1022** dulcissima ~ina (v. dulcis 1d); mellifluaque rosarum ~ina W. MALM. *GP* V 201.

odoramentum [CL], fragrance; **b** (fig.).

putor et caligo .. ~is fugantur nectareis ALDH. *VirgP* 35 p. 279; quae enim Graece aromata Latine ~a vocantur BEDE *Hom.* II 10. 149; conficite meditando dulcia nectaris edulia de ~is variorum flosculorum ÆLF. BATA 5. 7; verum percurrunt bibulas nares incomparabilia ~a, omnem suavitatem spirantia GOSC. *Transl. Mild.* 14; flores camomille, nenufar, camphora sunt apponenda in ~is suis GAD. 15. 1; quomodo quedam ~a in calido cibo ut rosa, mirtus, refrigerium sint rerum? *Quaest. Salern.* B 51. **b** libans Deo plenas ~orum orationalium fialas aureas GOSC. *Edith* (II) 57; emuli ejus ex vivificis ~is hauserunt sibi odorem mortis J. FURNESS *Kentig.* 8 p. 175.

odoranter, by producing a smell or fragrance.

odoro, -as .. et ~er adv. OSB. GLOUC. *Deriv.* 394.

odorantia, odour, fragrance.

~ia, -e, i. odor OSB. GLOUC. *Deriv.* 394.

odorari [CL], **~are** [LL]

1 (dep.) to catch the odour of, smell, sniff; **b** (trans.); **c** (absol.).

~atur .. suavitatem Dei per spem .. promissionum ejus BALD. CANT. *Serm.* 2. 52. 439. **b** munerbam .. aperientes, ~abant quid intus fuisset. cumque ~abant petre oleam .. eos reliquerunt HUGEB. *Will.* 4; si .. nobis daretur, etsi non gustare. ~are saltem quam suavis dulcedo .. sit .. in visione Dei AD. SCOT. *Serm.* 120; cur longius videmus quam audiamus vel ~emus? *Quaest. Salern.* C 21; qui biberit ex ea vel ~averit ejus odorem sanabitur de catarro BACON V 122; [aqua vite] consumit flegma si bibatur et ~etur GAD. 66v. 2. **c** per caput videmus, audimus, ~amus, et gustamus FORTESCUE *NLN* II 56.

2 (fig.): **a** to smell, perceive. **b** to sniff out.

a c1410 suavissimi .. odoris vestri fragranciam .. ~ans .. universitas .. tanti fili matrem se letam cognoscit *FormOx* 195. **b** peremptorium enim est in principe, vel auram ~are munerum, vel favorem querere personarum P. BLOIS *Ep.* 10. 32B; ejus [diaboli] equorum ungula quasi silex / bellicos eminus congressus odorat J. HOWD. *Cant.* 162.

3 (intr.) to give off a smell or fragrance.

fraglat, i. ~at, odorem dat *GlH* F 662; **c1435** hic .. in honestate lucet et virtute ~at *FormOx* 450.

4 (p. ppl. as adj.) imbued with smell or scent, fragrant.

odorato ture flagrantior ALDH. *Aen.* 100 (*Creatura*) 13; bdellium .. cum fricatur pingue, gustu amarum, ~atius vini infusione GROS. *Hexaem.* XI 17; elilifagus .. frutex est .. habens .. folia similia malis citoniis sed oblonga .. ~ata *Alph.* 54; ~atum templum Dei COLET *Eccl. Hier.* 230 (v. odorator); juncus ~atus LEVINS *Manip.* 25 (v. juncus a).

odorativus [LL], of or pertaining to the sense of smell.

hec virtus sc. ~a [TREVISA: *of smellinge*] viget in quadrupedibus BART. ANGL. III 19; vis autem ~a organum habet, duas caruncula similes capitibus mamillarum *Ps.*-GROS. *Summa* 496.

odorator, one who gives off fragrance.

omnes nos ~ores et odorisequi esse debemus ut odoratum templum Dei et odori simus COLET *Eccl. Hier.* 230.

odoratus [CL]

1 sense of smell, act of smelling; **b** (fig., in spiritual context).

9.. ~us, *swæc WW*; serviendo singulis sensuum officiis ut ignis visui, aether auditui, aqua gustui, terra tactui, aer ~ui ABBO *Calc.* 3. 5; quinque sunt sensus hominis, id est visus, auditus, ~us, gustus,

et tactus Byrht. *Man.* 206; ut linci et aquile visus, homini tactus et gustus, ~us cani Alf. Angl. *Cor* 1. 3; animalia bruta, cum non habeant plures sensus, potissimum tamen valent in ~u *Quaest. Salern.* C 23; vapor defferens odorem rei odorifere recipiatur in concavitatibus . . et preparetur ~ui; . . cum vehemens ~us non sit nececarius hominibus sicut brutis quibusdam que mediante ~u nutrimentum adquirunt *Ps.*-Ric. *Anat.* 28; olfactus sive ~us [Trevisa: *wit of smellinge*] est sensus proprie odorum perceptivus Bart. Angl. III 19. **b** spiritali ~u Bede *Cant.* 1109; per ~um . . anima sentit Deum et sentitur a Deo Bald. Cant. *Serm.* 2. 52. 439; in ~u . . hominum suavis odor opinionis bone fragrantia est J. Ford *Serm.* 85. 5.

2 smell, fragrance.

odor, ~us *stengc* Ælf. *Gl.* 156; utere unguentis optimis . . quia non nisi ~u bono et dulci reficitur anima et omnis odor suavis est ejus cibus Bacon V 69.

odorculus, slight smell or fragrance.

~us, -li, parvus odor Osb. Glouc. *Deriv.* 399; giro perambulo ventris monticulum / vix fere senciens dulcem odorculum Walt. Wimb. *Carm.* 12.

odore, fragrantly.

odorius . . unde ~e adv. Osb. Glouc. *Deriv.* 393.

odorencecus, ~cicus v. odorisequus.

odoria

1 smell, fragrance.

~ia . . dicitur . . pro ipso odore Osb. Glouc. *Deriv.* 393.

2 goddess supposed to preside over smells.

~ia . . pro quadam dea dicitur que putabatur odoribus preesse Osb. Glouc. *Deriv.* 393.

odorifer [CL], **odoriferus** [LL], that produces a smell, fragrant. (also as sb. n.) fragrant substance. **b** that smells of (w. abl.); **d** (fig.).

cassia . . inter herbas reputatur ~eras Bede *Cant.* 1147; c**754** terram viventium et gaudentium plenam ~eris floribus . . se vidisse ibi testabatur (Cineheard) *Ep. Bonif.* 114; gustus, olfactus et tactus, ut cum nocte manduntur immoderate poma sapida, ~era, mollia *Simil. Anselmi* 16; cur fructus quarundam herbarum sunt ~eri et ipsi herbe feteant *Quaest. Salern.* C 16; magis ~era sunt poma quam pira Neckam *NR* II 77; vapor defferens odorem rei ~ere *Ps.*-Ric. *Anat.* 28 (v. odoratus 1a); quod ~erum exspiret sive evaporet Bacon XIV 105. **b** calore vero tali aer in eisdem partibus inflammatur et fit subtilis calidus et sulphure ~erus (M. Scot) *Med. Sci.* 296. **c** respersit ac totius Britannie nationes ~era fama Gosc. *Transl. Mild.* 1; c**1127** rogamus eciam et vos et ~erum conventum vestrum . . quatinus *Regesta Scot.* 8; vir multarum litterarum et ~ere opinionis P. Blois *Ep.* 235. 558B; ~era claustralium opera derivantur S. Langton *Serm.* 4. 33; **1586** famam ~eram diffusam de fratribus *Scot. Grey Friars* II 176.

odorificus [ML], that produces a smell, fragrant; **b** (fig.).

fulgur angelicus replebat thalamum, ~us in naribus omnium (*V. S. Tathei 17*) *VSB* 284. **b** **1432** ~am fame suavitatem nostre universitatis *EpAcOx* 82.

odorifluus, that flows with odour (in quot., in fig. context), that produces fragrance.

sanae doctrinae flore ~o dulci anima adgregavero libens in vestrum paternitatis alvearium B. *Ep.* 387.

odorincecus, odorincus, odorinsecus, odorinsequus v. odorisequus.

odorisequus [CL]

1 that follows a scent. **b** (*canis ~us*) dog that hunts by scent.

canes qui ~a nare . . diverticula ferarum deprehenderent W. Malm. *GR* II 134. **b** canibus sagacibus, leporariis venaticis ~isque Boece f. 96; possessionatus de quodam cane ~o *Entries* 611v.

2 (as sb. m.): **a** dog that hunts by scent. **b** (person who follows a fragrance (in quot., in spiritual context).

a s**1191** eodem die rex Anglie misit Saladino leporarios et braschetos, id est, ~os, et accipitres *G. Ric. I* 180; odorinsecorum delectabilis latratus amplius delectat aures magnatum quam instrumentorum musicorum harmonia dulcis Neckam *NR* II 157; est canis, est catulus, leporarius atque molossus, / ne metra precarium odorinsecus esset in illis Garl. *Syn.* 1583B; **1284** tenet . . per servicium custodiendi unius albi odorinseci *Aids* IV 12; *spanyel, hound*, odorincecus . . quasi odorem sequens, venaticus *PP*; **1460** de firmis molendini . . concessis . . Willelmo de D. pro odorencicis pascendis . . xij bolle [farrine avenatice] *ExchScot* 639; odorinsequus, *a brachet or a spaynel WW*; hic oderinsicus, A. *spanegeole WW*; hic adorinsicus, *a spangelle WW*; odorincus, *a spanyel* (*Medulla*) *CathA* p. 39 n. 7; *a brachett*, oderensicus vel oderinsiquus *CathA*; *a sluthe hunde*, sapifur, oderinsecus *Ib.*; **1505** leporariis et odorencecis *CalPat* 429; ut quisque regium ad venatum duos ~os . . aleret Boece f. 16. **b** omnes nos odoratores et ~i esse debemus Colet *Eccl. Hier.* 230.

odorus [CL], **~ius**

1 that produces an odour, that emits a smell. **b** sweet-smelling, fragrant.

in gustu dulcia et amara, in olfactu bene ~a et faetida Abbo *Calc.* 3. 44; ~ius, -a, -um, i. odore plenus Osb. Glouc. *Deriv.* 393; us, odore plenus *Ib.* 399. **b** anima reficitur . . ~a suavitate et sonora Gir. *TH* III 12; sepe latet spina sub odoro condita flore Walt. Wimb. *Scel.* 152.

2 of or connected with the power of smelling.

~a sagacitate longe prestantior Gir. *IK* I 2 p. 28.

odula v. hottula.

oeconomia [CL < οἰκονομία=*arrangement of material by author*]

1 (administration or management of) household (also eccl. & mon.); **b** (quasi-fig.).

atque per eximiam res auxerat yconomiam *Hist. Durh.* 2 p. 133; **1367** fratres sani admittendi in hospitale predictum sint tales qui sciant et diligenter intendant yconomie dictorum domus et hospitalis *Pat* 276 m. 15; **1415** lego . . cuilibet famulorum meorum laborancium circa iconomiam meam iij s. iiij d. *Reg. Cant.* II 78; **1439** ut informor . . per bonam yconomiam possent reparari (*Vis.*) *Stat. Linc.* II 433. **b** ista . . nos [libros] . . ad unum quodque ~ie servicium conqueritur ociosos R. Bury *Phil.* 4. 61.

2 husbandry, occupation or activity of farmer; **b** (*domus ~iae*) house of husbandry. **c** housewifery, occupation or activity of a housewife, domestic economy.

1436 curam habens et administracionem de omnibus rebus iconomie *Entries* 21ra; iconomia, A. *husbondrye WW*; in obsequium conductus viri cujusdam spectabilis genere, cujus obtemperans jussis yconomie quandoque exercebat officia . . hic cum die quadam . . stercora vectare debuisset in agros *Mir. Hen. VI* I 24; **1578** conversiones terrarum et pasturarum preantea usitatarum in cultura et iconomia et modo positarum et conversarum ad pasturam animalium . . ab usu iconomie et husbandrie conversarum *Pat* 1174 m. 45. **b** aliquam domum sive aliquas domos icon[om]ie vocatas *house or houses of husbandry Entries* 575vb. **c** *huswyfry*, iconomia *PP*.

3 (usu. theol.) economy, dispensation (*cf. et. dispensatio* 2–3).

economia, dispensatio *GlC* E 19; equinomia [vv. ll. equinomina, equonomia], dispensatio Osb. Glouc. *Deriv.* 193; docebat . . que in economia virtus, que in decore rerum, que in verbis laudanda sunt J. Sal. *Met.* 855C.

oeconomiare, ~icare [cf. CL oeconomia, οἰκονομεῖν], to manage (wisely or prudently) (also w. ref. to husbandry or farming).

1436 de rebus iconomiatis, averiis carucarum et carectarum in eodem manerio pro tempore existencium *Entries* 21ra; *husbandry, or wysly despendyn werdly godis* . . iconomico *PP*.

oeconomice [LL < οἰκονομικῶς], by way of prudent housekeeping, prudently.

oportet quemcunque episcopum . . habendo prolem atque familiam eos yconomice regulare Wycl. *Ver.* II 199.

oeconomicus [CL < οἰκονομικός], of or relating to management of household; **b** (as sb. m.) manager of household, housekeeper, steward; **c** (as sb. f. or n. pl.) economics, art of managing a household; **d** (as sb. n., as title of book by Xenophon).

mustum fumosum . . philosophice difficultati delibant vinumque maturius defecatum economice sollicitudini largiuntur R. Bury *Phil.* 9. 148; talia . . officia muliebri sexui conveniunt et mulierem ad ea natura constringit que eam viro subdit subjeccione yconomica et sociali Fortescue *NLN* II 3; ad differenciam . . ceterorum dominiorum . . dominium viri super uxorem suam yconomicum, et sociale vel civile veteres nominabant. yconomicus enim est tam pecunie quam frugum et omnium que possidentur dispensator *Ib.* 46; **1430** pacem triplicem demonstravit, viz. pacem monasticam . ., yconomicam, qua [quilibet] sue domus familiam continue pro viribus gubernaret, et politicam . . *RParl* IV 367a. **b** ~um, oeco, i. domus, nomicus, i. dispensator *Comm. Cant.* I 11; yconomicus . . est . . pecunie . . dispensator Fortescue *NLN* II 46 (v. a supra). **c** ut docet ethica, dicta politica dantur amica / hiis economica [v. l. echonomica; *gl.*: tres sunt partes etice . . sc. politica que docet regere civitatem . . economica, i. dispensatio que docet curare familiam . . et . . monostica] jungo, monostica non inimica Garl. *Mor. Scol.* 142; ostensum est . . quod . . ethica, economica, et politica ad moralem ordinantur [scienciam] Kilwardby *OS* 643. **d** Economicum Xenophentis, economicum, id est dispensatorium Gros. *Hexaem. prol.* 156.

oeconomus [LL < οἰκονόμος]

1 manager of household or estates, housekeeper, steward; **b** (eccl. & mon.); **c** (royal, in quot. Scot., or in Exchequer); **d** (naut.) purser; **e** (transf., quasi-fig. or fig.).

economus, *stiward* Ælf. *Gl.* 129; economus . . idem est quod dispensator. est . . liber quem composuit Xenephon forte de officio dispensatoris. scribitur . . secundum Grecam scripturam non economus per 'e' sed oiconomus per 'oi' diptongum Gros. *Hexaem. proem.* 156; edidit edicto durandum dulce statutum / ejus in iconomos, populum prius excoriantes (*De Morte Ed. III*) *Pol. Poems* I 222; **1435** ad distribuendum inter yconomos de Yorkes Walde . . x li. *Test. Ebor.* II 56; *howsholdere* . . iconomus *PP*. **b** **749** (12c) signum manus Æthilheardi economi atque abbatis *CS* 179; legatos regi Francorum dirigit, atque / oechonomum Domini predari impune petivit Frith. 651; Deo fructum quoque reddere plenum / iconomos clarus, venerabilis atque benignus / hic cupit Godeman 6; accepit a messoribus basilei quattuor mergites tritici absque licentia echonomi Lantfr. *Swith.* 27; habent . . clerici economum, ab episcopo duntaxat constitutum, qui eis diatim necessaria victui, annuatim amictui commoda suggerat W. Malm. *GP* II 94; **1144** adicimus . . ut . . decedentium episcoporum ejusdem [Eliensis] ecclesie bona . . ad opus ecclesie et successoris sui ichonomi . . serventur *Lib. Eli.* III 85 p. 332; Colescestrensis abbatis yconomus W. Cant. *Mir. Thom.* II 80; economus is est cui res ecclesiastica custodienda mandatur, cum consensu canonicorum; iste tam in spiritualibus quam in temporalibus habet jurisdictionem, ideoque et istud officium tantum clerico competit Gir. *PI* I 19 p. 110; s**1274** qui clerum complent sanctissime ecclesie magne Dei, viz. magnus conconomus [e *misr. as abbr.* 9], prothedicus, logotheta, etc. *Flor. Hist.* III 38; c**1280** quod bis in anno ab yconimis [v. l. yconiis] seu ballivis redditur computacio de hijs que ad majorem spectant communiam (*Cust. Heref.*) *Stat. Linc.* I 50; **1302** Ricardum de Brumpton sacristam Galfridum de Burdon yconomium Johannem de Selby ospiciarium Nicholaum de Roubery elemosinarium *JustIt* 227 m. *d*; dominus Richardus Sand, nunc ~us conventus Ferr. *Kinloss* 38. **c** minister economi regis Scotorum W. Cant. *Mir. Thom.* VI 81 (v. dolabra b); at si de rege tenens baroniam, audita summonitione, fidem in propria persona vel per manum generalis economi, quem vulgo senescallum dicunt, in manum vicecomitis dederit *Dial. Scac.* II 19. **d** **1560** navis nuncupata *the Turteldove* . . cujus . . economus, vero seu dispensator, scriba vel bursarius, Jacobus Jacobson [extitit] *ActPCIr* 103. **e** **804** ad horreum regis aeterni qui eum ~um familiae suae constituit Alcuin *Ep.* 311; salutem quam ille [sc. Deus] . . quasi Dominus et princeps donat, iste [sc. medicus] yconomus et minister procurat et dispensat J. Sal. *Pol.* 476C; ingenio pregnans fuerat, celestia pandens / economus verbi fidelis dogmata sacri (*Vers.*) *Hist. Durh.* 7; apes quas ob nimiam earum sollicitudinem alveariorum yconomos appellamus *Mir. Hen. VI* II 56 p. 143.

2 husbandman, farmer.

aut yconomus quispiam terram serere cupiens philosophorum judicium expectat? FORTESCUE *NLN* I 2; hic iconimus, *husbandman WW.*

oecopeta [οἶκος + -πέτης], house servant, steward, or sim.

Aphron icopeta (pincerna) LIV. *Op.* 222; Aphron icopeta *Ib.* 225; Aphron ~a [*gl.*: οἰκοπέτης] . . pincerna *Ib.* 242.

oecumenicus [LL < οἰκουμενικός], (theol.) that represents the Church in its unity, oecumenical, universal.

1437 tempus imminentis jam concilii ecumenici BEKYNTON II 12; si fiet istud concilium ecumenicum omnino sequetur unio ecclesie utriusque *Ib.* 30; **1438** pro icumenico consilio inibi celebrando *Reg. Cant.* III 263.

oedipia [cf. CL Oedipus < Οἰδίπους], incest.

oethippia [i. e. oedipia] coitum matris aut sororis *GlC* O 130.

oelagium v. oillagium.

oenanthe [CL < οἰνάνθη], **oenanthium** [LL], inflorescence of the wild vine; **b** kind of plant, perh. dropwort (*Filipendula hexapetala*).

†luantum [l. inantum], i. flos de uvis agrestibus *Gl. Laud.* 903; ampelion . . vitis agrestis que lambrusca dicitur alio nomine, cujus flos dicitur yantum vel yantis, inde oleum yantinum *Alph.* 6; enancium, i. flos vitis agrestis, veretri vulnera ad sanitatem reducit *Ib.* 57; inantis vel inanti flos vitis agrestis vel uve agrestis idem . . inantium vel inantum, i. flos lambrusse *Ib.* 86; labrusca, respice in ampelion et inana *Ib.* 91. **b** herba oenantes *Leechdoms* I 26.

oenanthinus [CL < οἰνάνθινος], made from the flower of the wild vine.

yantum vel yantis inde oleum yantinum *Alph.* 6.

oenidium [οἰνίδιον = *poor wine*], vessel for storage of wine.

tria enidia argentea pro vino imponendo, quorum quodlibet continet unam lagenam J. GLAST. 139 p. 262.

oenocratulus [LL oenos < οἶνος + CL crater < κρατήρ + -ulus], sort of wine-vessel.

enocratulus, *busel* (*Gl.*) *Teaching Latin* I 121.

oenomeli [CL < οἰνόμελι], **~um**, drink made from wine and honey. **b** drink made from must and honey.

hynos . . vel hymom vinum, inde hyonomella [v. l. hyonemella], i. confeccio vini et mellis *Alph.* 82; malomeli . . virtutem habent similem inomelli in omnibus *Ib.* 109. **b** inomelum [v. l. inomellum], musti et mellis commixtio OSB. GLOUC. *Deriv.* 289; ~um [vv. ll. momelum, momellum, l. inomelum, inomellum], mustum mellitum *Ib.* 402.

oenophorus [οἰνοφόρος; CL sb. n. only < οἰνοφόρον, οἰνοφόριον], that yields wine. **b** (as sb. n.) sort of wine-vessel.

ampeleos ynipheros, i. vitis †vermifera [l. vinifera] *Alph.* 6 (v. ampelos). **b** enophorum, *winfæt* ÆLF. *Gl.* 123; enoforum, vas vinarium OSB. GLOUC. *Deriv.* 196; onophora [v. l. enofora; *gl: costreuz*] . . lagenas BALSH. *Ut.* 51; enophorum [TREVISA: enoforum] est vasculum continens vinum BART. ANGL. XIX 129 p. 1242; onofora [v. l. onophora; *gl.*: G *bucés*] que ligantur circulis tenacibus GARL. *Dict.* 129; debet . . invenire . . enoforium, i. galonem vini OBED. *Abingd.* 339; providebit . . anaphorum vini, i. galonem *Ib.* 377; inveniet . . enophorum, i. galonem vini *Ib.* 394; ij paria onoforiorum ferro ligatorum *FormMan* 21; conophorum [l. enophorum], A. *a costrell WW*; hoc onafrum, *a flaget WW*; **1479** quadraginta honophora vocata *barels PIRCP* r. 417; *a costrelle* oneferum et cetera, ubi *a flakett CathA*.

oenopola, ~es [CL < οἰνοπώλης], wine-merchant, taverner.

1564 pro v doliis pro biria emptis de magistro Hall ~a *Ac. Coll. Wint.*; *a taverner,* ~a . . caupo LEVINS *Manip.* 80.

oenopus [οἰνώψ, οἰνωπός], wine-coloured, dark red; **b** (w. adj. denoting colour) dark.

urina subrubicunda vel inopos superius distincte livens GILB. VI 240.1; Egidius in urinis suis, in commento illorum versuum: si color est inopos sunt detrimenta salutis GAD. 25v. 1; urina bicolor, livens superius vel karopos, inferius inopos *Ib.* 26. 1; urina nigra et inopos in principio egritudinis mortalis *Ib.* 26. 2; inopos est color urine vergens in nigredinem ut vinum nigrum *SB* 25. **b** spuma [in urina] . . quandoque significat apostema epatis; et hoc si sit in colore inopos viridis cum spuma ci[trina] GILB. VI 259. 2.

oenos, oenum [LL < οἶνος], wine.

hynos vel hymon vinum *Alph.* 82.

oephi [LL < οἰφεί, οἰφί], measure of grain.

~i polentae, farina de pisas; ~i et batus aequalia *GlC* O 131–2.

†oerles, *f. l.*

951 (13c) duces et †oerles [l. *eorles* or eorlas] sex conscribebant *Ch. Burton* II.

oesophagus [οἰσοφάγος], (med.) oesophagus, the gullet.

Arabes . . dicunt quod . . Cancer tenet pectus cum pulmone, isophagum et splen cum costis D. MORLEY 180; fumi . . per isophagum expulsio *Quaest. Salern.* Ba 29 (v. eructatio 1); via per quam transit cibus que dicitur ysophagus BART. ANGL. V 24 p. 163; inviscationem in villis ysophagi GILB. I 17v. 1; ut . . suavius gustum demulceat et ingrediatur ysofagum J. GODARD *Ep.* 221; isophagus . . qui est prima et superior stomachi porta et dicitur Arabice meris, Grece isophagus, Latine gula RIC. MED. *Anat.* 223; ysofagus est via cibi in gutture, vel sic, ysofagus est membrum oblongum rotundum carnosum, a radicibus lingue incipiens usque ad meri, i. os stomachi, protensum *SB* 26; hic isiofagus, A. *a wesawnt WW*; ventriculus . . cujus os superius in quod ~us terminatur, stomachus proprie appellatur D. EDW. *Anat.* B 1.

oester, oestrum [CL < οἶστρος], gad-fly; **b** (understood as worm); **c** (fig., w. ref. to zeal, stimulus, or impulse).

~rum et ceteras pestes . . non possunt abigere J. SAL. *Pol.* 396C; ventilat hec [cauda] vespes, sevos dispergit oëstros NIG. *SS* 373; insidet armento stimulo perdurus oëster *Ib.* 531; cum prefato viro Dei ~um insidebat collo vel manui sue J. FURNESS *Walth.* 40; bubus ~ro agitatis ALB. LOND. *DG* 4. 7; hoc ~rum, *taun Gl. AN Ox.* 476; torvus oester adest ciniphesque, cynomia, bruchus GOWER *VC* I 603; hoc †crestrum [l. oestrum], A. *a brese WW*. **b** ~er, vermis animalibus infestus OSB. GLOUC. *Deriv.* 403. **c** virtus ergo viri nullo subdere remitti; / neve supercilio subrectis nisibus extra / justitiae verum diduci quibat oëstrum FRITH. 560; sunt hodie monachi Cistellenses omnium monachorum excitium, studiosorum speculum, desidiosorum ~rum W. MALM. *GR* IV 337.

oesypum [CL < οἰσύπη, οἴσυπος], **~us**, grease obtained from unwashed wool; **b** (as adj.) prepared with grease from unwashed wool.

super epar ponatur ysopus coctus vel ysopum cerotum quod est succus lane succide ad spissitudinem coctus GILB. VI 255. 1; ysopus humida est sordicies aggregata super lanam yliorum ovium, vel lana non lota decocta in aqua et inde residente erit pinguedo viscosa que dicitur ysopus humida *SB* 25. **b** ysopum cerotum GILB. VI 255. 1 (v. a supra); ysopum cerotum est succus lane succide per decoccionem extractus, lana succida est lana inviscata que pendet in velleribus ovium circa crura *SB* 44.

oethippia v. oedipia.

ofasium v. ovaceus.

oferhyrnessa [AS *oferhyrness*], (leg.) (a fine for) contempt, disobedience, or disregard.

volo ut . . nemo barganniet extra portum . . quod si quis extra portum barganniet overhyrnesse regis culpa sit (*Quad.*) *GAS* 139; si prepositus non moneat rectitudinem per eorum testimonium, qui testes adnumerati sunt ei, reddat ~am [AS: *oferhyrnesse*] meam (*Ib.*) *Ib.* 143; si quis gemotum . . supersedeat ter, emendet *oferhyrnesse* [v. l. overhyrnessam], id est superaudicionem [v. l. subaudicionem] regis (*Ib.*) *Ib.* 161; si quis tunc nolit ire illuc cum sociis suis, emendet overhyrnessam [vv. ll. overhirnessam, overhernessam,

overhernussam] regis (*Ib.*) *Ib.*; si quis hoc faciat, reddat ipsum hominem et regis overhyrnissam [v. l. overhernissam] (*Ib.*) *Ib.* 163.

oferseonnessa [AS *oferseonness*; cf. AS *oferseon*], (leg.) (a fine for) disobedience, oversight, disregard, or neglect.

unusquisque dominus plenam overseunessam suam habeat secundum locum et modum culpe de homine suo et qui sunt ejus super terram suam (*Leg. Hen.* 41) *GAS* 567; si non sunt ei nominata placita et non venerit, overseunessa juxta loci consuetudinem sit (*Ib.* 50. 3) *Ib.* 573; si non sunt ei nominata placita et non venerit, overseunessa juxta loci consuetudinem sit (*Ib.* 50. 3) *Ib.* 573; de thainis et baronibus et qui sunt ejusmodi in overseunessa (*Ib.* 80. 9b) *Ib.* 597; quidam villani . . quorum *fletgefeoht* vel overseunessa est xxx den' (*Ib.* 81. 3) *Ib.* 598; overseunessa regis est, ut diximus xx mance, episcopi et comitis x mance, baronis vel thaini v mance in Westsexa (*Ib.* 87. 5) *Ib.* 601.

offa [CL], lump, piece, morsel, **b** (of food, usu. w. ref. to sop); **c** (w. ref. to *Dan.* xiv 26); **d** (used in ordeal); **e** (of flesh, w. ref. to tumour or sim.); **f** (gen. or quasi-fig.).

~a, mursus *GlC* O 137; ~a, morsus *Gl. Leid.* 16. 2; ~a vel frustrum, *sticce* ÆLF. *Gl.* 127; **10**.. ~a, *snæd WW*; non patiatur Deus ut istam ~am transglutiam W. MALM. *GR* II 197. **b** domne meus, comede. quid agis? facito, precor, offas *Babio* 147; non comedens facias alienis potibus offas D. BEC. 1006; offas conditas vino conferre minutis / ne credas NECKAM *DS* IV 546; dicimus . . quod ~a dum sumitur. calore superiori dissolvitur *Quaest. Salern.* N 14; sufficit michi pisciculus fluminis recens ut in ejus brodio temperem michi pauculas superinfusas aut ~as J. GODARD *Ep.* 222; nec nebule [valent] nec ~e in vino nec cervisia, quia opilant GAD. 33v. 1. **c** horrendis atram jactabant faucibus offam ALDH. *VirgV* 356; fiat eis hec sacra portio rapacitatis sicut ~a Danielis in gutture draconis GOSC. *Edith* 284; ad . . draconem ~a tenaci suffocatum oculos verte ANDR. S. VICT. *Dan.* 5. **d** ~am judicialem sumat *GAS* 287 (v. eucharistialis a). **e** videbaturque informe prodigium et . . carnis ~a quam immaturo fetu projecisset natura W. MALM. *GP* V 262; ingenti nisu frustulentam ~am carnis cum sanguine pariter ejecit *Ib.* 277. **f** carceris offa nigri rapitur, captiva tyranni / elysii, clibani preda cibusque regi GARL. *Epith.* I 141.

offale [ME *offal*], offal (in quot., of wood).

1496 habebunt omnimodos ramos, cortices quisqualias et alia affolia [l. offalia] tocius mearemii circa reparacionem dictorum molendinorum *Pat* 578 m. 12 (10).

offare [cf. CL offa], to swallow (in lumps), gobble.

statim post primam veniunt offare coquinam (*De Monachis Carnalibus*) *MLJ* XV 135.

offarius [LL], one who cuts to pieces, a cook or sim.

~ius vel particularius, *twickere* ÆLF. *Gl.* 127; enumerabilia ciborum genera, ~iorum methodis multipliciter elaborata BALSH. *Ut.* 48; cum pharaonibus merget offarium / indignans Attropos, nil juvat solium WALT. WIMB. *Sim.* 86.

offatium v. omphacium.   **offecina** v. officina.

offella [CL], (small) piece or lump, usu. sop.

~is, *sticcum GlP* 476; ~a vel particula, *spices snæd* ÆLF. *Gl.* 127; ~a, parva offa OSB. GLOUC. *Deriv.* 402; fumos dat grossos que Baccho nubit ofella NECKAM *DS* IV 550; *a soppe*; offa, ~a, offula diminutivum *CathA*.

offeltes v. ophites.

offendere [CL]

1 to strike (against obstacle), knock, stumble (upon); **b** (part of body); **c** (act or natural phenomenon); **d** (intr., also w. *ad* or *in* & acc.).

10.. elideret, i. ~eret, *ascrencte WW*. **b** si quis intraverit erecto collo, caput suum ~et T. CHOBHAM *Praed.* 241; ut sepe sanguinem effundit . . ipsius qui ad lapidem ~it pedem suum *Id. Serm.* 3. 13rb; offenso pede ad truncum cecidit, et fracto sibi collo protinus expiravit *Latin Stories* 94. **c** si . . diversi frequenter . . nascuntur motus,

eosdem se invicem ~ere necesse est ADEL. *QN* 61; quos radios sursum immittentes tecto domus vel aliquibus imminentibus contingit ~i *Quaest. Salern.* P 62. **d** ut eum per gradus, quibus descendebatur in cubiculum ejus, per manum ne forte ~eret sustentaret ALEX. CANT. *Mir.* 44 (II) p. 245; obex, ubi pes ~it OSB. GLOUC. *Deriv.* 401; tactus inanis est si in rem solidam non ~at J. SAL. *Met.* 937A; ut ad illam .. talo offendat et ultra corruat MAP *NC* III 2 f. 38.

2 to strike (so as to hurt), to harm, damage.

fragor .. auditum nostrum ~ens ADEL. *QN* 64; unus oculus magis attentus posset multum ~i in visione alicujus in qua alius minus ~eretur, sicut patet per experienciam DUNS *Ord.* III 281; in tantum quod timeat ejus aures ~ere [ME: *hurte his earen*] qui peccata ipsius audit *AncrR* 133.

3 to impede, hinder.

in offensa velocitate carpebat iter *Flor. Hist.* III 151.

4 to come upon, meet, find, encounter; **b** (in court of law, w. ref. to finding a defendant guilty or innocent).

hic quodam offendit turgentem tempore Nilum / qui fecunda rigat flustris Memphitica regna ALDH. *VirgV* 1468; ~it, *moette GlC* O 133; in eadem silva Willelmus .. et .. Ricardus .. mortem ~erunt W. MALM. *GR* III 275; comes .. non paucos Turchos ~it vivos *Ib.* IV 376; hunc usum in divina etiam pagina non semel ~es PULL. *Sent.* 724D. **b** nisi reos .. et perduelles eos ~eritis, eadem .. poena vos [duodecim viri] ipsi mulctabimini CHAUNCY *Passio* 84.

5 to offend, harm, displease, annoy: **a** (person); **b** (opinion or regulation, w. ref. to challenging or flouting); **c** (act., abstr., or fig.). **d** (p. ppl. as sb. m.) the injured party (in lawsuit).

a ut inique agatis et Christum ~atis GILDAS *EB* 99; qui furtum faciebat penitentia ductus semper debet reconciliari ei quem ~ebat THEOD. *Pen.* I 3.3; Petrum ~isti, Romam destruxisti, Gregorium dimisisti *V. Greg.* p. 85; offensusque cum suis officiariis AVESB. f. 93. **b** beata Edgitha .. non mediocriter juditium ~ebat hominum W. MALM. *GR* II 218; **1357** omnes qui pendunt *allec* ~ebant ordinaciones et statuta in omni ejus articulo (*JustIt*) *Law Merch* III 181. **c** ne pudibunda corporis nudita et indecens obscenitas castos ~eret obtutus ALDH. *VirgP* 37 p. 286; ne majestatem Creatoris verbo indisciplinato ~ant BEDE *Ep. Cath.* 126; tantorum malorum turbo Gregorii papatum ~it W. MALM. *GR* II 201; si celsitudinem potentie tue ~it G. MON. I 4; in quo caritati obsequium prestare non credimus caritatem nonnumquam ~imus J. FORD *Serm.* 109. 10; per falsum consilium simplicitatem nostram graviter offendidimus [*sic*] *Eul. Hist.* III 162. **d** si offensus litigat coram domino .. proprio OCKHAM *Dial.* 873 (*recte* 871).

6 (intr.) to offend, err, transgress; **b** (w. *in* & abl. to indicate area of transgression); **c** (w. *in* & acc. to indicate object of offence). **d** (pr. ppl. as sb.) one who offends or transgresses.

etsi enim justus per fragilitatem carnis vel ignorantiam forte ~erit, justus tamen esse non desistit BEDE *Ep. Cath.* 25; qui per multa possidet per multa ~it, redditurus rationem quia male dedit quia male retinuit PULL. *CM* 214. **b** in quo unusquisque convictus sit ~isse alio [*sic*] recta emendatione satisfaciat WEALDHERE *Ep.* 22; quaerendum est unde fit omnium reus si in uno ~at, qui totam legem servaverit? BEDE *Ep. Cath.* 19; nonnulla .. de majorum officiis sacerdotum in quibus officiunt magis et ~unt quam proficiunt .. admonere curavimus GIR. *GE* II *proem.* p. 168. **c** tendebam in Deum et ~i in me ipsum ANSELM (*Prosl.* 1) I 99; in Christum .. ~entes et suam justiciam constituere volentes BALD. CANT. *Commend. Fid.* 103. 1. 637; sed unde hoc illis? unde ~erunt in eum? AILR. *Serm.* 26. 27. 344. **d** si offensus litigat coram Domino seu rege proprio .. ille merito potest esse suspectus ~enti OCKHAM *Dial.* 873 (*recte* 871).

7 (p. ppl. *offensus* as adj.) hostile.

noverce privigno et matrone ~se marito et coci corrupto dominio venenosa manus est formidanda GIR. *TH* I 36; ut amando sentenciam suam scripture incipiat ~sior esse quam sibi WYCL. *Ver.* I 389.

8 (p. ppl. as sb. f. or n.) offence, transgression, wrongdoing (also w. ref. to harm or injury); **b** (w. subj. gen.); **c** (w. obj. gen.); **d** (w. gen. to indicate area or nature of transgression).

ut .. de gravi ~sa illi satisfacerem ANSELM (*Ep.* 206) IV 100; comissum fatetur, ~sam deprecatur W. MALM. *Wulfst.* I 8 p. 15; nichil autem est magis debitum quam satisfacere post ~sam T. CHOBHAM *Serm.* 23. 94ra; convictiones et attincture ~sorum *Entries* f. 413vb; **1606** pardonavimus .. delict', offens' piraticum, piraciam, depredacionem et spolium precit' *Pat.* 1714 m. 28. **b** tum pro incuria scriptorum .. tum propter ~sa praesentialis populi HERM. ARCH. 1 p. 29; magno in Sanctum Aldhelmum obsequio ~sam ceterorum vel lenivit vel delevit W. MALM. *GA* V 265. **c** ad Dei ~sam avidius se erigens patricidii sacrilegiique crimen produxit in medium GILDAS *EB* 28; ~sa Dei meruit iracundiam; Dei iracundia gentem adduxit in exterminium W. MALM. *GP* 257; procedi potuit ad judicium sine juris ~sa *State Tri. Ed. I* 23; **1300** (1324) coram vobis eos ducere non possumus sine ~so libertatis civitatis predicte *MGL* II 135. **d** ut assertio ista omnem dubietatis deprecetur ~sam, audi quomodo discipulum monuerit ne lasciva poetarum carmina legat W. MALM. *GP* V 213.

9 (w. ref. to wrath that issues from offence).

966 in Domini manens persecutione ejus genitricis sanctorumque omnium incurrat ~sam *CS* 1190 p. 463; ~sa, iracundia OSB. GLOUC. *Deriv.* 402; †**958** (14c) si quis .. hoc minuere temptaverit sentiat Dei ~sam nisi satis emendet *CS* 1021.

offendiculum [CL]

1 obstacle, stumbling-block; **b** (applied to part of body); **c** (fig.).

[ceca] ad lapidum grandium .. ~a .. capud .. consuevit illidere R. COLD. *Cuthb.* 121 p. 266; lapsus ab equo suo ad quoddam ~um cespitante .. exspiravit M. PAR. *Maj.* V 724; habens .. caput memoratum pro pedum ~o .. erat enim pes ejus irretitus in cincinnis capitis flavis et prolixis *V. II Off.* 242; corruens .. ab equo suo, quodam stipite faciente ~um pependit a strepa [*marg.*: mirum genus mortis] *Flor. Hist.* II 279. **b** in anima est dolor propter cordis ~um .. quia ex constrictione cordis provenit dolor J. BLUND *An.* 376. **c** tantis malorum ~is tuus hebetatus insipientiae cumulo sensus GILDAS *EB* 35; diversa impedimentorum obstacula et errorum ~a ALDH. *Met.* 9 p. 81; qui .. recta loquentem vituperat scandalum profecto, id est ~um, et minam auditoribus praebet infirmis BEDE *Luke* 538; **985** (12c) tellus libera ab omni saeculari ~o *CD* 652; in philosophie .. negotiis ad multa subsistit ~a si non habeat rationem propositi faciendi J. SAL. *Met.* 861B; tria sunt vidende veritatis ~a BACON *CSTheol.* 28.

2 (w. ref. to breach or infringement).

c**796** (12c) absque ~o pacis *CS* 271.

3 (act of) stumbling.

crassetum ante hostium .. et crassetum ad ostium chori proculdubio accendentur, ut fratres secure super gradum in exeundo absque ~o incedere queant *Cust. Cant.* 105.

offendix [CL], clasp (of book).

he ~ices .. i. nodi quibus libri signantur OSB. GLOUC. *Deriv.* 398; *clospe,* ~ex .. masc. *PP*; *sperel of a boke,* ~ix .. fem. *PP*; *a claspe,* ~ix, signaculum *CathA.*

offensaculum [CL]

1 obstacle.

~um .. i. .. obex OSB. GLOUC. *Deriv.* 219; ~um .. i. .. impedimentum *Ib.* 398.

2 offence, transgression.

960 rura que ei ob cujusdam ~i causa interdicta fuerant *CS* 1055; ~um .. i. culpa OSB. GLOUC. *Deriv.* 219.

3 (understood as) anger, grudge, or resentment.

~um .. i. ira OSB. GLOUC. *Deriv.* 398.

offensare [CL], to stumble upon or offend (frequently).

~are, sepe offendere OSB. GLOUC. *Deriv.* 401.

offensio [CL]

1 (act of) striking (against obstacle) or stumbling, shock, collision; **b** (partly fig. or fig.).

equorea planities herbarum viridantibus comis oculos avocat, currentibus per campum nullus ~oni datur locus W. MALM. *GP* IV 186; cum .. ex aliorum ~one incepti finiantur motus ADEL. *QN* 61; absque omni ~one currere possit J. FORD *Serm.* 69. 4; ne dum ab ~one custoditur pusillus, magnus Dominus .. offendatur [cf. *Matth.* xviii 6] *Ib.* 80. 6. **b** ingrediamur absque ~one aulam caelestis convivii FOLC. *V. Bot.* 1 p. 402; in celis ubi laus Dei jugiter sine ~one eternaliter auditur *V. Gund.* 21; ut per B mollem in A desinant viz. totum cantum diatessaron et hoc propter ~one semitonii in suis usuis ODINGTON *Mus.* 115; concordia sequens tollit ~onem discordie prioris *Ib.* 127.

2 (mil.): **a** assault, attack. **b** offensive weapon.

a cum milites .. hoc cognovissent, ne tam libere sine ~one discurrerent, exierunt ad prelium contra ipsos M. PAR. *Maj.* III 202; municiones .. contra .. ~ones hostium *G. Hen. V* 6 (v. 1 constituere 1a). **b** adversarios versus deorsum gladiis securibus et ~onibus aliis jugularunt *Ib.* 13 p. 90.

3 stumbling-block, obstacle (also fig.).

qui Spiritus Sancti gratia duce incedunt hujus vitae viam absque ~one peccati alicujus BEDE *Ep. Cath.* 25; in .. illo .. verbo cujus ~onem humana potest vitare fragilitas ut est verbum doli, detractionis, maledictionis *Ib.* 26A; non ad varias .. lapidum ~ones .. conturbabitur J. FORD *Serm.* 64. 8.

4 (act of) displeasing or annoying, offence, harm; **b** (w. subj. gen.); **c** (w. obj. gen.); **d** (w. *in* & acc.).

que est hec ~o nostra? que aversio tua? GOSC. *Transl. Mild.* 13; quod Deus non per ~onem ad iram est provocandus, sed .. *Hexham* I 7; filius .. perditionis Julianus imperator, sacrarium fidei nostre in ~onem et scandalum abducere satagebat SENATUS *Ep. Conc.* xlvii. **b** studiose tamen negligencias et offenciones fratrum inspicient *Cust. Cant.* 87. **c** s**798** exoro ut te sine ~one animi vestri de profectu nostro .. liceat alloqui (*Lit. Regis*) W. MALM. *GR* I 88 p. 87; omni studio conare cavere Dei ~onem ANSELM (*Ep.* 245) IV 155; que .. hora ab ~one mutue caritatis libera invenitur J. FORD *Serm.* 109. 10. **d** 'quid efficit indignatio?' 'odium in adversarium vel ~onem in ejus causam.' ALCUIN *Rhet.* 33; mutua nostra dilectio non potest deleri nisi hoc faciat aliqua in Deum ~o ANSELM (*Ep.* 245) IV 155.

5 (w. ref. to taking of offence or resentment).

his et aliis plurimis modis, prout se causa, locus et tempus et persona affert, indignationem aut ~onem in adversariis concitare debes ALCUIN *Rhet.* 33.

6 (w. ref. to) breach, violation, infringement.

1347 liberaciones cistarum in statutorum ~one .. tardebantur [*sic*] *StatOx* 150.

offensiuncula [CL], (minor) offence.

~a, offensio OSB. GLOUC. *Deriv.* 403.

offensivus [cf. CL offendere]

1 that strikes or hits (against obstacle).

ut illos aeres densos qui levissime moventur separem, ~am motionem in hac diffinitione posco ADEL. *QN* 59.

2 used for assault or attack, (*arma ~a*) offensive arms.

armatus .. armis ~is et defensimis *Deorum Imag.* 3; **1322** arma .. sive defensiva sive ~a (v. 2 arma 1c).

3 that offends, harms, or insults, offensive: **a** (w. obj. gen.); **b** (w. dat.).

a quod est piarum aurium merito ~um CONWAY *Def. Mend.* 1419 (*recte* 1319); c**1358** materias aliquas .. tractavi .. universitatis nimium ~as *MunAcOx* I 210; s**1456** Seneca .. ideo per Neronem cogebatur inferre sibimetipsi necem, quia corripuit eum pro suis excessibus, dixitque in eum talia, qualia fuerunt ~a sue lascive lubriceque juventutis *Reg. Whet.* I 247. **b** **1382** in verba prorumpens non tam vestris auribus ~a *Ziz.* 332.

4 unpleasant (in quot., contrasted w. *placitus*).

istud .. speculum ~um est insipientibus sed placitum valde sapientibus HOLCOT *Wisd.* 209.

offensor [LL], one who displeases, transgresses, or infringes, offender; **b** (w. obj. gen.).

peccator tuus, ~or tuus ANSELM (*Or.* 11) III 44;

s1216 persuasit, ut sincero corde omnibus ~oribus noxam condonaret M. PAR. *Min.* III 237; **1266** in eosdem ~ores .. exercet ultionem *SelCh* 408; **1297** absentes .. tanquam inobedientes et ~ores notorios .. puniemus *Reg. Cant.* I 180; qui offensus nunquam destitit, donec suum ~orem .. de mundo extirpasset OCKHAM *Err. Papae* 965. **b 1260** honoris nostri precipuum ~orem puniri acriter faciemus *Cl* 263; **1296** ne .. jus nostrum et ecclesie nostre .. offendatur, cujus ~ores .. non ambigitur in majoris excommunicacionis sentenciam incidisse *Reg. Cant.* I 84; **1430** juris .. ~or et violator justicie (*Ep.*) *Reg. Whet.* II *app.* p. 414.

offerendarius, (eccl. & mon.) service-book that contains the text and score of the offertory chant.

c1450 libri graduales undecim, ~ii duo (*Catal. Librorum*) *EHR* III 122.

offerre [CL]

1 to put or bring in one's path, to present, make available (usu. refl. & pass.): **a** (person); **b** (artefact); **c** (place, occasion, abstr., or fig.).

a sese coram illis obtulit FELIX *Guthl.* 41 p. 130; Mertii .. congregati se ad resistendum ~ebant W. MALM. *GR* II 180 p. 214; **1170** qui in multa cordis contritione .. omni satisfactioni se ~t P. BLOIS *Ep.* 50. 149A; salutat angelus blande juvenculam / virgo post modicum offert ancillulam WALT. WIMB. *Carm.* 58. **b s1095** absolvit eos [episcopos] in quadam ecclesiola, que se nobis obtulit ambulantibus EADMER *HN* 82. **c 671** ut sententiam beati Hieronimi, dum se occasio obtulit, depromam ALDH. *Ep.* 1 p. 477; materiam, fabros, expensas axis uterque / misit; se muris obtulit iste locus (*Vers.*) W. MALM. *GR* IV 351; de quibus, cum se locus obtulerit .. dicam *Id. GP* III 115 p. 249; quem, si aliqua occasione oblata munificum nobis senserimus AILR. *Spec. Car.* III 25. 59. 598; quo in igne positus nescit ardere et illecebrose vite oblectamenta ultro se ~encia perfeccius extinguit ROLLE *IA* 166.

2 (leg.): **a** (refl. & pass., w. ref. to appearing in court, usu. w. *versus*); **b** (w. ref. to presenting oneself as pledge or hostage).

a 1196 optulit se iiij die versus Robertum *CurR* VII 330; **1218** R. .. appellavit Henricum .. de pace .. infracta .. et R. .. venit et optulit se *Eyre Yorks* 258; **1219** Robertus .. optulit se iiij die versus Rogerum .. de placito assise ad recognoscendum utrum .. *CurR* VIII xii; **1269** A. optulit se versus B. de hutesio levato et posuit se in inquisitionem utrum hutesium levaverit injuste *CBaron* 83; **1290** J. filius W. de P. optulit se et petit judicium de defalta J. de B. *SelPlMan* 35; optulit se versus C. de B. de placito terre et de lege *Form Man* 19. **b 1202** quando dominus suus venit pro eo optulit ei eum per plegios, et noluit et post optulit eum eidem coram serviente domini regis qui [sc. dominus] etiam tunc noluit eum recipere *SelPlCrown* 18–19; **1214** ipse obtulit ei corpus suum in obside quousque inveniret plegios *Ib.* 74.

3 to bring towards or to the attention of: **a** (person); **b** (abstr.).

a ab ipsa Dei Sapientia Domino et Salvatore nostro manifeste percepit cum oblata ei peccatrice muliere BEDE *Prov.* 1038; filiam x annorum caecam curandam sacerdotibus ~ens *Id. HE* I 18 p. 36. **b** anima vitiorum subacta ponderibus velut curanda medicis ~tur *Id. Cant.* 1204.

4 to provide, supply, give: **a** (artefact); **b** (act, action, or abstr.).

a propter quod sitienti illi acetum pro vino obtulerunt BEDE *Hab.* 1252; mulier .. obtulit poculum episcopo ac nobis coeptumque ministerium nobis omnibus propinandi .. non omisit *Id. HE* V 4 p. 287; ut alter ad mortem veniens oblatum sibi a daemonibus codicem suorum viderit peccatorum *Ib.* V 13 *tit.* **b p675** non osculum piae fraternitatis ~tur ALDH. *Ep.* 4 p. 484; oblato hujus supputationis argumento *Id. Met.* 4; cui ad cumulum virtutis tandem succresceret infortunium oblate peregrinationis ABBO *QG* 1 (2); **1533** lusoribus .. domini regis ostendentibus et ~entibus joca sua (*Ac. Salop.*) *Med. Stage* II 253.

5 to present or bestow as gift or sacrifice (also abstr. or fig.): **a** (to God or pagan deity); **b** (to person); **c** (to religious institution or saint's shrine); **d** (absol.); **e** (pr. ppl. as sb.) one who makes an offering.

a prohibens .. Dominus sacrificia et dona sibi a talibus ~ri GILDAS *EB* 42; **672** ineffabiles Altithrono grates .. obtulimus ALDH. *Ep.* 5 p. 489; mortifica concupiscentias carnis et offer Deo placabilia vota cordis BEDE *Cant.* 1122D; in Isaac qui ~ebatur a patre in altari *Id. Tob.* 926; in exemplum Domini nostri Jhesu Christi qui oblatus est Deo Patri pro salute mundi *Nunnam.* 58; et quartas nonas Christus templo offerebatur *Kal. Met.* 9; quem .. sacrificium obtulerunt ÆTHELW. I 3 (v. devincere 1b). **b** utinam haberem aliquid digni muneris, quod ~rem huic qui maturius Basilium de nodo follis hujus absolveret GILDAS *EB* 75; magi .. advenissent sicut regi magno munera ~turi THEOD. *Laterc.* 5; cum .. non haberet ad manum ubi oblatum sibi munus reponeret BEDE *HE* III 2 p. 130; suscipe, rex, parvum magni modo munus amoris / quod tuus Albinus obtulit ecce tibi ALCUIN *Carm.* 71. 2. 2. **c** in tempore messis novorum .. nova ~untur *Comm. Cant.* I 329; **c957** quas [v mansas] patruelis meus Æþelstanus rex obtulerat aecclesiae beati Petri .. quae sita est Bathonis civitate *CS* 936; **a1158** propriis manibus nostris Deo super altare B. Petri advocati nostri manerium de K. .. optulisse *Ch. Westm.* 252; ad scrinium viri sancti .. aurum ab aliis oblatum .. solebat .. asportare GIR. *IK* I 2 p. 24; **c1200** hanc autem cartam super predictum altare B. Marie optuli ad invenienda ejusdem altaris luminaria *Ch. Westm.* 430. **d** presbiteri .. pro suis episcopis non prohibentur ~re GILDAS *Pen.* 24; dum Londoniis diis patriis proposuisset ~re [cf. M. PAR. *Maj.* I 147: diis patriis sacrificium proposuisset ~re] *Flor. Hist.* I 166. **e** Dominus .. non ea quae offeruntur sed voluntatem recipit ~entium [cf. Jerome *In Amos* II 5. 25/27] BEDE *Acts* 959; certat audax fides ~entium ut pro uno nummo vel obolo feneretur apud sanctum multorum summa votorum W. MALM. *GP* V 270.

6 to offer (person) to God as monk or nun, to dedicate to monastic life.

filiam suam Domino sacra virginitate dicandam ~ret BEDE *HE* III 24 p. 177; **a1090** sanctimoniales .. quae quamvis adhuc professae non sint ad altare tamen oblatae fuerunt LANFR. *Ep.* 32 (53); **1066** praefatus comes gloriosissimus et uxor ejus .. obtulerunt filiam suam Ceciliam nomine .. quatinus in eodem loco .. ipsi [*sc.* Deo] in habitu religionis perenniter servaret *Regesta* 4.

7 to offer or celebrate (Mass as gift to God). **b** (intr.) to make offerings (during Mass) or to sing offertory chant.

quando sacerdotes missas offerre jubentur ALDH. *CE* 3. 82; †**931** (12c) cotidie missas pro nobis saluberrimas Deo ~ant *CS* 670; non ~etur missa propter simplicam Dominicam *Cust. Cant. Abbr.* 256. **b** et coram omnibus illis cantet presbiter missam et faciat eos ad ipsam missam ~re (*Jud. Dei* 1.1) *GAS* 401; agatur vigilia ~entibus cunctis [AS: *offrigendum eallum*] ad matutinalem missam *RegulC* 67; offerente uno choro [AS: *offringdum anum chore*] ad missam *Ib.*; in tota Quadragessima ferialibus diebus ~at unus chorus ad primam missam et alter ad missam majorem ÆLF. *Regul. Mon.* 183; missam caelebrent pro anima ejus ~entibus cunctis, et sic cadaver terre commendetur *Ib.* 193; offertorium .. ab offerendo quia tunc ~imus BELETH *RDO* 41. 50; **s1189** cum perventum fuisset ad offertorium misse prefati duo episcopi duxerunt eum ad ~endum M. PAR. *Min.* II 8; **1331** immediate ante horam qua solitum est inter missarum solempnia pro defunctis ~re *StatOx* 35; **1407** tenentur burgences ~re in ecclesia Virginis Marie *Ib.* 2.

8 to tender for acceptance or refusal, to offer, propose: **a** (money); **b** (office or sim.); **c** (proof in legal action).

a pecuniam quam pro sacrilego mercatu ~ebat apostolis BEDE *Retract.* 1016; misit nuntios qui Redualdo pecuniam multam pro nece ejus ~rent *Id. HE* II 12 p. 107; C. Saxeburgensis prepositus .. plus obtulit et .. libros de domino venditoris per violentiam asportavit P. BLOIS *Ep.* 71. 220A; **1202** ~t domino regi xx solidos pro habenda inquisicione *SelPlCrown* 9; obtulit domino regi xx solidos ut illa loquela ponatur coram domino G. *Ib.* 21. **b** episcopatus quoque †Roffensis [?l. Rossanensis] mihi oblatus est P. BLOIS *Ep.* 131. 390B. **c** calumpniatur j homo regis xvj acras terrae, ~endo juditium vel bellum contra *hundret* (*Norf*) *DB* II 146v; ex hoc ~t judicium *Ib.* 190; ipse .. ~t juditium dicens se fuisse hominem Edrici antecessoris (*Suff*) *DB* II 332; **1254** quicumque de Genciak, vel de honore, ~t jus coram domino, debet ab eo recipi *RGasc* I 545b; **1307** R. de T. .. tulit breve de recto de predicto manerio .. ~endo [v. l. conferendo] sectam et disracionacionem in mero jure (*Year Bk.*) *Selden Soc.* XVII 2.

9 to offer (to), propose (that): **a** (w. inf. or acc. & inf.); **b** (w. gd.); **c** (w. *ut* or *quod*).

a quidam clericus .. qui seipsum famulum fieri tanti viri sponte obtulit, ac sub disciplinis illius caste Deo vivere proposuit FELIX *Guthl.* 35; ~entibus statim Stephanide et Milone se aquam transire et urbem aggredi velle GIR. *EH* II 20 p. 349; obtulit ei Herefordensem episcopatum ampliare fundis ad equivalenciam archiepiscopatus predicti MAP *NC* V 6 f. 67; **1218** ~t probare per visnetum .. optulit prosequi versus eos *Eyre Yorks* 257; **1219** et hoc ~t diracionare *CurR* VIII xii; **1277** ~ens se in omnibus nostre voluntati parere *RGasc* II 38b. **b 1241** venit ad .. regem .. et optulit faciendum quod facere ei debuit *CurR* XVI 1611 p. 315; **1448** erat oblatum per viros religiosos de dando universitati centum libras *StatOx* 273. **c** insuper ~ebat ut, si vellet, partem Galliarum non minimam illi regendam committeret BEDE *HE* V 19 p. 324; **s1246** optulit .. Frethericus ut in Sanctam Terram irredeturus abiret, quoad viveret Christo ibidem militaturus M. PAR. *Maj.* IV 523; **1448** cum .. oblatum esset .. quod .. quilibet eorum .. quattuor marcas solveret universitati *StatOx* 273.

10 (intr.) to bear witness or offer deposition (in court).

1473 circa scripturam deposicionum certorum personarum coram imagine regis .. ~encium *Fabr. York* 82.

11 (p. ppl. as sb. f. or n.) obley, wafer (eccl. & mon.); **b** (spec. as *non consecrata*); **c** (spec. as *sanctificata*).

oblata super sanctum pectus posita, .. corpus .. in sepulchro .. deposuerunt *V. Cuthb.* IV 13; per oblatam petra intelligitur HON. *GA* 568C (v. mulctrale); **c1157** (1329) de Bertona tres summas frumenti ad oblatas faciendas *CalCh* IV 119; **a1170** una busta argentea ad oblatas (v. 3 busta); ut .. mundas ex puro sc. farine flore oblatas faciant GIR. *GE* I 9 p. 31; oblatas, fructus, species, galfras nebulasque D. BEC. 2572; **1277** vicarius .. vinum .. oblata et tura inveniet *Reg. Linc.* XXXI 133. **b** expleta missa communicet sacerdos ipsos pauperes de oblatis non consecratis signo tantum sanctae crucis in nomine Domini super eas facto LANFR. *Const.* p. 107; fratres vero ejus turbacionem sedare volentes, simplicem oblatam non consecratam ei optulerunt KNIGHTON I 134. **c** pontifex tacite signat calicem cum oblata sanctificata EGB. *Pont.* 120.

12 (as sb. n.) offering, sum, payment.

oblatorum .. summa vel ab ipsis debitoribus .. vel ab ipsis judicibus requiretur *Dial. Scac.* II 2G; **1190** de oblatis curie *Pipe* 51; **1199** nova oblata facta coram rege in partibus transmarinis *Pipe* 160; **1201** postea optulit x marcas pro se et hominibus suis. non recipitur oblatum *CurR* I 379; **1214** de oblato quod milites eorundem comitatuum nobis fecerunt *Cl* I 181a; **1218** de oblato quod nobis fecistis de castro de Pevense *Pat* 141.

13 (med.) thing given to patient.

ut omne oblatum sit majoris humiditatis GILB. I 27v. 1.

14 (gdv. as sb. f.) offering, donation.

c1150 omnes ~endas meas .. perpetue dedi in elemosinam *Kelso* 2; **1159** omnes ~endas meas .. ipsi ecclesiae confirmo *Regesta Scot.* 131 p. 193; **c1170** capellanus meus .. omnes ~endas familie mee .. ad missam recipiet (*Ch.*) *Feod. Durh.* 131; **c1173** cum decimis et ~endis ex integro *Act. Hen. II* I 551.

15 (eccl. & mon., liturg.) offertory (w. ref. to chant or part of Mass during which offerings are made).

quod ~enda et 'Agnus Dei', et communio ad hanc missam non dicuntur LANFR. *Const.* 119; post evangelium dum canitur ~enda, vel versus ~endae *Ib.* 137; dulcisona modulatione cantantes ~endam 'Domine Jesu Christe' *V. Gund.* 21; dicto symbolo cantatur offertorium sive ~enda et dicitur offertorium ab offerendo quia tunc offerimus BELETH *RDO* 41. 50; cum cantaretur ~enda W. FITZST. *Thom.* 84; manibus sacerdotis aquam ablucionis abbas infundet, tam post ~endam quam post sacrosanctam communionem *Cust. Cant.* 118.

offerumenta [CL], mark left by a whip, stripe, weal.

1619 cumque sic alligatum quinquaginta colaphis ictubus sive ~is Anglice *stripes* super dorso .. ejusdem R. H. .. *HCA Libel* 78/108.

offertorius [LL *as sb.*]

1 (as adj.) used in offering or for celebration of the Eucharist.

partem glutinati salis .. arripiens in aquam ~iam .. mittebat FELIX *Guthl.* 53; **1303** v s. de tribus pannis ~iis venditis *Ac. Exec. Ep. Lond.* 49.

2 (as sb. m.; w. ellipsis of *liber*) Leviticus, third book of the Pentateuch.

tercius .. liber predicte legis Vagetra Hebraice dicitur, Grece Leviticus, Latine ~ius R. MELUN *Sent.* I 183.

3 (as sb. n., liturg.) offertory: **a** part of Mass during which offerings are made. **b** offertory chant. **c** chalice-veil, cloth used in celebration of the Eucharist.

a ~ium sive offerenda; dicitur ~ium ab offerendo, quia tunc offerimus BELETH *RDO* 41. 50; s**1189** cum perventum fuisset ad ~ium misse prefati duo episcopi duxerunt eum ad offerendum M. PAR. *Min.* II 8 (cf. id. *Maj.* II 349). **b** ~ium: 'Domine Deus, in simplicitate cordis mei letus obtuli universa' EGB. *Pont.* 50; in ipso die non cantatur ~ium nec 'Agnus Dei' nec communio *RegulC* 49; ~ium: 'inmittit angelum Dominus in circuitu timentium eum (*Jud. Dei* 12) *GAS* 403; ~ium, *lanesang* ÆLF. *Gl.* 130; loco psalmorum introitus et tractus et ~ia de ipsis psalmis instituit GIR. *GE* I 7 p. 23; promittit, quoniam canit offertoria cetus GARL. *Myst. Eccl.* 539; **1354** ante ~ium in magna missa decantatum *Lit. Cant.* II 231. **c** ~io et corporalibus ipsi calici superpositis *Offic. Sal.* 92 p. 150; **1241** omnes .. paruras, ~ia, et omnia alia ornamenta que habetis in custodia vestra *Cl* 321; c**1250** ~ium de panno rubeo subtili *Vis. S. Paul* 3; altaris .. calicem, corporalia, et ~ia *Cust. Westm.* 55 (cf. *Cust. Cant.* 110); **1317** pro .. j incensario, j ~io *Reg. Heref.* 42; **1357** unum offretor' ad patenam tenendam cum stripp' auri *KR Ac* 393/4 f. 5d; **1396** ~ia duo et alia in ecclesia tria (*Invent.*) *Meaux* III lxxx.

offertus [LL *gl.*=oblatus; cf. CL confertus, refertus], crammed full, bountiful, abundant.

quum dives fuit noster Plusipenus nobis erant opiparae ~issimae LIV. *Op.* 38.

offex [LL *gl.*], one who hinders or obstructs.

ut frater congrex, scelerum sicut pater offex [*gl.* inpeditor] / circumfusa means docet agmina Christicolarum FRITH. 1321; ~ex, impeditor OSB. GLOUC. *Deriv.* 403.

offialtes v. ephialtes. **offiasis** v. ophiasis.

offibulare [ML < CL ob+fibulare], to close, clasp, grasp.

offibulare [v. l. offabulare], concludere OSB. GLOUC. *Deriv.* 401.

officere [CL]

1 to get or stand in the way (of), to block, obstruct, or hinder (also fig.): **a** (w. dat.); **b** (w. acc.); **c** (w. *ut* & subj.).

a astipulatur .. magis quam ~it nostre opinioni .. hec beati patris sententia AILR. *An.* I 37; quia insanabilibus morbis plerumque ~it medicina DOMINIC *V. Ecgwini* I 4; ubi ~is lumini edium mearum tuas alcius tollendo, perinde est ac si fenestras meas obstrueres VAC. *Lib paup.* 92; c**1450** nil .. reperiens quod sacris ecclesie .. ~eret institutis *Reg. Whet.* I 151. **b** aque, inquit, sonus musicen ~it ut in hydrauliis, id est aquaticis organis, videmus ALB. LOND. *DG* 8. 22. **c** sonus vocis et intellectus mentis in diversa contendunt, ut sermo oris distincte non personet aures ~iunt *V. Birini* 15.

2 to do injury or damage (to), to harm; **b** (contrasted w. *proficere* or w. play on *officium*, *officiosus*, or sim.).

~io, offeci, id est nocui ALDH. *PR* 140 p. 196; ~it, *werdit GlC* O 136; si unitas servatur caritatis in fide catholica, nihil ~it consuetudo diversa ANSELM (*Sacr.* 1) II 240; cujus [Christi] suffragio timeri Christiani possent qui ~ere nequirent W. MALM. *GR* IV 378; senectutis vicia .. vel omnino vitant vel, ut minime ~ere possint, levant ac mitigant GIR. *SD* 64. **b** officiosissime semper potius ~ere parati sunt quam proficere *Id. TH* II 54 p. 135; c**1205** credo tale officium esse in perditionem .. innocentissime Innocenti, puto quod tales non ab 'officio' nomine sed ab '~io' verbo nomen .. trahunt P. BLOIS *Ep. Sup.* 8. 3; palpo veneficus quem nullus abicit / officiosior quo magis officit / venator glorie WALT. WIMB. *Palpo* 18.

3 (assoc. w. *officiari*; pr. ppl. as sb.) one who helps, serves, or officiates, an officiant.

per .. visitatores annuo more ~ientium ad singula cenobia destinatos .. remedium est provisum GIR. *Spec.* II 29 p. 94.

officiabilis, (log. & phil.) connected with mental functions or implying mental action.

diccio habens vim confundendi vel negacionis dicitur, que, cum preponitur diccioni, facit ejus supposicionem mutari; cujusmodi sunt signa distributiva .., et omnes termini ~es, ut scire, dubitare, velle, apparere, et cetere dicciones significantes actus mentales vel officium mentis (STRODE) *GLA* IV 50.

officialatus [ML], office (in quots., Scot.).

1450 sub sigillo ~us et manu notarii .. *Reg. Brechin* I 135; **1455** sigilli ~us Sanctiandree *Melrose* 570 p. 585; **1469** cum appensione sigillorum ~us ad Abbirdone *Reg. Aberbr.* II 159; **1508** transumptum sub sigillo ~us Aberdonensis .. *Reg. Aberd.* I 352; **1522** sub sigillo ~us antedicti *Scot. Greg. Friars* II 78.

officialis [CL]

1 of or connected with the performance of function, functional: **a** (of organ or part of body, also as sb. n.); **b** (of ailment or sickness); **c** (log. & phil.).

a omnium .. instrumentorum ~ium qualitates offensa exteriorum corporum immutantur ADEL. *QN* 13; nasus est membrum sive organum ~e [TREVISA: *of office*] aeris attractivum BART. ANGL. V 13 p. 142; morbus alius est a natura immutata consimilium et alius a natura immutata ~ium et alius a natura immutata continuationis GILB. I 1. 1; complexio mediantibus qualitatibus operatur; compositio mediante virtute formali membri a quo meretur membrum esse quod est, sc. ~e *Ib.* VI 241 v. 1; item calor agens in spermate directa actione congregat homogenea et separat etherogenea; ergo ipso actu uno agendo in consimilibus operatur ~ia; ex eadem .. materia tam principalia quam orta ab ipsis generantur *Ib.* VII 305; in animalibus diversis diversa membra ~ia nececaria fuerunt, contrahentia sc. virtutem ab uno membro et uno principio, quod in perfectis animalibus est ~e *Ps.*-RIC. *Anat.* 20; ventris in corpore humano tres proprietates habentur speciales, viz. complexio .. ac composicio, ex textura membrorum simplicium in ~ibus membris orta, ac proporcio caloris naturalis cum humido radicali KYMER 3 p. 552. **b** oppilatio epatis .. est morbus ~is GILB. VI 237. 2. **c** quando in aliqua diccione ~i includuntur duo, ad nichil refertur unum ad quod non alterum DUNS *Ord.* IV 7; termini ~es sunt omnes termini morales et termini concernentes actum mentis WYCL. *Log.* I 7.

2 who holds office or performs duties (in quot., mon.).

1204 omnes priores Dunelmensis ecclesie .. et omnes fratres ~es (*Ch.*) *Feod. Durh.* 93.

3 that belongs to, issues from, or represents a certain office or institution, official: **a** (of artefact); **b** (of seal); **c** (of rank, status, or sim.).

a combusta sunt .. parva aula domini regis .. et alie plures domus ~es *Leg. Ant. Lond.* 51. **b** **1352** sigillum ~e commissariatus Cantuariensis *Reg. Rough* 252. **c** [David] ~es dignitates distribuit, Uriam manu Amonitarum occidit M. PAR. *Maj.* I 26.

4 required by office, necessary for the fulfilment of duties.

c**800** ~e devotionis nostrae munus ALCUIN *Ep.* 198; ~em eum dicimus affectum qui munerum vel obsequiorum gratia parturitur AILR. *Spec. Car.* III 13. 589; David .. cum fidelis ei exercitus de filio parricida victoriam reportasset naturali cedens affectui filii sui lugebat interitum; sed correptus a milite ~em naturali preposuit *Ib.* III 29. 71. 603; ~em censemus affectum qui obsequio conciliatur, aut donis P. BLOIS *Opusc.* 943C.

5 dutiful, diligent, industrious.

erat eidem militi quidam armiger satis ~is et strenuus R. COLD. *Cuthb.* 133 p. 282.

6 (eccl. & mon.) that contains the text of liturgical offices or sim.

s**1072** narrat liber ~is quod in hoc biduo non fit sacramenti celebratio (*Conc.*) ORD. VIT. IV 9 p. 242; fastigavit in summum .. delegatis .. villarum et decimarum redditibus, librisque ~ibus, solempni dono Wigornensi ecclesie dedit W. MALM. *Wulfst.* III 10 p. 52; exorcistae .. accipiant .. libellum, id est ~em, in quo scripti sunt exorcismi (*Pont. Magd.* f. 67) *HBS* XXXIX 61.

7 (as sb. m. or f.) one who holds office or performs duties or tasks, an official, officer; **b** (royal or imperial, also Scot. & Cont.); **c** (in county or city, usu. w. ref. to court official); **d** (acad.).

eos .. affabiliter tractabant ac ut bonos ~es et operarios ne deficerent ubertim pascebant ORD. VIT. XI 26 p. 249; hic ~is, *an offycyale*; .. hic ~is, A. *a offysere WW*. **b** Eric quidam .. Cnutonis regis intererat ~ibus *Enc. Emmae* II 7; super omnes regios ~es .. magistratum a rege consecutus est ORD. VIT. VIII 8 p. 310; **1168** vereor enim ne principes sacerdotum .. accitis ~ibus regis illum tuum Exoniensem inducere velint aut compellere J. SAL. *Ep.* 243 (241 p. 468); **1285** ~es tui [regis Scotie] mercatoribus .. se graviter opponentes eos .. inquietant *Mon. Hib. & Scot.* 134a; s**1301** per .. Philippum regem Francie .. et ~es suos seu ballivos (*Lit. Papae*) *MGL* II 159; **1368** in solucione facta ~ibus domus domini nostri regis, in partem solucionis feodorum suorum *ExchScot* 307; **1372** rex dilectis .. vicecomitibus, majoribus, ballivis et quibuscumque aliis ministris, ~ibus, et subditis suis per totum regnum *RScot* 951a; s**989** institutum fuit quod per ~es imperii imperator eligeretur; qui sunt septem *Flor. Hist.* I 519. **c** **1438** eam .. de facto coram ~i civitatis vestre hujusmodi, judice in ea parte competente, in jus traxit BEKYNTON I 251; **1476** religiosum .. coram secularibus judicibus eorumve ~ibus deputatis sive missis accusare *MunAcOx* 350; s**1479** Johanni .. ~i comitatus Oxonie *Reg. Whet.* II 197. **d** **1456** decrevit quod supra ebdomadarium et ~em proximus sit cancellarius *StatOx* 277.

8 (eccl. & mon.): **a** (mon. or unspec.); **b** (at the service of archbishop, bishop, or archdeacon, usu. w. ref. to the official presiding at the prelate's court); **c** (spec. as *generalis* or *principalis*); **d** (in the world to come).

a c**801** discant ~es esse boni in domo Dei ALCUIN *Ep.* 250; progreditur cum abbate et patribus ac ~ibus hymnidicis GOSC. *Transl. Aug.* 17B; abbatissam vel priorem ceterasve ~es institutturum cantitans W. MALM. *GR* V 439; nemo vel economus vel sindicus est sine culpa / quislibet offensas officialis habet A. MEAUX *Susanna* 44. 118; cum subsacristis .. et sic cum singulis ~ibus .. erimus .. in .. derisum omni populo BRAKELOND f. 144. **b** in curia Christianitatis advocatus .. versus clericum ipsum coram episcopo suo vel ejus ~i placitabit GLANV. IV 10; tota ~ium intentio est, ut ad opus episcoporum sue jurisdictioni commissas miserrimas oves quasi vice illorum tondeant P. BLOIS *Ep.* 25. 89A; **1200** ~is archiepiscopi *CurR* I 131; prelati .. per .. ~es suos laxant retia sua in capturam pecuniarum GIR. *GE* II 32 p. 321; novum ~em .. ab episcopo missum .. a clero repelli fecit *Id. RG* II 6; archidiaconi ~es sunt domini episcopi *Offic. Sal.* 6; **1293** magister W. .. ipsum citavit quod compareret .. coram offic' de Arcubus London' *RParl* I 97a. **c** c**1213** scripsimus episcopo nos T. personam de H. generalem ~em nostrum per archidiaconatum de Brechene .. constituisse GIR. *Ep.* 7 p. 248; **1442** sub decreto et sigillo magistri Johannis Norton ~is principalis dioceseos Dunelmensis *Pri. Cold.* 144; **1536** vicario seu ~i generali *Conc. Scot.* I ccxlvii. **d** veniat mortuus nuntiare superstiti qualiter de hac vita decesserit et hinc migrans a quibus ~ibus vel ministris susceptus fuerit P. CORNW. *Rev.* I 205 p. 198.

officialitas [LL=*dutifulness*], officiality, office or dignity of ecclesiastical official (usu. w. ref. to ecclesiastical court); **b** (Scot.).

1200 sciatis nos commisisse dilecto .. clerico nostro Hug' de Well' ~atem episcopatus Linc' *RChart* I 99b; **1268** cum sigillo ~atis domini archidiaconi Cantuariensis *Reg. S. Aug.* 565; c**1270** cum vacante sede .. priores ~atis curam in episcopatu .. optinuerint *Reg. Pri. Worc.* 137a; presumpsit dare ~ates et serjancias in ecclesia Roffensi *Flor. Hist.* II 64; **1303** in cujus rei testimonio nos, dictus episcopus [sc. Londoniensis] sigillum ~atis curie nostre .. presentibus litteris apponi fecimus *DCWestm.* 73/12. 372; s**1212** Stephanus Cantuariensis archiepiscopus .. misit priori curam ~atis *Ann. Worc.* 401. **b** **1266** in cujus rei testimonium una cum sigillo meo sigillum ~atis Glas-

guensis presenti scripto apponi procuravi *Kelso* 229; **1295** ad majorem rei geste securitatem sigillum ~atis Glasg' una cum sigillo dicti Ricardi .. sunt appensa *Reg. Newbattle* 177; **1300** sigillum ~atis curie Sancti Andree est appensum *Reg. Dunferm.* 340 p. 228.

officialiter, in a manner concerned with performance of tasks, functionally, effectively (in quot., log. & phil.).

nec est ista trimembris divisio terminorum ex opposito assignata, cum contingit eundem terminum esse resolubilem exponibilem et officialem; ut patet de isto termino 'necessarium', ut in tali proposicione 'necessarium est aliquid esse', que potest tripliciter probari .. tercio ~er per capcionem talis proposicionis: proposicio est necessaria 'aliquid est', que primarie significat aliquid esse, ergo, necessarium est aliquid esse WYCL. *Log.* I 83.

officiari [LL], **~iare** [ML]

1 (eccl. & mon.) to serve, officiate (w. ref. to discharge, usu. of priestly duties): **a** (absol. or intr.); **b** (w. dat.); **c** (w. acc. or sim.); **d** (pr. ppl. as sb.) one who serves or officiates, an officiant.

a sacerdos .. cum recepit a Deo caracteram ~iandi in suo exercitu WYCL. *Ver.* II 244; **1396** capellani et alii ministri qui pro tempore fuerint in dicta ecclesia ~iantes *ExchScot* 395. **b** **1252** ut .. Deo laudabili[u]s ~iari valeat in divinis GROS. *Ep.* 131; **1350** subibit .. vicarius .. onus ~iandi dicte ecclesie *Reg. S. Aug.* 186; **1368** nunc propter exillitatem redditutum dicte cantarie ~iatur per unum capellanum tantum celebrantem unam septimanam in dicta ecclesia .. et aliam .. in ecclesia S. Petri *Invent. Norw.* 19; subibit autem dictus vicarius .. onus ~iandi eidem THORNE 2089; **1415** cum .. capellani .. habere debeant unum clericum, qui eisdem debeat in premissis [sc. in divinorum celebracione] ~iare *Lit. Cant.* III 135. **c** **1217** vicarius autem ad quem pertinet ~iare capellam de Ledwelle *Cart. Osney* IV 159; **1260** A. de B. procuratorem nostrum constituimus .. ad ~iandum et regendum ecclesiam nostram de P., et administrandum bona *Reg. Malm.* II 79; **1281** quominus valeant commissam sibi ~iare ecclesiam *Conc. Syn.* II 895; **1284** ipsa .. ecclesia ~ietur celebritate condigna .. omni die (PECKHAM *Reg.* f. 233) *Conc.* II 105b; **1312** presbitero ~ianti capellam castri Burdegale, precipienti per diem xij d. Burd' pro divino officio *RGasc* IV *app.* p. 553a; divina solempniter celebravit, a ministris Savarici interim honorifice ~iatus J. GLAST. 100 p. 186; **1416** ~iabit vel ~iari faciet dictam ecclesiam parochialem per se vel per alium in obsequiis divinis *Reg. Cant.* III 385; **1444** per .. vicinie applausum didicit quod dicta capella de dictis capellanis non fuit ~iata hucusque nec potuit ~iari *DCDurh. Reg. III* f. 299. **d** inferiores ~iantes ante ipsum legent *Stat. Linc.* I 371.

2 (log. & phil.) to formulate in functional terms.

debet sic ~iari: hec proposicio est necessaria: Deus est, que primarie significat 'Deum esse' vel 'necessario Deus est' WYCL. *Log.* I 25.

3 to entrust with discharge of duties, invest with power or authority of office, (p. ppl. as sb. m.) an official.

~iatorum insolenciam regia mansuetudo .. relinquere voluit incorrectam AVESB. f. 96; custodi Anglie et aliis ~iatis ad regni regimen deputatis G. ED. III *Bridl.* 138; s**1456** haberet potestatem concedendi aliquam prebendam .. vel aliquam collacionem, officium vel officia, vel aliquem ~iatum faciendi .. collacionem officii seu officiorum aut creacionis dictorum officiariorum *Reg. Whet.* I 253–4 **1516** contra theolonarios, custumarios, stapularios, efficiatos [MS: officiatos], mercatores *Foed.* XIII 542.

officiarius [LL *as sb.*]

1 (as adj.) concerned with discharge of duties or performance of tasks: **a** (of person); **b** (of artefact).

a **1441** moniales ~ie sole accedunt ad officinas *Vis. Linc.* II 119. **b** vestibulum .. edificiis habitatoriis, repositoriis, operatoriis, ~iis [*Teaching Latin* I 173: officiniis] BALSH. *Ut.* 47.

2 (as sb. m. or f.) one who holds office or performs duties or tasks, officer: **a** (royal); **b** (eccl. & mon.); **c** (of county, city, or borough); **d** (in army or navy); **e** (of guild, great household, or sim.); **f** (acad.).

a**1313** ~iis regis .. exceptis *StatOx* 110; **1316** ministris ac ~iis per totum regnum .. quacunque regalitate gaudentibus *Melrose* 359 p. 324; s**1341** quod majores ~ii regis eligerentur per pares regni in parliamento AD. MUR. *Chr.* 119; **1369** receptis .. de custuma ejusdem [burgi] .. postquam dominus Willelmus .. qui fuit ~ius regine in dicto burgo cessit officio suo *ExchScot* 343; revenerunt ~ii regii qui conduxerant imperatorem ad propria non sine immensa liberalitate munerum *G. Hen. V* 25 p. 178; in hoc officio scaccarii et compotorum ~iorum eidem pertinencium, viz. griffatori et †osticiariis [l. officiariis] dicti thesauri et ~iis camerae *Collect. W. Worc.* 537 **b** invidiosa ambitio ~iorum [cenobii] in Berkinga contra eam surrexit GOSC. *Wulfh.* 9; **1238** vos .. citari decrevimus responsuros et juri parituros coram nobis vel ~io nostro GROS. *Ep.* 56 p. 171; **1250** ~io archidiaconatus Londonie *RL* II 62; iste antipapa, cardinales, et alios ~ios, quos verus papa solebat habere, creavit AD. MUR. *Chr.* 59n; unius ecclesie cathedralis [sc. Eboraci] ~ii GASCOIGNE *Loci* 1; **1520** camer[ari]a et alie ~ie non reddiderunt compotum *Vis. Linc.* II 89. **c** **1407** pro solucione vadiorum soldariorum, artificiariorum, et aliorum ~iorum ville et castri nostrorum Calesii (*Cl*) *Foed.* VIII 488; **1449** duodecim liberi jurati magne assise domini regis capte pro rege super presentatum dictorum officiarium [*sic*] quorum nomina .. dicunt *CourtR Carshalton* 72; **1449** burgorum prepositis et eorum ballivis aliisque ~iis *Reg. Dunferm.* 428; **1474** eleccio ~iorum .. aldermanni .. constabularii .. taxatores domorum .. custodes ciste communis *MunCOx* 231; **1502** per ~ios temporales ejusdem comitatus Carliol' et alios domini regis Anglie *Sanct. Durh.* 84. **d** **1341** dantes eidem comiti plenam .. potestatem .. sen', constabular', marescallos, et alios officiar' pro exercitu .. necessarios statuendi et creandi *RScot* 617b; **1437** admirallo et ejus ~iis (*Pat*) *Foed.* X 668; **1558** cum dicta nave .. tamquam ~ius ejusdem vocatus *the master's mate* velificavit *SelPlAdm* II 104. **e** **1314** pro tunicis ~iorum in estate [ducis Lancastrie] (*MinAc*) *EHR* XLII 199; **1397** dicunt .. quod H. C. decessit intestatus, et ~ii comitis Arundel ministraverunt bona dicti defuncti, eo quod fuit nativus suus, sine auctoritate ordinarii (*Vis. Heref.*) *EHR* XLV 453; **1403** electi sunt ~ii gilde prout sequitur *Gild Merch.* I 216n; **1415** preter expensas .. executorum et aliorum ~iorum meorum [domini W. de R. militis] *Reg. Cant.* II 23; **1453** per diversos ~ios hospicii *Ac. H. Buckingham* 31; dictus dux habuit 30 milites in hospicio sui et item habuit .. ml .. homines de hospicio ultra ~ios suos W. WORC. *Itin.* 338. **f** a**1380** eleccionem cancellarii .. custodum cistarum, scolarum gramaticalium magistrorum, ceterorumque ~iorum *StatOx* 182; **1383** magistris .. ~iis, ministris, et scholaribus universitatis predicte (*Breve Regis*) *Ziz.* 316; **1400** in eleccionibus diversorum ~iorum universitatis *StatOx* 190; **1516** nullus ~ius universitatis .. se .. inferat in libertates ville .. *Ib.* 332.

3 (eccl. & mon.) one who officiates at the liturgy, an officiant.

nulli licitum est a dormitorio exire, nisi ~iis et aliis quibus specialiter est concessum, ad missas suas mane celebrandas aliaque opera digna adimplenda *Cust. Westm.* 144; de vino et speciebus dandis diversis ~iis ad magnam missam *Cant. Cath. Pri.* 44n; s**1423** de accessu ~iorum in chorum AMUND. I 102.

4 (as sb. n. pl.) matter, business.

1504 dicunt super sacramentum quod omnia officiaria [que] superius presentantur sunt vera (*CourtR Spelsbury*) *OxfordRO*.

5 (as sb. f.) office, institution or body of officials.

1584 tot et tantas officiar[ias] et officiar[ios] pro execucione et exercicione ejusdem legis mariscalcialis seu marcialis *Pat* 1302 m. 11*d* (23).

officiasticus [officiari + -ticus; *by analogy w.* ecclesiasticus], concerned with discharge of duties or performance of tasks; (as sb. f.) workshop, workroom (in quot., eccl. & mon.; *cf. et. officina* 3).

1181 apreciati .. viij porci iiij solidorum et de ~a domus xviij solidi .. hos debet .. Sawalus .. seisare a predicto Valeriano priori .. Sancte Marie de Suthwerch' (*Ch.*) *MS BL Cotton Nero C. III* f. 197c.

officiatio [ML], officiation, performance of tasks (in quot., eccl. & mon., w. ref. to discharge of priestly duties).

1518 quodsi hujusmodi fructus autumnales ad ~onem, et onera hujusmodi non sufficiant supportanda, tantum ex aliis decimis .. ad ecclesias hujusmodi .. detrahatur quantum .. ad ~onem .. sufficere poterit (*Const. Ebor.*) *Conc.* III 663b.

officiatus [ML], office (in quot., Scot.).

1447 sigillum officii ~us Glasguensis .. apponi procuravi *Reg. Glasg.* II 366.

officina [CL], **~um** [ML], **~us**

1 place in which work is done, workshop, workroom. **b** (*~a fabrorum* or sim., or ellipt.) smithy. **c** (*~a bibliopolae* or ellipt., w. ref. to printing press, bookstore, or sim.). **d** (transf. & fig.).

~a, *smiðþe* vel *weorchus* ÆLF. *Gl. Sup.* 185. **b** [frater quidam] fabrili arte singularis .. magis in ~a sua die noctuque residere quam ad .. orandum in ecclesia .. cum fratribus .. concurrere consuerat BEDE *HE* V 14 p. 314; expertem penitus vita formaque relinquens / officinae servum deinceps me jussit haberi TATWINE *Aen.* 38 (*De Carbone*) 4; tu, [ferrarie], quid das nobis in ~a tua [AS: *in smiþþan þinre*], nisi ferreas scintillas? ÆLF. *Coll.* 100; lima pernecessaria est in ~a fabrorum eradens rubiginem ferri BALD. CANT. *Serm.* 14. 31. 447; est .. physica causa cur inter Etnam et Liparen fingatur habere ~am, propter ignem viz. et ventos, que apta sunt fabris ALB. LOND. *DG* 10. 5; **1560** cum .. j cotagio et j ferlingata terre et ~a fabrili *Crawley* 522. **c** ex ~a bibliopolae Toye .. ex ~a Ricardi Kele BALE *Index* 22; ex bibliopolarum ~is *Ib.* 32. **d** camera que, ut ita dicam, quedam celestis artificii videbatur esse ~a TURGOT *Marg.* 4 p. 239; cum omnia a nature ~a proveniant J. SAL. *Met.* 847B; si abstrahentem tuleris intellectum, liberalium artium ~a peribit *Id. Pol.* 438A; ut sapiens architectus extruxisti tibi ~am fabrice hujus animam et uterum virginis matris J. FORD *Serm.* 25. 5; ave, virgo columbina / sedes, edes, officina / grata Dei filio WALT. WIMB. *Virgo* 78; totus mundus ~a [ME: *smiððe*] Dei est ad suos fabricandum electos *AncrR* 107; sciebat .. gulam matrem esse viciorum .. ideo ne ~is ejus preoccuparetur, melius putabat sibi illud Augustini 'minus egere quam habere' CAPGR. *Hen.* 163.

2 apothecary's shop; (pl. collect., w. ref. to apothecaries' craft or profession).

~is et herbariis plantago aquatica TURNER *Herb.* A ii (v. fistula 6c); altheam aliqui .. nominant, ~ae malvam bismalvam *Ib.* A ii (v. bismalva); ab ~is .. mella vocatur, ab Anglis *goosgyrs Ib.* A iiv (v. aspergula).

3 (eccl. & mon.): **a** a building (unspec. or w. ref. to household building or department), (pl.) offices (*cf. et. OED* office 9); **b** (dist. from *aedes, domus*, or sim.); **c** (in a grange); **d** (used for housing).

a ecclesia nova .. incipitur, ~arum ambitus convenienter disponitur *V. Gund.* 17; ecclesiam .. cum omnibus ~is que infra murum ipsius curie sunt .. edificavit EADMER *HN* p. 15; ad hujus monasterii ~as instruendas, suffitiens terre spatium .. mercatus W. MALM. *GP* II 78 p. 173 (cf. id. *GR* II 124); arserunt etiam omnia ~a [v. l. officia] monachorum et totam villam preter ecclesiam et unam domum H. ALBUS 78; hic edificia ~arum .. quotquot necessaria fratribus erant construxit *Chr. Battle* f. 37v; **1224** habent omnia ~ia prioratus in manu sicut portam, celarium, et coquinam *BNB* III 42; c**1236** execrabile esset .. si .. convertetur .. ecclesia in stabulum vel horreum vel aulam vel aliam ~am ad usus communes hominum GROS. *Ep.* 72 p. 210; de qua .. quarera ecclesia .. et cetera ~a monasterii .. sunt constructa *Meaux* I 228. **b** testetur decor domus Dei .. testentur et edificia ~arum *Tract. Ebor.* 661; c**1154** tam de ecclesia sancti Gundlei quam de domibus et ~is et omnibus ad eam pertinentibus *Doc. Theob.* 115; **1156** ad opus ecclesie et omnis domus, claustrorum, refectorarii, dormitorii, et omnium ~arum et vinearum *Act. Hen. II* I 121; per curiam deambulans edesque singulas et ~as contuens GIR. *Spec.* III 13 p. 211 (v. curia 10c). **c** **1196** concessit .. monachis ducere aquam prefati fontis sub terra .. cum conductionibus suis ad omnes ~as grangie sue (*Ch.*) *Cumb. & Westmor. Antiq. Soc.* LXXIX 47. **d** ~a religioni convenientia, lignea tamen, propriis construxit manibus, et ad nutum predicti pontificis, primo fratres duos honeste vite .. in Haugustaldensem introduxit ecclesiam AILR. *SS Hex* 11 p. 192; et ~a regularia decenter constructa lapidibus et tegulis ligneis tecta, gratum incolis prebebant receptaculum *Ib.* p. 193; **1320** inhibemus .. ne

cui seculari persone infra fines ~arum vestrarum licet [*sic*] habitacionem habere *Mon. Hib. & Scot.* 215b.

4 (w. ref. to) room or other functional part of a building (in quot., quasi-fig.).

in anima nostra debemus querere hoc edificium. ibi est atrium exterius, ibi atrium interius, ibi vestibulum, ibi domus, ibi thalamus. . . sed jam videamus differentias inter istas ~as AILR. *Serm.* 32. 11; proseucha, domus meretricum vel quelibet ~a OSB. GLOUC. *Deriv.* 480; ut omnia ergastula operatoria et ~as tam mulierum quam virorum occludere debeamus BELETH *RDO* 117. 121C; **1509** pro offecina sub gradibus cubiculi gardiani *Cant. Coll. Ox.* II 251.

5 function, working.

paraliticis fluxa membrorum ~a restringitur (*V. S. Edm.*) *NLA* II 598.

6 (as adj.) of or suitable for workshop, household building, or sim.

vestibulum amplum edificiis habitatoriis, repositoriis ~iis [*ed. Scheler* ~is; *gl.*: *de mesons de mester*] circumdatum BALSH. *Ut.* 47; edificavit capellam et alia loca ~a W. WORC. *Itin.* 72.

7 (as sb. m.) one who is employed in a workshop or works in a household building or department, worker, labourer.

1250 de granario omnes ~i desunt *CalIMisc* I 91 p. 31.

officiolum [CL officium+-olum], (small) duty, office, or service.

officium . . inde ~um . . diminutivum OSB. GLOUC. *Deriv.* 397.

officiose [CL], dutifully, diligently; **b** (w. play on *officere*).

ut ~e operam . . investigationi computi paschalis impenderet BEDE *TR* 44 p. 261; canduit hic radius monachum coenobia circa / officiose vias visus liquisse polinas FRITH. 1385; in celum sudores suos ~e et strenuo comportabat *V. Birini* 2; ornamenta quae ~issime eidem ecclesiae comparavit *Tract. Ebor.* 661; in castris spiritualis milicie non spiritui sed carni ~issime obsequentes AD EYNS. *Visio* 43. **b** ~issime semper potius officere parati sunt quam proficere GIR. *TH* II 54 p. 135.

officiositas [LL], dutifulness, diligence; **b** (quasi-personified or as form of address).

~atem . . ipsius reginae gratam . . ducebat *V. Ed. Conf.* f. 48; monasteria certabant monachorum atque cleri quodnam in adventu sui carissimi tutoris ampliorem ~atem impenderent W. POIT. II 41; officiosus . . et hec ~as OSB. GLOUC. *Deriv.* 206; **1169** dilationis periculum executionis ~ate et diligentia compensate J. SAL. *Ep.* 286 (286). **b** quum . . pastoris ~as fratres devota alloqueretur caritate DOMINIC *V. Ecgwini* I 21 (=(*Translatio S. Ecgwini*) *Chr. Evesham* 33); **1166** certum . . est quod ~ati vestre plurimas habet gratias quas et aget, auctore Domino, accepto tempore oportuno J. SAL. *Ep.* 185 (184 p. 218).

officiosus [CL]

1 dutiful, diligent, devoted; **b** (of person or animal); **c** (of abstr. or fig.).

~us, *estful* vel *gehyrsum* ÆLF. *Gl. Sup.* 191; ~us . . i. intentus OSB. GLOUC. *Deriv.* 206. **b** officiosus in officio tibimetque parebo (*Vers.*) *Anal. Boll.* CIV 425; provocat affectu discentes officiosus / doctor, ut effectum possit habere labor J. SAL. *Enth. Phil.* 1453; in rotulorum et brevium scripturis satis alacer et ~us *Dial. Scac.* I 5P; ursa / bestia crudelis, officiosa parens NECKAM *DS* IX 104; erat Wigornie matrona quedam . . vicinis ~a, pauperibus munifica *Mir. Wulfst.* I 21; **1519** [tu] nobis ipsis . . utilis et huic antiquissime domui matri tue plurimum ~us *Reg. Merton* I 483. **c** c**1077** eum suscepi . . mecum habui . . reverterenti . . denarios ~a caritate impendi LANFR. *Ep.* 17 (41); de titulo tante consecrationis ~a sedulitate tractare OSB. CLAR. *V. Ed. Conf.* 19; ipse omnes ~o affectu demulcebat, dulciter ad oscula invitabat ORD. VIT. IV 4 p. 178; David quem fugientem a facie Absalon ~issima devotione susceperat AILR. *Spec. Car.* III 13. 589; **1166** nec dubito quin et oportunitatibus meis, si res exegerit, ~a esse disponat vestra sedulitas J. SAL. *Ep.* 199 (185); hujus enim pietas tibi compatiendo dolorem / lenit et extergit manus officiosa cruorem NIG. *Laur.* 1846.

2 (w. ref. to skill or dexterity) skilful, talented.

tam advenam quam civem, arte vel manu ~um, ut imperii ornamentum habebat gratissimum GOSC. *Edith* (II) 50.

3 useful; **b** (of lie, w. ref. to noble or necessary lie).

oportunus, utilis . . necessarius, ~us, commodus OSB. GLOUC. *Deriv.* 400; c**1167** silentii mei diuturnitas . . perniciosa sibi et odibilis Deo, ~a tamen ecclesie J. SAL. *Ep.* 212 (197); ut articulos qui proponebantur et criminabantur inutiles, ~os esse monstrarem *Id. Met.* 916B; si molestus vobis fuero, dum ~us esse contendo, penitet me J. FORD *Serm.* 8.1. **b** mendacium aliud perniciosum, aliud jocosum, aliud ~um T. CHOBHAM *Praed.* 287; de mendacio ~o vel jocoso KNAPWELL *Quare* 268; ~um mendacium est quod alicui utile est et nulli nocet J. BURGH *PO* V 27 f. 87ra.

officiperdus [ML], **~i** [indecl.], one who wastes one's duty, service, or office: **a** one who is not rewarded for one's services. **b** one who abuses or corrupts one's office or power.

a ~i, nomen indeclinabile, i. officium perdens, qui sc. pro suo labore non habet remunerationem OSB. GLOUC. *Deriv.* 401. **b** nam genus hoc hominum, quod dicitur officiperdi / officit est verbum crudele minis et acerbum; / dictio plena malis, hinc dicitur officialis (*Vers.*) P. BLOIS *Ep.* 2. 5. 89A; vicecomitibus . . et ceteris officialibus aut potius ~is hominibus *Ib.* 102. 319A; legi quandoque puerulus in Catone de hoc genere hominum in hac forma: 'est genus hoc hominum quod dicitur officiperdi.' credo tale officium esse in perditionem et scandalum quod studet totum et spirat in malitiam et rapinam *Ib.* 209. 490C.

officium [CL]

1 (act of) kindness, favour, service, help, or sim.; **b** (w. subj. gen.); **c** (w. obj. gen.); **d** (transf. or fig.).

memento qualiter Ambacuc discifer messorum fercula de Judea ad Chaldeos angelico fretus ~io in puncto temporis detulerit ALDH. *VirgP* 37 p. 286; ante oculosque Dei summi in secreta polorum / officia nostra offerat atque preces ALCUIN *Carm.* 88. 12. 6; ~ium suum benigne promisit oscula dans ad fidem ac dextram W. POIT. I 3; sed nec ille prestantius valuit rependere ~ium . . nam ante Benedictum defunctus est W. MALM. *GR* I 54; ut in ~iis vel obsequiis vicem quis rependat amico, cum omnia illis debeant esse communia AILR. *Spir. Amicit.* II 67. 678; **1361** quodlibet genus alienacionis rerum temporalium domus . . sibi interdici vestro ~io mediante (*Chr. Abingd.*) *EHR* XXVI 736. **b** nunc Marie lacrimosa suspiria, nunc Marthe laboriosa ~ia [cf. *Luc.* x 40] *V. Gund.* 29. **c** Hieremias . . propheta et Johannes baptista in ~ium Domini a vulva matris sanctificati leguntur *V. Cuthb.* I 3. **d** c**620** licet summae divinitatis potentia humanae locutionis ~iis explanari non valeat (*Lit. Papae*) BEDE *HE* II 10 p. 100; cujus [Henrici] gesta stili ~io posteris tradere majoris quam a nobis debeat exquiri est opere W. MALM. *GR* V *prol.*; qui conducuntur ad obsequium Dei sicut rusticus ad ~ium aratri T. CHOBHAM *Serm.* 15. 55vb.

2 duty, obligation, task (also w. ref. to professional function or job); **b** (feud.); **c** (w. inf.); **d** (w. *ut* & subj.).

per †sex grada [l. septem gradus] ~ii . . id est, ostiarius, fossarius, lector, subdiaconus, diaconus, presbyter, et episcopus THEOD. *Laterc.* 19; impediri ergo orationes ~io conjugali commemorat, quia quotienscumque uxori debitum reddo, orare non possum BEDE *Ep. Cath.* 55; interea funditores lapidibus, sagittarii jaculis, arcubaliste telis quisque suum exercentes ~ium instare W. MALM. *GR* IV 369; ut imperatoris et militis probe ~ium exsequeretur *Ib.* IV 389; ~ium . . est debitum exequendi que unicuique ex institutis aut moribus agenda sunt J. SAL. *Pol.* 544B. **b** c**1150** immunes ab omni laicorum ~io exactione indebita *E. Ch. Scot.* 223; **1282** in misericordia . . quia non fecit ~ium *CourtR A. Stratton* 70. **c** quoniam igitur ~ii mei est vos exhortari ad caelestis regni desiderium ANSELM (*Ep.* 296) IV 216; puer cujus erat ~ium admittere volentes dominum convenire W. MALM. *GP* I 6 p. 14; vestrum . . ~ium est sacra dare, non vendere AILR. *Serm.* 28. 13; ~ium . . thesaurarii garderobe est: pecuniam, jocalia et exennia regi facta recipere etc. *Fleta* 78. **d** non est episcopi ~ium ut ipse committat vel committi jubeat prelium W. MALM. *GR* II 202; unum . . ~ium omnium est et intentio ut regis utilitati prospiciant *Dial. Scac.* I 4A; Seraphim . . ~ium est ut non soli sibi clament, sed ut clamet alter ad alterum J. FORD *Serm.* 107. 10; cujus esse debet ~ium ut civitatem suam bene muniat T. CHOBHAM *Serm.* 20. 97ra.

3 (eccl. & mon.) divine office, authorized form of service or worship; **b** (w. ref. to) the introit sung at the beginning of the Mass; **c** (applied to) theatrical play.

conspicatur . . quosdam catacuminos . . ab eodem mistico baptismatis ~io regeneratos extitisse quod scenico ludorum joco gestum decretis sinodalibus serio confirmatum est ALDH. *VirgP* 32 p. 273; officiis Domini fecit quoque vasa sacrata / argento necnon aurea tota quidem ALCUIN *Carm.* 89. 1. 11; tempore disposito quo rex sacrandus habetur, / . . / undique conveniunt regis ad officium G. AMIENS *Hast.* 790; post audita mane divina ~ia W. MALM. *GR* II 220; finito vespertino ~io H. BOS. *Thom.* III 37 p. 312; de ~iis agendum est generaliter et specialiter. sunt . . quedam generalia ~ia et uniformia que per totum annum observantur ut hore, vespere, et completorium, et misse quedam et matutine quedam. sunt etiam quedam specialia que variantur secundum diversitates temporum et distantiam sollempnitatum BELETH *RDO* 18. 30D; c**1220** precipimus . . ut quilibet rector ecclesie parochialis . . habeat in ecclesia sua librum qui dicitur manuale in quo contineatur tocius ordo ~ii sacramentorum que per sacerdotem possunt conferri sc. exorcismus . . aque, servicium . . baptismi . . extreme unccionis . . et servicium sepulture (*Const. Lond.* 56) *EHR* XXX 296; horis canonicis nulla apendicia adjiciunt . . Ambrosianum ~ium exercent KNIGHTON I 108. **b** ~ium missae instituit Caelestinus papa *Text. Roff.* f. 117; facta . . coram altari oratione et ~ium misse choro imponente G. COLD. *Durh.* 16 p. 22; ad missam. ~ium. 'ad te levavi animam meam' *Miss. Ebor.* I 1; ~ium est introitus misse dictum ODINGTON 100; **1419** ordines celebrati . . die Sabbati qua cantatur ~ium Scientes, viz. primo die mensis Aprilis anno Domini millesimo cccc^mo^ decimo nono *Reg. Cant.* I 191. **c** hic incipit ~ium Resurreccionis in die Pasche *Non-Cycle Plays* IB *tit.*

4 function, use, working: **a** (of person, deity, or animal); **b** (of body or part of body); **c** (of bodily function); **d** (of artefact); **e** (dist. from *natura*).

a nunc . . compellitur . . abjurare matris ~ium et . . se deplorat incurrere perpetue sterilitatis opprobrium P. BLOIS *Ep.* 54. 162A; qui [Stoici] . . unum esse deum dixerunt cui nomina variantur pro actibus et ~iis ALB. LOND. *DG* 7. 4; forma et quantitas ventrum, nacium, et uberum mulierum earum ~ia demonstrant a virorum ~iis in quibusdam naturaliter esse distincta FORTESCUE *NLN* II 8; ut non sit vivens animal, avis, aut piscis quod non ejus organis forma aut virtutibus designet ~ium ad quod ipsum natura creavit *Ib.* **b** homines . . qui absque capitibus nascuntur . . et tota in pectore capitis ~ia gerunt *Lib. Monstr.* I 24; femina . . quae . . multis jam annis omni corporis fuerat ~io destituta BEDE *HE* IV 9 p. 222; gaudens . . ut ~io pedum, quo . . erat . . destitutus *Ib.* V 2 p. 284; singule . . membrorum forme apte sunt ad suum ~ium PETRUS *Dial.* 22; anima . . ipsius etiam capitis partes diversas diversis ~iis dedicavit ADEL. *ED* 32; duo muti a nativitate, Deo adjuvante, ~ia lingue susceperunt OSB. BAWDSEY clxvii; quidam miserabilis Hybernicus genere . . pedis utriusque privatus ~io AILR. *Ed. Conf.* 754B. **c** caecos illuminavit, claudis ~ium ambulandi prebuit, surdis auditum reddidit LANTFR. *Swith.* 4; si quis in genitalibus plagietur, ut procreandi perdat ~ium, lxxx sol' multa judicetur (*Leg. Hen.* 93. 24) *GAS* 610. **d** sacratum corpus . . in sindone, quam . . Ecgberht anachorita in hoc ~ium mittebat, revolvit FELIX *Guthl.* 51 p. 162. **e** angelus nomen ~iis est, non nature J. SAL. *Met.* 894C; aliud itaque ex ~io, aliud ex natura; licet nature jus ex ~io debeatur . . parricidii siquidem species est impugnare jura nature *Id. Pol.* 389D.

5 trade, craft, profession, business; **b** (collect., w. ref. to body of professionals or sim.).

domuncula ubi opes venduntur vel ubi ~ia aguntur in foro OSB. GLOUC. *Deriv.* 391; **1175** nullus faciat ~ium eorum in villa de Oxonia nisi sit de gilda illa *BBC* (*Oxford*) 208; singulorum ~iorum exercitores, singularum rerum venditores W. FITZST. *Thom. prol.* 10; **1231** nullus infra wapentachium Salfordie, ut sutor, peliparius, fullo, vel aliquis talis, exerceat ~ium suum nisi sit in burgo, salvis libertatibus baronum *Ch. Chester* 435 p. 435; singuli de quolibet ~io per se fecerunt nova statuta et provisiones *Leg. Ant. Lond.* 56; a**1295** quod nullus carnifex donec voluerit ~ium exercere emat lanam aut coria (*Stat. Gild. Berw.*) *Gild*

Merch. I 234; **1321** nullus faciat eorum [sc. cordewanariorum] ~ium .. nisi sit de gilda *MunAcOx* 786. **b 1299** communitas gilde telariorum Londoniarum elegit ballivos de ~io suo *MGL* II 126.

6 position of trust, power, or authority, post, office; (*ex ~io*) by virtue of office: **a** (royal); **b** (in royal household, Exchequer, or sim.); **c** (bibl. or eccl. & mon.); **d** (acad.). **e** (leg.; *ex ~io mero*) by virtue of the office alone, as dist. from *ex ~io promoto* or *mixto*, by virtue of both the office and one's appointment to it.

a multiplex apparatus et pompa regalis ~ii BEDE *Retract.* 1030; s**1324** rex .. fecit inquiri contra Adam episcopum de Herefordia ex ~io, per legales viros de comitatu Herefordie AD. MUR. *Chr.* 42. **b** cujus pater in palatio magistri militum ~io fungens ALDH. *VirgP* 47 p. 301; quidam ex ~io, quidam ex sola jussione principis resident. ex ~io principaliter residet, immo et presidet, primus in regno, capitalis sc. justitia *Dial. Scac.* I 4B; **1324** petendo se admitti ad ~ium illud [sc. constabularii Anglie] faciendum *MGL* II 458; **1335** sciatis quod commisimus .. Johanni de Strivelyn ~ium vicecomitatus de Edeneburgh *RScot* 382b; quod ad ~ia tam justicie Parliamenti quam eciam ballivatus, senescallias, prepposituras, et alia spectancia ad gubernacionem dominii .. persone habiles, utiles, et ydonee .. deputari deberent *Ps.*-ELMH. *Hen. V* 91 p. 257. **c** episcopatus ~ium vel presbyterii terreno pretio .. mercari GILDAS *EB* 67; episcopus .. adjurare coepit illum, ut sacerdotale ~ium per eum susciperet FELIX *Guthl.* 47 p. 144; **716** narravit .. venisse cujusdam hominis animam, qui in abbatis ~io defunctus est BONIF. *Ep.* 10 p. 12; qui de communi fidelium numero ad sacrosancti altaris promoventur ~ium BEDE *Retract.* 1012; Uynfrid .. diaconatus ~io sub eo [antistite] .. fungebatur *Id. HE* IV 3 p. 212; Guidoneum .. ab ~io decanatus .. suspendit DICETO *YH* I 396; a**1197** predictus R. Clericus non ~io ita vocatus sed cognomine *Ch. Westm.* 406. **d 1322** per cancellarium vel suum commissarium procedentem ex ~io *StatOx* 125; c**1340** quorum .. punicio .. ad .. cancellarium nostrum pertinet ex ~io *FormOx* 131; a**1350** si quis .. magistrorum regencium .. constitutionum transgressor inveniatur, ab ~io legendi suspendatur per triduum ad minus *StatOx* 81. **e** *Rec. Gild Camb.* 74 etc. (v. 1 merus 3c).

7 department of household, office: **a** (royal or sim., also Scot.); **b** (eccl. & mon.); **c** (acad.).

a clericum eorundem ~iorum, qui de expensis diete .. respondebit *Fleta* 78; **1330** pro duabus petris cere emptis .. pro ~io sigilli *ExchScot* 288; **1334** pro garcionibus offic' domini regis morant' apud Pytyngton *Ac. Durh.* 524; **1421** ex concessione quondam domini Roberti ducis Albanie, gubernatoris regni, ut patet per cartam suam sub sigillo ~ii sui *ExchScot* 340; **1431** racione officii secondarii in ~io privati sigilli *ActPC* IV 82; **1437** ordino et constituo dominum Willelmum Breuster clericum ~iorum domini nostri regis canonicum et confratrem meum in ecclesia Lincolniensi .. executores *Reg. Cant.* II 556. **b** c**1220** abbas cum plenario ministrorum ~io .. ad altare accedat (*Miss. de Lesnes* f. 60) *HBS* XCV 48; **1295** in negocio presentacionis facte .. de domino Thoma ad ecclesiam de S. .. moto ex ~io nostro ad promocionem dicti Thome contra magistrum R. *Reg. Cant.* I 21; **1335** in stipendio ix hominum de ~io xviij s. *Comp. Swith.* 238; **1506** pro factura novi armarioli pro evidenciis ~ii conservandis *Ac. Durh.* 159. **c 1337** cum sigillo ~ii cancellarie *StatOx* 142.

8 place in which work is done or department is housed, workroom, office, or sim. **b** building, edifice.

quem cum summo honore recipiens, ei in capella quadam commodum ~ium procurabat ut ex remotione exercitus non haberet tumultum J. SAL. *Anselm* 1027C; quod in omnibus ~iis secure fiant firmature *Fleta* 159; **1322** quando mundat ~ium suum (v. custos 8c); **1324** utensilium super quod operatur .. remaneat in ~io versus ballivos (*Ch.*) *MGL* II 417; **1343** subscripta bona remanent in ~io camerarii *Ac. Durh.* 171; **1361** quod .. delataverit quoddam capionum .. dum stetit in ~io domini *CourtR Carshalton* 16; **1361** (1606) omnes seruras in ~iis obedienciariorum fregerunt .. (*Chr. Abingd.*) *EHR* XXVI 733; **1409** in stipendio j coopertoris .. cooperientis .. murum .. ac cameram juxta coquinam ac reparantis .. alios defectus in dicto ~io *Comp. Swith.* 212. **b** basilicae oratorii Dei olim .. fundatae .. ~ia semiruta lapidea eminebant EDDI 16.

9 one who holds office or discharges duties, an official, officer: **a** (judicial); **b** (in the nether world).

a 1443 te Luciam Colbrand de et super perturbacione pacis multiplici .. coram ~io judicialiter et alias legitime convictam, decernimus te super premissis banniandam *MunAcOx* 534. **b** dixit infernus ad sua impia ~ia [v. l. officina]: "claudite .. portas" *Eul. Hist.* I 121.

10 (in title of book).

de divinis ~iis liber ALCUIN *Suppos.* 1173 *tit.*; in libro ~iorum *Gl. Leid.* 26 *tit.*; teste Tullio in libro de ~iis ANDR. S. VICT. *Sal.* 11; camma .. i. lectus tornatilis secundum Ambrosium de ~iis OSB. GLOUC. *Deriv.* 135; sicut Cicero in libro de ~iis J. SAL. *Met.* 857C; summa magistri Johannis Beleth de ecclesiasticis ~iis BELETH *RDO tit.*

offirmare [CL]

1 to make firm, hard, or secure (against), strengthen; **b** (castle or sim., w. ref. to fortifying); **c** (door, chest, or sim., w. ref. to locking or keeping shut); **d** (in exorcism, against powers of evil); **e** (abstr. or fig.).

~ans, *claemende GlC* O 135; alia .. non habentes instrumenta dirupta denuo redintegrant et ~ant *Mir. Hen. VI* II 44 p. 120. **b** castrum quod Dani in Eboraco ~averant, ad solum diruit W. MALM. *GR* II 134; ~ato contra Archas castello *Ib.* III 232; s**1138** castella contra eum ~abant *Id. HN* 467 p. 22; castella .. sua certatim ~ant ORD. VIT. IV 13 p. 258; s**1159** audiens .. regem Anglorum supradictum castellum ~asse TORIGNI *Cont. Bec.* 326. **c** ecclesiam .. intrat, ostia intrinsecus diligenter ~at GOSC. *Transl. Mild.* 13; porte ~ate erant ORD. VIT. IV 4 p. 180; pessulum .. i. sera lignea quo [v. l. qua] ~atur [vv. ll. confirmatur, firmatur] ostium OSB. GLOUC. *Deriv.* 452; fores omnes carceris .. seris fortioribus strictius obfirmaverant R. COLD. *Cuthb.* 20 p. 43; ita .. ut Girardi pars [compedum] artificiosa quadam obfirmaretur clavi. clavem .. uxoris theca, thecam quoque obfirmatam archa reposuit T. MON. *Will.* V 10; januas serris et vectibus obfirmate *Eul. Hist.* I 261. **d 8..** adjuro te .. ut fias exorcizatum, adjuratum et ~atum [AS: *gitrymmed*] adversus inimicum hominis diabolum (*Jud. Dei*) *GAS* 411; c**950** adjuro te .. ut fias aqua exorcizata, adjurata et obfirmata adversus inimicum hominis diabolum *Ib.* 405. **e** strictis .. morsibus rationis frenum ~antes GILDAS *EB* 22 (v. frenum 1a); Cesaream Palestine .. totis viribus et ~ato robore obsidens W. MALM. *GR* IV 380; quomodo taciturnitatis conclavi patitur obfirmari doloris impetus .. ? P. BLOIS *Ep.* 238. 541C; Thome proinde obfirmanti cor suum ad sananda vulnera sua exhibuit vulnera propria J. FORD *Serm.* 17. 8.

2 to make inflexible, resolute, or unyielding: **a** (will or intention); **b** (w. ref. to *Prov.* xxi 29).

a obstinatius ~arat rex animum ne adquiesceret precibus suplicantium W. MALM. *GR* II 199; Dani cum in Angliam venire ~assent propositum *Id. GP* V 259 p. 412; ita .. ~ato [v. l. efirmato] animo, ut .. *Id. HN* 520 p. 74. **b** ille obfirmat vultum qui ab ea parte in qua verterat in aliam vel modicum declinare non vult ANDR. S. VICT. *Sal.* 69; conspiransque omni virtute adversus eum obfirmavit faciem suam contra aquilonem J. FORD *Serm.* 66. 5.

3 to confirm: **a** (testimony); **b** (w. *ut* & subj.).

a Ælfwino Ramesiensi abbate tunc pleno dierum ac sene, cujus testimonium ex tempore regis Cnuti prolatum, voceque novem comitatuum obfirmatum HERM. ARCH. 27. **b** ita laicorum potentia subruta stabili quoque ~avit edicto ut nullum ejus gentis monachum vel clericum ad aliquam dignitatem conari pateretur W. MALM. *GR* III 254.

offnama v. ofnama.

offocare, offucare [CL], to choke, throttle, strangle. **b** to deprive of life, kill.

angit, fucat, offucat *GlC* A 648. **b** ebitaverit [l. evitaverit], offocaverit *Ib.* E 4; evitaverit, offocaverit *Ib.* E 349 (v. 2 evitare).

offodormia [cf. CL orphus < ὀρφώς, ὀρφός, ὀσμύλη], strong-smelling fish or octopus.

offodormia [v. l. offodirmia], i. piscis fetens in naribus *Alph.* 128.

offra, ~ia v. orfrea.

offrenda [ME, OF *offrende* < offerenda], offering, donation.

c**1097** judicatum fuit ut quicquid monachi .. acceperant post mortem regis, et in decimis et in sepulturis, et in ~is .. reddant ecclesie Fiscannensi *Regesta* I 423 *app.* p. 137.

offretor' v. offertorius.

offrigescere, to become cold or numb with cold.

artus teneros aquarum frigoribus obfrigescentes tremere et pallere coegit GIR. *GE* II 10 p. 214.

1 offrum [ME, OF *offre*; cf. offere], an offer, proposal.

1276 litteras vestras .. peticiones et ~a quedam ex parte vestra .. continentes *TreatyR* I 152.

2 offrum v. orfrea. **offucare** v. offocare.

offula [LL], (small) piece or lump, usu. sop.

erat ei namque moris statim post tres aut quattuor ~as modicum quid bibere WULF. *Æthelwold* 19 (=ÆLF. *Æthelwold* 15); cumque omnibus ~am panis dedisset BYRHT. *V. Osw.* 455; sume .. unam ~am [*gl.*: *sopp*], pro amore meo et bibe una vice ÆLF. BATA 4. 10; *a soppe*, offa .. ~a diminutivum *CathA*.

offundere [CL], to pour (over a surface), spread over; **b** (transf. or fig.).

~ere, circumfundere OSB. GLOUC. *Deriv.* 400. **b 1160** quorum oculos circumfuse lucis radii non illustrant; sed ipse potius excedens manifeste fulgor claritatis ~it ARNULF *Ep.* 29 p. 44; tenebrasque quas induxerat super faciem abyssi, suam viz. suorumque satellitum, nostris mox offudit natalibus, primorum parentum nostrorum initia polluens et in ipsis omnes de ipsis maculans nascituros J. FORD *Serm.* 56. 7; c**1265** si ad hec mala inferenda aliquem videremus armatum .. totius capituli Dun' consilium et auxilium ~eremus *Ann. Durh.* 180.

offuscare [LL]

1 to make dark or obscure, darken, obfuscate; **b** (fig., usu. w. ref. to blurring, confusing, staining, or compromising).

ne penitus crassa atrae noctis caligine Britannia obfuscaretur GILDAS *EB* 10; ~o, ~avi ALDH. *PR* 140 p. 196; ut .. panniculi de serico violentia fluminis abstraherentur, qui litteras aureas, ne foliorum contactu obfuscarentur, contexerant TURGOT *Marg.* 11; **1403** si .. epitaphium .. insculptum lapide suo aboleri aut nimis obfuscari contigerit *Cl* 251 m. 17*d*. **b** doctrina .. quae pravis operibus obfuscatur GILDAS *EB* 96; tantos bellorum eventus obfuscavit luctus domesticus W. MALM. *GR* I 17; omnes ejus dulcedines amarissimis offensionibus ~ans *Ib.* IV 389 p. 461; decor quem nulla ~at deformitas AD. SCOT *QEC* 29. 858D; fame vestre candorem macule quedam obfuscant GIR. *TH* III 48 p. 192; libertas .. per jus gentium fuerit obfuscata BRACTON 4 (v. detectio 3a).

2 to block or diminish (light, also fig.).

haec [lux] tenebris .. obfuscatur ALCUIN *Gram.* 851B; obfuscare nititur splendidissima lumina Galliarum .. Ansellum et Radulfum J. SAL. *Met.* 832D; quod nobilis ocii lumen tantis tenebris obnubilat et obfuscat GIR. *Ep.* 4 p. 186; **1231** ne .. exhalans nebula decorum cenosa libidine obfuscet lucem bonorum operum que de vestra radiat devotione GROS. *Ep.* 5 p. 38; sicut lumen lune propter maculam suam obfuscatur SICCAV. *PN* 112.

3 to deprive (eye or sight) of light or brightness.

nigredo ultimata que sua perturbatione visum obfuscat *Quaest. Salern.* B 278; oculi hominum caligine obfuscati et corda eorum velamento ignorantie oppilata M. SCOT *Alch.* 151; cum .. intra distenditur oculus .. et obfuscatur visus GILB. III 133v. 1.

4 to render (facial expression) sad, gloomy, or angry.

regis irrisi facies obfuscatur J. HOWD. *Cant.* 272.

5 (fig.): **a** to outshine, surpass. **b** to make weaker, diminish.

a Sanctus Remigius .. in tanto honore .. in Francia quod festum illius obfuscat festum beati Michaelis BELETH *RDO* 155. 155. **b** Normannica vis ~atur

ac pene ab omnibus quasi generalis lues passim impugnatur ORD. VIT. IV 12 p. 254.

offuscatio [LL], (act of) darkening, obfuscation (also fig., usu. w. ref. to confusion or blemish); **b** (w. subj. gen.); **c** (w. obj. gen.).

omnes . . rerum forme informi quadam et contumeliosa obfuscatione tegebantur EADMER *Excell. B. M.* 576D; nigredo . . sollicitudo est . . quia a mente tam illa quam ista serenitatem tollit et . . ei ~onem inducit AD. SCOT *TT* 618A; **1377** tenebrose obfuscacionis nebula . . animos excecavit *Conc.* III 113a. **b** qui [Christus] sine ulla peccati ~one mundus . . apparuit ALCUIN *Exeg.* 1106A; **1298** ne . . machinosis cavillancium obfuscacionibus vilescat auctoritas canonice sanccionis *Reg. Cant.* I 238; **s1339** a quavis obfuscatione nebulosi contagii preservari (*Lit. Papae*) WALS. *HA* I 209. **c s1377** non sine clari nominis obfuscacione (*Bulla Papae*) *Ib.* I 346.

offuscatiuncula [LL offuscatio + -uncula], slight darkening (fig.).

ut nulla vel levis obfuscatiuncula affectus in nostro candore subappareat COLET *Eccl. Hier.* 225.

offuscativus [LL offuscare + -tivus], that darkens or obscures (fig.) (in quot., w. obj. gen.).

voluptas carnalis est ~a decoris et sapiencie salutaris HOLCOT *Wisd.* 80.

offusio [LL], (act of) pouring or spreading over.

~o, effusio *Gl. Leid.* 12. 47.

ofnama [ME *ofnam* < ON; cf. et. AS *ofniman*], piece of land separated from the common land, (land held in) enclosure.

1157 in Neshann, cum medietate offnamarum suarum, in culturis, pratis, et turbariis, communem pasturam terre sue (*Bulla Papae*) *Arch. Aeliana* NS XVI 270; **1160** in escambiam dedimus illis quinque acras terre in Gindala de ~is nostris *E. Ch. Yorks* I 386 p. 302; **a1177** dedi . . omnes ~as meas et unam sartam in Hehgneinge *E. Ch. Yorks* X 5; **c1186** dimidium avename quod jacet inter rivulum qui dicitur Seleghile et Dudeland *Cart. Sallay* 5; **1189** ex donacione W., dimidium avename sue sicut carte testantur *Ib.* 623 p. 138; **c1190** dedi . . duas acras prati in avenanis de K. *Cart. Pontefr.* 302; **?c1195** [*as the high road extends from the*] advena [*to the water of Huseker*] *Cart. Fount.* I 49; **a1199** in pratis et pasturis, in essartis et fracturis, et in ovenamis infra villam et extra villam *Couch. Kirkstall* 114; **a1256** (1310) [*with the enclosures*] ~is *CalCh* III 142; illam terram que vocatur *ovenham* [MS: *ovenam*] cum tofto et crofto in territorio de Northfieling *Cart. Whitby* 135; **c1270** cum quadam cultura que vocatur *le hovenham* continente quinque acras *Ib.* 440; **1553** terciam partem unius *le ownome Pat* 853 m. 26.

ofuellus v. hovellus.

oga [*pronunciation spelling of* CL auca], goose.

accidit ut oga transeunti obvia occurreret (*V. S. Winwaloei*) *NLA* II 461.

ogassa, *s. dub.*

cui [sc. uve] subjacent due pellicule que ogassa castoh dicuntur juvative ipsam in officio suo *Ps.-*RIC. *Anat.* 31.

ogastrum, egg-mixture, egg-nog.

agastrum, *aegmang GlC* A 397; ~rum, *aeggimong Ib.* O 139; olgastrum, *aeggimong Ib.* O 149; **10** . . ~rum, *æggimang WW*.

ogdecim v. octodecim.

ogdoas, ogdoada [LL < ὀγδοάς]

1 (group or series of) eight, ogdoad.

680 per ~adam et endicadam (v. hendecas); de ~ade [v. l. ocdoade] et hendecade BEDE *TR* 46 tit.; in ~adem et hendecadem *Ib.* 46 (v. hendecas); ab adventu Patricii usque ad cyclum decemnovennalem, in quo sumus, viginti duo cycli sunt, i. e., CCCCXXI sunt, duo anni in ~ade usque in hunc annum in quo sumus NEN. *HB* 159; endecadis ultimus emb'l. ~adis iij emb'l *Kal. M.A.* II 424; **1187** in octonario hebdomadarum decessit forte quia non fuit dignus ~ade *Ep. Cant.* 164 p. 139; tam ii qui servierunt eptadi quam ii qui ~adi serviunt, anagogice subtilitatis libavere delicias NECKAM *SS* I *prol.* 5; ebdomas . . derivatur ab epta . . similiter ~as ab octo, quod est nomen Grecum, derivatur GROS. *Hexaem. proem.*

51; dividunt ciclum decemnovenalem in ~adem et endecadem *Id. Comp.* 246.

2 eighth day.

de octoade, de octava die *Gl. Leid.* 5. 6.

3 (understood as) the New Testament.

ogdoade, novum testamentum *Gl. Leid.* 4. 10; de octoade, de novo testamento *Ib.* 35. 254.

ogdous [ὄγδοος], eighth.

in cursu ogdoi transeunte diei / auri largus exanime corpus / relinquit monarchus †Brittannum [l. Brittannorum] (*Vers.*) ÆTHELW. IV 9.

ogetharius v. ogtharius. **ogganire** v. obgannire. **oggarrire** v. obgarrire.

oggi, iris, water-flag, 'gladden' (*Iris pseudacorus*).

oggi, i. accorus *SB* 32.

oghtiernis v. ogtharius. **ogigantum** v. oxyacantha.

ogiva [ME *ogif*, OF *ogive* < Sp. Ar. *al-jibb* = *subterranean cistern with groined vaulting supported by pillars*, Ar. *al-jubb* = *cistern*], (arch.) ogive, rib of vault.

1289 de petra empta apud Cain . . item in ~is xlij (*Comp. Sacr. Norw.*) *Arch. J.* XXXII 167; **1325** in iiij pedibus de ogiv' emptis *Ib.* 169.

ogrizos v. obryzus. **oghtiernis** v. ogtharius.

ogtharius, ogthiernis [Scot. Gael. *og-thighearna*], young lord, ochiern, ogthiern (Scot.).

1220 de oghtierne [MScot.: *of ane ochtyern*] xv oves vel sex solidos *APScot* 398; **12** . . item *le cro* nepotis unius thani vel unius *ogthiern* est quadraginta quatuor vacce *Ib.* 663; mercheta filie thani vel ogetharii, duo vacce vel duodecim solidi *RegiamM* IV 31.

ohe [CL], (interj.) exclamation that expresses fear or sim.

at at femineus clamat timor, armiger ohe! / victor io! saliens, hei mihi! morte ruens GARL. *Tri. Eccl.* 14.

ohohe [cf. CL oh, ohe, oho], (interj.) exclamation that expresses pleasure or satisfaction.

hyo Hymen, Hymnenaee sancte! hyo, hai, ohohe! LIV. *Op.* 273.

oignonetta [OF *oignonete*], small onion, shallot.

1211 in alliis et scalonibus emptis ad plantandum xvj d., in ij libris oinunnett' vj d., in †vinutis xv d., in porrettis ij d. ob. *Pipe Wint.* 154; **c1386** pro diversis seminibus oynonett', petrocill' et spinach' emptis et seminatis in gardino regis ad opus hospicii ejusdem *KR Ac* 473/2 m. 8; pro ij lib oynonett' emptis pro gardino ibidem seminando *Ib.* m. 13.

oignonus [OF *oignon*], onion.

1254 de . . c galonibus aceti, quatuor milibus oygnunorum *Liberate* 30 m. 5; **1346** pro custuma ccxxxiiij milliar' oynon', xxj summ' allei et xl pointell' de wold' adduct' . . viz. pro mill' oynonys ob., pro summa allei j d., pro pointell' de wold quad. *MinAc* 894/25; **c1440** then the crow toke onyonus *and spourge, and made perof a playster* (*G. Roman.*) *OED* s. v. spurge 1.

oilagium v. oillagium. **oilare** v. oillare. **oilettus** v. oillettus.

oilinetum [? cf. OF *oil* < oculus + *net*, *or* OF *oile* < oleum + *net*], (clear eye, as the organ behind which one feels) migraine, or (pure oil that alleviates) migraine.

hoc ~um, A. *mygrayne WW*.

oillagium, ullagium [ME *ulage*, OF *eullage*; cf. et. oculagium], ullage, replacement of evaporated liquid in a cask.

1222 compute baillivis nostris . . duo dolia vini de prisa nostra que posuerunt in ~io vinorum nostrorum *Cl* I 522b; **1226** computate eciam eisdem xx s. quos posuerunt in j dol' vini ad ~ium vinorum nostrorum cariatorum per maneria nostra *Cl* II 97a; **1226** computate . . in sexaginta et undecim galonis vini ad eolagium decem et octo doliorum xj s. et x d. *Cl* II 117b; **1233** pro duobus doliis vini que posuerunt in oleagio dictorum vinorum *Liberate* 10 m.

2; **1237** in auloagio omnium doliorum post eulagium emptum [*sic*] *Pipe* 81 2. 15; **1242** et in vino empto ad auloagium [v. l. *ChancR*: oelagium] apud Sandwic' xl s. *Pipe* 139; **1242** pro defectu aolagii *KR Mem* m. 13; **1261** sciatis quod . . tria dolia vini posuit in oylliagio predictorum viginti doliorum vini *Cl* 374; **1290** j pipa posita fuit in olagio *Doc. Scot* I 187; de xxvj doliis vini . . quorum j positum fuit in oyllagio *Ib.* 191; **1298** in cursu et oillagio xxxj di' *Ib.* II 328; **1300** in ~io et currisona [cervisie] (v. curriso); **1300** in oleagio et effusione vinorum . . propter debilia vasa quorumdam doliorum (*Pipe*) *RGasc* III cxlivb; **1313** computat in ulliag' dictorum iiij xx doliorum vini iiij dolia preter xv pollices vini. et computat in curisona per fraccionem in gardino palacii Westm' in discarcacione ejusdem j dolium vini [cf. pollex] *KR Ac* 375/8 f. 19d; computat in ~io, curisona, et putrefaccione v dol. *Ib.* f. 23d; **1321** residuum deficiebat in vasto et oyllagio in quo quidem negocio nondum processum est ad judicium *Cl* 139 m. 24; **1329** abbati Sancte Crucis de Edenburgh, j dolium [vini] . . et in ullagio apud Berwicum, j et dimidium *ExchScot* 224; **1336** in †ulnagio [l. ulliagio] duorum doleorum vini et expens' circa †ulnacionem [l. ulliacionem] eorundem apud Hertilpole *Ac. Durh.* 527; **1342** onerat se de xvj doleis vini et una pipa . . et in ulagio j *ExchScot* 513; **1346** in uno doleo vini cxiij s. iiij d. item in oilagio vij d. *Rec. Leic.* II 67; **1372** una quantitas vini albi pro oliagio x s. *Pl. Mem. Lond.* A 17 m. 3d (cf. *Cal. Pl. Mem. Lond.* 138); **1377** et in ulag' dictorum doliorum per vic' ulatorum *MinAc* 818/7 m. 9; **1381** pro ulagio duarum piparum vini *ExchScot* 63.

oillare, ullare [OF *aoiller* < ad + oculare, *oiller, oilier* < oculare], to fill up or pour in (a cask) in order to replace evaporated liquid.

1238 comput' Johanni B. unum dolium vini quod posuit in vinis nostris oleandis *Liberate* 12 m. 11. **1327** in vino empto pro eisdem xl doleis vini ~andis in navi, viz. in xlj galonis vini xiij s. viij d. pro quodlibet [*sic*] galon[a] iiij d. *KR Ac* 17/34 m. 3; **c1335** pro . . dol' oiland' et implend' *KR Ac* 18/36 m. 2d; de v doliis j pipa vini emptis pro eisdem c doliis, †culudand' [l. euludand'] et implend' *Ib.*; in viij doliis j pipa vini emptis et expenditis in predictis doliis vini implend' et eululand' *Ib.* m. 5; adimplend' et eululand' *Ib.* m. 6; **1335** pro vino in celario ~iando (v. fonellum); **1340** pro xviij lagenis vini emptis pro predictis iiij doliis ullandis *MinAc* 816/12 r. 10; **1377** et in ulag' dictorum doliorum per vic' ulatorum *MinAc* 818/7 m. 9.

oillatio, ullatio, ullage, filling up (of cask) as replacement of evaporated liquid.

1336 in †ulnagio [l. ulliagio] duorum doleorum vini et expens' circa †ulnacionem [l. ulliacionem] eorundem apud Hertilpole *Ac. Durh.* 527.

oillettus [ME *oilet*, OF *oillet*], eyelet, spyhole.

1384 pro xxxvj pedibus tercie fenestre claustri, preter oyletus, xlij s. *Ac. Obed. Abingd.* 46; **c1386** pro . . ij bolt' cum ij oilett' pro predict' stywe *KR Ac* 473/2 m. 4; pro diversis bolt' cum oilett' pro ostio camere regis et regine ibidem firmando *Ib.* m. 17.

oinunett' v. oignonetta.

oisellarius [OF *oiselier*], bird-catcher, fowler (passing into surname).

c1200 testibus . . et David oiselario *Cart. Lindores* 37; **?12** . . testibus . . [*Robert the fowler*] ~io *Cart. Fount.* II 708.

oisellator [cf. OF *oiseler* = *to catch birds*], bird-catcher, fowler. *Cf.* avicularius.

1213 oiselatores qui capti fuerunt in comitatu de Dorseta eo quod aves ceperunt in rivariis nostris et sunt in prisona nostra *Pat* I 100b.

oisellaria [OF *oiselerie* < CL avicula + -aria], place in which birds are kept, aviary.

1200 mesnill' de oiseleria in parochia . . reddendo . . j presentum de avibus de riveria *RChart* 32b.

oisellettus [OF *oiselet*], little bird.

1345 per totum de diversis babbewinis et oiselettis *Pat* 213 m. 18.

oisereum v. oserium.

oistrum, oistreum [ME, OF *oistre* < ostrea < ὄστρεον], oyster (*Ostrea edulis*).

1338 coquina . . in ~is iiij d. *Ac. Ep. Bath* 145; **1339** in oystreis emptis pro camera prioris j d. *Ac. Trin.*

Dublin 1; **1454** item in ~is et in foc' [? l. focali] iiij d. *DCCant. MS D. E. 16.*

Okkamista v. Occamista.

ola [LL *gl.*], part of body, perh. shoulder-blade.

~a, *ufeweard exle ðæs æftran dæles* Ælf. *Gl.* 158.

olacitas [ML], (unpleasant) smell, stench.

~as, fetulentia Osb. Glouc. *Deriv.* 392.

olaciter, in a stinky or smelly manner.

unde ~iter [v. l. oliter], ~ius, ~issime adverbia Osb. Glouc. *Deriv.* 392.

olagium v. oillagium. **olasterius** v. holosericus.

olatrum, plane, sort of tool that polishes surfaces.

10 . . ~um, *scafa WW.*

olax [LL *gl.*], smelly.

~ax, -cis, i. olidus Osb. Glouc. *Deriv.* 392.

olculatorium v. osculatorius. **olda** v. olidus.

olea [CL]

1 olive.

~a, fructus olive Osb. Glouc. *Deriv.* 400.

2 olive tree; **b** (used to mark the bound on race-course; *extra* ~*as*) beyond limits, out of bounds (cf. ἐκτὸς τῶν ἐλαιῶν φέρεσθαι).

~a, oliva, *elebeam* Ælf. *Gl.* 138; dicunt . . eorum [sc. aruspicum] . . jussu ex illa ~a archam esse factam Andr. S. Vict. *Sal.* 14; olim ~am in foliis opinabantur, quam oleastrum a fructu denique perceperunt P. Blois *Opusc.* 1021A; ~e sepe privantur fructu Alf. Angl. *Plant.* 39. **b** ut quancunque verborum Christi interpretationem confirmaverit, extra ~as quod dicitur versari videretur Gardiner *VO* 134.

oleagineitas [CL oleagineus + -tas], state or condition of being made of or containing oil, oiliness.

corrumpitur oleum interius . . et postea sublimatur, donec ab ~ate sua privetur Bacon *NM* 547.

oleaginositas [CL oleaginosus + -tas], state or condition of being made of or containing oil, oiliness.

recipe quinque lapides maris et ex eis fac oleum cum menstruo fetenti . . donec perducas ad ~atem Ripley 361.

oleaginosus [CL oleaginus + -osus], oily, made of or containing oil; **b** (of food, also as sb. n. pl.).

oliginous [v. l. olignosus], pinguis Osb. Glouc. *Deriv.* 404; coagula ipsum [mercurium] in pulverem ~um Ripley 390. **b** rizi non valet eis nec aliqua salsa sale indurata, nec pinguia nec oleoginosa Gad. 34. 1.

oleaginus, -eus [CL]

1 of or belonging to an olive-tree; **b** (as sb. m. or f.) olive leaf.

~us, *elebeamen* Ælf. *Gl.* 128. **b** oliva . . i. quedam arbor . . et hic ~us vel hec ~a pro folio arboris Osb. Glouc. *Deriv.* 393; ~us vel ~a, folium [olive] *Ib.* 400.

2 oily, made of, containing, or resembling oil: **a** (of liquid); **b** (of hard substance).

a faces ~o suco vividas in turrim . . jecerunt W. Malm. *GR* IV 369; vas ~i liquoris receptaculum reparavit perditum *Id. GP* II 75 p. 168; de unctuositate . . sanguinis in venis contenti . . quedam pars cum urina egrediens lividam vel ~am reddit urinam Gilb. I 29v. 2. **b** hanc oleagineam substanciam fixam et puram / Raymundus vocat suum basiliscum (*Vers.*) Ripley 94; hec olea figent crudum mercurium in perfectum solem et lunam. hanc ~eam substanciam fixam et puram Raymundus suum basiliscum vocavit *Id. Axiom.* 118.

3 of the colour of olive oil.

smaragdus, virens nimium, / dat lumen oleaginum Frith. *Cives* 5. 2.

oleagium v. oillagium.

---

oleander [ML = *oleander, rose-bay*], (understood as) oleaster, wild olive.

~ro inest proprietas mirabilis interficiendi vermes et pulices in aure vel in lecto; et est Anglice *oser* Gad. 116.1; ~er sive oleaster arbor est sc. oliva silvestris *SB* 32; oliandrum, i. silvestris oliva *Alph.* 128.

1 oleare v. oillare.

2 oleare [LL]

1 to oil, to moisten or smear with olive oil.

dum . . pertritas et in olla subjecta decoctas saporis fastidiret panis ~ati que preplacuere tortulas E. Thrip. *SS* II 11.

2 to anoint: **a** (w. ref. to consecration to office); **b** (as extreme unction).

a nunc oleate mihi faveas industrius Odo Frith. 1393. **b** Christiana fide confessus, ~atus et communicatus, jam loquelam posuerat, jam transire parabat (Gosc. *Transl. Aug.* I 8. 50) *Acta SS. Boll. Maii* VI 428F.

olearis [CL], that produces oil.

considerabimus herbas ~es et herbas semina facientes et plantas vinales Alf. Angl. *Plant.* 25.

olearius [CL], of or containing olive oil. **b** (as sb. n.) vessel for storage of olive oil, oil-jar.

infusuria, ~ia vasa unde infundunt lucernas *Gl. Leid.* 17. 16; sextarius . . qui et ipse nunc asse et bisse appenditur, i. xx unciis et ~ius, nunc duobus assibus et semisse, i. xxx, ut mellarius Abbo *Calc.* 3. 95 (cf. ib. 3. 97: xx unciae sextarium olei faciunt); lenticula, -e, i. vas ~ium Osb. Glouc. *Deriv.* 319. **b** hoc ~ium, -ii, i. vas ubi oleum reponitur *Ib.* 393.

oleaster, -trum [CL]

1 wild olive, oleaster (sts. dist. from *oliva*); **b** (w. ref. to *Rom.* xi 17).

~ter, genus ligni *GlC* O 153; ~ter, *unwæstmbære elebeam* Ælf. *Gl.* 138; olim oleam in foliis opinabantur, quam ~trum a fructu denique perceperunt P. Blois *Opusc.* 1021A; sic in ~tros olive silvescunt R. Bury *Phil. prol.* 6; non tis falcastrum succidet aron' oliastrum Strecche *Hen.V* 148; agrielea quam multi cathium dicunt, alii olivam Ethiopicam, Latini ~trum *Alph.* 3; hic oliaster, i. oliva silvestris *WW.* **b** legebam apostoli voce ~tri ramum bonae olivae insertum fuisse Gildas *EB* 1 p. 26; †ingenium [? l. ingenuum] reddit oleastrum ramus olive / insitus Neckam *DS* VIII 135; novissime . . excisi et nos de ~tro tueque gratis inserti radici, pinguedinis tue sola gratia per boni artem insitoris facti participes J. Ford *Serm.* 62. 10; si . . Deus naturalibus ramis olive sue non pepercit, quanto magis in ~trum illi insertum . . ignis in furore ejus exardescet *Ib.* 116. 4; attribuitur gloria potius olive quam ~tro, ut ad Romanos T. Chobham *Praed.* 283.

2 (understood as) trunk of olive tree.

olastrum, *staeb GlC* O 157; oliva . . et hoc ~trum, -tri pro trunco arboris illius [v. l. hic ~ter, -tri pro oliva silvestris] Osb. Glouc. *Deriv.* 393; ~trum, truncus ejus [olive] *Ib.* 400.

3 osier (*Salix viminalis*).

10 . . ~ter, *windeltreow WW*; **1292** succidendo decem pomeria in gardino predicti mes', precii cujuslibet duorum solidorum, quinque fraxinos precii cujuslibet octo denar', quatuor alleastros precii cujuslibet duorum solid' *PlRCP* 93 m. 114.

4 wild vine.

~ter, *vigne sauvage* (*Gl.*) *Teaching Latin* I 29; oliaster, *wyld vyne WW.*

oleastrum v. oleaster. **olecer-** v. holoser-. **olefans** v. elephas.

oleifer [CL oleum + -fer], 'oil-bearing', full of oil.

nos pigritantes senes damnat etas immatura que nobis dormitantibus intrat ad nuptias cum lampade ~era Gosc. *Edith* 91.

olementum v. elementum.

olentia [LL], fragrance.

nos vero in odoris ejus suavi ~ia non equidem

---

currimus sed pro modulo nostro claudicantes in baculo utcumque sequimur J. Ford *Serm.* 17. 7.

oleon [*etym. play on* ἐλαιών *and* oleum], olive grove.

Graece . . olivetum vocatur oleon [v. l. eleon] Bede *Hom.* I 25. 106 (v. oleos).

oleos [*etym. play on* ἔλεος], mercy, pity, compassion.

quia et Graece oleos [v. l. eleos] misericordia olivetum vocatur oleon [v. l. eleon] Bede *Hom.* I 25. 106.

oleositas [CL oleum + -osus + -tas], state or condition of being made of or containing oil, oiliness.

aer exuberat in nucibus quia est ibi ~as *Quaest. Salern.* B 154; lapidibus autem naturam ignis inesse ipsa eorum adinvicem concussio declarat, insuper etiam et aeris ~as artificio extracta *Ps.-*Gros. *Summa* 604.

olerarium v. holerarium.

olere [CL], **~escere**

1 to give off a smell, to smell; **b** (w. adv., usu. w. ref. to good smell or fragrance, also fig.).

renidet, olet *GlC* R 50; nec oculis cernitur, nec aure percipitur, nec faucibus sapit, nec olet naribus Ailr. *Serm.* 21. 11. 354; redolens odor est medius inter duos olentes odores J. Blund *An.* 202. **b** per desertum virtutum instar aromatum suave olentium ascendam Bede *Cant.* 1125; congerite flosculos pratorum bene holentes Ælf. *Bata* 5. 7; aliquando olfactus et tactus, ut cum unguento bene olenti quis ungitur Simil. Anselmi 15; pectus . . suave olentis pudicitie refertum floribus Ailr. *Spec. Car.* I 26. 530; unum . . certum est, illis qui huic vitio dediti sunt non magis placere virtutem quam illos bene olere qui in culina habitant J. Sal. *Pol.* 497D; smirinion . . folia habet . . suaviter olencia *Alph.* 174.

2 to give off a pleasant smell, to smell good, be fragrant; **b** (pr. ppl. as sb. n. pl.) sweet smelling things, fragrances (in quot., quasi-fig.).

vincebat candore deas foliumque ligustri / vernantesque rosas et olentia lilia prati *V. Merl.* 175; fallitur olfactus, fragrantia censet olere / dulciave mendax gustus amara putat Neckam *DS* II 447; tuus . . halitus discessit / velut nardus pistica cum fragrans olescit (*Vers.*) *Latin Stories* 161. **b** scrutans conspirat, rimatur olencia plebi Elmh. *Metr. Hen.* V 223.

3 to give off a bad smell, to smell bad, to stink; **b** (fig.).

fraglantes, i. olentes, odorantes, *stemende GlH* F 664; fraglat, olet, *stincþ GlP* 217; vocabula eorum inconditum sonant, horridum olent W. Malm. *GP* IV 186 p. 328; olentis . . ventre capri Map *NC* IV 3 f. 44v; quia . . corporaliter ex crapula nocturna olet inmunditia matutina quia crapula in sero fetidum anelitum reddit in mane T. Chobham *Praed.* 127; **1286** pro mundacione itineris . . quia illud iter olet apud S. Germanum de Paris' *Rec. Wardr.* 536. **b** cujus olent actus, si vult evadere penam / in causam tractus excuteret ante crumenam Walt. Wimb. *Sal.* 76.

4 (w. acc.) to smell of.

felix qui biberit tantum ut pereat / nutans et ebrius et vinum oleat Walt. Wimb. *Carm.* 171.

5 to (be able to) pick up a smell, to scent.

nictire, olere sicut canes faciunt Osb. Glouc. *Deriv.* 383; et melius nobis audit oletque canis Neckam *VM* 185.

olescentia [cf. LL *gl.* olescere = *to grow up*], youth, adolescence.

quum voluntas ejus directa est in manu tua ab olescentia [v. l. adolescentia] J. Furness *Kentig.* 43 p. 236.

oletum [CL]

1 (thing that emits) stench, dirt, filth, excrement; **b** (fig.).

~um, -i, i. fetor vel quelibet res fetida Osb. Glouc. *Deriv.* 392; spurcitia, feditas, . . ~um *Ib.* 560. **b** et ne philosophicum audiat secretum / studii mechanici teneat oletum *Ps.-*Map 30; hic omne sceleris oletum

abicit / et sordes lambit has quas princeps vomuit WALT. WIMB. *Palpo* 86.

2 latrine.

pyssyng place, ~um *PP*.

oletus [ML], fetid, stinking.

~us, -a, -um, i. fetidus OSB. GLOUC. *Deriv.* 392.

oleum [CL]

1 olive oil; **b** (unspec.) oil.

oliva .. et hoc ~um, i. liquor qui de fructu exprimitur OSB. GLOUC. *Deriv.* 393; ~um quando simpliciter ponitur pro ~o olive intelligitur *Alph.* 129. **b** patria vini ~ique experta relicta Italiam petunt GILDAS *EB* 7; ad premendum ~um *Comm. Cant.* I 292; utpute non oleum nec vinum Fresia fundit ALCUIN *Carm.* 4. 10; ~um, *ele* ÆLF. *Gl.* 128; ecce comparat hic Jeronimus Spiritum ~o, hominem Christum aque J. CORNW. *Eul.* 17; per libram magnam deberent venderi [*sic*] omnia liquida, sc. syrupos, †olera [l. olea] et, hujusmodi J. MIRFIELD *Brev.* 92; ~um, ~i multa sunt genera *Alph.* 128; vitare debetis .. olium nimium, frequentacionem balnei KYMER 3 p. 555.

2 (dist. acc. source): **a** (derived from plant, vegetable, or sim.); **b** (derived from animal); **c** (mineral); **d** (other, alch.); **e** (as issuing from icon, relic, or sim.).

a nardus .. in caldarium mittitur et coquitur usque ad pinguedinem et cocleario desuper tollitur ~um *Comm. Cant.* III 79; ~um nucum [TREVISA: *oyle of notes*] BART. ANGL. XIX 43 p. 1174; ydroleon fit ex ~o olivarum et aqua, ita ut sint ij partes aque et tertia ~i *SB* 24; dissolventur in colorem viridem instar ~i olive RIPLEY 335; ~um amarissimum, i. de succo majorane .. ~um amigdalinum .. ex amigdalis amaris .. ~um mirtinum, i. ~um mirte agrestis .. ~um violacium, i. ~um ex floribus violarum. ~um catholicum, i. ~um herbe catholice, i. allipiados .. ~um sinapinum, i. ~um sinapis *Alph.* 128–9. **b 1278** in ~o allecis ad carectas ex harnesia emendanda et reparanda *Ac. Durh.* 486; ~um de scorpionibus et de scarabeis et de lumbricis terre GAD. 116. 1; **1365** injunctum est Thome Herynger ne faciat ~um post festum Natalis Domini infra domum ubi nunc moratur, .. quia omnes tenentes ville graviter conqueruntur quod talis gravis odor procedit de infusione ~i quod nullus possit adire ibidem absque periculo *Hal. Durh.* 39; mirmicelion, i. ~um formicarum *Alph.* 118; ~um de ovis *Ib.* 129. **c** ~um citrinum petroleum, id est oriens et petra, comburit quicquid occurrit si rite preparetur BACON *Maj.* II 217; possumus artificialiter componere ignem comburentem, sc. .. ex ~o petroleo rubro et aliis *Id. NM* 536; **1439** in precio duarum lagenarum ~i benedicti, prec' lagene xiij s. iiij d., duarum librarum ~i petrolii, prec' libre v s. iiij d., nimis libre ~i terbentin', prec' viij s. *KR Ac* 503/7 m. 1; petroleum, i. ~um de petra *Alph.* 139. **d** capitulum ~i albi fixi philosophici M. SCOT *Alch.* 156; sicut .. per vias alcimie extrahitur ~um benedictum a lateribus BACON IX 156; ~um ardens est ~um tartari ad summum gradum correctum *LC* 255; ~um vitrioli aurificatum est quod auro dulcoratum est artificiose *LC* 256; ~um colcotharinum, est ~um ex vitriolo rubeum *Ib.* **e 1383** de ~o Sancte Marie .. de Sarzinay *Ac. Durh.* 428; cistula .. cum ~o Sancte Katerine .. et Sancti Nicholai *Ib.* 431.

3 (dist. acc. function, use, or application): **a** (as food or in cooking); **b** (in lamps, also w. ref. to burning the midnight oil); **c** (as incendiary material); **d** (as lubricant); **e** (as medicine or aromatic oil); **f** (as ingredient in paint); **g** (bibl., eccl. & mon., as chrism or holy oil).

a hoc idem de farris simila et polline simulque crassa ~i pinguedine fecisse memoratur ALDH. *VirgP* 39 (40) p. 291; placentas dulces faciunt de simila et ~o *Gl. Leid.* 14. 5; in ~o esibili empto ij s. vj d. *Ac. Beaulieu* 309. **b** ut lichinis et lampadibus ecclesiae pinguis ~i liquor oportunus defuisset ALDH. *VirgP* 32 p. 271; ad emendum ~um quo impleantur omnia luminaria illius apostolicae ecclesiae ASSER *Alf.* 16; aecclesia Beatae Virginis Mariae, in qua est ~um in lampade semper ardens SÆWULF 60; dum pallens studio et marcens oleo ardet utroque / languidus HANV. III 98; **1338** unam pipam ~i pro lampadibus (*AssizeR*) *Law Merch.* III 160. **c** adipem et ~um ignitum in turrim et in milites fundibalis jaculabantur W. MALM. *GR* IV 369; ~um .. petroleum BACON *Maj.* II 217 (v. 2c supra). **d** colemma, i. commixtio ~i ex qua luctatores in palestra ungebantur OSB. GLOUC. *Deriv.* 94; **1278** in ~o allecis (v. 2b supra); **1410** item in ~o empt' pro *lez colers* et *cartharneyse* unguend' *Ac. Durh.* 608. **e** ipsa unctio ~i fessis ac dolentibus membris solet adferre levamen BEDE *Hom.* I 25. 106; ~um regum que dicitur medicina annualis, que anno integro sumi debet BACON IX 129; super .. egritudines nervorum frigidas .. ~um de euforbio est optimum .. et ~um philosophorum, i. ~um benedictum GAD. 65v. 2; musteolum est quoddam ~um de musco et aliis speciebus aromaticis factum *SB* 31. **f 1388** de ~o lini pro pictura *Ac. Durh.* 376. **g** presbitero licet .. facere ~um exorcizatum et infirmis crismam THEOD. *Pen.* II 3. 8; modo .. ~o unctionis in dedicatione ejus emundent *Comm. Cant.* I 375; nunc ecclesiae consuetudo tenet ut infirmi ~o consecrato ungantur a presbiteris BEDE *Ep. Cath.* 39; damus vobis sanctificatum ~um tribus modis sanctificatum, id est: ~um sanctum et ~um crismatis et ~um infirmorum ÆLF. *Ep.* 3. 4; crisma sanctificationis et ~um a Fontanensi episcopo ex more accipiat W. MALM. *GR* II 150; ecce lapis quem unxit ~o sanctus Jacob [cf. *Gen.* xxviii 18] AILR. *Serm.* 3. 27. 224; nec tamen omne ~um ad unctionem sanctificatum chrisma vocatur, sed illud solum quod miscetur cum balsamo .. est et alia unctio qua cathecumini et neophyti unguntur .. tertia unctio est vero ~um infirmorum GIR. *GE* I 4 p. 15–16.

4 (fig. or in phr.); **b** (w. ref. to *Psalm.* liv 22).

pudicitiae lampadibus et lichinis ~o castimoniae conflagrantibus ALDH. *VirgP* 16; cuncti ~o laetitiae signamur BEDE *Ep. Cath.* 49; si cor meum .. deberet .. mollescere ~o vestrae dulcis allocutionis ANSELM (*Ep.* 85) III 210; primo vos pavit Dominus noster ~o misericordie sue AILR. *Serm.* 32. 2; **c1212** ad corumpendum ~i nostri dulcedinem totam toxicum suum venenatum admiscere non cessat GIR. *Ep.* 5 p. 206. **b** sermones .. suos super ~um mollire satagunt BEDE *Cant.* 1114; cujus sermones super ~um sunt molliores ANDR. S. VICT. *Sal.* 23; mollito super ~um effluens sermone GIR. *TH.* III 52.

5 oil-like substance.

~um, lucis vitalis fomentum speciale, quod sperma existit KYMER 3 p. 554; ~um Palestinum est acetum *LC* 257.

olfabilis v. olfactibilis.

olfacere [CL; LL *pass.* olfieri]

1 to perceive by the odour emitted, to smell (also absol.); **b** (quasi-fig. or fig.).

aliquando visus et olfactus ut in videndo simul et ~iendo nimis rubentes rosas *Simil. Anselmi.* 15; aliquando in gustu et olfactu, ut cum degustans ~it *Ib.* 33; et nihil olfaciens procul esse revincit odores J. SAL. *Enth. Phil.* 953; aquam si .. corruptam jejunis naribus ~ias, mors imminet GIR. *TH* I 35; illic haut invenies nec ~ies nidorem carnis bubule M. RIEVAULX (*Ep.*) 63; unde veritas istis duobus sensibus comparatur, non autem gustui vel tactui vel olfactui, quia non potest idem simul tangi vel gustari vel olfieri a diversis, sicut videri et audiri potest idem a multis R. MARSTON *QD* 254; nares sue speciosissime faciei ~iebant salive inmundicias in ipsum derisorie projectas *Spec. Incl.* 2. 2. **b** quia .. quasi per ~iendi officium ceteris amplius dinoscere sufficiunt in quibus actibus .. bonus odor Christi flagret BEDE *Cant.* 1194; hec .. sunt vera bonitas, veritas sincera, ratio incorrupta et certa. horum tamen quasi ~iens dulcedinem natura humana .. posuit oculum super cor J. SAL. *Met.* 933A; sicut claustrales quidam desiderant videre et ~ere vanitates mundi T. CHOBHAM *Serm.* 13. 49rb.

2 to detect or perceive as if by smelling.

c1175 audio te Siculas frater olfecisse divitias G. FOLIOT *Ep.* 263; in te crimen negociationis et fenoris olfecerunt P. BLOIS *Ep.* 17. 65C; quod ab adolescentia cepistis ecclesiasticos honores ~ere *Ib.* 44. 129D; fit jus ex injuria / postquam judex recia / laxat in capturam / et olfacto munere / facit condescendere / censui censuram *Id. Carm.* 25. 21. 124; cardinalis prenominatus jam sterlingos regis Anglie olfecerat WEND. I 155.

3 (w. internal acc.) to fill with scent.

[Egyptus] variarum herbarum [et] rosarum floribus decoratur .. qui .. suo odore ~iunt olfactum S. SIM. *Itin.* 43.

4 to give off an odour, to smell.

~ere, olere, fragrare OSB. GLOUC. *Deriv.* 400.

5 (p. ppl. as. adj.) full of odour.

OSB. GLOUC. *Deriv.* 404 (v. olfare 3).

olfactibilis [cf. olfacere], **olfabilis** [cf. olfare], that gives off an odour or can be smelled, olfactible.

in calidis temporibus plus percipiuntur odorabilia quam frigidis propter majorem dissolutionem a re olfatibili GILB. III 149. 2; in olfatu olfabilis rei *Ib.* 149 v. 1.

olfactio [LL *gl.*], sense or act of smelling, odour, smell.

~io qualis, ubi suavissimum odorem de ipso suavitatis fonte Deo haurient HON. *Eluc.* 1172B.

olfactivus, concerned with smell.

virtus ulterior, sc. gustativa .. vel ~a KNAPWELL *Quare* 205.

olfactoriolum [LL], (little) receptacle for scent or perfume.

~a [*gl.*: *wyrȝtfatu*, *ȝewyrtboxas oþþe stencfatu*] nardi et crepundia collo gemmiferis lunulis pendentia ALDH. *VirgP* 52 p. 308; ~a, turibula modica de auro vel argento, mulieres habent pro odore *Gl. Leid.* 13. 9; ~um [v. l. olfatoriolum] .., i. quoddam vas unguentarium OSB. GLOUC. *Deriv.* 392.

olfactorium [CL=*smelling-bottle*], bouquet of flowers or herbs, posy.

tytetuste, or tussemose or flowris or odyr herbes ~ium, -ij *PP*.

olfactus [CL], **olfatus** [ML]

1 sense of smell.

omnes sui corporis sensus visum viz., auditum, gustum, tactum, ~ctum BEDE *Cant.* 1181; per gustum sapores, per ~ctum odores .. sentiuntur *Simil. Anselmi* 12; olfactu careat bestia queque suo / sit canis elinguis, catulo non calleat auris NIG. *SS* 1636; viribus olfactus lyncis concede quod error / dandum virtuti luminis esse putat NECKAM *DS* IX 137; olfatus est sensus odorum perceptivus GILB. III 149. 1; ~ctus [TREVISA: *the wit of smellinge*] sive odoratus est sensus proprie odorum perceptivus BART. ANGL. III 19.

2 (act of) perceiving by the smell, scenting, smelling.

ut dimittat mihi omnia peccata mea .. in visu, in risu, in auditu, in tactu ~ctuque, vellens nollens *Cerne* 133; in ~tu olfabilis rei idolum organo presentatur GILB. III 149v. 1; subtrahendo se ab excessivis voluptatibus ~tus et gustus *Spec. Incl.* 1. 4.

3 scent, smell, odour.

halans / olfactum ambrosiae necnon crescentia glebae / lilia ALDH. *Aen.* 100 (*Creatura*) 14; pro fetenti sterquilinio ~ctum ambrosiae .. contulit *Id. VirgP* 36 p. 283; odor, ~ctus, *stengc* ÆLF. *Gl.* 156; gustus .. et ~ctus fumi et vaporis omnimodam segregationem postulabant ALF. ANGL. *Cor* 15. 6.

4 (in gl.).

~um, umbraculum *GlC* O 150.

olfare [cf. olfacere]

1 to perceive by smelling, to smell.

smellyn .. ~o, -as *PP*.

2 to give off an odour.

~at, odorat OSB. GLOUC. *Deriv.* 403.

3 (p. ppl. as adj.) full of odour.

~atus [v. l. olfactus], odore plenus OSB. GLOUC. *Deriv.* 404.

olfatibilis v. olfactibilis. **olfatus** v. olfactus. **olgastrum** v. ogastrum. **oliagium** v. oillagium. **oliandrum** v. oleander. **oliaster** v. oleaster.

olibanum [ML], **~us,** frankincense (aromatic gum).

olib' masticis GILB. I 35v. 1; **12..** ~us, i. *encens*, i. *stor WW*; invenies plumbum si exprimas vivum a mortuo et mortuum sepelies in ~o et sarcocolla BACON *NM* 550; fiat suffumigacio .. de ~o posito super carbones GAD. 6v. 1; thus album, i. ~um, *franke ensens SB* 42; **1397** in ture et ~o ij s. *Ac. Obed. Abingd.* 62; *ffranke insens*, ~um *PP*; mannis, ~um, thus minutum idem *Alph.* 110; ~um, libanus, thus, libanotides, idem, G. *francencens Alph* 128.

olibanus v. olibanum.

olide, in a stinking manner, malodorously.

~e, ~ius, ~issime adverbia OSB. GLOUC. *Deriv.* 391.

oliditas, smelliness, stench.

~as, fetiditas, fetor OSB. GLOUC. *Deriv.* 400.

olidus [CL], that has unpleasant or offensive smell, stinking, malodorous; **b** (partly fig. or fig.). **c** (? as sb. f. or m.) ? entrails, offal.

sic olidas hominum restaurans germine fibras ALDH. *Aen.* 94 (*Ebulus*) 9; atque fibras olidas tetro cum viscere fudit *Id. CE* 5. 7; cenulenti, i. lutosi, ~i, *fule GlH* C 814; **10** . . ~arum, *unsyfra WW*; porro in capris, quod petulans quidem deforme et ~um pecus est, teneroque arborum pestiferum germini, lascivorum arbitror petulantiam figurari J. FORD *Serm.* 49. 2. **b** ~arum . . polluta nuptiarum contubernia ALDH. *VirgP* 23 p. 254; hedos autem a sinistris, id est petulcos et pravitate ~os in eterna miseria PULL. *Sent.* 1001B; et onus olidum quod olim fuderat WALT. WIMB. *Sim.* 15; cedit quicquid diffamabat / deformabat et fedabat / quicquid erat olidum *Id. Van.* 18; statuisti confessores stolidos frenantes / doluisti peccatores olidos errantes *Qui majora cernitis app.* p. 192. **c** hec olda, [? l. olida], A. *hyspyn WW.*

oliginosus v. oleaginosus.

oligarchia [LL < ὀλιγαρχία], oligarchy, government by the few.

policia . . intemperata et viciata atque transgressa, que ad aristocracie [*sic*] directe opponitur, vocatur ~ia OCKHAM *Dial.* 795; de ~ia, id est paucorum principatu LIV. *Op.* 289; aristocrachia, ~ia, et democrachia FORTESCUE *NLN* II 46.

oligarchice [ὀλιγαρχικῶς], as oligarchy or under oligarchic form of government, oligarchically.

~e principari OCKHAM *Dial.* 795.

oligarchicus [ὀλιγαρχικός], of, pertaining to, or connected with oligarchy, oligarchic.

principatus eorum esset ~us reputandus et ideo quicquid sit in eleccione principancium . . servando respectum ad aliam prerogativam quam ad sapienciam et virtutem . . obligarchicum est habendum OCKHAM *Dial.* 795; leges . . †oblig'atice [? l. oligarchice] W. BURLEY *Vit. Phil.* 250 (v. diademocraticus).

oligia [ὠλιγγία], (anat.) wrinkle, fold of skin.

tege trifidum jecor et ilia / †marsem reniculos fithrem cum obligia [l. mas, testiculos, fithrem cum oligia, gl.: *nettan*] (LAIDCENN MAC BÁITH *Lorica*) *Cerne* 87 (=*Nunnam.* 94: obligio); obligia, nette *GlC* O 147; **10** . . oligia, nette *WW*; obligia, *nytte* ÆLF. *Gl.* 161; **11** . . oblitigia, †*necke* [l. nette] *WW Sup.* 463.

oligopolium [ὀλίγος + -πώλιον, infl. by LL monopolium], market controlled by few, oligopoly.

quod earum [ovium], si monopolium appellari non potest, quod non unus vendit, certe ~ium [Eng.: *because there be so fewe sellers*] est MORE *Ut.* 55.

olim [CL]

1 before the present moment or the moment in question, formerly, previously (also w. sb., as quasi-adj.); **b** (dist. from *nunc* or *modo*).

quid . . propheta egregius de vestris olim comessoribus disceptaverit attendite GILDAS *EB* 87; ne per . . negligentiam . . vitiose lex illa duraret quam figuraliter olim Deus per primum ejus latorem de secundo mandavit patribus THEOD. *Pen. pref.*; sic quoque virgineis redolentes floribus olim / tres pueri pariter servarunt jura pudoris ALDH. *VirgV* 367; una de quinque olim civitatibus allophilorum *H. Bede Nom. Act.* 1035A; **790** si . . scire possis quae sit causa hujus dissensionis inter olim amicos ALCUIN *Ep.* 9; in libello edidi ABBO *QG* 23 (50); domino et amico carissimo Waleranno, olim cantori Parisiensis ecclesiae ANSELM (*Ep.* 162) IV 34. **b** olim xx sol', modo valet xxx solid' *DB* I 4va; olim et modo valet x sol' *Ib.* 98ra; olim dilectissimo fratri, nunc dulcissimo patri, olim et nunc reverendo domino ANSELM (*Ep.* 78) III 200; caput, olim a cervice revulsum, nunc reliquo corpori compaginatur W. MALM. *GR* II 213; abbatissam cenobii quod olim Streneshalh nunc Witebi nuncupatur *Id. GP* II 91 p. 198; dicunt quod aliter est modo apud Sarracenos quam olim fuit apud Gentiles T. CHOBHAM *Praed.* 85.

2 for a long time past, since long ago (also w. *ab* or *jam*).

olim, *singale GlC* O 155; ad sedem olim optatam apostoli Petri . . gaudens . . pervenit EDDI 5; jam olim intellexeram nihil esse quod colebamus BEDE *HE* II 13 p. 112; in hanc [fidem] me jacto, immo jam olim jactavi ANSELM (*Or.* 10) III 36; munus quod familiari ab olim suo, novo Anglo, vir largiretur apostolicus W. MALM. *GP* I 41 p. 63; c**1330** ab olim . . notorium fuit mundo qualiter . . J. MASON *Ep.* 14 p. 203.

3 occasionally, from time to time, sometimes.

sic pueris olim dant crustula blandi doctores, elementa velint ut discere prima J. SAL. *Met.* 899C.

olimare v. 2 oblimare.

olimentum [cf. CL oleum, omentum], animal fat, (act of) fattening.

olimentum, sagina, pinguedo, adeps, arvina, muria OSB. GLOUC. *Deriv.* 403.

olimp- v. olymp-.

olire [*backformation from* abolire], to abolish, destroy.

oliri, deleri *GlC* O 154.

olitanus [CL], that belongs to or dates from the distant past, old, ancient; **b** (as sb. m.) old or ancient people.

669 tibi Theodore tuisque successoribus sicuti ab ~is temporibus fuerunt condonata in perpetuum (*Lit. Papae*) *Conc. HS* III 116; vetusta, ~a *GlC* U 99 (cf. ib. O 143: ollita, veterana; *Gl. Leid.* 6. 29: ollita, de ollitim); **797** apices . . plenos fidei et ~a traditione erga beatum Petrum (*Lit. Papae*) *Ep. Alcuin.* 127; c**895** quis . . inter vos principatum tenere debeat . . ab ~is temporibus notissimum est (*Lit. Papae*) *Conc. Syn.* 37; ab ~is temporibus incipiendum est et . . ad hec tempora nostra recurrendum GERV. CANT. *Imag.* 41. **b** ollitani, senes *Gl. Leid.* 40. 16.

olium v. oleum.

oliva [CL]

1 olive; **b** (w. ref. to *Jac.* iii 12).

primitias: i. uvarum . . et ~arum *Comm. Cant.* 271; balsamum gignitur quod in chrismae confectione liquori ~ae admisceri . . solet BEDE *Cant.* 1098; arbor in altum / fixit radices; ex hac processit olyva M. RIEVAULX (*Vers.*) 33. 4; quidam fructus . . ut piper . . ut ~a . . ut poma *Quaest. Salern.* W 2; sumatur modicum de oleo ~e *Pop. Med.* 256; et cum . . facta esset copia ~arum, multis querentibus emere ~as, precium taxavit ut voluit W. BURLEY *Vit. Phil.* 6. **b** non potest ergo ficus ~as facere BEDE *Ep. Cath.* 29.

2 olive tree; **b** (cf. *Gen.* viii 11, w. ref. to the olive-branch as sign of peace); **c** (w. ref. to *Jud.* ix 8); **d** (w. ref. to *Psalm.* li 10); **e** (w. ref. to *Rom.* xi 17); **f** (in place-name); **g** (fig.).

ficus et vitis simulque ~a ALDH. *Met.* 7; si quis . . hos versiculos figurate quaerat exponere, ficus, vinea, et ~a erat synagoga Judaeorum BEDE *Hab.* 1252; non . . prefuit cultoribus ~arum et ficuum et aliarum arborum S. LANGTON *Chron.* 138; hec oliva, A. *olyftre WW.* **b** ramos ~e in signum legationis . . ferentes G. MON. IX 15; 'ramo', virtute. '~e', pacis BERN. *Comm. Aen.* 68; simplicitatis avis fecunda fidelis olive / ore gerens ramum, nuntia pacis adest NECKAM *DS* II 699; ramus . . ~e significat virgam pacis et dilectionis T. CHOBHAM *Serm.* 23. 93va. **c** omnes arbores venerunt ad ~am ut eligerent eam in regem, ut in Judicum ix T. CHOBHAM *Praed.* 272. **d** cupiens . . florere sicut ~a in domo Domini BYRHT. *V. Ecgwini* 395 [*recte* 385]. **e** oleastri ramum bonae ~ae insertum fuisse GILDAS *EB* 1 p. 26 (v. oleaster 1b); parvus stipes cui inseritur furculum ~e T. CHOBHAM *Praed.* 283. **f** juxta historiam indicat montem ~arum spatio miliarii ab urbe Hierusalem esse discretum BEDE *Acts* 942; mons ~arum altitudine monti Sion par est *Id. HE* V 17 p. 318. **g** aecclesiam geminae fundantque vehuntque columnae / unius atque duae fulgent pietatis olivae / ante Deum stantes, meritis et ubique micantes WULF. *Brev.* 377.

3 olive branch (as sign of peace, w. ref. to *Gen.* viii 11). **b** olive leaf.

ecce columba pia pacis tibi portat olivam ALCUIN *Carm.* 115. 12; Britones . . ~am in signum pacis gestantes G. MON. V 10; tunc . . venient cum ~is

que pacem significant AILR. *Serm.* 2. 41. 271; et jam laurus adest iterum, jam, nuntia pacis / tractari manibus gaudet oliva meis NECKAM *DS* VIII 146; hec columba cum oliva GARL. *Poems* 4. 3a (v. nuntia). **b** folia habent similia ~e *Alph.* 43 (v. conyza a); folia habet in colore similia ~e *Ib.* 51 (v. dorycnium); archis . . habet . . folia similia ~e, sponsa super terram, sed molliora et angustiora . . *Ib.* 131.

4 (~a silvestris or Aethiopica) oleaster.

oleander sive oleaster arbor est, sc. ~a silvestris *SB* 32; agrielea quam multi cathium dicunt, alii ~am Ethiopicam, Latini oleastrum, folia habet stiptica, cathaplasmis denique apposita medentur [*sic*] *Alph.* 3; oliandrum, i. silvestris ~a *Ib.* 128.

5 olive-like fruit (in quot., berry).

baca, ~a, *berige GlP* 150n.

6 (~a marina) ? olive-shell, gasteropod mollusc.

~e marine, bellirici marini GILB. II 112v. 2.

olivalis v. olivaris.

olivaris [LL], **-alis** [ML], of or made from olives, olive-.

hic et hec ~alis [v. l. ~aris] et hoc ~ale [v. l. ~are], i. res ad olivam pertinens OSB. GLOUC. *Deriv.* 393; **1337** in dimid' lagene oley ~aris empt' *Sacr. Ely* II 89.

olivarium [CL *as adj.*], plantation of olives, olive grove.

hoc ~ium . . pro loco ubi olive crescunt OSB. GLOUC. *Deriv.* 393.

olivella [CL oliva + -ella], widow-wail (*Daphne Mezereum*).

1597 widow wayle . . it is also named of divers ~a *OED s. v.* widow-wail.

oliverus [OF olivier < olivarius], olive press; (in phr. ~o currente or sim.) in full tide of fortune, without impediment.

unde fit ut, quasi ~o currente, et hospitium episcopus in ecclesia proxima accipiat GIR. *GE* II 27 p. 293; ita Foliot tanquam ambidexter vel pocius ambisinister, et tanquam ~o plusquam currente, uni palam assisteret et alteri clam *Id. Invect.* I 7 p. 109; velut ~o currente pecuniam . . una manu avide sumebant *Ib.* IV 8 (v. currere 3c); illi cum donis aufugiunt, sicut ~ius currunt, et nescitur quo deveniunt O. CHERITON *Fab.* 42A.

olivetum [CL], plantation of olives, olive grove; **b** (in place-name, w. ref. to *Matth.* xxi 1; *mons* ~*i*) Mount of Olives.

cum glauci[co]mante ~o ALDH. *Met.* 2 (v. glaucicomans); duxerant languidum in delectabilem campum . . rosetis consitum et ~is virentem LANTFR. *Swith.* 35; stant et olivetis ubi cinnamoma refertis WULF. *Swith.* II 947; **1165** ut Romanis nichil relictum sit, nec in agris nec in ~is aut vineis J. SAL. *Ep.* 140 (152); urbis [Athenarum] . . commoditates quod viz. mari viciniam et ~orum heberet abundantiam ALB. LOND. *DG* 5. 4. **b** mons quippe ~i sublimitatem Dominicae pietatis et misericordiae designat BEDE *Hom.* I 25. 106; mons ~i, ad orientem Hierusalem, torrente Cedron interfluente *Id. Nom. Act.* 1038; Gethsemani est in radice montis ~i et torrens Cedron inferius inter montem Syon et montem ~i SÆWULF 69; precedit ipse ad montem ~i, tu sequere AILR. *Inst. Inclus.* 31 p. 669; per montem ~i significatur caritas *Id. Serm.* 13. 22. 287.

olivifer [CL], olive-bearing; **b** (fig.).

oliva componitur ~er OSB. GLOUC. *Deriv.* 393. **b** officio fungens legati notus honore / oris oliviferi, Pandulfus presidet H. AVR. *Poems.* 2. 195.

olivum [CL]

1 olive oil; **b** (used in a lamp); **c** (in chrism). **d** oil lamp.

est medicina, cibus, lucis solamen, olivum, / Attica quod nobis pacis oliva creat NECKAM *DS* VIII 43; ~um quando simpliciter olivarum intellige *SB* 32. **b** papirus in medio radiabat lumine centro / clarius et multo quam fomes pinguis olivi ALDH. *VirgV* 917. **c** occiput effuso gratis pinguescit olivo FRITH. 347. **d** hoc ~um . . pro oleo vel pro lucerna que de oleo accenditur OSB. GLOUC. *Deriv.* 393.

2 (general) oil: **a** (vegetable); **b** (mineral).

a yrinum ~um, i. de yri Illirica *SB* 25; nardileon est ~um de spica nardi *SB* 31; ~um de been, i. ~um de pipere albo *SB* 32. **b** petraleum, i. ~um quod resudit de petra *SB* 33.

olixatrum v. holus c.

1 olla [CL], **~um**

1 jar, pot, or sim.; **b** (w. ref. to *Exod.* xvi 3); **c** (w. ref. to *IV Reg.* iv 40); **d** (dist. acc. material); **e** (dist. acc. function); **f** (fig.).

amulus, vasa aenea in modum ~ae *GlC* A 530; lebetas, ~as *Ib.* L 102; seriem [? l. seriam], ollim [? l. ollam] *Ib.* S 260; **1227** Willelmus filius Siwardi .. cecidit in ~am estuwantem et obiit (*AssizeR Kent*) *JustIt* 358 m. 16d; figulus quidam laborans in sabulo ad ~arum compositionem *Mir. Wulfst.* I 15; **1274** [*a pot*] ~um [*of wine*] *Cal. IPM* II 71 p. 51. **b** desiderabant ~as carnium et manna fastidiebant AILR. *Serm.* 40. 18; nec amplius suspirem ad ~as carnis quas reliqui in Egypto *Id. Spec. Car.* I 1. 505. **c 790** vae, vae, mors in ~a, o homo Dei! ALCUIN *Ep.* 8. **d** lagonam, vas lapideum, ~o, i. *crog Gl. Leid.* 29. 47; **1201** robavit ei loricas suas, galeas, caligas ferreas, et ~as suas ereas *SelPlCrown* 41; **1286** Milisand .. arsa fuit per unum ~um eneum in domo Roberti tinctoris *Eyre Chester* 12. 2. 3; **1295** in viij ~is de ligno pro servisia iiij s. vj d. *KR Ac* 5/7 m. 2; **1296** cum ~is terre ad eamdem *cole* ebullandam *Ac. Galley Newcastle* 182; **1363** in iiij ~is lut[eis] emptis pro fumerell' [*chimney pot*] aule regis in parco de Rayle, iiij s. viij d. *KR Ac* 464/6 f. 4d; **1447** ~arum .. de argento et corio (v. ferrarius 2); sex ~as argenti et deaurat' bene .. xij ~as argenti *potellers* (*Test. Hen. V*) *EHR* XCVI 98. **e** antequam adeps Domino offerretur ex ~is carnes GILDAS *EB* 69; **946** (14c) in quandam ~am Vulcani ligatis proitietur menbris *CS* 818; **s1139** hostes inde repulsi, quoniam olla [? *as lamps or beacons*] succensa erant, .. aquilonis portis civitatis ingressum petunt J. WORC. 57; **1172** pro x ~is galear' [? *skull-piece of helmet*] ad opus regis *Pipe* 46; succumbunt in temptatione, redeunt ad ~as pistrinas SERLO GRAM. *Mon. Font.* 31; sicut ~a ad coquendum epulum M. SCOT *Phys.* 1 f. 10ra; **1272** in ij ~is ad inponendum buturum ij d. *Ac. Stratton* 191; **1298** in ij ollis ad cervisiam j d. *Rec. Elton* 66; **s1428** ad prandia sua omittant unam allam de frixura *Chr. S. Alb.* 29; per 3 dies et noctes lenta decoccione ~a obturata ad figendum pone RIPLEY 217. **f 796** et in angusto pectoris antro caritatis ~a fervescit ALCUIN *Ep.* 99.

2 a (w. ref. to making of pots); **b** (w. ref. to cooking with pots).

a a1172 (**1297**) sciatis nos concessisse .. ad predictum manerium de Newent unam blessagham .. et terram suam ad ~as (*Cart. Newent.* f. 50) *Reg. Heref.* 250; de .. hominibus Cantuarie qui sunt lattantes et scottantes et eorum ~a cocta in archiepiscopatu *Cust. Fordwich* 21. **b** sic ollis niger, sic furva sartagine teter / per totam noctem praeses diluditur amens ALDH. *VirgV* 2238.

2 Olla [cf. Ar. *Allāh*], God, the Father.

Olla, Adonai, Abba / Galileos in anctera / bellantes defendit pelta (*Adelphus Adelpha Mater*) *Peritia* IX 40 (cf. *V. Greg.* p. 87: si regem quoque significant Alle Patrem, Lu Filium, Ia Spiritum Sanctum).

ollagium [CL olla + -agium], pottage.

1284 pise: .. in ~io famularum et pane facto *Ac. Wellingb.* 38 (cf. ib. 50 [**1290**]: pise .. in portagio j quar.).

ollarius [CL]

1 (as adj.): **a** who makes pots. **b** of or used for making of pots, pott-.

a 1288 [*William the potter*] ~ius figulus *Cal. CourtR Chester* 154. **b 1551** de cc li. de metallo olleario vocato *pott mettell Pat* 840 m. 14; **1553** de .. una opercula ~ia cum strainar' .. A. *one pott lyde with a stayner* [*sic*] *Pat* 852 m. 29.

2 (as sb.): **a** (m.) one who makes pots, potter. **b** (f.) place in which pots are made, pottery.

a hic ~ius, qui ollas facit OSB. GLOUC. *Deriv.* 392; **1288** Rogerus le Chaloner querens [et alii] .. Willelmus ~ius se posuerunt quod predicti Johannes et alii prefatum Rogerum percusserunt *PlRChester* 29/6 m. 2d; **1326** Robertus de Allegate civis et ~ius London' *Cl* 143 m. 5d; **1387** Thomas de Strensall

de Ebor' ~ius *IMisc* 236/10; **1398** heredem Willelmi Cosyn, nuper civis et ollar' London' *Cl* 242 m. 16d. **b** ibi .. de ~ia [*gl.*: potaria] x sol. (*Oxon*) *DB* I 156ra.

ollata, a potful (in quots., of beer).

1256 quidam extraneus venit de nocte et cepit de cervisia illa circiter duas ~as *AssizeR Northumb* 128; **1266** exivit de domo sua .. ad bibendum unam ~am cervisie et .. non rediit *SelCCoron* 3.

ollator, one who makes pots, potter.

1311 [*Robert Lorechoun, potter*] ~or *Cal. LBLond. B* 25.

olle [CL; v. et. ille], (denoting person or thing in place spec. by the speaker) that.

cumque diu trepidus per tristes ire phalanges / cogitur, en subito nitidis qua vultibus olli [*gl.*: illi] / apparuere viri ÆTHELWULF *Abb.* 330; ~i, illi OSB. GLOUC. *Deriv.* 402; quando non sine causa sentencie dicat sermocinans ~i pro illi utitur ortografia sapientis *Ps.-Gros. Gram.* 67.

ollearius v. ollarius.

olleola [CL olla + -ola], small pot or jar.

1317 in placito detencionis .. ~e precii ij s. *Rec. Leic.* II 177; **1388** de precio diversorum bonorum et catallorum que fuerunt predicti R. ... viz. unius olle eree, unius olliola ere, unius *chaufour* eree .. *LTR AcEsch* 102. 20.

ollic [CL; v. et. illic], at or in that place, there.

~ic, illic OSB. GLOUC. *Deriv.* 402.

ollifer [CL olla + -fer], (one) who carries jars or pots.

~er, qui fert ollas OSB. GLOUC. *Deriv.* 392.

1 ollitanus v. olitanus.

2 ollitanus [cf. CL olla], of or pertaining to a pot.

~us, ad ollam pertinens, sicut dicimus operculum ~um quod pertinet ad ollam OSB. GLOUC. *Deriv.* 404.

ollo v. 1 olla. **ollocericus** v. holosericus.

ollula [CL], small jar or pot.

olla .. et inde hec ~a OSB. GLOUC. *Deriv.* 392; Palponi Baucidis non placet ollula / neque Diogenis aula monocula WALT. WIMB. *Palpo* 91; hec ~a, A. *posnett WW*; **1553** una olula aeris, A. *one posnett of brasse Pat* 852 m. 29.

ollum v. olla. **ollus** v. holus. **olma, olmus** v. 1 & 2 holmus. **oloflamm-** v. oriflamma. **oloforus** v. holoporphyrus.

1 olor v. odor.

2 olor [CL]

1 swan; **b** (dist. from *anser, cycnus,* or *corvus*); **c** (used as food).

noctuae cucubiunt, olores drensitant ALDH. *PR* 131 p. 180; olor, cicnus, *aelbitu GlC* O 152; olor, *swan* ÆLF. *Gl.* 131; et extremo carmine dulcius †alorum [l. olorum] *Ps.-*MAP 21; quamquam inter cygnum et olorem nonnullis videatur esse distinguendum, nonnunquam tamen indiscrete his utimur appellationibus NECKAM *NR* I 49. **b** ne raucus ut anser incipiam perstrepere sed ut olor in flumine grate dulcedinis modulos suaviter proferre OSB. CLAR. *V. Ed. Conf.* 1 p. 68; inter olores canoros clamosus anser GIR. *TH intr.*; unde timeo ne obstrepet sicut anser inter olores, id est cignus T. CHOBHAM *Serm.* 4. 21rb; de corvo didicit olorem facere / novit in Herculem Tersitem vertere WALT. WIMB. *Palpo* 106; cignus / advolat, indigentis ignotus; tantus oloris / respectu, quantus olor anseris, anser anatis H. AVR. *Hugh* 1108. **c** carnesque gruine / et pavonine, dammine sint et olores D. BEC. 2639.

2 (transf.) white colour or plumage.

nondum veneranda senecte / albet olore coma HANV. I 87; hec .. minus commendabilis: 'olor senectutis', id est candor quem facit senectus GERV. MELKLEY *AV* 137.

3 (astr.) the constellation Cygnus.

stat Ledeus olor nitidis argenteus astris NECKAM *DS* I 365.

olorinus [CL], of or belonging to a swan.

olor .. inde ~us OSB. GLOUC. *Deriv.* 392; formam vincis et olorum / olorina facie WALT. WIMB. *Virgo* 90.

olosa v. alausa. **oloser-, oloxer-** v. holoser-.

oltare, *f. l.*

manibus canoras fides oltando [*sic* MSS; ? l. aptando] J. SAL. *Pol.* 761D.

olus v. holus. **olusculum** v. holusculum.

Olympiacus [CL < Ὀλυμπιακός]

1 of (the Olympic) games, athletic.

10 .. Olimpiaci, *þæs pleglican WW.*

2 heavenly.

numquid Olimpiaca Petro quis major in aula / quem nos et prisci dudum legere tiranni? FRITH. 292.

Olympias [CL < Ὀλυμπιάς], **~ada**

1 Olympiad, period of four years; **b** (m.); **c** (in date).

~adas quattuor annorum .. ambitu celebrari jusserunt BEDE *TR* 2 (v. celebrare 3a); sensit Olimpiadam .. / et metamorphosin praesagit adesse cupitam FRITH. 1326; ~as dicitur spatium quatuor annorum, quod inventum .. erigebat ut hoc spatio peracto solverent ludos Jovi Olympico ABBO *QG* 20 (43); capta siquidem Troja Greci ad gloriam victorie sue ceperunt computare annos ~adis, hoc est quadriennium a capta Troja GERV. TILB. I 6 p. 889. **b** lustra recurrebant perplurima et ~ades veniebant non pauci BYRHT. *V. Ecgwini* 362; non multi ~ades fluxerunt *Ib.* 363 (v. fluere 6). **c** Dominus fertur centesima nonagesima tertia ~ade natus ABBO *QG* 20 (43).

2 period of five years.

~as, *fif wintra fæc* ÆLF. *Gl.* 117; olimpias, quinquennium OSB. GLOUC. *Deriv.* 403; Olimphas est quintum annuale BACON *CSPhil.* 443.

Olympiaticus, Olympic; (as sb. n. pl.) the Olympic games.

de ~is libr' unum W. BURLEY *Vit. Phil.* 250.

Olympicus [CL < Ὀλυμπικός]

1 who dwells on Olympus, Olympian (of Zeus).

ut .. solverent ludos Jovi ~o ABBO *QG* 20 (43).

2 heavenly, celestial.

a fratribus Olimpicam in utroque coenobio ducentibus vitam LANTFR. *Swith.* 3; **985** ut .. Deum deorum in Sion mereamur specietenus speculari .. tantisque graviter perfrui digni habeamur gaudii ~ae amoenitatis *CD* 1283; **c1075** tu idem .. columnam rutilae claritatis Olimpicam sanctum .. Suuithunum .. contulisti (*Miss. New Minster* f. 119v) *HBS* XCIII 125; intellexit incunctanter cum omnibus audientibus vere in illo loco ~a convenisse agmina GOSC. *Transl. Aug.* 35B; †**974** (13c) ad nanciscendam Olimpice felicitatem amenitatis *CS* 1311.

3 (alch.).

~us spiritus est astrum in nomine, quod efficit ut umbram de se praebeat *LC* 256.

Olympus [CL < Ὄλυμπος]

1 Olympus, mountain on the border of Thessaly and Macedonia (also partly fig.); **b** (as the abode of the gods).

transportare .. in montes quoslibet, ut est Olimpus supra aerem *Comm. Cant.* I 62; Olimpus, mons in Macedonia *GlC* O 145; si .. ille nivalis homines .. elaborare circa montem ~um, ad confirmandum illum ne alicujus impulsu .. subverteretur ANSELM (*Incarn. A* 1) I 281. **b** ut Jovem pro flammea regnandi cupidine summo detruderent ~o *Lib. Monstr.* I 55; qui dicuntur in Olimpho habitare quia celsitudo Olimphi pro superbia accipitur WALS. *AD* 150.

2 (general) the sky, the heavens (ruled or governed by God); **b** (w. ref. to the Christian heaven).

Cynthia non dicor nec frater Apollo vocatur / sed potius summi genuit regnator Olimpi / qui nunc in caelis excelsae praesidet arci ALDH. *Aen.* 79 (*Sol et*

Luna) 5; clarum stelligeri conscendens culmen Olimpi *Id. CE* 3. 32; ab aethereis Olimpi [v. l. Olimphi] nubibus FELIX *Guthl.* 5; do vitae tempus, superis do lumen Olympi BONIF. *Aen.* (*De Misericordia*) 93; olimphum, caelum *GlC* O 144; tu, Christe, nostrum gaudium, / manens Olimpho [AS: *on rodore*] preditum *AS Hymns* 91; **940** crux que excelsis tot et dominaris Olimpo / inclita lex Domini Christi fundamen et aule (*Vers.*) *CS* 751; **972** Olimphum cum syderibus rotari suo nutu perficiens *CS* 1285. **b** ut . . in aethrali Olimpho . . semper gaudeamus ÆLF. BATA 5. 11; proximus a Christo Stephanus prothomartyr Olympum / per lapidem meruit martyriique stolam GARL. *Tri. Eccl.* 76; Indorum gladio Thomas transfertur Olympo *Ib.* 102.

3 (understood as) the space between heaven and earth.

Olimpus, spatium inter celum et terram vel mons Macedonie dictus quasi Ololampus, i. celum propter altitudinem OSB. GLOUC. *Deriv.* 403.

1 oma

1 (in gl., understood as) mace, kind of spice.

aroma dicitur de aer, aeris, et oma, macis, quod est odor in aromatibus quasi aeris oma, id est bonus odor aeris GARL. *Mor. Scol. prol. gl.* p. 185.

2 foul smell, stench (in quot., fig.).

presit, A, cum Roma, tunc morum fertur aroma / Roma, soni coma quod vult, fuge criminis oma [*gl.*: est proprie fetor intestinorum; fetorem; hoc oma] GARL. *Mor. Scol.* 154.

2 oma v. ptoma.   **omag-** v. homag-.   **omar** v. 1 omen.   **omasis, omasium** v. omasum.

omasum [CL], **~us** [ML], ox's tripe, sausage, (black) pudding.

~um, genus carnis *GlC* O 169; hic ~us et hec ~is, i. ventriculus qui continet viscera OSB. GLOUC. *Deriv.* 394; despecte vetule que despectissima / exta, lucanicas, omasum, ozima / popello vendicat et ova pessima, / reginam nobilem lux equat ultima WALT. WIMB. *Sim.* 118; **1422** pinguedine carnium ut ~iis et farsaturis contenti *Conc.* III 414a; **1429** in ~is empt' v s. in ~is et lacte empt' *Ac. Durh.* 59; †cinasus [l. omasus] . . , A. *a puddynge* . . ~us, A. *a grete puddynge* . . hic ~us, A. *trype* . . hoc ~um, *a podyng WW*; *a puddynge*, fertum, ~us, tucetum *CathA.*

1 omasus v. omasum.

2 omasus [? rendering ὅμηρος], hostage, pledge.

Radulfus autem Rufus pacifici tenoris fuit utilis ~us, quia prefati militis erat sororius ORD. VIT. XII 17 p. 351.

omega [LL < ὦ μέγα, al. div.], great O, long O, omega, twenty-fourth and final letter of the Greek alphabet. **b** (w. ref. to *Apoc.* i 8) the end, consummation.

O longum quod vocant O mega id est O magnum BACON *Gram. Gk.* 5 (v. 1 O 2a). **b** finis in nomine sanctissimi ~a multiplici modo finitur *Mens. & Disc.* (*Anon. IV*) 88.

omel- v. homilia, -iaris, -iarius.

omella, poppy or poppy seed.

hec papaver, A. *chesbolle*. hoc ~a, idem *WW*.

omellus v. ulmellus.   **omembrana** v. omentum.

1 omen [CL]

1 sign by which one can foresee future events, omen, augury; **b** (dist. as *bonum, dirum,* or sim.).

secundis velis, omine auguriisque GILDAS *EB* 23; sic ait Augusto depromens omina somni ALDH. *VirgV* 614; nec calidis omen fibris perquirat aruspex ALCUIN *SS Ebor* 160; omena, signa *GlC* O 163; omer, *hael Ib.* O 170; "est" aiunt, "pape divini numinis omen" FRITH. 43; habens quasi pro omine, si ea nocte inciperet ambulare GOSC. *Edith* 301; sicque legatur omar [? cf. ὄναρ], gemitum dat, si sapis, o Mar [cf. Μάρ] NECKAM *Poems* 123. **b** dirum enim omen mortalibus iminet, sicut in evangelio Dominus docet OSB. CLAR. *V. Ed. Conf.* 18 p. 99; dirum nimirum miseris mortalibus omen W. MALM. *GR* II 225; obstetrix . . fausto omine acclamat puerum regem futurum *Ib.* III 229; tum demum bono, si Deo

placet, omine, electus est factusque presul *Id. GP* IV 169; dum nullius boni ominis sortiretur auspicium J. SAL. *Pol.* 409D; dicentes quod malum omen est obviare sacerdoti *Latin Stories* 77.

2 sign, token, symbol.

papa vexillum in omen regni Willelmo contradidit W. MALM. *GR* III 238; multo studio . . ad omen regni altus . . post mortem patris . . coronatus CIREN. II 67.

3 (usu. dist. from *nomen*) substance, power, authority; **b** (w. ref. to privilege).

ex insperato dominatus uberat omen D. BEC. 525; non quem fortuna, sed quem natura beavit / munere virtutum divitis omen habet NIG. *SS* 3418; episcopi qui non omen sed nomen . . amplectuntur GIR. *TH* III 28; adepto prius magisterii nomine etsi non omine *Id. GE* II 37 p. 349; ad meum plenius et penitus extinguendum nomen et omen verba detractionis . . inseruit *Id. Symb.* I 28 p. 303; es Maria nomine, / stella maris omine, / que periclis subvenis EDMUND *BVM* 3. 46; **1365** cingendo sibi gladium investivisse sibi et heredibus nomen et omen comitis dicti loci [Sar'] *Cl* 203 m. 27; cum . . prelati ministerium plus oneris quam honoris, anxietatis quam ominis, sollicitudinisque habere debeat quam quietis *Reg. Whet.* II 444. **b 1293** dieta quorundam fratrum . . tenuis consuevit esse . . aliorum vero . . specialitatis omine preditorum satis pinguis *Reg. Malm.* II 382.

2 omen v. omentum.

omenstrum [cf. omen+monstrum, omentum], portent, sign, omen.

omenstrum, auguria modica *GlC* O 165.

omentum [CL]

1 omentum, the caul.

~um, *maffa GlC* O 166; ardent excoctis fibrarum omenta [*gl.*: precordia, ilia] laternis / abdita FRITH. 122; omenta vel membrana, *fylmena* ÆLF. *Gl.* 127; ~um, *fylmen Ib.* 159; **10.** . ~um, *midhriðre WW*; et potum nostramque sibi fumare coquinam, / sumen, et artocreas, omen, et ova vident L. DURH. *Dial.* II 490; in ~um, i. pelliculam ventris GAD. 32v. 1; †omembrana [? l. omenta vel membrana], A. *a balluc cod*; ~um, A. *a paunchecloute* vel *myggerne*; . . hec omomestra, *a medryn WW*; hoc omestrum, A. *a mygerne*; . . hoc ~um, *a womclotte WW*; Zirbus sive ~um sub peritonaeo exporrigitur D. EDW. *Anat.* A4.

2 haggis.

aumentum, A. *an hagase WW*.

3 artefact made from the caul or sim.

1430 centum et quatuor arcus et tria grossa aumentorum . . fideli militi nostro Willelmo domino de Lovell' in obsequio nostro in partibus transmarinis . . transmitti permittatis *Cl* 281 m. 22.

omer v. 1 omen.   **omestrum** v. omentum.

omicron [ὃ μικρόν; al. div.], omicron, fifteenth letter of the Greek alphabet; **b** numeral (= 70).

O micron BACON *Gram. Gk.* 5 (v. 1 O 2a); per o micron et ypsilon, sc. cum additur ypsilon ad ~on ut sonum unum constituant *Ib.* 32. **b** et sexta littera est o mikron et significat lxx HARCLAY *Adv.* 80.

ominalis [LL], of or connected with omens, from which omens could be drawn, ominal.

aves quas ~es vocant J. SAL. *Pol.* 410A.

ominari, ~are, [CL]

1 to foresee or predict by omens, to ominate.

augurans, ~ans *GlC* A 885.

2 (p. ppl. as sb.; *male ~atus*) ill-fated person.

ac ni obstitissent citius obseratae fores . . male ~atos ex magna parte obtruncavisset W. POIT. I 25.

ominose [CL=*ominously*], (understood as) fortunately.

~e, i. fortunate adverbium OSB. GLOUC. *Deriv.* 395.

ominosus [CL]

1 that portends evil, ominous.

cepisti . . inquirere . . quid sentirem de ejusmodi

~is occursibus, de somniis et lemuribus, de volatilibus P. BLOIS *Ep.* 65. 190C.

2 (in gl., understood as) fortunate, endowed with good fate.

~us . . i. fortunatus OSB. GLOUC. *Deriv.* 395.

omissio [LL]

1 (act of) leaving out, omission.

pausa est ~o vocis in debita quantitate alicujus modi facta HAUBOYS 334; **1552** ab ipsa praefatione seu exordio libri . . absque interruptione seu locorum quorumcumque ~one *Conc. Scot.* II 137.

2 disinclination or failure to perform or implement, omission, neglect; **b** (w. obj. gen.).

s1245 postea de ~one et pusillanimitate, licet multum se humiliasset, doluisse M. PAR. *Min.* II 503; per malitiam et fraudem, negligentiam et ~onem BRACTON f. 101v. **b** duo mala, sc. perpetratio mali et ~o boni T. CHOBHAM *Praed.* 21; multi erant operantes ignorantia et obmittebant in operibus eorum et tempus eorum preteribat in obmissione [vv. ll. admissione, amissione] operum M. SCOT *Alch.* 151; ut . . sub indictarum ~one penarum et beneficiorum oblatione illos ad imperii devotionem reduceret M. PAR. *Maj.* III 596; acedia . . qua offendunt Deum ~onibus omnium bonorum BACON *CSPhil.* 413; causa omnium ~onum bonorum actuum GASCOIGNE *Loci* 55.

3 (leg.) abandonment, waiver.

1331 ~o clamii predicti *PQW* 45a.

omittere [CL]

1 to abandon, relinquish: **a** (person); **b** (action, custom, or sim., also leg.). **c** (w. inf.) to cease (to).

a 1170 cum . . me tanto exilii tempore veteres amici prorsus omiserint et contempserint . . J. SAL. *Ep.* 294 (299). **b** coeptum ministerium . . usque ad prandium completum non omisit BEDE *HE* V 4 p. 287; **799** nullatenus capitis cura obmittenda est; levius est pedes dolere quam caput ALCUIN *Ep.* 174 p. 289; nec Franci simulatam fugam omisere donec ad planitiem . . pervenirent W. MALM. *GR* IV 376; et consuetudines Normannorum non ~ebat, pompam militum secum ducens *Id. GP* IV 139; jam a principio episcopatus meditatus, omnibus mundi omissis, hereminticam exercere ibi vitam *Ib.* IV 186; **1289** obmissa causa appellacionis . . examinetis . . negocium *RGasc* II 372a; **1331** ~it clam' suum ad presens *PQW* 45a. **c** presbiteratus caeremonias . . discere . . et exercere non omisit *Hist. Abb. Jarrow* 4; Paulus . . qui inter maximas virtutum operationes humilis permanere non omisit BEDE *Retract.* 1017; gratia caritatis fervere non omiserunt *Id. HE* III 4 p. 135.

2 to leave, permit, or allow (to).

ob hoc cernuus Omnipotentem deprecor orans / idem quatinus haud omittat [*gl*: demittat] criminis ergo / perpetuali infaustum subdi segnitiei Osw. *Vers.* 12.

3 to leave (in original place or condition).

1311 hominibus regis pro carecta de Beurep' ~enda, xij d. *Ac. Durh.* 508.

4 to omit, leave without mention, record, or sim.; **b** (w. indir. qu.).

haec . . et multo plura, quae brevitatis causa ~enda decrevimus GILDAS *EB* 1 p. 26; unum . . miraculum quod in juventute sua ei contigit non ~o *V. Cuthb.* I 6; omisa, praetermisa *GlC* O 167; his interim omissis oro vobiscum ut . . ANSELM (*Ep.* 130) III 273; beatus Dunstanus, ut ceteros ~am, in quem se scientia litterarum . . infuderat W. MALM. *GP* IV 170; computando puncta et pausationes, nichil de ipsis ~endo *Mens. & Disc.* (*Anon IV*) 35; **1422** et senciat anima nostra quod quomodo in vita sua nos dilexerunt ita quoque post obitum nostrum anime nostre memoriam non ~ant (*Test. Hen. V*) *EHR* XCVI 91. **b** ~o . . quomodo . . divinae [v. l. divinitus] auctus est *V. Cuthb.* I 7.

5 to fail (to): **a** (w. *in* or *pro*); **b** (w. inf.); **c** (w. *quin* & subj.).

a pro grege commisso solicitari negligenter ~unt et postponunt GIR. *TH* III 29; multi erant operantes ignorantia et obmittebant in operibus eorum et tempus eorum preteribat in obmissione operum. non potest aliquis sine magistro esse peritus, maxime is

qui ignorat illud quod facit, si non expertus, obmittit in eo M. Scot *Alch.* 151. **b** c**705** hanc .. epistulam .. inter ceteros, quos legis, libros habere non ~as Aldh. *Ep.* 8 p. 500; **1212** et si ipse terram quam aliqua occasione recipere noluerit, propterea nostram recipere non ommittemus *RChart* 186a; **1216** ad predictum locum venire non ~etis *Pat* 17; a**1273** nobis in illa summa peccunie in qua nobis tenemini .. satisfacere nullo modo ~entes *Ann. Durh.* 118. **c** s**1139** non omiserunt tamen legatus et archiepiscopus quin tenorem offitii sui prosequerentur W. Malm. *HN* 477; **1217** nullatenus obmittatis quin habere faciatis .. *Pat* 79; ex his .. videtur quod non debeant ~ere predicatores quin proficiscantur ad predicandum ibi ubi pro certo sciant se esse occidendos T. Chobham *Praed.* 85; si apponeretur mihi ferculum delicatum .. non obmitterem quin comederem Graystanes 10 p. 50 (v. ferculum 2a).

6 to decline or fail to implement or perform; **b** (in name of writ).

1166 unde cum vos nichil ex contingentibus obmiseritis vel obmittatis .. non est quod vestre negligentie debeat imputari J. Sal. *Ep.* 148 (177); **1377** hoc [sc. appellum facere] sub pena viginti librarum nullatenus ~as *SelCCoron* 86. **b 1325** per le 'non ~as propter libertatem predicte ville' *SelCKB* V 82.

7 to miss, fail to reach or attain.

ne diuturna enavigatione portum optatae quietis ~ere cogar Asser *Alf.* 73.

8 to lose (? assoc. w. *amittere*): **a** (person); **b** (artefact).

a omissimus vero in conflictu dominum Baldewinum Straunge bonum militem sed paucos alios *G. Hen. V* 24 p. 166. **b** nullus gloriarum ejus sequax fuit, qui omisse monete lineam persequeretur W. Malm. *GR* I 62.

omlaccinium [CL ovum+lac+cena+-ium], charlet, dish that contains meat, milk, and eggs.

hoc ~ium, *charlyt WW*.

ommogen- v. homogen-.   **ommutescere** v. obmutescere.

omnibonus [cf. ML omnibonitas], entirely good.

Jesus omnibonus pro nummo venditur / Jesus omnibonus pro nummo traditur / divina pagina teste Walt. Wimb. *Sim.* 4; Deus .. omnipotens, ~us Ric. Armagh *Def. Cur.* 1402 (*recte* 1302).

omnicolor [CL], that has every colour.

parietes ~ore pictura per manum artificiosi Benne decoravit Gosc. *Edith* 87; sericis induentur vestibus omnibus coloribus [v. l. omnicoloribus] Petrus *Dial.* 64; ~orem saniem evomuit W. Cant. *Mir. Thom.* VI 81.

omnicreans [LL], who or that creates all, all-creating; **b** (as sb. m.) the Creator of all (w. ref. to God).

per virtutem ~antis Dei et salvatoris nostri Jesu Christi Lantfr. *Swith.* 8; omnia complentur omnicreante manu Gir. *Symb.* II 2 p. 349. **b 933** (14c) ~antis disponente clementia *CS* 699; **958** (12c) ~antis disponente clementia *CS* 902; **963** (14c) ego Eadgarus ~antis disponente clementia Angligenarum .. rex *CS* 1112.

omnicreator [LL], creator of all (w. ref. to God).

sed Dominus meus omnipotens Deus, omnicreator *Sat. Poets* II 202.

omnicremus, that burns or consumes all, all-consuming (in quot., in fig. context).

quam jecur omnicremo fricuisse libidinis igne Hanv. VII 106.

omnifactivus [cf. ML omnifactor], who makes all things, who creates all, all-creating (of God).

sicut Deus et cognitivus et volitivus, unde oriuntur due persone, sic est ~us [v. l. homifactivus], bonifactivus, et sic de aliis racionibus correspondentibus ideis secundum quas principat creaturas adextra Wycl. *Trin.* 75.

omnifarie [LL], in an omnifarious manner, in every way.

linguam .. se laudantium et sibi adulantium ~ie declinabat R. Bocking *Ric. Cic.* I 55; bonum .. ex integris causis, malum autem ~ie [ἐκ πολλῶν καὶ μερικῶν ἐλλείψεων], sicut Dionysius, De divinis nominibus [IV 30] nos informat R. Bury *Phil.* 20. 246; illa scriptura dicitur theologia generalis, per quam ~ie actus humani diriguntur in Deum J. Bury *Glad. Sal.* 608.

omnifarius [LL; CL omnifariam *as adv.*]

1 of every sort, kind, or sim., omnifarious.

~ia mysteriorum plenitudo Alcuin *Exeg.* 1120B; quis enumeret ceteros ~ie conditionis et professionis sanctos? W. Malm. *GR* II 207; ~ia laude dignissimo Ricardo Norhamtonie archidiacono Ad. Eyns. *Hug.* V 18 p. 211; s**1453** locum .. locupletatum .. cum bonis omniphariis generis necessariis monasterio *Reg. Whet.* I 103.

2 (acc. sg. f. as adv.) in an omnifarious manner, in every way, in all kinds or sorts.

alia [adverbia] discretiva ut seorsum .. ~iam Alcuin *Gram.* 888A; non quia doctrinas eorum ~iam improbet Lanfr. *Comment. Paul.* 158B; Christianorum commodum et Turchorum ~iam dispendium W. Malm. *GR* IV 388 p. 459; humus .. ~iam inculta *Id. GP* III 99; Deus .. supra mensuram magnus et ~iam .. infinitus Bradw. *CD* 27A (v. extensive b); secundo enim cum dicit 'simile enim et ~iam' manifestat quod utraque opinio partem veritatis dicit T. Sutton *Gen. & Corrupt.* 61; **1552** aram .. ~iam celamine vel toreumate variegari fecit *Scot. Grey Friars* II 330.

omnificus

1 who or that makes all, all-producing: **a** (of God); **b** (of act, art, or artefact, partly fig.). **c** (as sb. m., w. implication of wrongfulness) do-all, busybody.

a ergo nature patronus, celicus auctor / omnificusque faber altius explet opus Garl. *Epith.* V 232. **b** luserat omnifice quondam sollertia cure / ignota molita rates, aurique cupido J. Exon. *BT* I 60; vincit et omnificas Merlini consulit artes Hanv. V 440; omnifico facta nature pocula torno *Ib.* VI 260. **c** ad omne verbulum ut salmo saliens / solus omnificus et nichil faciens Walt. Wimb. *Palpo* 112.

2 changeable, deceptive, versatile.

omnifico vultu mentita favorem / complexum in planctum solvit, defederat urbes J. Exon. *BT* II 435.

omniformis [LL], of every form, shape, or appearance, omniform.

~em, *aelcum hiwe GlP* 459; in ulla gratia que ~is gratie sacris effudit visceribus effusorem W. Newb. *Serm.* 832; Oyarses igitur circuli quem pantomorphen Gretia, Latinitas nominant ~em. .. dixisti tibi Thaidem panthomorphan, id est ~em sive variabilem Gerv. Melkley *AV* 95; ~is grassatur immanitas Ad. Marsh *Ep.* 8 p. 88.

omnigeldum [cf. geldum 3a], every form of geld or tax.

1204 volumus .. quod decem hide in Horseleia se adquietent pro septem hidis de ~is et omnibus rebus *RChart* 124b.

omnigenus [CL], (who or that consists) of every kind, sort, form, or sim.; **b** (as sb. m. pl.) persons of all classes.

omnigena et florum dulcedine serta virescunt Tatwine *Aen.* 3 (*De historia et sensu et morali et allegoria*) 4 p. 70; at pecus omnigenum pastoris munere demptum Æthelwulf *Abb.* 493; quem postulavit ~a prece ut .. Byrht. *V. Osw.* 427; symphonie et chori et psalteria atque ~a ubique resultat musica Gosc. *Edith* 35; virtus que nos ab ~a hac ebrietate mala servat illesos Ailr. *Serm.* 31. 26; arbor plucherrima .. que omnigenum [?l. omnigenorum] fructuum abundantia .. affluebat Coggesh. *Visio* 35; Cuthburgam deprecor votis et vocibus / ut hanc omnigenam idram .. / .. / .. abigat a nostris finibus Walt. Wimb. *Palpo* 143; et Normannorum dignus dux omnigenorum (*Vers.*) Strecche *Hen. V* 187. **b** de Anglorum inexcusata ~is, vel peregrinis vel civibus hospitalitate Gosc. *Transl. Aug.* 32B.

omnimode [LL], in every way, respect, or sim.

jam manifestum est summum Spiritum unum tantum esse et ~e individuum Anselm (*Mon.* 29) I 48; **1219** propter graves .. usuras quas a Christianis nituntur ~e *RL* I 35; ut .. se castitati in servitio Dei

~e subdant Gir. *PI* I 19 p. 112; ut inducatur ~e vicia detestari R. Bury *Phil.* 15. 195.

omnimodus [CL]

1 of every sort, type, or sim.

ab illo ergo die liberatus est monachus ab ~a daemonum vexatione Osb. *Mir. Dunst.* 19 p. 150; ~a tormenta Anselm (*Medit.* 2) III 82; destituitur .. immo ~a vastatione destruitur *Id.* (*Ep.* 186) IV 72; ne nox, id est adversitas nostra, ~a luce careat Ailr. *Serm.* 27. 17. 351; ~a curatur infirmitas Ben. Pet. *Mir. Thom. prol.* p. 26; cum jam securus regnaret, Jupiter ~e vacavit luxurie *Natura Deorum* 19.

2 (abl. sg. m. or n. or pl. as adv.) in every way, respect, or sim.; **b** (w. *non* or sim.) in no way or respect, not at all.

ut nulla habere tales retro aetas meminisset, cum quibus ~is et luxuria crescit Gildas *EB* 21; maculatum hoc .. is debemus odisse Bede *Ep. Cath.* 130; probavit hoc dogma orthodoxae fidei ~is esse contrarium *Id. HE* II 1 p. 76; quia 'summum' non simpliciter significat illam essentiam quae ~o major et melior est Anselm (*Mon.* 15) I 28; idem .. electus .. ad suam ecclesiam ~is revocetur W. Malm. *GP* III 123. **b** et nulla esset ~is praeter domorum ruinas Gildas *EB* 24; neque .. putandum est Paulum sive Petrum Hebraea et non potius Latina vel Graeca esse vocabula cum constet Hebraeos P litteram ~is non habere Bede *Retract.* 1017; ~o haec inlusio non est timenda *Id. HE* I 27 p. 60; promisit se nil ~is contrarium Christianae fidei .. esse facturum *Ib.* II 9 p. 98.

omnimorbia [LL *gl.*], plant believed to cure many diseases or ailments, perh. hulwort (*Teucrium polium*).

herba polios *þæt is* ~ia *Leechdoms* I 56; polios, i. ~ia *Gl. Laud.* 1155; ~ia, *polipodie MS BL Sloane 2479 f.* 101.

omnino [CL]

1 in every respect, entirely, absolutely, altogether.

ac sic quasi via facta trans oceanum omnes ~o bestiae ferae mortiferum cujuslibet haereseos virus .. vibrantes Gildas *EB* 12; interdum vero eadem 'con' praepositio 'N' litteram non corrumpit sed ~o amittit .. ut .. coaeternus Aldh. *PR* 140 p. 197; de his qui gentilem ritum Judaismo mutuaverant et de his qui ~o gentiles permanserant, multi ad Christum confluebant Bede *Acts* 979; cum pagani arcem imparatam atque ~o immunitam .. cernerent Asser *Alf.* 54; absit, ~o absit, quia Deus caritas est Bald. Cant. *Serm.* 15. 87. 562.

2 at all, in any degree or circumstance (in quots., w. neg.).

non de peccato ejus qui nullum ~o habuit peccatum Bede *Cant.* 1089; nusquam ~o legimus Aquilam fuisse adtonsum *Id. Retract.* 1017; dicis quia nihil ~o significat albus aliud quam habere et qualitatem Anselm (*Gram.* 20) I 166.

3 (w. numeral) in all, only.

denique duabus ~o rebus quas .. in Gestis Anglorum legerim W. Malm. *GR* I 51; unum ~o est quo eum notari audierim *Ib.* III 235; jumentum nature corporee instrumentis virtutum sternere et ~o duos juvenes secum assumere Wycl. *Ver.* II 41.

4 (to introduce sentence) taking all the facts into account.

~o enim quemadmodum grammaticus probatur significare qualitatem .. ita armatus significat substantiam Anselm (*Gram.* 19) I 164.

omniparens [CL], that gives birth to all, parent or creator of all things (in quot., of Christ).

omniparens pie, *ealre sceafte fæder milda GlP* 114.

omniparus [LL], that makes or produces all things, all-producing.

natura est quodcumque vides, incudibus illa / fabricat omniparis, quidvis operaria nutu / construit Hanv. I 242.

omnipatrans, all-accomplishing; **b** (as sb. m., of God).

977 (11c) per ~antis nostri Salvatoris .. posco majestatem *CD* 623. **b 930** per ejusdem ~antis

dextram totius Brittanniae regni solio sublimatus *CS* 669; per ~antis dexteram totius Bryttaniae regni solio sublimatus *CS* 677; †**961** (12c) per ~antis dexteram apice totius Albionis sullimatus *CS* 1074.

omnipotens [CL]

1 almighty, omnipotent; **b** (of God); **c** (of God's attribute or act); **d** (of nature as the power that shapes the physical world); **e** (of person).

pantocraton [παντοκρατῶν], ~ens *GlC* P 50; potens componitur . . ~ens OSB. GLOUC. *Deriv.* 454. **b** coram ~ente Deo GILDAS *EB* 34; sed Pater omnipotens qui cuncta latentia noscit ALDH. *VirgV* 1915; **705** per ~entem rerum Conditorem tuae sanctitatis privilegium obsecro WEALDHERE *Ep.* 22; quia [Arriani] nolebant credere quod Spiritus Sanctus Deus esset ~ens BEDE *Ep. Cath.* 84; ut veniret in carnem . . conversaretur inter infirmos ~ens, inter peccatores justus *Id. Hab.* 1237; dehinc terram Custos humani generis ~ens creavit *Id. HE* IV 22 p. 260. **c** omnipotens Patris virtus, sapientia Christus ALCUIN *Carm.* 20. 8; ~entissima Christi gratia BYRHT. *V. Osw.* 429; pontifex ad aram reducitur, transferens ~entissimis Domini verbis speciem panis et vini in veram substantiam carnis et sanguinis Christi OSB. *V. Dunst.* 42 p. 122; per ~entem bonitatem sciam dantem et facientem ANSELM (*Mon.* 1) I 13; confidens de illa ~entissima misericordia tua et misericordissima omnipotentia tua AILR. *OP* 5; attendamus potentiam Dei . . cujus sermo ~ens et semper verax est BALD. CANT. *Serm.* 4. 19. 407. **d** si vero [natura creatrix] nolens peritura est, non est summe potens nec ~ens. sed rationis necessitas asseruit eam esse summe potentem et ~entem ANSELM (*Mon.* 18) I 33. **e** magnus . . obedientie fructus que hominem quasi ~entem efficit BALD. CANT. *Serm.* 7. 60.

2 (as sb. m.): **a** the Almighty (God). **b** complete or absolute master.

a nam quippiam in rerum visibilium plastica humanae naturae necessarium ~entem reliquisse infectum atque imperfectum catholicae fidei regula refragatur ALDH. *VirgP* 56 p. 316; hoc tamen Omnipotens fieri non passus inultum est ALCUIN *SS Ebor* 234; proinde rex consilio ejus ut vitae suae credens, et omne quod ab eo diceretur quasi ab ~entis ore prolatum fuisset suscipiens OSB. *V. Dunst.* 34 p. 110; crebrescunt miracula . . et ad regis merita sublimius declaranda manus ~entis extenditur AILR. *Ed. Conf.* 761C; quid, rogo, non poterit qui possidet Omnipotentem? L. DURH. *Dial.* IV 529; **1220** de gracia ~entis *Pat* 267. **b** quare ~ens tuae voluntatis eris, cum Omnipotentem tibi concordem per omnia habueris ALEX. CANT. *Dicta* 5 p. 137; ~ens . . eris tuae voluntatis, quoniam ipsum Omnipotentem habebis in omnibus concordantem tuae voluntati EADMER *Beat.* 11.

omnipotentatus [ML], full power, omnipotence: **a** (of God); **b** (of secular or religious ruler).

a rex regum . . per supremum sui ~us arbitrium AD. MARSH *Ep.* 246. 32 p. 471; **1314** cujus [sc. Christi] . . ~ui universi potentatus obsecundari examussim praeproperant (*Ch.*) *MonA* III 137b. **b** floruit igitur rex Henricus in ~u regni sui M. PAR. *Min.* I 207; s**1232** consilio Petri, Wintoniensis episcopi, jam in ~u dominantis *Ib.* II 342; s**1081** rex . . rebelles omnes ~ui suo . . inclinavit *Id. Abbr.* 170.

omnipotenter [LL], almightily, omnipotently.

a**832** qui solus regat [*sic*] ac gubernat omnia ~er in aevum *CS* 318; cum de malis bona faceret ~er AILR. *Spec. Car.* I 2. 507; omnipotens unde ~er adverbium OSB. GLOUC. *Deriv.* 454.

omnipotentia [LL]

1 infinite or unlimited power, omnipotence; **b** (of God); **c** (w. ref. to God) the Omnipotence.

omnipotens . . et hec ~ia OSB. GLOUC. *Deriv.* 454. **b** a**871** in unitatis gloria ac divinitatis ~ia *CS* 528; Christus Dei unigenitus . . ad clarificandam suae majestatis ~iam . . confert sanitatis beneficium egrorum corporibus LANTFR. *Swith.* 4; o unum celsa Dei manet omnipotentia summi WULF. *Brev.* 90; Domini magnificat ~iam GOSC. *Edith* 272; fratres, considerate Domini nostri Jesu Christi ~iam, considerate sapientiam AILR. *Serm.* 10. 27. 263; ut victoriosissimum regem nostrum ejusque desiderium et devocionem ad ampliacionem ecclesie et pacem regnorum per diuturna tempora sue ~ie clypeo nobis custodiat, protegat, visitet, et defendat G. *Hen.* V 14 p. 98.

c a**805** est . . una ~ia, et una divinitas ALCUIN *Ep.* 268; Verbum quo loquitur ~ia unum est, sed verba que loquitur, infinita J. SAL. *Met.* 941B; timeo ne te dum ~iam provocas repentinus ultor anticipet MAP *NC* IV 6 f. 50.

2 all power, all resources available.

cum ~ia sua contra regem . . rebellavit *Plusc.* X 19.

omnipraesens, everywhere present, omnipresent (of God).

unde et veraciter ~ens sicut et omnipotens dici potest BRADW. *CD* 179A.

omniquaque [ML], in every way or respect, by all means, everywhere, or sim.

Deus . . est infiniti et infinite simpliciter ~e BRADW. *CD* 28A; ~e, ut videtis, repugnat Augustinus dicentibus hac sentencia parvulos non teneri NETTER *DAF* II f. 152vb.

omnis [CL]

1 (w. sb. in sg.) all of, the whole of.

~i insulae ita incumbit nox ut . . GILDAS *EB* 93; cum ~i domesticae sodalitatis clientela ALDH. *VirgP* 32 p. 272; draconis ~e corpus dicitur squamis esse contectum BEDE *Acts* 964; ~em exercitum a preda continuit parcendum rebus que sue forent prelocutus W. MALM. *GR* III 238.

2 each single, every; **b** (as sb. m.) every single person; **c** (as sb. n.) every single thing.

gessa tristitiae, pariter genus omne mucronum ALDH. *VirgV* 2649; ~e verum quod loquuntur intermixtis corrumpunt latratibus *Lib. Monstr.* I 16; c**1155** H. comes Cestrie confirmat sanctimonialibus de Sempringham ~em donationem quam illis dedit Heltho de Boydel *Ch. Chester* 128; si ~is creatura vanitati subjecta est GROS. *DM* II 2; **1283** debet averare . . ~i dei Lune *Cust. Battle* 29; **1526** Erasme dulcissime qui . . dulces ~eis aetatis annos inpendisti (MORE *Ep.*) *Ep. Erasm.* VI 1770. **b** talis . . est ~is cui non praesto sunt haec quae Petrus loquitur BEDE *Ep. Cath.* 71; ~is qui Christianam legem novit ANSELM (*Ep.* 435) V 382; ~is igitur qui agit aut convenitur suo nomine aut alieno RIC. ANGL. *Summa* 17; omnis, qui repertus est, gladio mactatur (*Dunbar* 231) *Pol. Songs* 177. **c** ut . . ~e quod ab aequitatis ratione discrepat inter peccata numeretur BEDE *Ep. Cath.* 118; item ~e quod ex materia est, ex alio est et eo posterius ANSELM (*Mon.* 7) I 21.

3 every available or possible, every kind of.

illud [sacerdotium] paene ~i pecunia redimentes GILDAS *EB* 66; si frater cum fratri naturali fornicaverit . . xv annos ab ~i carne abstineat THEOD. *Pen.* I 2. 19; non solum immunis ab ~i labe iniquitatis BEDE *Cant.* 1099; notifico . . ad remissionem peccatorum meorum . . ut pascatis ~i via [AS: *ealle wega*] pauperem unum Anglicum indigentem, si sit ibi, vel alium inveniaris (*Quad.*) *GAS* 148.

4 any, any whatever.

que [natura] . . animalia sine ~i mare vel femina procreat et producit GIR. *TH* I 15; solis ortum et occasum . . quia quotidie videmus, sine ~i admiratione preterimus *Ib.*; sine ~i decoccione *SB* 24 (v. hydromel a).

5 (w. sb. or pron. in pl.) all (collectively), the full number of; **b** (as sb. m. pl.) all persons collectively.

Deus volens ~es homines salvos fieri GILDAS *EB* 10; ut reginam illam facias ~ium urbium ALDH. *VirgP* 25 p. 259; prope ~ia Romanae urbis opera miro rumore praecellit *Lib. Monstr.* I 3; ~es coaetaneos in agilitate et petulantia superans *V. Cuthb.* I 3; ergo inimici Dei ~es amatores mundi, ~es inquisitores nugarum BEDE *Ep. Cath.* 32; cum Deum offendi, te quoque ~es sanctos ejus offendi ANSELM (*Or.* 13) III 51; si hujus preclare novitatis qua non ompnes Deus inebriavit calicem . . non misceo *Mir. Wulfst.* I 37. **b** ac si nihil mundo medicinae a vero ~ium medico largiretur GILDAS *EB* 21; omni insulae ita incumbit nox ut ~es paene a via recta avertat *Ib.* 93; pulcherrima virgo / Constantina novae praebens spectacula vitae / omnibus ALDH. *VirgV* 2053; **867** nisi ante digno satisfactione Deo et ominibus [*sic*] emundare voluerit *CS* 516; sic in Adam ~es peccavimus quando ille peccavit ANSELM (*Orig. Pecc.*) II 148.

6 (as sb. n. pl.) all things (collectively); **b** (in

~ibus or per ~ia) in all ways or respects, wholly, altogether.

~ia quae displicuerunt Deo GILDAS *EB* 21; conditor et creator ~ium Deus ALDH. *VirgP* 56 p. 316; **705** quae ~ia in opere reliquae non inplebantur WEALDHERE *Ep.* 22; ut ~ia quae sunt in illo, eadem . . sint in verbo ejus ANSELM (*Mon.* 35) I 54; **1294** regi et suis ~ia que pacis erant optulimus *RGasc* III 256a. **b** nullum . . fuisse hominum qui a suo dominatu per ~ia posset immunis existere BEDE *Cant.* 1207; **1072** archiepiscopi . . dispositionibus, in iis quae ad Christianam religionem pertinent, in ~ibus oboedire (*AncCh*) *Lit. Cant.* III app. p. 351; modo per ~ia reddit burg[us] sicut tunc (*Sussex*) *DB* I 26ra; cum hostibus nostris in ~ibus fortuna faveret AILR. *Ed. Conf.* 750B; **1264** ea . . firmiter volumus observari et in ~ibus adimpleri *Cl* 83; c**1306** Willielmus . . tenet unum mesuagium et xxx acras terre et debet per ~ia sicut dictus Johannes *Cust. Battle* 21.

7 (w. numeral) every.

~es due linee ADEL. *Elem.* XI 2; ~ium duorum circulorum proportio unius ad alterum est sicut proportio duorum quadratorum ex diametris unius ad alteram *Ib.* XII 2.

omnisapiens [ML], all-knowing, omniscient, supremely wise.

Deus omnipotens, omnibonus, ~iens RIC. ARMAGH *Def. Cur.* 1402 (*recte* 1302).

omnisciens [ML], all-knowing, omniscient.

quod autem Filius-homo sit omnipotens potentia creata et secundum simile ~iens et omnivolens, ostendit auctoritas GROS. *Cess. Leg.* III 5. 4; nam plus esset fore dicte ~ientes quam aliquod bonum a quocunque trium hostium jam objectum WYCL. *Ver.* III 207.

omniscientia, state or condition of being all-knowing, omniscience.

quod . . clara visio Dei sine ~ia esse non potest OCKHAM *Dial.* 746; Christus noluit ex sua ~ia esse judex vel divisor bonorum fortune WYCL. *Chr. & Antichr.* 677.

omniscius [ML], all-knowing, omniscient.

~ium . . Verbum ALCUIN *Dub.* 1036D.

omnitenens [LL, *rendering* Παντοκράτωρ, Παντοκρατῶν], all-controlling, all-sovereign (of God); **b** (as sb. m.).

omnitenens Dominus, mundi formator et auctor ALDH. *VirgV prol.* 11; ~ens Conditor stelligeri caeli BYRHT. *V. Osw.* 453. **b** pius ~ens [v. l. omnipotens], futurorum praescius FELIX *Guthl.* 4.

omniter [LL *gram.*], in every way or respect, wholly, altogether.

11 . . alteritas sexus quos alterat, unio mentis / omniter unificans (v. alterare b).

omnivolens [cf. CL omnivolus], all-desiring.

cum Filius . . sit secundum creatas voluntatem, scienciam, et potestatem ~ens et omnisciens, et omnipotens GROS. *Cess. Leg.* III 5. 4; Deus non debet dici ~ens: sicut enim non esset omnisciens, nisi sciret omne scibile, nec omnipotens nisi posset omne possibile, ita non debet dici ~ens quod non vult omne volibile MIDDLETON *Sent.* I p. 400a.

omnivorus [CL], that eats all kinds of food, omnivorous.

cornix avis est ~a, nam carnes, pisces, et grana interdum vorat TURNER *Av.* D2.

omogen- v. homogen-. **omolog-** v. homolog-. **omomestra** v. omentum.

omophagus [cf. ὠμοφάγος = *eating raw meat*, or ὠμόφαγος = *eaten raw*], (understood as) eaten only cooked or eating only cooked meat.

omofagis, quae non nisi cocte *Gl. Leid.* 34. 6.

omoplate [CL < ὠμοπλάτη], ~**a** [ML], shoulder-blade.

pars humeri est homoplata GARL. *Dict.* 121; de vulnere homoplatarum GILB. IV 180v. 1; homospalta est spacium ab humero usque ad caput spine superioris, vel dicitur planicies illa super quam onera feruntur *SB* 24; *schuldyr bone*, homoplauta . . homoplatum *PP*; om-

niplata, A. *the shulderblad WW*; ~a, A. *the shulderbon WW*; hec homopleta, A. *schulderbane WW*.

omothonus v. homotonus.

omotribes [LL < ὠμοτριβής], pressed raw; (*oleum ~es*) oil extracted from unripe olives.

emitrida [l. omotribes], respice in gemiale *Alph.* 56; geminale oleum, emitrida idem *Ib.* 74.

omphacelaeon [ὄμφαξ+ἔλαιον], oil made from sour grapes (or olives).

popileon, oleum laurinum, vinfacileon [vv. ll. offatilion, anifactroleon; *gl.*: factum de uvis] NECKAM *Ut.* 110.

omphacinus [CL < ὀμφάκινος], made from unripe grapes.

oleumfacium [l. oleum omfacinum], i. viride vel que gremialis dicitur *Gl. Laud.* 1112; pulveris onfancii [? l. omphacini] GILB. IV 195. 1.

omphacium [CL < ὀμφάκιον]

1 juice or sim. derived from unripe grapes.

lactuca cum aceto: cucumer cum onifaco, i. succo agreste parato GILB. I 31. 2; de succo corticis malorum granatorum plantagine vel onfaco vel aqua decoctionis lenticule oculi laventur *Ib.* III 143. 1; omfacium vel omphacum, i. succus uvarum albarum immaturarum expressis et siccatis et tritis, inde dicitur molefacum quod habet admixtionem hujus pulveris vel quod fit de pluribus arborum stipticarum herbarum ut camedreos et similia *Alph.* 129; offatium, i. mel uve immature *MS BL Sloane 1067* f. 285vb.

2 (understood as): **a** grape-seed. **b** flower of a vine.

a onfacium, i. grana de racemo *Gl. Laud.* 1078; omfacium, i. *winberi stones WW*. **b** vinfacion [l. onfacion], i. flos vitis *Gl. Laud.* 1516.

omphacomeli [LL < ὀμφακόμελι], drink made of honey and sour grapes.

omfacium .. inde dicitur †molefacum .. [l. omphacomel] *Alph.* 129.

ompulus v. cnipulus. **omuncula, -us** v. homunculus. **omusios** v. homoüsios. **onafrum** v. oenophorus.

onager, ~rus [CL]

1 wild ass; **b** (w ref. to *Job* xi 12 as type of indiscipline); **c** (as adj. or in apposition).

~ri vagillant ALDH. *PR* 131; onocentauri corpora hominum rationabilia habere videntur usque ad umbilicum et inferior pars corporis in ~rorum setosa turpitudine describitur *Lib. Monstr.* I 10; ~er est silvestris asinus GOSC. *Lib. Confort.* 89; cervum, capreolum, .. ~rum et cetera hujus generis J. SAL. *Pol.* 412C; dum petit abruptas onager rupes fugiendo / hostem, vexat eum vix toleranda sitis NECKAM *DS* IX 147; onager [*gl.*: asinus silvestris], .. hic ~er, A. *a wyld has WW*. **b** **1281** exempti .. tanquam pullos ~ri liberos se putantes PECKHAM *Ep.* 197. **c** Numidia .. equos ~ros procreat *Eul. Hist.* II 43.

2 aurochs or elk.

~ri .. cum incredibilibus quibusdam prodigiis boum cornua habentes et magnis describuntur corporibus *Lib. Monstr.* II 3; apud Poloniam frequens ~rorum est venatio, quorum eadem fere est natura que et asinorum. sunt enim asini sylvestres, cornua habentes ad modum damarum, melancholice complexionis, dum siccitatem habent innatam, et sitibundi sunt GERV. TILB. III 66.

3 mil. engine that hurls missiles.

ingentes trabes .. ad illorum tegenda contubernia tolerandos et ~rorum ingentes, et creberrimos ictus ... creberrima ~ris jactata saxa testudines .. conterebant LIV. *Hen. V* 22a.

oncare [CL], to bray.

asini ~ant vel rudunt ALDH. *PR* 131.

onchinus v. onychinus. **onchus** v. oncos.

oncos [LL < ὄγκος], swelling, tumour.

onchus interpretatur tumor ut in fine tegni [i. e. τέχνη ἰατρική] *Alph.* 130.

ondemot v. endemotum.

onerabilis, who can be charged, burdened, or taxed.

s**1456** persone que habuerunt .. aliquam rem de premissis .. non sint ~es per viam compoti vel aliter pro eisdem *Reg. Whet.* I 258; in aliquo non ~is neque oneratus esset *Entries* 102v.

oneragium, due levied on a load, lastage.

1271 stallagio, ~io et culagio (v. kelagium).

onerare [CL]

1 to load: **a** (person with burden or animal with freight); **b** (vehicle with freight); **c** (with freight in gen.); **d** (with freight as obj.).

a vinctos plures in carceribus habentes, quos .. catenis ~antes GILDAS *EB* 27; dulcia florigeris onero praecordia praedis ALDH. *Aen.* 20 (*Apis*) 2; caballum ita ~abat ut dorsum frangeret *DB* I 268rb; colla .. ~abunt catenis G. MON. VII 3; rex ~avit camelos auro et argento GIR. *GE* I 25 p. 70. **b** carrum in tantum ~abat ut axis frangeretur *DB* I 268vb; **1167** ammerciati pro navibus ~atis *Pipe* 29; **1203** ut .. unam navim faciant honerari blado et victualibus *RChart* 110b; **1221** de caretta honerata de bosco ubi solebant capere unam astelam capiunt majus lignum *SelPlCrown* 90; **1292** in navi .. honorata fuerunt una lasta et viij *dak*[*r*]*es* coreorum *EEC* 247; **1298** duobus ~antibus carectas feni per unum diem j d. *Rec. Elton* 70. **c** s**877** occurrerunt cxx naves armatorum militum ~ate M. PAR. *Maj.* I 410. **d** **1370** de xxx s. rec' de eodem Odone pro ij last' et v dacris coriorum honeratorum in eodem navi *MinAc* 818/1 m. 16*d*.

2 **a** to cover (plant). **b** to burden (land with livestock), to stock.

a ut granum mortificatum et fissum in herbam prorumpat, herba in calamum consolidetur, calamus tecis et spicis granorum muniatur et honeretur [*gl.*: *seit chargé*] NECKAM *Ut.* 113. **b** de pasnagio xxiiij sol' et vij den' et xl porc' cum ~atur *DB* I 154vb; silva .. cum ~atur valet xxv sol' *DB* 155ra; **1487** firmarius non onorabit nec onere faciet pasturas domini .. ultra numerum .. xx boum *Crawley* 468.

3 to load, charge (firearm).

1573 cum sagittacione cujusdam tormenti pulvere tormentali et uno globulo plumbeo ~ati *Pat* 1105 m. 34; **1622** unum tormentum Anglice *a gun* ~atum cum quadam plumbea machina vocata *a slugg* (*SessR Durh.*) *OED* s. v. slug sb. 2.

4 to charge (person, group, or institution with), to make responsible for: **a** (livestock or goods); **b** (money or tax); **c** (duty or task); **d** (leg., usu. w. ref. to juror or jury).

a **1236** tunc ~averunt dictum J. de dictis catallis *KR MemR* 14 m. 6; **1266** de bonis et catallis W. de R., si contingat ipsos per nos ~ari de eisdem *Cl* 192; **1280** de catallis suis vicecomes honeratur in comitatu Dors' *JustIt* 759 m. 22*d* (iii); c**1300** si braseum fecerit de x quarteriis, oportet infra de x quarteriis factis de frumento ~ari et de j busello de incremento de quarterio frumenti *FormMan* 36; **1538** inprimis idem compotans ~at se cum lvij celdris *Rent. S. Andr.* 3. **b** **1188** exiit edictum a Philippo rege ut describeretur Gallicus orbis et ~aretur ecclesia decimationibus recidivis P. BLOIS *Ep.* 20. 74C; **1231** tot et tantis militum stipendiis fuerimus honerati *Cl* 583; **1311** Johannes .. tenet .. ij acras terre de teneme[n]to Henrici .. et debet inde de redditu per annum vj d.; ~atur infra in redditu Henrici *Cust. Battle* 160; **1377** equs fuit causa mortis ipsius W. et appreciatur in xij d., unde villata de W. ~atur ut deo dando regis *SelCCoron* 106; cum cives Londoniarum ~ati fuissent, per vicecomitatum Londoniarum et Meddelsexie ad scaccarium domini regis de cccc libris *MGL* I 145; **1469** ~at se de lxxiiij li. xiij s. iiij d. de firmis terrarum *ExchScot* 606. **c** Deus eos dilexit et multis preceptis eos honerare [*corr. in* MS *from* honorare; v. l. onerari] noluit PETRUS *Dial.* 62; quomodo pater noster te ~avit .. quod me haberes in omni honore *G. Roman.* 399; **1306** qui regentes .. nicholominus de dicta custodia [sc. ciste] ~entur usque ad annum revolutum a tempore sue eleccionis *StatOx* 99; **1319** ad peticionem .. quod placeat domino regi ~are cofferario garderobe de tempore dicti J. pro expedicione quorumdam compotorum de tempore illo reddendorum .. *DocExch* 42; **1375** quod .. difficile sit .. reperire sacerdotem, qui .. ad .. continuam residenciam et cotidianas celebraciones voluerit .. ~ari *Lit. Cant.* III 66; major respondet .. quod .. nec de prisonibus debet respondere, eo quod de eis non ~atur *MGL* II 135; **1428** episcopum Lincoln .. ~avit eodem [sc. Roberto, suspecto de heresi] et custodiam ipsius sibi commisit *Conc.* III 493b. **d** **1290** W. de S. .. fecit quandam inquisicionem coram eo et ~avit eam extra [formam] responsionis predicti Alani *JustIt* 541B m. 9*d*; ipso [majore] non jurato, sed tantummodo ~ato per sacramentum *Leg. Ant. Lond.* 23; **1340** inquisicio vj bonorum et legalium inde ~atorum et juratorum *CBaron* 97; **1378** quatuor *wardmen* ville .. cum wardis suis inde similiter ~ati examinati et ad hoc jurati expresse concordant *SelCCoron* 92; ~ata duodena de patria cognoverunt quod .. gavisus fuit .. decimis *G. S. Alb.* III 281; **1440** qui pro dicto domino .. rege .. ~ati et jurati dicunt quod .. (*Inq.*) AMUND. II 214; **1478** jurati ac de diversis articulis huic curie tangentibus ~ati dicunt super sacramentum suum quod .. *Rec. Leic.* II 302.

5 to charge, impose (a sum of money).

1329 nichil hic de quadraginta quinque solidis et quinque denariis, qui pendebant in compoto precedenti, quia superflue ~abantur *ExchScot* 164; **1409** debet iiij li. xv s. x d. que ~antur in compoto sequenti (*Ac. Durh.*) *EHR* XIV 528; **1447** in allocacione redditus unius ~ati in rentale *Ac. Bailiff, Spelsbury, Oxon.*

6 to burden (fig.): **a** (person or part of body); **b** (conscience or soul); **c** (word or text); **d** (var., abstr.).

a nihil .. magis mentem ~at quam istius mundi sollicitudo BEDE *Cant.* 1218; persona .. immensis peccatis ~ata ANSELM (*Or.* 17) III 68; orantem .. auxilium ingentibus promissis ~at W. MALM. *GR* II 196; hoc si solum esset frontes nostras ~are sufficeret *Ib.* IV 347; ingentibus .. promissis que ipsas ~arent aures effusis .. *Id. GP* I 49 p. 84; ut et .. aures potius ~ent quam delectent GIR. *TH* III 11. **b** quid .. miseram animam ~as? GILDAS *EB* 31; **1291** dummodo idonei fuerint vita etc. .. super quibus tuam intendimus conscienciam honorare *Reg. Cant.* I 510; super quo dicti prioris conscienciam ~amus *Norw. Cath. Pri.* 106; super qua re executorum nostrorum consciencias ~amus (*Test. Hen. V*) *EHR* XCVI 92; **1559** super quorum [observatione] ~antur conscientiae *Conc. Scot.* II 171. **c** si recenseam visiones et somnia antiquorum, epistolam ~abo exemplis P. BLOIS *Ep.* 65. 194C; quando dictio ~atur litteris longis scribatur absque titellis *Orthog. Gall.* S 24; de quibus Plinius commemorat non sunt ~anda, ponit tamen insulas que sunt provincie et regiones, ut Britannia et Cyprus et Cilicia *Eul. Hist.* II 82. **d** pateretur repelli Ludovicum .. pro dissimulatione minis auras ~antem W. MALM. *GR* V 405; ea que delectabilius assumuntur alimenta ~are magis naturam avidam quam nutrire *Mir. Hen. VI* I *prol.* p. 10.

onerarius [CL], that bears a load, (*navis ~ia*) cargo vessel, transport ship; **b** (ellipt. as sb. f.).

cladicarie, naves honerarie OSB. GLOUC. *Deriv.* 148; ~iam navem ejus cum vino suo appulsam ei abstulerat W. FITZST. *Thom.* 122. **b** honeraria, *hlaestscip GlC* H 147; **10** .. honeraria, *sciplæst* .. honeraria, *scyphlæst WW*.

oneratio [LL]

1 act of loading, burdening: **a** (man with fetters); **b** (vehicle with freight).

1236 mandatum est constabulario turris London' quod statum Galfridi' B. faciat alienari quantum ad exhibicionem cibariorum et ~onem ferri, eo tamen salvo quod sic custodiatur quod nullo modo evadere possit *Cl* 291. **b** **11** .. cum applicatione, ~one, et exoneratione navium, batellorum, et aliorum vasorum in dictis aquis (*Ch. Durh.*) *MonA* I 240a; **1420** eidem Roberto, pro custodia navium tempore ~onis earundem, x li. *ExchScot* 323.

2 act of charging (person or group) with responsibility, commission. **b** (leg.) charge (of a juror or jury).

1287 tam magna ~o regardatorum in foresta .. non est sustinenda propter magnum .. regis dampnum nec permittenda, provisum est quod de cetero non sint in .. foresta nisi tantummodo duodecim regardatores *SelPlForest* 64; **1348** ipsos cum Johanna filia nostra carissima ad partes Vasconie, juxta ~onem sibi per nos datam, ordinavimus proficisci *Foed.* V 607. **b** jurati qui onerati fuerant .. daturi erant veredictum ~onis eorundem *G. S. Alb.* III 347 (=WALS. *HA* II 31).

3 charge of account, imposition, tax: **a** (on land or produce); **b** (of sum of money).

a forestarii pedites habent garciones sub eis ad ~onem patrie *Fleta* 91; R. . . dixit se velle cervum offerre. . . rogabatur R. . . quod non laboraret ad onerandum ecclesiam ubi non debuit, maxime cum talis ~o sibi foret inutilis GRAYSTANES 44; **1460** eidem, per superfluam ~onem terrarum de G., eo quod dicte terre tantum assedantur pro quinquaginta marcis in anno *ExchScot* 3; **1538** ~o frumenti (*tit.*) *Rent. S. Andr.* 3. **b 1335** solutis Elie . . attornato . . prioris . . pro diversis ~onibus quas dictus Elias solvit in scaccario . . regis pro . . priore *Comp. Swith.* 242; **1337** summa istius ~onis xlix s. xj d. *Cal. Scot.* III 372; **1381** episcopo Aberdonensi pro secundis decimis sibi debitis de summa ~onis predicte, preter arreragia v li. xij s. et vj d. *ExchScot* I clxxxii; **1469** summa totalis ~onis cum arreragiis, vijᶜxlj li. *Ib.* VII 613; **1477** per arreragia . . preter illa contenta in memoriali post ~onem et ante expensas compotantis *Ib.* VIII 450; **1544** summa totalis ~onis cum expensis, xj li. vij s. vj d. *ob. Ac. Durh.* 726.

onerator [ML], man responsible for charging or loading.

a chargere, ~or, sarcinator *CathA*; **1560** navis nuncupata *the Turtledove* . . cujus . . economus, vero seu dispensator, scriba vel bursarius Jacobus Jacobson . . factor vero pro Alvero de Abrigo . . ac ~oris ejusdem navis [extitit] *ActPCIr* 103.

onerifer [ML], that bears a burden, that carries a load: **a** (of animal); **b** (of vehicle).

a s**792** ~erae boum costae . . colla jugo subdebant ÆTHELW. III 1; per camelum ~um designatur sollicitudo super rebus terrenis habita NECKAM *NR* II 141; asinus animal ~erum *Ib.* 159. **b** cum essent naves xxxvij ~ere multum et hominum multorum capaces DICETO *YH* II 65; naves viz. multum ~ere numero xxxvij vere pelago commiserunt M. PAR. *Min.* I 461.

onerositas [cf. CL onerosus + -tas], onerosity, burdensomeness.

842 ego . . vi coacta . . cuncta mundana honerositate . . *CS* 438.

onerosus [CL]

1 heavy, weighty.

mare res est honerosa, [*gl.*: gravis materia], / venti plebs litigiosa, / linter est ingenium GARL. *SM* 1144.

2 onerous, burdensome, tiresome: **a** (of person); **b** (of duty or abstr.).

a quilibet clamabit quem livor hujusce dominae lividum ~umque reddit . . *Enc. Emmae* III 7; quisquis amat lepidus, qui non amat est onerosus L. DURH. *Dial.* IV 295; quis exteris honoratior? quis suis ~ior? GIR. *TH* III 51; ne superfluis insistens legentibus videar ~us SENATUS *Wulfst.* 107; **1218** quod nullus forestarius eidem archiepiscopo vel hominibus suis gravis vel honerosus existat *Cl* 369a; **1231** audivimus . . quod in hospitiis vestris locandis tam graves et ~i estis scolaribus *BBC* (*Oxford*) 100. **b 801** nec tibi, deprecor, ~um [*sic*] esse literarum ammonitio mearum ALCUIN *Ep.* 224; abice nunc ~as curas et postpone laboriosas distentiones tuas ANSELM (*Prosl.* 1) I 97; officium certe in regia honorum sed ~um plurimum H. BOS. *Thom.* II 8; grave . . est et ~um et miserum ad consolationem communis miserie necessaria querere BALD. CANT. *Tract.* 451A.

3 weighed down, burdened (fig.).

[Ediva] non . . ~a fastidio AILR. *Ed. Conf.* 747D (v. fastidium 2a).

onestus v. onustus. **oneus** v. orus. **onfacium, onfacum** v. omphacium. **onic-** v. onyc-. **onichillus** v. onychilus. **onichos** v. onyx. **onicleus, oniclius, oniculus** v. onychilus. **onifacum** v. omphacium.

†onitaltaon, *f. l.*

†cincta onitaltaon [? l. sintacta ton laon < συντακτὰ τῶν λαῶν], ratio populorum *Gl. Leid.* 30. 85.

onix v. onyx.

onocentaurus [LL < ὀνοκένταυρος]

1 (w. ref. to *Is.* xxxiv 14) jackal.

domus deserta est in qua . . demones ~is occurrunt P. BLOIS *Ep.* 131. 386C.

2 animal begotten by a bull on a jenny-ass.

~us . . est animal monstrosum ex tauro et asina procreatum BART. ANGL. XVIII 77.

3 creature begotten by a man on a jenny-ass.

~i corpora hominum rationabilia habere videntur usque ad umbilicum et inferior pars corporis in onagrorum setosa turpitudine describitur *Lib. Monstr.* I 10; ~us, asino permixtum *GlC* O 177; Physiologus . . dicit ~um esse compositum ex humana effigie et asinina BART. ANGL. XVIII 77; *an asse mengyd with manskynde*, ~us *CathA*.

†onochmus, *f. l.*

†onochmus [? orthopnoicus], i. e. recte sedens *Alph.* 130.

onochroch' v. onocrotalus. **onocratallus, onocratalus, onocratulus, onocroclus**, v. onocrotalus.

onocrotalus [CL < ὀνοκρόταλος]

1 pelican (*Pelecanus onocratulus* or *crispus*).

me dudum genuit candens onocrotalus albam / gutture qui patulo sorbet de gurgite limphas ALDH. *Aen.* 59 (*Penna*) 1 (=BYRHT. *V. Osw.* 418); ~us [TREVISA: *mirdrommel hatte* onacrocalus] est avis in aqua sonitum faciens BART. ANGL. XII 28; domus honotrochali [*vv. ll.* anacrotali, onocrotali] cubile draconis PECKHAM *Def. Mend.* 94.

2 bittern (*Botaurus*).

onocratallus, *feolufer GlC* O 175; **1350** item in vij onochroch' empt' et miss' domino episcopo vj s. *Sacr. Ely* II 141; **1353** in ij vitulis, ij multonibus, et v onocrotulis empt' et missis domino episcopo *Ib.* 152; **1355** in anacrotulis emptis et missis domino episcopo *Ib.* 163; *lotyre, bryde*, onocroclus *PP*; hinc elephas barrit, onocrotulus [*gl.*: *a byttore*] hiccine bombit; . . hic onocrotalus, *a butturre*; . . hic onocrotalus, A. *a betore WW.*

3 (?) swan.

II . . onocratalus, *ylfestre WW Sup.* 150.

onocrotulus v. onocrotalus.

onoma [LL < ὄνομα]

1 personal name. **b** nickname. **c** (w. ref. to authority or prestige).

856 (12c) quorum hic inferius ~ata secundum uniuscujusque dignitatem caraxata adesse videntur *CS* 491; primus erat quorum Sigericus, quo nominaris ~ate LANTFR. *Swith.* 1; primus erat quorum Sigericus, onomate pulchro, / victor honore potens WULF. *Swith. prol.* 213; pande mihi, rogo, pastor ovans, quod onoma tuum sit *Ib.* I 28; a . . regis fratre, ~ate Osuuardo BYRHT. *V. Ecgwini* 377 (*recte* 367); Wulfgeat proprio appellatur ~ate *Chr. Rams.* 183n; et nec ob aliqua ~ata inculta aut audientibus dicta obscura locorumque vocabula . . gestarum despiciant rerum pronunciacionem SIM. GLASG. *V. Kentig. prol.* p. 244; ortus Tharso Cilicie Theodorus ~athe, paulizans sacro dogmate (*V. S. Theodori*) *NLA* II 370. **b** s**1212** abjudicatus est a regno rex Johannes, et verificatum est ~a, quod ei quandoque in opprobrium aptabatur, ut diceretur Johannes Extorris *Flor. Hist.* II 142 [cf. M. PAR. *Maj.* II 546: verificatum est nomen ejus pronosticum (*in marg.*)]. **c** c**990** sicuti praesentia vestri promisit ~atis (*Ep.*) *Mem. Dunst.* 383; o domini cari, celebres et onomate clari R. CANT. *Poems* 14. 53.

2 name (of God, with implication of power inherent in it).

672 ad doxam ~atis Cyrii ALDH. *Ep.* 5 p. 490; **965** in altithrono ononomate [*sic*] *CS* 1165; c**970** aeterno Genitori cum inclita prole sanctoque Paraclito laus et honor, in cujus ~ate ego Oswaldus . . *CS* 1184; †**963** (11c) in ~ate Christi *CS* 1103.

3 name of place.

961 loco qui celebri Rimecuda nuncupatur ~ate *CS* 1066; quod Angli bifario vocitant ~ate Maldelmesburuh W. MALM. *GP* V 252; digne . . insula tali signatur ~ate *Lib. Eli.* I 15 p. 32.

4 name, designation.

quattuor anni temporibus quorum ~ata [AS: *naman*, *gl.*: nomina] sunt ver, aestas, autumnus, hiemps BYRHT. *Man.* 200.

5 noun, substantive.

schesis ~aton est multitudo nominum conjunctorum

diverso sono unam rem significantium, ut 'vae genti peccatrici' BEDE *ST* 148 (ed. Halm p. 610).

onomastice [LL < ὀνομοαστική], (gram.) nominative case.

~e, genitivus [l. nominativus] *GlC Int.* 238.

onomatopoeia [CL < ὀνοματοποιία], formation of words by imitation of the sound that the action designated produces, onomatopoeia.

onomatopeia est nomen de sono factum, ut 'cymbalum tinniens' BEDE *ST* 157 (ed. Halm p. 613); per onomatopeiam etiam invenerunt antiqui quedam nomina sicut puteus inferni a sono suo dicitur Tartara GERV. MELKLEY *AV* 104; juxta eclipsim sumitur catacrisis ut cum alicui datur nomen quando deficit a simili aut a natura ispius soni, et erit onomatopeia *Ps.-GROS. Gram.* 74.

onomia v. ononis.

ononis [CL < ὀνωνίς], (bot.) restharrow (*Ononis arvensis*).

anomiada, respice in onomia *Alph.* 11; onomia, quam multi anomiadam dicunt, virgas habet duarum palmarum in quibus sunt capita minora, folia minuta sicut lenticule aut rute, subaspera, pinguia et spissa, urinam provocat, lapidem vesice excludit *Ib.* 130.

onos [CL < ὄνος], donkey, ass.

chimeram ut fingunt logicam . . simias tibicines et onos liras Boetii AD. DORE *Pictor* 142 (v. lyra 1b).

onus [CL]

1 burden, load (also as measure). **b** (of ship) cargo, freight. **c** (*onus hominis* or sim.) the amount that one person can carry, man's load; **d** (*onus naturale*) excrement.

chorus, xxx modios habet. duo autem onus est, hoc est unius cameli *Comm. Cant.* I 421; nunc onus horrendum reportant corpora gippi / et premit immensum truculentae sarcina molis ALDH. *Aen.* 99 (*Camelus*) 3; fertilem praedam numerosis crurum et coxarum oneribus advehunt *Id. VirgP* 4 p. 232; meliora plura quam gravia honera fiunt [AS: *betere byþ oft feðre þonne oferfeðre*] *Prov. Durh.* 37; venterina . . i. bestia que fert onus circa ventrem OSB. GLOUC. *Deriv.* 604; **1415** pro vij oneribus carbon' emptis pro factura cere *Ac. Durh.* 405. **b** duo quidam cum in alto navigarent, cum alterius navis et alterius onus esset, naufragum quendam . . sustulerunt in navem ALCUIN *Rhet.* 9; **1296** [navis] vetus et fracta de Fris' de onere quatterviginti doliorum. . . alia navis . . similiter de Frisia de onere quadraginta doliorum *IMisc* 56/20. **c** sericum pallium valde pretiosum et onus viri fortis de incenso ASSER *Alf.* 81; homines pedites . . sal ibi ementes. de viij oneribus hominum dabant ij den' (*Chesh*) *DB* I 268rb; **1296** de onere hominis de pisce marino, unum quadrantem *Pat* 115 m. 8. **d 1401** [murdered him there] super onus suum naturale deponendum sedentem *CalPat* 472.

2 large mass or weight, huge size.

astrifer Atlas / tollit et in vasto vertice onus [v. l. honus] GARL. *Epith.* I 98.

3 (transf. or fig.) burden of affliction or care, grief, predicament; **b** (*onus Adae* or sim.) inherited burden of original sin. **c** (w. ref. to *Matth.* xi 30); **d** (w. ref. to *Matth.* xxiii 4).

ad civilia bella et peccatorum onera sustinenda GILDAS *EB* 21; cameli quia et onera infirmitatis eorum fraterne subjectione caritatis portant BEDE *Tob.* 932; offerens catenas sancti Leonardi honori quo sibi fuerat oneri W. MALM. *GR* IV 387; si vita tibi oneri est, si mundus fastidio, si caro dolori AILR. *Inst. Inclus.* 33 p. 677; sibimet oneri et parentibus dolori extitit *V. Fridesw. B* 14; oneri tantum tibi est, non usui, non sapori J. FORD *Serm.* 81. 7. **b** omnes qui non salvantur per fidem . . portant iniquitatem et onus Adae ANSELM (*Orig. Pecc.* 26) II 169; hereditarium onus suum portant omnes filii Adam J. FORD *Serm.* 16. 8. **c** et ita suscipiet jugum illud suave et onus leve AILR. *Serm.* 43. 20; jugum Domini suave est et onus Domini leve est *Id. Spec. Car.* I 30. 534. **d** ne dicant me gravia et importabilia in humeros hominum verborum onera velle imponere GILDAS *EB* 62; et ille qui onera importabilia imponit in umeros hominum BEDE *Prov.* 971; onera importabilia teneris auditorum imponunt umeris J. SAL. *Met.* 877A.

4 (burden of) obligation, duty, task; **b** (w. ref.

to service or taxation); **c** (w. ref. to office or post). **d** (leg.; *onus probandi* or sim.) burden of proof, obligation to prove controversial statement; **e** (in title of book).

fer patienter onus Christi tu triste sacerdos ALCUIN *Carm.* 9. 217; **c1218** ne dum jocari se putat, honeribus matrimonialibus se astringat (*Stat. Sal.*) *Conc. Syn.* 87; hoc onum [*sic*] sic accipe pater observandissime FREE *Ep.* 55. **b** s**926** terrae donatio ab omni seculari honore libera (*Ch.*) *Chr. Abingd.* I 84; c**1052** collata fuit villa de K. .. absque omni munere et onere et exactione regis *E. Ch. Scot.* 5; non solum ab oneribus temporalium ditionum sunt liberi, sed etiam amore religionis maximo honore sunt digni W. MALM. *GP* V 221 p. 368; †**716** (12c) dona mea .. libera et soluta ab omni onere saeculari *CS* 135; sicutque omnes forestarii liberi .. ab omnibus armorum oneribus, quod *warscot* Angli dicunt (*Ps.-Cnut* 9) *GAS* 621; **1227** libere et quiete .. ab omni honere, exactione, et demanda *CalCh* I 49; **1231** si plenius vobis constaret de statu et honeribus obligacionis nostre .. ad nos exhonerandos cum effectu laboraretis *Cl* 584; **1368** redd' et faciendo antiqua servicia ut in *lad* et *rad* at aliis oneribus prout dictus A. fecit .. redd' annuatim scaccario xxiiij et argentum terr' et alia onera minuta *Hal. Durh.* 77. **c** laborem mentis meae sub archiepiscopatus onere .. pia compassione intimetis ANSELM (*Ep.* 194) IV 84; c**1161** episcopalia ipse persolvet et cetera onera ecclesie sustinebit *Ch. Westm.* 284; **1184** respondebit .. de omnibus oneribus [v. l. honeribus] que ad officiales archiepiscopi pertinebunt *Cart. Mont. S. Mich.* 56 (=*E. Ch. Yorks* V 316: honeribus); pro amore Dei .. vellet illud onus [officum majoris civitatis] .. sustinere ut posset pauperes de civitate sustinere contra divites *Leg. Ant. Lond.* 151; **1431** ad eundem diem suo loco teneatur alium subrogare, si quisquam alius illud onus subire voluerit *StatOx* 237. **d** credatur simplici verbo abbatis .. vel .. certi attornati absque alio honere probacionis *Chr. Peterb.* 76; **1323** onus probandi totum processum adversario imponendo *StatOx* 127. **e** a**1332** Alredus de ~eribus Ysaie *Libr. Cant. Dov.* 25; abbas Joachim in Calabria qui plures libros .. de oneribus prophetarum conscripsit *Meaux* I 239.

5 (burden of) payment, charge. **b** debit side of account. **c** (*redditus oneris*) rent-charge.

12.. quod porcio vicarii pura libera, omnibus oneribus deductis, ad minus estimationem decem marcarum attingat *Conc. Scot.* II 12; **1427** quod ex earum [terrarum] valore poterint onera predictorum anniversariorum .. adimplere *Reg. Cant.* II 356; **1441** summa iiij li. v s. iiij d. ob. totum in onere custodis *Cant. Coll. Ox.* II 159; **1453** quod ipsi terras et tenementa ad annuum valorem vij marcarum ultra onera (*DL Ac. Var.*) *JRL Bull.* XL 394; **1535** petit allocacionem de denariis solutis eidem bursario de denariatis proveniencium de proficuis coquine ultra onera incumbencia *Ac. Durh.* 112; **1537** de lxxxxiiij li' .. pro firma de S. necnon de aliis redd' piscar' ac proficuis currentibus in onere procuratoris ecclesie ibidem *Ac. Durh.* 667. **b** c**1300** precium ponitur pro onere compoti. solvi debent omnia prescripta *DC Cant. Reg. J.* p. 26; **1434** per solucionem factam .. per magistrum hospicii, ut patet in computo et onere computorum rotulatoris anni precedentis *ExchScot* 601; **1460** item idem onerat se de .. summa hujus oneris, liij li. *ExchScot* 5; **1461** et nota quod in libris dietarum non reperitur tot avene expendite sicut continentur in onere, sed inquirendum est ab husbandis in quorum manibus dicte avene restant *Ib.* 70; **1469** summa hujus oneris patet summa totalis oneracionis cum arreragiis, vij^{c}xlj *Ib.* 613. **c** **1386** dicit quod redditus ille est redditus oneris. fuit seisitus de redditu predicto in dominico suo ut de feodo ut de redditu oneris *JustIt* 1498 r. 6; s**1456** concessiones reddituum, reddituum onerum, annuitatum *Reg. Whet.* I 252; **1543** omnia et singula mesuagia, .. redditus oneris, redditus siccos ac redditus super quibuscumque dimissionibus et concessionibus reservatos, annuitates, annuales redditus *Pat* 729 m. 3 (29).

6 force, power.

que michi lex placuit juris habebit onus GOWER *VC* III 870.

onusculum [ML], (small) burden or load.

a byrdyn, .. pondus, onus, ~um, †ponderisitas [l. ponderositas] *CathA.*

onustare [LL]

1 to load (usu. ship with freight); **b** (partly fig. or fig.).

in ipsa [Candia] naves et galee caseo ~antur S. SIM. *Itin.* 22; navem .. viris paganis .. cum armis et victualibus ~atam *Meaux* I 260; rex protinus vas illud dicto naute gratis concessit et frumento ~avit STRECCHE *Hen. V* 158; **1440** quod .. navem, multis .. mercantiis ~atam vi armata rapuerint BEKYNTON I 192; **1453** mercandisas .. emendo et cum eis navem .. ~ando et cum eadem sic onusta .. redeundo *RScot* 371b; **1454** quoddam kervell' .. de diversis bonis onustrarunt [*sic*] (v. carvella); *to charge*, ~are, sarcinare, onerare, gravare *CathA.* **b** sic anima quaeque perfecta virtutum divitiis gaudet ~ari BEDE *Prov.* 1031D; non abnui, sed diversis monetis ~atum dimisi W. MALM. *GR* II 202 p. 250.

2 to burden: **a** (land or tree with fruit). **b** (woman, w. ref. to pregnancy).

a in hoc [sc. verno tempore] solent .. ligna pomis ~ari BEDE *Gen.* 21B; gurgite refluo mederis arenti / ut humus unda fructibus onustetur / .. / quibus esuries jejuna cibetur J. HOWD. *Cart.* 177. **b** postquam se caelesti honestandam [vv. ll. honustandam; partu onustandam] partu didicit BEDE *Hom.* I 4. 15B; seminari partu Pasiphen taurus honustat HANV. V 21.

onustrare v. onustare.

onustus [CL]

1 loaded, laden, freighted; **b** (of person or animal); **c** (of vehicle); **d** (of vessel or sim.); **e** (fig.).

onestus, gravatus *GlC* O 172; **10..** ~us, *gehlæden WW.* **b** a**787** nemo miles sarcinis alienis ~us ad bella bene procedit ALCUIN *Ep.* 1; **801** liber viator felicius vadit quam sarcinarum magnitudine ~us *Ib.* 226; sed adhuc parcente Domino abscedunt ~i praeda GOSC. *Transl. Mild.* 3; si enim me viderent alii homines ~um paxillis et funibus et aliis rebus ANSELM (*Incarn. A*) I 281; dixerunt .. quoniam Chore .. trecentos habebat camelos honustos [v. l. hunustos] PETRUS *Dial.* 29; jumenta .. bene ~a *Itin. Mand.* 118. **c** **732** dedi in omni anno centum xx plaustra ~a de lignis ad coquendum sal *CS* 148; c**762** carta Offae .. de navis ~ae transvectionis censu *CS* 188; **855** x carros cum silvo honestos *Ch. Roff.* 23; s**1012** nam de ultra maris partibus advecta est navis ~a vino *ASChr.*; carrum fortiter ~um pertransiens eum oppresset GIR. *GE* I 52 p. 157; s**1346** cum .. navibus .. ~is de viris bellicosis AVESB. f. 105. **d** botros .. refertis fiscellis ~isque corbibus ad praelum calcandos et .. exprimendos advexit ALDH. *VirgP* 30; mulier habens tres ollas plenas auri [*PL*: auro ~as] BELETH *RDO* 125. 132A. **e** **672** e quorum catalogo tuam proficisci solertiam praeda ~am .. fama percrebruit ALDH. *Ep.* 5 p. 491; mentem meam multis molestiis ~am ~iorem dissensione vestra non faciatis ANSELM (*Ep.* 151) IV 13; ecce ante vos ~us peccatis mundi [cf. *Joh.* i 29] *Id.* (*Or.* 8) III 29.

2 **a** (of tree or forest) covered or burdened (with fruit, flowers, or sim.; also fig.). **b** (of woman) pregnant.

a habet .. multa ligna fructifera, id est multos viros sanctos et virtutum pomis ~os BEDE *Hab.* 1240; undique te cingit ramis resonantibus arbos / silvula florigeris semper onusta comis ALCUIN *Carm.* 23. 4; cujus arboris rami innumeris erant .. cucullis ~i WULF. *Æthelwold* 38; erat ergo Ceres inter duas arbores pomis ~as *Deorum Imag.* 23. **b** donec .. abbatissam et quascunque posset moniales fecisset de honestis ~as MAP *NC* V 3 f. 60v.

3 filled or sated (with food).

quid repens testudo paret, scarabeus onustus / curque levi ventus grandis ab imbre cadat J. SAL. *Enth. Pol.* 8.

onux, kind of bird, ? perh. Northern hawk.

hic onux, A. *a nothak WW.*

onyca, onycha v. onyx.

onychilus, onychulus [ML], **onychlius**, onyx stone. **b** (*sardus onychlius*) sardonyx. **c** (as adj.) made of onyx.

de crisolito et onichilo [v. l. onchino] et berillo. in quarto ternario sunt crisolitus et onichillus et berillus quasi versus unus R. NIGER *Mil.* II 10; **1215** j scrinium de argento cum oniculis et aliis lapidibus *Pat* 145a; **1267** unum onicleum in capsa argenti *CalPat* 138; hunc lapidem preciosum quibus [*sic* MS] constat ex sardonyce, chalcedonio, et oniclio AMUND. II *app.* p. 332. **b** quidam ampli lapides, quos 'sardos oniclios' appellamus, et vulgariter 'cadmeos' nuncupamus *G. S. Alb.* I 83. **c** **1267** tria capita oniclea nuda sine capsa .. unus canis onicleus prec' xl s. una phola oniclea et alia cristallina *CalPat* 139.

onychinus [CL=*made of or resembling onyx marble* < ὀνύχινος]

1 (as adj.) of onyx, onyx-; (*lapis ~us*) onyx stone, multicoloured gem.

lapides onichinos [cf. *I Par.* xxix 2], *dunnae Gl. Leid.* 7. 4; lapides ~os et gemmas AD. SCOT *TT* 671C; terram Evilath, ubi nascitur aurum optimum et bdellium et lapis onichinus GROS. *Hexaem. proem.* 31; onyx, onychos, quod est lapis onichinus pretiosus BACON *CSPhil.* 502; c**1315** cuppa j aurea cum lapide onichino *Invent. Ch. Ch.* 73.

2 made of onyx stone.

calix .. cujus superior pars aurea, inferior onichina esset W. MALM. *GP* III 134; ~a vasa preciosissima *Croyl.* 38.

3 (as sb. m.) onyx stone, multicoloured gem. **b** (understood as) sardonyx.

sper qui est onichinus luculentas habet *GlC* S 466; vas quoddam ex onichino W. MALM. *GR* II 135; de .. onichilo [v. l. onchino] R. NIGER *Mil.* II 10 (v. onychilus); **1245** corneline sculpte cum onichinis *Invent. S. Paul.* 477; in cujus medio est onichinus rotundus *Ib.* 478; **1251** de j scutella de onichino *Pipe* 95 r. 8; vis achatis, lucens ligurius, / onychinus, jaspis, et sardius J. HOWD. *Ph.* 1079; **13..** acerram ex onichino .. dedit *Cart. Bath* 808 p. 153; c**1315** onichinus j oblongus *Invent. Ch. Ch.* 71. **b** sardonix habet colorem sanguinis qui est onichinus *Gl. Leid.* 41. 11.

onychius [ML; cf. LL onychium < ὀνύχιον], of onyx, onyx-; (*~ius lapis*) onyx stone.

onichius lapis BACON *CSPhil.* 443.

onychus v. onyx. **onyonus** v. oignonus.

onyx [CL < ὄνυξ], **onycha** [LL], **onychus**

1 finger-nail. **b** hoof or claw.

lapis onichinus .. habet colorem unguis, quia onix dicitur unguis *Comm. Cant.* I 40; onix, lapis, eo quod habet in se candorem ad instar unguis quod dicitur onix Grece OSB. GLOUC. *Deriv.* 403. **b** onichos, i. ungula *Gl. Laud.* 1110.

2 kind of marble. **b** box made of such marble, used for keeping unguents.

ontax, genus marmoris *GlC* O 173. **b** onix, bustula, pixis [cf. Hor. *Carm.* IV 12. 17] OSB. GLOUC. *Deriv.* 400.

3 onyx, multicoloured gem.; **b** (var. or w. ref. to its purported properties).

onix, gemma *GlC* O 171; onix et berillus lapidumque genera preciosa auro innectuntur GOSC. *Edith* 69; **1204** unam zonam de nigro corio cum una oniche in bucla' et perl' *RChart* 134b; onix autem dicta est quod habeat in se permixtum candorem in similitudinem unguis humane GROS. *Hexaem.* XI 18; onyx, onycis, quod est unus de lapidibus preciosis duodecim, similis humano ungui a quo onythius BACON *Gram. Gk.* 64; *a precyous stone*; .. onicus, onichinus *CathA.* **b** sardius .. parum confert nisi quod eo presente et comite onix nocere non potest R. NIGER *Mil.* II 7; somnos turbat onyx, vanissima somnia fingens NECKAM *DS* VI 163; onyx [TREVISA: onichinus] lapis est Indicus et Arabicus permixtum in se habens colorem ad similitudinem humani unguis BART. ANGL. XVI 72; onix est gemma repraesentans candorem unguis: India nonnunquam ignea, nigra, cornea, cingentibus candidis venis, oculi modo intervenientibus quorundam oculis, obliquis venis. dicunt onychem, e lachryma arboris lapidescere, et fieri, quia igne concrematus, mittit odorem, et variis apparet impressionibus et formis. Albertus onichis species facit nigras, rubicundas, et albas, quae omnes cum fricentur, solvuntur in substantiam repraesentantem, unguis humani similitudinem. onix tristitiam et timores excitat: melancholiam movet, excitat lites, et somnia turbulenta *LC* 256.

4 onycha, an ingredient in the incense of Mosaic ritual (cf. *Exod.* xxx 34).

e quibus aromatibus hoc thimiama componi debuerit nominatim designatur stacte viz. et onyca [v. l. onica], galbane boni odoris, et ture lucidissimo BEDE *Tab.* 492; thymiama est quedam confectio preciosis-

sima ex onyca [TREVISA: onica] et stacte, galbano, et thure preparata BART. ANGL. XVII 172.

5 kind of shell-fish or its operculum.

onicha, i. e. unguilla [v. l. ungula] coclea ostrei subtilioris facture est, caligines illuminans AD. MARSH *Ep.* 247. 12 p. 450.

oo v. 1 O 2c.　**Oostmann-** v. Ostmann-.

opacare [CL], to make shady or dark.

fastidium incolis tollebat paradisus voluptatis, fructuosis lignis ~atus, fonte immenso ut Egyptus Nilo rigatus PULL. *Sent.* 746B; cujus [collis] descensum nemoralis amictus opacat L. DURH. *Dial.* II 27; ~are, obscurare, interpolare, obtenebrare, obnebulare, caligare OSB. GLOUC. *Deriv.* 401.

opace, in an obscure or secret manner.

10 . . ~e, *deagle WW*; opacus . . i. obscurus . . unde ~e, ~ius, ~issime adverbia OSB. GLOUC. *Deriv.* 397.

opacitas [CL]

1 dark colour.

produxit . . ~atem foliorum, copiam fructuum BEDE *Gen.* 40; nec est claritas coloris sed offuscacio propter ~atem materie GAD. 36. 1.

2 darkness, dimness.

si . . ob noctis obpacitatem signum . . videre negant *Cust. Westm.* 14.

3 state or condition of being impervious to light, opacity.

ad secundam racionem dicitur quod oppositum sequitur, cum raritate, que est qualitas superhabundancium, dyaphana excedunt; et inferiora, ut excedunt in oppacitate, ita in densitate, que est qualitas WYCL. *Log.* III 66.

4 (fig.) obscurity of meaning, uncertainty, or sim.

c1150 ne in hoc negotio ulla tumultuetur ~as, rem ex integra majestati vestre intimari juravimus (*Reg. Kingswood*) *MonA* V 427a; sine magistro doctore . . non patet in ~atem Sacre Scripture introgressio GROS. *Hexaem. proem.* 4.

opacus [CL]

1 impervious to light, throwing dense shade, shady, leafy. **b** (of time or season) characterized by shade. **c** (as sb. n.) shady place.

~um, nemorosum *GlC* O 192; ex . . silva, in cujus ~a densitate hactenus latuit, subito manifestus erumpit AILR. *Serm.* 478A. **b** ~um, aestivum *GlC* O 209; opago tempore, denso vel aestivo *Gl. Leid.* 27. 32. **c** interseruit se frondissimis fruticum ~is occultandum V. *Greg.* p. 82; errantesque cavis terrae per opaca latebris WULF. *Brev.* 481; cum . . veprium inter ~a venatum quereret R. COLD. *Cuthb.* 50 p. 105; per sepium densa seu nemorosa veprium ~a circumivit *Id. Godr.* 88; cum . . pergerent . . per condensa veprium et per ~a nemorum J. FURNESS *Kentig.* 24 p. 202; solus per nemoris ~a penitus ipsorum locorum . . deambulabat V. *II Off.* 6 (ed. Chambers p. 227).

2 deprived of or not emitting light, dark, obscure. **b** (as sb. n.) dark thing, darkness (also w. ref. to night).

excussa igitur ~ae [vv. ll. tenebrosae, opacis] noctis caligine FELIX *Guthl.* 41 p. 128; luna, que corpus est ~um, omne lumen quod habet a sole recipit FORTESCUE *NLN* I 43; quia tunc apparet terra luminosa et fulgida que ante fuit opaca *Regim. Princ.* 77. **b** item opagum infimum, diafonum medium, et luminosa, ut ignis et stelle, sursum sunt FISHACRE *Quaest.* 50; detumet unda, silet Auster, Boreas flat, opacum / effugit, emergit sol, prope portus adest GARL. *Tri. Eccl.* 33; ~um, interpositum inter perspicuum et lumen, impedit multiplicacionem luminis ad tale perspicuum DUNS *Ord.* III 143.

3 (quasi-fig. or fig.) obscure, secret, hard to explain or understand. **b** (as sb. n.) obscure passage of text, teaching, or sim.

671 ideo tacendum arbitror, ne ars ~a et profunda [sc. de zodiaco, xij signorum circulo] . . infametur et vilescat ALDH. *Ep.* 1; 672 chronographiae ~is acutisque syllogismis *Ib.* 5 p. 493; a705 ~is . . misteriorum

secretis *Ib.* 7 p. 495; **10 . .** ~is, *þæm diglum WW*. **b** contemplabitur arcana legum et ~a prophetarum ALDH. *Met.* 2 p. 66.

4 of dark (brown) colour; **b** (as sb. n.) flawn, pancake.

13 . . iterum flaonarius habeat opacos artocopos, flaones de ovis, pane, et caseo compositas (*Nominale*) *Neues Archiv IV* 341. **b** pyrgus in quo coquebantur opacorum [v. l. opacaorum; *gl.: de flauns*] genera, lagana, et artocree [v. l. artocrea] BALSH. *Ut.* 51; *fflawne . . apacus . . artocasius* PP; hec flata, *a flawn*. hoc ~um, idem est WW; *a flawne*, ~um CathA; *a pancake*, ~um, laganum *Ib.*

opagmasticus v. epacmasticus.　**opagus** v. opacus.

Opalia [CL], festival in honour of the goddess Ops.

Opis . . i. dea quedam que putabatur opibus presidere, cujus festa ~ia dicuntur OSB. GLOUC. *Deriv.* 390.

opalus [CL < ὀπάλλος], opal, kind of gem.

~us [TREVISA: optalius . . opalus *also*] . . est lapis diversarum gemmarum coloribus distinctus . . hunc lapidem India sola parit . . tot creditur habere virtutes quot colores BART. ANGL. XVI 73; ~i mater proprie est India. est gemma pretiosa, utpote in qua carbunculi tenuior appareat ignis, et amethysti fulgens purpura, smaragdi virens mare. magnitudo ejus est nucis avellanae. sunt ~i certa vitia, si color ejus exeat in chrystallum, vel grandinem, aut in heliotropii herbae florem, si sal, aut scabritia, aut alia oculis occursantia illi insint LC 256.

opanaclum, opanatum v. opopanax.

ope [CL < ὀπή], hole, cavity.

dicitur . . opobalsamum liquor quem in foramine concavitatis [sc. in ligno incise] pendere cernimus, sic dictus ab ope, quod est concavitas. unde oppida dicuntur a concavitate vallorum, que de opere, id est terra, fiunt GERV. TILB. III 78 p. 985.

opela v. opella.　**opelio** v. opilio.

opella [CL]

1 little effort, activity, or sim.

plures adducendas diatim curavit sed multo tempore lusit opelam, dum alter semper reperiret in omnibus quid reprehenderet W. MALM. *Mir. Mariae* 187.

2 place in which business is conducted, shop.

~a, domuncula ubi operatur vel venditur in foro OSB. GLOUC. *Deriv.* 399; 1431 seisitus fuit de duobus mesuagiis . . in Burgo de Midhurst . . et una ~a sive shopa in civitate Cicestre *Cl* 282 m. 15; *both, chapmannis schope*, pella . . selda PP; *schop*, ~a . . selda PP; hec ~a, A. *a schoppe WW*; 1481 non monstrabit in eadem ~a artificium suum . . quousque solverit camerariis ville predicte . . xij d. ad opus camere *Gild Merch.* II 345; 1483 . . ne de cetero prefatas oppellas occupent *Reg. Brechin* II 116; 1539 pro uno tenemento cum ~a *Feod. Durh.* 307.

†opendites, *f. l.*

11 . . †opendites [l. ependyten], *cop WW Sup.* 241.

opepilcii v. opos.

opera [CL]

1 activity, effort (sts. dist. from *opus*); **b** (w. subj. gen.); **c** (w. obj. gen.; w. ref. to care or attention).

Christus . . reddet singulis secundum suam ~am Ps.-BEDE *Collect.* 382; impetentes Ascalonitas facili ~a depulit W. MALM. *GR* IV 377; non quia magne sit ~e discernere a vocalibus consonantes J. SAL. *Met.* 856D; sponse . . post quietis sue suaves ferias ad exteriores ~as egredienti J. FORD *Serm.* 92. 1; avellente sorore sua ad ~as exire forenses *Ib.* 112. 7; de propria virtute non confitentes, nil prorsus sua vel ~a vel opere perquirere . . curant GIR. *SD* 126; votorum nostrorum . . zelatores . . et tam opere quam ~a promotores R. BURY *Phil.* 8. 133. **b** siquidem cum ~a logicorum vehementius tanquam inutilis rideretur J. SAL. *Met. prol.* 824A; ut inanem reputem ~am modernorum *Ib.* 904C. **c** sapientiae . . studium et ~am neglexistis ASSER *Alf.* 106; non tamen litteralium studiorum rejecit ~am W. MALM. *GR* I 60.

2 (~*am dare* or sim.) to devote one's attention or effort (to), to endeavour, be diligent, or sim.; **b** (w. dat.); **c** (w. *ad, de,* or *in*); **d** (w. *ut, ne,* or sim. & subj.).

~am dare, benigne facere vel conciliare *Gl. Leid.* 1. 82; ecclesias . . quas Ina rege dante ~am . . possidet W. MALM. *GR* II 151; at tamen si Merlinus vates ~am insisteret dare, arbitror te posse consilio ipsius tuo desiderio potiri G. MON. VIII 19; quandoque ~am dedi P. BLOIS *Ep.* 76. 234B; ~am non laborem excogitando apponet inventor BALSH. *AD* 88. **b** tres pueri . . nequaquam carnalis copulae voluptatibus ~am dedidisse leguntur ALDH. *VirgP* 21 p. 252; audiendis sive legendis scripturis ~am dantes BEDE *Hab.* 1249; c958 viris ecclesiasticis prae caeteris ~am impendere curabo *CS* 936; multis . . litteris impendi ~am, sed aliis aliam W. MALM. *GR* II *prol.*; curiositas est non magne utilitati magnam ~am inpendere ANDR. S. VICT. *Dan.* 51; levita factus . . seculi hujus operibus . . magis ~am dabat H. BOS. *Thom.* II 7. **c** 625 ut ad dilatandam Christianam fidem . . non desistat ~am commodare (*Lit. Papae*) BEDE *HE* II 11 p. 105; daturus operam de singulis quae terra fovet mortalium nutrix aut quondam fovisse fertur *Lib. Monstr.* I *pref.*; ad ecclesias per orbem Deo instituendas ~am demus BEDE *Cant.* 1202; sequens . . est secundum . . propositum ad ea que enuntiari est operando contingit ~am adhibere BALSH. *AD rec.* 2 125; non enim tenetur medicinas suas medicus infundere nec legista ~as suas in causis inpendere, nisi in quantum ei facultas suppetit T. CHOBHAM *Praed.* 195. **d** demus tamen ~am quantum valemus ne nos ipsi fragilitatem nostrae conditionis . . juvemus BEDE *Ep. Cath.* 89; precor . . quatenus excellentia vestra ~am det, ut ista in regno suo corrigantur ANSELM (*Ep.* 435) V 383; date ~am quatenus vos predictis virtutibus muniatis AILR. *Serm.* 28. 33; date ~am ut predicte ambitionis nota . . abscindatur a vobis P. BLOIS *Ep.* 82. 254C; [regina] diligebat quendam juvenem . . cujus amorem amori sui domini preferens ~am . . dederat ut suum conjugem . . traderet *Arthur & Gorlagon* 7; 1526 dabimusque ~am ne de cetero in scandalum nostri adeo . . incedant (*Vis.*) *EHR* III 710.

3 (~*ae pretium*) something worthwhile; **b** (~*ae pretium esse* or sim., or ellipt.) to be worth while (to do something, usu. w. inf.); **c** (w. *ut* & subj.).

opereprecium, necessitas OSB. GLOUC. *Deriv.* 402. **b** quia tam famosam . . expeditionem audire sit ~e pretium et virtutis incitamentum W. MALM. *GR* IV *prol.*; sic . . ~e pretium audire scripta veterum et percensere *Id. GP* V 241; in hac parte quomodo colenda sit amicitia ~e pretium est indagare AILR. *Spir. Amicit.* III 115. 697; opere pretium fuit et cure . . memoriale relinquere GIR. *TH intr.* p. 3; ~e pretium est maxime peregrinantibus vitam suam preteritam precipue et semper pre oculis habere R. NIGER *Mil.* IV 1. **c** ~ae pretium reor ut id . . enucleare studeas ALDH. *Met.* 10 p. 85; ~ae pretium est ut . . replices *Id. PR* 139 p. 193; mihi quoque ~ae pretium videtur ut . . rumores . . praeconia subsequantur *Id. VirgP* 42 p. 293; non puto esse ~e pretium ut eam repetamus divisionem BELETH *RDO* 159. 156C (ed. *PL*).

4 (w. ref. to help, assistance, or support).

invenit duos qui ad ejus interfectionem ~am suam pollicerentur W. MALM. *GP* I 6 p. 14; ejus ~a de gravi morbo sanatus fuerat *Ib.* V 270; preparatis . . ad tantam expeditionem, patris ~a, necessariis GIR. *EH* II 32.

5 (w. ref. to) something accomplished, deed, exploit.

ingentes ~as ejusmodi desiderat oratio hominis qui ampullato eloquio et curioso habundet otio W. MALM. *GR* IV 382.

6 (w. ref. to) business, craft, or its product.

mercator itaque foranus nequit . . ~am [AN *gl. in EHR* XVII 716: *overayne*] aliquam quod ad cives pertinet operari (*Lib. Lond.* 8. 6) *GAS* 675.

7 work or task that has to be performed, required labour.

habebit cum ipso warecto et prato ~as et consuetudines ad warectam et pratum pertinentes *Stat. Linc.* I 278.

operabilis [LL]

1 that relates to or can be done or affected by work or labour, operable (usu. phil. & as sb. n., sts. dist. from *naturalis, speculabilis,* or sim.).

in rebus ~ibus BACON *Maj.* II 258; quia virtus finita potest facere minimam operationem in minimo tempore et virtus infinita maximam operationem et ad idem ~e *Id.* XIII 335; **c1301** utrum in Deo ydee operative sint infinite. quod sic. cuilibet ~i secundum speciem correspondet sua ydea *Quaest. Ox.* 288; nulla cognicio speculativa distinccius tractat de ~ibus quam eorum cognicio necessaria est ad speculacionem DUNS *Ord.* I 202; sicut se habet principium in speculabilibus, sic finis in ~ibus *Ib.* II 63; finis .. se habet in ~ibus, sicut principia in speculativis vel supposiciones in mathematicis R. BURY *Phil.* 18. 231; primum est in ~ibus. secundum in naturalibus. primum est tale: in omni genere ~ium quanto labor est gravior, tanto merces correspondens erit major. patet in agricultura, in milicia, in edificio HOLCOT *Wisd.* 143; sicut enim intellectus ecclesie deceptus est in materia de eucaristia in speculabilibus, ita ejus affectus per eandem sectam deceptus est in ~ibus WYCL. *Sim.* 65.

2 (of period of time) of work, during which work is permitted or required: **a** (of day); **b** (of week).

a 1226 singulis diebus ~ibus (v. 1 dies 10b); **1296** pro vj diebus ~ibus ij s. *Ac. Galley Newcastle* 164; diebus ~ibus, nec ad horas nec ad matutinas, debet compelli *Obs. Barnwell* 184; **1327** de ij operibus hiem' .. xxj virgatar' et dim' operar' [*sic*] operancium quolibet quarto die ~i per tempus hujus compoti *MinAc* 742/7 m. IV (*Bray, Berks*); **c1345** quilibet metere debet quolibet die ~i dimidiam acram bladi *Comp. Swith.* 146; **1423** in stipendio Johannis P. .. per xij dies ~es vj s. *Ac. Obed. Abingd.* 97; **1436** per lxxviij dies ~es, viz. menses Novembris, Decembris, Januarii, Februarii et Marcii *KR Ac* 53/5 f. 10v. **b c1230** debet operari qualibet ebdomada ~i per tres dies (*Cust.*) *Doc. Bec* 37.

3 **a** (of person) who is required to perform works or tasks. **b** (of land) subject to customary services, cultivated by exacted labour.

a 1423 cum operibus .. custumariorum ~ium (v. custumarius 1e). **b 1222** cum tribus virgatis et x acris terre escaete quondam assise et ~is et censualis in parte *Dom. S. Paul.* 52.

4 (as sb. n.) handicraft, manual trade or occupation.

1419 petit tota communitas quod predicta forma, quoad grossiora officia et ~lia .. obeservetur *MGL* I 495.

operagium [CL operari+-agium], (act of) producing or making (in quot., w. ref. to coining).

1282 pro ~io et monetagio de mdclv libris v s. ferlingorum operatorum et monetatorum ibidem *KR Ac* 230. 21; **1289** cum operarii et monetarii monete .. dicerent .. se racione laboris seu ~ii sui debere .. habere novem denarios .. de ~io cujuslibet marche obolorum *RGasc* II 306b.

operalis [ML], of or relating to work: **a** (of act, skill, or sim.). **b** (of period of time) during which work is permitted or required, working-.

a si quibus areolis, quo scemate curat, et hortos / ars operalis eos qua ratione serit L. DURH. *Dial.* III 356; notandum tamen quod Jeremias sicut et alii prophete non propter affeccionem civiliter dominandi, sed ad prophetandum in signo sensibili reditum populi, post captivitatem Babilonicam, emit agrum; sicut enim portavit vincula et catenas in collo per tempus notabile: sic eciam Ysaias ivit nudus et calciatus .. : sic Ezechiel cubavit penaliter super unum latus sine altera conversione .. unde Salvator approbando tales prophetias ~es, maledixit ficui ad designandum malediccionem Judeorum WYCL. *Civ. Dom.* I 257; cum .. quelibet res secundum Augustinum necessario dicit se ipsam, patet quod sive habitualis sive sermocinalis sive ~is locucio sive unum ex hiis omnibus aggregatum, movens ad inducendum homines in errores, potest dici racionabiliter dogma falsum *Ib.* II 58. **b 1283** si die ~i festivitas evenerit (v. 1 dies 10b); **1352** quod ipsi cementarii, carpentarii, et alii operarii incipere debeant operari singulis diebus ~ibus in estate usque ad pulsacionem campane B. M. V. et tunc sedeant ad jantaculum *Fabr. York* 172.

operamen [ML], (act of) working or producing, work (usu. w. obj. gen.): **a** (of artefact); **b** (of miracle or sim.).

a quorum [calciamentorum] ~ina artificiosa ex industria taliter confecta comprobantur R. COLD. *Cuthb.* 42 p. 88; **1280** computat pro cementariis .. ceterisque operariis ad ~en castri necessariis .. cclxv li. *MinAc W. Wales* 10. **b** plurima celestium virtutum ~ina perpetrare R. COLD. *Cuthb.* 38; severus malorum retributor, juxta diversa ~ina meritorum *Ib.* 110; temperamentum fidei condire et efficere consuescunt subitanea ~ina insperati miraculi *Ib.* 132 p. 280; illesa incorruptio brachiorum preclara denuntiat ipsius ~ina pietatis *Id. Osw.* 47.

operari [CL], **~are** [LL]

1 to work, be at work, perform tasks; **b** (w. ref. to performing customary service); **c** (w. *ad, in, pro*, or sim. to indicate place of work or task); **d** (pr. ppl. as sb.) one who works, worker.

dies salutis vultibus paenitentium lucet, in quo bene ~ari potes, ne fiat fuga tua hieme vel sabbato GILDAS *EB* 31; qui ~antur die Dominico, eos Greci prima vice arguunt, secunda tollunt aliquid ab eis, tertia vice partem tertiam de rebus eorum aut vapulent THEOD. *Pen.* I 11. 1; dies .. ad ~andum nox ad quiescendum naturaliter condita est BEDE *Prov.* 1032; dives erit, dure semper qui operatur in agro ALCUIN *Carm.* 72. 188; chirurgicus .. i. medicus manu et ferri incisione ~ans OSB. GLOUC. *Deriv.* 105; **c1219** in festis sanctorum Alphegi et Georgii .. post missam ~ari concedimus (*Const. Lond.*) *EHR* XXX 302. **b c1234** virgatarii solebant ~ari et arare aruras consuetudinarias *Cust. Glast.* 149; **1275** ~abit .. qualibet septimana per diem lune *Ac. Stratton* 12; **c1283** non debent ~are nisi forte necesse fuerit *Cust. Battle* 55; **1353** et ~abit tantum sicut unus virgatarius *Cart. Boarstall* 609 p. 208. **c** ad curiam ~abantur sicut villani (*Sussex*) *DB* I 17rb; **c1122** si abbas de R. poterit monstrare quod nullus antecessorum suorum .. ~asset ad hominiam de B. .. precipio ut sit quietus inde *Chr. Rams.* 278; vulgus mathematicorum judicantium et ~antium per stellas magnas non multum proficiunt BACON *NM* 527; **1376** mulieribus colligentibus muscum .. et ~antibus in stagno *Ac. Durh.* 583; **1379** quia noluit ~are ad maner' prout tenebatur *Hal. Durh.* 162; **1468** repar' et emendac' magni furni coquine per viij dies ~antibus super adquisicione de *le thyll* in quarrera ex altera parte Wire *Ac. Durh.* 92; **1496** sol' xviij hominibus ~antibus cum X. M. in degelando aqueductum monasterii tempore magni gelu hoc anno, per j diem, iij s. *Ib.* 654; **1537** sol' diversis operariis ~antibus pro perimplecione plaustrorum fimo hoc anno ij s. *Ib.* 699. **d** materiales lapides cum praeparantur aut ponuntur in aedificio nil ipsi laborem ~antis juvare .. possunt BEDE *Ep. Cath.* 48; **s1381** ortum est decidium civile rusticorum ceterorumque in mechanicis artibus ~ancium *Chr. Kirkstall* 124; **1373** item diversis laborantibus et ~antibus ibidem per idem tempus *Ac. Durh.* 210.

2 to act, operate, have effect, to function; **b** (w. God or His grace as subj.); **c** (w. act., abstr., or sim. as subj.).

etiam si male ~arentur et facinorose flagitioseque viverent BEDE *Ep. Cath.* 22; nam justificatus per fidem quomodo potest nisi juste ~ari? *Ib.*; **1223** de .. beneficiis ad .. episcopatum pertinentibus conferendis .. ~abitur per consilium nostrum *Pat* 382; **a1254** ut tamen nostre medicine remedia efficacius ~entur *Collect. Ox.* I 46; nervi qui sunt sensibiles proprie ~antur ad motum RIC. MED. *Anat.* 218; **1324** pecierunt quod .. eisdem libertatibus gaudere possint et non secundum 'statutum de quo waranto' ~are *MGL* II 296; a materia cujuslibet alterius virtutis cardinalis, secundum quam homo juste ~atur ad alterum OCKHAM *Pol.* II 557. **b** ut ~ante mirabiliter Domino longe melius de aqua fieret vinum BEDE *Cant.* 1140; cum eum ~ante Spiritu Sancto in utero virginis incarnari disposuit *Id. Retract.* 1004; **a1163** ad honorem Dei, ipsius ~ante gratia, constituam quandam domum religionis *Reg. Paisley* 1; tres sine prole mortui sunt. quartus Cloten dictus in vita remansit et prolem procreavit; creditur Deum ~asse pro eo quia verus heres *Eul. Hist.* II 234. **c** in ipsa beata Virgine utraque hec vita, activa et contemplativa, perfecte ~abatur AILR. *Serm.* 21. 42. 359; debeat optare omne illud quod scit non esse peccatum et ~ari ad salutem S. LANGTON *Quaest.* 150; ad quem [diem] sive venerit sive non, ante omnia capiatur assisa cum tantum ~etur ejus absencia quam presencia *Fleta* 318; **c1300** credimus quod veredictum ipsorum ~abitur contra te (*30–1 Ed. I*) *Year Bk. app.* p. 541; set quia speratur quod vera fides operatur GOWER *VP* 9; **1437** quantum .. possit .. intercessio ~ari BEKYNTON I 8.

3 (w. ref. to collusion or sexual intercourse).

~ati estis cum mulieribus Christianis et paganis, unde fetor ascendit in celum H. HUNT. *HA* VII 14.

4 to occur, take place.

in quo utroque loco ad indicium virtutis illius solent crebra sanitatum miracula ~ari BEDE *HE* IV 3 p. 212.

5 (trans.) to work, do, perform; **b** (task, craft, or trade); **c** (act or abstr.).

haec .. omnia dona ~atur Deus THEOD. *Laterc.* 22; ergastulum, locus ubi damnati aut marmora secant aut aliquid ~entur *GlC* E 276; cum quis construere domum dicitur qui nihil ~atur sed praecipit ANSELM *Misc.* 347; albus [lapis] incipit apparere super aquas .. lapis .. rubeus contrarium ~atur, quia incipit apparere in ortu solis BACON V 118. **b** homines ~antur opera regis quae praepositus jusserit (*Northants*) *DB* I 219rb; mercator .. foranus nequit madidum pannum emere .. vel operam aliquam quod [v. l. que] ad cives pertinet ~ari (*Lib. Lond.* 8. 6) *GAS* 675; **c1230** ~abit dimidium opus (*Cust.*) *Crawley* 235; **c1283** ~ari debent quidquid eis injungitur usque ad disjunctionem carucarum *Cust. Battle* 15; **1295** iij s. vj d. in stipendiis iij garcionum ~ancium minuta opera *KR Ac* 5/8 m. 11; **1449** quorum quilibet ~abit j opus quolibet die operabili (*Ac.*) *Crawley* 487. **c 626** quae .. in .. regis .. inlustratione clementia Redemtoris fuerit ~ata (*Lit. Papae*) BEDE *HE* II 10 p. 101; glorificantes Dominum magnifice in servis suis mira ~antem *V. Cuthb.* III 2; pigros dicit eos quos piget ~ari justitiam BEDE *Prov.* 985; haec est tua consuetudo mala, quam ~aris erga nos ÆLF. BATA 4. 3; sic ei miraculum quod in se fuerat ~atus exponens AILR. *Ed. Conf.* 790A; prava et perversa nimis ~ante natura GIR. *SD* 140; manifestat / actus illicitos quos operare studes GARL. *Hon. Vit.* 156.

6 a (w. ref. to bringing about, making possible, or facilitating); **b** (w. ref. to causing or provoking).

a ut patet in virtute visiva que mediante humore cristallino visum in oculo ~atur [TREVISA: †*worchip*, l. *worchiþ*] BART. ANGL. IV 4 p. 94. **b** iram enim Dei .. potius ~atur LANFR. *Comment. Paul.* 119B.

7 to affect by work or labour, to process, cultivate, refine, or sim. (also as true pass.): **a** (land or crop); **b** (substance, material, or alch.); **c** (artefact, w. ref. to additional decoration or elaboration).

a pauperes potentium vineas sine mercede et cibo ~ati sunt GILDAS *EB* 59; **1231** juste pene inflictio est ut [populus Judeorum] terram laboriose ~etur GROS. *Ep.* 5 p. 35; cum ~atus fueris terram spinas et tribulos generabit tibi [cf. *Gen.* iii 17–18] *Eul. Hist.* I 10. **b** ille pelliparius vel qui ~atur tanatas pelles vel qui eas tanat OSB. GLOUC. *Deriv.* 11; **1309** aurum non ~atum, serica non ~ata *PQW* 824b; lana de Anglia ad illas partes transmissa mirifice ~atur et aliis regionibus transmittitur *Eul. Hist.* II 100; obligavimus monasterium nostrum .. ad inveniendum .. meremium, non tamen ~atum vel carpentatum *Meaux* II 211; **1409** summa cclxxviij *blomes* .. continentes iiij^{m}clxiij petras ferri, unde lxj *blomes* nondum ~antur in ferrum (*Ac.*) *EHR* XIV 529; **1439** it' Ric'o Smyth ~anti xiiij petr' ferri antedicti *Ac. Durh.* 71; ponatur totum in vase precipitacionis et primo cum lento igne per hebdomadam ~are RIPLEY 204. **c 1208** item j cuppam deauratam ~atam *Invent. Exch.* 121; **1269** samitum .. brudatum largissime et ~atum cum perulis optime *Cl* 69; **1288** habent truncos fullonis ad ~andum falso modo veteres pannos *Leet Norw.* 5; **c1334** olle argentee ad aquam .. item. quinta olla .. ~ata (*Invent. Ch. Ch.*) *Arch. J.* LIII 275; **c1348** ad unam aulam de worsted' ~atam cum papagaill' pro aula dicte domine sue (*AcWardr*) *Arch.* XXXI 71; **1388** unum lectum de panno aureo de rubeo campo cum foliis aureis ~atis in quodam frecto albo *Foed.* VII 577; **1440** cum uno lecto de Arras ~ato cum auro *FormA* 432.

8 to make, produce, manufacture; **b** (w. ref. to building or sim.); **c** (w. ref. to minting coins).

ut illa doceret filiam ejus aurifrisium ~ari (*Bucks*) *DB* I 149rb; posse facere picturam, litteras formare, scalpello imprimere, ex auro, argento, aere et ferro, quicquid liberet ~ari OSB. *V. Dunst.* 8 p. 79; lanam et linum .. querere solent ut exinde vestes ~entur et elaborent ANDR. S. VICT. *Sal.* 90; nonne videtis homines .. nobiles quasi rusticos manibus suis cibum suum ~ari? AILR. *Serm.* 3. 11. 222; ipsi vero de auro et argento meo ~ati sunt Baal P. BLOIS *Ep.* 102. 317C; quod illi qui venerint et pannos ~ati fuerint, sint quieti de theolonio et tallagio *Leg. Ant. Lond.* 137; de arboribus lana colligitur et exinde sericum ~atur *Eul. Hist.* II 96; **1371** in una magna campana per J. de S. ex convencione ~anda *Fabr. York* 9; in convencione facta cum domino J. C. pro j novo *cloke* ~ando cum toto

apparatu preter plumbum et campanam *Ib.* 10; **1404** item in fine ecclesie jacet una fenestra nova lapidea noviter ~ata *Ac. Durh.* 395. **b 1255** quod aulam .. de peccunia costume majoris ~ari faciat *RGasc* I *sup.* p. 55a; **1395** ~antes muros lapideos vel lapidea fundamenta *Mem. York* I 148. **c c1153** habere .. unum †cuncum [l. cuneum] ad ~andam monetam *Reg. Ant. Linc.* I 58 (cf. *CalCh* IV 382).

9 (w. God as agent) to create.

ecclesia .. inconcussa fide tenere confitetur divinam potentiam ~atam esse ex nihilo terram, aquam, aera et ignem, lucem quoque et angelos atque animam hominis FRIDUG. 128.

10 (p. ppl. as sb. n.) work, product, result.

~ata aliarum scientiarum requirunt tempora idonea BACON *Maj.* I 390.

operariator [cf. CL operarius, LL operator], worker, labourer (in quot., w. ref. to customary tenant).

redditus iij ~orum *FormMan* 16.

operariolus [CL operarius+-olus], (little) worker or labourer.

hic operarius .. unde hic ~us .. i. parvus operator OSB. GLOUC. *Deriv.* 391.

operarius [CL]

1 (as adj.): **a** (of person) who works (for hire), working, labouring. **b** (of animal) used in agricultural work or sim.

a ~ie mulieres lanam et linum .. querere solent ut exinde vestes operentur et elaborent ANDR. S. VICT. *Sal.* 90. **b** colifarius, bos ~ius OSB. GLOUC. *Deriv.* 140.

2 (feud.): **a** (of person) who serves as customary tenant. **b** (of land) held by customary service.

a c1158 decimam lignorum que homines ~ii .. debent Petro ex consuetudine *Danelaw* 173. **b 11..** tenet unam virgatam que dudum fuit ~ia. et dat modo pro ea iiij sol. ad censum *Cart. Rams.* III 275; **1181** Aschitillus [tenet] unam virgatam, cujus una medietas fuit ad censum, altera ~ia *Dom. S. Paul.* 117; **1222** [tenet] v acras pro iiij d., quarum tres sunt ~ie et una de dominico *Ib.* 20; **1244** Elyas de Pyro tenet unam virgatam integram ~iam, quam Radulphus de Pyro tenuit per consuetudinem et servitium *Cart. Rams.* I 454; **c1250** quelibet virgata ~ia que non fuerit posita ad censum dat obulum ad *willesilver* ad Pentecosten *Ib.* 487.

3 (as sb. m.) one who works or labours, worker, labourer; **b** (w. ref. to *Matth.* ix 37; **c** (w. ref. to *Matth.* xx 1–7); **d** (fig.).

Britannico formello utatur .. si ~ius est GILDAS *Pen.* 1; item manus sponsae stillant murram cum ~ii illius, id est doctores sancti, mortificationi salutiferae corpus subiciunt BEDE *Cant.* 1158; o socii et boni ~ii [AS: *wyrhtan*] .. prosit unusquisque alteri arte sua ÆLF. *Coll.* 100; sero .. dampnum succise arboris ~ii animadvertentes primo inter se mussitare, post Aldelmo in notitiam detulere W. MALM. *GP* V 216; plerumque mechanicarum artium ~ii sibi laboris solatium cantilene remedio querunt GIR. *TH* III 12 p. 157. **b** in tantum crevit opus .. ut, cum pauci essent ~ii secundo .. anno ad dedicationem usque perveniret *Hist. Abb. Jarrow* 12. **c** hi sunt .. ~ii quos nona et undecima hora in vineam paterfamilias inducit BEDE *Acts* 951; ubi per ~ios primae, tertiae, sextae, nonae, et undecimae horae patenter exprimitur quia .. *Id. Cant.* 1217; juxta illam Domini parabolam ubi ~ios in vineam .. narrat esse conductos *Id. Ep. Cath.* 93. **d 673** edocemur .. Dominicae vineae ~ios .. a remuneratione boni operis esse fraudatos (*Lit. Papae*) *CS* 31; cum mysteria fidei ignorantibus per ~ios veritatis revelavit BEDE *Prov.* 1035; velut boni in Christi vinea ~ii strenue insudatis ANSELM (*Ep.* 286) IV 206.

4 (feud.) one who performs required labour, customary tenant, or sim.; **b** (f.).

c1206 liberavi Symoni filio Thome ~ii *Cart. Osney* I 312; **1209** preter terras .. xiij ~iorum (*Ac.*) *Crawley* 188; **1233** in quietandis vj ~iorum operancium per duos dies in septimana (*Ac.*) *Crawley* 207; **12..** viginti sex virgate et dim' sunt divise per homines, omnes ad opus vel ad censum, si firmarius voluerit .. et omnes similiter ~ii dabunt inter se octo denarios ad pisces *Cart. Rams.* III 278; **12..** ~ii episcopi ex illis [planchiis] clauserunt parcum episcopi *Feod. Durh.* 259; **1375** arrestari faciant omnes hujusmodi tenentes et servitores ac operar' ville *Hal. Durh.* 128. **b 1234** operarii: .. Juliana .. tenet j cotsetlum .. et, si dominus vult quod sit ~ia, tunc debet operari qualibet septimana a festo B. Mich. usque ad Nat. B. Joh. per tres dies *Cust. Glast.* 59.

5 one who is in charge or manages, manager.

1343 Nicholao molendinario breviatori et ~io elemosinarii xij s. *Ac. Durh.* 203.

6 (eccl. & mon.) master of the department of works.

12.. frater autem ~ius, sacrista et vestiarius .. in eodem cartulario teneantur receptas et expensas .. conscribere (*Const.*) *EHR* IX 125; omnesque obedientarii .. in presentia abbatis accipient veniam de suis obedientiis petituri veniam .. lignarius, ~ius, infirmarius *Obed. Abingd.* 339; institutiones que supponuntur virgultario, lignario, ~io, assignantur *Ib.* 416.

7 one who does or performs, doer.

discedite a me quicumque fuerint ~ii iniquitatis [cf. *Matth.* vii 23] AILR. *Spec. Car.* II 20. 570A.

8 maker, manufacturer, producer.

1321 ~ii capellorum in civitate London' *PQW* 456b; custodes cambiorum regis London' et Cantuar' et ~ii monetarii et alii ministri *PQW* 469a; **1361** per examinacionem ~iorum monetarum (*Pat*) *Foed.* VI 308; **1474** artifices sive ~ii arcuum (*Ib.*) *Ib.* XI 838.

9 (as sb. f.) woman worker or labourer.

de muliere forti tanquam de strenua et vigilanti ~ia et prudenti negotiatrice loquitur ANDR. S. VICT. *Sal.* 90; describit .. mulierem fortem, sapientem, optimam ~iam AILR. *Serm.* 21. 1. 353.

10 (eccl. & mon.) department of works.

s1430 prohemium in ciste communis magistrique ~ie ereccionem AMUND. I 275.

11 (as sb. n.) place in which business is conducted or work is performed, shop, workshop.

~iis, *mesinis uverablis* (BALSH. *Ut. gl.*) *Teaching Latin* II 61; ~ium, A. *a shoppe or a werkehous WW.*

operaticus, one who works or performs tasks, doer.

si homo esset laudandus propter posse preteritum, tunc quilibet esset eque laudandus, et si propter facta preterita, cum illa non sunt in ejus potestate nec possunt proficere, non esset equaliter laudandus sicud unus presentiter bene operans vel ~us WYCL. (*Act.* II 1) *Misc. Phil.* I 65.

operatio [CL]

1 performance of tasks, work, activity; **b** (eccl. & mon.; w. ref. to manual labour as part of the monastic curriculum); **c** (w. ref. to aid, influence, or support); **d** (med., w. ref. to treatment of diseases w. remedies or through surgical intervention); **e** (alch., log., or sim.; w. ref. to experiment or process); **f** (w. ref. to workmanship).

625 ut .. in omni mundo annuntiata vestra Deo dignae ~onis augmenta referat (*Lit. Papae*) W. MALM. *GP* I 30; post sexti diei ~onem .. requievit .. Deus THEOD. *Laterc.* 23; hi qui in fide et recta ~one profecerunt BEDE *Cant.* 1202; quatenus et illi temporalis salus per vestram ~onem tribuatur et vobis aeterna per divinam miserationem retribuatur ANSELM (*Ep.* 36) III 144; magna copia vini habetur ibidem ~one Cristianorum *Itin. Mand.* 50. **b** lectioni, ~oni, et disciplinae regulari per omnia studens *Hist. Abb. Jarrow* 3. **c** cenobium vero Ramesiense .. ejus .. ~one a fundamentis edificatum est EADMER *V. Osw.* 18; quod de intemerata Virginis carne per ~onem Spiritus Sancti natum est J. FORD *Serm.* 8. 4; unde in nativitate multa scitur operatio inesse propter ~onem planetarum M. SCOT *Phys.* 10 f. 12rb. **d** multi sunt medici qui magifice sciunt hec legere et disputare .., qui tamen nesciunt cautelas et modos ~onum BACON *Mor. Phil.* 248; ante ~onem cum ferro nihil comedat illo die stante virtute GAD. 110v. 1; istam ~onem nescit cirurgicus nec medicus nisi prius viderit in opere eam, vel ad minus non erit ausus, et tunc manus foret tremula et totum opus violaret *Ib.*; ita quod ex ipsa tunc natura procedit operacio que est forcior quam sit ~o medici cum instrumentis et medicinis suis J. MIRFIELD *Flor.* 124. **e** et ego vidi istam ~onem fieri apud Cartanam a magistro Jacobo Judeo, et ego postea multociens probavi M. SCOT *Part.* 281; igitur per talem ~onem patet propositum WALLINGF. *Quad.* 30; igitur per ~onem 3[e] hujus inveniam sinum FU *Ib.* 32; **1419** interrogatus si unquam exercuisset hujusmodi artem magicam in dicto libro majori conscriptam, fatebatur publice quod sic et hoc per diversas ~ones per ipsum usitatas; dixit tamen idem R. quod non credidit in eisdem quia bene novit quod false fuerunt hujusmodi ~ones *Reg. Cant.* III 55. **f** in cujus pontis occidentali limite arx munitissima praefati regis imperio pulcherrima ~one consita est ASSER *Alf.* 92.

2 (work performed as) required labour, (instance of) customary service; **b** (w. ref. to construction or maintenance). **c** (eccl. & mon.) fabric.

781 (11c) ut sit omni tributo regalium ~onum refectionumque in perpetuum libera *CS* 239; **c1093** sciatis me quietam clamasse totam terram et homines Sancti Benedicti de Ramesia de omni ~one et placitis *Chr. Rams.* 211 (=*Regesta* 354); **1142** Normanus recepit in escambiam unam bovatam .. per servicium duorum solidorum per annum et ~onem unius diei in hebdomada.... Edricus recepit unum toftum .. per .. ~onem viij dierum in Augusto (*Ch.*) *MonA* V 454–5; **c1175** excepto comuni auxilio, comuni exercitu, comuni ~one *Regesta Scot.* 152; **1211** preter .. xiij operatores qui se defendunt per ~ones suas (*Ac.*) *Crawley* 196; **1222** isti tenent dimidias virgatas ad ~onem .. omnes isti debent .. singulis septimanis .. ij ~ones *Dom. S. Paul.* 16–17. **b 801** (14c) preter expeditionem et muniminis atque pontis ~onem *CS* 300; **c1130** ut .. sint liberi ab omni ~one castellorum et pontium et omnium aliorum operum *E. Ch. Scot.* 84; **a1155** quiete .. de .. ~onibus castellorum et omnibus aliis consuetudinibus *Regesta* 100; **c1162** liberi ab omni ~one poncium et castellorum et omnium aliorum *Regesta Scot.* 213; debet .. habere molendinum equorum, et est quietus ipse .. de multura et ~one molendinorum *Boldon Bk.* 17; **c1192** quieti .. de ~one molendini *Regesta Scot.* 311. **c c1125** partem illam [istarum terrarum] quam ad ~onem ecclesie posuerit, ex quo parata fuerit ecclesia, ponat eam ad supradictam elemosinam ecclesie *Cart. Rams.* I 244; **c1169** de una marcha argenti .. ad ~onem nove ecclesie *Regesta Scot.* 29; H. C. occisus fuit a quodam equo .. precium equi v s.; dantur ~oni ecclesie de W. pro Deo *PlCrGlouc* 12.

3 (act of) working or bringing about, performance.

a Deo ~one miraculorum suffultus BEDE *HE* II 3 p. 86 (=ELMH. *Cant.* 125); vir .. maxime elimosynarum ~one insignis *Ib.* IV 27 p. 275; licet omni miraculorum ~one [v. l. ~oni] et signorum ostensione [v. l. ostensioni] ministerium evangelicae praedicationis praeferendum sit ALCUIN *WillP* 14; sermo veritatis vite exemplo et virtutum ~one firmabitur J. FORD *Serm.* 32. 5.

4 (act of) processing or affecting through work or labour, cultivation, refinement, or sim.: **a** (of land or vineyard); **b** (of substance or material); **c** (of artefact, w. ref. to additional elaboration).

a 1231 juste pene inflictio est ut [populus Judeorum] terram laboriose operetur que etsi ex ~one illius populi fructificet non tamen fert illi fructus suos sed principibus sub quibus captivatur GROS. *Ep.* 5 p. 35; non possum ire .. in vere pro ~one vinearum nec in autumpno pro collectione garbarum H. HARTLEPOOL 201. **b** hoc lanificium .. i. lane ~o OSB. GLOUC. *Deriv.* 313; **1368** in ~one xxx petr' ferri in xxiij secur' *Ac. Durh.* 571; **1403** pro aliis ferralibus et pro ~one ferri *Ib.* 219; **1455** pro ~one dicte cere et *rosyn* in iij *torchez Ib.* 634; **1456** una cum ~one ferrea et lignea *Ib.* 241; **1533** eidem, pro ~one v petr' ferri Hispanici *Househ. Bk. Durh.* 141. **c 1405** cedula .. de factura cathenarum et deauracione cum ~one iij turribulorum *Fabr. York* 133.

5 (act of) making, production, manufacture; **b** (w. ref. to manufactured artefact).

1242 et in c et l cereis cereo existente de duobus libris et xxxv candelis candela existente de duobus libris et ~one eorundem in ecclesia Christi et S. Augustini Cantuar' *Pipe* 144; **1287** pro serico empto ad ~ones domine Margerie filie regis *KR Ac* 351/28 m. 3; **1376** pro xij *quyssyns* cum ~one et estuffamento eorundem (*IssueR*) *EHR* XXI 16; **1418** pro triginta sex petris plumbi pro ponderibus et pro ferro

et ~one ponderum de novo factorum *ExchScot* 292; **1420** pro ~one clavorum *Ac. Durh.* 406; **1456** pro ~one j lecti ex tabulis *Fabr. York* 66.   **b 1416** quoddam magnum colerum .. de ~onibus coronarum et bestiarum, vocatarum *antelopes*, confectum (*Pat*) *Foed.* IX 405.

6 place where processing or manufacture is carried out, works (in quot., tin-works).

1398 quandam ~onem stanni vocatam Cowyswork' in mora de Nansmorna *Pat* 304 m. 29*d.*

7 enterprise, undertaking (in quot., w. ref. to literary work).

quia de tribus personis presens maxime constat ~o .. regem .. abbatem .. diocesanum THORNE *prol.*

8 ability for action, natural activity; **b** (theol., to translate ἐνέργεια) mode of, initiative, or impulse to action (in Christ).

in homine tres regiones .. media circa cor, in qua viget ~o, suprema in capite, in qua viget sensibilis racio GROS. *Templ.* 2. 5; membra solida spirituum et humorum sunt receptacula, organaque virtutum et ~onum existunt KYMER 3; coitus enim talis si continuetur, digestionem impedit, esuriem defalcat, siciem generat, humores corrumpit, spiritus depauperat, calorem naturalem infrigidat, virtutes defecat, ~ones prosternit *Ib.* 19.   **b** synodum .. celebratam contra eos maxime qui unam in Christo ~onem et voluntatem praedicabant BEDE *HE* IV 16 p. 242; contra illos qui unam ~onem predicant in duabus naturis Domini nostri W. MALM. *GP* III 101 p. 229; Heraclium in heresim Monothelitarum involvunt, unam ~onem in Christo predicant M. PAR. *Maj.* I 275.

9 (act or mode of) working, function, role.

cum .. quereremus qualis esset anime in carne ~o vel natura AILR. *An.* I 63; ~o hujus virtutis est quandoque circa intellecta et post ~onem intellectus J. BLUND *An.* 345; sicut enim lux facit ad ~ones sensus, ita et illuminatio pure veritatis facit ad ~onem intellectus *Ib.* 372; tamen quia anima .. suas replet ~ones sc. imaginationem *Quaest. Salern.* B 169; in corpore sunt .. ~ones vitales que sunt ab anima T. SUTTON *Gen. & Corrupt.* 164; inpossibile est reddere causas horum ~onum [anime] ex elementis *Ib.*

10 power, effect: **a** (of person); **b** (of inanim. obj.); **c** (of abstr.).

a 1397 dicunt quod Alson Broune tenet talem ~onem quod cum ipsa maledixerit alicui homini .. ipsius imprecacione Deus sine mora vindictam accipiet de eo, et hoc pluries fecit .. quod est contra fidem catholicam et temptaret Deum (*Vis. Heref.*) *EHR* XLV 98.   **b** sunt et duo alii capitalis preciosi .. eorum ~ones sunt hee .. BACON V 118.   **c** miracula de ~onibus accidentis WYCL. *Conf.* 126.

operativus [LL]

1 of or concerned with action or activity, that causes or facilitates action or effect, operative.

unde debemus estimare quod ista monstruositas in membris accidit ex virtute .. quando vero fortis est virtus ~a [TREVISA: *vertu of worchinge*] et materia est modica, vel occasione aliqua diminuta BART. ANGL. V 1 p. 118; forsitan idem nervi qui sunt sensibiles proprie operantur ad motum et qui sunt proprie ~i, utpote nervi lacertorum, similiter operantur ad sensum tactus RIC. MED. *Anat.* 218; sanguis .. non est ibi [sc. in epate et in venis] in sua perfectione ~a, optimam et dignissimam perfectionem consequitur sanguis in corde tantum *Ps.-RIC. Anat.* 20; adjunge eis [sc. substancie aeree et substancie terree] duas virtutes ~as, aquam et ignem, et complebitur opus BACON V 115; in divinis .. principium ~um non tantum equatur nature in racione principii ~i DUNS *Ord.* II 332.

2 (of science or sim.) practical (sts. dist. from *speculativus* or *theoricus*).

scientie in omni pene materia et theoricam quandam speculativamque partem et practicam sive ~am contingit assignare *Ps.-GROS. Summa* 301; alkimia speculativa .. alkimia ~a et practica, que docet facere metalla nobilia BACON *Tert.* 40; intellectus practicus ~us est, operationes autem bonorum et malorum sunt *Id.* VIII 100; ideo excogitaverunt autores scientiarum experimentalium, et alkimie, et perspective, astronomie ~e, quomodo repararent defectum regiminis sanitatis *Id.* IX 183; quod ista scientia sit activa: quia in ista scientia consideratur de operationibus que sunt a proposito .. quare erit ~a *Id.* XIII 2.

3 (w. obj. gen.) that produces, brings about, or contributes to.

natura .. acquirit sibi figuram que magis operatur ad salutem. sed vicinia partium in toto est maxime ~a salutis earum et totius BACON *Maj.* II 492.

4 (of period of time) during which work is allowed or required, working.

1467 quod omnes .. operarii .. singulis diebus ~is infra villam predictam suas horas et tempora .. observent *Doc. Bev.* 56.

operator [LL]

1 worker, labourer; **b** (feud., w. ref. to customary tenant).

~oribus quos ex multis gentibus collectos .. habebat ASSER *Alf.* 101; habeo fabros .. et multos alios variarum artium ~ores [AS: *biȝȝenceras*] ÆLF. *Coll.* 99; dividebat .. secundum [partem redditus] ~oribus quos jugiter in novarum edium extructionibus .. habebat W. MALM. *GR* II 123; exhortans familiam suam et alios ~ores *V. Gund.* 29; contingit quod manualis ~or sciat melius cytharizare quam musicus BACON *Tert.* 309; **1324** item in oblacionibus dat' famulis sacriste et diversis ~oribus ad Natalem Domini et ad Pasch. *Sacr. Ely* II 43.   **b 1210** preter xiij ~ores qui se defendunt per operationes suas (*Ac.*) *Crawley* 196; c**1230** una cum omnibus aliis ~oribus autumpnalibus ipsius manerii (*Cust. Monxton*) *Doc. Bec* 47; si est ~or per totum annum, quietus erit de ij s. *Cust. Taunton* 27.

2 supporter, champion, intercessor.

Sancte N. .. te precor adjutorem, te expecto per omnia pro me ~orem ANSELM (*Or.* 17) III 68; qui dispensator, qui fidus erat operator, / qui cultor Christi, pater Ædeluuolde, fuisti GREG. ELI. *Æthelwold* 7. 1; **1383** pro juribus .. conservandis .. adjutor et ~or assiduus *Ac. Durh.* 440.

3 one who brings about or performs, doer (usu. w. obj. gen.): **a** (of God or person); **b** (w. ref. to Satan); **c** (transf. & fig.).

a Timotheus, Titus, et hujusmodi ~ores veritatis muri erant civitatis Dei BEDE *Cant.* 1160; c**803** tanti nominis confessor, quem tantarum virtutum ~orem esse constabat ALCUIN *Ep.* 306; utriusque etenim pacis hujus et custodes solliciti et ~ores seduli esse debemus J. FORD *Serm.* 18. 10; contra ~ores et fautores illorum vitiorum vehementer intonabant T. CHOBHAM *Praed.* 57; ~o miraculorum unus solus est Deus, a quo descendit omnis operacio mirabilis BACON V 116; **1445** in sanctis suis semper est Deus ~or mirabilis *Lit. Cant.* III 191.   **b** iniquitatis autem ~or dixit ei GIR. *GE* I 26 p. 75.   **c** nam signorum et virtutum / operator nummus mutum / eicit demonium WALT. WIMB. *Van.* 42; ~or dissolucionis aquarum est perpetuus, incessanter operans in suo celo, Mercurius scilicet BACON V 119.

4 (of God) creator.

utriusque, divitis sc. et pauperis, ~or est Dominus [cf. *Prov.* xxviiii 13] ANDR. S. VICT. *Sal.* 69.

5 one who works with or operates an artefact (in quot. mus., w. ref. to player of instrument as dist. from *cantor*).

post primam clausulam notarum quod alii nominant .. secundum ~ores instrumentorum punctum *Mens. & Disc.* (*Anon. IV*) 56; pausationes .. voluntaria procedunt secundum quod melius videbitur cantori vel ~ori *Ib.* 85.

6 maker, producer, manufacturer.

omnes ~ores et operatrices pannorum laneorum *Leg. Ant. Lond.* 136; **1207** ~oribus monete .. et eis qui sciunt dare consilium ad faciend' monetam *Pat* 76a.

operatorius [LL]

1 (as adj.) of work, in which work or manufacture is carried out.

edificiis habitatoriis, repositoriis, ~iis BALSH. *Ut.* 47.

2 (w. obj. gen.) that produces or brings about.

factum nostri Salvatoris ~ium nostre salutis KILWARDBY *Jejun.* 167.

3 (as sb. n.) place in which work or manufacture is carried out, workshop.

ergasterium vel ~ium, *weorchus* ÆLF. *Gl. Sup.* 186; quod omnia ergastula et ergasteria et ~ia tam muliebria quam virilia claudere debemus BELETH *RDO* 117. 121; **1259** discordia .. vertebatur inter Johannem .. et .. fratres suos .. super facto cujusdam ~ii cujus pene medietas nobis dicebatur incursa *RGasc* II 431a; **1329** cindulas carpentando et eas de loco ~ii ad eosdem carpentarios seu coopertores portando *KR Ac* 467/7/1.

4 (act or mode of) working or processing.

censuere nonnulli materiam et formam et ~ium esse rerum principia NECKAM *SS* III 9. 1.

operatrix [LL]

1 worker, labourer (f.).

dum .. praedicta matrona cum suis ~icibus reverterentur *B. V. Dunst.* 12; omnes .. ~ices ipsius obliviscentes .. operum in manibus *Ib.*; **1355** Cecilia L., communis ~ix (v. communis 6c); **1397** item quod uxor dicti Petri est communis ~ix diebus Dominicis et festis (*Vis. Heref.*) *EHR* XLV 460.

2 one who effects, performs, or brings about, doer (f.) (in quots., transf. or fig.).

due sunt .. virtutes ignis; altera edax et peremptoria, altera muliebris et innoxio lumine. posteriorem asserit ~icem visus et in superioribus vim suam maxime exercere J. SAL. *Pol.* 414C; principalis nostra unitas hec omnium ~ix virtutum H. BOS. *LM* 1371A; ~icis virtutis infinita potencia GROS. *Hexaem.* I 11; viso quod viveret in mortuo collativa sanitatum et virtutum ~ix gratia *V. Edm. Rich* P 1820B; **1423** cercior in factibilibus ~ix, alma praxis *Reg. Whet.* II 390.

3 one who works in, processes, or produces, worker, producer (f.).

~ices pannorum laneorum *Leg. Ant. Lond.* 136 (v. operator 6); **1298** Beybencude de M., ~ici cerici .. pro cerico et operibus factis per ipsam (*KR Ac*) *RGasc* III clxvi a.

operatus v. apparatus.

operculum [CL], **~a**, cover, lid; **b** (of tomb or coffin); **c** (of vessel); **d** (of helmet, w. ref. to visor); **e** (of well); **f** (transf., in human body); **g** (fig.).

10 .. ~is, *oferwrigelsum WW.*   **b** invenerunt locellum de marmore albo .. factum, ~o quoque similis lapidis aptissime tectum BEDE *HE* IV 17 p. 245; qui, ablato ~o, inveniunt sacerdotalis aestimationis veneranda pignora GOSC. *V. Iv.* 84C; cum .. solemniter irruente turba transponendo mausoleo ~um amoveretur *Id. Wulfh.* 13; in sarcofago lapideo .. ~um plumbo et ferro constringite W. MALM. *GR* II 204; revulso sepulcri ~o *Id. GP* II 82; cum quibusdam monachis ~um marmoreum tumbe sancti Waltheni paululum sublevabat J. FURNESS *Walth.* 134.   **c** hoc vare .. unde in lege vas sine ~o immundum erit [cf. *Num.* xix 15] OSB. GLOUC. *Deriv.* 407; **1553** una ~a ollaria cum strainar' . A. one pott lyde with a stayner [sic] *Pat* 852 m. 29.   **d** de galea .. brevius descendit ~um quod nares operit et vultum protegit et obumbrat oculos nec claudit R. NIGER *Mil.* I 8.   **e** fons .. qui .. ~um habebat et signaculum GIR. *TH* II 9.   **f** sublingulum, ~um gutturis OSB. GLOUC. *Deriv.* 559.   **g** misticis sacramentorum ~is clausa ALDH. *VirgP* 21 p. 251.

operiare v. operire.

operimen, thing that covers, a cover.

hoc ~en, -nis, i. tegimen OSB. GLOUC. *Deriv.* 407; *a coverakylle*, operculum, ~en, operimentum *CathA.*

operimentum [CL], thing that covers or protects, a covering (usu. w. ref. to cloth or clothing); **b** (w. ref. to book-cover); **c** (w. ref. to lid); **d** (w. ref. to roofing or thatching); **e** (w. ref. to *Ezech.* xxviii 13); **f** (fig.).

jacebat .. corpus ante altare, pontificalibus insignibus, carens ~o W. MALM. *GP* IV 148; mafortes, a capitum mulierum OSB. GLOUC. *Deriv.* 366; ecce culcitra et ~um nostrum ALEX. BATH *Mor.* III 27 p. 142; **1238** nec liceat alicui priori ~o lectorum itinerando uti nisi nigro *Cap. Aug.* 28; **1376** in j pari lintheaminum empto et aperiament' pannorum meorum diversorum jacencium in eis noctibus viij s. *Ac. Obed. Abingd.* 26; **1434** lego dicto altari SS. Johannis et Johannis pro perpetuo duo ~a, unum de cerico

nigro et rubeo cum ymaginibus Crucifixi, Marie, et Johannis, et aliud de historia S. Johannis Baptiste *Reg. Cant.* II 532; pannis de lanis bonis ipsi induuntur in omnibus ~is suis FORTESCUE *LLA* 36. **b** libellos pre manibus habuere, quorum ~a exteriora quasi de rubricatis pellibus fuissent R. COLD. *Godr.* 136. **c** vix potest abscondi fimus quin fetor exeat per medium ~i T. CHOBHAM *Praed.* 26. **d** ad reparandum horreum Ewelle .. virgas secabunt ad ~um et parietes claudendas, et dominus virgas de luco adducet et operitorem inveniet .. *Rec. Templars* 23. **e** ejus [Luciferi] ~um erat omnis lapis pretiosus P. BLOIS *Serm.* 682D; fuit enim .. plenus sapientia et perfectus decore cujus ~um omnis lapis preciosus GROS. *Cess. Leg.* I 6. 4. **f** adeo nigri interius mores candidis velantur ~is GIR. *IK* I 3 p. 43; viderint illi ne quod ad Dei gloriam .. accepere protectionem, ad sui ~um honoris et ecclesie detorqueant nuditatem J. FORD *Serm.* 49. 8; quatenus ~o pie erubescentie studiose cooperire se studeat *Ib.* 52. 6.

operire [CL], **~iare**

1 to cover (with cover or lid, usu. in order to protect); **b** (dead body or tomb); **c** (w. ref. to roofing); **d** (w. ref. to overlaying); **e** (fig.).

[apes] multiformem favorum machinam angulosis et ~tis cellulis construunt ALDH. *VirgP* 4 p. 232; ~iunt .. tectum tabernaculi saga undecim et haec de pilis facta caprarum BEDE *Tab.* 431; **10..** ~ta, *oferwrigene* *WW*; nonnulli ab initio calicem ~iunt quidam corporali, alii panno complicato propter custodiam munditiae ANSELM (*Sacr.* 3) II 241; quamdiu vas opertum est nemo scit quid intus habetur AILR. *Serm.* 38. 17; **1406** de panno nigro ~ienti *le char'* domini episcopi *Ac. Durh.* 400. **b** et cum positi fuerint in sepulcro, funditur pro eis oratio, deinde humo vel petra ~iuntur THEOD. *Pen.* II 5. 1; **s992** architectoris .. exuvie .. ~iuntur (v. 1 dies 9b); Dominicum sepulchrum muro fortissimo circumcinctum et ~tum, ne dum pluit pluvia cadere possit SÆWULF 64; pretiosum pallium quo tumba .. ~iebatur surripuit W. MALM. *GP* IV 183; corpus .. cruentum .. ~iri pallio jubens GIR. *IK* I 10 p. 82. **c** **1188** in ~iendis cameris regis de Windlesores *Pipe* 148; pro c carretatis plumbi quas rex dedit monachis de Claresvall' ad ~iendas domos suas *Ib.* 199. **d** cum stercore panem suum ~it qui voluptatem carnis cum peccato deglutit T. CHOBHAM *Serm.* 15. 56rb; **1295** tabula quedam ~ta laminis argenteis debilibus *Vis. S. Paul.* 313b; crucem .. laminis aureis ~tam .. dedit *Cart. Bath* 808 p. 153; **c1430** libri missales ad majorem missam tres, unus in cappis argento ~tus et super auratus, alter in albis .. argento tectus (*Catal. Librorum*) *EHR* III 122. **e** ipsa desponsatio .. servavit integritatem, pudorem ~uit, infamiam obstruxit AILR. *Serm.* 45. 19; clipeo tue virtutis oppertus J. HOWD. *Cant.* 108.

2 to cover, to overspread (place, region, earth, or sky): **a** (w. light, darkness, or sim. as subj.); **b** (w. ref. to *Is.* lx 2); **c** (w. army or large number of persons as subj.; **d** (fig., also w. ref. to *Hab.* iii 3).

a splendor emissae lucis .. ea loca ~iens BEDE *HE* IV 7 p. 220; his demum exactis fulgentia sidera celi / nox gelida ŏperuit nigrantibus desuper umbris *Mir. Nin.* 312; et ecce omnem terram nix ~uerat W. MALM. *GR* II 190; quod cum in ipsum mare fluctuat recipitur in modum voraginis sorbendoque fluctus nullatenus repletur ut riparum marginem ~iat G. MON. IX 7; humus enim proprie dicta est, cum ~iretur aquis S. LANGTON *Gl. Hist. Schol.* 42; celum autem istud est ~tum tenebris quia occulta et ignota est sanctitas contemplativorum T. CHOBHAM *Serm.* 14. 51va; umbra forsan transilientis ~it [ME: *wrið*] colles dum eos transilit *AncrR* 149. **b** hanc terram tenebre ~iunt AILR. *Serm.* 4. 21. 231; quia tenebre ~uerunt terram et caligo populos *Ib.* 22. 231. **c** Danorum .. exercitus .. ac si mare effusum .. ipsam .. apostolicam navim virginalis templi beate Mildrethe suis fluctibus ~it GOSC. *Transl. Mild.* 5 p. 160; ~uerunt .. Daci totas ubique provincias MAP *NC* V 4 f. 62v; omnes homines qui fuerunt et omnes homines qui erunt et qui sunt, ipsi ~irent totam faciem terre T. CHOBHAM *Praed.* 112. **d** ~uit caelos majestas ejus, quia qui per incarnationem minoratus est paulo minus ab angelis, ipse per resurrectionem gloria et honore coronatus BEDE *Hab.* 1240; longis ~ta retro seculis terre facies apparuit GIR. *EH* I 36; do sine numero, do sine modio, / terrarum faciem nummis operio WALT. WIMB. *Carm.* 463.

3 to cover with garment, to clothe, to dress; **b** (quasi-fig. or fig.).

legati scissis, ut dicitur, vestibus ~tisque sablone capitibus GILDAS *EB* 17; capite ~to pre confusione GOSC. *Transl. Mild.* 21 p. 184; a solo Deo panem ad manducandum et vestimentum quo ~iatur petere et sperare BALD. CANT. *Serm.* 14. 51. 450; isti induuntur tenebris quia eorum contemplacio occulta est hominibus, ~iuntur sacco sicut claustrales ad literam T. CHOBHAM *Serm.* 13. 49ra. **b** corpus nostrum quo ipsa anima nostra quodammodo tegitur et ~itur AILR. *Serm.* 1. 49. 218; habitum humilitatis assumere et sacco se induere, et sicut in jejunio animam suam ~ire BALD. CANT. *Serm.* 2. 12. 431.

4 (of pallor) to cover (face).

pre timore pallor ejus faciem ~uit ANDR. S. VICT. *Dan.* 108.

5 to cover (loosely), to strew over, to sprinkle; **b** (artefact, w. ref. to decorating or ornamenting).

vidit [in somnio] .. arborem .. ~tam per omnes frondes cucullis W. MALM. *GP* II 75 p. 166. **b** aureus atque calix gemmis fulgescit opertus ALDH. *CE* 3. 72; aureus ille calix gemmis splendescit opertus ÆTHELWULF *Abb.* 449; est autem mensa ipsius de preciosissimis gemmis, cujus latera ~iuntur auro purissimo *Itin. Mand.* 126.

6 to cover (in order to hide or conceal), to hide, conceal (sts. dist. from *aperire*): **a** (person or character); **b** (trace or track); **c** (condition, abstr., or fig.); **d** (w. ref. to *Prov.* x 6 or 11); **e** (w. ref. to *Jac.* v 20 or *I Petr.* iv 8); **f** (p. ppl. as sb. n.) something hidden, a secret.

a non .. assumpsisti hominem ut te notum ~ires, sed ut ignotum aperires ANSELM (*Medit.* 3) III 85; in his quasi absconditus est Dominus noster Jesus Christus. ~tus jacet AILR. *Serm.* 11. 27. 276; palpo virosior et pejor aspide, / qui vulpem operit sub agni clamide WALT. WIMB. *Palpo* 32. **b** [leo] cum ambulat ~it cauda vestigia sua T. CHOBHAM *Praed.* 280. **c** armatus properans juvenis, ceu nobile germen / nobilium, sed operta fides umbone latebat FRITH. 62; cumque diu sic mole mali gravaretur operti (*Vers.*) B. *V. Dunst.* 4; exponit oraculum, et ne subriperet hesitatio, secretum illud quod sanctus jusserat ~iri ipso multum admirante reseravit AILR. *Ed. Conf.* 778B; [fides] per quam humanitas Christi .. cognitione divinitatis ~itur *Id. Serm.* 2. 28. 269; ut possit decor ~tus ex hiis que sunt aperta .. appeti MAP *NC* III 2 f. 37v (v. desideranter); multa nunc sunt ~ta et tecta archanis silentiis et consiliis, commentis et figmentis BALD. CANT. *Serm.* 18. 87. 468. **d** os illius ~uit iniquitas qui in tormentis positus linguam sibi .. refrigerari quaesivit BEDE *Prov.* 969; celare et tegere ab impietate non distaret, cujus os, ut premissum est, ~it iniquitatem ANDR. S. VICT. *Sal.* 45. **e** si forte caritas ~iat multitudinem peccatorum meorum ANSELM (*Or.* 18) III 72; quia tamen caritas ~it multitudinem peccatorum, non perit Sabbati feriatio AILR. *Spec. Car.* I 27. 531; quomodo caritas sanitas non est, que languentis anime vulnera curat et ~it multitudinem peccatorum BALD. CANT. *Serm.* 22. 8. 540. **f** quanto .. certius tenemus occulta nostri cordis simul et ~ta operis divinis patere conspectibus tanto magis fortitudinem nostrae bonae actionis oleo caritatis .. impinguare satagimus BEDE *Prov.* 986.

7 to burden (with duty or expense).

civitas, nunc omnigenis ~iata dispendiis .. post pauca devenit locuples *Ps.*-ELMH. *Hen. V* 70 p. 202.

8 (p. ppl. as sb. n.) enclosed space, covered area.

[lepores] a canibus inventi .. in ~to non in aperto diffugiunt GIR. *TH* I 24; **1214** de sexcies viginti acris terre et tribus in Wissinden' extra ~tum parci ejusdem ville .. ipsa Helena concessit .. sexcies viginti et tres acras terre extra coopertum parci de Wissinden' *CurR* VII 189.

9 *f. l.*

†operiunt [l. aperiunt], inveniunt *GlC* O 187.

operiri v. opperiri.

operitio, (act of) covering.

curfle, ~io ignis LEVINS *Manip.* 190.

operitor, roofer, thatcher.

1185 dominus virgas .. adducet et ~orem inveniet et pascet *Rec. Templars* 23.

operose [CL], with great care or effort, diligently, laboriously.

media [catena] que ~ius elaborata erat, illibata duravit W. MALM. *GR* 204; hec urbs dives est et antiqua, in plano sita, ~e munita ORD. VIT. IV 4 p. 179; ad machinas ~e componendas .. insudavit *G. Steph.* 45; **c1168** sit .. vobis ecclesie causa et domini Cantuariensis ~ius commendata J. SAL. *Ep.* 278 (266); ut quod ultro faciunt et dictant hominibus faciendum ~e dissimulent *Id. Pol.* 468D; ille error est eo .. ~ius destruendus WYCL. *Ver.* III 48.

operosus [CL]

1 who devotes much care or effort to a task, diligent, industrious: **a** (of person); **b** (of abstr. or fig.).

a ~us, sedulus, intentus OSB. GLOUC. *Deriv.* 399. **b** non absurde dicitur et ~a fides vivere quia habet vitam dilectionis sine qua non operaretur ANSELM (*Mon.* 78) I 84; ars operosa piros, oleam, pomeria, vitem, / ficum, castaneas, addidit atque nucem L. DURH. *Dial.* III 345; quoniam caritas Dei non solum dulcis est et in premeditatione affectuosa, sed fortis etiam atque ~a in exhibitione, scrutari opere pretium est etiam in operatione J. FORD *Serm.* 13. 5.

2 that is devoted to or filled with effort or labour.

transit ab his tandem studiis operosa juventus / pergit et in varias philosophando vias J. SAL. *Enth. Phil.* 365.

3 that involves much care or effort, laborious, toilsome: **a** (of act, action, or sim.); **b** (of duty, burden, or sim.). **c** (*~um est* w. inf.) it is a difficult or laborious task (to).

a ~iore expositione indiget BEDE *Gen.* 161; ~ior .. est resuscitatio eorum qui per negligentiam quam qui per infirmitatem peccant *Id. Acts* 985; per unum pontem qui inter duas .. arces ~a protelatione constructus est ASSER *Alf.* 92; nimirum qui non solum in istis forensibus sed etiam in ecclesiis ~a gravaretur architectura W. MALM. *Wulfst.* III 10. **b** hec inter alia probitatis officia muro lapideo apricam cinxit Wiltoniam ~a GOSC. *Edith* 274; **p1106** dicitis vos malle inoboedientiae culpam incurrere quam tam onerosum opus et ~um onus †suspicere [l. suscipere] ANSELM (*Ep.* 421) V 367; hoc sacrum opus dextere singularis, / qua molem orbis sustines operosam J. HOWD. *Cant.* 32. **c** **1166** consilium .. a vobis impetrare ~um est et prece dignum J. SAL. *Ep.* 210 (191).

4 made with great care or diligence, elaborate: **a** (of artefact); **b** (of abstr.).

a illi erat suppellex munificentie ut quamlibet ~am vestem conspecto statim largiretur pauperi W. MALM. *GR* II 154; habet tumbam argenti aurique expensis ~am *Ib.* III 273. **b** eterna Christi munera sunt sanctorum Dei magnifica et ~a magnalia R. COLD. *Osw.* 14.

5 (in gl.).

~a, ingentia certamina *GlC* O 222; ~us .. i. utilis OSB. GLOUC. *Deriv.* 391.

operte [LL], secretly, covertly.

decertans secum sine pugna pugnat operte D. BEC. 477.

opertio [CL], (act of) covering (in quot., w. ref. to clothing or dressing).

qui tamen novus homo .. veteris hominis habitu magis fuit opertus, quam oppressus a veteri, nisi quia ipsa ~o quasi oppressio erat H. BOS. *Thom.* III 3 p. 185.

opertorius [CL *as sb. n.*]

1 (as adj.) that covers.

illa .. partem glutinati salis .. arripiens in aquam offertoriam [v. l. opertoriam] levi rasura mittebat FELIX *Guthl.* 53 p. 168.

2 (as sb. n.) thing that covers, a covering; **b** (w. ref. to garment or sim.); **c** (w. ref. to cover for tomb or shrine).

~ium, coopertorium, operimentum OSB. GLOUC. *Deriv.* 403; replicato versus pedes oportorio, in lecto suo religiose resideat *Ord. Ebor.* I 30. **b** **1172** pro j ~io ad opus regis *Pipe* 86; **1184** pro pelliciis et ~iis

grisiis et pro j penula de bissis *Pipe* 134; adduxerat .. equos dextrarios .. amictos ~iis distinctis floribus et coloribus W. FITZST. *Thom.* 119. **c** tertio .. die .. vix aediculam et ~ium accubantis ducis confecere GOSC. *Transl. Aug.* 20A.

opertrix, one who provides with garments or clothing (f.), seamstress.

tres sunt acus legales: acus ~icis regine *Leg. Wall.* A 129.

1 opertura [LL], thing that covers, a covering: **a** (w. ref. to lid); **b** (w. ref. to curtain); **c** (w. ref. to collar or hood); **d** (w. ref. to roofing).

a 1432 lego .. unum craterem .. cum ~a *Test. Ebor.* II 36. **b** 1295 ymago beate Virginis stantis cum filio suo et duobus angelis super columpnas supportantibus ~am ultra Virginem *Vis. S. Paul.* 312b. **c** 1393 quod nullus .. vendat veteres foruras .. cum coleris et ~is (v. gula 3). **d** 1499 solutum .. tegulatoribus .. pro oportura haustralis partis cubiculi *Cant. Coll. Ox.* II 227.

2 opertura, *f. l.*

item ob hoc sandalia apostolorum et episcoporum inferius solearia habent, superius †operturas [l. aperturas] .. item ob hoc turribulum in fundo soliditatem habet, in superiori .. parte foramina et aperturas GIR. *GE* II 25 p. 287.

opessulare v. oppessulare.

ophialtes, *f. l.*

morbus universalis ex immutata natura officialium est, ut quibusdam placet †ophialtes [l. ephialtes] sc. incubus GILB. I 1. 1.

ophiasis [LL < ὀφίασις], (understood as) snake, serpent. **b** 'ophiasis', illness characterized by balding or shedding of hair.

offiasis vel oppiasis est serpens, ut in primo capitulo Alexandri. item offiasis, i. casus capillorum *Alph.* 127–8. **b** *Alph.* 128 (v. a supra).

ophiomachus [LL < ὀφιομάχος = *kind of locust or ichneumon*], animal that attacks snakes, (spec.) badger.

10 .. ~us, *broc WW*; hic effimatus, animal inpugnans serpentes *WW*.

ophites [CL < ὀφίτης], kind of stone with snake-like markings, serpentine.

habeat celtem preacutam qua in .. adamante, vel offelte [*gl.: pere*], vel marmore .. figuras .. sculpere .. possit NECKAM *Ut.* 118; ~es est species marmoris, et ~es dicitur, tantum propter colorem, quia colore repraesentat serpentes *LC* 256b.

ophthalmia [LL < ὀφθαλμία], ophthalmia, inflammation of the (conjunctiva of the) eye.

~ia [TREVISA: obtalmia], dolor sc. et apostema BART. ANGL. VII 15; obtalmia est apostema nascens supra pelliculam albuginis oculi, i. supra conjunctivam [*sic*] GILB. III 133v. 1; medici .. dicunt obtalmiam et scotomiam esse species morborum que visum hebetant et confundunt J. GODARD *Ep.* 238; juvamentum flebotomiarum extra in dolore capitis et emigranea et obtalmia antiqua Ps.-RIC. *Anat.* 44 p. 35; arterie que sunt post aures, que flebotomantur propter species obtalmie *Ib.*; optalmia, infirmitas oculi .. A. *gund* quod fluit ab oculis per ircos oculorum *Teaching Latin* I 343; est .. obtalmia apostema calidum in conjunctiva oculi secundum Sera' GAD. 107. 2; dicitur ergo obtalmia quasi optans medelam propter nocumentum suum *Ib.* 107v. 1; fumus et pulvis .. radiorum visualium aciem hebetarunt et jam lippientibus oculis ~iam superducunt R. BURY *Phil.* 4. 63; obtalmia est apostema calidum oculi *SB* 32; glaucoaptalma, i. alba optalma *Alph.* 72; obtalmia, i. calidum apostema oculi et dicitur ab ob quod est contra et talmon quod est oculus, quasi contra oculum *Ib.* 127; optalmia, i. apostema oculi *MS BL Addit. 15236* f. 5v.

ophthalmicum [cf. CL ophthalmicus < ὀφθαλμικός = *an oculist*; LL also as adj. = *pertaining to the eye*]

1 eye disease (in quot., understood erron. as ear disease).

obtalmicum [vv. ll. obtalmicium, obtalmium], aurium morbus OSB. GLOUC. *Deriv.* 398.

2 remedy for treatment of eye disease, an ophthalmic. **b** (bot.) calamint (*Calamintha ascendens*).

obtalmicum fiat cum penna intincta in aqua ro' GILB. II 94v. 1; ut labia vel cilia vel oculi ad propriam dispositionem redeant naribus obtalmicum cohibeatur ex sturtio etc. *Ib.* 121. 2. **b** obtalmicium, *calamynt MS CUL Dd. 11.45* f. 110vb.

ophthalmista, oculist or eye surgeon.

1574 spagirico .. [et] ~e (v. lithotomus).

ophthalmus [LL < ὀφθαλμός]

1 eye.

nuktalgicus est gibra / et ophthalmus ut talpa / non agens Dei mandata (*Adelphus Adelpha Mater*) *Peritia* IX (1995) 40; licet ambitu absque tautonum / super- et -ciliorum decorum / ullum glebenis ferant ophthalmum / non sine tamen lucror avium (*Rubisca*) *Ib.* X (1996) 74; incolumis obtalmis sitque omnibus membris (EUBEN *Vers.*) NEN. *HB* 144.

2 maythe, ox-eye, stinking camomile (*Anthemis Cotula*).

obtalmon, *magethe Gl. Durh.* 304; 10 .. optalmon, *magoþ WW*.

opiatus [ML]

1 (as adj.) that contains opium or other narcotic substance, opiate.

medicina ~a non debet exhiberi ante sex menses BACON IX 153.

2 (as sb. f.) an opiate, a narcotic.

~e dicuntur ab opio quia opium in eis recipitur *Quaest. Salern.* B 48; ~as damus in sero *Ib.* Ba 114; instrumentis medicinalibus ut ~is .. GILB. I 18. 2; detur ~a *Ib.*; quid facit herbarum gradus hic, opiata, syrupus GARL. *Tri. Eccl.* 94; nam medicina composita, precipue laxativum et ~a, potest valere pluribus egritudinibus BACON IX 104; sed quidam voluerunt quod radix ~arum esset narcoticum *Ib.* 108; non diligo balneum facere in hyeme nec ~as dare, que non sunt modo multum in usu GAD. 13. 2; igia, sanitas interpretatur, ~a est *Alph.* 85.

opibalsamum v. opobalsamum.

opicizus [cf. ὀπικίζειν = *to speak barbarously*, CL opicus], a barbarian (*i. e.* Insular, as dist. from Mediterranean, workman).

incumbunt fessi vasto sudore latomi / nec minus approperant opicizi emblemata proni. / arcus incultos hialino claudere velo / pondus et informes Athlantes ferre priores / jussit FRITH. 448.

opicus [CL < Ὀπικός = *Oscan, barbarian*], ignorant, uncultivated; **b** (in gl., understood as derived from *ops*).

~us aut potius elinguis est J. SAL. *Pol.* 683A. **b** ~us .. i. opibus plenus vel inter opes assiduus OSB. GLOUC. *Deriv.* 391.

opid- v. oppid-.

opifer [CL]

1 who or that brings help or aid; **b** (of medicine or remedy); **c** (as sb. f.) one who or that which brings help, helper. **d** (as sb. n.) sailyard.

~er, opem ferens OSB. GLOUC. *Deriv.* 400. **b** sudat ~era balsama et odore suo curat morbida: egri, languidi, debiles .. veniunt vespere GOSC. *Transl. Aug.* 19A. **c** 10 .. opiffera, *helpendrap WW*; puella .. suam ~eram celebrare gratulatur GOSC. *Transl. Mild.* 28. **d** opisfera, *sedingline* ÆLF. *Gl. Sup.* 182; 10 .. opisfera, *stedingline WW*; *ȝerd rope* or *sayle yerde*, ~erum *WW*.

2 (understood as) abundant, opulent.

~er, plenus, opulentus OSB. GLOUC. *Deriv.* 403.

3 (of food) rich, delicate, fine.

1281 cibaria opipara [vv. ll. oppipara, opipera, opifera, pretiosa, opiparia, opida], id est nimis delicata *Conc. Syn.* 904.

opifex [CL]

1 craftsman, artificer (sts. w. ref. to skilled manual worker); **b** (spec. as writer or author); **c** (spec. as mathematician); **d** (transf. or fig.).

cum .. ~ices .. turpi natura corporis deformes et contemptibiles existant ALDH. *VirgP* 60 p. 322; venerat infelix rurensis turba timore / quam premit opifices illis inamatus Amandus ALCUIN *Carm.* 108. 2. 2; sicut ars ~icis in comodiore materia elucet W. MALM. *Wulfst.* I 2; est autem cuique ~ici facillimum de arte sua loqui J. SAL. *Met.* 867A; ubi hodie vel opes ipsorum tante vel ~ices? GIR. *GE* II 21 p. 271; 1581 concedimus prefatis R. P. et E. W. executoribus et assignatis suis vel deputatis factoribus serviencibus et ~icibus suis .. scrutare fovere et aperire terram pro carbon' *Pat* 1205 m. 8. **b** quo narrante ipsoque ~ice, didicimus ita gestum esse penitus quemadmodum presens demonstrat codicellus LANTFR. *Swith.* I. **c** ut quicquid ex numero huic arti addicto ~ici propositum fuerit, omni errore abjecto facilius elici queat ROB. ANGL. (I) *Alg.* 108. **d** humiditas violentia tactus impellitur ad interiora, qua non inveniens calor ~ex non potest ad complementum maturationis fructuum perducere *Quaest. Salern.* C 19.

2 (*summus* ~*ex* or sim., w. ref. to God as creator); **b** (in Plato's *Timaeus*).

illa proverbialis aula cujus architecta et ~ex Sapientia Salomone attestante legitur extitisse [cf. *Prov.* ix 1] ALDH. *Met.* 2 p. 64; dicens de Domino .. primo ipsum esse ~icem universorum BEDE *Cant.* 1071; rex, opifex rerum, hominumque redemptor et auctor ALCUIN *Carm.* 65. 5. 20; ~ex qui mundum in suum orbem absque ullo axis moderamine eregit *Gl. Leid.* 44. 10; summus rerum ~ex, cum sit invisibilis .. visibiliter nos de futuris instruit G. *Steph.* 24; hic opifex celos ornavit sidere, prata / flore NECKAM *DS* VII 321. **b** que .. Plato in Thimeo demonstrare conatur mundo ~em et materiam et finem et exemplar et formam assignans BALSH. *AD rec. 2* 164.

3 (understood as) one who brings aid or assistance.

hic et hec ~ex, -cis, i. opem ferens unde hoc opificium .. i. auxilium OSB. GLOUC. *Deriv.* 391.

opificium [CL]

1 work, skill, craftsmanship: **a** (of person); **b** (of nature).

a 1146 ne statue auree caput eneum tuo, quod absit, ~io dicatur affixum ARNULF *Ep.* 3; ne statue auree, quod absit, caput eneum ipsius ~io [v. l. officio] diceretur affixum *Ib.* 34 p. 57. **b** habet autem Burgense territorium de originali nature ~io vel insitione lapiscedinarum loca multa *Chr. Rams.* 166; miro quodam nature ~io J. SAL. *Pol.* 401B.

2 creation.

[Priscillus] ~ium .. humane carnis non Deo, sed angelis malignis ascripsit M. PAR. *Maj.* I 177.

3 aid, assistance, help.

hoc ~ium .. i. auxilium OSB. GLOUC. *Deriv.* 391; adjutorium, ~ium, presidium, confugium, subsidium *Ib.* 399.

4 workshop, workhouse.

~ium, ergasterium *GlC* O 216; *werk house* .. epificium *PP*.

5 product, artefact.

omnis superflua pulchritudo quam amant oculi in variis formis, in nitidis et amenis coloribus, in diversis ~iis, in vestibus AILR. *Spec. Car.* II 24. 572.

opificus [LL], skilled, craftsmanly (in quot., transf.).

1276 quatinus .. huic morbo .. medicinam dignetur apponere ~a manus vestra *TreatyR* I 134 p. 56.

opifium, *f. l.*

†opifium [l. ephippium], A. *an hamburwe WW*.

opigaidum v. origanalis.   **opilatio, opilativum** v. opp-.   **opilentus** v. opulentus.

opilio [CL], **opilius**

1 shepherd; **b** (w. ref. to Abel, cf. *Gen.* iv 2); **c** (as lowly occupation).

appellaverunt autem bucolicum a bubus, quamvis ~onum caprariorumque sermones in his cantibus inserantur Bonif. *Met.* 111; tunc semen in arvis / crevit, et exsultant sollempniter opiliones Frith. 664; quid dicis tu, opilio [AS: *sceaphyrde*]? habes tu aliquem laborem? Ælf. *Coll.* 91; **10**.. oppilius, *scephyrde WW*; Hyram ~o Jude ab ipso missus defert hedum Thamar [cf. *Gen.* xxxviii 12–20] Ad. Dore *Pictor* 154; hic ~o, *berchier Gl. AN Glasg.* 21rc; pedes distorti ac si essent ~onis pedes *Mir. J. Bev. C* 330; hic opelio, *a schepard WW*. **b** primus ~onum primitias gregum suorum Domino offerebat Bede *Luke* 335. **c** cum mors sua tela jacit / .. / bissus sacco sociatur, / scurre Cesar copulatur, / regibus opilio Walt. Wimb. *Van.* 150.

2 (w. ref. to bishop or priest as shepherd of souls).

Odo Dorobernicarum ~o [*gl.*: pastor] ovillarum O. Cant. *Pref. Frith.* 3; tunc ergo perprudens ~o .. scepta claustrorum monasticis aedificiis .. munivit B. *V. Dunst.* 15; **1282** ne .. grex Christi .. sub ~onis insufficientia a lupis libere vastaretur Peckham *Ep.* 307.

opimare [CL], to make fertile or fruitful, enrich; **b** (wine); **c** (fig.).

~o, -as, verbum activum, i. fecundare Osb. Glouc. *Deriv.* 390; venerat quippe ephebus iste dudum de civitate opimatissima, Londoniis sc. *Mir. Hen. VI* I 28. **b** **13**.. sidere, Virgo, tuo bachum September †opinat [l. opimat] (v. Bacchus b). **c** vox teneris discincta jocis, mens ardua, fusi / artus, Locrensis titulos Ajacis opimant J. Exon. *BT* IV 117; illimis [*gl.*: o Virgo, sine limo], limes vite, vitam michi limes, / ad te sublimes et fructu ventris opimes [*gl.*: dites vel ditare velis me] Garl. *Mor. Scol.* 662.

opimonia v. epimenia.

opimus [CL]

1 rich, abundant, great in amount or splendour. **b** (of fruit) plentiful, bountiful.

extruit ecclesias donisque exornat opimis Alcuin *SS Ebor* 275; ~a spolia, quae dux detrahit *GlC* O 219; ~a preda ad naves convecta W. Malm. *GR* II 180 p. 216; ~a retulere spolia *Ib.* IV 371. **b** cum .. terra ista fructum optimum et ~um [*gl.*: fecundus habundans] protulerit J. Furness *Kentig.* 1 p. 164n.

2 well provided (with wealth), lavishly organized, or sim.

funditus ut pompas saecli sprevisset opimas Aldh. *VirgV* 2071; ebrietasque simul necnon et crapula cordis / ingluviem dapibus quae semper pascit opimis *Ib.* 2489; ipsi hereticorum dogmatibus quasi conviviis delectantur ~is Bede *Prov.* 968; generosa conjugia plus longe cupiunt quam sumptuosa vel ~a Gir. *DK* I 17 p. 200.

3 (of land or country) rich, fertile, fruitful; **b** (of person, transf.).

~a frugibus atque arboribus insula Bede *HE* I 1. p. 9; pisce / ingenuo nec Burdegalis se jactet opima H. Avr. *Poems* 2. 250; variis opibus terra illa predives, frugibus, fructibus, valde fertilis, aquis illustris [*sic*] ~a, balsamis abundans *Eul. Hist.* II 26. **b** pulchre sponsa deliciis ~a vivificis non solum vinearum .. fructus .. promittit Bede *Cant.* 1204.

4 plump, fat.

~is, pinguibus *GlC* O 201.

5 rich, copious, intense: **a** (of light); **b** (of act or sim.).

a ut jubar introiit, jubaris ceu nectar opimi Frith. 1160. **b** planctus et lacrimas Malchi juges et opimas R. Cant. *Malch.* III 100.

6 glorious, splendid: **a** (of person, part of body, or group of people); **b** (of victory or symbol of power).

a Alcides fertur Centauri victor opimus Aldh. *VirgV* 1343; dum ~o esset vallatus exercitu Bede *HE* III 18 p. 163; hanc petit intrepidus Christi bellator opimus Alcuin *SS Ebor* 658; gaudebatque suo capiti portare coronam / vertice quam Christus quondam portabat opimo Æthelwulf *Abb.* 68; qui vestibus albis / fulserat: hic manibus memet benedixit opimis *Ib.* 757; archipater gaudet heredem nactus opimum Frith. 180. **b** tertius accepit sceptrum regnator opimum Aldh. *CE* 3. 35; nec diu ~a victoria letati, postero die Turchorum obsidionem extra muros ingemuere W. Malm. *GR* IV 369.

opinabilis [CL], **opiniabilis**

1 that can be thought or believed, based on opinion, thinkable, imaginable; **b** (w. acc. & inf.); **c** (dist. from *visibilis*). **d** (as litotes, *non ~is*) very evident.

aliquid juxta famam ~e .. ab ipso extorquendum judicabat R. Cold. *Cuthb.* 49 p. 102; opinor .. i. putare .. inde ~is Osb. Glouc. *Deriv.* 397; nonne chimera, ut dicit Aristotiles, est ~is? Neckam *SS* IV 25. 3; **1426** licet illa conclusio .. opiniabilis esset .. et disputabilis *Reg. Cant.* III 177. **b** quos jam antea conspirationis rebellantium occultique fuisse adjutores ~e erat W. Poit. I 28. **c** ut miraculum non sicut ~e dubites sed sicut visibile quodammodo palpes W. Malm. *GR* IV 376. **d** et actu et habitu, ut cunctis non erat ~e, vere monachus erat R. Cold. *Godr.* 141.

2 (log. & phil.) that can be attained by way of conjecture, thinkable; **b** (as sb. n. pl., in quot., as title of book).

utraque ratiocinatur circa thesim, sed illa per se circa scibilem, et hec circa ~em, que ab Aristotele in Dialecticis vocatur problema Kilwardby *OS* 481; habemus igitur tria per ordinem: realitatem ~em, quiditativam, et existencie Duns *Ord.* III 189; cum studere in libris eorum propter diversas opiniones indociles et fantasticas ac vix ~es assertive vel opinative insertas in eis impedimentum maximum prestet sciencie necessarie Ockham *Dial.* 844; iste terminus '~e' est superius ad istum terminum 'ens', ut dicit Aristoteles in pluribus locis; igitur omne ens est ~e et non econverso, sicut similiter dicit Aristoteles Kilvington *Soph.* 38n; tenendo istam viam, que est michi valde opiniabilis, tollerentur faciliter instancie supradicte Wycl. *Log.* II 88. **b** in tractatu de ~ibus Johannis xxii Ockham *Dial.* 513.

opinabiliter [LL], by way of opinion or conjecture.

opinor .. unde ~iter adverbium Osb. Glouc. *Deriv.* 397; dimisso isto sensu, ad hoc michi ~iter notandus est auctor Ambrosius Wycl. *Apost.* 73.

opinanter, by way of opinion or conjecture.

non assertive, verum ~anter aiunt Pull. *Sent.* 916C–D.

opinare v. opimare, opinari.

opinari [CL], **opiniari, ~are, ~iare**

1 to think, consider, believe (sts. dist. from *affirmare* or sim.); **b** (w. acc. & inf. or sim.); **c** (w. double acc.); **d** (w. indir. qu.); **e** (w. *quod*, *quia*, or *ut* & subj. or ind.); **f** (w. *de*); **g** (as true pass.); **h** (absol.); **i** (pr. ppl. as sb.).

~are, *resigan* [i. e. *ræswian*] *GlC* O 208; hoc ~antes parum videntur attendere quod .. Andr. S. Vict. *Dan.* 36; quibus accidit occulte dispensationis ignaros falsa pro veris et incerta pro certis ~ari et sic seduci Bald. Cant. *Commend. Fid.* 4. 1. 574; sanet igitur sic ~ians avum suum .. et credam ei Wycl. *Misc. Phil.* I 68. **b** multi ~antur Lucam .. nepotem fuisse Pauli apostoli *Comm. Cant.* II 33; eos ~abatur .. a Christianae fidei posse devotione cessare Bede *HE* I 7 p. 21; carmen plerique a Syracusis primum conpositum ~antur Bonif. *Met.* 111; [Epicurei] qui ~antur animam corpore solutam in aerem evanescere W. Malm. *GR* III 237; qui animam mundi in animas singulas discerptam ~abantur J. Sal. *Met.* 926A; asserit constanter vel paternitatem esse Deum vel paternitatem non esse Deum, sed ~atur et firmiter non credit T. Chobham *Praed.* 81. **c** principes ~ati sunt propositum eorum bonum et vitam honestam Map *NC* I 20 f. 14v. **d** nec affirmavimus esse de traduce sed qua ratione .. dici possit esse de traduce ~avimus [v. l. ~ati sumus], tractavimus Ailr. *An.* I 63. **e** nequaquam possum ~ari quod eam habeat aut habere debeat Anselm (*CurD* I 18) II 79; quidam ~antur et dicunt quia rex non multum curat festinare *Id.* (*Ep.* 369) V 313; licet de beatissima Maria dulce sit ~ari quod fuerit etiam secundum corpus venustissima et formosissima Ailr. *Serm.* 9. 14. 253; tamen dulce nobis est ~ari ut ille qui omnia potest, propter nimiam dilectionem matris sue non solum animam ejus in celo collocaverit *Ib.* 45. 10. **f** de quo aut neutro modo ~antur aut contrarie J. Sal. *Met.* 872C; qui .. de diis et superioribus male ~antur Alb. Lond. *DG* 6. 5. **g** licet multa incerta de paradiso ~entur *Comm. Cant.* I 62; ad alias personas inferiores summo pontifice spectat ~atos errores theologorum condemnare Ockham *Dial.* 425; heresim .. non solummodo recitatam, sed assertam aut ~atam vel eciam dubitatam *Ib.* 668; s**1346** ceciderunt reges duo, viz. Beamie, de quo certum est, et Majoricarum, de quo communiter et verisimiliter ~atur Ad. Mur. *Chr.* 216; s**1340** versus dictam obsidionem gressus suos direxit, ad removendam eandem, ut a multis ~abatur Avesb. f. 91v. **h** ut quidam falso ~antur Bede *HE* III 17 p. 162; sed ~ando, non affirmando dixerim Ailr. *An.* III 43; est .. differencia inter scire, credere, et ~ari .. ille autem ~atur qui cum formidine consentit credibili Wycl. *Ver.* II 16. **i** hoc enim intelligentis non ~antis Balsh. *AD* 53; hec exposicio vera est si opiniones referantur ad mentes ~ancium T. Sutton *Gen. & Corrupt.* 60; questio .. varios habet ~antes .. quorum quilibet ponit unam conclusionem responsivam Ockham *Dial.* 582.

2 (w. ref. to expecting or suspecting).

nec ~antur, nec suspicabantur *GlC* N 98; super Ethelfridum paratis copiis insperatus advolat, nichilque minus quam insidias ~antem premeditatus aggreditur W. Malm. *GR* I 47.

3 (p. ppl. as adj.) highly regarded, famous, renowned (usu. in superl.); **b** (of person); **c** (of city or country).

10.. ~atissimus, *se hliseadgesta WW*. **b** Hilarion, ~atissimus Palestinae solitudinis accola Aldh. *VirgP* 29; David .. ~atissimus regum *Ib.* 53; in hoc pium et ~atissimum atque opulentissimum Salomonem Hebraeorum regem aequiparans Asser *Alf.* 76 p. 61; post quos ~atissimus nostratis extitit quidam nomine dictus Baeda Byrht. *Man. epil.* 244; adhesi magistro Alberico qui inter ceteros ~atissimus dialecticus enitebat J. Sal. *Met.* 867C; exinde Venus Solem odio habuit filiasque ejus Pasiphaen et Circen ceterasque omnes ~atissimas fecit meretrices *Natura Deorum* 44. **c** **934** in civitate ~atissima quae Þinte ceaster nuncupatur *CS* 702; Christianorum terras civitatesque ~atissimas *G. Steph.* 99; ut .. ad castrum .. illud ~atissimum S. Audomari in Flandria accelerarem H. Bos. *Thom.* III 38 p. 313.

opinarius, that can be attained by way of opinion or conjecture.

falsum est, cum illi hoc opinentur et fides ~ia certitudo non sit R. Melun *DP* 91.

opinatio [CL], (act of forming an) opinion, conjecture, belief.

unde constat omnibus .. mentem in hac ~one temperatius cohibendam Bede *Ep. Cath.* 80; notandum quoque est quod primogeniti non juxta hereticorum ~onem soli sunt quos fratres sequuntur alii sed juxta auctoritatem scripturarum omnes qui primi vulvam aperiunt *Id. Hom.* I 5. 33; conjectura, ~o, estimatio, interpretatio vel *ræswung* vel *rædels GlH* C 1479.

opinatiuncula [LL], **opiniatiuncula,** (little or insignificant) opinion.

omnes has nebulosas ~iatiunculas claritas Christi longe discussit et veritatem credendam aperuit Colet *Eccl. Hier.* 257.

opinative [cf. LL opinativus], **opiniative,** as opinion, by way of opinion or conjecture.

opiniones .. fantasticas .. assertive vel ~ative insertas in eis [sc. libris] Ockham *Dial.* 844; sed illud non placet michi, quia per idem posset poni ~iative quodlibet impossibile, si non dent expectari racionis judicium, nec argumentorum oppositorum solucio Wycl. *Log.* III 71; glossa .. tantum probabilis et ~ative tenenda (Kyn.) *Ziz.* 24; homo potest ~ative tenere .. conclusionem hereticam Wycl. *Ver.* I 140; magister cum formidine et ~ative loquitur: unde ista sunt verba sua? *Ib.* 304; ideo nemo debet presumere asserere tale ambiguum nisi cum condicione vel ~ative *Ib.* II 16; s**1437** pro eo quod ipse abbas quasi utrobique in sua narracione ~ative et non ex certa sciencia processerit Amund. II 153.

opinativus [LL=*that expresses opinion*], based on opinion or conjecture (usu. log. & phil.).

[ratiocinatio] que est ex probabilibus et omni scientie communibus facit cognitionem ~am Kilwardby *OS* 522; de visione .. aut imaginativa aut intellectuali ~a sc. Knapwell *Quare* 338; de visione imaginativa, intelligibili, et ~a R. Orford *Sciendum* 309; premisse syllogismi creditivi, ~i, et demonstrativi respectu ejusdem conclusionis non causant assensus ejusdem speciei, sed pocius assensus oppositos, sicut

fides, opinio et sciencia opponuntur Ockham *Quodl.* 484.

opinator [CL], one who forms opinion or conjecture; **b** (w. obj. gen.).

~ores, existimatores *GlC* O 217; opinor . . i. putare . . inde ~or Osb. Glouc. *Deriv.* 397. **b** assertores autem supradicte heresis et ~ores multipliciter exaltavit et benigne tractavit Ockham *Pol.* III 39.

opinax [LL *gl.*], manifest, visible.

~ax, manifestus omnibus *GlC* O 218; ~ax, -cis, i. manifestus Osb. Glouc. *Deriv.* 397.

opinia- v. opina-.

opinio [CL]

1 opinion, belief; **b** (dist. from *veritas* or sim.); **c** (*esse in ~one*) to be of a spec. opinion; **d** (w. impl. of conceit); **e** (w. *quod* & subj.). **f** (w. gen.) belief (in), notion (of).

multae aliae ~ones quae nichil sunt *Comm. Cant.* I 98; Antonius . . cujus vitam Hieronimus . . tantis ~onum rumusculis extollit Aldh. *VirgP* 29 p. 266; p675 nos . . secundum plurimorum ~onem *Id. Ep.* 4 p. 482; significat . . animas virtutum studio sublimes, sed hominum ~one contemptibiles Bede *Acts* 965; hujus ~onis particeps fuisse cognoscitur Nicholaus papa W. Malm. *GP* V 240; justificat, judicii sententia vel ~one perversa ipsam impietatem commendare contendens Andr. S. Vict. *Sal.* 63; c1430 secundum humanam opunionem *Cop. Pri. S. Andr.* 11. **b** terrena est haec ~o et longe ab intellectu divinitatis extranea Anselm (*Proc. Sp.* 4) II 194; nobis pro vero arrogare non libuit quod videtur magis ~oni quadrare volatice quam veritati historice W. Malm. *GP* V 188; ubi aperte docemur eum non hoc dixisse tantum ex ~one, sed quod ita didicisset ex divina revelatione Ailr. *Serm.* 15. 30; philosophus . . negotiatur ad veritatem, dialecticus ad ~onem J. Sal. *Met.* 862A; ~onem parit et non multis scientiam Alf. Angl. *Cor* 15. 2; scire vel intelligere est summum extremum, ~o vero extremum aliud, inter que mediat fides sive credulitas Wycl. *Ver.* II 16. **c** in hac ~one . . tunc temporis erat Gir. *Invect.* V 15 (v. deceptorius b); **1309** multi sunt in diversa opinione in hoc casu utrum petens per illud factum esset exclusus vel non (*Year Bk.*) *Selden Soc.* XVII 159. **d** quia est exaltatio aliquando in sola ~one, ut si quis opinetur se esse dignum episcopatu *Simil. Anselmi* 22. **e** certior habet ~o quod . . ex parentibus . . hec proveniat discoloritas Gir. *TH* I 12 p. 37. **f** rumigerulus, timoris ~onem portans *GlC* R 226.

2 (w. ref. to established opinion, practice, or sim.).

haec juxta ~onem, quam ab antiquis accepimus, historiae nostrae ecclesiasticae inserere oportunum duximus Bede *HE* II 1 p. 81.

3 what one thinks of a person, estimation (w. *in* & acc. or *de* & abl.).

nec silentio praetereunda ~o quae de beato Gregorio traditione majorum ad nos usque perlata est Bede *HE* II 1 p. 79; injuria quam . . fecit in Anglia, praeter ~onem quam de illo habebamus, haec est . . Anselm (*Ep.* 266) IV 181; ~ones Normannorum in malum [hominem] in Gestis Regum posui [cf. *GR* III 253] hic Angli quid e diverso afferant non tacebo. Angli plurimum veritate prestantes W. Malm. *GP* IV 182; attende . . quam varie fuere ~ones de Christo Bald. Cant. *Commend. Fid.* 94. 1. 630.

4 reputation, renown, standing; **b** (w. gen. to designate cause for renown).

~o, fama *GlC* O 203; suave flagrantem domus sue oppinionem precipuo venerabatur studio *Hist. Llanthony* f. 50v; **1156** visis cartis monasterii beati Petri Glouc' et juramento multorum testium sane ~onis *Doc. Theob.* 117; Gilebertus vite quidem sancte, ~onis illese, conversationis honeste *Canon. G. Sempr.* f. 123v; debent testes pretereae esse bonae ~onis, non ignoti, non viles Ric. Angl. *Summa* 30 p. 47; a1356 ne professorum . . fama vel ~o . . turpis lucri vicio denigretur *StatOx* 28. **b** item unguentis flagrant optimis cum ~onem bonae suae operationis . . longe lateque profundunt Bede *Cant.* 1086; ille majoris gratie . . erat qui tenatioris sanctitudinis ~onem habebat W. Malm. *GR* III 267; nullius mali ~one infamis nisi quod minus quam decebat et citra facultatem suam esse dapsilis dicebatur *Id. GP* IV 167; que enim fuit umbra Petri nisi virtutum ejus ~o, qua in Christi fide credebatur omnia posse? J. Ford *Serm.* 102. 8.

5 (w. ref. to suspicion or expectation).

rex, visa hostium multitudine, dum se frustratum ~one cognosceret . . quid faceret hesitabat W. Malm. *GR* IV 384; ~o . . i. suspicio Osb. Glouc. *Deriv.* 397.

6 ability to form opinion.

animalia non intellectum, non discretionem, solam vero ~onem eam habere concedam, quam non in anima sed in corpore fundari . . asseram Adel. *QN* 14.

opiniose, opinose [cf. LL opiniosus], in a suspicious manner.

opinio . . i. suspicio unde . . ~iose [v. l. ~ose] adverbium Osb. Glouc. *Deriv.* 397.

opiniosus, opinosus [LL = *given to opinions*]

1 famous, renowned.

famosus vel ~osus, hlisful Ælf. *Gl.* 165.

2 ? suspicious.

opinio . . i. suspicio unde ~iosus [v. l. ~osus] Osb. Glouc. *Deriv.* 397.

opiniuncula [LL], (little or insignificant) opinion.

~am autem Averrois quis nescit esse vacuam, falsam, fatuam Bradw. *CD* 77B.

opipanax v. opopanax.

opiparare [ML], to enrich, ennoble; **b** (p. ppl. as adj.) rich, sumptuous.

et editiore eas entheca decusare [*gl.*: ornare, oppiparare] O. Cant. *Pref. Frith.* 37 *gl.*; *to make nobylle,* insignare, nobilitare, ~are, ~ans participium *CathA.* **b** aspernatur philosophus opiperata convivia et fecunda pocula H. Los. *Ep.* 53.

opipare [CL], sumptuously, lavishly.

imas / percontare volens nevo sine criminis iras, / alta petit lento triclinia opipare gressu Frith. 621; ad quendam vicum in quo grandis apparatus ad necessarios convivandi usus erat illi ~e constructus Lantfr. *Swith.* 31; videat sinceritas studiorum qualiter fructuosus duodenarius numerus fit ~e, i. splendide, decoratus Byrht. *Man.* 222; cum omni festinatione se preparavit et ~e festiva seroque recessit Map *NC* III 2 f. 35; quid eorum castrimargia deliciosius, qui nec cibum nec potum capiant, nisi ~e preparetur? R. Niger *Mil.* IV 51; habundanter . . ~e, copiose Osb. Glouc. *Deriv.* 626.

opiparus [CL], sumptuous, rich; **b** (of food); **c** (as sb. f.) rich or fine food (in quot., pl.).

dicentarius, habundans, optimus, opiparus [v. l. oppiparus], opidernus [v. l. opulentus] Osb. Glouc. *Deriv.* 180; habundans, affluens, ~us, redundans . . copiosus *Ib.* 626. **b** 1281 cibaria ~a, id est nimis delicata *Conc. Syn.* 904 (v. opifer 3). **c** non sunt nobis cibus, ~ae quas nobiscum edere solebas, non pavones, non coturnices etc. Liv. *Op.* 38; quum dives fuit noster. . nobis erant ~ae offertissimae *Ib.*

opipatio, (act of) making rich, sumptuous, or lavish (w. ref. to gift, endowment, or sim.).

cᵐvijᵐ de parliamento Leyerc' et tandem, post nobilissimas regales †epipaciones [MS: opipaciones] et nobilia dona regali munificencia alternatim collata Strecche *Hen.* V 155.

opiperare v. opiparare.

opiridium, decorative stripe on cloth.

opiridium, þe raye WW.

opirus [cf. CL autopyrus < αὐτόπυρος], (as adj.) made of unbolted wheat meal, whole-meal; **b** (as sb.) bread that contains no bran.

a cibis generantibus melancoliam, sicut est panis ~us non bene fermentatus et panis ordeaceus Gilb. VII 325v. 1; tritico deficiente, panis eorum ~us et muscidus M. Par. *Maj.* V 25. **b** ~us, panis est mundus a furfure *SB* 32; ~us, i. panis mundus a furfure *Alph.* 130.

opisare v. opizare.   **opisfer** v. opifer.

opisiae, harness.

hec ~ie, -arum, *harnes WW*.

opisthotonos [LL < ὀπισθότονος], (med.) drawn backward (w. ref. to tetanic recurvation).

[spasmus] . . alius †epitostonos [l. opisthotonos] alius protostonos Gilb. II 122v. 1 (v. emprosthotonos); a spasmo et tetano habito febris superveniens solvit egritudinem. vel enim est ante et vocatur empitostonus. vel est retro et vocatur epitostonus ab epi quod est supra Gad. 102. 1.

opiteos v. pteris.

1 Opiter [cf. CL ops + CL Jupiter], (understood as) Jupiter as guarantor of power or abundance.

ab ope hic Opiter, i. Jupiter . . quasi opum pater Osb. Glouc. *Deriv.* 390.

2 opiter v. oppiter.

Opitergium [CL = *town in Venetia*], (understood as) castle situated near market place or city.

~ium, castellum prope forum vel prope urbem Osb. Glouc. *Deriv.* 403.

opitulamen [ML], help, aid, support; **b** (w. obj. gen.); **c** (w. ref. to favour or comfort).

~en, auxilium, suffragium Osb. Glouc. *Deriv.* 399; auxilium vel opem, suffragia dic, vel asilum / . . / his adminiculum simul addas, opitulamen Garl. *Syn.* 1578B; **1416** hujus siquidem ~inis graciam et si Deus eidem ecclesie sue ipsiusque regni Anglie incolis per diversorum sanctorum merita . . sepius ostendere decreverit *Reg. Cant.* III 28; a Saxonibus ~en Britones petunt Major I 4. **b** turmam ad eorum ~en . . venientem . . prostravit *Plusc.* IX 35; **1529** pro bono auxilio et ~ine prefati . . comitis *Cart. Glam.* 1977. **c** mulieres . . que multa bona minuta ~ina eisdem [militibus] conferebant *Plusc.* IX 8.

opitulanter [ML], as a helper, by way of help.

opitulor . . i. auxiliari, inde ~anter, i. auxilianter adverbium Osb. Glouc. *Deriv.* 390.

opitulantia [LL], help, aid, support.

ut . . divinae benedictionis tuae opitulentia [*also assoc. w.* opulentia] repleatur Egb. *Pont.* 134; opitulor . . i. auxiliari, inde . . hec ~ia et hoc opitulamen . . ambo pro auxilio Osb. Glouc. *Deriv.* 390.

opitulari, ~are [CL]

1 to help, aid, bring relief or support; **b** (w. dat.); **c** (w. acc.); **d** (w. *contra*).

ergasteria . . ~ante Christo construxere Aldh. *VirgP* 36 p. 282; quia citius a reatu Domino ~ante resurgunt Bede *Ep. Cath.* 89; ~ante gratia divina *Id. HE* V 10 p. 299; a947 mirabili cunctipotentis polorum presulis clementia ~ante O. Cant. *Ep.* 66; Christi ~ante [AS: *gefultumigendre*] gratia Anglorum . . rex *RegulC proem.* 1; sed quoniam ista terrena valde longe sunt a summa natura, levemus ad illam ipsa ~ante mentem Anselm (*Incarn. B* 15) II 33; fluvius ille . . de predicto fonte, aliis ~antibus aquis, . . manavit Gir. *TH* II 9. **b** cui sensui ~atur illud quod sequitur Bede *Prov.* 994; quantum potuit navi ~abatur Alcuin *Rhet.* 9; **1167** confugit ad Romanum pontificem quem appellaverat ut ejus presidio validius ~aretur ecclesie naufraganti J. Sal. *Ep.* 225 (225); [Rhea] hoc autem nomen ex eo, ut ait Fulgentius, sortita est, quod esurientibus frugum largitione ~ata est Alb. Lond. *DG* 2. 1; surge et ~are mihi T. Chobham *Praed.* 49. **c** †974 (14c) gloriatur quippe in sanctis suis glorificari quatinus illorum meritis glorificantes ~etur *CS* 1311 p. 640. **d** ceraunus . . repperitur ubi crebra fulmina cadunt, et contra fulmina fertur ~ari, a quibus etiam nomen habet Alb. Lond. *DG* 8. 8.

2 (w. ref. to confirming, complying with, or sim.).

verba quoque tam praeteriti temporis quam futuri his regulis ~antur ut mulcaverunt, sulcaverunt Aldh. *PR* 126.

3 (w. ref. to remedying, moderating, correcting, or sim.).

quo plus justo fluidum †ligue [l. lingue] loquacitatisve lubricum tui pergas oris ~are vel aliquando cachynnum E. Thrip. *SS* 4. 26.

opitulatio [CL], help, assistance, support; **b** (w. subj. gen.); **c** (w. obj. gen.).

dum ad divinae ~onis gratiam oculos mentis adtollo BEDE *Hab.* 1253; quis namque ita justus esse poterit ut divina ~one non egeat *Id. Hom.* I 21. 253; ~o, adjutorium *GlC* O 193; c**853** quatinus michi indigno servulo tuo adjutorium utillimae ~onis impendere digneris *CS* 415. **b** quidam de presbiteris eioctus . . per ~onem . . Cuthberti illum posse sanari BEDE *CuthbP* 41; ipsius ~one ab omnibus adversitatibus defensi EGB. *Pont.* 8; c**792** ad illius dulcissimam clementiam erigamus spem nostram, simusque de ejus ~one indubitantes ALCUIN *Ep.* 59; donec pleniter expiatae gratia aeternae retributionis Dei ~atione potiantur ALEX. CANT. *Mir.* 36 (I) p. 233. **c** ad suam . . relevationem, necnon et aliorum . . ~onem . . Dominum exhibuisse miracula AD. EYNS. *Hug.* III *prol.*

opitulativus [ML], that brings help or support (in quot., as sb. n.) medicine that brings help or relief.

~a sunt medicamenta quae fluxus stipant et obstruunt *LC* 256.

opitulator [CL], helper, assistant, supporter.

vocantes se predicatores vel ~ores generalis ecclesie PECKHAM *Paup.* 64.

opitulatrix [ML *as adj.*], helper, supporter (f.).

deinde infatigabilis ~ix Editha per visum quandam sororum adhortatur GOSC. *Edith* 297.

opitulatus [LL], help, aid, support.

hic ~us, -ui, dicimus pro auxilio OSB. GLOUC. *Deriv.* 391; patrem omnium esse dicebant, quod ejus ~u cuncta germinum adolescat varietas ALB. LOND. *DG* 11. 17.

opitulenter [cf. CL opitulari, opulenter], richly, lavishly, sumptuously.

s**1313** prioratus . . ~er est dotatus *Reg. Durh.* I 337.

opitulentia v. opitulantia.

opium [CL < ὄπιον]

1 opium (sts. dist. acc. place of origin).

~ii Tebaici . . papaveris nigri opii GILB. II 102. 2; de opio et oleo ro[sarum] . . fiat illinitio super dentes GAD. 119. 1; lac papaveris, i. opium *SB* 27; melachion, i. opium *SB* 29; opii tres sunt species, s. Tebaicum, Tranense, et opium miconis. opium quando simpliciter Tebaicum intelligitur, et id est forcius narconticum, et fit de lacte papaveris nigri *SB* 32; ~ium Thebaicum, i. succus papaveris albi *Alph.* 130.

2 (~*ium Cyrenaicum*) asafoetida.

opium Quirinacium, asafetida idem *SB* 32; opium Quirrinacium, lesera, quileya, succus jusquiani idem *Alph.* 130.

3 (in gl.).

~ium, venenum *GlC* O 215.

opizare [LL < *ὀπίζειν, ὀπικίζειν = to speak barbarously, spec. by omitting a letter*], **a** to utter barbarously, stammer, stutter. **b** to diminish (by omitting a sound or letter).

a stotyn, opiso, -as *PP.* **b** ~are, i. diminuere OSB. GLOUC. *Deriv.* 391.

opland- v. upland-.   **oplere** v. opplere.   **oplondinum** v. uplondinum.

opobalsamum [CL < ὀποβάλσαμον], juice of the balsam-tree, opobalsamum.

nobiliores ceteris vineae nascuntur . . de quibus liquor non vini sed ~i defluit BEDE *Cant.* 1097; quod quia per cavernam profluat corticis saepius ~um nominatur *Ib.* 1098; tantae flagrantia suavitatis ebullivit ut cunctis . . quasi ~i cellaria esse viderentur aperta *Id. HE* III 8 p. 144; ~um, genus unguenti OSB. GLOUC. *Deriv.* 401; qui de mirica expressit ~um [v. l. opibalsamum], de urtica lilium J. FURNESS *Kentig.* 44 p. 239; ~um, i. succus balsami, viz. ipsum balsamum *SB* 32.

opocissi, ~um [ὀπὸς κισσοῦ], ivy juice.

~um, i. gumma hedere *Gl. Laud.* 1095; ~i, i. gumme edere *SB* 32; ~i . . gummi edere . . G. *gumme de ere MS BL Addit. 15236* f. 181v; opocisci . . i. gummi edere, G. *gumme de ere*, A. *yvi MS BL Sloane 5* f. 9vb; cisson, i. edera, cujus gummi dicitur ~i

Alph. 40; ~i, i. succus ficus agrestus, communiter lac coagulat *Ib.* 130.

opoferetrum [ὀπή+CL feretrum < φέρετρον], open-topped basket, pannier.

a panyar, opoferetrum, canistrum, cartallum, calathus *CathA.*

opomiconum [LL < ὀπὸς μήκονος], kind of opium.

diamiconium, i. electuarium de micone et oppomiconium, i. succus miconis, ut in Alexandro *Alph.* 50; opomiconium est opium miconis teste Ysidoro *Ib.* 130.

opomyrsine [ὀπὸς+μυρσίνη], myrtle juice.

opomirsine, i. succus mirte *Gl. Laud.* 1093.

opopanax [CL < ὀποπάναξ], **opopanacium** [ὀποπανάκιον], opopanax, gum-resin obtained from the root of *Opopanax Chironium.*

specularia . . in quibus . . contineatur . . amomatum, oppanatum [vv. ll. opanaclum, opanatum; *gl.*: unguentum, mulcens infirmitatem] NECKAM *Ut.* 109; oppoponacum, opium, bdellium an' ponantur GAD. 39. 2; de galbano, oppoponaco, armonia, euforbia *Ib.*; serapinum, euforbium, oppoponacum et alie gumme in quibus est caliditas tepida *Ib.* 65 v. 2; ferula, hujus multe sunt species. diversarum ejus specierum sunt gumme sagapinum, amoniacum, galbanum oppopanacis, et asafetida, et preter istas est usualis ferula nullam faciens gummam *SB* 21; oppopanac genus est cujusdam ferule *SB* 32; ~ax succus est herbe que panax dicitur, similis per omnia ferule et nascitur in locis asperis et lapidosis *Alph.* 130; panax eraclia unde opipanax colligitur *Ib.* 135; **1534** opoponasi xv s. vj d. *Rec. Nott.* III 192.

opopiris, fine white bread.

~is *is clene bran fro þe bran, payn de mayne MS BL Sloane 282* f. 171v.

opoponasum v. opopanax.

opopyra [ὀπός+πῦρ], medicinal potion that induces a fiery sensation.

dabis . . tyriacam, esdram, oppopiram GILB. I 55v. 1; oppopira, i. ignitus succus, quem Sancti Cosma et Damianus dictaverunt *Ib.* VII 317. 1; pir, ignis, inde oppopira, i. succus ignitus *Alph.* 147.

oportere [CL]

1 (impers.) to be proper or right (to); **b** (w. inf. or acc. & inf.); **c** (w. nom. & inf.); **d** (w. dat. & inf.); **e** (w. *ut* or *quod* & subj.); **f** (w. gd.); **g** (dep. or pass.).

reddebat . . consuetudinem quantum ~ebat *DB* I 189vb. **b** qua peracta exhibentur membra arma iniquitatis peccato ac diabolo, quae ~uerat salvo sensu avide exhiberi arma justitiae Deo GILDAS *EB* 34; si quis ab hereticis ordinatus fuerit, iterum debet ordinari, si inprehensibilis fuerit; sin minus, deponi ~et THEOD. *Pen.* I 5. 1; in ordinatione . . diaconi ~et episcopum missam celebrare *Ib.* II 3. 2 (v. diaconus 1a); quod ~eret eos, qui uni Deo servirent, unam vivendi regulam tenere BEDE *HE* III 25 p. 183; et pars unam pre ~uerat sedendi locum occupabat GOSC. *Transl. Mild.* 24 p. 191; quod autem dicunt quod non opportuerit eum pro uno verbo fuere ANSELM (*Ep.* 311) V 236. **c** mensurabunt . . et illas qui [*sic*] de novo construi ~eat *Laws Romney Marsh* 11. **d** non dicam, tibi ~ebit utrumque abjicere, vel utrumque pascere *Latin Stories* 18. **e** ~ebat . . ut sacramentum quod legislator in annis exhibuit hoc novae gratiae praedicationi suo numero designarent BEDE *Acts* 943; cum itaque intelligit se malum esse, ~et ut si bonus fieri vult, doleat se malum esse EADMER *Beat.* 15 p. 288; ~et . . ut transeamo omne visibile AILR. *Serm.* 30. 8; ~et etiam ut tunc habeat spem, ergo ~et quod tunc habeat gaudium T. CHOBHAM *Praed.* 175; ~uit quod Dominus meliorem inveniret solucionem *Id. Serm.* 1. 7ra; non tamen ~et quod materia ei subjecta sit una numero KILWARDBY *OS* 295; ~et quod res sit presens OCKHAM *Quodl.* 498. **f** facias quod faciendum ~ere judicaveris ANDR. S. VICT. *Dan.* 13. **g** quidam autem ex illis qui magis eloquens esse videbatur, in hunc modum allegabat: "oportuit, oportebat, oportebatur, oportueruint hec fieri" GIR. *GE* II 34 p. 347; ibi transire ~etur fluvium Danubii, qui est fluvius magnus valde *Itin. Mand.* 4.

2 to be necessary, inevitable, or sim. (to, that).

cum ignorant linguas alienas a quibus tota philoso-

phia . . procedit, ~et eos ignorare philosophiam BACON *Min.* 325.

3 (pers.) to be obliged, to have or need (to): **a** (w. person as subj.); **b** (w. artefact or condition as subj.).

a diaconus . . ~et ministrare ad altare EGB. *Pont.* 10 (v. diaconus 1a). **b** **672** talenti foenora . . quae trapezitarum numerosis monetae ~uissent nummismatibus profligari ALDH. *Ep.* 5 p. 492; c**793** absentia corporis non ~et dilectionem dividere ALCUIN *Ep.* 28; **1359** una guttera . . ~et de novo fieri (v. guttera 1a).

oportorium v. opertorius.   **oportun-** v. opportun-.   **oportura** v. 1 opertura.

opos [LL < ὀπός], juice.

opos silphii, i. asafetida *Alph.* 15; opos, i. succus *Ib.* 130; †opepilcii [l. opos silphii], i. asafetida *Ib.*

opositum v. opponere.

†**opotare,** *f. l.*

austis, opotatis [l. epotatis] *GlC* A 923.

oppallescere [LL]

1 to become pale; **b** (w. ref. to unhealthy discoloration).

totus infremuit, obpalluit . . ac dire clamare consuevit R. COLD. *Cuthb.* 44. **b** tanta nigredine . . oppalluerat quod magis cenosa tabitudinis fuligo quam carnis rubor . . fuisse apparuerat *Ib.* 101 p. 224.

2 (of day) to lose its light, move toward dusk.

dies oppalluit, nox ingruit W. MALM. *Mir. Mariae* 159.

oppalliare [cf. CL pallium], to cover (usu. in order to conceal); **b** (transf. or fig.).

~io, -as, et subpallio, -as, ambo pro occultare OSB. GLOUC. *Deriv.* 444. **b** cum cetera vitia plerumque se quibusdam virtutum tegumentis ~ient AILR. *Comp. Spec. Car.* 5. 625; ipsam otiositatem suam et curiositatem velamine contemplationis ~iant *Id. Serm.* 21. 40. 359; studiosus ne aliquid sub veritate oppaliatum obripiat R. COLD. *Cuthb.* 3; virgo mirabilis novo prodigio / Deum oppalliat sub ventris pallio WALT. WIMB. *Carm.* 30; nec mater misero mendico sociat / regem qui rutilo metallo radiat; / utrosque paribus glebis oppalliat; / que profert omnia rursus ingremiat *Id. Sim.* 145.

oppalpatio [cf. ML oppalpare], sensation, touch.

nec alicujus duritiei obpalpatio in ea comparuit R. COLD. *Godr.* 175.

oppanatum v. opopanax.

oppandere [CL]

1 to spread out or in front of, to stretch, extend; **b** (part of body); **c** (curtain or garment, also partly fig. or fig.); **d** (banner, by unfurling); **e** (book, by opening).

obpanso, objecto *GlC* O 47; ~o, oppansus, ic *apenige* ÆLF. *Gl.* 118. **b** oculis dissidentibus, naso recurvo, labris oppansis GOSC. *Mir. Iv.* lxxx; solebant inter pedes ejus sive tibias alterutra parte oppansas velut inquilini requiescere R. COLD. *Godr.* 55; manus prolatas contra advenientem videbatur ~ere *Ib.* 90 p. 100; stabat . . ille pronus, faciei manibus oppansis W. CANT. *Mir. Thom.* III 1 p. 253; brachio protenso, manu oppansa, ilico obdormivit J. FURNESS *Kentig.* 36 p. 223. **c** bene . . additur: extra velum quod oppansum est testimonio BEDE *Tab.* 464; opansum velum in scena, quod undique pandat *GlC* O 220; maternae cupiens verecundiae mederi ejusque nuditatem oppanso velamine tueri ANSELM (*Ep. Anselm.* 149) IV 99; oppanso ante fatiem velo W. MALM. *GP* II 87 p. 190; oppansa et lata nigrioris habitus indumenta habuit R. COLD. *Godr.* 204; que corpori veritatis quasi velum figurarum ~it J. SAL. *Pol.* 432A; si tu aurium vela et latitudinem cordis ad tumorem concipiendum ~as *Ib.* 483C. **d** cum duodecim vexillis oppansis BOWER XIV 50. **e** librum coram se oppansum . . per folia . . evolvit R. COLD. *Godr.* 322 (v. evolvere 1c).

2 to open, make accessible.

aedituusque graves oppandit agillimus aedes FRITH. 1141.

3 (understood as) to cover.

oppansus, velatus OSB. GLOUC. *Deriv.* 404.

oppangere, oppingere [CL], to fix on top or over.

oppingere, circumpingere OSB. GLOUC. *Deriv.* 400.

oppansio, (act of) spreading out, stretching, extending.

oppando .. et hec ~o OSB. GLOUC. *Deriv.* 449.

opparare [CL ob+parare], to prepare against.

coactus enarravit per ordinem quecumque Christianis ~abantur ORD. VIT. IX 15 p. 602.

oppella v. opella.

oppendix [ob-+CL pendĕre; cf. CL appendix], short cloak or shroud.

oppendicem, breve pallium et scissum OSB. GLOUC. *Deriv.* 404.

opperatus v. apparatus.

opperiri [CL]

1 to wait.

operiremur, expectaremur *Gl. Leid.* 35. 281; inter maerentes, orantes, opperientes FRITH. 1358; operiri, expectare, prestolari OSB. GLOUC. *Deriv.* 403; abbas .. coram altare quo rex missam erat auditurus ~iens *Chr. Battle* f. 60v; *to abyde,* expectare, prestolari, operiri, perseverare, constare *CathA.*

2 to wait for, expect, await.

finem vite quietus a negotiis Christiana sollicitudine operiens W. MALM. *GR* III 257; pater .. celibatui renuntiavit .. futuros heredes ex nova conjuge operiens *Ib.* V 419; afflaverat .. secundus rumor aures ejus Alwoldum .. obisse, cujus episcopatum suo uniendum antiquis .. regine promissis operiebatur *Id. GP* II 83 p. 183; dum aut multis diebus ventum operirentur in litore, aut flatu .. in altum provecti statim repellerentur *Ib.* III 129; nullum certum determinavit diem quo .. accusati venientem operiri debuissent *Chr. Rams.* 122.

oppessulare [CL], to bolt, to bar, to close.

opessulatis, clausis *GlC* O 214; ~atus, clausus, firmatus OSB. GLOUC. *Deriv.* 404; suam suaviter hostio firmiter exterius ~ato paterfamilias motus egreditur ad familiam ut facibus accensis incontinenti scrutetur domicilium E. THRIP. *Collect. Stories* 196.

oppetere [CL]

1 to strive after, seek to obtain (in quot., absol.).

quotiens .. manducandi perurgebat necessitas, cibo super terram .. comminuto .. humi procumbens et ad instar pecudis ~ens, id solum poterat quod .. dentibus contingebat attingere T. MON. *Will.* VII 14.

2 to seek to win or acquire (a person as friend or ally).

sub religionis et pacis obtentu ad sacrum aliquem locum conveniunt cum eo quem ~ere cupiunt GIR. *TH* III 22.

3 to go for, to attack.

dum ipsum repellere vel potius ~ere nituntur GIR. *EH* II 7 p. 322.

4 to encounter (death); **b** (absol. or intr.) to die.

cum quo a Penda rege Mertiorum sotiali bello appetitus mortem ~iit W. MALM. *GR* I 97; timendum ne .. vel fugam vel mortem ~as *Ib.* III 239; milies si fieri posset pro ejus ereptione mortem temporalem ~erem AD. EYNS. *Visio* 16. **b** arcam ceu quondam probrosus contigit Oza / protinus oppeteret confusus fronte petulcus / rictibus et rabidis, corrosus dente leonis ALDH. *VirgV* 1240; ~o, -is, i. mori quod in Prudentio et ymnis sepe repperies OSB. GLOUC. *Deriv.* 420; abbas Westm' ~iit quinto Kalendas Octobris DEVIZES f. 31v; dux inter primos erat illic, esse cui mos / post illegitimos oppetit ense minimos W. PETERB. *Bell. Hisp.* 120; tociens enim miserabili morte ~isse quodammodo putabatur *Mir. Hen. VI* III 107.

oppiasis v. ophiasis.

oppidanus [CL]

1 inhabitant of town, borough, or city, townsman, citizen; **b** (dist. from *civis, municeps,* or *pagensis*); **c** (dist. from *academicus* or sim., w. ref. to town and gown).

~us, *burhseta* ÆLF. *Gl.* 110; reliqua multitudo .. Lundoniam .. terra flumineque obsidet; sed ab ~is magnanimiter pugnantibus repulsa W. MALM. *GR* II 180; quidam ~us de Rokespurgia rebus erat locuples, salutis inops, Bernulfus vocabulo J. FURNESS *Walth.* 124; **1329** computat in solucione facta Johanni de Hayel, opidano de Slus, pro quadraginta duobus doliis vini .. clxviij li. *ExchScot* 211. **b** salva pudoris reverentia celebre meticulosis municipibus tropeum et inclitum ~is trepidantibus triumphum .. reportavit ALDH. *VirgP* 57; seditiosi cives et ~i confines gregariique milites in exteros unanime consilium ineunt ORD. VIT. IV 12 p. 254; omnes ~i ac pagenses cum clericis et omnibus religiosis *Ib.* p. 255. **c** c**1550** vice-cancellarius et praefectus urbis ad dictum diem et locum coirent, quo jusjurandam a certis scholasticis et ~is ad pacem quietemque publicam tuendam exigerent ASCHAM *Ep.* 317; **1578** ad magnum incommodum non solum ~orum sed eciam academicorum *StatOx* 412.

2 governor of castle, castellan.

ibi Engenulfus Aquilensis ~us aliique multi corruerunt ORD. VIT. III 14 p. 150; nobiles alios expetiit cognatos duces comitesque et potentes ~os in Lotharingia *Ib.* V 10 p. 381; ~us .. i. castellanus OSB. GLOUC. *Deriv.* 397; Robertus de Oileio .. castelli .. urbis Oxenefordensis ~us *Chr. Abingd.* II 7; restituta ergo abbati terra, ~i animus adeo egre rem tulit ut .. *Ib.* 8; s**1258** ~us Dovere, custos litoris diligentissimus (v. custos 4c).

3 member of garrison.

10.. ~us, *se þe on fæstene sit WW*; Hugo .. Oximos cum exercitu suo obsedit sed bellica vis ~orum ei fortiter obstitit ORD. VIT. VI 10 p. 92.

oppidatim [CL], by towns, in every town.

incommoda, vicatim et ~im accepta W. MALM. *GR* I 14 (=ELMH. *Cant.* 252).

oppido [CL], very much, exceedingly, utterly, altogether.

~o quasi valde *Comm. Cant.* I 115; siquidem ~o frequens oratio quasi arx editissima .. contra venenatas aemulorum ansatas fore creditur ALDH. *VirgP* 60; obsecrans pro filia, quam ~o diligebat BEDE *HE* V 3 p. 285; opido, valde *GlC* O 185; **811** in loco praeclaro ~oque regali Lundaniae vicu *CS* 335; **963** cuidam ministro mihi ~o fideli *Ch. Burton* 20; semper stultos homines odi: cultores scienciarum opido fovi GIR. *SD* 50.

oppidulum [CL], small town or castle.

812 qui in partibus suburbanis regis ~o Fefresham dicto fieri videbantur *CS* 341; oppidum .. i. castellum, inde hoc ~um .. diminutivum OSB. GLOUC. *Deriv.* 397; a Sparatino / exilit oppidulo cum duce turba Phrigum / regis in occursum *Brutus* 218; non procul ab ~o Turonie, cui nomen Azai GIR. *PI* III 25 p. 286.

oppidum [CL]

1 (fortified) city, town, borough, or sim.; **b** (dist. from *civitas, urbs, villa,* or sim.).

'compulit illos ~o': i. ~um intrare *Comm. Cant.* I 115; ~um Hiericho cum septiformi murorum obstaculo ALDH. *VirgP* 55; Severus .. apud Eboracum ~um morbo obiit BEDE *HE* I 5 p. 17; Rofa est ~um situ nimium angustum sed .. hostibus sine periculo non accessibile W. MALM. *GP* I 72 p. 133; dux .. Tamesim fluvium transmeavit et ad ~um Guarengefort pervenit ORD. VIT. III 14 p. 155; hic modo eodem ~o de Kaerdif GIR. *IK* I 6 p. 64. **b** Catenense municipium .. Siracusas, ~um Siciliae ALDH. *VirgP* 42 p. 293; Joppe: ~um Palestine maritimum in tribu Dan .. Iconium: civitas celeberrima Lycaoniae BEDE *Nom. Act.* 1037; ~a, rura, casas, vicos, castella propter evangelizandum .. peragrare *Id. HE* III 28 p. 195; auxiliante Deo fructus carpebat amoenos / catholicae fidei donec impleverat urbes / agnitione Dei, villas, atque oppida, rura ALCUIN *WillV* 6. 10; ~a urbesque cum sanctorum cenobiis .. concremavit ORD. VIT. III 1 p. 6; platee .. in urbibus, ~is, et villis ANDR. S. VICT. *Sal.* 17.

2 fortified place, castle, fortress, stronghold; **b** (w. *municipium*).

~um, castellum *GlC* O 202; ~um, *fæsten* ÆLF. *Gl.* 140; ~um contra Tripolim, quod Castellum Peregrinorum vocant, firmavit W. MALM. *GR* IV 388; a principe Beneventanorum ~um ad manendum sibi suisque heredibus accepit ORD. VIT. III 3 p. 53; castrum quod Novus Mercatus dicitur .. ad tuendum plurimis baronum suorum commendavit .. tandem dux Hugoni .. predictum ~um .. commendavit .. at ille tuitioni prefate munitionis .. suscepit *Ib.* p. 113; ad ~um Eustachii quod Maltum vocatur .. exercitus diverterunt villaque destructa illud obsederunt RIC. HEX. *Stand.* f. 44; c**1164** juxta opidum Reinfrew *Regesta Scot.* 254; municipium, ~um, castellum, asilum OSB. GLOUC. *Deriv.* 363. **b** dum se in ~o municipio .. obsedisset BEDE *HE* III 1 p. 128 (v. municipium 3b).

3 (pl., understood as) inhabitants of towns or cities, citizens, townsmen.

~orum, civium *burxhlfodb* [i. e. *buruhleoda*] *GlP* 283.

oppignerare [CL], **oppignorare** [LL]

1 to pledge, put as surety, to mortgage (home or other property).

~erare, i. *enguager WW Sup.* 9; res ecclesiae male detrahit et ~orat ANSELM (*Ep.* 195) IV 85; illo migrante et fedo mercimonio domos suas causa cibi ~orante W. MALM. *GP* V 272.

2 to commit, reserve, bespeak.

non videatur .. absurdum Begam Domino ab angelo vel ab aliquo sancto obpignerari per armillam *V. Begae* 500; ~erare [v. l. obpignerare], confederare, confedustare, subarrare OSB. GLOUC. *Deriv.* 402; ~ero .. i. subarrare vel confirmare *Ib.* 447.

oppigneratio [LL]

1 (act of) putting as surety, mortgaging.

suae fidei interpositione et domus ~eratione W. MALM. *Mir. Mariae* 197.

2 (act of) bespeaking or committing.

oppignero .. i. subarrare vel confirmare .. inde oppigneratus, ~eratio OSB. GLOUC. *Deriv.* 447.

oppilago [LL *gl.*], thing that stops or blocks, gag or sim.

opilago, quicquid in ore ponitur ad ipsum os obturandum OSB. GLOUC. *Deriv.* 402.

oppilare [CL], to stop, block, close; **b** (body or part of body); **c** (door or window); **d** (supply); **e** (partly fig. or fig., w. ref. to silencing, interrupting, or sim.).

obpilat, cludit *GlC* O 69; opilavit, *forclæmde Ib.* 186; ~avit, clausit, *gegiscte Ib.* 206; ~atae, *bisparrade Ib.* 221. **b** manibus opilatis auribus ecclesiam exivit clamitans .. ALEX. CANT. *Mir.* 29 p. 217; ad hoc ut fiat sompnus oportet nervos opilari per quos spiritus ad instrumenta sensus transcurrit *Quaest. Salern.* B 37; cum nervi ~entur, spiritus ingredi non possunt NECKAM *NR* II 148 p. 228; serpens, cum incantatur, unam auriculam suam affigit terre et aliam aurem opilat cauda sua T. CHOBHAM *Praed.* 280; phlegmatica enim humiditas occupans totam cerebri regionem opilat [TREVISA: *stoppiþ*] meatus nervorum BART. ANGL. IV 4 p. 94; isti qui ista foramina habent stricta vel opilata imperfecte et confuse formant voces *Ps.*-RIC. *Anat.* 28; si corpus opilatum sit, calor naturalis non potest currere per membra sed potius debilitatur BACON IX 129. **c** ut ~atis atque obseratis januis hostis intrare non possit BEDE *Ezra* 889; cum .. fenestrae essent opilatae [*gl.:* clausae] BYRHT. *V. Osw.* 464. **d** s**1099** Turci .. si que fuerunt aque, jactu pulveris et aliis modis eas ~averant WEND. II 136 (=M. PAR. *Min.* I 140: opilaverant). **e** si celeberrimum illud spectaculi genus per totos mundi cardines vulgatum taciturnitatis silentio ~atum vilesceret ALDH. *VirgP* 25 p. 258; furibunda ferarum rabies .. hiulcas faucium gurguliones opilavit *Ib.* 36 p. 284; nullum .. de hoc facto emolumentum habebitis, immo dum timor vestra ~averit ora W. MALM. *GP* I 48 p. 82.

2 to cover.

projecerunt .. corpus .. et ~averunt vili humo ad cujus exsequiis epichidion defuit BYRHT. *V. Ecgwini* 394 (*recte* 384).

oppilatio [CL]

1 (act of) stopping up or blocking, obstruction, oppilation (usu. med.); **b** (w. subj. gen.); **c** (w. obj. gen.).

vitio instrumentorum tripliciter: opilatione, desiccatione, debilitatione *Quaest. Salern.* N 55; accidit .. opilatione quare conculcatur vapor et calefit superflue GILB. I 4. 2; ne simul descendant in colon et ibi ex sua grossitie .. faciant opilationem *Ps.*-RIC. *Anat.* 35 p. 19. **b** ex hujusmodi .. opilatione lapidis [TREVISA: *by stoppinge of þe stone*] opilantur vie urinales BART. ANGL. VII 54 p. 338. **c** oppillatio illa seva pectoris, pulmonis, et gutturis tota dissiluit R. COLD. *Cuthb.* 120; quidam .. gravi pectoris ~one simul cum dolore egrotando deperiit *Id. Godr.* 504; non vero ex sensus motusve ~one [vv. ll. opilatione, opulacione] vita corrumpitur ALF. ANGL. *Cor* 3. 3; curatur ut ~o splenis de frigida causa GILB. VI 260. 2; enfraxis est opilacio viarum urinalium *SB* 19; aqua .. ferarria .. valet contra opilacionis splenis et epatis *Alph.* 64.

2 (understood as) thing that blocks, an obstruction.

coriza dicitur opilacio narium de fluxu humorum *SB* 16; vestrum autem epar necnon vester splen aliquantas quamvis non multum nocivas possident opilaciones, presertim namque splen ex reliquis impuris sanguinis melancolici adusti vi nature illuc tanquam ad propriam sedem transmissi qui .. purgatur KYMER 3.

oppilativus [CL oppilatus *p. ppl. of* oppilare + -ivus], that blocks or obstructs, oppilative (usu. med.). **b** (as sb. n.) thing that blocks or obstructs, an oppilative.

invenitur [caliditas] rarefactiva et remollificativa, liquefactiva et aperitiva, et econverso, nunc condensativa et indurativa, constrictiva et opilativa [TREVISA: *and he stoppiþ*], nunc etiam salvativa, nunc corruptiva BART. ANGL. IV 1 p. 84; cibaria opilativa hoc faciunt, sicut riza, pise, fabe .. caro porcina GAD. 11 v. 2. **b** aperitiva quibus aperiantur pori et extrahatur humidum ~um GILB. VI 260. 2; emfracticum, i. opilavitum *Alph.* 56 (v. emphracticus).

oppilius v. opilio. **oppingere** v. oppangere. **oppiparus** v. opiparus.

oppiter [ML], one born after the death of one's father.

borne after hys fader dede; posthumus, opiter, -ris vel opitiris in genitivo casu *CathA.*

opplere [CL]

1 to fill completely, fill up; **b** (w. sound, smell, or sim.); **c** (partly fig. or fig.). **d** (p. ppl. as sb.) obese, swollen, or 'bunged up' person.

~eta, inpleta *Gl. Leid.* 34. 27; hujus oculos adeo infestus tumor invaserat, ut et moles palpebrarum visum obduceret, et massa carnea ~eret W. MALM. *Wulfst.* II 11. **b** quorum feculentis susurris aures ~eta W. MALM. *GR* V 418; nidor aduste carnis nares ejus obplevit *Id. GP* IV 137; densissima coorta nebula os oculosque remigantis ~evit *Ib.* V 266; rumor facti Judeorum aures oplet [v. l. complet] *Id. Mir. Mariae* 139. **c** veritus divino resultare oraculo quod corda omnium conflaverat ora ~everat *Id. GP* V 223; mentem .. quam dulcedo caritatis ~everit, non timor angustat AILR. *Spec. Car.* I 17. 520. **d** [medici] qui morbos curant nunc ex inanitione in obpletis, nunc refectione in vacuis J. SAL. *Pol.* 529C.

2 to endow or supply abundantly.

sed vestrum hoc opus est innotescere auribus nostris quae non solum affinitate sed et potestate videris obpleta ÆTHELW. *prol.* p. 2.

3 (in gl.).

oplere, oblivisci ad plenum *GlC* O 223.

oppletio [CL opplere + -tio], (act of) filling up.

oppleo .. i. implere .. inde .. hec ~o OSB. GLOUC. *Deriv.* 413.

opplomatus v. hoplomachus.

oppioratio [CL opplorare + -tio], tearful entreaty.

cum querulis illis ~onibus flagitarent pecuniam MORE *Ut.* 74.

opponere [CL]

1 to place or put before, against, or in the way (of); **b** (person, usu. refl. & pass.; also partly fig. or fig.); **c** (abstr. or fig.).

tum Siculus cultor flammarum fulmina cernens / ignibus opposuit sanctam cum corpore tumbam ALDH. *VirgV* 1776; ossa serrata velut gladios gestant quibus arietino dum adversus incurrunt impetu oppositi transverberantur clipei *Lib. Monstr.* II 12; opposita contra violentiam solarium radiorum manu W. MALM. *GR* IV 333; quando rapitur fetus tigrum ~itur eis scutum ereum bene politum T. CHOBHAM *Serm.* 16. 62rb. **b** Dei famulum contra frementes fluctus .. opposuerunt ALDH. *VirgP* 29 p. 267; excitant seniorem elementis furentibus obponendum BEDE *HE* I 17 p. 34; quis .. explicet .. quam benigna familiaritate .. ipse calumniantibus te respondendo pro te se ~ebat? ANSELM (*Or.* 16) III 65; si se vellet periculo ~ere ut urbem ab illa obsidione liberaret GREG. *Mir. Rom.* 4 p. 14; se omnes opposuerunt errori sed nec universi insanientibus resistere potuerunt J. SAL. *Met.* 832B. **c** non debuisti .. animae meae .. tam grave periculum ~ere ANSELM (*Ep.* 355) V 296; immo hinc paganus nobis ~it stultitiam AILR. *Serm.* 3. 32. 226.

2 (leg., refl.) to appear (against).

1283 oponit se versus A. .. de placito cujusdam tabardi *Gaol Del.* 35B m. 17*d*.

3 to interpose.

obtentus, precatus, qui ~itur inter nos et Deum OSB. GLOUC. *Deriv.* 404.

4 to set against as hindrance or obstacle (also refl. & pass.); **b** (pr. ppl. as sb.) one who sets against or obstructs.

accipiam, pontus ni forte repagula nostris / classibus opponat, valido turbone coactus FRITH. 331; commemorat .. sanctum virum .. abeuntibus se opposuisse obicem W. MALM. *GP* V 190; crucem .. in ostio reperit exire volenti se ~entem et egressum ipsius .. impedientem GIR. *GE* II 11 p. 224; **1281** cum .. major, jurati, et centum pares .. se opposuissent et aliqua impedimenta prestitissent indebite *RGasc* II 130a. **b** de .. impedimentis .. factis ab ~entibus supradictis *Ib.* II 130b.

5 to place at opposite end, put against as alternative, contrast, or counterbalance, to oppose; **b** (w. dat.); **c** (w. *contra*); **d** (w. *cum*).

ille immundas cogitationes immittit .. tu vero sanctas et puras et gladium spiritus quod est verbum Dei ~e ALCH. *Ep.* 299; erunt superficies sibi invicem opposite equales equidistantes ADEL. *Elem.* XI 24; supra duos diametros duarum superficierum oppositarum *Ib.* XI 28; **1324** secundum antiquam consuetudinem civitatis solebat quando [major et cives] oppositi fuerunt de aliqua questione civitatem tangente oretenus clamare suas consuetudines *MGL* II 307. **b** mutae taciturnitatis valvam labris procacibus ~ere ALDH. *VirgP* 24; pulchre itineri recto vias tenebrosas opposuit BEDE *Prov.* 947; silentium .. ~itur voci sicut tenebrae luci. oppositorum autem nihil substantialiter est ABBO *Calc.* 3. 42; furenti parentele defuncti legalis placiti juditium apposuit [vv. ll. opposuit, obtulit] W. MALM. *GR* III 271; nec moveor si res existens rei non existenti ~itur J. SAL. *Met.* 937C; verba verbis opposui GIR. *GE* I 51 p. 150. **c** contra tantarum auctoritatum evidentiam paucissimas contradictiones opposuit W. MALM. *GP* I 29 p. 46; contra superbiam ~ant sententiam Scripture que dicit .. AILR. *Serm.* 17. 15. 297. **d** substantia absque C, illi [v. l. id] cum quo opposuisti equatur [v. l. coequatur D] ROB. ANGL. (I) *Alg.* 96n; ~ere se debet nunc cum triplo *Mens. & Disc.* (*Anon. IV*) 81.

6 to object, state in opposition, contradiction, or disagreement (also impers.); **b** (w. *quod* or *quia*); **c** (w. *contra*); **d** (absol. or intr.).

haec monui semper, haec vobis ipse frequenter / opposui, nolite moras inferre migranti FRITH. 1351; cui etsi ab aliquo ~atur emulo ABBO *QG* 1 (4); vera sint quae de divina scriptura opposui ANSELM (*Orig. Pecc.* 7) II 149; opposuit tamen soli Augustino a beato concessum Gregorio, ut non solum episcopos quos ordinaret .. haberet .. subjectos W. MALM. *GP* I 40. **b** si .. ~itur quia nusquam eam divina profert auctoritas ANSELM (*Proc. Sp.* 14) II 215; a**1120** (1241) ~itis frequenter michi quod emerim Thorpum vobis et proprietati vestre, et ego emi illud michi et vobis (H. LOS. *Ep.*) *CurR* XVI 1659 p. 328; **1236** quia predicti Rogerus et Philippus opposuerunt ei quod in sentencia est, et unde protulit literas episcopi Londoniensis patentes, que hoc testantur *CurR* XV 1761. **c 1416** vobis .. mandamus quatinus citetis .. omnes et singulos qui contra dictam eleccionem .. dicere vel ~ere voluerint *Reg. Cant.* I 27; **1417** omnes et singulos in genere qui vellent dicere vel ~ere contra dictam eleccionem .. citavi *Ib.* 34. **d** hic ~unt illi de quibus paulo ante loquebamur, dicentes .. AILR. *An.* III 48.

7 to object to.

cum et inter homines obprobrii nomine calvities vicissim ~atur ADEL. *QN* 20.

8 to pledge.

1220 posse suum ~ent quod justicia exhibeatur dicto H. .. in curia domini regis, cum idem dominus H. rex ad etatem pervenerit *Pat* 267.

9 to bring forward as charge or accusation; **b** (w. *de* & abl. to specify charge). **c** (p. ppl. as sb. n.) (thing brought forward as) charge, accusation.

minus sunt admittendi [in testimonium] crimine convicti, quam quibus crimina ~untur OCKHAM *Dial.* 589. **b** ducti fuerunt coram justiciariis et oppositum fuit eis de abbetto *State Tri. Ed. I* 32. **c 1340** dictus R. inde arenatus fuit et dicit quod de omnibus istis sibi oppositis nihil scit set si aliquid scit ignoratus fuit per subcustodes suos *CBaron* 105.

10 to combat, resist, oppose; **b** (w. dat.).

1312 dantes eidem .. potestates .. testes et instrumenta producendi, defectus et crimina opponendi, expensas petendi et recipiendi *Collect. Ox.* II 247. **b** episcopi et religiosi et clerici erunt principales sectatores Antichristi, nec aliquis clericus vel religiosus sibi ~et OCKHAM *Dial.* 479.

11 (log. & acad., in disputation) to propose, put forward for consideration, discussion, or sim. (also absol.); **b** (pr. ppl. as sb.) proposer, one who puts forward for consideration or discussion). **c** (fig.).

1282 inter scolares .. disputetur unum sophisma et determinetur .. ita ut sophiste ~ant et respondeant *Deeds Balliol* 279; **1311** quilibet socius infra septennium sue audicionis in scholis ~at *MunAcOx* 89; c**1358** quousque per annum integrum opposuerit .. in disputacionibus ordinariis magistrorum *StatOx* 157; a**1380** ad ~endum in sacra theologia se offerunt inopinate *StatOx* 178; **1417** bacallarii in sacra theologia qui formam ~endo et legendo debite compleverunt *Reg. Cant.* III 42; **1425** quod nullus bachallarius legens vel ~ens aut respondens publice utatur tena vel birreto *StatOx* 229; **1438** peticio fuit quod quilibet assumendus ad gradum baccallariatus in sacra theologia possit in tercio decimo anno ~ere et respondere absque gracia *Reg. Cant.* III 277. **b** qualiter ~entem aut respondentem in his versari oporteat singula capita .. exequitur J. SAL. *Met.* 930B; in disputatione et ~enti et respondenti uti nonnunquam utile et novis et inusitatis BALSH. *AD rec. 2* 113; **1383** disputaciones cursorie assignare et tempus ~encium .. moderare *Lit. Cant.* II xxxii; **1583** si disputationes .. omitantur .. si id moderatoris culpa evenerit, decem solidis, si respondentis, quadraginta solidis, si ~entium, singuli delinquentes viginti solidis mulctabuntur *StatOx* 427. **c** opponis mundo, mundus respondet GOWER *VC* III 615.

12 (p. ppl. as adj.) opposite, contrary.

alter [polus] terrae obpositus austronothus dictus est *Gl. Leid.* 44. 7; arbores .. partem in oppositam .. inclinans GIR. *TH* I 6 p. 27; morbi .. ex causis oppositis motus oppositos inducentibus generati GILB. II 124. 1; aspectus .. oppositus est cum fuerit unus planeta in signo aliquo et alius planeta in signo et gradu opposito BACON IX 193; non causant assensus ejusdem speciei, sed pocius assensus oppositos, sicut fides, opinio, et sciencia opponuntur OCKHAM *Quodl.* 485; omnes medie sunt breves nisi per oppositam proprietatem defendantur HAUBOYS 326; nec cessarunt usque tandem venerunt in ejus oppositum latus, ad latus saltem propius quo poterant propter aquam *G. Hen. V* 6 p. 36.

13 (p. ppl. as sb. n.) opposite or contrary thing, an opposite, (usu. log.) opposite term or proposition.

oppositorum autem nihil substantialiter est ABBO *Calc.* 3. 42 (v. 5b supra); quid inductio et ubi ea uti expediat, et quotiens dicatur oppositum dicit J. SAL. *Met.* 903D; ratio ad hoc quoniam alterum secundum contradictionem oppositorum BALSH. *AD* 76 p. 54;

oppositum [*gl*.: contrarium] posito logicans fuge more perito GARL. *Mor. Scol.* 45; opposita principiorum .. magis recipiuntur quam ipsa principia BACON *CS Theol.* 31; ex dictis eorum sequitur oppositum hujus T. SUTTON *Gen. & Corrupt.* 82; istam [proposicionem] .. non intendunt in omni sensu negare, nec ejus oppositam [v. l. oppositum] in omni sensu concedere OCKHAM *Pol.* I 310; **1360** ex parte vero altera erant procuratores .. oppositum allegantes *MunAcOx* 222.

14 opposite side, view, opinion, or sim.; **b** (*ex opposito* or sim. as quasi-prep., usu. w. gen., dat., or acc. or another prep.) on the opposite side (of), opposite (to).

per consequens impossibile est istum ignem produci. igitur, ex opposito, si iste ignis fit, .. OCKHAM *Quodl.* 91; ad oppositum est Aristoteles *Ib.* 564; in oppositum se statim armatorum multitudine non pauca festinando preparans *Plusc.* VII 11 p. 75. **b** †**716** (12c) cum mariscis adjacentibus versus occidentem, ex opposito ejusdem insulae .. juxta ripam ex opposito de Aspath *CS* 135; **c1200** usque ad lacum qui est ab opposito *Cart. Chester* 310a p. 209 (cf. ib. 310: usque ad lacum qui est ex opposito); **1203** ex opposito fronti ecclesie (v. ex 1b); **c1215** terra est ex opposito contra domum lapideam Johannis *DCCant. Reg. H* f. 5; **1267** usque ad vineam dicti Thome †qui [l. que] est exoposito molendini *Cart. Mont. S. Mich.* 39; **1306** Hugo P. fodiendo fecit puteos in communi via ex oposito domus sue *Rec. Elton* 119; in una cathedra ex opposito ejus sedebat *G. Roman.* 399; **1431** lego ad faciendum regiam viam exopposito tenementum meum apud Lyegh x s. item lego ad faciendum regiam viam apud Lyegh ex opposito campos vocatos Edelmfeldes xx s. *Reg. Cant.* II 447; **1477** ex opposito domui predicte *FormA* 127.

15 *f. l.*

ille his [sc. visionibus] animum non †opponens [l. apponens], pro conversione et salute tyranni quotidie Dominum precabatur J. SAL. *Anselm* 1030A; non audeo †opponere [l. apponere] aperte nomen meum in epistola hac vobis destinata (J. BRIDL. *prol.*) *Pol. Poems* I 124.

oppopanax v. opopanax. **oppopira** v. opopyra. **oppoponacum** v. opopanax. **opportere** v. oportere.

opportune (oport-) [CL]

1 in a manner that suits a need or requirement, conveniently, suitably; **b** (w. ref. to *II Tim.* iv 2).

infirmis licet omni hora cibum et potum sumere, quando desiderant vel possunt, si ~e non possunt THEOD. *Pen.* II 14. 13; oportune .. illata est hoc in loco amoris sive zeli magnitudo perfecti BEDE *Cant.* 1212; oportune illud protulit exemplo in quo .. *Id. Ep. Cath.* 23. **b** **a626** inportune et oportune agendum non differas (*Lit. Papae*) BEDE *HE* II 11 p. 105; **790** praedica oportune, importune id est volenti et nolenti, argue, obsecra, increpa ALCUIN *Ep.* 10; videre eundem hominem .. hodie importune saltantem, modo oportune astantem GOSC. *Edith* 292.

2 (w. ref. to geog. position) favourably.

[mons] oportune laetus BEDE *HE* I 7 p. 20.

3 at a favourable moment, opportunely.

alterius modi computus .. qui .. cum ad hanc ex ordine ventum fuerit, ~ius explicabitur BEDE *TR* 1 p. 181; quis .. dedicatus sit antistes libro sequente oportunius dicetur *Id. HE* III 29 p. 199; **11**.. habeant .. bruere .. ubi ego vel minister meus oportune eis ostenderit *Feod. Durh.* 132.

opportunitas (oport-) [CL]

1 convenience, suitability.

et ubicumque oportunitas loci se obtulerit, sic de vero lumine disputabo ut dirivetur ad eos quibus Christus donavit ut lumen sint *V. Greg.* p. 100; ubi oportunitas adridebat temporis BEDE *HE* V 2 p. 283; oportunitatem, *gehydnis GlC* O 210; **811** cum tamen universo populo oportunitas summe poposcerit *CS* 335; **c1160** sciatis me dedisse toftam .. ad oportunitatem domus sue *Reg. S. Andr.* f. 79 (=*E. Ch. Scot.* 249); **1294** habeas pro nostra et apostolice sedis reverencia in suis oportunitatibus propensius commendatos *DCCant. Reg. Q* f. 23v.

2 opportunity, chance.

rex ipse, cum oportunitas exegisset, cum quinque tantum aut sex ministris veniebat BEDE *HE* III 25 p. 190; **796** juxta oportunitatem portantis semper dirige mihi litteras ALCUIN *Ep.* 97; **797** non ignota ingerens, sed nota repetens propter oportunitatem praesentis lunae *Ib.* 126 p. 187; **1076** de meis etiam rebus qualem volui loquendi ~atem non habui LANFR. *Ep.* 24 (40); visa .. ~ate et occasione captata GIR. *TH* III 21; ideo habet diabolus majorem oportunitatem temptandi T. CHOBHAM *Praed.* 251; que enim majorem oportunitatem [ME: *eise*] habet ad peccandum quam falsa anachorita? *AncrR* 40; **a1395** quociens oportunitas nunciorum occurrerit *Dip. Corr. Ric. II* 22.

3 (w. ref. to vicissitude).

c1166 ego, ut infirmitatem meam fatear in auribus tuis et insipientiam meam amico revelem, tanquam michi, nunquam hanc potui habere cautelam, quin vellem amicorum oportunitatibus communicare et eorum pro modulo meo gerere sollicitudinem J. SAL. *Ep.* 155.

opportunus (oport-) [CL]

1 that suits one's need or requirement, convenient, suitable; **b** (w. dat.); **c** (w. *ad*, *in*, or *pro*); **d** (w. inf. or acc. & inf.); **e** (w. *ut* & subj.).

contigit ut lichinis et lampadibus ecclesiae pinguis olei liquor oportunus defuisset ALDH. *VirgP* 32 p. 271; dum ventum oportunum cerneret BEDE *HE* III 16 p. 159; **c793** nomen amici tui Albini .. profer ore tempore oportuno ALCUIN *Ep.* 28; **1080** quod reliquum est per legatos Lanfranci archiepiscopi fidelis nostri cum ~um fuerit transmittetur (*Lit. Regis*) LANFR. *Ep.* 7 (39); est enim Normannia oportuna et patiens malorum nutricula W. MALM. *GR* V 397; sint vigiles cauti, non sint sompnis onerati, / sint opportuni; procul infortuna [? l. importuna] fugentur D. BEC. 1880; qui narrator fueras importunus fieri poteris ~us GIR. *TH* III 12 p. 157; **1334** volentes viis et modis quibus poterimus .. remedium opponere oportunum *RScot* 295b. **b** ut domus Serlo ad nos, cum vobis ~um esset, quantum juberetis moraturus veniret ANSELM (*Ep.* 108) III 241; qui similiter refectorarius omnem potum .. gustare tenetur ac diligenter inquirere utrum usui eorum sit oportunus an non *Cust. Cant.* 160. **c** **1293** omnia alia et singula faciendi que in predictis aut circa predicta necessaria fuerint vel eciam oportuna *DCCant. Reg. Q* f. 20v; **1300** Stephanus le Mouner non est oportunus ad opus domini eo quod permisit extraneos sectam facientes ad molendinum transire sine tolneto pro munere sibi collato *Rec. Elton* 96; **1337** tot victualia quot videbitur .. Laurentio pro .. itinere .. fore oportuna *RScot* 482b; praemium .. decorum et ad militiam oppurtunum LIV. *Op.* 343. **d** oportunum ducente beato Luca ibi praesignare quia Paulus esset vocandus BEDE *Retract.* 1017; haec .. historiae nostrae .. inserere oportunum duximus *Id. HE* II 10 p. 81; sicut ~um est nos accipere vel illum dare BALD. CANT. *Commend. Fid.* 11. 8. 579. **e** ~um existimo ut de ejus locutione .. considerem ANSELM (*Mon.* 29) I 47.

2 favourably placed.

civitas .. ex tota Gallia venientibus oportuna W. MALM. *GR* IV 388; extrema .. Anglorum ora est et Scottorum vel Pictorum depopulationi oportuna *Id. GP* III 115 p. 257.

3 that happens at the right moment, timely, opportune.

tempestivum, oportunum *GlC* T 65; ille .. beneficio oportune mortis .. exemptus est W. MALM. *GR* III 231; ~us, ~o tempore prolatus ANDR. S. VICT. *Sal.* 59.

oppositio [LL]

1 (act of) putting against or being in the way (of).

ubi nec deflectet in latera, nec in ima solidi alicujus ~one labatur AILR. *Spec. Car.* I 21. 524; oportet quod sonus verus generetur in ~one auris BACON *Maj.* II 57; cum [odor] venit in ~one narium *Ib.*

2 (act of) placing at opposite end or putting against as alternative, contrast, or counterbalance, condition of being at opposite end, opposition; **b** (log.).

veris verborum ~onibus confutati WILLIB. *Bonif.* 6 p. 33; absit ut scriptura sancti concilii aliqua inter se contrarietatis ~one dissideat LANFR. *Corp. & Sang.* 414D; liber restaurationis et ~onis numeri ROB. ANGL. (I) *Alg.* 66; nam cujus ~o creat de necessitate aliquam proprietatem seu perfeccionem HAUBOYS 272. **b** dicitur simplex secundum ~onem relationis .. non per se sed per oppositam multiplicitatem ABBO *Calc.* 3. 14; quatenus hec unitas amittat aliquando suum consequens, ubi non obviat aliqua relationis ~o, nec relatio perdat quod suum est, nisi ubi obsistit unitas inseparabilis ANSELM (*Proc. Sp.* 1) II 181; cur quod destruere non potestis per oppositam negationem, subvertere tentatis per relativam ~onem? *Id.* (*Ep.* 57) III 172; vel quod conjunctorum conjungendorumve convenientiam contrarietatis inexorabilitas impediret vel inconsciliabilis [i. e. inconciliabilis *or* inconsiliabilis] ~o E. THRIP. *SS* IV 6; omnis ~o racionis est inter raciones; igitur omnis ~o realis est inter res OCKHAM *Quodl.* 545; si sit ~o inter res, sic est ~o contraria vel relativa secundum ponentes relacionem in creaturis, et inter res extra animam nulla est alia ~o *Ib.* 546; si sit ~o inter signa complexa, sic est triplex modus ~onis *Ib.* 548.

3 (act of putting against as) impediment or obstacle (in quot., log.).

pleni .. sunt commentarii hujusmodi logicorum impedimentis. recte autem dicuntur ~ones, quia melioribus studiis opponuntur. obstant enim profectui J. SAL. *Met.* 864D.

4 (act of putting forward as) accusation or objection.

cum .. inter homines obprobrii nomine calvities opponatur et ipsa ~o posterius quam anterius galeari operimento fieri posset absconditior ADEL. *QN* 20; [S. Mattheus] profunde significationis ~ones contra suos hostes fecit BELETH *RDO* 153. 154; propter infamiam suscitatam de ipso habuerunt potestatem inquirendi et eciam cogendi ipsum ~onibus respondere OCKHAM *Dial.* 570; **c1381** quamvis de aliis difficultatibus .. discrepent inter se post intricatam ~onem [v. l. opinionem] certum .. est quod .. (TYSS.) *Ziz.* 146.

5 contradiction.

~o illa potest solvi construendo sic *Natura Deorum* 5.

6 examination, scrutiny.

1357 computante .. vicecomite Lincoln' .. et sedente super ~one forinsecarum summonicionum coram .. oppositore hujusmodi summonicionum in .. scaccario *LTR Mem* 130 (rec. Mich. m. 27).

7 (astr.) state or condition of two heavenly bodies being placed opposite each other, opposition.

querenti conjunctionem vel ~onem solis et lune per tabulam conjunctionis et ~onis subscriptam inveniendum erit hoc modo ADEL. *Elk.* 31; si utriusque sideris ~one in capite et cauda draconis mediani cursus computatio pronuntiaverit non effugiet luna quin patiatur eclipsim WALCHER *Drac.* 89; fieri dixit alteram [eclypsim], id est lune, in ~one ipsorum [solis et lune] *Ib.* 90; spherarum solis et lune .. in ~one GROS. 32 (v. conjunctio 1d); luna est in auge in qualibet conjunctione cum sole et .. in qualibet preventione sive ~one BACON IX 196; ~ones omnes, aspectus, proprietates, et virtutes celestes sunt note fidelibus sicut infidelibus astrologis BRADW. *CD* 44B.

8 (acad., in disputation, act of) putting forward for deliberation or discussion, proposition.

c1410 suarum ~onum sagittis et subtilitatibus responsuum respondencium penetravit loricam et opponencium retia fugaverat periculosa *FormOx* 215; **1451** supplicat .. ffrater J. D. .. quatinus ejus ~o incepta in termino Sancti Michaelis .. sufficiat sibi pro completa forma sue ~onis (*Reg. Congreg.*) *Grey Friars Ox.* 336; **1461** cum alias contingat aliquem [scholarem] respondere vel opponere ibidem, non expendat ultra duos denarios occasione ~onis aut responsionis sue *MunAc Ox* 684; **1589** obedienter se submittet ~onibus .. vicecancellarii .. non solum in articulis fidei et religionis *StatOx* 441.

oppositivus [cf. CL opponere]

1 (of motion) that tends in the opposite direction, contrary, opposite.

sunt .. motus ex ~is motibus compositi GILB. II 124. 1.

2 (of person) who opposes or sets himself against, oppositive.

rumoribus et sugestionibus minime credulus, sugestoribus ~us MILEMETE *Nob.* 105 f. 53.

oppositor [ML]

1 one who contests, objects (to), or opposes, opposer.

1292 nullus comparuit ~or seu contradictor *DC Cant. Reg. Q* (insertion after f. 46); **1309** si coelectus .. appareat vel ~or (v. coëligere 2b); **1410** nullo ~ore seu contradicente aut accusatore comparente *Reg. Heref.* 73; **1415** denunciantes .. quod sive ~or sive contradictor dictis die et loco coram nobis comparuerit sive non in dicto negocio procedetur *Reg. Cant.* III 357; **1416** vobis .. mandamus quatinus citetis .. coelectum et ~ores si qui sint in specie, alioquin in genere omnes et singulos qui contra dictam eleccionem .. dicere vel opponere voluerint *Ib.* I 27; si vero nulli ~ores comparuerint .., decernendum est procedendum in negotio purgationis et ~ores quoscunque in posterum, quoad praemissa, excludendos esse *Praxis* 326.

2 apposer, an official of the Exchequer who examines or audits sheriff's accounts.

1332 de officio ~oris forinsecarum summonicionum hic in scaccario capto in manum regis *LTR Mem* 104 r. 41*d*; **1333** in quadam cedula quam Elvis de Waddeworth' clericus ~oris forincecarum sum[monicionum] hic in scaccario liberavit .. et que est inter billas et peticiones de hoc termino *Ib.* 105 m. 83; **1338** domino Rogero de Gildesburgh †opponitori [l. oppositori] scaccarii predicti *Hosp. in Eng.* 203; **1340** sciatis quod pro bono servicio quod dilectus clericus noster Robertus de Watford' nobis hactenus impendit, concessimus ei .. officium ~oris vicecomitum summonicionum forinsecarum in scaccario nostro habendum quamdiu bene se gesserit in eodem, percipiendo in officio illo per annum feodum consuetum *Pat* 197 m. 10; **1395** Johanni Wardon ~ori de scaccario nostro *Pat* 342 m. 9*d*; **1399** concessimus ei [Johanni Fyndern] officium forinseci ~oris in scaccario nostro habendum pro termino vite sue *Pat* 357 m. 24; **a1410** namque cave donum, tu coges oppositorem / si des, esse bonum, pro re magna meliorem / .. / si velit ipse bonus opponendo reperiri / alleviabit onus; valet hoc per compota sciri (*Vers. Scac.*) *EHR* XXXVI 60.

oppositus [CL], (act of) putting forward or against (as obstacle, for protection).

excubias, custodias, laterum et corporum ~us pro vita ac regis salute pollicentur REDMAN *Hen. V* 14.

oppressare [*frequentative of* CL opprimere], to burden, oppress (w. tax or sim.).

manerium de L. .. oneratum et ~atum cum quodam quieto .. redditu decem solidorum *Reg. Whet.* I 428.

oppressio (obp-) [CL]

1 (act of) stifling or suffocating.

1447 T. B. et J. uxor ejus pro opp' fi[lii] (*Reg. Roff.*) *Kent Archive Office* DRc/R6 f. 210.

2 oppression, ill-treatment (by abuse of power or sim.); **b** (w. subj. gen.); **c** (w. obj. gen.).

obpressionem tamen ~onisque lasciviam odit PULL. *CM* 201; populus .. Anglicanus .. celeriorem justitiam .. in suis ~onibus consecutus est *Reg. Malm.* I 65; **c1343** racione .. transgressionis, ~onis, extorsionis, dampni, gravaminis *FormOx* 122. **b** non propter ~onem vi[ce]comitum .. set propter infortunium et paupertatem *DB* I 336va. **c** nusquam pauperum ~ones OSB. *V. Elph.* 127; contra proximum tuum, ad ~onem proximi tui ANDR. S. VICT. *Sal.* 74: quedam .. ad reprimendam ~onem populi .. statuenda *Reg. Malm.* I 65; per .. inprisonamentum atque ~ones ejusdem Rogeri idem Thomas amisit de bonis suis ad valenciam centum librarum *State Tri. Ed. I* 52; **c1520** parvulorum et innocentium ~o *Conc. Scot.* I cclxxxi.

3 (act of) molesting or harassing (sts. w. ref. to military attack or sim.); **b** (w. subj. gen.); **c** (w. obj. gen.).

sugillationem, i. ~onem *Comm. Cant.* I 2; qui multas ~ones orbi Romano .. intulit W. MALM. *GR* II 225; hostilibus .. ~onibus .. interire GIR. *PI* I 17 p. 75; Britanniam ~one dirissima .. afflixerunt M. PAR. *Maj.* I 173; **c1400** sustinuit guerram et multas alias ~ones *Chr. Rams. app.* 348. **b** ut Uilfrid episcopus provinciam australium Saxonum convertit [MSS *add:* quae tamen illo abeunte propter acervam hostium obpressionem proprium episcopum habere nequiverit] BEDE *HE* IV 13 *tit.*; insidiis et ~onibus daemonum tenebris obvolutus mundus subjacebat ANSELM (*Or.* 7) III 20. **c** ~o egri, non extinctio morbi; irritamentum vitii, non complementum desiderii BALD. CANT. *Serm.* 19. 2. 509.

4 (in gl.).

in abductionem, in ~onem *GlC* I 255.

oppressivus, oppressive, unjustly harsh or burdensome.

s1251 litere papales ~e M. PAR. *Min.* III 108 *tit.* (cf. id. *Maj.* V 232 *tit.*: considera literas domini pape in quibus magna ecclesie servitus comprobatur); **1304** per ~as injurias *Reg. Cant.* 664.

oppressor [CL]

1 one who oppresses, mistreats, or harasses, oppressor.

sicut etiam carnales ejusdem populi ~ores Aegyptii diriora nequitiae spiritalis arma designant BEDE *Hom.* II 7. 138; †**964** (12c) cum .. Juliano apostata aecclesiarum Dei ~ore et persecutore *CS* 1135 p. 381; nobilitatis ~or GIR. *EH* I 1 p. 225; virgo indemnis .. a manibus ~oris evasit *Id. GE* I 34 p. 107; triumphos de ~oribus crebrius reportare M. PAR. *Maj.* III 574; principes .. extorquent quod non est necessarium. tunc sunt ~ores et raptores HOLCOT *Wisd.* 82; **1382** contra proditores majorum .. et ~ores minorum (HERFORD) *Ziz.* 294.

2 one who puts an end (to) or suppresses.

Dominus pluribus virtutibus preditus, errorum ~or, pauperum patronus RIPLEY 124.

oppressura, oppression, harassment.

1332 contra fames et ~as .. precavendo *Lit. Cant.* I 359.

opprimere (obp-) [CL]

1 to bury or submerge (under enormous mass), to crush (to death). **b** (w. ref. to suffocating or stifling); **c** (partly fig. or fig.).

ruit ipsa ecclesia et contrivit omnia .. at illi nimis tristes effecti, nimis tristiores sunt pro reliquiis sancti, quae oppressae fuerant ut sperabant BYRHT. *V. Ecgwini* 395 (*recte* 385); putatis quod me ruina ~at, dixit W. MALM. *Wulfst.* II 8; corruit domus et oppressit filios et filias ipsius T. CHOBHAM *Serm.* 20. 95vb; quidam caretarius .. obpressus fuit quadam careta .. judicium infortunium *PlCrGlouc* 8; sicut .. terra vel lapis superpositus onerat et ~it corpus ne resurgat HOLCOT *Wisd.* 44; **s1322** tanta multitudo pauperum advenit quod lv homines et parvuli fuerunt ibidem oppressi ad mortem *Ann. Paul.* 304; J. de B. per ruinam cujusdam muri .. fuit oppressus ad mortem *Ann. Lond.* 153. **b** aves .. et animalia cetera .. non sunt comedenda .. nec si accipiter oppresserit, si mortua inveniuntur, quia in quarto capitulo Actus Apostolorum precipitur abstinere a fornicatione, a sanguine et soffocato et idolatria THEOD. *Pen.* II 11. 2; filium parvulum quem secum in toro .. jacentem habebat .. oppressit GIR. *IK* II 2 p. 113; **1447** Johanna Kyng' oppressit filiam alienam (*Reg. Roff.*) *Kent Archive Office* DRc/R6 f. 210. **c** manus Domini ~it [v. l. ~et; *gl.*: i. e. pressabit vel quatiet] illum cujus spes 'in maligno posita est' [cf. *I John* v 19] FELIX *Guthl.* 49 p. 150; ubi non solum vacillat, sed jam omnis oppressa est justitia W. MALM. *GP* I 52; tristabamini quia oppressi eratis mole peccatorum AILR. *Serm.* 3. 25. 224; nulla est moles adversitatis instar montis nos ~ens BALD. CANT. *Commend. Fid.* 598; tunc bonum erit mel ei qui multum comedit et contemplator majestatis non ~etur a gloria *Id. Serm.* 10. 38. 500.

2 to destroy, put out of use.

1354 duo molendina aquatica et unum molendinum ventriticum que sunt oppressa et nichil valent *IMisc* 171/12.

3 to crush, defeat (by force of arms).

nonne .. avunculum regem .. acerrime ense, hasta, igni oppressisti? GILDAS *EB* 33; quem [Carausium] Asclipiodotus .. obpressit Brittaniamque post x annos recepit BEDE *HE* I 6 p. 17; murum complanare, paucos resistentes ~ere, predas non ignobiles domum agere W. MALM. *GR* I 3; de Anglis qui sicut facile in solo suo potuerunt ~i ita in alieno semper apparuere invicti *Ib.* III 258; quosdam .. partim cede partim naufragio oppressere *Ib.* IV 306.

4 to overpower, overwhelm (person; w. sleep, old age, or sim. as subj.).

qui ederit multum, inde ~itur somno *Comm. Cant.* I 173; divitibus invidet ignorans quod egestas subito superveniat et ~at ipsum ANDR. S. VICT. *Sal.* 82; caro senectute ~itur P. BLOIS *Ep.* 141. 424B; caput in sinus ipsius recondens, suavi sompno ~itur *Quaest. Salern.* B 161; **1313** idem Johannes .. oppressus frigore obiit *Eyre Kent* I 138.

5 to burden (w. unjust impositions), trample down (by exercise of power), oppress: **a** (person); **b** (land or freedom granted to it).

a sancti cum exterius obprimuntur adversis spe certa salutis in corde dilatantur BEDE *Prov.* 944; pauperes despicit aut etiam ~it *Id. Ep. Cath.* 12; **747** praelatos subjectos suos non ~ere sed diligere *Conc. HS* III 360; opprimit et miseros quorumdam saeva potestas ALCUIN *Carm.* 45. 51; quasi sub umbra episcopi et obtentu justitie palliate subditos ~unt, ecclesias gravant P. BLOIS *Ep.* 25. 89C; ampla manu alios ~endo suos ubique ditavit GIR. *EH* II 21. **b** †**937** (12c) hanc libertatam [*sic*] sic roboratam quisquis servitio graviori oppresserit Christum .. judicem iratum .. habeat *CS* 713.

6 to trouble, molest, harass. **b** (p. ppl. as sb.) troubled or vexed person.

verba .. in quoslibet proferuntur non alium sed ipsum maledicum ~unt BEDE *Prov.* 1016; mox acriori est daemone septempliciter oppressus *Id. Acts* 961; ad eos qui talium improbitate fuerant oppressi *Id. Ep. Cath.* 37; cum .. insani inimici tui te ~erent ANSELM (*Or.* 13) III 52; denique cum tempore quodam valida fames Angliam totam vehementer oppressisset *V. Gund.* 10. **b** primo .. sanando omnes oppressos a diabolo, postmodum in cruce patiendo BEDE *Prov.* 943; ibi afflictos conspice et oppressos, et compatere AILR. *Inst. Inclus.* 28.

7 (*vi ~ere* or sim. or ellipt.) to rape, violate: **a** (woman); **b** (man).

a **c1020** nullus itaque Christianus nonnam Deo dicatam violet, nemo viduam vi obprimat [AS: *nydnæme*] sine periculo substantiae suae (*Quad.*) *GAS* 257; si quis violenter virginem ~at [AS: *nydnæme*], wera componat (*Ib.*) *Ib.* 347; omnino autem corrueret si que oderat amaret, ut si, ut fit, sancta mulier invita ~itur, naturali delectatione haut privatur PULL. *CM* 201; spado virginem ~it et prolem in oppressione non querens .. corrumpit P. BLOIS *Ep.* 25. 89C; vi conatur eam ~ere FISHACRE *Prol. Sent.* 85 (v. furtim 1); quia sanctimonialem quandam oppresserat M. PAR. *Maj.* III 157; mulier potest ~i et impregnari violenter manente quocumque habitu virtutis in mente sua HOLCOT *Wisd.* 138. **b** **s1311** voluit eum ~ere per sodomiam *Ann. Lond.* 192; quemdam consanguineum suum ~ere voluit vicio sodomie *Ib.*

8 to stop, put an end (to) suppress.

in nomine sanctae Trinitatis levi aquae spargine fluctus saevientes obprimit BEDE *HE* I 17 p. 34.

opprobriose (obp-) [LL], opprobriously, disgracefully, shamefully.

ille paganorum exercitus .. pacem .. ~e fregit ASSER *Alf.* 72; Dani .. ~e nimis sunt perempti M. PAR. *Maj.* I 487; **s1245** reliquis .. de loco ad locum in regno Sicilie obprobriose deductis *Ib.* IV 452; **1317** episcopum .. non sine injeccione violenta manuum in eundem ~e ceperunt *Mon. Hib. & Scot.* 198b; extra boreale ostium ecclesie .. ~e extractus .. decollatus fuit *Meaux* II 352.

opprobriosus (obp-) [LL]

1 shameful, disgraceful.

maxima suarum copiarum parte occisa, ~am fugam cepere ASSER *Alf.* 39; **1254** dedecus .. foret et ~um *RGasc* I 550b.

2 opprobrious, insulting, abusive.

verba .. nimis ~a inter eos orta sunt *G. Hen. II* I 354; propter suam responsionem opprobrosam *Ann. Lond.* 143; **1428** quod idem Johannes verba obprobriosa publice in aperto dixit et intulit Willelmo Bowes, aldermanno *Mem. York* II 76; judicium Thome Maynell pro verbis ~is dictis Willelmo Sevenok (*LBLond.* I f. 145) *MGL* I 609.

opprobrium (obp-) [CL]

1 opprobrium, disgrace, shame.

o mirabile quoddam dixisse eum ~ium hominum, cum omnis mundi ~ia deleverit GILDAS *EB* 74; exter-

sit obprobrium THEOD. *Laterc.* 20; p**675** hujuscemodi altercationis ~ium ALDH. *Ep.* 4 p. 482; ipsum tempus extremi examinis quo alii in vitam aeternam alii in obprobrium resurgent sempiternum BEDE *Prov.* 944; ~ium futurae damnationis *Ib.* 991; igitur, pro honore sanctorum, obtinebunt perenne ~ium EADMER *Beat.* 15 p. 286; s**1245** clerici .. incarcerantur, occiduntur .. in confusionem et obprobrium ordinis clericalis (*Lit. Papae*) M. PAR. *Maj.* IV 452.

2 expression of reproach, insult, or sim.

exemplum .. contumeliarum, flagellorum, dolorum, ~iorum, spinarum, crucis BEDE *Ep. Cath.* 54; c**710** inrisiones et obprobria .. libenter .. sufferre (*Lit. Ceolfridi*) *Id. HE* V 21 p. 343; quod obprobria falsumque testimonium innoxius pro me omnium reo malorum ferre voluisti *Nunnam.* 70; vel suspendebat ludo vel infamabat obprobrio W. MALM. *GP* III 101 p. 231; inter cetera ~ia coram omnibus ipsum pediculosum vocabat *Latin Stories* 12; judicium Thome Russelle de ~iis, mendaciis, et scandalis super Thomam Fauconer, aldermannum, dictis (*LBLond.* I f. 145) *MGL* I 609.

3 (as adj.) opprobrious, insulting.

judicium pro ~iis verbis dictis Willelmo Wottone, aldermanno de Dowgate (*LBLond.* H f. 226) *MGL* I 606.

opprobrosus v. opprobriosus.

oppugnantia [LL], (act of) fighting back or against, resistance.

diruptis capitalis ~ie resistentiis AD. MARSH *Ep.* 50.

oppugnare (obp-) [CL]

1 (mil.) to attack (fortified position or sim.). **b** (absol. or intr.) to fight (back or against).

factum est ut .. cum eo ad ~andam Romam profectus, eam partem muri .. primus perrumperet W. MALM. *GR* IV 373; Cartagine victoribus a Romanis viriliter ~ata E. THRIP. *SS* III 24. **b** quanto plus ~abant due acies, tanto ardentius effulgebant in ethere ignee species (*V. Iltuti* 26) *VSB* 232; Romanos etiam bello sua regna petentes / obpugnans vicit *V. Merl.* 1104; impugnant qui debuerant ~are; calumnias instruunt quorum erat potius calumniatoribus obviare *Chr. Rams.* 46; hostium ~antium virtute *V. II Off.* 7; sed opponentibus [v. l. oppugnantibus] equitibus nostris cito terga verterunt oppidum repetentes G. *Hen. V* 11 p. 76.

2 (transf. or fig.) to attack in speech or action: **a** (w. acc.); **b** (w. dat.).

a quia in fine saeculi Judaea fidem quam nunc perfida ~at receptura est BEDE *Cant.* 1119; peccatum .. fratris ad mortem est cum post agnitionem Dei .. quisque ~at fraternitatem et adversus ipsam gratiam .. agitatur *Id. Ep. Cath.* 117; non orat pro Alexandro quia jam frater erat et ad mortem, id est invidentia fraternitatem ~ando peccaverat *Ib.* 118; contra conscientiam suam majestatem divinitatis obpugnare non trepidat T. CHOBHAM *Praed.* 177; item, illud interdictum ~at possessorem, hoc tuetur VAC. *Lib. paup.* 252. **b** **680** si quis .. obstinata contumacia his salubribus statutis obpugnando contraire temptaverit .. *Conc. HS* III 152 (=*CS* 53); isti manifeste obpugnant fidei Christiane et ideo potius expellendi sunt ab ecclesia quam in ea retinendi T. CHOBHAM *Praed.* 75.

oppugnatio [CL], attack, assault (also partly fig. or fig., w. ref. to attack in speech or action).

ad cujus [sc. Cestre] ~onem cum intendisset animum, oppidani, qui omnia perpeti quam obsidionem mallent .. effuse in bellum ruunt W. MALM. *GR* I 47; **1301** per adversariorum nostrorum .. ~ones et sinistras procuraciones *Reg. Cant.* 611.

oppugnator (obp-) [CL], one who attacks (in quot., partly fig. or fig.).

quem fidum tutorem honoris nostri esse credidimus, nunc .. obpugnatorem sentimus GERV. CANT. *Chr.* 384.

oppurtunus v. opportunus.

1 ops [CL]

1 power, ability.

qualiter se omni constantia .. modificaverit opis non est nostre digerere *V. Neot. A* 4; qui novit ope sermonis conciliare aversos AILR. *Spec. Car.* III 45. 593.

2 aid, assistance.

pauperibus .. opem ferre non cessabat BEDE *HE* III 9 p. 145; et per opem famulis, blande patrone [Swithune], tuis WULF. *Poem.* 14; orant opem, pollicentur emendationem W. MALM. *GP* V 224; **1126** si una ovis .. perierit, qua ope suffult[us] apud Deum excusari poteris? *Ep. Anselm. Bur.* 97; ut in propugnaculis .. contra terribilem illam fortitudinem .. absque ope angelica impar sit .. collucatio J. FORD *Serm.* 113. 5; rex igitur det opes, presul det opem, lapicide / dent operam H. AVR. *Poems* 20. 205 (v. lapicida).

3 (pl.) resources, wealth, riches; **b** (w. ref. to well-being or prosperity); **c** (fig.); **d** (w. ref. to literary style).

quorum vitam non solum laudo, verum etiam cunctis mundi opibus praefero GILDAS *EB* 65; sprevit opum nodos mundique reliquit habenas ALDH. *VirgV* 2103; metropolis eorum Tyrus tantas habet opes de terra sua, ut totius orbis esse possit emporion BEDE *Acts* 973; ita private et publice opes ad naves cum obsidibus deportabantur W. MALM. *GR* II 179; Jeronimo malens similis esse quam Creso, longeque plus opibus cunctis opum approbans contemptorem GIR. *EH intr.* p. 213. **b** ea tempestate spes atque opes Anglorum in illo site W. MALM. *GR* I 48. **c** non metuat de correptione inopiae quisquis opes adquisivit sapientiae BEDE *Prov.* 951. **d** qui [sc. calamus meus] licet exhibeat neque fulmina Quintiliani, / nec fluvios Plauti, seu Ciceronis opes L. DURH. *Hypog.* 67.

4 (understood as) land, earth, soil (*cf.* 2 *Ops*).

ops, terra *GlC* O 204; ops, aput antiquos terra dicitur unde inops inhumatus *Gl. Leid.* 45. 11; ops, humus, atque solum, Rea, terra vel arida tellus GARL. *Syn.* 1590A.

5 (alch., *ops metallum*) mercury, quicksilver.

ops metallum est argentum vivum *LC* 256b.

2 Ops [CL], Roman goddess identified with Rhea or Cybele.

hanc Greci Rheam .. Latini vero Opem appellant. Ops igitur .. idem Latine quod Grece Rhea sonat. hoc .. nomen ex eo .. sortita est quod esurientibus frugum largitione opitulata est ALB. LOND. *DG* 2. 1; juxta ipsum [Saturnum] autem Ops uxor sua in cujusdam matrone similitudinem picta est WALS. *AD* 29; Ops .. id est terra, ejus uxor dicitur, eo quod influencia ejus respicere dicuntur terram et per ejus influenciam bona terrestria generantur *Ib.*

3 ops [ὤψ, ὄψ], eye.

obsopsopon [?l. ops, opos, opon], i. oculus *Alph.* 127.

opsonator v. obsonator. **opstupare** v. 2 obstipare.

optabilis [CL]

1 that can be wished for or desired, desirable; **b** (n. pl. as sb.) desirable things.

sicut ~e est praedicatoribus verbi BEDE *Prov.* 1013; non longum vite cursum facere sed cursum .. feliciter consummare .. est ~e GIR. *GE* II 8 p. 206; nunquid ergo ~e est isti quod caritas sua sit imperfecta? NECKAM *SS* IV 25. 13; ~e debet esse mori sine metu mortis TREVET *Troades* 62; tyrannus cujus mors nedum bona est populo sed ~is FORTESCUE *NLN* I 7. **b** sollicitudo nostra quae de vestri vestrorumque omnium animae salute ~ia desideranter expectat BEDE *HE* II 11 p. 106.

2 longed for, desired.

reverentissimis Christi virginibus .. Aldhelmus .. ~em perpetuae prosperitatis salutem ALDH. *VirgP* p. 229; **747** fratri .. coepiscopo Cudberhto Bonifatius .. ~em in Christo intimae caritatis salutem BONIF. *Ep.* 78 p. 161; **961** nisi hic assiduis precibus prius obtabilem consequi mereatur indulgentiam *CS* 1077; quando multum exultans gaudebat quod diem ~em videbat HON. *Spec. Eccl.* 943B; Jhesu, bonum optabile J. HOWD. *Cyth.* 141. 1.

optabiliter [CL]

1 in a desirable manner.

his ~iter explicitis et pontificalibus firmatis vexillis BYRHT. *V. Ecgwini* 381 (*recte* 371).

2 with great desire, ardently.

~iter cupimus ut hostes ecclesiae sint nostri GILDAS

EB 92; ~ius sic vivere voluit beatus Augustinus GASCOIGNE *Loci* 75.

optalius v. opalus. **optalma** v. ophthalmia.

optamen, wish, desire.

domum quam in Angliam a Gallia rediens adire optabam [*gl.:* ~en, *desir*] BALSH. *Ut.* 45.

optanter [ML], with great desire, ardently.

~er, optate, optatim, desideranter, optato OSB. GLOUC. *Deriv.* 400; omnibus par votum est, regem suscipere non solum libenter set etiam ~er hospicio LUCIAN *Chester* 58; et scitur amoris / quantum vis penetrat et urit optanter J. HOWD. *Cant.* 346.

optare [CL]

1 to wish (for), desire, pray for; **b** (w. inf. or acc. & inf.); **c** (w. *quod* or *ut* & subj. or ellipt.); **d** (pr. ppl. as sb.) one who wishes or desires; **e** (p. ppl. as sb. n.) desired thing, wish; **f** (gdv. as sb. n.) thing to be desired, desirable thing.

in ~ato evectus portu remis GILDAS *EB* 65; nam transire volens obtata lintre carebat ALDH. *VirgV* 1470; cum maesti parentes nati mortem magis quam vitam ~arent FELIX *Guthl.* 41 p. 128; quatenus meminerimus .. nostram benivolentiam qua persequentibus bona ~amus aeterno praemio remunerandam BEDE *Ep. Cath.* 56; id solum sapientiam reputat quod eis obtatum pecuniae fenus quibuscumque machinationibus insusurrat (*Quad.*) *GAS* 532. **b** optat sibi auctionem fletuum a Domino concedi GILDAS *EB* 49; dum solus soli Christo famularier optat ALDH. *VirgV* 945; c**685** (12c) qui sibi divinam donationem adesse ~aret in futura vita *CS* 840; devoti aspectus pignora mitto mei / meque meosque optans .. habere locum (CEOLFRID) *Epigr. Milredi* 806; **956** si quis .. donationem hanc regis augere ~averit .. *CS* 975; sirenes .. optaverunt sibi dari pennas et impetravere. quibus datis facte sunt monstra marina *Natura Deorum* 53; **1330** rex .. intensis obtat desideriis ecclesias .. tueri *Lit. Cant.* I 323. **c** c**693** ~amus .. quo [*sic* MSS; ?l. quod] .. Dominus noster Jhesus Christus fatiat vos .. ministerii ac regii culminis honore sullimari (*Lit. Papae*) W. MALM. *GP* I 34; non timere .. sed .. ~are ut veniat ille desideratus cunctis gentibus BEDE *Ep. Cath.* 111; quos colo corde, fide, sancto quoque semper amore / cum lacrimis optans, ut vigeant, valeant ALCUIN *Carm.* 65. 5. 8; **939** (15c) minuentibus .. hanc donacionem quod ~o absit a fidelium mentibus .. *CS* 744; longa mihi mora queque videtur amanti, / hec quatit et cupidum me premit. "opto premat" L. DURH. *Dial.* IV 448; illa ~avit a diis ut in avem converteretur ALB. LOND. *DG* 8. 3. **d** attende quod respondet gentilis poeta ~anti temporalia hoc modo T. CHOBHAM *Serm.* 10. 45ra. **e** cum .. indagaret et praeclarus abbas ad omnia ~ata satisfaceret GOSC. *Transl. Aug.* 34B; ut vel adipiscatur ~ata vel .. cognoscat optanda AILR. *Spir. Amicit.* I 26. 664; qui de aliorum .. pendent auxiliis, frequentius fraudari videntur ~atis GIR. *TH* I 12 p. 35; **1299** quia nondum idem Petrus ~atum suum .. fuit .. assequtus *RGasc* III 397a. **f** ut .. cognoscat ~anda AILR. *Spir. Amicit.* I 26. 664 (v. 1 e supra).

2 (p. ppl. abl. sg. ~*ato* as adv.; CL=in accordance w. one's wishes) with desire, eagerly.

~ato, optanter OSB. GLOUC. *Deriv.* 400.

optate [LL], ~**im**

1 in accordance with one's wishes.

quo cum rege si prospere pugnaverint, aut in ejus potissium sede ruituri, si minus ~e forent preliaturi E. THRIP. *SS* III 15.

2 with (great) wish or desire, eagerly.

unde ~e, ~ius, ~issime adverb' OSB. GLOUC. *Deriv.* 395; optanter, ~e, ~im, desideranter, optato *Ib.* 400.

optatim v. optate.

optatio [CL], (act of) wishing, wish.

nam optaret quod non erat optandum et si ei daretur ~o talis non exequeretur eam R. MELUN *Paul.* 118; hec ~o .. que aliter dicitur hec optio OSB. GLOUC. *Deriv.* 395; remedium contra odium est .. ~o [ME: *unnung*] boni et bona voluntas *AncrR* 105.

optative [LL]

1 as a wish, in the manner of a wish.

'pecunia tua tecum sit in perditionem': ~e hoc dixit .. providens in eo pestem ecclesie futuram GIR. *GE* II 26 p. 292; ut sit ad unum dicere, quod suo cuivis ~e diducitur in animo sua sibi sepius †ligua [l. lingua] repetit E. THRIP. *SS* I 1.

2 (gram.) optatively, in the optative mood.

dixi utinam! ~e, sed nunc praecipiens dico LANFR. *Comment. Paul.* 247.

optativus [LL]

1 that wishes or desires (in quot., w. obj. gen.).

regalis magnanimitas juste guerre .. ~a *Ps.*-ELMH. *Hen. V* 89 p. 249.

2 (gram., w. *modus*, also as sb. m.) optative, that expresses wish or desire.

reor a tertia conjugatione subjunctivo et ~o modo epitritum tertium dirivari ut emungerent, excuderent ALDH. *PR* 139 p. 192; 'percutiet te Deus' non dixit 'percutiat', indicativo utique modo hoc ipsum futurum significans, non ~o maledicens BEDE *Acts* 989C; modus .. ~us quo optamus ut utinam scriberem, docerem BONIF. *AG* 496; noverit in septem sigillis septem modos verborum comprehendi .. ~um, id illud: 'utinam attendisses mandata mea' ALCUIN *Exeg.* 1120C; ~us per quem optamus .. ut 'utinam legerem' *Id. Gram.* 877A; ~o modo utinam docerem *eala gif ic tæhte nu oþþe hwene ær* ÆLF. *Gram.* 148; modus .. tercius ~us sive desiderativus dicetur *Ps.*-GROS. *Gram.* 49; neque potest tota intencio significari per verbum ~um neque per verbum indicativum tantum BACON XV 170.

optator [LL], one who desires or wishes.

non necis optator illorum sis nec amator D. BEC. 531.

optemperare v. obtemperare.   **optentus** v. obtentus.

optesis [ὄπτησις], (act or process of) roasting.

vegetabilium spermata ~i [vv. ll. obtesi, obtessi] terminata violentiam quodam modo sustinent expostulantque permutationem ALF. ANGL. *Cor* 12. 2; signum in his que epsesi [vv. ll. obtesi, opsesi] terminantur; semina enim animalium ~i [vv. ll. epthesi, opehesi, opthesi] sive pepansi non determinari nemo phisicus ignorat *Ib.* 12. 4; in fornace excoquit et digerit digestione que ~is dicitur *Ps.*-GROS. *Summa* 629.

optetice [cf. ὀπτητικός], by roasting.

fomenta ossium ~e, carnis vero et similium epsetice disgerere SICCAV. *PN* 187.

opteticus [ὀπτητικός], that roasts, required for roasting.

calore ~o .. qui predicta fictilia in fornace excoquit et digerit digestione, que optesis dicitur, extrahi potest *Ps.*-GROS. *Summa* 629.

opticitas [LL opticus+CL -tas], (anat.) cavity, hollow.

ideo ~as est idem quod concavitas BACON *Maj.* II 29 (v. opticus 1b).

opticus [LL < ὀπτικός]

1 (anat.) of or connected with the eye or eyesight, optic; **b** (understood as) hollow (cf. et. *concavus* 3b).

per nervos liquet opticos lucem radiosam / mitti NECKAM *DS* IX 379; radium .. mitti per ~um nervum ad fenestram oculi *Id. NR* II 153 (v. folliculus 2b); albedo .. incensa [v. l. intensa] visum disgregat et maxime nervum obsitum [vv. ll. obticum, nimium obtinctum] obtenebrat *Id. Ut.* 117; spiritus visibilis veniens ad oculos per nervos obticos immissus GILB. III 127v. 2; oritur .. a fantastica cellula .. nervus ~us, id est visibilis; optos enim visus RIC. MED. *Anat.* 215; in cruciacione nervi obtici GAD. 132v. 2 (v. idolum 2). **b** habet .. egressum per duos nervos concavos, quos Greci vocant ~os, a cerebro usque ad oculos protensos ADEL. *QN* 23; ab .. anteriori parte cerebri exeunt duo nervi concavi qui dicuntur obtici [TREVISA: optici] BART. ANGL. V 6 p. 131; nervi ~i, id est concavi facientes visum BACON *Maj.* II 4; nervus .. super quem componitur oculus est totaliter ~us, ut currat species in eo usque ad cerebrum .. et ideo opticitas est idem quod concavitas *Ib.* 29.

2 (as sb. n. pl.) optics.

Ptolemeus in libro quarto de ~is BACON *Maj.* I 131.

optimas [CL *also as adj.*], **~atus** [LL], a noble, nobleman, optimate; **b** (royal); **c** (of kingdom, province, or sim.); **d** (eccl.); **e** (dist. from other classes of persons); **f** (in gl.).

779 subscripserunt .. plurimi episcopi et ~ates *CS* 230; nemo autem stultus aut inprobus debet esse judex, set ~ates quique secundum modum suum (*Leg. Hen.* 9. 9) *GAS* 555; ~ates, gule et veneri dediti, ecclesiam more Christiano mane non adibant W. MALM. *GR* III 245; aristocrachiam, que regimen paucorum est bonorum qui ~ates dicuntur FORTESCUE *NLN* I 26. **b** ut [rex] exsurgens de medio ~atum suorum consessu genua flecteret in terram BEDE *HE* V 21 p. 345; **833** ego Ecgberhtus rex Cantie .. cum consensu et licentia meorum ~atum *CS* 411; **839** regis et episcoporum ~atorumque ejus *CS* 424; **c940** (14c) Goda ~as ministerque regalis *CS* 640; **963** (13c) ab Ingelram ~ato regis Eadgari *CS* 1102; **1070** testibus episcopo Gosfrido de Sanct Loth et Willielmo presule Londiniensi et Hugone de Port et aliis ejus [sc. regis] quam plurimis ~atibus *Regesta* 35 p. 120. **c** c**738** Gregorius papa universis ~atibus et populo provinciarum Germaniae, Thuringis .. (*Lit. Papae*) *Ep. Bonif.* 43 p. 68; c**764** consensu omnium ~atum et principum gentis Cantuariorum *Ch. Roff.* 8; Merciorum rex et omnes ejusdem gentis ~ates ASSER *Alf.* 30; rex Francorum et ~ates regni ac populi GOSC. *V. Iv.* 83A; **1145** super omnes obtimates et barones totius terre mee *Ch. Chester* 73; pater meus et mater mea de ~atibus minoris Britannie traxerunt originem P. BLOIS *Ep.* 49. 147B. **d** ecclesiastice dignitatis summus honor est cum filiis et ~atibus ecclesiarum inter difficillimos eventus sua communicare consilia SERLO GRAM. *Mon. Font.* 11. **e** pauperum, mediocrium, ~atum terre illius J. FURNESS *Kentig.* 23 p. 201; tres solum sunt homines, sc. rex, ~as, villanus *Leg. Wall.* B p. 207. **f** ~ates, *gesiðas GlC* O 35; **10** .. †obomates [l. optimates], *gesiþas WW*.

optimatim, in the best manner, best.

~im, optime OSB. GLOUC. *Deriv.* 403.

optime [CL]

1 in the best manner, best.

illorum .. lingua ~e inbutus BEDE *HE* III 25 p. 182; carmina, quamvis ~e composita *Ib.* IV 22 p. 260; adfatim, ~e loquens *GlC* A 219; sacrilego furi licet optimě testificari *Sat. Poets* II 215; psalmos quos antea corde tenus ~e noverat GIR. *TH* III 34; cum .. natura omnia operetur ~e FORTESCUE *NLN* I 25.

2 most clearly or accurately.

sicut ~e intellexit Philippus cum ait BEDE *Retract.* 1002; consilio eorum non indigere sed quid faciendum sit ~e scire W. MALM. *GP* I 50; bubones .. nichil vident de die set de nocte ~e vident T. CHOBHAM *Serm.* 5. 28ra; hec est condicio oculi quod ~e videt alia a se que sibi e directo opponuntur HOLCOT *Wisd.* 97.

3 most auspiciously or fortunately.

auspicato, oportune [v. l. optime], fortunate OSB. GLOUC. *Deriv.* 47.

optimus [CL; v. et. bonus, melior]

1 (of person) best, most competent or skilful.

advocavit Grimbaldum .. cantatorem ~um ASSER *Alf.* 78; ~os fuisse archiepiscopos quos pater fraterque misissent W. MALM. *GP* I 67 p. 125; nec hodie destituebant scriptores ~i, si non desiissent imperatores electi GIR. *TH intr.* p. 4; ~os grammaticos .. male grammatizando condemnans *Id. GE* II 36 p. 348.

2 best, noblest, most distinguished, virtuous, or sim.: **a** (of person); **b** (of abstr.). **c** (as honorific title; *Deus ~us Maximus* or sim., infl. by *Juppiter Optimus Maximus*).

a **705** tuque obtime pater WEALDHERE *Ep.* 23; vir ~us atque genitor sobolis BEDE *HE* III 18 p. 163; hos rogo versiculos habeas, pater optime, tecum ALCUIN *Carm.* 20. 34; sit pius et clemens nobis rex optimus ille *Ib.* 99. 11. 7; malum cum videret, admonuit ut bonus fieret; bonum, ut melior existeret; meliorem, ut ~us esse studeret TURGOT *Marg.* 8 p. 243. **b** optimus est animus Christi vestitus amore ALCUIN *Carm.* 62. 12. **c** quae Dei opt' Max' adversus nos furorem compescunt FERR. *Kinloss* 6;

~us Maximus Jesus *Ib.* 81; **1552** Dei ~i Maximique providentia *Conc. Scot.* II 136.

3 best, dearest, worthiest, most valuable: **a** (of person); **b** (of artefact or abstr.).

a quia nulla ratione conveniat tanto regi amicum suum ~um .. auro vendere BEDE *HE* II 12 p. 110. **b** probatae, i. obtimae dicuntur quae monetarius probat *Comm. Cant.* I 140; cui rex .. multa et ~a beneficia .. dedit ASSER *Alf.* 56; benefactorum retributio ~a est munda frui conscientia W. MALM. *GR* IV 337; virtus .. sermonis ~a est perspicuitas et facilitas intelligendi J. SAL. *Met.* 849C.

4 best, most appropriate, efficient, preferable, or sim. **b** (~*um est* & inf.) it is best or most appropriate (to).

initur .. consilium quid ~um quidve saluberrimum ad repellendas tam ferales .. irruptiones praedasque decerni deberet GILDAS *EB* 22; item in libro de ~o genere interpretandi BEDE *Acts* 958; in ~a vitam conversatione finivit *Id. HE* IV 6 p. 218; religio Cistellensis .. que nunc ~a via summi in celum processus et creditur et dicitur W. MALM. *GR* IV 334; pudor .. sive verecundia ~um frenum est peccati T. CHOBHAM *Praed.* 258. **b** ~um est .. notas jungibiles jungere, disjungereque nonjungibiles HAUDLO 150.

5 best, of the highest quality, supreme: **a** (of animal); **b** (of plant); **c** (of metal or gemstone); **d** (of artefact); **e** (as sb. n. pl.) things of the highest quality.

a fidebam namque equo quem mihi ipse ~um donaverat BEDE *HE* V 6 p. 290. **b** Cyprus insula est in qua ~e vinee crescunt T. CHOBHAM *Serm.* 7. 32va. **c** margaritam omnis quidem coloris ~am inveniunt BEDE *HE* I 1 p. 10; auro primo, auro ~o quod est obrizum *GlC* A 950. **d** unguenta ~a sunt dona Spiritus Sancti BEDE *Cant.* 1085D; in qua monasterium ~um constructum est ASSER *Alf.* 3; †**780** (11c) insuper dedi ad praedictam aecclesiam bibliothecam ~am *CS* 235; ibi .. aecclesia nova et domus obtima et vinea bona (*Wilts*) *DB* I 69rb; totum .. vicum illum qui ~i vini ferax esse dicitur .. offitio ejus addixit W. MALM. *GR* II 178; erat .. navis ~a, tabulatis novis et clavis recenter compacta *Ib.* V 419; abstracto Caliburno gladio ~o G. MON. X 11. **e** primitias auri et argenti ad opus tabernaculi jussit conferri, id est ~a quaeque in metallis BEDE *Ep. Cath.* 15D.

6 best, most favourable or advantageous; **b** (as sb. n. pl.) most fortunate or advantageous things.

bono incepto ~am subsequi consummationem ANSELM (*Ep.* 335) V 271. **b** †**680** (12c) sicut ei specialius ~a omnia cupio *CS* 48 p. 78.

7 best, most delectable, or pleasant.

nardus genus odoris ~i *GlC* N 28.

optinere v. obtinere.

optio [CL]

1 (f.) power or right to choose, choice, option; **b** (w. inf.); **c** (w. *ut* & subj.); **d** (w. *utrum* & subj.).

Salomon .. ~one sibi data sapientiam petiit BEDE *Prov.* 938; obtio, electio *GlC* O 2; ubi tainus habet duas optiones [AS: *costas*] amicitie vel lage, et amicitiam eligit, stet hoc ita firmum sicut ipsum judicium (*Quad.*) *GAS* 232; et id forsan, si ~o daretur ei, faceret R. MELUN *Paul.* 118; quis vero istarum opinionum sit verus in effectu ad eligendum relinquo obsioni legentis THORNE 1931; **1439** nititur destruere ~ones firmarum et hospicionum *Stat. Linc.* II 193. **b** Josue in ~one populi Israel ponit servire diis Mesopotamie, aut diis Amorrheorum aut Domino Deo P. BLOIS *Ep.* 54. 165A; quidam nobilis cuidam rustico suo talem dedit ~onem aut xl marcas solvere aut xl disciplinas recipere aut xl cepe cruda [*sic*] comedere *Spec. Laic.* 72; **1337** ~onem liberam habeant stare cum superioribus suis in mensa, aut percipere ab eisdem vij denarios singulis ebdomadis pro communis *StatOx* 137. **c** data sibi ~one ut aut regulariter viverent aut loco cederent W. MALM. *GR* II 149; data est ~o episcopis ut aut Wilfrido in sua episcopatus parte cederent, aut Romam pro sua defensanda causa pergerent *Id. GP* III 109 p. 242. **d** a judice data est ~o utrum vellet Christum negare ac dimitti aut stare in fide ejus et cruciari AILR. *An.* II 31; pono quod ponat Dominus in voluntate tua vel ~one tua utrum magis velis venire ad Deum S. LANGTON *Quaest.* 147.

2 (act of) choosing, decision.

religiosum abbatem, quem sibi spontanea familiarum mearum ~o consona voce elegissent W. MALM. *GP* V 225 p. 379 (=*CS* 114).

3 will, wish, intent.

tanquam ~oni sue parerent 'animancia omnium notabilium' [cf. *Gen.* i 21] MAP *NC* II 17 f. 28v; **1290** nos priori ~oni nostro fieri nolentes inconformes, set potius eam imitantes (*Cl*) *SelPlJews* xli.

4 (m., mil.) (specially chosen) soldier who dispenses wages.

~o, dispensator in militum stipendis *GlC* O 207; ~o, dispensator, qui dispensat stipendia militum. prepositus eorum *Gl. Leid.* 39. 28; ~ones, *gecorene cempan* ÆLF. *Gl.* 110.

optionarius [LL *gl.*], one who is in charge of military affairs.

~us, qui militum civibus [l. vicibus] praeest *GlC* O 189.

optior [*comparative back-formed from superlative* optimus], better, more fitting.

opcior michi semper est lex que favorem pocius quam rigorem partibus administrat FORTESCUE *LLA* 43.

optomerus, (med., *pillula ~a*) sort of pill.

pillule ~e valent in hac causa GILB. II 123v. 1; pillule ~e humores spissos a capite deponunt GAD. 111. 2.

optul- v. obtul-. **optur-** v. obtur-. **optutus** v. obtutus.

opulare [cf. CL opulescere], to abound (with).

672 quamvis .. praedictum Hiberniae rus discentium ~ans vernansque, ut ita dixerim, pascuosa numerositate lectorum ALDH. *Ep.* 5 p. 492.

opulentare [CL], to enrich or make fertile.

Celus ex Ope que est Terra, que ita dicitur quia nos ~at *Natura Deorum* 4; ~o, -as, i. divitem facere vel fecundare OSB. GLOUC. *Deriv.* 390; ~ari, *enrichir Gl. AN Glasg.* f. 18ra.

opulente, ~er [CL]

1 richly, abundantly (also partly fig. or fig.).

a**624** inlustrationem .. divinae propitiationis in vobis diffusam ~ius agnoscentes (*Lit. Papae*) BEDE *HE* II 11 p. 106; sacra sophia .. ~issime inlustrium chronographorum .. instructi BYRHT. *Man. Epil.* 244; inops harum divitiarum quibus sic ~er abundas ANSELM (*Or.* 12) III 45; cenobium illud ~issime construxit W. MALM. *GP* IV 181 p. 318; episcopatum ~issime successori suo reliquit instauratum M. PAR. *Maj.* III 490.

2 with wealth.

occurrit surreptis ecclesie thesauris .. ~er effugere presenciam obtrectancium MAP *NC* IV 6 f. 48v.

opulentia [CL], riches, wealth; **b** (as personified agent); **c** (quasi-fig. or fig.).

sumptuosas procerum ~ias affluenter cumulantem ALDH. *VirgP* 24 p. 256; ut ab imperatoribus locuples gazarum ~ia cum vitae detrimento funditus fiscaretur *Ib.* 35 p. 277; quia cum deficiente mundarum [v. l. mundanarum] rerum ~ia carnales quique et hujus vitae amatores turbantur BEDE *Hab.* 1251; suum [monasterium] Certesie .. quod .. ~ia rerum et monachis implevit W. MALM. *GP* II 73 p. 143; possessionum copias et ~ias multas ibidem invenies GIR. *IK* I 3 p. 45; ad nundinas nationesque remotas satis laboriosos maximas evexerat ad ~ias E. THRIP. *Collect. Stories* 200. **b** copia qua residet, felix opulentia ridet GREG. ELI. *Æthelwold* 6. 14. **c** c**705** cessante felicitatis ~ia et ingruente calamitatis adversitate ALDH. *Ep.* 9 p. 502; delectemur jam in multitudine atque pinguissima quadam ~ia pacis J. FORD *Serm.* 18. 10.

opulentus [CL]

1 rich, wealthy, affluent: **a** (of person, also as sb. m.); **b** (of place); **c** (fig., w. ref. to literary style or sim.).

a non pauperem tenuitas, non ~um copia tuebatur W. MALM. *GR* IV 319; quis divitum presumere audeat ut dicat "ego plenus sum et ~us" BALD. CANT. *Serm.* 16. 44. 491B; bursa facit sapientes, / opulentos, eloquentes WALT. WIMB. *Van.* 64. **b** ad Burh .. abbatiam ~am W. MALM. *GP* V 264; in tantum enim regnum opilentum devenit *Plusc.* VII 33 p. 113. **c** idem translator biblis opulentus opacis / transtulit in Latium peregrina volumina pandens ALDH. *VirgV* 2148; itidem Willelmus de Conchis grammaticus post Bernardum Carnotensem ~issimus J. SAL. *Met.* 832B.

2 rich, sumptuous, very precious or valuable: **a** (of possession, income, expense, or sim.); **b** (fig.).

a c**801** augmentum opolentissimi thesauri vestri muneris ALCUIN *Ep.* 261; ~os fiscalium munerum eis exhibens sumptus W. MALM. *GP* V 252; cujus [ecclesie suburbane] ~i reditus ad cotidianam stipem satis superque sufficerent *Id. Wulfst.* I 3; modicas prebendas .. daturum se .. bonis viris dicebat, bonas autem et ~as cognatis .. suis GIR. *GE* II 27 p. 295. **b** coenubia .. in quibus ~a sanctae conversationis lucra .. provenerunt ALDH. *VirgP* 30 p. 269; mallet et immunis regi famularier alto / diliciis mundi quam opulentis degere dives *Id. VirgV* 2073; o misericordia, de quam ~a dulcedine et dulci opulentia nobis profluis ANSELM (*Prosl.* 9) I 107; ~a doctrina patrum J. SAL. *Met.* 900C.

3 rich in number, numerous.

hanc opulenta sibi certatim turma procorum / formosam specie thalamis asciscere gestit ALDH. *VirgV* 2179; ingreditur partas opulento remige lintres FRITH. 1125.

4 (in gl.).

~us, habundans *GlC* O 181; ~am, perpinguem *Ib.* O 199.

opulus [CL], opier, Guelder rose or water elder (*Viburnum opulus*), or witch hazel.

~us is a tree commune in Italy and Germany .. it is called in Frenche .. opier TURNER *Herb Names* E 4; *a wiche*, ~us, -i, haec LEVINS *Manip.* 115; **1578** *I think this not to be the right* ~us; *but the very tree whiche we cal witche, and witch hassel: in Frenche opier OED* s.v. *opier*.

opunio v. opinio.

opus [CL]

1 something that is done, work, act, deed; **b** (dist. from *fides, verbum, voluntas*, or sim.); **c** (by God, w. ref. to creature or creation); **d** (med., w. ref. to surgical operation); **e** (*opus carnis* or *Veneris*; w. ref. to sexual intercourse or sim.); **f** (abl. sg. *opere* as quasi-adv.) in practice, indeed.

post pauca, cum ergo sciret eorum opera, tradidit eos in tenebras GILDAS *EB* 59; subaudis: in malis operibus, ut sequitur *Comm. Cant.* I 71; in omnibus operibus tuis memorare novissima tua et in aeternum non peccabis ALDH. *PR* 142 (143) p. 203; videte fratres quomodo iste antequam per laborem operum suorum agnoscatur, per providentiam Dei electus ostenditur *V. Cuthb.* I 3; cuncta opera bona quae facimus BEDE *Ep. Cath.* 62. **b** peccata quae fiunt opere et scientia *Comm. Cant.* I 376; Jacobus illis scribebat qui fidem sine operibus otiosam tenebant [cf. *Jac.* ii 20] BEDE *Ep. Cath.* 23; officium episcopatus et verbo exercebat et opere *Id. HE* IV 13 p. 232; quantum distat inter volentem et facientem seu inter voluntatem et opus H. BOS. *Thom.* III 17 p. 244; ac si diceret "verba mea prius audistis et opera mea postea vidistis" BALD. CANT. *Commend. Fid.* 625; falsus testis est qui quod ore docet opere destruit T. CHOBHAM *Serm.* 12. 47va. **c** exaemeron id est opera sex dierum ALDH. *VirgP* 27 p. 263; imitantes opus redemptoris nostri BEDE *Ep. Cath.* 61; Deus .. die .. septima requiescit, non a labore sed ab opere [cf. *Gen.* ii 2] BALD. CANT. *Serm.* 14. 4. 442; Deus .. in operibus sex dierum complevit ornatus eorum R. NIGER *Chr. I* 1; dicendum quod opus prime creationis fuit opus justitie GROS. *Quaest. Theol.* 205; in principio quando creasti omnia ex nihilo / sphericum opus et obscurum ex confuso chao RIPLEY 9. **d** vertebellum instrumentum est carpentariorum, i. terebellum, et simili instrumento in quibusdam operibus utuntur cyrurgici *SB* 43. **e** amat .. ille terram; amat hic opera carnis BALD. CANT. *Serm.* 3. 51. 527; requiritur quod neuter alteri corpus deneget nec alieno concedat ad opus carnale HOLCOT *Wisd.* 156; si opus fiat Veneris [TREVISA: *3if me dooþ leccherie*; ME: *if the synne of lechery be fullefillede*] / juxta procinctum lapidis HIGD. I 38 p. 426. **f** non esse .. Dei ministros qui earum doctrinas .. opere .. non adimpleverint GILDAS *EB* 106; malorum cogitationum indulgentia est si opere non impleantur nec consensu THEOD. *Pen.* I 7. 4; **705** quae omnia opere adhuc non inplebantur WEALDHERE *Ep.* 22.

2 (alch.): **a** (*opus album*) silver-making; **b** (*opus rubeum*) gold-making. **c** vessel used for experiments.

a opus tamen rubeum fermento indiget rubeo, sicut opus album albo DASTIN *Ros.* 5. **b** DASTIN *Ros.* 5 (v. 2a supra). **c** tere in pulverem quem pone in opere philosophorum RIPLEY 203.

3 **a** (w. ref. to artefact); **b** (w. ref. to work of art; in quots., sculpture); **c** (w. ref. to literary work or document).

a nisi .. arte plumaria omne textrinum opus diversis imaginum thoracibus peronent ALDH. *VirgP* 15 p. 244; ecclesiae .. aedificium multifario decore ac mirificis ampliavit operibus BEDE *HE* V 20 p. 331; c**1130** dixit nobis quoddam opus, sc. missale, apud vos incepisse *Ch. Westm.* 248A; aurificium, i. ipsum opus ex auro OSB. GLOUC. *Deriv.* 20; **1295** ne ab aliqua parte Yspanie .. portetur .. ad civitatem .. Baione .. absque .. licencia .. fabrorum, aliquod opus operatum ferreum ad vendendum *RGasc* III 289b; **1401** illud opus ferreum cum luminari circa feretrum *Ac. Durh.* 452; **1417** pro opere lapideo nove fenestre .. pro opere vitreario ejusdem fenestre *Ib.* 406; **1445** casula antiqua de albo damasco cum aurificiis rectis medio avibus et aliis operibus contextis *Invent. S. Paul.* 522. **b** erexerunt statuam .. quae .. prope omnia Romanae urbis opera miro rumore praecellit *Lib. Monstr.* I 3; [Edeiha] .. versu et prosa celebris et eximia, et opere et pictura altera erat Minerva OSB. CLAR. *V. Ed. Conf.* 4. **c** incipit auctoritas operis presentis THEOD. *Laterc. tit.*; me .. quendam hominem in primordio operis utriusque sexus cognovisse testor *Lib. Monstr.* I 1; librum .. de metrico Paulini opere in prosam transtuli BEDE *HE* V 24 p. 359; scripsi in eodem opere, commentarium secutus Hieronimi *Id. Retract.* 997; †**966** (12c) ego Eadgifu predicti regis ava hoc opus egregium crucis caumate consolidavi *CS* 1191; inter opera Boetii que ad logicam spectant J. SAL. *Met.* 909A; est .. trimembris operis hujus partitio GIR. *TH intr.* p. 7; de judicis officio ultimo decrevimus subjungendum cum sit totius hujus operis finis et principium RIC. ANGL. *Summa* 41 p. 104; de semibrevibus .. verum .. judicium .. dabimus in hoc opere sequente HAUDLO 108; nec dicat aliquis nos hoc opus propter arroganciam .. incepisse HAUBOYS 180.

4 **a** a building, construction. **b** defensive structure, fortification. **c** (pl.) works, architectural or engineering operations. **d** (eccl. & mon.) department of works or fabric fund (*v. et. fabrica* 5). **e** (in place-name, *Opus Australe*) Southwark.

a ruina turris, de qua re que opiniones fuerint parco dicere .. presertim cum pro instabilitate operis machina ruinam fecisse potuisset W. MALM. *GR* IV 333; cum ecclesie majoris opus, quod ipse a fundamentis inceperat, ad hoc incrementi processerat ut .. *Id. GP* IV 141; s**1468** magna et mirifica construxit de novo et opera antiqua ad condignum reparavit HERRISON *Abbr. Chr.* 12. **b** a**1190** forum et opus ville *BL MS Harl.* 8656 f. 26v. **c** civitatum principes .. magistratus et prefectos operum ad hanc rem convocatos fuisse ANDR. S. VICT. *Dan.* 35. **d** **1377** solvitur .. custodibus operis ecclesie *IMisc* 213/6 m. 4; legavit .. item operi ecclesie de Mungomery duodecim denarios *FormA* 424. **e** de venia data exuli in Southwerk. strata foras urbem, qua pulchra suburbia restant, / hec Opus Australe dicitur, est etenim R. MAIDSTONE *Conc.* 288.

5 workmanship, make, manner, or style of building or manufacture; **b** (dist. acc. material or technique); **c** (dist. acc. place, style of manufacture, name of artist, or sim.).

cum ecclesia .. rotundo schemate et pulcherrimo opere conderetur BEDE *Nom. Act.* 1038; ecclesiam operis egregii de lapide fecit *Id. HE* II 16 p. 117; corpus sacratissimum .. basilicā pulcherrimi operis .. honoravit W. MALM. *GP* IV 179; **1245** thuribulum .. album consimile alteri in opere et forma *Invent. S. Paul.* 467. **b** velum opere plumario variatum BEDE *Tab.* 424D; in ecclesia Sancti Salvatoris que .. opere cementario pulcherrime composita cernitur W. MALM. *GP* V 243; acus habeat .. parvas et subtiles ad opus anaglafarium [*gl.: overaine levé*] NECKAM *Ut.* 101; acus habeat .. minus subtiles ad opus plumale *Ib.*; **1235** in nobili palatio opere cementario constructo (v. caementarius 1b); **1245** in cujus [calicis] pede le-

vantur opere levato flores glageoli *Invent. S. Paul.* 465; calix .. planus est undique, et sine opere trifuriali *Ib.*; trifuriato opere *Ib.* 467; casula .. de albo diaspero orbiculari opere quasi ex leonibus *Ib.* 483; amictus .. interius operatur orbo opere *Ib.* 488; **1256** duas fialas argenteas et deauratas cum opere levato *Cl* 2; **1295** vas argenteum de opere costato *Vis. S. Paul.* 311b; stola et manipulus de opere pectineo cum nodulis in fine ejusdem operis *Ib.* 320b; amictus de opere plumario *Ib.*; **1295** de opere plano nigellato [*correction of Vis. S. Paul.* 313b] *Arch.* L 461; **1300** una coronella auri de opere fili super uno tissuto serico *AcWardr* 350. **c** arcus .. auro et argento opere Theutonico fabrefactos erexit *Chr. Pont. Ebor. A* 354; **c1170** duas patenas argenteas auro decenter ornatas, cum duobus urceolis preciosissimis, ex operibus Salomonis [? *shaped like Solomon's temple*] et crusto aureo columnis deliciis octoginta sexdecim *MonA* II 437a; **1208** item j cuppa deaurata et plana .. item deaurata de opere Dunelm' ponderis vij m. et j uncie (*Exch. Invent.*) *Pipe R. Soc.* NS XXXI 122; **1232** tres garlandesch' de auro, quarum una fuit de veteri thesauro nostro cum saphiris et due alie de opere Paris' minores *Pat* 43 m. 8; **1292** pro ij paruris et stola .. de opere Aleman' *Sacr. Ely* II 5; **1295** duo candelabra cuprea de opere †Lemonicensi [l. Lemovicensi] *Vis. S. Paul.* 311b; vestimentum .. de opere Saraceno *Ib.* 320a; due palle benedicte, quarum j de opere Romano *Ib.* 333a; **1303** lxxi s. de alia cambuca argentea de opere Parisiensi *Ac. Exec. Ep. Lond.* 49; simul cum magna curtina de serico de opere paganorum *Cart. Bath* 808 p. 158; huic nempe puelle spectatissime fecerat rex apud Wodestoke mirabilis architecture cameram opere Dedalino sinuatam, ne forsan a regina facile deprehenderetur KNIGHTON I 147; **1388** palle .. sive togelle magni altaris .. de opere Parisie vel Northfolchie (*Invent. Westm.*) *Arch.* LII 230.

6 something that has to be done, (act of) working, task, obligation, trade, or sim.; **b** (forced) labour or service, usu. w. ref. to building, maintenance, or payment.

si cui inponitur opus aliquod et contemptus gratia illud non fecerit, cena careat GILDAS *Pen.* 15; complevit opus aedificii templi Domini THEOD. *Laterc.* 12; genus utriusque sexus .. quod dexteram mammam virilem pro exercendis operibus .. habet *Lib. Monstr.* I 19; interrogantis opus est ut faciat respondentem improbabilissima dicere J. SAL. *Met.* 911B; fullonium, opus fullonum OSB. GLOUC. *Deriv.* 245; **1564** in consideratione quod .. stipendium .. quod antea persolvetur capellano .. cederet in augmentationem stipendii lectoris predicti .. ipse teneatur aliquid operis obire quod antea spectabat ad capellanum *StatOx* 397. **b** **c743** (11c) ut ab omni tributo vectigalium operum onerumque saecularium sit libera *CS* 165; **767** terram liberam .. a cunctis operibus vel regis vel principis praeter instructionibus pontium *CS* 202; **767** liber et securus .. vi exactorum operum *CS* 451; **946** (14c) omne sacrificium quod nos dicimus munus ecclesiasticum, et opus ecclesiasticum, et munus rogificum ab omni familia illius terre reddatur *CS* 816; **a1083** precipio etiam ut terre et homines sint ab omni opere castelli liberi *Regesta* 164 p. 124; **c1107** .. quietos .. ab omnibus placitis et querelis .. et opere pontium et omnibus aliis operibus et auxiliis *Ib.* 827 p. 316; **1136** liberi et quieti de operibus Novi Castelli et omnium castellorum in Northumbreland *Ib.* 904; **c1177** quieti .. de .. wardis et operibus castelorum et pontium et parcorum *Danelaw* 179; **a1180** liberam .. ab opere putei et pontis (v. ericius 4).

7 (eccl. & mon., *opus divinum* or sim.) the work of God, usu. the Divine Office, or liturgical worship in general.

donec socios operis divini sufficientes vel nutriret ipse, vel aliunde colligeret *Hist. Abb. Jarrow* 14; pietatis et castitatis opera diligenter observantes BEDE *HE* III 4 p. 134; opus evangelizandi exsequens *Ib.* III 19 p. 163; sancta ut se invicem prevenirent ad opus Dei emulatio *V. Gund.* 8; alio etiam tempore solemne vigiliarum munus celebranti et more lux vel inimici dolo vel nutu Dei intercepta est et ab explendo opere Dei virum sanctum subsistere fecit J. FORD *Wulf.* 33; **1316** ut .. alia caritatis opera pro salute anime predicti Ermanni exercere valeat *RGasc* IV 1749 p. 509a.

8 (feud., right to or income from) customary service; **b** (dist. acc. season); **c** (dist. from *tascha*); **d** (dist. from *census*; *v. et. census* 4b).

reddebat inde omnes consuetudines firmae sicuti reddebant antecessores sui, excepto rustico opere sicut deprecari poterat a preposito (*Worcs*) *DB* I 172vb; si quis liber homo facit opera in die feriato, inde episcopus habet viij solidos *DB* I 263ra; **1100** militibus qui per loricas terras suas deserviunt terras dominicarum carrucarum suarum quietas ab omnibus geldis et ab omni opere .. concedo (*Ch. Regis*) *GAS* 522; **c1120** in terra Warlanda sunt xj bovate ad opus et xv ad malam *Cart. Burton* 18; **11..** non majus quam de tot civitatis mercatoribus opus ab eis exigatur *Feod. Durh.* xli n; **1215** dum milites de Anglia wardam suam faciunt et opus de eis non fuerit salvis mihi serviciis suis que facere debent *Ch. Chester* 394 p. 390; **1279** cum opus statutum debeat fieri triturabit duas thravas per duos dies *Hund.* II 657a; **c1285** Ylle, Hallee, et Bockinge. . valent cv lib. sine operibus et consuetudinibus *Cant. Cath. Pri.* 220; **c1330** ista vero opera supra dicta mutata sunt in pecuniam, et sic isto die non faciunt opera sed solvunt (*Ext. Barrington*) *Growth Eng. Ind.* 386; **1338** *werkmen* de Westgate cariabunt simul cum eis sine allocacione operis; et tales cariaciones vocantur opera incerta *Cl* 161 m. 11; **1351** de Fistingpond [l. Fiscingpond] ad quod quilibet virgatarius in opere reddere solebat per annum xiij d. *Rec. Elton* 365. **b** **1242** et de xxv s. v d. de operibus estivalibus et autumpnalibus relaxatis eo quod executores Hugonis de Gurnay habuerunt blada existentia in terra de anno xxij per breve regis ad testamentum ejusdem Hugonis exequendum *Pipe* 140; **1281** Willelmus de la Dune in misericordia pro subtraxione operum autumpnalium ij s. *SelPlMan* 30; **1296** M. de M. quia absentat se de operibus in autumpno, vj d. *Hal. Durh.* 5. **c** **1306** in v quarteriis .. avene triturandis .. ad tascham .. et residuum bladi triturabatur per opera (*Ac.*) *Crawley* 244. **d** in diebus illis fuerunt ibi triginta virgate, omnes ad censum .. et triginta duo virgate ad opus *Cart. Rams.* III 307; et sexdecim virgate erant ibi ad opus; et una virgata ad censum quinque solidorum *Ib.* 331 (cf. ib. 275: tenet unam virgatam que dudum fuit operaria. et dat modo pro ea quatuor solidos ad censum).

9 day's work.

1185 dies operis *Rec. Templars* 86; **1232** de vj d. de *edelot* [? l. *edebot*] pro defectu operis (*Ac.*) *Crawley* 202; faciet qualibet ebdomada j opus vel, si dominus voluerit, acquietabit se de iij d. et erit operarius qualibet ebdomada per ij dies *Cust. Taunton* 10; non operabitur per ebdomadam nisi j opus *Ib.* 26; **c1280** tenet j mesuagium et x acras terre faciendo pro eis qualibet septimana .. duo opera .. et valet opus ob' quart' (*Ac.*) *Crawley* 235; **c1283** si operatus fuerit per totum diem inter festum S. Michaelis et Hokedeye, allocabitur ei ille dies pro uno opere et dimidio .. et valet quodlibet opus ob. *Cust. Battle* 6.

10 maintenance, support, succour.

si quis fecerit opus expulsi, quod Angli vocant *utlages weorc*, videat rex de pace (*Inst. Cnuti* 13) *GAS* 317.

11 use, benefit, advantage (*ad opus* or sim. & gen.) for the benefit or use (of). **b** need, necessity.

774 (13c) ad opus familiae Christi, id est monachorum *CS* 215; **c980** judex provinciae ad opus regis *Text. Roff.* f. 150; **a1086** Wlfstanus episcopus et abbas de Evesham et Rambaldus cancellarius dirasionati sunt ad opus Sancti Petri de Westmonasterio ut illud haberet in dominio *Regesta* 213 p. 126; emendam accipiet ad opus regis (*Kent*) *DB* I 2ra; omnes ad opus domini arabant et herciabant *DB* I 166rb; **c1144** omnia aisiamenta sua .. ad suos proprios usus sicut ego ipse melius habeo ad opus meum *Regesta Scot.* 41; **1197** in anulis et aliis ferramentis ad opus prisonum *Pipe* 188; **1216** retenta ad opus nostrum medietate .. aliam medietatem .. Gossewino .. habere faciatis *Pat* 8; **1325** si quis liber ville .. ultra certum numerum statutum falcaverit, dabit pro mille domino et hominibus ville pro opere ecclesie *CBaron* 145. **b** ad presens nos aliud urget opus, ut de successore Lanfranci rerum seriem protendamus W. MALM. *GP* I 45; castrum metatus est, ut si opus accidisset ad illud confugeret *Eul. Hist.* II 214.

12 (*opus est*) it is necessary, needed, or essential, one needs; **b** (w. inf.); **c** (w. *ad* or *ad* & gdv.); **d** (w. *ut* & subj.); **e** (w. abl.); **f** (w. dat. of person & inf.).

ipse .. quae opus esse videbantur operabatur BEDE *HE* IV 3 p. 208; nec solum monendi sunt amici sed si opus fuerit objurgandi AILR. *Spir. Amicit.* III 104. 695. **b** de vino .. multa fare [*sic*] non est opus HUGEB. *Wynn.* 6; annon potius opus erat oculos submittere .. ? ANDR. S. VICT. *Dan.* 71. **c** preparatis que ad nupcias opus essent *V. Chris. Marky* 12; **1215** quantum opus fuerit ad domum suam .. reedificandam (v. escapelare); **s1453** ad cogitandum de crastino .. multum opus esset *Reg. Whet.* I 103. **d** estne opus, ut confortetur sapiens? ANDR. S. VICT. *Sal.* 126; qui cernitur et amatur non est opus ut credatur AILR. *Spec. Car.* I 31. 535. **e** quid opus est eucharistia? BEDE *HE* IV 22 p. 261; **1165** prosunt quidem leges et canones, sed michi credite quia nunc non erat his opus J. SAL. *Ep.* 138 (144 p. 32); in abolitione .. veteris vite opus est virtute BALD. CANT. *Commend. Fid.* 596; in quibuscumque negotiis sermone opus non est, sufficiente consensu, his etiam surdus intervenire potest VAC. *Lib. paup.* 122. **f** non .. opus erat eis plura loqui BEDE *Ep. Cath.* 65; quia et tibi et multis opus est peccata sua bonis operibus redimere *Id. HE* IV 23 p. 265; non opus est nostris illud monstrare camenis ALCUIN *WillV* 23. 10.

13 (*opus habere*) to need (to), to have (to); **b** (w. inf.); **c** (w. *ut* & subj.); **d** (w. abl.).

1241 nescit placitare secundum consuetudinem Anglie nec habet consilium sicut opus haberet *CurR* XVI 1493 p. 289. **b** nam perfectus sapiens non habet opus argui BEDE *Prov.* 967; ista non nisi non intelligenti aut calumnioso habes opus dicere ANSELM (*Casus Diab.* 1) I 235. **c** opus habemus ut .. facta sanctorum .. sollicita mente perscrutemur BEDE *Cant.* 1164. **d** nostri reatus quanto graviores sunt tanto majore .. paenitentia lacrimisque et elemosinis opus habent *Id.* 1239; cum orbem universum .. cultore spiritali opus habere perspexit *Id. Prov.* 1033; nolumus .. fontem illum intrare quia nec opus illo nos habere novimus, sed tamen pane illo refici volumus *Id. HE* II 5 p. 91; nobis, qui benedictione opus habebamus AILR. *Serm.* 26. 32. 345.

14 place where metals are obtained, a mine, works. **b** (*opus mortuum*) rock that yields no ore. **c** (*opus nigrum*) black ore, slag.

1305 opera stannaria (*CourtR* 156 no. 27) *VCH Cornwall* I 533; **1389** intraverunt opus suum stanneum et eum inde expulerunt *CourtR* 161/84 r. 6; **1503** opus stannar' .. vocatum *le Nether Worke* (v. haivare); **1587** mineras et opera stannar' vocata *Tynne Workes* *Pat* 1301 m. 17. **b** **1323** in .. cariagio mine .. perforacione et avallacione mortuorum operum (v. avalatio 2); **1323** in .. avallacione motuorum [*sic*] operum (v. mori 12d). **c** **1302** fornellario fundenti nigrum opus et plumbum sterile *KR Ac* 260/22 m. 6; **a1307** in factura carbonum busce pro fusione nigri operis ad fornellos *Ib.* 260/19 m. 3; **1322** in fraccione, locione, et combustione dim' carr' plumbi de nigro opere per bolam, ij s. *MinAc* 1146/11 m. 12; **1323** in .. combustione dim. car[ettate] plumbi de nigro opere per bol[am] *MinAc* 1147/11 A12; pro toto residuo nigri operis de dicta minera proveniente *Ib.*; **1325** de v carratis plumbi fertilis provenient' de pluribus nigris operibus (v. fusio 3).

15 peltry, undressed skin, usu. of squirrel (*v. et.* 2 *bissus* 2 and *grisus* 2).

1223 salva nobis prisa nostra grisi operis, cere, et pannorum sericorum *Pat* 364; **1228** commisimus .. Gervasio .. camerariam nostram Londonie .. salva nobis prisa grisii operis, cere, et pannorum sericorum *Pat* 226; **1234** mandamus vobis quod de grisio opere .. retineatis ad opus nostrum duodecim milia *Cl* 472; **1236** ad opus regis faciat retineri quindecim milliaria grissii operis et duo milliaria cere *Cl* 277; **1243** xxv milia de grisio opere et xv milia de cuniculis et xc milia cere, et de pannis *RGasc* I 187a; **1298** de qualibet centena grisei operis venali, sex denarios *Reg. Carl.* I 115; **1303** timbra de grosso opere ob'. qualibet pellis lucrina debet ob' *EEC* 166; pro lxix libratis operis bissi *Ib.* 269; pro stranglino [ME *strandlinge = sort of squirrel fur*] et polan, et cujuslibet alterius nigri operis *MGL* II 94; **1397** pro v tymbriis operis rubei .. *EEC* 439; **14..** de qualibet M operis de *ruskyn* ven' *Ib.* 213.

opusculum [CL], minor literary work; **b** (as modest authorial description of more extensive or important work); **c** (as description of another's more extensive or important work).

in istis diebus dua ~a memoriae digna .. facere studuit CUTHB. *Ob. Baedae* clxii; **802** direxi .. ad transcribendum .. nobisque iterum reddendum .. ~um in Ecclesiasten Salomonis ALCUIN *Ep.* 254 p. 412; licet Virgilius Tholosanus in suis ~is asserat .. ABBO *Calc.* 3. 52; opus .. inde hoc ~um OSB. GLOUC. *Deriv.* 391. **b** ne in inmensum modum ~um hoc .. proteletur GILDAS *EB* 94; adhuc de illa dubitantes opere re aliqua in quibusdam hujus necessaria ~is adnectamus et maxime libello paenitentiae THEOD. *Pen. epil.*; ~um meum de temporibus quod ante quinquennium edidi BEDE *Pleg.* 3; auctor ante omnes atque adjutor ~i hujus *Id. HE pref.* p. 6; ni .. omnem .. hujus ~i diffinitionem degeneri vitiorum stilo .. attaminando foedarem B. *V. Dunst.* 1; Hibernie topographiam hoc

opusculo quasi speculo quodam dilucido representare GIR. *TH intr.* p. 7; si in ipso ~o aliqua certa repereris emendacione condigna, esto queso caritativus corrector et non presumptuosus dampnator *Chr. Dale* 1. **c** lucida digessit venerandus opuscula doctor [sc. Ambrosius] cum ratione pia pandens ab origine prima ALDH. *VirgV* 670; metrum dactylicum hexametrum .. ~is tam prolixis quam succinctis .. aptum esse consuevit BEDE *AM* 108; extat inter cetera ~a ejus [sc. Fulberti] epistolarum volumen W. MALM. *GR* II 186; a**1332** ~a Hugonis majora: ... ~a Hugonis minora: .. *Libr. Cant. Dov.* 35.

oquetus v. hoquetus.

1 ora [CL]

1 edge, border, rim; **b** (of garment; also fig.); **c** (w. ref. to *Psalm.* cxxxii 2). **d** opening (in quot., of window).

scopuli oram *V. Cuthb.* III 4; apes .. / .. stupuit .. / ire, redire foras per rimas vasis et oras R. CANT. *Malch.* IV 71; juxta oram cujusdam fovee COGGESH. *Chr.* 88b; a**1230** decreverunt poni .. trabem sexdecim pedum super oram stagni *E. Ch. Waltham* 245; debent fratres reliquias suas super horam mense adunare *Obs. Barnwell* 162; in disco numquam coclear stet nec super oram *Stans Puer* 24. **b** horam appellantes quod certi temporis ora, id est terminus, sit, sicut et vestimentorum, fluviorum, maris quoque fines oras vocitare solemus BEDE *TR* 3; **10..** oram, *læppan WW*; necdum peccator per seipsum audet accedere ad Deum, sed querit aliquem sanctum pauperem spiritu qui sit in hora vestimenti Domini tamquam fimbria, per quem habeat accessum BART. EXON. *Pen.* 13 p. 185; transiens .. juxta puteum .. supernatare vidit oram vestimenti filii sui *Mir. Wulfst.* II 12. **c** unguentum a capite Christo .. in oram vestimenti dirivatur J. SAL. *Ep.* 210 (191); effusio .. a capite .. usque ad oram vestimenti descendit J. FORD *Serm.* 91. 12; descendit unguentum a capite in barbam, de barba in horam vestimenti AD. DORE *Pictor* 163. **d** haec est illa domus .. / quam sol per vitreas illustrans candidus oras / limpida prenitido diffundit lumina templo ÆTHELWULF *Abb.* 621.

2 (topog.) boundary, border, edge; **b** (of forest); **c** (of river). **d** (of sea) coast, shore.

10.. ad oras, *to ðæm gemærum WW*. **b** solus ad oram silve devenit W. MALM. *GR* II 175; cum .. in silve ipsius ora in insidiis latitassent GIR. *EH* II 1 p. 309; **1229** mandatum est Rogero de C. quod habere faciat abbati de F. duas quercus in horis foreste *Cl* 188. **c** ora .. fluviorum BEDE *TR* 3 (v. 1b supra); **10..** oras, *ofras WW*; sociis per oram fluminis ad piscandum dispersis W. MALM. *GR* II 121. **d** in .. Carpathio mari et circa oras Italiae *Lib. Monstr.* I 52; maris .. fines oras vocitare solemus BEDE *TR* 3 (v. 1b supra); naves ad tutandam oram maritimam fabricatas W. MALM. *GR* II 165; brachii istius ora crebris hinc inde terris .. accingitur GIR. *TH* I 2.

3 region, land; **b** (w. ref. to heaven).

proprias spernunt spumosis fluctibus oras ALDH. *VirgV* 816; [Hiberniae] septentrionales oras intrasse BEDE *HE* I 1 p. 11; ora, regione [? l. regionis, regionum], fines *GlC* O 243; repetere statuunt horas aviti regni *Enc. Emmae* III 11; piscibus et vinis nusquam tam fertilis hora M. CORNW. *Hen.* 225. **b** donec in aethereas flamma prorumperet oras ALDH. *VirgV* 1426; precomptos transmigret lucis in horas ÆTHELWULF *Abb.* 87.

4 lap.

a lappe, ora, gremium LEVINS *Manip.* 27.

5 (by assoc. w. *ora* n. pl. of *os*) face.

itaque, regis mortis auctore morte excepto, summam ilico pallor regis oram decolorat *Hist. Arthuri* 86.

2 ora [AS *ora* < ON *øyrir*], unit of exchange, weight, or money introduced by Danes: **a** (of unspec. value); **b** (equivalent of 16 d.); **c** (equivalent of 20 d.); **d** (equivalent of 30 d.); **e** gold coin.

a 950 si presbyter saepius quam ter uno die missam celebret, solvat xij oras *Conc.* I 219b; reddiderunt per annum v *ores* de consuetudine ad monasterium de Stanes (*Bucks*) *DB* I 145vb; veniente domina sua in manerio presentaret ei xviij oras denariorum ut esset ipsa laeto animo (*Heref*) *DB* I 179vb; quod Osbernus reddebat v oras. .. quod abbatissa xl denarios (*Heref*) *DB* I 180va; de *landgable* vij librae et ij orae et duo denarii (*Cambs*) *DB* I 189ra; per consuetudinem veniente comitissa in manerio afferebantur ei xviij orae denariorum (*Salop*) *DB* I 253vb; lagemanni .. habebant .. sacam et socam .. super homines suos, preter geld et .. forisfacturam corporum suorum de xl oris argenti (*Lincs*) *DB* I 336vb; pax que dabitur in *ealahus* emendetur de homine occiso sex dimidiis marcis, de vivo duodecim oris (*Quad.*) *GAS* 228; erit ejus forisfactum .. xl *ores* in Danelahe; .. qui non habent hanc libertatem, erit forisfactum .. xxxij *ores* (*Leis Will.*) *Ib.* 495; *manbote* in Denelaga de villano et *sokeman* xij oras, de liberis hominibus iij marcas (*Leg. Ed.*) *Ib.* 638; a**1155** pro *heriet* dabit vj oras, pro *merchet* vj oras, et pro forisfacto vj oras in misericordia *Feod. Durh.* 115n; **1183** unusquisque .. reddit ij oras de firma *Boldon Bk.* 42. **b** haec terra valet ij oras (cf. *DB* I 198ra: in Inchelintone .. terra .. valet xxxij d.) *Inq. Cantab.* 41; a**1100** singulis annis duas oras, id est xxxij denarios .. impensuros promittunt *Chr. Abingd.* II 30; singulum [sc. pondus] signetur ita cur quod xv ore libram faciant (*Quad.*) *GAS* 236; convictus .. dabit sex oras, id est octo solidos (*Leg. IV Burg.*) *APScot* I 344; **1252** solebant dare pro filiabus suis maritandis duas horas que valeant xxxij denarios (*CoramR* r. 4) H. Ellis, *General Introduction to Domesday Book*, London, 1833, I 167. **c** xxiiij li. de denariis qui sunt xx in ora (*Kent*) *DB* I 1ra; reddit xviij libras denariorum de xx in ora (*Devon*) *DB* I 100vb; reddit .. de moneta xx libras denariorum de xx in ora (*Oxon*) *DB* I 154vb. **d** si quis in die Dominica negotiationem facere presumat, perdat .. xij *oran* [v. l. oras] cum Dacis et triginta sol. cum Anglis (*Quad.*) *GAS* 133. **e** statuit dominus rex quod le cro .. est mille vaccae vel tria millia orarum aurearum, sc. tres orae pro vacca *RegiamM* IV 36.

3 ora v. 1 os.

oracula v. oraculum.

oraculum [CL], **~a**

1 oracle, prophesy, pronouncement (usu. of divine origin). **b** place in which oracle is given. **c** object from which one infers oracular pronouncement.

prophetica .. ~a GILDAS *EB* 37; futura profeticae divinationis ~a ALDH. *VirgP* 29 p. 268; augur .. / despumat tumidis oracula saeva labellis FRITH. 375; respondit veritas rerum caelesti ~o W. MALM. *GR* II 148; post celitus datum oraculum / cum Joseph fugiam Herodem emulum WALT. WIMB. *Carm.* 219; ~um celeste GASCOIGNE *Loci* 49. **b** ad Apollinis Delfici recurrere delectat ~um OSB. CLAR. *V. Ed. Conf.* 1 p. 68. **c** os et ~um in mensa subridendo projecit GIR. *IK* I 11.

2 revelation of divine will by means of vision.

quem [sc. Martinum] .. cum nocturnae membra quieti dedisset, caeleste beavit ~um ALDH. *VirgP* 26; didicit in spiritu quod .. esset ~um regi quondam caelitus ostensum BEDE *HE* II 12 p. 107; sunt .. multe species somniorum. .. aut phantasma, aut somnium aut ~um aut visio est J. SAL. *Pol.* 429A.

3 saying, teaching, authoritative pronouncement (w. ref. to Christian scriptures). **b** Scripture, the Bible.

temptant Deum .. cujus ~is blandis vel .. severis dorsum versant GILDAS *EB* 62; septiformis sacramentorum numerus sacrosanctis testamentorum ~is .. adstipulatur ALDH. *Met.* 1 p. 62; psalmistae sacrosancta sermonum ~a *Ib.* 2 p. 71; a**705** talibus sacrae scripturae ~is instimulatus *Ep. Aldh.* 7 p. 496; vel per ~a prophetarum vel per auctoritatem evangeliorum T. CHOBHAM *Serm.* 13. 51ra; aperte contra Christi sentenciam et ~um est, ut Mat. xx & Luc. xxii inquit OCKHAM *Dial.* 847. **b** ut verba sacri ~i subjaceant regulis Donati SENATUS *Ep. Conc.* xlvii.

4 authoritative pronouncement (secular). **b** announcement, message. **c** speech, words. **d** (*~um vivae vocis*) oral pronouncement. **e** (*~o vivae vocis*) verbally, by word of mouth.

principum .. favorem .. obtinebimus ut gladio spirituali manus civilis assistat et quidquid contra principale ~um, venditum aut donatum vobis fuerit, confiscetur P. BLOIS *Ep.* 82. 254D. **b 1295** publice leticie nunciatorum ~is .. affluentibus *Reg. Cant.* I 11; testatur vox angelica, / .. / sepulcrum et sudaria / mulierum oracula LEDREDE *Carm.* 23. 14. **c 751** oportet ut devotio conditoris piae constructionis ~o in privilegiis praestandis minime denegetur (*Lit. Papae*) *Ep. Bonif.* 89; **754** dilectionem .. sacris conciliavit verbis, almis unavit ~is .. recondas in corde (MILRED) *Ib.* 112; **10..** ~a, *gesprecu WW*. **d 1393** diversa vive vocis ~a non super clare consciencie soliditatem fundata *Pat* 338 m. 24*d*. **e 1259** prout ipsi vive vocis ~o vestris poterunt auribus intimare *Cl* 469; **1282** vive vocis ~o .. referendum *RGasc* II 153a; c**1310** que oretenus seu vive vocis ~o .. refert *Chr. Ramsey app.* 410; **1434** pro expensis magistri Stephani, Anglici ambaxiatoris, de precepto regis ~o vive vocis, liiij s. *ExchScot* 576; verbo et vive vocis ~o necnon et in scriptis *Conc. Scot.* I cclxxxv.

5 prayer. **b** place for prayer, oratory, chapel. **c** (f. or n. pl., set of) prayer beads.

a**713** poscimus ut sacrosanctis flammigerisque ~is vestris nos apud almipotentem Dominum defendere dignemini (ÆLFLÆD) *Ep. Bonif.* 8. **b 955** ad ejus ~a monasterii *CS* 903; oratorium vel ~um, *gebedhus* ÆLF. *Gl. Sup.* 186; in Monte Oliveti est ~um in loco ubi Dominus oravit SÆWULF 69; festinavit gressum ad ~um et accepto sibi responso a sanctis dixit ... preparavit sibi fossam .. in ~o et extensis juxta illam amisit spiritum. ... venerunt quidam naute ad ecclesiolam et quod ibi invenerunt .. sepelierunt (*V. Elgari*) *Lib. Landav.* 5; s**681** locus autem beate Dei genitricis erat ~um, non multum a prefata Sancti Petri basilica separatum M. PAR. *Maj.* I 304. **c** par ~orum de *cassedownes Test. Ebor.* III 202; **1509** item pro tribus cultellis et pare ~orum xj d. ob. item pro ~is nigris viij d. *DCCant. MS C 11* f. 118b; item pro pare ~arum vj d. *Ib.* f. 119a; **1532** apud sepulcrum nostrum orabunt cum ~is in manibus orando .. pro animabus predictis *Reg. Aberd.* I 405; **1534** ~as de *ambyr Cant. Coll. Ox.* 83.

6 (w. ref. to *Exod.* xxv 17–20 or *III Reg.* vi 16) mercy seat, holy of holies.

templum prae foribus ~i BEDE *Hom.* II 25. 438; factum est .. propitiatorium .. id est, aurea tabula ... hoc dicebatur ~um, quia Deus de loco isto responsa dabat AD. SCOT *TT* 676D; templo .. a Salomone constructo et arca Dei in gloriosum illud ~um introducta J. FORD *Serm.* 109. 6.

orailla [OF *oraille* < 1 ora], **orallium,** edge (of forest).

a**1153** totam terram de Longo Campo que in ~illa foreste est *Act. Hen. II* I 46; **1159** dedi .. terram de ~lla foreste Ib. 219; †c**1192** a furno comitis .. per ~liam bosci usque Quernstanesich *Ch. Chester* 240; **1227** ad .. fabricam .. sitam in ~llio bosci de Nastok'; .. per ~llium .. bosci *E. Ch. Waltham* 203.

oralia, oralla, orallium v. orailla. **oralog-** v. horolog-.

oramen [LL]

1 request.

vinctus .. postulavit e custodibus quempiam ... qui annuens compediti ~inibus LANTFR. *Swith.* 27.

2 prayer.

famulus Christi .. oramina fudit ALDH. *VirgV* 1348; **746** contra antiqui hostis venenata spicula ~inum tuorum .. juvamine muniar (LUL) *Ep. Bonif.* 70; **936** vestris .. mellifluis ~inibus consonaque voce (*Dedic.*) *CS* 711; ea quae .. intercessionis ~ine [AS: *gebede*] consuete canimus *RegulC* 8; inter ipsa psalmodiarum et ~inum verba *V. Neot. A* 10; ut ejus sancto ~ine gaudia percipiamus in extremo examine HON. *Spec. Eccl.* 994C.

†orameum, *f. l.*

hoc †orameum [l. examen], i. *collectio apum WW*.

†oranum, *f. l.*

hoc †oranum, [l. erarium], *a tressurry WW*.

orapondina v. crapaudina.

1 orare [CL]

1 to ask, beseech. **b** (w. acc.) to beg for.

demonder .. exigere, orare *Gl. AN Ox.* f. 154v; cum alii flerent et orarent *Latin Stories* 129. **b** delictum suum .. confessus, supplex veniam orabat [v. l. rogabat] FELIX *Guthl.* 35 p. 112; orantes veniam admissi sunt W. MALM. *GR* II 199.

2 (in religious context) to pray. **b** (w. acc.) to pray to; **c** (w. *ad* & acc.). **d** (w. acc. & inf.) to pray that; **e** (w. *ut* or *quo* & subj.); **f** (refl.); **g** (*oremus*) liturgical prayer introduced by *oremus* 'let us pray'.

si quis oraverit cum illo quasi cum clerico catholico, septimanam peniteat Theod. *Pen.* I 5. 4; flectens genua orabat *V. Cuthb.* II 3; oret pro me sanctus Abel, qui primus coronatus est martyrio *Ps.*-Bede *Collect.* 385; pariter orantes Lanfr. *Const.* 93; vir sanctus oravit [ME: *wes in his bonen*] *AncrR* 90. **b** ut . . plebes / . . orarent idola regis Aldh. *VirgV* 376; quomodo poterit quisquam . . pro se Deum orare, qui erga Deum rectam fidem non habet? (*Cons. Cnuti*) *GAS* 303; pro vita scriptoris Deum intente ora Haudlo 178. **c** oransque sibi ad Dominum *V. Cuthb.* I 6; pro eis . . supplex orabat ad Dominum Bede *HE* IV 14 p. 235; s**1057** commotus pietate . . oravit ad Dominum *Eul. Hist.* I 263. **d** oculum subsannantis . . orat effodi Andr. S. Vict. *Sal.* 86. **e** flexis genibus Dominum orate ut consolationis suae gratiam mittat Bede *Ep. Cath.* 221; diu prostratus orabat quo Deus . . mentem illius . . corroboraret Asser *Alf.* 74; orantibus ut vitam dignaretur fugiendo producere W. Malm. *GR* IV 384; Deum . . oro ut nunquam . . semen istud proveniat Gir. *TH* II 49. **f** in ecclesia se orasset . . ducebatur ad fontem beati Symonis, et ibidem se oravit *Mir. Montf.* 108. **g** hinc oremus ait, ut nos orare velimus Garl. *Myst. Eccl.* 508.

3 to state, argue, plead: **a** (w. acc.); **b** (w. *quod*).

a die quo causam apud judices ~asset W. Burley *Vit. Phil.* 106. **b** dixerunt . . Unay et Melchia, philosophi, quod ubi Mars fuerit taliter illuminatus, non convertetur perfecte in Lunam. consentiendum est eis quia philosophi fuerunt. ~o enim quod talis illuminatio metallorum valet et utilis est omni creature Dei M. Scot *Lumen* 254.

2 orare [cf. 1 ora], to provide with a border, hem.

orare, A. *to hemny WW*.

1 orarium [LL; cf. 1 os], napkin. **b** (eccl.) stole; **c** (as accessory in miracle or exorcism); **d** (fig. or as accessory of clerical life).

quaedam preciosa in mea capsella habeo, id est piperum, ~ia, et incensa Cuthb. *Ob. Baedae* clxiii; mappula, . . ~ium, manutergium Osb. Glouc. *Deriv.* 239. **b** p**754** (v. exeniolum); ~ium vel ciclas, *orl* Ælf. *Gl.* 108; ciclas vel ~ia, *orlas Id. Sup.* 188; quodam sacri ordinis insigni quod stola seu ~ium dicitur, mox ut sacerdos utrumque quod sacerdotum est humerum ambiebat H. Bos. *Thom.* III 6; in cathedra juxta altare sedentem . ., stola alba indutum, ~iumque habentem in collo Gir. *Galf.* II 1 p. 391; **1217** habeat semper secum ~ium sive stolam quando cum eucharistia . . vadit ad egrotum *Conc. Syn.* 81; stola, que alio nomine dicitur ~ium, per sinistrum humerum transiens ad dextrum Rob. Flamb. *Pen.* 90; c**1537** cum tribus ~iis seu stolis *Reg. Aberd.* II 192. **c** sancti accipiens oraria vatis / his orbes tangit geminos Bede *CuthbV* 873; languidus utque oculis tangens oraria vatis, / illius ex visu dolor et caligo recessit Alcuin *SS Ebor* 734; accepit ~ium suum et de eo cinxit . . ejus [sc. draconis] collum *Lib. Landav.* 110; ~ium suum jussit afferri, quod cervici appendens anathematizavit omnes qui . . Ad. Eyns. *Hug.* V 16 p. 187. **d** p**792** ornet pectus tuum ~ium sanctitatis, non inanis cultus vestimentorum Alcuin *Ep.* 282; **796** sub ~io (v. cuculla c); **930** foedata . . timpora ~io assumptae mortalitatis tergens *CS* 669.

2 orarium [cf. 1 ora], border, edge. **b** (her.) bordure.

contulit duo vestimenta ecclesie, unum rubeum, . . et aliud de nigra camica . . cum largis ~iis decenter ornatis *Hist. Durh.* 1; purfle, effilatum, ~ium Levins *Manip.* 190; *bordyre*, ~ium [v. l. ortatorium] *PP*. **b** ~ium dicitur limbus qui apponitur orae Spelman *Asp.* 106 (v. 2 limbus 2c).

3 orarium [cf. 1 orare+-arium, *assoc. w.* horarium], book of prayers to be recited at canonical hours (*v. NGML s. v. orarium* 2E).

impressum est hoc ~ium Enchiridion praeclare ecclesie Sarum (Paris, 1530) f. clvvviiii v.

orateo v. oratio.

oratio [CL]

1 what is asked, question, request.

facete satis et ad hominem magis quam ad ~onem . . respondit Gir. *TH* I 13.

2 what is said, speech, talk. **b** word. **c** language.

quod grammatici Graece schema vocant nos habitum vel formam vel figuram recte nominamus, quia per hoc quodam modo vestitur et ornatur ~o Bede *ST* 142; provintiales . . leni ~one cohibens W. Malm. *GR* II 113; ex ejus ore flueret salsi leporis ~o *Id. GP* V 200. **b** versus districtus . . in scansione pedum numquam ~onem accomodat integram. . . praebet Arator exemplum: 'mortalisque sibi studium proponat origo'; . . nulla ~o integra in quolibet pede reperta est Aldh. *Met.* 10 p. 92–3; illa canina littera R semper aspere sonat, nisi cum in media parte ~onis post vocalem inchoat syllabam Abbo *QG* 8 (20). **c** non facile . . reperies qui historiis illius gentis Latina ~one texendis animum dederit W. Malm. *GR* I *prol.*

3 (gram., rhet., *pars ~onis*) part of speech.

partes ~onis primus Aristoteles duas fertur tradidisse, deinde Donatus octo definivit Bonif. *AG* 475; partes ~onis sunt octo: . . nomen, pronomen, verbum, adverbium, participium, conjunctio, praepositio, interjectio Ælf. *Gram.* 8; partes ~onis J. Sal. *Met.* 853D; interjectio est pars ~onis indeclinabilis *Ps.*-Gros. *Gram.* 59 (v. interjectio 2b).

4 statement, phrase, saying. **b** (mus.) phrase.

944 ut evangelica provulgatur ~o date et dabitur vobis *CS* 795; brevitas Hebraici sermonis ut, sine pronomine demonstrativo et verbo substantivo que ad plenum ~onis sensum necessaria sunt, sola ponerentur nomina, coegit Andr. S. Vict. *Sal.* 7; magna pars errorum circa ~ones et argumenta oritur ex malo intellectu terminorum Bacon *CSTheol.* 38; ista ~o 'Socrates dicit falsum' est pars A Kilvington *Soph.* 144; forte queris quomodo homagium fit regi cum subsit Cesari. respondeo eciamsi de jure subsint reges Cesari tanquam Deo in terris, non tamen dicitur orateo generalis infringi quia Deus et Cesar non faciunt falli regulam sed ei tribuunt intellectum juris et justicie Upton 38. **b** errant qui tres longas aliqua ~one . . adinvicem ligant Hauboys 326.

5 discourse, narrative, literary compostion, oration. **b** prose (as dist. from verse).

sex enim sunt [totius causae] partes, per quas ab oratore ordinanda est ~o causae: exordium, narratio, partitio, confirmatio, reprehensio, conclusio Alcuin *Rhet.* 19; humillima postulavit prece ut ad ejus dignaretur venire ~onis exordium Byrht. *V. Osw.* 465; tu . . ~onem in fine, ut diem in vespere, dijudica Adel. *ED* 4; nostra ~o prosequatur historiam W. Malm. *GR* I 31; ad hujus assertionem institute ~onis conatur intentio Alf. Angl. *Cor* I 1; ~ones . . poetice aliter distinguuntur apud poetas et aliter apud comicos. comici . . distinguunt comedias suas in tres partes: argumentum, actus, et cenas T. Chobham *Praed.* 260. **b** omnia enim prius versibus condebantur. ~onis . . studium primus egit Seron Bonif. *Met.* 111 [cf. Isid. *Etym.* I 38: prosae . . studium sero viguit].

6 eloquence, rhetoric, fine speech.

~o est ordinatio dictionum, congruam sententiam perfectamque demonstrans et est ~o dicta quasi oris ratio Alcuin *Gram.* 858A; numquid artem ~onis expectant aut precepta eloquentie J. Sal. *Met.* 834A; ut in quo non prevalent esse fecundi, fieri valeant vel facundi; ut in quo parum potuit ratio, plurimum posse videatur ~o Gir. *TH intr.* p. 6; estimo . . quod ~o non sit aliud quam numerus sonorum harmonice compositorum Kilwardby *OS* 194.

7 (eccl. & mon., act of) prayer; **b** (in ordeal); **c** (by religious for layman); **d** (dist. as *communis* or *privata*); **e** (dist. by tit. or incipit); **f** (*~o Dominica* or sim.; *cf. et. Matth.* vi 9–13) the Lord's Prayer; **g** (as name of large bead of rosary).

ut ~one ferventi . . iter ignotum trans Tamesis . . alveum . . aperiret Gildas *EB* 11; si probatus fuerit . . in lacrimis et ~onibus, humanius circa eum episcopus potest facere Theod. *Pen.* I 8. 12; in prima itaque ~one [AS: *gebede*] decantet tres primos paenitentiae psalmos *RegulC* 16; **1156** omnes peregrini et quicunque ad ~onem vel mercatum . . venerint . . in tota via . . sint securi *Act. Hen. II* I 120; quatuor capita . . in quibus ipsa consistit totius ordinis nostri forma sunt . . lectio, meditatio, ~o, actio: . . major . . horum est ~o Ad. Scot *QEC* 15. 826C; quia lectionis horam tam ~o suffocat quam occupatio Gir. *IK* I *pref.* **b** ~o. absolve quesumus, Domine, tuorum delicta famulorum *Text. Roff.* f. 50; ~ones fiunt super ferrum candens Bacon *NM* 526. **c** **1093** [rex et regina] participes sint omnium quae fiunt ad servitium Dei . . missarum, psalmorum, elemosinarum, vigiliarum, ~onum (*Liber Vitae Ecclesiae Dunelmensis*) *Surtees Soc.* XIII 73; **1113** ut . . monachi in fraternitatem suam et in ~onibus suis me reciperent *CalCh* II 362; fortunatus qui virginalium ~onum particeps fuerit W. Malm. *GR* II 219; **1226** rex abbati . . salutem. rogamus vos . . quatinus in ~onibus vestris nostri memoriam habentes . . assiduas pro nobis preces fieri injungatis *Pat* 60; **1324** de beneficiis et ~onibus ecclesie Sancti Pauli . . participes simus *MGL* II 341; †**943** (14c) ut libera sit illa . . terra ab omni mundiali censu nisi ~one quam clerici mihi promiserunt, id est C missas et C psalteria et cotidie ~ones *CS* 785. **d** ~o communis Dominum . . ad misericordiam flectens Andr. S. Vict. *Dan.* 23; tam in letaniis quam in privatis ~onibus locum habeat *Canon. G. Sempr.* 127; intelligendum est de ~one communi que fit in missa et in aliis officiis divinis T. Chobham *Praed.* 78. **e** ~o . . hec est: 'plenam in nobis' *Canon. G. Sempr.* 104v; **1293** post ~onem de omnibus sanctis *StatOx* 102; noluit Deum rogare ut eam omnino a temptatione liberaret sed fuit ~o [ME: *bone*] ejus, 'Domine, da mihi virtutem resistendi.' *AncrR* 86. **f** quod . . in ~one Dominica inserere praecipimur: fiat voluntas tua Bede *Ep. Cath.* 117; Dominica ~o cum collecta *Comp. Swith.* 176; post Domini sequitur oratio Garl. *Myst. Eccl.* 608; **1298** fratres . . nec morerentur ultra quam ter dici valeat dominicalis ~o Pater Noster *Conc.* II 247a; **1393** dicent . . psalmum De profundis cum ~one Dominica *Lit. Cant.* III 18; **1415** numerum ~onum Dominicarum . . alias . . assignatum . . compleant *Ib.* 132. **g** **1442** meum par precularum de et cum una oracione dominica et decem salutacionibus angelicis ac uno cimbolo apostolico de auro *Reg. Cant.* II 617.

8 (in phr.) to pray, say a prayer, spend time praying: **a** (*~onem dare* or *dicere*); **b** (*~oni vacare*, *se dare*, or sim.).

a data ~one a presbytero Bede *HE* III 11 p. 150; **1395** prior . . ~onem pro anima nostra . . dicet (v. 2 dicere 5a). **b** peniteant xl diebus et vacent ~oni Theod. *Pen.* I 14. 1; cum gemebunda ~oni se dedisset . . Ælf. *Æthelwold* 4; illic igitur ~oni . . operam dare solitus Eadmer *V. Osw.* 5 p. 9; in illa etate frequentare ecclesiam dulce habuit, crebrius ~oni incumbere Ailr. *Ed. Conf.* 742C; ~oni insistebat Gir. *TH* II 28; **1249** quod idem sanctus . . deserta petere decreverat, ut liberius ~oni vacaret et contemplationi M. Par. *Min.* III 57; excubanti et in ~onibus vacanti *Plusc.* VI 21.

9 (*domus ~onis*, w. ref. to *Is.* lvi 7, *Luc.* xix 46); **b** (ellipt.).

795 (v. convocare 2); domum Dei decere esse domum ~onis, non speluncam latronum W. Malm. *GR* II 201; testis est Ysaias quod domus ~onis communis est et gentibus Bald. Cant. *Commend. Fid.* 610; **1390** ecclesia . . domus ~onis (v. 1 domus 6b). **b** ingredimini in ~onem [AS: *into cyrcean*], et inclinate suppliciter ad almas aras Ælf. *Coll.* 103.

orationalis [LL], that contains or consists of prayers.

colitur in monasterio ~is ejus pugil memorabili pignore in quo apostolicae lucent formulae Gosc. *Edith* (II) 55; ~es versus . . crebro repetens W. Malm. *GP* IV 140.

orationaliter [ML], in the context of a phrase or sentence.

si . . proprietatem vocis attendamus, hec vox 'qui est' supponit personam et tenetur ~iter Neckam *SS* I 31. 7; non ~iter set dictionaliter Bacon XV 63 (v. dictionaliter).

orationarius, (*liber ~ius* or ellipt.) book of collects or prayers.

non licet in choro habere vel respicere libros studii nec psalteria vel ~ios *Ord. Ebor.* I 5.

oratiuncula [CL], short speech or prayer.

vix finita ~a Gosc. *Transl. Mild.* 31; ~a, parva oratio Osb. Glouc. *Deriv.* 399; quod in claustralium pluteis continetur excutiunt, . . verborum flosculos legunt, ~as conquirunt J. Sal. *Pol.* 685A; **1516** salutatio . . cum ~a brevi *Mon. Rit.* III 370.

orator [CL]

1 speaker, orator, advocate; **b** (w. ref. to Cicero or his rhetorical works). **c** (w. ref. to Solomon). **d** preacher. **e** prose writer.

simbolice ~ores dicunt quod grammatici metaforice *Comm. Cant.* III 7; quot sunt ~orum pedes qui rethoricae artis regula continentur Aldh. *PR* 112 p. 150; possunt . . communes loci ad quamlibet partem inflecti pro facundia ~oris W. Malm. *GR* V 406; quod ~ores facere solent, quibus . . acuenda precipue sunt

arma facundie Gir. *TH intr.* p. 6; hec .. sunt scemata, adjunctis tropis ~orum, sophismata que fallaciarum nube obducunt animos auditorum J. Sal. *Met.* 849C; differunt rhetor et ~or quia rhetor est qui docet, orator qui postulat vel dicit in causis. .. ad rhetorem pertinet theorica, ad ~orem practica Kilwardby *OS* 597; Demostenes ~or Athenis claruit W. Burley *Vit. Phil.* 160. **b** Tullius .. philosophus et ~or in libro divinationum .. illud idem asserit Andr. S. Vict. *Dan.* 86; **1166** ut ait ~or, usus altera natura est J. Sal. *Ep.* 184 (174). **c** unde sapientissimus ~or .. dixit: "annuit oculo, terit pede" [*Prov.* vi 13: oculis] Abbo *Calc.* 3. 50. **d** ~or .. in principio ~onis sue premittit exordium T. Chobham *Praed.* 262; **1477** dilectis ~oribus nostris .. fratribus minoribus *Scot. Grey Friars* II 3. **e** leonem quem regem esse bestiarum .. poetae et ~ores .. fingunt *Lib. Monstr.* II 1; **980** sanctarum praecipui scripturarum ~ores hoc statuerunt dogmatibus quatenus quicquid mortalium vellent addere necessitatibus litterarum apicibus necteretur *CD* 625; Seneca .. commemorat Catonem .. dixisse 'orator est vir bonus dicendi peritus'. emundabat .. aecclesiasticus ~or prius conscientiam ut sic accederet ad recludendam misticorum scriptorum intelligentiam W. Malm. *GR* I 59.

2 spokesman, envoy.

~ores, *spelbodan GlC* O 240; ~or, *forspeca GlP* 902; **1302** G. le Scrop, ~or domini regis, pro ipso in illo itinere constitutus *MGL* II 289; **1433** ut nuncios et ~ores vestros ad ipsum concilium [sc. generale Basiliense] .. mittere debeatis *FormOx* 446; **1487** ~ores, ambassiatores, procuratores et nuncii speciales *Foed.* XII 320; **1570** ob gratiam .. Philippi Hispaniarum regis dignissimique ejus ~oris generosissimi sc. inclytissimi domini ducis de Feria Chauncy *Passio* 156.

3 suppliant. **b** one who prays on behalf of another (also w. obj. gen.); **c** (eccl. & mon., w. ref. to those whose duty it is to pray).

c**1375** hoc .. donum a vobis flagito confidenter, quia per hoc .. vestri in antea constituar sedulus ~or *FormOx* 234; **1408** supplicat humiliter et devote vester pauper et continuus ~or Johannes *Lit. Cant.* III 108; supplex et assiduus ~or existere *Mir. Hen. VI* I 5. **b** c**1450** salutis vestre perpetuus ~or, dompnus W. Sellyng *Let. Ch. Ch.* 10 p. 15. **c** quatuor ordines hominum sc. ~ores, defensores, mercatores, laboratores .. ~ores .. constituit Dominus .. ut pro aliis ordinibus orarent et lucerent eis per noctem *Ps.-Bede Collect.* 379; a**955** concedo .. omnibus episcopis meis ~oribus specialibus centum mancusas auri *CS* 914; tres ordines .. in ecclesia Dei: laboratores, bellatores, ~ores. .. ordo ~orum, id sunt clerici et monachi et episcopi .. debent orare pro omnibus Ælf. *Ep.* 2a. 14; reparabantur basilice et in eis sacri ~ores obsequium studebant Deo debitum persolvere Ord. Vit. IV 7 p. 215; **1388** presbiteri istius civitatis .. sunt speciales ~ores civium, patronorum .. et magistrorum .. a quibus .. habent .. cantarias et stipendia *Mem. York* II 19; domino [duci] .. supplicantes, quatinus, considerando quod .. nostrum monasterium de advocatione sua .. existeret, et singuli monachi dicti monasterii ~ores ac ejusdem capellani merito forent obligati *Meaux* III 262; s**1459** domino Henrico .. regi .. sui capellani infimi, humillimique ~ores ac assidui *Reg. Whet.* I 326.

oratoricus, of oratory, oratorical.

~as et rhetoricas constitutiones Bacon *CSPhil.* 423.

oratoriolum [LL], small oratory, chapel.

745 fecit cruciculas et ~a in campis et ad fontes (*Syn.*) *Ep. Bonif.* 59 p. 111; in margine aquilonali illius laci sanctus Coemgenus ~um sibi construxit ex virgis ad Deum orandum cotidie (*Coemgen* 19) *VSH* I 243; ducentes eum ad orationem in ~um suum quod in quodam angulo ecclesie dirute construxerant *Croyl.* 30.

oratorius [CL]

1 of oratory, rhetorical; **b** (w. ref. to forensic oratory). **c** (adj.) prose.

~ia facultate Eadmer *HN* 14; ~io tropo usus J. Sal. *Pol.* 454D; **1441** studio .. artis ~ie, que diebus his summe floret, .. tete dede Bekynton I 231; universus fere mundus arte ~ia formaque loquendi melliflua ita plenus sit *Mir. Hen. VI* I prol. p. 4. **b** scripsit insuper Apuleius librum ~ium contra Emilianum W. Burley *Vit. Phil.* 256. **c** ab ~io dicendi genere et poetico separatum Balsh. *AD rec. 2* 9.

2 (as sb. n.) room for prayer, oratory, chapel; **b** (in private house); **c** (as part of church); **d** church.

ut sibi ~ium .. struant Aldh. *VirgP* 52; cum .. episcopus solus in ~io loci lectioni vel orationi operam daret Bede *HE* IV 3 p. 208; alapam illi protrivit ingentem, docens eum .. ~ium hic non dormitorium esse Gosc. *Transl. Mild.* 20; dicitur etiam ~ium quilibet locus ad orandum statutus qualem statuerunt monachi in grangiis suis Beleth *RDO* 2. 15; **1532** faciet missam in ipso ~io *Reg. Aberd.* I 405. **b** **1230** concessimus .. ut ~ium habeant in curia sua Calveshyde .. in qua sibi faciant per proprium capellanum suum divina celebrari *E. Ch. S. Paul.* 233; **1233** quod faceret ibi quoddam ~ium in quo aliquando celebravit capellanus .. et aliquando legit ewang' *BNB* II 587; **1246** abbati de Rameseia contruendi ~ium in manerio suo de Burewelle .. in quo liceat vel sibi vel monacho suo .. ad opus suum et familie sue divina celebrare .. liberam concedimus facultatem *Cart. Rams.* II 193; **1347** bulla quod possumus in ~iis maneriorum divina celebrare Elmh. *Cant.* 65. **c** basilicam, in cujus medio ipsum quod prius fecerat ~ium includeretur. .. in gyro prioris ~ii .. coepit aedificare basilicam Bede *HE* II 14; ipsum ~ium quantum a majore turri in orientem porrectum est, ipso patre A. providente .. auctum est Eadmer *HN* 263; ~ia quoque quamplurima .. in ipsis porticibus cum maxima diligentia et cautela constituit Ric. Hex. *Hist. Hex.* I 3; chorus sive ~ium alio junco quam salso .. nulla vice sternatur *Cust. Westm.* 51. **d** ~a [AS: *cyrican*] vel baptisteria Bede *HE* II 14 (v. baptisterium a); sic ad ~ium [AS: *to circean*] festinando psallat psalmum *RegulC* 15; caelorum fabricator .. ecclesiam .. genitrici suae Mariae consecratam fore demonstravit. huic .. aliud addiderunt opere lapideo ~ium quod Christo ejusque Sancto Petro apostolo dedicaverunt B. *V. Dunst.* 3; ignorandum non est, quin ~ium pro ipsa ecclesia interdum accipiatur Beleth *RDO* 2. 15; **1346** ecclesiam seu ~ium cum campanili *Scot. Grey Friars* II 149.

3 kneeling-desk, prayer desk, prie-dieu.

praeparatur crux ante altare, interposito spatio inter ipsam et altare, sustentata hic et inde a duobus acolitis, posito ante eam ~io *Miss. Leofric* 262a.

4 rosary.

1533 duo paria ~iorum vocata *too payr' of baydes Rec. Nott.* II 188.

5 (as sb. f., as title of play).

incipit ~ia Liv. *Op.* 153.

oratrix [CL]

1 suppliant, petitioner (f.); **b** (w. ref. to university).

tanto .. conspectior emicuit ~ix Map *NC* V 5 f. 64. **b** **1429** humillima regie celsitudinis ~ix Oxoniensis universitas *EpAcOx* 47; c**1439** indentura facta .. inter .. H. ducem Gloucestrie .. ac suam humillimam et perpetuam ~icem universitatem Oxonie *MunAcOx* II 758.

2 one who prays (f.).

~ix assidua Deum contemplatur Garl. *Epith.* V *Summa* 39; **1408** Matillidi Boclyve, ~ici Domini, xij d. *Antiq. J.* II 342; **1428** cartam alienacionis .. factam .. denotis [*sic*] nostris ~icibus priorisse et conventui *Cart. Coldstream* 54; **1518** singule ~ices una cum aliis honestis mulieribus *Cart. Glam.* 1810.

oratus [CL]

1 request.

Normannos cohibebat saepenumero nec jussu modo quasi ~u W. Poit. I 13.

2 prayer.

indidit aequisonas divinis auribus odas. / oratu surgens, famulantum rite catervis / ambitur, siccatque genas, suspiria pressat Frith. 1147; *Ib.* 1387 (v. gigartum b).

orba v. orbus.

orbambulus [cf. CL orbis+ambulator+-us], one who walks round the world, world-wanderer, vagrant.

1282 pseudo-apostolos, †orbanibulos [MS: orbambulos] .. publice reprobavit *Lanercost* 115; **1364** quod nullus extraneus nec alius orhambulus .. hospitetur .. per burg' ultra unam sept[imanam] infra villam nisi artifex artem suam exercens *CourtR* 219/2 m. 2d.

orbanibulus v. orbambulus. **orbanus** v. orphanus.

orbare [CL]

1 to deprive (of a person) by death, to bereave (of): **a** (parent of child); **b** (child of parent); **c** (group or place of leader); **d** (spiritual dependent or church of guide). **e** (transf. & fig., part of body).

a dum ~atae Sunamitis sobolem crudelis leti sorte sopitam .. suscitaverat Aldh. *Met.* 2; mater ejus pauper et quasi viro simul ac filio ~ata Bede *Tob.* 932; ~atus, a fetibus destitutus *GlC* O 249; hinc discipulum quem diligebat, prope astantes intuitus esset, ne matrem penitus ~atam relinqueret, ei praesentem discipulum suo loco in filium subrogavit Eadmer *Excell. B. M.* 567A; matris ~atae animus reparatur *V. II Off.* f. 8a. **b** pupillus, orphanus ~atus Osb. Glouc. *Deriv.* 473. **c** impetum fecerunt in illos [Romanos] .. rectore suo ~atos G. Mon. X 4; Britannicus orbis, tanto lumine ~atus, tam pii patronii .. absentiam sentiet J. Furness *V. Kentig.* 26 p. 207; c**1298** lugeat Northumbria nimis desolata! / facta est ut vidua filiis orbata (*Dunbar* 166) *Pol. Songs.* 173; Britannia .. ~ata ab omni principe per annos l et ultra *Eul. Hist.* II 264; subditi tui tanti protectoris ~ati solatio *Ps.-Elmh. Hen. V* 115; mansit Cantebrigia ~ata filiis usque ad tempus Octaviani regis Cantlow *Orig. Cantab.* 266. **d** ne me .. ~atum a te post obitum tuum derelinquat *V. Cuthb.* IV 9; Anglica ecclesia proprio est ~ata pastore *Ep. Anselm.* IV 11. **e** matris ~ata viscera consolatione permulcet letissima Gosc. *Edith* 98; orbum .. eo quod .. sit ~atum Bart. Angl. V 42 (v. orbus 7).

2 to deprive (person of eye or sight). **b** (p. ppl. as adj.) deprived of sight, blinded.

ne gemellis oculorum obtutibus ~aretur Aldh. *VirgP* 32; Heraldus .. satellites ejus .. jussit decapitari, ipsum ~ari luminibus W. Poit. I 3; Lucam .. pro derisoriis cantibus .. ~ari luminibus imperavit Ord. Vit. XII 39 p. 460; **1172** Galterum .. oculis ~ari fecit *Ep. J. Sal.* 305 (307 p. 746); puerulus .. utroque lumine ~atus est *Mir. Frideswn.* 73; oculo est statim ~atus utroque Gir. *IK* I 2; quidam sunt monoculi, quidam orbati utroque oculo T. Chobham *Serm.* 5. 28ra. **b** ~atus propter jurisjurandi transgressionem oculis Andr. S. Vict. *Dan.* 83.

3 to deprive of (w. abl.). **b** (p. ppl.) deprived, taken away.

930 exulans splendida .. ~atur regione *CS* 669; hoc esset ~are eas propria perfeccione Baconthorpe *Quaest. Sent.* 5a. **b** **10**.. orbata, *benumen WW*; utriusque syderis ~ati recepit officium et .. amborum lumine donatus est oculorum Osb. Clar. *Ed. Conf.* 28.

orbateria [OF *orbaterie* < auri bateria], work of goldbeater.

1275 c solidi appositi in ~a ad queyntisas Domini *Reg. Heref.* 172.

orbia v. 1 orbis.

orbiculari [LL < CL *p. ppl. only*], **~are**

1 to encircle, go round.

gyrare .. ~are, ambire, circinare Osb. Glouc. *Deriv.* 144.

2 to cover with circular or eye-shaped design. **b** (p. ppl. as adj.) adorned with circular or eye-shaped spots. **c** flecked with various colours, richly decorated.

s**1255** habuit additamenta artificiose nimis corpori insita ex auro et argento et saphiris, sicut verus pavo ~atur M. Par. *Maj.* V 489; dalmaticam unam que tota auro superducta est. tunicam unam, que similiter tota auro ~atur *G. S. Alb.* I 93. **b** scutulatus, equus ~atus Osb. Glouc. *Deriv.* 564; perdita gens, tunica quid abuteris orbiculata / barbarice Veneris? [*gl.*: ~ata, i. e. regulata vel radiata quibusdam sectilibus et oculatis panniculis] J. Cornw. *Merl.* 55; pardus .. est bestia velocissima colore vario ~ata Bart. Angl. XVIII 81; dedit insuper regina Francie regi Anglorum unum pavonem, sc. lavacrum lapideum mirabile, quod similitudinem pavonis in forma ostendebat; et erat lapis preciosus, qui perla dicitur, ex auro et argento et saphiris, sicut verus pavo, ~atus *Flor. Hist.* II 407; pardus est bestia velox valde, colore ~ata ut pantera Bad. Aur. 112. **c** polymita vel ~ata, †*wingfah* [l. *ringfah*] Ælf. *Gl. Sup.* 188.

3 spherical.

est et malum ~atum eo quod sit pre ceteris rotundum OSB. GLOUC. *Deriv.* 197; oculi ejus ~ati sunt dum pacati est animi . ., sed in ira . . quasi scintillantes ignem et in impetu fulminantes P. BLOIS *Ep.* 66. 197B.

4 circular. **b** spiral, twisted, winding.

Jerosolimam . . ~ato et majori murorum ambitu edificavit W. MALM. *GR* IV 367; rote ~ate NECKAM *Ut.* 108 *gl.* (v. orbita 4a). **b** cum . . directa sit ascensio fumositatis, potest fieri nubes . . . cum sit ~a, . . fit in eis quasi quidam semicirculus *Quaest. Salern.* P 78.

5 rounded off.

1326 facto . . foramine triangulari et decenter ~ato WALLINGF. *Rect.* 406.

orbicularis [LL = *cyclamen*]

1 circular: **a** (of movement); **b** (of shape); **c** (*crux ~is*) cross with orb at the bottom. **d** (*opus ~e*) embroidery with circular pattern. **e** (as sb. n.) circle.

a ~is . . motus ad solam prime refertur animam ADEL. *QN* 13; an motus ~is sit naturalis vel voluntarius J. BLUND *An.* 1; coguntur converti in naturam siccitatis motum faciendo ~em, sc. versus centrum *Quaest. Salern.* W 1; processus . . vitalis spiritus linearis est animalis et naturalis ~is GILB. II 118. 2; motus localis quidam et linearis sive rectus et quidam ~is sive circularis J. FOXTON *Cosm.* 91. 4. **b** usque ad ~is perfectionis rotunditatem [lune] GIR. *TH* II 3; figura . . ~is in corporibus BACON *Tert.* 77; de duabus ~ibus fenestris: prebentes gemine jubar orbiculare fenestre, / ecclesie duo sunt oculi H. AVR. *Hugh* 937; per quantitates . . eorum in seipsis simul et intelligo eorum figuram ~em de qua considerat astronomus KILWARDBY *OS* 72; erat structura ejus [sc. fortalicii] ~is, plus continens in diametro quam jactus lapidis quo vulgus nostrum in Anglia se solet ad limites recreare *G. Hen. V* 4. **c** crux una bene deaurata ~is cum ymagine Salvatoris *Process. Sal.* 169. **d** **1245** casula . . de albo diaspero ~i opere quasi ex leonibus *Invent. S. Paul.* 483. **e** **1245** in ~ibus (v. orbiculariter 1b).

2 (bot.): **a** cyclamen, sowbread (*Cyclamen hederaefolium*). **b** burdock (*Arctium lappa*).

a herba ~is . . *slite Leechdoms* I 12; ciclaminus, i. terre malum, vel aristologia rotunda vel ~is *Gl. Laud.* 286; †calaminos, i. ~is *Ib.* 385; ~is, i. *slite Ib.* 1088; ~is, *erthnote, dyllenote, halswort MS CUL Dd. 11.45* f. 110vb. **b** ~e, *clote MS BL Sloane 420* f. 108va; oribiculare, A. *clete MS BL Sloane 3149* f. 9.

orbiculariter [ML]

1 (of movement) in a circle, in circular fashion. **b** (*~iter operare*) to embroider with circular pattern. **c** (fig.) so as to form a circle, in turn.

non extensive nec in infinitum, sed ~iter ADEL. *QN* 61 (v. extensive a); similiter potest ostendi de qualibet parte firmamenti cum ipsa moveatur ~iter J. BLUND *An.* 6; sequitur celum naturaliter secundum lineam circularem ~iter moveri *Ps.*-GROS. *Summa* 557; si punctus lucis, in diaphano ponatur, ~iter se diffundit PECKHAM *Persp.* I 6; [leo] ad cujus vocem terrentur animalia et subito figunt gradum, contra que caudam ~iter ducit et illius nature circulum transire quodlibet animal pertimescit UPTON 125. **b** **1245** casula . . de diaspero albo plano ~iter operata avibus et arboribus in orbicularibus *Invent. S. Paul.* 482. **c** quatuor virtutibus invicem sibi ~iter annexis R. NIGER *Mil.* II 12.

2 in a manner that encircles.

montibus etheriis ~iter undique conclusa ecclesia GIR. *IK* I 3 p. 37; petrosis in rupibus in theatri modum ~iter circumstantibus *Ib.* II 7; in loco quodam . . aquis et paludibus ~iter obsito *Id. EH* I 5; lignorum aridorum strue ~iter ursum cinxerunt NECKAM *NR* II 129.

3 in a manner that encompasses or wraps around.

velud stola aurea collum undique ~iter circumtexerat R. COLD. *Cuthb.* 114; trium quorum [sc. elementorum] quodlibet terram ~iter undique circumdat SACROB. *Sph.* 78; '~iter', id est, rotunditatem terrarum involvunt sicut cepa cepam *Comm. Sph.* 264; nam hec due tunice, sc. exterior cornea et interior sclirotica, vitreum humorem ~iter [TREVISA: *al round*] in se claudunt BART. ANGL. V 5.

4 in the manner of an orb or disc (in quot., of full moon).

luna debita luminositate destituta, destitui contentis cuncta videbis. eadem iterum ~iter illustrata ossa medullis, capita cerebris . . plena reperies GIR. *TH* II 3 p. 79.

orbiculatrix, one who wanders round (f.), female vagrant.

femina vaga . . vagatrix, ~ix OSB. GLOUC. *Deriv.* 483.

orbiculosa, (bot.) cyclamen (*Cyclamen hederaefolium*).

~a, *slite Gl. Durh.* 304.

orbiculus [CL]

1 (small) ring or circle; **b** (w. ref. to stirrup).

alius . . ~us qui gravi tortura affligebat brachium hominis . . ante pedes ejus cecidit . . . ille . . anulus . . integer prosiluit de hominis brachio LANTFR. *Swith.* 24; rotella vel ~us, *lytel ymbhweorft* ÆLF. *Gl.* 109. **b** ascensurus equum vix contingere posset scansilis ~um *Mir. J. Bev. C* 339.

2 disk, object of circular shape: **a** (spinal disc); **b** (spot on animal skin).

a quas ~orum nexuras spondilia physici appellant R. COLD. *Osw.* 51 p. 381. **b** muneror orbiculis ut pardus discolor albis HWÆTBERHT *Aen.* 45. 1; panthera minutis est ~is superpicta ita ut oculatis ex fulvo circulis NECKAM *NR* II 133; pantera est bestia quedam minutis ~is naturaliter superdicta, ut ex macularum nigrarum, albarum, ac flavarum varietate tota ejus pellis oculata externis videatur UPTON 168.

3 small spherical object: **a** eye ball or socket. **b** rain drop. **c** jewel-like decoration. **d** marble (used in game). **e** prayer bead.

citatur a ministris cecus, infundunt aquam ~is oculorum AILR. *Ed. Conf.* 763A; vocatus adfuit vir captus oculis, et rex tinctis aqua digitis linit faciem, et ~is tenebrosis signum crucis impressit *Id.* 764D; rex jussit eum clam oculorum lumine privari, salvis tamen ~is eorundem *Flor. Hist.* II 39. **b** si tot scribencium essent familie / quot stelle radiant in celi facie / quot sunt orbiculi vel stille pluvie / mentem opprimeret pondus materie WALT. WIMB. *Carm.* 5a. **c** inest conchis ornamentorum pretium, unionum sc. gemmantes ~i, candore splendidi et margaritarum multicolora decora GOSC. *Aug. Maj.* 51D; **1315** in filacterio argenteo et deaurato cum gemmis et in pede capita deaurata in ~is cristallo longo rotundo *Invent. Ch. Ch.* 82. **d** alea . . migravit ad Grecos. hinc thessara, calculus . . ~i J. SAL. *Pol.* 399C. **e** **1584** intulit in hoc regnum Anglie . . a sede Romana unum ~um consecret' vocat' *a hallowed bede Pat* 1242 m. 18.

orbigena, one born in the world.

sceptrum / quod feret orbigene dextre clemencia HANV. VII 77.

1 orbis [CL]

1 ring, circle, circular path, circuit. **b** (*in ~em*) in a circle. **c** circular marking on an animal. **d** wheel. **e** stirrup. **f** (her.) roundel.

alius . . vectus cornipede . . implicans ~es ~ibus spatia terrarum metitur ALDH. *VirgP* 2; per cava . . serpo . . antra / flexos venarum girans anfractibus orbes *Id. Aen.* 73 (*Fons*) 2; **10..** ~es, ~ibus, *hringa, hohhwyrfinge WW*. **b** anguis varios se torquet in ~es W. MALM. *Wulfst.* II 12; eodem vinculo circumcingitur lignum rotundum de transverso in medio collocatum . . ut alterna illa agitatione continue versetur in ~em J. FORD *Serm.* 25. 6; colores subjectum suum colorant in ~em et non in longum nec linealiter *Quaest. Salern.* N 28; pusionibus qui volunt ludere, / qui trocos scutice jocoso verbere / solent inaniter in orbes cogere WALT. WIMB. *Palpo* 179. **c** scutulatus . . i. equus habens candidos ~es OSB. GLOUC. *Deriv.* 550. **d** vel Titii volucrem vel ages Ixionis orbem *Babio* 433. **e** ascensuro [in equum] prebuit obsequium, ~em tenens quo pes ejus dexter teneretur W. FITZST. *Thom.* 107. **f** globulos autem hos cujusque coloris praeter aurei heraldi antiqui *pellots*, hoc est pilas vocarunt, alias a rotunditate *rondels*, id est ~es SPELMAN *Asp.* 111.

2 circular course, orbit (in quots., w. ref. to passing of time).

transcursis novem circiter annorum ~ibus FELIX *Guthl.* 18; annilem . . ~em Ib. 52 p. 166 (v. 2 annilis); sol . . annuos ~es suo cursu expleat ANDR. S. VICT. *Sal.* 98.

3 earth, world (imagined as a disc containing land surrounded by Ocean). **b** (*Britannia* or *Hibernia alter ~is* or sim.) Britain or Ireland, another world (imagined as an island separated from central land by Ocean).

Brittannia insula in extremo ferme ~is limite GILDAS *EB* 3; **672** Britannia occidui in extremo ferme ~is margine posita ALDH. *Ep.* 5 p. 492; ferunt et hominum genus esse sub ~e quos Antipodas vocant et . . imum ~is fundum ad nostra vestigia sursum directis pedibus calcant *Lib. Monstr.* I 53; neque enim frustra . . ~is terrae vocatur; est enim re vera ~is idem in medio totius mundi positus, non in latitudinis solum giro quasi instar scuti rotundus, sed instar potius pilae undique versum aequali rotunditate persimilis BEDE *TR* 32; qui longius extra ~em, hoc est in insula maris oceani, nati *Id. Cant.* 1077; usque ad tempora Arrianae vaesaniae quae, corrupto ~e toto, hanc etiam insulam extra ~em tam longe remotam . . infecit *Id. HE* I 8 p. 22. **b** Britannia quae a multis . . alter ~is appellatur quod oceano interfusa non multis cosmographis comperta est W. MALM. *GR* I 54; Hibernia quanto a cetero et communi orbe terrarum semota et quasi alter ~is esse dignoscitur GIR. *TH* I 2; a communi terrarum orbe in his extremitatibus, tanquam in ~e quodam altero . . remoti *Ib.* III 10; tue . . fame gloria me per tot incognitas undas . . ex alio ut ita loquar ~e, Italiam petere allexit FREE *Ep.* 61.

4 object of spherical shape; **b** (of eye or eye socket). **c** orb (as symbol of royal power).

†orbia, sifanutunda [l. orbis, offa rotunda] *GlC* O 263; tam effusam flammam exisse ut fumeorum voluminum ~es etiam sidera lambunt W. MALM. *GR* IV 333; sum veluti saxum grande ruens in aquas: / mergitur, exiguum sed in orbem colligit undam, / spargit et undarum non procul inde globas L. DURH. *Dial.* IV 132–4. **b** orbis dicitur oculus Latine *Comm. Cant.* I 160; caecis pupillarum ~ibus ALDH. *Met.* 2 p. 66; utrique oculi . . extirpati decidere super ipsam . . paginam. . . psalterium hujus correptionis prebet indicium, in eadem serie lapsorum ~ium cruore maculatum *V. Kenelmi B* 82 r. 1; lux tempestiva ~es implevit W. MALM. *GR* II 223; divina lumina venefice cavis ~ibus evulsa *Ib.* II 211; versus me dulcifluos ~es oculorum inflectere R. COLD. *Godr.* 210; panniculi ad duos ~es oculorum tandem pervenientes *Ps.*-RIC. *Anat.* 26. **c** absit atrox regimen. orbs abdicat arce feroces, / subdit et indomitos lex racione vigens ELMH. *Metr. Hen. V* 5.

5 earth, world (imagined as a globe). **b** the whole world, all the world's inhabitants. **c** (*Arbiter ~is*) Judge of the world, Christ. **d** (*caput ~is*) head of the world, Rome. **e** (*urbs . . ~is*) the world as dist. from the city of Rome.

hujus in occiduis convexi partibus orbis FRITH. 34; totius ~is terre ambitus . . 252,000 stadiorum spatium continere diffinitur SACROB. *Sph.* 85. **b** universo ~i praefulgidum sui coruscum ostendens . . Christus GILDAS *EB* 8; digessi nomina patrum / e quibus altithrono conversus credidit orbis ALDH. *CE* 4. 13. 2; praecipit . . non tantum Judaeis sed et cunctis per ~em nationibus curam salutis impendere BEDE *Prov.* 1029; **789** usque dum Dominus veniat qui judicaturus est ~em terrae in aequitate *CS* 257; imperatorem Romanum quo majus potentiae . . nomen in ~e terrarum aliud non est W. POIT. I 29; ~em in partes, partes in provincias, provincias in regiones . . divisit ADEL. *ED* 28. **c** stipite de patulo dum penderet Arbiter orbis ALDH. *Aen.* 76 (*Melarius*) 7; cui claves caeli Christus dedit Arbiter orbis BEDE *HE* V 19. **d** Romani . . quod ab advenis piscatoribus caput ~is impugnaretur indignum duxerunt ORD. VIT. VII 7 p. 176. **e** exivit ab urbe ut ~em intraret. exivit ab urbe ut ~em perlustrans eum . . doceret *V. Birini* 6.

6 part of the world, region.

qui natura sunt Judaei ex diverso ~e convenerant BEDE *Acts* 947; ab omni ~e Christiano excommunicari . . sustinuit W. MALM. *GR* III 235; c**1145** R. comes Cestrie . . omnibus mercatoribus de quocumque ~e terrarum venerint salutem et pacem *Cart. Chester* 11 p. 69; s**1089** hujus emendationis claritate omnis occidui ~is ecclesia tam Gallicana quam Anglica, gaudet se esse illuminatam TORIGNI *Access. Sig.* 49; tantam . . habebat cancellarius donandi gratiam ut amor et

delicie totius ~is Latini reputaretur W. Fitzst. *Thom.* 12; principem fore omnium ecclesiarum ipsius occidui ~is Elmh. *Cant.* 111.

7 country.

sospes enim veniens supremo ex orbe Britanni Bede *HE* V 7; **985** totius Brittaniae ~is basileos *CD* 1283; Kenuto Anglici ~is rege Gosc. *Lib. Mild.* 17; exiit edictum a Philippo rege ut describeretur Gallicus ~is P. Blois *Ep.* 20. 74C; causam qua in nostrum venit ~em tum ab eo . . accepi Ad. Eyns. *Hug.* II *proem.*; non solum in toto ~e Anglicano . . immo et in ceteris nationibus scholisque transmarinis *Ib.* III 8.

8 earth, ground.

ex quibus cum muliebri semine permixtis si forte fit animal, ad similitudinem fit eorum que in ~e procreantur animalium Alf. Angl. *Cor.* 12. 3 (cf. ib. 4: sicut solis calor terre nascentibus).

9 the world (of this present life as dist. from the life of the world to come).

957 Adam . . expulsus, in has aerumpnosas ~is plagas . . vivens *CS* 995; queque [sc. justitia] vagabatur et pene reliquerat ~em W. Malm. *GR* III 284. 8; spes mundi, gloria celi, . . ~is domina, celi regina Ailr. *Instit. Inclus.* 26; tu infernum spolias, celum penetras, ~em terrarum tibi vendicas Bald. Cant. *Serm.* 8. 35; lucerna fidei quam huic nostro ~i lux vera Christus accendit J. Ford *Serm.* 116. 5; messor celestis . . colligit . . / . . spicas raras hujus in orbis agro Garl. *Tri. Eccl.* 79; tercius est rector, animum qui tendit ad orbem / in cura residens dum manet ipse domi Gower *VC* III 1487.

10 (astr.): **a** orb of heavenly body. **b** sky, vault of heaven. **c** one of the concentric spheres supposed to carry the moon, the sun, the planets, and the stars round the earth.

a limpida sum, fateor, Titanis clarior orbe Aldh. *Aen.* 100 (*Creatura*) 53; deinde luna plenum suae lucis ~em mundo praesentet (*Lit. Ceolfridi*) Bede *HE* V 21 p. 340; pene totus ~is solis quasi nigerrimo . . scuto videretur esse coopertus *Ib. Cont.* 361. **b** ~is vel firmamentum, *ymbhwerft* Ælf. *Gl.* 109. **c** dum corporea visibilis mundi factura septenis caelorum ~ibus . . per praeceps vergentibus Aldh. *Met.* 3 p. 72; astriferis . . caelorum ~ibus *Id. VirgP* 37; cum mihi . . qualitates planetarum, distantias ~ium . . exposuisset Adel. *ED* 4; [caput] habens septem foramina que sunt sensuum instrumenta et hec secundum aliquos septem planetarum ~ibus correspondent Bart. Angl. V 2; ave, mater nati, / per quem sunt rotati / cetus orbium J. Howd. *Sal.* 15. 3; te stellifer orbis jubente rotatur *Id. Cant.* 54; celi ~es non omnes moventur super eosdem polos nec omnes stelle eodem modo Kilwardby *OS* 106; sub corpore celesti sunt species specialissime, ut ~is nonus, ~is stellatus, et ~is Saturni . . Bacon XV 216; forte facit hoc varietas proprietatis adquisite et influencia ~is alicujus J. Mirfield *Brev.* 50.

2 orbis v. orbus.   **3 orbis** v. urbs.

orbita [CL], **~um**

1 wheel-track, path. **b** swath made in mowing; **c** (fig.); **d** (w. ref. to exemplary person).

~ta, *hueolrad GlC* O 233; vir ~a cosmi circuibat volventia circumiens plurimas . . regiones Byrht. *V. Ecgwini* 377; orbita, *lfst* [i. e. *lest*] *GlP* 915; amfractus et ~as sollicite perlustrantes W. Cant. *Mir. Thom.* IV 7; hec ~a, *a paytt WW*. **b** a *swarthe*, ~a falcatoris est *CathA*. **c** ut cepte materie ~as ducam W. Malm. *GR* II 207; nobiscum agitur feliciter si propinquam terentes ~am per aliquod diverticulum redeamus ad sententiam *Ib.* II 346; ejusdem dilectionis terebat ~am Aldredus *Id. Wulfst.* I 7; ve vobis qui prestatis / pravis opem, equitatis / deserentes orbitam Walt. Wimb. *Van.* 125; quoniam illam scienciam nonnulli authores scripserunt multivarie, ac si isti per viam regiam, illi per ~am, alii fortasse per ambitum unam civitatem seu metam adirent Ripley 181. **d** magnus Adelstanus, patrie decus, orbita recti W. Malm. *GR* II 133; hic alter Salomon legum pater, orbita pacis, / quod caruit bellis claruit inde magis H. Hunt. *HA* V 26.

2 circuit, circumference.

is jussit proprii quantum tenet orbita regni Frith. 1288.

3 orbit, course: **a** (~a mundi) movement of the world; **b** (of time).

a mox infecundi verbum pavit orbita mundi R. Cant. *Malch.* VI 133. **b** annua bis senos confecerat orbita menses Frith. 1375; accidit autem post recuperatam tali miraculo sanitatem, ut anni ~a natalis anniversariam denuo sanctissimi regis memoriam revocaret Ailr. *Ed. Conf.* 786C.

4 circular or curved object: **a** a wheel, wheelrim, wheel-nave or a wheel-shaped figure. **b** pillow. **c** (arch.) arcade.

a cardo rotans sed uterque silet velut orbita plaustri / resina pingui fuerit cum forte peruncta Wulf. *Swith.* II 618; orbita de cruceo deformis comprimit alvo / omnia set curvo concordant ardua plectro *Cambridge, Corpus Christi Coll. MS 326* p. 140; cantos . . , quorum radiorum extremitates stelliones dicuntur, viz. ~e [*gl.*: i. rote orbiculate] Neckam *Ut.* 108. **b** interdumque thoro sit amica tibi generosa, / orbita furfurea spernatur, feda, pilosa D. Bec. 2820. **c** subito lux serena per ~a ecclesie emicuit R. Cold. *Cuthb.* 68.

orbitalis, that moves or occurs in an orbit.

s1314 sub ~i presentis anni revolucione *Flor. Hist.* III 160.

orbitare [LL = *to deprive of*; cf. LL deorbitare, exorbitare], to stray. **b** to deviate, diverge.

796 si ductor per devia ~at, quomodo sequens viator viam incedit regiam? Alcuin *Ep.* 117. **b** 800 licet in quibusdam locis scripturarum suarum a fide ~are videantur *Ib.* 203; quamvis in hoc ~ent a communi jure Conway *Def. Mend.* 1337.

orbitas [CL]

1 deprivation, bereavement, loss as result of death: **a** (by parent of child); **b** (by child of parent or by group of leader); **c** (of spiritual father).

a parentes . . immatura pignorum funera cernentes flebilibus ~atis questibus acriter artabantur Aldh. *VirgP* 52; **1002** secundum quod . . Job hora sui ~atis promulgat *CD* 1295; dum filiam querit [sc. Ceres], Jove admonente per cibum papaveris dicitur ~atis oblita Alb. Lond. *DG* 7. 1; credidit . . se . . cum fletu pro filii ~ate descensurum esse Gros. *Cess. Leg.* I 8 p. 45. **b** Editha non tam proprium quam communem totius patrie parentem, non tam sui quam omnium ~atem . . flebat Gosc. *Edith* 81. **c** post decessum patris nostri [Hermanni] consolabar tecum frequentior communem ~atem *Id. Lib. Confort.* 29; longa trahuntur suspiria, intoleranda praecogitatur ~as *V. Gund.* 41; **1160** licet ~ati vestre paterno compatiamur affectu . . beatum patrem vestrum ad superna migrasse confidimus (*Lit. Archiep.*) *Ep. J. Sal.* 117.

2 childlessness.

rex Edwardus . . quod ipse non susceperat liberos . . misit ad regem Hunorum ut filium fratris Edmundi Edwardum mitteret: ~atem suam cognatorum suffragio sustentari debere W. Malm. *GR* II 228; Socrates rogatus . . utrum uxorem duceret an a nuptiis abstineret, respondit eum quodcumque eorum faceret penitere. "Hinc te . . solitudo, hinc ~as, hinc generis interitus, hinc heres alienus excipiet." P. Blois *Ep.* 79. 243D.

3 loss of sight or hearing.

a747 corporalis ~atis [MS *corr. to* corporalem ~atem] vobis contigisse cognovi. . . habes . . oculos quibus potest Deus videri Bonif. *Ep.* 63 p. 131; gemine ~atis dampno percussa, nec videre quid nec auditu capere prevalebat *V. Birini* 15; duo . . que homines horrent, senectutem et ~atem, quid enim timebit senex orbus? J. Sal. *Pol.* 708A.

orbitus, eclipse.

s885 extrema . . series fuerat vitae in ~u solis praedicto Æthelw. IV 3 (cf. **879** in ipsius anni decursu obscuratus est sol).

orbus [CL]

1 bereaved (by death of child or parent; also as sb. m. or f.).

?1141 terram Ernulfi ~i que reddit v s. *Ch. Westm.* 350; hic ~us, qui privatur prole . . hec ~a, que privatur prole *WW*.

2 childless.

~us, qui filios non habet *GlC* O 257.

3 deprived of sight, blind.

senex ~us J. Sal. *Pol.* 708A (v. orbitas 3).

4 (*fenestra ~a*) blind window, blank panel that has no opening to admit light (also ellipt. as sb. f.).

habet iiij *storyes* . . in superiori historia tres ~e in qualibet panella W. Worc. *Itin.* 401; in secunda et tercia historia sunt due ~e in qualibet panella *Ib.*

5 (*opus ~um*) embroidery made with blind stitch, invisible on one side of the material.

1245 amictus . . interius operatur ~o opere limbatus duobus aurifrigiis strictis *Invent. S. Paul.* 488.

6 (*ictus ~us* or ~*is*) dry blow, blow that produces swelling or bruising but does not draw blood; **b** (ellipt. as sb.).

1224 de ~is ictibus eum male verberaverunt *CurR* 409; **1236** ~os ictus ei dederunt *JustIt* 775 m. 17d; **1247** verberaverunt predictum R. ~is ictibus. *Ib.* 455 m. 7; **1248** et dedit ei ~es ictus *Ib.* 232 m. 5; **1249** nullam plagam fecit ei nisi obibus ictibus, ideo custod[itur] postea perdonatur *Ib.* 996 m. 36; brusure per ~os Bracton 122; ligna . . et lapides faciunt . . ~es ictus *Ib.* 145 (v. brusura a). **b** **1171** R. K. r. c. de xx s. pro plac[ito] ~i *Pipe* 91.

7 (as sb. m. or n.) part of the intestine, blind gut.

inter grossa . . intestina, primum vocatur ~um . . eo quod ipsum sit orbatum [Trevisa: *irefte*], id est quasi viduatum ab altero orificio Bart. Angl. V 42; cum . . tota refunditur ad stomachum per porum vel ad ~um apparet egestio altera Gilb. I 2ov. 2; notandum sex esse intestina, tria gracilia sc. duodenum, jejunium, et yleon, et tria grossa †secundum [l. scilicet] orobum, colon, et longaon *Ib.* V 225v. 2; ~us est illud intestinum quod saccus, et dicitur de grossis, post quem sequitur ileon gracillimum et longissimum omnium Ric. Med. *Anat.* 224; Ps.-Ric. *Anat.* 35 (v. caecus 2).

orbs v. 1 orbis.

orca [CL], **~us**, earthenware vessel, pot.

~us, *orc GlC* O 228; nomina vasorum: . . ~a, *orc* Ælf. *Gl.* 123; ab urgeo . . hec ~a, -e, i. vas habens strictum collum Osb. Glouc. *Deriv.* 612; ydrias, catinas, ~as [*gl.: pois de speicer, poz*], urceos Balsh. *Ut.* 51; urceus, urceolus, est urna, vel amphora, testa, / obba vel oenophorum, simul orca, fidelia vasa Garl. *Syn.* 550; ~a, A. *a tankard* . . ~am, vas olearium *WW*; **1512** sol. pro iiij dd. ciphorum et ij dd. *scalez* ad iiij d., cum v orchis, xj d., ij s. xj d. *Ac. Durh.* 662.

Orcadensis, of the Orkney Islands, Orcadian. **b** (as sb. m.) inhabitant of the Orkney Islands, an Orcadian.

1460 decano et capitulo Orchadensibus . . Sancti Magni martyris Orchadensis *ExchScot* 42; **1549** integras insulas ~es et Zitlandie . . partes . . subjectas ~i ecclesie *Conc. Scot.* II 111. **b** Anselmus . . Haconi comiti ~ium Anselm (*Ep.* 449) V 396.

Orcades [CL], **~ia**

1 (also with *insulae*) Orkney Islands.

~as . . insulas ultra Brittanniam in oceano positas Romano adjecit imperio Bede *HE* I 3 p. 15; destinavit ex suis . . ad insulas que procul sunt, versus Orchades, Norwagiam, Ysalandam J. Furness *V. Kentig.* 34 p. 220; Orchades, *Orcheneheie* Garl. *Comm. gl.* p. 230; **1454** testibus . . Willelmo comite Orchadie et domino de Sanctoclaro *Melrose* 571; **1475** pro expensis quinque falconariorum domini regis missorum in ~ia *ExchScot* 276.

2 inhabitant of the Orkney Islands.

apud Scottos, ~as Irosque . . celeberrimus habebatur Ælnoth *Cnut* 27.

orceolus v. urceolus.   **orcestra** v. orchestra.   **orcha** v. orca.   **Orchad-** v. Orcad-.

orchestra [CL < ὀρχήστρα], **~um**

1 stage, performance area.

orchistra, scena *GlC* O 237; orcestra vel pulpitus, *gligmanna yppe* Ælf. *Gl.* 150; ~a, locus in theatro Osb. Glouc. *Deriv.* 398; analogium pulpito scene, quod orchestrum [v. l. orcestra, orchestra] dicitur, simile Balsh. *Ut.* 50.

2 raised seat for dignitary; **b** (eccl.).

item ab horreo hec ~a, -e, i. antiqua sedes nobilium, que in capitolio habebatur OSB. GLOUC. *Deriv.* 270; *seet ffor worthy men*: orcestra . . vel orcistra *PP*; a chayere, cathedra, orcestra *CathA.* **b** ante aram virginis et matris in orcistram conscendit ORD. VIT. XI 12 p. 213; tu terrena sapis, hec celica, mergeris Orco, / hec orchestra [*gl.*: catedra] Dei fertur ad astra Deo GARL. *Epith.* X 392; *a byschope sete*, ~a *CathA.*

orchestrum, orchistrum v. orchestra.

orchis [CL < ὄρχις]

1 testicle.

orchi, testiculi *GlC* O 239; ortis, testiculus idem est *Alph.* 131.

2 (bot.) kind of orchis.

orchis quam alii . . affrodisiam . . dicunt *Alph.* 131 (v. aphrodisia); instinctum ortis, *ravynleeke MS CUL Dd.* 11.45 f. 107rb.

orchos v. ochus.

orcigenus, hell-born.

dic, tartaree miles, dic ~um genus omnium venenorum fraude repletum (*Ps.*-BEDE *Hom.*) *PL* XCIV 488D.

orcinus [CL =*freed or appointed under the terms of a will; assoc. w.* 1 Orcus], (as sb. m.) inhabitant of hell or one whose behaviour condemns him to hell, hellish person.

precipitat plures dulcis fortuna reatus / et facit orcinos ejus mitis dominatus D. BEC. 213; non apud orcinos pietatis opus reperitur; / orci seva cohors nihil exercet nisi seva *Ib.* 457; ~us, morte ad orcum missus OSB. GLOUC. *Deriv.* 401.

orcistra v. orchestra.

1 Orcus [CL]

1 god of the underworld; **b** (assoc. w. 2 *orcus*); **c** (assoc. w. CL *orca* = 'large sea mammal').

fabula Proserpinae quam rapuit Aidoneus, id est ~us rex Molossorum cujus canis . . Cerberus nomine, Perithoum devoravit *Lib. Monstr.* I 36+. **b** Pluto . . et ~us . . appellatur. ~o . . Grece, juro Latine; quasi . . jurat et affirmat se nullam animarum sine supplicio et examine dimissurum WALS. *AD* I 6. **c** ~us, ðurs, heldiobul *GlC* O 231.

2 the underworld, hell; **b** (fig.).

ambronis ~i faucibus tradidit ALDH. *VirgP* 12; arte mea plures submersi faucibus Orci BONIF. *Aen.* 5 (*Crapula*) 275; **942** sis . . contra hoc decretum incessus fuerit . . sciat se . . ad Tartara subtrahi et dimersum in eternis stigeys ferventis ~i *CS* 774; **1011** in profundum avernalis ~i baratrum *Ch. Burton* 34; ab urgeo . . hic ~us, -i, i. infernus quia urget delinquentes OSB. GLOUC. *Deriv.* 612; hic ~us, -i, *helle WW.* **b** curia . . tanquam in vita mors et ~us in terra non saturatus, terrenis semper inhians, animos . . demittit ad ima; [schola] . . Paradisus in terris altera GIR. *PI pref.* p. lvii.

3 (transf.) death. **b** (~o or *ad* ~*um mittere*) to kill.

Augustinus ovans nonis contempserat orcum *Kal. M.A.* I 405; **10 . .** ~o, *deaðe WW.* **b** mittit et orcho / Parthorum cuneos GARL. *Tri. Eccl.* 135; mactantem porcum Mathathias mittit ad orcum *Vers. Worc.* 112.

4 (as personal name) Orc.

quidem ~us tenet ij hidas quae semper jacuerunt in isto manerio (*Surrey*) *DB* I 30rb.

2 orcus [*aphaeretic spelling of* ὅρκος], oath.

s**878** praetextum fregerunt praeordinatum cum occidentalibus Anglis plebs spurcissima, pactum ~o firmo ÆTHELW. IV 3.

3 orcus [OF *arache*, ME *arage*], orache, plant of the genus *atriplex.*

~us, libitus, [v. l. blitus] idem *Alph.* 131.

ordalhida [AS *ordal*+*hyð*], landing-place at which ordeals are held.

1159 in pardonis per breve regis episcopo Lincolniense super ordhelhidam iiij li. *Pipe* 19.

ordalium [AS *ordal*]

1 judicial ordeal, trial, usu. by hot iron, boiling water, or immersion; **b** (dist. as *plenum, triplex,* or *simplex*).

928 si quis ~ium subire spondet . . eat ad sacrosanctam communionem illo die quo ad ~ium adire debet et juret tunc juramentum illud quod juxta jus gentium innocens sit earum accusationum . . . et si sit aqua ut immergatur sesquiulnam in fune. si sit ~ium ferri, tres dies transeant antequam manus aperiatur *Conc.* I 206a; qui leges istas fregerit, sit ~ium (id est judicium vel examen) fractum in eo, et reddat regi centum viginti solidos wite (*Quad.*) *GAS* 387; (*Leg. Hen.* 64. 9) *Ib.* 585 (v. 2 lada b); Anglus se defendat per quod melius voluerit: aut judicio ferri aut duello (*gl.*: hoc datur intelligi quod ~ium fuit in tempore Willelmi conquestoris) (*Leg. Will.*) *Ib.* 491; benedictio et judicium ordolaii *MGL* I 546; cum . . in summo Wintoniae templo novem ignitos vomeres nudis pedibus illaesa pressisset, quod ~ium tunc dictum, et eo tempore usitatum examinis genus erat CAMD. *Br.* 177. **b** ferrum quod facit ad triplex ~ium debet ponderare lx solidos (*Quad.*) *GAS* 194; si aliquis eorum accusetur . . ladiet se pleno ~io (*Ib.*) *Ib.* 234; eligat accusatus . . sive simplex ~ium sive jusjurandum (*Leg. Hen.* 65. 3a) *Ib.* 585.

2 right of jurisdiction over trial by ordeal.

†**944** (12c) athas et ordelas (v. burhgerihtum a); **1200** habeant *ordel* et *oreste* infra tempus et extra cum omnibus aliis liberis consuetudinibus *RChart* 1b; pecunia que solet dari pro murdro et forestall' et flemenesfrid et ordell' et *orreste Ib.* 66; **1287** habeant . . *ordel* et *oreste* infra tempus et extra tempus *PQW* 5a; quod habeant francum plegium in custodia sua in omnibus dominiis et hundredis suis, cum . . *flemenfrithe, ordel, utlathe Chr. Peterb.* 137.

ordalius, of a judicial ordeal.

statueram etiam de duello et lege ~ia aliqua adjicere *Jus Feudale* 35.

ordeaceus v. hordeaceus.

ordeatio, muck-spreading.

c**1230** tempore ordeacionis a nona usque ad vesperas fimos similiter cariare debet (*Cust. Lessingham*) *Bec* 106.

ordeicius v. hordeaceus. **ordellum** v. ordalium.
ordeolum v. hordeolum. **orderra** v. hordarius.
ordeacius, ordiacius v. hordeaceus. **ordeum** v. hordeum.

ordiatio [cf. CL ordiri], weaving.

in xliiij pannis ordiendis et texendis ad tascam lviij s. viij d. cum ~one *Ac. Beaulieu* 220.

ordinabilis [LL], that can be ordered or placed in order; **b** (as sb. n.).

igitur vox litterata ~is ad intellectum, quam philosophi articulatam vocant, est per se subjectum hujus sciencie in quantum sciencia est *Ps.*-GROS. *Gram.* 16; re est utendum que ~is est in finem, non illa que ad finem non ordinatur, sed finis est aliarum rerum MIDDLETON *Sent.* I p. 19; ~ia linealiter ut genera [et] species, differencia reducuntur ad ipsum genus commune BACON XV 204; aliquod finitivum est simpliciter primum. hoc est nec ad aliud ~e, nec in virtute alterius natum finire DUNS *Prim. Princ.* 662; a philosopho igitur ibi haberi potest quod natura ~is ad aliquem actum vel objectum naturaliter habet potenciam ad illud *Id. Ord.* I 47; sicut fundamentum nature est summe mobile et per consequens ~e est sub non gradu agencie et noscencie; sic primum principium nature, quod est summe immateriale, summe motivum, et ordinativum, est summe cognitivum WYCL. *Ente* 54. **b** licet moderni ponant quod in omni predicamento sunt multa ~ia secundum superius et inferius OCKHAM *Quodl.* 564.

ordinabilitas [ML], capacity to be ordered or regulated, regulation, discipline.

princeps debet providere ut sit in suis militibus regiminis ~as J. WALEYS *Commun.* I 3. 15; item debet esse predicationis distincta ~as pro auditorum qualitate et capacitate *Ib.* IV 4. 4; ~as talis nature ad finem ad quem finis et caritas disponit DUNS *Ord.* I 15; omne bonum ex peccato proveniens a Deo eternaliter ordinatur; Deus non potest quicquam ordinare, nisi ordinet ipsum secundum ultimum sue ~atis WYCL. *Ente* 232.

ordinabiliter [LL]

1 in order, in orderly formation.

testudine ~iter condensata . . vexilla movet S. DURH. *HR* 108.

2 properly, according to the rules.

940 regnante . . Jhesu Christo, omnia de summo celi apice . . ~iter gubernante *CS* 756; **1080** ~iter et canonice faciatis *MonA* I 247a; justum judicium ~iter habitum (*Leg. Hen.* 34. 3) *GAS* 565; s**855** quae post se superesset, divisionem ~iter mandare litteris procuravit FL. WORC. I 77; inveniet hec ~er digesta BOSO *V. Pont.* 354; bene quidem dispensas, si vivas ~iter, sociabiliter, humiliter; ~iter tibi, sociabiliter proximo, humiliter Deo P. BLOIS *Ep.* 15. 58A; c**1246** ad exemplar ordinis mundi et ordinis angelici . . rempublicam sibi subjectam ~iter regat [sc. rex] GROS. *Ep.* 124 p. 350.

ordinalis [LL]

1 that expresses an order of succession, (of number) ordinal.

alia ~ia, ut primus, secundus, alia numeralia, ut unum, duo ALCUIN *Gram.* 860B; singuli, *ænlipige,* bini *getwinne . . synd* ~a, *þa geswuteliað endebyrdnysse* ÆLF. *Gram.* 13.

2 concerned with rank.

primo de colligatione sive coherentia legali sive ~i sc. post peccatum, que est dominorum ad servos et e converso. secundo de colligatione naturali que est parentum ad filios J. WALEYS *Commun.* 2. 1. f. 56vb.

3 conformable to rule, regular.

ordinate, canonicus . . ~is *CathA.*

4 (as sb. n.) rule, direction for conduct; **b** (fig.).

quia ~ia sive rubrice episcoporum parve sunt fidei vel auctoritatis in novo testamento *Concl. Loll.* XII 296. **b** ave, recti regula / sanctitatis ordinale, / novum morum doctrinale / nove vite formula WALT. WIMB. *Virgo* 111.

5 (eccl.) ordinal: **a** book that contains the order of services. **b** book that contains the form of service for ordination of clergy (also fig.).

a sint . . ibi in ecclesia libri sive codices: . . ~e sive consuetudinarium NECKAM *Ut.* 119; **1236** mandatum est . . quod libros et ornamenta ecclesie adscripta emi faciat . . ponenda in capella regis . . viz. . . unum troparium et ~e *Cl* 254; **1250** defectus ornamentorum capelle. nullus calix, nullum missale . . ~e *CallMisc* 31; renovare tenetur . . collectaria, ~ia divini officii et consuetudinum *Cust. Westm.* 49; **1269** in omnibus divinis officiis ipsius ecclesie nostre usum et ~e sequuntur in his que presentibus non fuerint immutata *Ch. Sal.* 348; **1299** quia invenimus vos propter defectum certi ~is circa divinum obsequium et observancias ordinis sepius in servicio divino variasse, ordinamus et precipimus quod duo vel tres fratres magis scioli et experti deputentur ad colligendum et componendum certum ~e divini servicii et observanciarum vestrarum *Reg. Cant.* 845; **1368** item duo ~ia, quorum unum in magno volumine cum Tonali in fine et aliud minoris voluminis cum omnibus Kyrye qualiter dici debent per annum *Invent. Norw.* 2; c**1537** ematur magnum antiphonale unacum libro collectarum et reformetur ~e et de novo scribatur in pergameno *Reg. Aberd.* II 116. **b** ~e episcopi et Novum Testamentum modicum concordant *Ziz.* 360.

6 (as sb. n.) play script.

1414 certi paiecti et panelli de †ordinale ludis [l. ordinali ludi] predicti extractis *REED Devon* 83.

ordinaliter [ML]

1 in order. **b** (phil.) with respect to order.

hic incipiunt . . ordinationes classis . . ~iter in Gallicis scripte AD. MUR. *app.* 257. **b** si immaterialiter et ~iter sapienterque causatum fuerit formatum *Ps.*-GROS. *Summa* 366; dicendum est quod tempus ab evo procedit, id est post evum, secundum quod Aristoteles dixit secundo et quinto *Metaphysice,* quod ab aliquo vel ex aliquo est multipliciter aut ~iter BACON *Tert.* 197; li 'ex' potest sumi ordinative sive materialiter: si ~iter, sic est sensus: ex nichilo, id est post nichil, et sic est vera *Id.* XIII 104.

2 duly, properly.

a**739** quamvis posterius ~iter constituto tempore eis

venisset qui presbiterii et diaconii ordinem fuerant adepti (DANIEL EPISC. WINT.) *Ep. Bonif.* 39.

ordinamentum, regulation, ordinance.

1161 ita quod per monachum qui prefuerit obedientie secretarii nostri, tanquam magister procuratorque [*sic*], fiet omne ~um ipsius ecclesie .. et clericorum suorum et rerum et rectitudinum *Ch. Westm.* 283; c**1180** ita quod per eos fiat omne ~um predictorum maneriorum *Ib.* 299 (cf. ib. 317 [c**1195**]); prima igitur fit intentio in cibi et potus ~o. oportet autem ut cibus sit digestibilis GILB. II 104. 2; quod totum suscipiens homo curam propriam diligentie sue efficit, et sic et ipse et mundus uterque ~o sibi BRADW. *CD* 135C.

ordinanter, in order.

~er, ordinatim, ordinate, secundum ordinem OSB. GLOUC. *Deriv.* 400.

ordinantia [ML]

1 disposition, ordering, esp. of divine order or providence.

oportet philosophum recurrere ad illam famosam responsionem, quod totum ex ~ia WYCL. *Ente Praed.* 132; idem .. est providencia Dei et ejus concilium quod vel dicitur concilium quia a toto .. ordinatum vel formaliter loquendo, illa ~ia que eternaliter est, sic est hominibus abscondita quousque appareat in effectu *Id. Ente* 191; causa ~ie divine .. est ordinacio humane generis *Id. Ver.* III 201; sic igitur in principio mundi et ante fuit Dei ~ia plene causata *Ib.* 202.

2 order, command.

racio omnium malorum istorum stat in isto, quod spernitur Christi ~ia et statur ordinationi subdole Antichristi NETTER *DAF* II f. 211; **1591** burgenses .. habebunt plenam potestatem .. ordinandi et faciendi .. hujusmodi statuta et ~ias rationabiles que eis bona .. videbuntur *Pat* 1386 m. 1.

3 (mil.) ordnance, military supplies.

s**1437** cum exercitu centum quinquaginta milium virorum ac alia ~ia obsedit villam Calesie (*Brut*) C. L. Kingsford *English Historical Literature* 321; **1460** cum canonibus, pulvere pro eisdem, lanceis, malleis, et aliis ~iis ad bellum (*Chr. Lond.*) *EHR* XXVIII 125; **1490** potestatem .. tractandi .. cum .. camerario ejusdem fratris nostri et magistri Jacobo Gondebault suo in ~iis et guerris secretario *Foed.* XII 402.

ordinare [CL]

1 to order in rows.

Cherubin .. i. angelorum praesidium arcendis spiritibus malis super rumpheam flagranciam ~atum est *Comm. Cant.* II 9; ut .. acies castrorum ~ata .. ab hostibus irrumpi nequeat vel turbari BALD. CANT. *Serm.* 22. 23. 542; secundum primitivam tamen ludi adinventionem pedites in secunda linea scaccarii ~abuntur, dignioribus personis in prima linea dispositis NECKAM *NR* II 184; [sex] ova non in longum ~ans sed terna super mensam per ordinem duplicans, uno ordine tria, que sex faciunt GIR. *GE* II 37; ~atis stipendiariis et gente armigera seorsum a latere *G. Hen. V* 25.

2 to set in a particular place, arrange.

damus licentiam .. ad unum librum ambos ~are ÆLF. *CH I pref.* 2; videamus quomodo prudens cellerarius soleat ~are dolia in cella vinaria. siquidem juxta ostium illud ponit dolium in quo est debilissimum vinum. .. in angulo illud ponitur dolium in quo continetur pretiosissimum vinum *Simil. Anselmi* 194; in quorum primo Ivonem supradictum .. introduxit et me in sequentibus loquentem secum ~avit W. DAN. *Ailred* 32; caritas .. ~at agmina virtutum in stationibus suis BALD. CANT. *Serm.* 22. 23. 542; plicari non potest nisi quando tres super unam sillabam ~antur HAUBOYS 254; milites .. ante ostium camere lampadem ardentem ~abant *Gesta Rom.* 1; **1387** *stokf[issh']* ~atorum in domo stauri regis (v. couchatio).

3 to put in order, impose order upon, regulate. **b** (p. ppl. as adj.) well-ordered, disciplined. **c** (phil., *potentia ~ata*, dist. from *absoluta*).

per tria ~atur anima: per cogitationem bonam, per sermonem rectum, per opus justitiae *Ps.*-BEDE *Collect.* 47; continuam Anglorum historiam ~averim post Bedam vel solus vel primus W. MALM. *GR* V 445; exclusimus .. eos .. qui has passiones nec ~are nec moderari possunt aut nolunt AILR. *Spir. Amicit.* III 55. 686; ~a sic constructionem GROS. *Hexaem. proem.* 8; unisoni aut toni secundum numerum ~atum ordine debito GARL. *Mus. Mens.* 12. 8; totam noctem cum uxore et familia domum disposuit et ~avit *Latin Stories* 92; figura est representacio vocis sive soni in aliquo modorum ~ate HAUBOYS 184. 8. **b** ~atus, *gehaeplice GlC* O 252; expone .. quomodo apes .. nascantur vel .. rei .. publicae ~atissimam dispositionem ALCUIN *Dogm.* 164B; tam ~ati exercitus laus ad prelatorum redundat gloriam W. MALM. *GR* IV 372; ~ata quadam et indeficiente vivacitate GIR. *TH* II 3; suspiria .. ~ata et non angustiosa GILB. II 114. 2; aer magis ~atos poros habet quam aqua vel vitrum T. SUTTON *Gen. & Corrupt.* 72; **1448** glossa ~ata (v. glossa 4a). **c** Deus nihil potest facere de potencia absoluta nisi quod facit de potencia ~ata OCKHAM *Pol.* III 14; potencia absoluta est potencia, sed deficit potencia respective que ponit, et agens posse facere productibile, et illud posse esse; et illud vocatur potencia ~ata. alii dicunt quod omne quod Deus potest facere de potencia ~ata potest facere de potencia absoluta, et econtra, et solum que ordinavit fieri de potencia ~ata potest facere WYCL. *Log.* II 134.

4 to provide a rule for, rule (a monastic house).

contigit eam suscipere etiam construendum sive ~andum monasterium BEDE *HE* IV 23 p. 254; damus .. facultatem plenariam .. ~andi domum suam in interioribus et exterioribus *Feod. Durh.* liv.

5 (w. *de*) to make arrangements concerning, to dispose of, deal with. **b** (w. *pro*) to arrange for, use as.

1262 inde ut de re propria pro sua voluntate disposuit et ~avit *Cl* 188; **1277** de eisdem [sc. omnibus bonis suis] ~are et disponere *MGL* III 450; **1294** suspendit .. totam familiam camere et capellanos, et vult ~are de ea *Reg. Carl.* I 30; dominus .. potest de ea [sc. veste] ad suum libitum ~are OCKHAM *Pol.* I 322; uxor tua est meretrix et de morte tua ~avit *G. Roman.* 102 (94); **1417** volens de bonis meis .. salubriter ~are *Reg. Cant.* II 126. **b** **1361** pondera .. pro monetis nostris .. ~ata *Foed.* VI 308; rex Willelmus de Normannia rediens cum primo magnam aulam Westmonasterii aspexisset, dixit eam debite magnitudinis dimidia parte carere, qua de causa ipsam aulam proposuerat ~asse pro camera KNIGHTON I 106; **1383** nullus eorum lavant [*sic*] pannos in le Smithborn, que ~atur pro cervisio et pane faciend' sub pena xl d. solvend' *Hal. Durh.* 176; iste numerus custodum habetur sine principali exercitu et sine scalis ~atis pro prelio *Itin. Mand.* 102; **1412** magistri .. pro eorundem vendicione .. ~ent *StatOx* 2; **1442** volo quod executores mei ~ant pro una tumba de alebastro sive marmore secundum statum meum *Reg. Cant.* II 628.

6 to put in train, carry out.

si quis autem pro morte heretici missam ~avit .. penitentiam .. egerit THEOD. *Pen.* I 5. 13; [formula] ad quam et mores tuos dirigere et necessaria religioni possis exercitia ~are AILR. *Inst. Inclus.* 1; ad ~andum et faciendum mandatum domini regis *MGL* II 75.

7 to prepare, arrange.

798 nunc velim te properare in patriam et ~are puerorum lectiones ALCUIN *Ep.* 161; s**1298** Bonefacius papa ~avit pacem inter reges Francie et Anglie *Ann. Exon.* 17v; **1369** videant cursum aque .. et ~ent rectum cursum ad currendum ubi minus dampnum fuerit *Hal. Durh.* 85; **1439** in .. ablacione lapidum pro prato ~ando *Ac. Durh.* 409; **1453** ad facienda et ~anda omnimoda brevia de execucione vel aliter reginam tangencia in scaccario regis (*DL Ac. Var.*) *JRL Bull.* XL 414.

8 **a** (w. *ad* & acc.) to prepare or intend for. **b** (w. dat.) to bequeathe to.

a universum ~atur ad unum principem sicut exercitus ad ducem OCKHAM *Quodl.* 305; **1370** in expensis nunciorum ~atorum ad mittendum in Francia et ad curiam Romanam *ExchScot* 356; **1380** pro duabus navibus emptis ad usum regis et ~atis ad mare contra piratas Anglie et predones *Ib.* 651; **1412** per solucionem factam .. ambassatoribus ~atis ad Franciam *Ib.* 164. **b** **1452** proviso .. quod se non intromittant de bonis meis per me in vita mea ~atis communi librarie Londonie *MunAcOx* 652.

9 to arrange, undertake, decide on; **b** (w. inf. or acc. & inf.); **c** (w. *dat.* & inf.) to arrange for someone to; **d** (w. *quod* & fut. indic.); **e** (w. *ut* or *quod* & subj.).

venit .. rex quadam die ad monasterium ut aedificiorum structuram per se ipsum ~aret; mensus .. est .. fundamenta monasterii propria manu WULF. *Æthelwold* 12; coacto .. concilio, multa ecclesiasticarum et secularium rerum ~ata negotia W. MALM. *GR* V 417. **b** **1262** rex .. ~avit dictum festum apud Cantuariam celebrare *Cl* 181; **1300** parliamentum .. teneri ~avimus *Lit. Cant.* I 1; **1328** cum .. magnatibus .. regni colloquium habere ~avimus *Conc.* II 545a; solempne hastiludium .. fieri ~avit AVESB. f. 79; consilium generale celebrari ~arunt AD. USK 5; rex ~avit te et me interficere *Eul. Hist. Cont.* 379. **c** **1324** quum .. archiepiscopus .. tibi .. ecclesiam nostram .. ~averit visitare *Lit. Cant.* I 133. **d** Dominus .. ita ~avit quod penam quam hic pro peccatis suis debuit sustinere, sustinebit in purgatorio T. CHOBHAM *Praed.* 34; **1225** ~avit .. episcopus quod .. rector .. respondebit *Dryburgh* 27. **e** quibus regalis discrecio politica viros nobilitate preditos ut in ipsorum regimen et tutelam preessent et ut ab hostili incursu defenderent ~avit *Ps.*-ELMH. *Hen. V* 46; **1549** constituit, decrevit, et ordinavit quod .. omnes .. eisdem legi et consuetudini subjaceant *Conc. Scot.* II 111.

10 to ordain, decree, decide, institute; **b** (w. God or sim. as subject).

832 constituit elemosinam quam cotidie fieri praecepit ..... de facienda aut negligenda istam elemosinam a me ~atam *CS* 402; intererant .. Angli atque Mercii, sive in Anglica scola a superioribus Anglorum regibus Rome ~ata constituti, sive ab ipsa Anglia recenter adventicii *V. Kenelmi B* 81v. 1; sic amicitiam quam natura instituit, quam roboravit usus, legis auctoritas ~avit AILR. *Spir. Amicit.* I 61. 668; **1266** prout in principio dicti operis per consilium domini regis fuit ~atum *ExchScot* 31; sola persona .. pro omnibus ~abit, que cum se ipsa discordare non potest *Mod. Ten. Parl.* 381. **b** c**804** dies sunt pauci laboris nostri .. ejus ordinatione, qui ~at diem aeternum ALCUIN *Ep.* 310; suavissime .. opinionis illius odor .. Deo ~ante cepit emanare *V. Birini* 4; Deus .. ab ipsa mundi constitutione sic previderat, sic ~averat AILR. *Serm.* 38. 12; constituit Spiritus Sanctus certum tempus quo id faciamus et .. observationes in ecclesia fieri ~avit *Id. Inst. Inclus.* 11 p. 647; scriptura sancta per Deum ~ata est ad gubernaciones et omnes actus hominum dirigendos in ipsum J. BURY *Glad. Sal.* 577.

11 to appoint. **b** (w. double acc. or sim.) to appoint someone as.

audivi quia quosdam de vestris abbatibus concessistis regulari electioni ~ari ANSELM (*Ep.* 248) IV 158; cancellarium procurabat in curia ~ari J. SAL. *Thom.* 6; canonicus regularis efficitur, et postmodum factus omnibus vite speculum a canonicis supprior ~atur *Meaux* I 333; mala enim promocio, quando homo ~at festucam ubi poneret columpnam GASCOIGNE *Loci* 56; **1444** residuum vero bonorum meorum .. do et lego Agneti uxori mee, Johanni filio meo, Willelmo Bakton, et Johanni Damme de Sustede, quos ~o et constituo executores hujus testamenti mei *Paston Let.* 12; **1467** in feodo Rogeri Radcliff, clerici, quem supradicta domina Elizabeth, regina Anglie, ~avit, fecit, et constituit cancellarium suum (*TRBK*) *JRL Bull.* L 453. **b** a**1235** alios eorum latomos, alios carpentarios .. ~abat *Meaux* I 432; Stilico .. Alaricum, regem Gothorum, magistrum militum ~avit *Flor. Hist.* I 201; **1300** ~avimus .. Petrum .. custodem castri .. de S. *RGasc* III 400b; c**1446** defunctus ~avit .. Thomam solum et insolidum suum executorem *Eng. Clergy* 220; **1493** ~o dominum Henricum Percy .. hujus testamenti supervisorem *Wills N. Country* I 63.

12 (*~are regem*) to ordain or consecrate a king.

quo .. defuncto, quinque reges ~ati sunt et regnum in quinque partibus conscissum est ASSER *Alf.* 85; rectitudo regis est noviter ~ati et in solium sublimati haec tria precepta populo Christiano suo sibi subdito precipere (*Sacr. Coron.*) *GAS* 215n; quem prius ~averat regem Aquitanie R. NIGER *Chr. I* 70; huic Hugo [sc. Chapet] ~atus rex plurimas insidias tetendit DICETO *Chr.* 157.

13 (eccl.) to ordain, consecrate (also absol.); **b** (as apostle); **c** (as bishop, priest, or deacon); **d** (into minor orders); **e** (w. *ad* or *in* & acc.). **f** (refl.) to take holy orders. **g** (p. ppl. as adj.) ordained. **h** (p. ppl. as sb. m.) person in holy orders. **i** (gdv. as sb. m.) candidate for holy orders.

si quis ab hereticis ~atus fuerit, iterum debet ~ari, si inreprehensibilis fuerit THEOD. *Pen.* I 5. 1; filii rusticorum non debent ~ari absque assensu domini *Const. Clar.* 16; c**1223** qui .. de non legitimo matrimonio nati .. fuerint scienter ~ati .. nostrum super hoc requirant consilium *Ch. Sal.* 129; quod episcopus vel sacerdos, si existat in peccato mortali, non ~at, conficit, nec baptizat *V. Ric. II* 38. **b** Antiochia, civitas

.. in qua Barnabas et Paulus apostoli sunt ~ati BEDE *Nom. Act.* 1034. **c** sed forte .. qui ambitores istos ~ant .. eodem modo sacerdotio adsciti sunt GILDAS *EB* 67; Augustinum ~ando episcopum *V. Greg.* p. 92; quatinus accepto ipse gradu archiepiscopatus catholicos per omnem Brittaniam ecclesiis Anglorum ~are posset antistites BEDE *HE* III 29 p. 196; Nothelmus pallio a Romano pontifice suscepto, ~avit tres episcopos BYRHT. *HR* 32; baptizati sunt a presbyteris quos ~averat B. apostolus GIR. *GE* I 25; in quibus locis clerici debeant ~ari OCKHAM *Pol.* I 54. **d** accolitus cum ~atur EGB. *Pont.* 13 (v. acolytus b); a**1078** de ~ando subdiacono inter cetera sic scriptum habetur LANFR. *Ep.* 13 (14); presul ~avit me subdiaconum ORD. VIT. XIII 45 p. 136; episcopus ~at lectores AD. DORE *Pictor* 156 (v. lector 3a); [fratres] de sola licencia prelatorum suorum possunt a quocunque episcopo catholico ~ari CONWAY *Def. Mend.* 1418 (*recte* 1318). **e** ad presbiteratum electus atque ~atus est *Hist. Abb. Jarrow* 3; .. a Theodoro ad Lindisfarnensem ecclesiam ~atur RIC. HEX. *Hist. Hex.* 27; **1311** filios suos .. permiserunt ~ari ad primam tonsuram *Lit. Cant.* III 389; Christus .. ~avit solum beatum Petrum in summum sacerdotum OCKHAM *Dial.* 808; ecclesia .. prima ab Augustino ~ato in episcopum dedicata ELMH. *Cant.* 84. **f 1419** fuerat monicio facta Roberto Boston quod ~aret se in diaconum in proximis ordinibus celebrandis .. Willelmo Balderston et Thome Scot pauperibus clericis quod ~arent se in accolitos (*Chap. Linc.*) *DC Linc. MS A. 2. 30* f. 82. **g** mos .. sedis apostolicae est ~atis episcopis praecepta tradere BEDE *HE* I 27 p. 48; si qua laica vel ~ata persona .. *Chr. Rams.* 95; **1198** noluerunt sibi invenire pleggios quoniam sint clerici ~ati *CurR* I 61. **h** de ~atorum procurationibus EGB. *Pen.* IV *tit.* 8; si ~atus occidatur (*Quad.*) *GAS* 467; magna frequentia ~atorum, laicorum pauca W. MALM. *GR* III 283; ut tam ordinatores quam ~atos utcunque excusent GIR. *GE* II 34; s**1216** honorem, pacem, ac reverentiam portabit Deo et sancte ecclesie et ejus ~atis M. PAR. *Maj.* III 1; magna reverentia ~atorum et laicorum OXNEAD *Chr.* 36. **i** si esset paucitas ecclesiarum .. paucitas et delectus ~andorum GIR. *GE* I 49 p. 137; c**1220** prohibemus .. presentatoribus ne hujusmodi pactum ab aliquo ~ando recipiant (*Const. Lond.*) *EHR* XXX 296; **1448** cum .. registrarius .. ~andos .. in chorum .. intrare permitteret (v. 1 cancellus 3a); **1549** de qualitate ~andorum *Conc. Scot.* II 106.

14 a to consecrate (a church). **b** (w. *de* & abl.) to supply (with a priest or bishop).

a ecclesiae quae ab ipsis episcopis ~antur, aqua exorcizata aspergantur THEOD. *Pen.* II 9. 3. **b 1194** decani est .. vicarias vacantes ad presentationes canonicorum .. de clericis idoneis ~are *Conc.* I 497b; s**1193** volumus .. quod Cantuariensis ecclesia de pastore nullo modo ~etur ante reditum nostrum in Angliam GERV. CANT. *Chr.* 518; s**1239** cathedrales etiam ecclesias et alias vacantes regni sui nequaquam ~ari permittit (*Lit. Papae*) M. PAR. *Maj.* III 570.

15 (mon.) to admit or make to submit to a monastic order; **b** (w. *ad* or *in*).

novicios .. induit; professos facit .. et servicio reddito cordetenus ipsos absolvit, et ~are facit *Obs. Barnwell* 40. **b** ad monachicum habitum ~ati ÆLF. *Regul. Mon.* 174; abbate Gausberto .. Majus Monasterium .. visitante, ejusdem ecclesie conventus cum abbate suo moliebantur ut ecclesie Belli .. dominarentur: .. ut abbas eidem ecclesiae de Bello in capitulo M. M. ~aretur, qui ut subditus quotiens mandaretur eos adiret *Chr. Battle* f. 26; s**1226** primo .. in ordine sancti Augustini ~atus, postea in habitu fratrum minorum se induendo transmutavit *Plusc.* VII 10.

16 (p. ppl. as sb. n.): **a** ordinance. **b** allowance.

a in .. ~atis Dei honorandis W. FITZST. *Thom. prol.* 12; **1549** acta, statuta, et ~ata *Conc. Scot.* II 86. **b 1347** idem computat in pannis lineis et laneis, ~atis monachorum, vino et speciebus .. *Pri. Cold. app.* xv p. xix; item in ~atis sacriste per annum xxiij s. iiij d. *Ib.* p. xxvi.

ordinarie [LL]

1 properly, according to the rules.

sic igitur tu tibi tuis, ut auguror, in agendis minus ~ie providisti dum tam precipitanter in preassertis assertorem reprobare non erubuisti E. THRIP. *SS* I 2.

2 in the ordinary course of events, normally.

que hore .. que ad orandum constituuntur nisi que ab ecclesia ~ie frequentantur AD. SCOT *OP* 525; jure divino .. cavetur ne ~ie vel regulariter idem homo presit rebus secularibus et divinis .. licet casualiter fungens potestate spirituali OCKHAM *Pol.* I 22.

3 (acad.) as a regent master, (of lectures) as given by a regent master (*i. e.* involving regular times and close reading of texts).

a**1231** saltem unicam lectionem ~ie audierit singulis diebus (v. audire 4); ut .. frater Thomas .. cathedram ~ie regendi in Sacris Scripturis ascenderet AD. MARSH *Ep.* 188 p. 338; c**1340** in eisdem [sc. jure civili et decretalibus] ~ie legendo *FormOx* 141; a**1350** magister ~ie legens (v. cursorie c); **1350** forma legencium decretales extraordinarie. .. de salario legentis ~ie decretales *StatOx* 47; in curia Romana legit cursorie et ~ie *Mon. Francisc.* I 560.

ordinarius [CL]

1 regular, legitimate: **a** (of person) appointed in the ordinary way, not specially appointed. **b** (*miles ~ius*) soldier in the ranks. **c** (of authority); **d** (*glossa ~ia* or sim.).

a non ut in scholis velut aliquis arbitrarius, sed in ecclesiis vere ~ius Scripturarum quesit esse magister H. BOS. *Thom.* III 17; vos multo tempore ~ius necnon et delegatus judex .. extitistis AD. EYNS. *Hug.* V 16 p. 194; c**1211** etc. (v. judex 2e); ad confessionem parochianorum .. uni persone singulariter faciendum, eligibilior est persona ~ia seu ordinarii quam Fratrum persona RIC. ARMAGH *Def. Cur.* 1392 (*recte* 1292); a papa precellenti qui est judex ~ius singulorum (W. DROGHEDA) *EHR* XII 652 (v. judex 2d); **1503** absolutionem .. a summo pontifice vel ejus et sedis apostolice legato aut deligato seu ~io .. absolvere .. valente *RScot* 561a. **b** ~ius miles, qui integro ordine militat *GlC* O 266; **10**.. miles ~ius, *anlang cempa* vel *heanra cempa*, idem gregarius *WW*. **c** de potestate .. ~ia et regulari non de casuali predicte negative intendunt OCKHAM *Pol.* I 23. **d** s**1274** †opperatu [l. apparatu] ~io THORNE 1922 (v. apparatus 8); **1423** glossam ~iam (v. glossa 3b).

2 (eccl.) exercised or performed by virtue of regular office (spec. of bishop); **b** (of episcopal authority).

c**1344** ex presenti ordinacione nostra episcopali et ~ia *Eng. Clergy* 281; c**1411** ordinacio ~ia et realis pro porcione vicar' de Berewico *DCDurh. Reg. Parv. II* f. 17; **1449** per decretum .. episcopi in visitacione sua ~ia exercita in sua dioc. *Ac. Durh.* 238; c**1530** in visitatione nostra ~ia quam in eodem monasterio .. personaliter exercuimus (*Vis. Leicester*) *EHR* IV 305. **b** presides ~iam habent juris dicendi potestatem J. SAL. *Pol.* 568C; per autoritatem ~iam vel delegatam BRACTON 400b; **1280** in proprios et perpetuos usus auctoritate ~ia per decretum canonicum canonice assignamus *Reg. Ebor.* 71; **1370** ordinaciones ipsius [collegii] .. tam auctoritate pontificali quam ~ia, confirmamus *Lit. Cant.* II 503; **1288** idem episcopus .. vobis eandem ecclesiam, .. ~ia auctoritate concessit *Mon. Hib.& Scot.* 141a; **1545** vestra ~ia auctoritate curetis .. episcopos vestros suffraganeos *Conc. Scot.* II cclxiii.

3 (acad.) regular, assoc. w. (teaching by) regent masters (*cf. StatCantab* 133–5). **b** (as sb. n.) lecture given by regent master.

1304 ~ii legum doctores (v. doctor 4b); a**1350** ceteri singuli in habitu suo ~io incipere teneantur *StatOx* 38; a**1380** responsiones .. ~ie vel minime concursive *Ib.* 179; **1432** scolares .. ~ias lectiones .. frequentent (v. lectio 4); **1438** in sua lectura ~ia (v. lectura 3a); scripsit librum cujus titulus est 'De questionibus suis ~iis' CAPGR. *Hen.* 178; **1514** ~ia stipendia (v. cumulatio 2). **b 1333** uno anno per se et extra ~ium suum leget primum, quartum et quintum libros decretalium *StatOx* 132; **1395** liberatum v fratribus pro ~iis et quarterag' lxvj s. viij d. *Cant. Coll. Ox.* 138; **1432** ipsius facultatis seu sciencie ~ium exercere *StatOx* 240; **1433** doctor juris in ~io suo suis retulisset scolaribus quod dicta eleccio non fuisset valida *Ib.* 255; **1453** supplicant omnes scholares .. quatenus viginti ~ia audita in isto termino possint sufficere sibi pro completa forma omnium ~iorum *MunAcOx* 737.

4 (as sb. m.) one who holds ordinary jurisdiction by virtue of his office: **a** (w. ref. to a social order at Rome); **b** (leg.); **c** (eccl., also *~ius loci*) bishop or his deputy.

a populus .. Romanus in quinque ordines erat distinctus. erant .. patres conscripti, senatores, ~ii, equites, plebs HOLCOT *Wisd.* 4. **b 1280** ~ii dictorum scolarium, sive essent beneficiati sive non, dicte probationi fidem .. adhibere .. consueverunt *StatOx* 96; clamor erat .. quod .. Rogerus mortuus fuit et .. ~ii illius patrie sequestrarunt bona ipsius Rogeri occasione mortis sue *State Tri. Ed. I* 21; propter perjurium juratorum in assisa et in inquisitionibus coram justiciariis et ~iis *Text. Roff.* f. 34. **c** sunt autem multi quibus non licet sacerdotem eligere, eo quod ~ium habeant quem sua auctoritate mutare non possent BART. EXON. *Pen.* 180; nonne enim, qui se a potestate prelati et ~ii sui sic eximit, ea intentione hoc facit ut eo ipso dignior in rebus ecclesiasticis et major existat? GIR. *Spec.* II 16 p. 61; **1230** mandavit ~io loci quod admitteret clericum illum *BNB* II 337; clericus tamen super transgressione foreste coram suo ~io canonice convictus *SelPlForest* xc n2; non ad papam vel ad episcopum vel ~ium ecclesiasticum, sed hereticus .. appellavit ad regem *Ziz.* 114; **1549** ecclesiasticos per locorum ~ios attente hortari decrevit *Conc. Scot.* II 90.

5 (as sb. m. or n., eccl. & mon.) ordinal, book that contains order of services or religious rules.

~ium totius anni LANFR. *Const.* 85 (*PL tit.*); quorum etiam ipse scrutiniorum liber, quem ~ium suum vocant, sacrilegam impudentiam manifestans apertissime damnat H. BOS. *Thom.* III 17; ~ium sive alphabetum vite religiose J. WALEYS *V. Relig. prol.* 217F (v. collatiuncula); c**1451** fratres genuflectant .. ad illud verbum evangelii 'verbum caro factum est' .. et alias alibi ubi in ~io positum invenitur *Mon. Francisc.* II 94; hic ~ius, A. *ordinalle WW*.

6 directive, injunction.

talia .. ~ia, subtili sanaque suppodiata racione, perscrutanti .. invenire fas est E. THRIP. *SS* 2. 343.

ordinate, ~im [CL]

1 in a row.

cumque ~im sequitur eorum unum alterum, erit quanta AD ad DZ tanta GD ad DH ADEL. *Elem.* VI 22; seriatim, ~im OSB. GLOUC. *Deriv.* 557; tres semibreves .. ~im conjunguntur sursum et deorsum HAUDLO 142.

2 in order, one after another.

ingressi teneant palmas in manibus usque dum offertorium cantetur et eas post oblationem ~im offerant sacerdoti ÆLF. *EC* 7; quae .. singulatim absumpta .. essentiam ad minus et minus esse deducunt, eadem ~im assumpta illam ad magis et magis esse perducunt ANSELM (*Mon.* 31) I 50; catechumeni .. post hoc ab ostiario ~im introducuntur HON. *GA* 660D; tamen non semper idem responsorium, sed unum post alterum ~im sicut sunt posita in hystoria de Trinitate *Brev. Sal.* I mclxxviii.

3 in order: **a** in an orderly sequence. **b** in good or correct order; **c** (mon. & mil.).

a ut caetera dilucide et ~e procedant, hinc dicendi initia constituam OSB. *V. Dunst.* 3; ut res ~ius procedat, aliqua ex his que sepe dicendus Beda dixit deflorabo W. MALM. *GR* I *prol.*; ~ius puto posse historiam transigi, si .. a reditu imperatricis .. seriem annorum contexam *Id. HN prol.* **b** dimissis ~e omnibus navigavit Galliam BEDE *HE* III 19 p. 168; **798** de quaestionibus vero, quae filia mea .. interrogavit, non ~im recolo ALCUIN *Ep.* 149 p. 244; illuminationes .. a superioribus .. in inferiores hierarchiarum ordines ~issime derivatas AD. MARSH *Ep.* 246 p. 417; sunt .. sex magnitudines et prima est major inter alias et sic per consequens ~e BACON *Maj.* I 236. **c** residentibus cunctis in sedilibus suis ~im [AS: *endebyrdnessæ*] *RegulC* 17; in tres se .. turmas ~e .. diviserunt *G. Steph.* 9 (v. bellicose a); quamvis .. aliquis habeat validas rationes inventas, nichil valent ei .. nisi ~e sciat eis collocare. sicut in exercitu quamvis aliquis habeat fortes milites, parum valet nisi acies .. bene sint disposite T. CHOBHAM *Praed.* 268.

4 properly, correctly, in accordance with the rules; **b** (w. ref. to divine dispensation).

Romani .. ~ius censeant ut aecclesiarum omnium sumptus suis potius marsupiis serviant W. MALM. *GR* IV 339; vix admittas quempiam ornate loqui, nisi loquatur ~e NECKAM *NR* II 173; si ~e proponantur et rite BRACTON 376; possunt omnes fratres et singuli ~e quater in anno .. exennium a subcelerario percipere et amicis suis mittere *Cust. Cant.* 134; quod non possunt [papa et episcopi] hanc potestatem dare alienis sacerdotibus, sequitur quod non habent eandem ~e .. nec habent eam per commissionem CONWAY *Def. Mend.* 1419 (*recte* 1319); **1440** tam concorditer tamque ~issime procedentes .. principem .. acclamabat BEKYNTON I 95. **b** ut .. ubi ~e et rationabiliter actum

videris . . Deo . . gratias agas BEDE *TR pref.*; coepit cognoscere Creatorem in creatura et intellexit quia . . sapiens qui ita ~e disposuit omnia AILR. *Serm.* 16. 2; cum Deus sit summe justus omniaque faciat ~issime GROS. *Cess. Leg.* I 5 p. 19; nec sic est intelligenda quod aliqua potest Deus ~e facere, et aliqua potest absolute et non ~e, quia Deus nihil potest facere inordinate OCKHAM *Quodl.* 586; ex summa sapiencia veritatis, que regit ~issime suum effectum *Spec. Incl.* 2. 2 p. 91; quod totum corpus legis Dei succedit secundum partes mutabiles ~issime WYCL. *Ver.* III 106.

ordinatio [CL]

1 putting in order, ordering, arrangement; **b** (w. ref. to divine dispensation); **c** (w. ref. to *Cant.* ii 4); **d** (mus.).

compositio, ~io OSB. GLOUC. *Deriv.* 562; hanc quoque conjunccionem parcium vocant quidam composicionem, quidam construccionem, hec autem est congrua diccionum ~io *Ps.*-GROS. *Gram.* 60; **a1350** scolares in artibus . . sue questioni et ~ioni textus complete insistant *StatOx* 24. **b** locus . . creature est esse sub Creatore secundum ~ionem Creatoris T. CHOBHAM *Serm.* 22. 152vb. **c** ~io caritatis etiam pro confirmatione posita recte possit intellegi BEDE *Cant.* 1104; ~io quippe caritatis moderatio discretionis est J. FORD *Serm.* 46. 6. **d** tria sunt consideranda: sc. sonus, ~io, et modus. . . ~io hic sumitur numerus punctorum ante pausationem GARL. *Mus. Mens.* 11; ~io principii primi aliorum modorum est ~io punctorum vel sonorum melorum *Mens. & Disc.* (*Anon. IV*) 23; ~io autem ipsius contrapuncti talis erit per octavam HOTHBY *Contrap.* 64.

2 condition of being ordered, regularity.

Ysaac . . anhelitum et ~ionem distinguens dixit, si suspiria sunt ordinata et non angustiosa parva est infirmitas GILB. II 114. 2.

3 moral order, discipline.

nichil est autem quod utramque magis impugnet quam luxuria, quia omnis intemperantia ~ioni plurimum adversatur. . . ubi ordo non est, confusio locum habet J. SAL. *Pol.* 603A; de ~ione sc. et de deordinacione hominis in Deum J. BURY *Glad. Sal.* 579 (v. deordinatio).

4 administration, government, control.

omnis totius monasterii ~io ex ejus arbitrio pendeat LANFR. *Const.* p. 142; de regni ~ione . . provide tractare cepit ORD. VIT. VII 14 p. 228; prior . . submisit ecclesiam . . ~ioni Hugonis GRAYSTANES 10; in ecclesiis, que ad ~ionem tuam pertinent ELMH. *Cant.* 437; **s1388** ad ~ionem belli dominus . . se contulit BOWER XIV 50.

5 authoritative direction, plan; **b** (of God).

abbati tuo cujus consilio et ~ioni animam tuam commisisti ANSELM (*Ep.* 188) IV 74; **1306** fiat ei breve secundum sui ~ionem periculo suo *BBC* (*Swansea*) 182; **s1330** ex prelocuta ~ione . . sunt ingressi AVESB. f. 78b; literas . . continentes presumptuosam Normannorum confederacionem seu ~ionem ad subversionem . . regis . . Anglie *Ib.* f. 107. **b** cum ~ioni Dei resistere pertinaciter non auderem ANSELM (*Ep.* 150) IV 26; qui potestati resistit, Dei ~ioni resistit W. MALM. *GP* I 35; vanum est pugnare . . contra ~ionem divinam *Pol. Poems* I 167.

6 order, decree, ordinance. **b** (w. ref. to Ordinances of 1311). **c** (w. prep.) by order of.

presbiter, cum diocesim tenet de his, que emerit, ad ecclesie nomen scripturam faciat, ut ab ejus, quam tenet, ecclesie ~ione non discedat BART. EXON. *Pen.* 88; **1240** ~io domini . . episcopi de peccunia reposita in cista *StatOx* 74; **1263** potestatem . . faciendi infra seipsos laudabiles ~iones et composiciones *BBC* (*Oswestry*) 240; **13..** ~iones, constitutiones, seu injuncciones infrascriptas faciendas decrevimus *Norw. Cath. Pri.* 105; **1459** aliquo statuto, actu, sive ~ione in contrarium edito sive proviso non obstante *Paston Let.* 886; **s1478** ordinatum est quod . . . . . quisque . . huic ~ioni contraveniens sic punietur ut aliis sit in exemplum *Foed.* XII 81; **1549** si . . decani . . ~ionis negligentes sint comperti *Conc. Scot.* II 90. **b s1310** tales communi consilio secundum leges Anglicanas ediderunt composiciones, quas postmodum ~iones statuerunt appellari *Flor. Hist.* III 147; prioris ~ionibus promulgatis et approbatis *Ann. Lond.* 173; **1331** post ~iones factas per prelatos, comites, et barones *PQW* 455b. **c** habebunt . . cibum, sc. panem, potagium, et unum ferculum ad ~ionem servientis *Cust. Battle* 53; absens fuit per ~ionem domini regis *State Tri. Ed. I* 41; imperator ex ~ione regia se direxit ad castrum de Ledes in Cantia *G. Hen. V* 20; **1422** ad dicti domini abbatis . . limitacionem et ~ionem *Cart. Osney* I 178.

7 consecration (of king).

786 in ~ione regum nullus permittat pravorum praevalere assensum (*Syn.*) *Ep. Alcuin.* 3 p. 23.

8 (eccl.) ordination; **b** (of apostle); **c** (of bishop, priest, or deacon); **d** (of monk as priest); **e** (as abbot); **f** (w. *in* & acc.). **g** (w. ref. to spec. day marked as anniversary).

1312 nec liceat episcopo Cicestrensi . . ~iones aliquas ibidem facere *CalCh* III 195; ~iones, promociones, consecraciones . . ejus nullius essent momenti si jure divino esset papatu privatus OCKHAM *Dial.* 578. **b** sermo [sc. habitus in Monte] sequebatur . . ~ionem apostolorum OCKHAM *Pol.* II 753. **c** haec . . ab apostolo mandata et in die vestrae ~ionis lecta ut ea . . custodiretis GILDAS *EB* 107; **705** si non tuum judicium in ~ione episcoporum implere festinarent WEALDHERE *Ep.* 22; **1072** si Eboracensis archiepiscopus obierit, is qui ei successurus eligitur . . Canturiam, vel ubi Canturiensi archiepiscopo placuerit, accedat, et ab ipso ~ionem canonico more suscipiat *Lit. Cant.* III 352; ut . . proximo ~ionis tempore susciperet presbiteratus officium *Chr. Battle* f. 124; **a1223** inhibemus districte ne aliquis diaconus vel sacerdos alterius ~ionis admittatur in civitate vel diocesi ista . . (*Const. Lond.*) *EHR* XXX 299. **d** ~iones monachorum vel clericorum qui ad sacros ordines fuerint promovendi . . a diocesano suscipietis episcopo *Reg. Malm.* I 346. **e** quem abbatem electum esse mihi mandastis et cujus ~ioni me assensum praebere suadetis ANSELM (*Ep.* 187) IV 73. **f** potestas, que confertur ex vi . . ~ionis in sacerdotem CONWAY *Def. Mend.* 1411 (*recte* 1311). **g s1189** in die ~ionis Sancti Gregorii pape . . unctus est in regem *Itin. Ric.* 142; **1332** confirmatio hujus carte facta est . . in die ~ionis Sancti Gregorii iij nonas Septembris (*ChartR*) *EHR* XXXIV 312; anno . . ~ionis . . Johannis archiepiscopi duodecimo *Mon. Francisc.* II 31; **c1393** in die ~ionis Sancti Dunstani *Cant. Coll. Ox.* 132; vicesimo . . ~ionis sue anno mortuus est *Meaux* I 178n.

9 (eccl. & mon.) allowance.

1325 in ordinac' fratribus delib' *Ac. Durh.* 165.

10 (mil.) ordnance, equipment.

1404 cum magna classe navium et aliis ~ionibus inauditis regnum nostrum . . invadere . . proponunt (*Cl*) *Foed.* VIII 374; **s1404** cum congrua ~ione et competenti familia *Plusc.* X 21; **1471** pro cariagio librellarum vocati *gunnes* et aliarum ~ionum *Ac. Bridge House* f. 182v; circumcidebant castrum cum obcidione metati sunt tres partes castelli cum librillis, Anglice *gonnys*, *culveryns*, et aliis ~ionibus artellerie ac architenentibus W. WORC. *Itin.* 190; **1582** officium supervisoris omnium et singulorum [*sic*] ~ionum nostrarum . . tam infra Turrim nostram London' quam alibi *Pat* 1235 m. 24; **1583** officium magistri ~ionis et municionum suarum *Ib.* m. 28.

ordo [CL]

1 line of things placed next to each other, row, layer. **b** (of shelf in a book-case); **c** (of group of eight runes); **d** (of series of mus. notes); **e** (*lacteus ~o*) Milky Way.

circa templum in gyro factum tres ~ines habebat lapidum et quartum lignorum BEDE *Ezra* 848; ~ines lapidum in pariete portantur alii ab aliis *Id. Ep. Cath.* 48; **1286** ~o domorum et seldarum versus campum *Law Merch.* I xliv; herba occasionis . . inter singulos ~ines foliorum habet spacium trium digitorum in stipite *Alph.* 80. **b** armarium, in quo libri reponuntur . . in quo eciam diversi ~ines seorsum et deorsum distincti esse debent. in quibus libri separatim collocari possint *Obs. Barnwell* 64. **c** runae . . in quattuor versus vel ~ines dividuntur *Runica Manuscripta* 118 (v. 1 littera 1b). **d** ~o modi est numerus punctorum ante pausationem *Mens. & Disc.* (*Anon. IV*) 23. **e** lacteus ordo micat dum sic glomerantur in unum / sidera NECKAM *DS* I 464.

2 (mil.) line of soldiers standing abreast, rank. **b** (collect.) rank and file (as dist. from class of officers).

~ines aciesque ita instituebat ut milites proceri corpore precellentes robore essent W. MALM. *GR* III 238; dissipatos ~ines hostium invadunt *Ib.* IV 357. **b** refutarunt . . Jerosolimite vel regem facere vel ~inem et ducatum militum interrumpere *Ib.* IV 386.

3 group of persons who share the same status or class, an order; **b** (mil.); **c** (eccl., usu. clerical as dist. from lay); **d** (mon.); **e** (spec.).

ob hoc reges, publici, privati . . suum quique ~inem servarunt GILDAS *EB* 26; ternos sanctos de unoquoque ~ine dicant LANFR. *Const.* 119; cujuscumque dignitatis, cujuscumque ~inis. cujuscumque professionis W. MALM. *GR* II 150; a necessitate Christiane discipline nemo excipitur . . nulla condicio, nullus sexus, . . nullus ~o, nulla dignitas BALD. CANT. *Serm.* 4. 45; sepe . . quidam inferioris gradus vel ~inis vel dignitatis . . ab excellentioribus in amicitiam assumuntur AILR. *Spir. Amicit.* III 90. 692; humani generis ~o GIR. *TH* III 10. **b** ~o militum nunc est ordinem non tenere P. BLOIS *Ep.* 94. 294A; **s1346** rex . . filium . . cum multis aliis, ~ine militari insignivit AD. MUR. *Chr.* 201; Brutus igitur postquam filii sui ~inem susceperunt militarem acriter excogitavit quomodo illos posset promovere *Eul. Hist.* II 220; qui quadraginta libratas terre . . habent . . ~inem suscipiant militarem *MGL* I 191; **1429** in quibusdam statutis honorabilis ~inis militaris de Gartera . . custos dicte capelle [S. Georgii de Wyndesore] decanus nominatur *RParl.* IV 346b; nobilis ordinis Garterii *Spons. Mariae* 30 (v. garterium b). **c** si non tales . . malitiae episcoporum . . aut clericorum in nostro . . ~ine erigi adversus Deum vidissem montes GILDAS *EB* 65; clericalis ~o OSB. *V. Dunst.* 36 (v. 2 excedere 5c); cum catholica ecclesia dividatur in clericalem ~inem atque laicalem LANFR. *Corp. & Sang.* 414A; cum . . clericalis . . ~o consistat in episcopis ac reliquis Christi aliisque diversarum dignitatum ecclesiasticis personis *Ib.*; **s1139** episcopos, oblitos ~inis, in castellis edificandis insanire W. MALM. *HN* 468 p. 26. **d** ordo cucullatus G. AMIENS *Hast.* 797; canonicalis ~o in Francia et Anglia multipliciter adamatus invaluit ORD. VIT. XIII 13 p. 29; **1219** ~o monachalis in aliquo redargui possit levitatis *Doc. Eng. Black Monks* I 9; prior provincialis totius ~inis sui in Anglia *Leg. Ant. Lond.* 155. **e** ad construendam abbathiam de ~ine Cistercii *Cart. Sallay* 1; Cisterciensium aut Carthusiensium ~inem visus sum pre ceteris commendasse P. BLOIS *Ep.* 97. 304B; domum pauperem canonice religionis et ~inis de Pratomonstrato vocati . . destruere . . curavit GIR. *Spec.* III 2; **1230** rex . . concessit . . quod . . edificia construi possint ad hospitandum fratres de ~ine Minorum in civitate Lincolnie *Pat* 41 m. 4; **1242** accedas ad singulas domos religionis de baillia tua de ~ine Premonstratensi et Cisterciensi et Nigri ~inis et de ~ine Sancti Augustini *Cl* 430; **1294** minorisse ~inis S. Clare *Foed.* II 664; Beda, monachus ~inis Sancti Benedicti, monachus nigri ~inis GASCOIGNE *Loci* 175; **1453** fratres de tercio ~ine Sancti Francisci *Conc.* III 567b; **s1483** prior domus . . de Northe Fereby . . ~inis Templi Domini Jerosolimitani *Reg. Whet.* II 259.

4 place, position; **b** (gram.); **c** (math.).

cum in unum convenientes juxta ~inem quique suum resedissemus BEDE *HE* IV 5 p. 215; post gracias de ecclesia ducantur ad ~ines suos in claustro, sedentes super mattas *Cust. Cant.* 8; omnes ~ines fratrum in refectorio per famulum suum faciet mundare *Ib.* 162. **b** 'irritatque virum telis et voce lacessit' licet quidam vitiose scriptum legant 'irritat atque virum telis'; quod nullo modo posse fieri ~o prepositive conjunctionis ostendit ABBO *QG* 6 (14); ~o dicitur accidere conjunccioni precipue, quia quedam prepositive sunt *Ps.*-GROS. *Gram.* 58. **c** ex ductu cujuslibet terminorum primi ~inis ducti in semetipsum OCREATUS *Helceph* 133.

5 a number of things that follow in temporal order or logical sequence, orderly arrangement, system; **b** (w. ref. to alphabetical order); **c** (w. ref. to gram. category or paradigm); **d** (astr.); **e** (phil.). **f** (*in* or *per ~inem*, *in* or *ex ~ine*) in order, in succession.

taxis est ~o: quod prius, quod post ponendum sit ut ~inem habeant res *Comm. Cant.* I 16; jam tempus et ~o rerum exigit ut . . enigmatum problemata . . patefacias ALDH. *Met.* 10 p. 96; disrupto rerum ordine (ALDH.) *Carm. Aldh.* 1. 62; hic est sensus non autem ~o ipse verborum BEDE *HE* IV 24 p. 260; ~o est compositio rerum aptis et accommodatis locis ANDR. S. VICT. *Dan.* 56; oportuit illi scripto epistolas succedere in quibus continetur series et ~o universorum A. TEWK. *Prol. Thom.* 300; nil . . agitur quod communem pacem . . vel ~inem . . turbare valeat BALD. CANT. *Serm.* 15. 24. 550; circa disposicionem celestis ~inis OCKHAM *Dial.* 632. **b** librum de orthographia alphabeti ~ine distinctum BEDE *HE* V 24 p. 359; **a1332** proverbia Senece secundum ~inem alphabeti *Libr. Cant. Dov.* 29; ita ut A. primam distinccionem, B. secundam, C. terciam et sic successive per ~inem denotent intranti (J. WHYTEFELD *Pref. Catal.*) *Libr.*

Cant. Dov. 407. **c** si liquor verbum fuerit tertiae conjugationis vel tertii ~inis, ut Valerio grammatico vocare libuit ALDH. *PR* 113 p. 153; si genus aut numerus vel casus ab ordine cedat *Id. VirgV* 2840; primus igitur ~o, qui genitivo casu -ae regit, hoc modo declinatur BONIF. *AG* 480. **d** celum suis luminaribus adornatur quibus .. anni cursus, signorum ~ines disponuntur AILR. *Spec. Car.* I 19. 521; in stellis ~o est P. BLOIS *Ep.* 97. 305B. **e** non differunt [corpora indivisibilia] nisi secundum figuram, posicionem et ~inem T. SUTTON *Gen. & Corrupt.* 83; circa loca igitur sex notentur, sc. quantitas, figura, qualitas, numerus, ~o, et distancia intercepta BRADW. *AM* 6. **f** qui non occurrit ad consummationem, canat viij in ~ine psalmos GILDAS *Pen.* 19; si excitatus veniat post misam, quicquid cantaverunt replicet ex ~ine fratres *Ib.*; corbes ex ordine cernit ALDH. *VirgV* 320; quae cuncta .. ex ~ine conpleta sunt BEDE *HE* III 15 p. 158; omnes hic per ~inem sibimet succedentes .. episcopatu sunt functi *Ib.* III 24 p. 180; per industriam Eusebii .. distinctius in ~inem compositus est [sc. computus paschae] *Ib.* V 21 p. 341.

6 orderly account, thread of narrative.

hoc ~ine .. legitur generis humani conceptio THEOD. *Laterc.* 13; id vero scrupulum nec ulli moveat, licet horum ~o preposterus *V. Greg.* p. 106; iterum cepto ~ine evangelii verba exponens *V. Cuthb.* II 6; cujus ~inem miraculi non quilibet dubius relator .. mihi .. narravit BEDE *HE* III 15 p. 158; idcirco paucis depromimus ordine verbis WULF. *Brev.* 314; igitur ut ad ~inem historie redeamus *V. Chris. Marky.* 21; omnes .. vel in alium ~inem vel in novam formam permutavi L. DURH. *Hypog.* 64; hi quatuor martyrizati sunt .. a Saracenis; quorum passionis ~inem refert .. Odoricus in suo Itinerario *Mon. Francisc.* I 527.

7 grade, rank within a hierarchy: **a** (eccl.); **b** (spec.); **c** (dist. as *sacer*, *major*, *minor*); **d** (acad.); **e** (angelic); **f** (abstr.). **g** (*in ~inem redigere*) to reduce to the lowest rank.

a qui aliquid rerum vel ecclesiae vel episcopi vel reliquorum ~inum furto auferret BEDE *HE* II 10 p. 101; pro septem ~inibus ecclesiae, quo sacerdos per Dei donum ascendit .. (*Quad.*) *GAS* 465; itur in magnis ecclesiis septeno ~ine unde septiformes dicte sunt [precessiones]. in primo ~ine sunt clerici, in secundo monachi .. BELETH *RDO* 123. 129; ecclesiastice institutionis ~ines AD. MARSH *Ep.* 247 (v. hierarchicus b); isti .. sunt ierarchici ~ines UHTRED *Mon. V.* 379. **b** a primo sacramentorum ~ine nominatim distincta per exorcistas et acolitos .. usque ad ipsa summi pontificatus gubernacula ALDH. *Met.* 2 p. 70; postmodum ad ~inem presbyterii promotus est BEDE *HE* III 23 p. 177; ad ~em episcopatus promovit WILLIB. *Bonif.* 8; ex institutione episcopalis ~inis LANFR. *Ep.* 13 (14); beatissimus Petrus, princeps ordinis appostolici et clavicularius regni OSB. CLAR. *V. Ed. Conf. ep.*; diaconus ~ine, monachus professione *V. Chris. Marky.* 28; antiquitus autem ~o subdiaconatus non erat sacer ordo T. CHOBHAM *Conf.* 376; **1220** idem J. tempore congruo a S. quondam episcopo Cicestrensi ad ~inem acolitatus fuit promotus *SelPlCrown* 121; **1279** in presbyteratus ~ine constitutus *Ch. Sal.* 356; **1331** non possunt epistolas in choro legere .. nisi ~inem receperint subdiaconalem *Lit. Cant.* I 391; **1464** Willelmo .. in ~ine sacerdotali constituto *Ib.* III 240. **c** siqui .. sunt clerici extra sacros ~ines constituti qui se non continere possunt (*Libellus Resp.*) BEDE *HE* I 27 p. 49; **1244** alii sunt in minoribus ~inibus constituti (*Lit. Papae*) *Mon. Hib. & Scot.* 43a; prohibentur etiam clerici coram seculari judice in minoribus ~inibus constituti vel in majoribus advocare W. DROGHEDA *SA* 35; **1330** ad omnes minores et sacros quos nondum sunt ~ines assecuti .. promoveri *Lit. Cant.* I 316; **1332** ad ordines quoscunque, sacros vel non sacros, promoveri *Ib.* 466; **1408** in ~inibus minoribus et majoribus *Ib.* 109; ~ines .. tam minores quam sacros *Eng. Clergy* 199; **1573** ne ad aliquem ex minoribus aut sacris ~inibus promoveri tenearis *Pat* 908 m. 11. **d** **1412** cum .. absurdum .. foret eum minori prerogativa dotari quem major ~inis dignitas perillustret *StatOx* 218; **1549** solennis .. professio bacchalaureorum .. et .. inauguratio ceterorum ~inum *Ib.* 343. **e** **841** novem ~inibus angelorum *CS* 434; **994** et Lucifer cum decimo ordine per superbiam de coelo ruit *CD* 686; diversi angelorum ~ines P. BLOIS *Ep.* 97. 305C; novem sunt ~ines angelorum T. CHOBHAM *Praed.* 41; a supremo angelorum ~ine AD. MARSH *Ep.* 216 p. 384; novingentas in honorem novem ~inum angelorum (*Test. Hen. V*) *EHR* XCVI 91. **f** discretis meritorum ~inibus tripliciter dirimuntur .. ut sit virginitas aurum, castitas argentum, jugalitas aeramentum ALDH. *VirgP* 19; tandem colla jugo subdens delecta petito, / ordinis aptatur coelebs in honore secundi FRITH. 241; nullus ~o adeo perfectus est ut virginitas AILR. *Serm.* 39. 4. **g** abbatem .. propter concubinatum in ~inem redegit FERR. *Kinloss* 29.

8 order, commandment, rule.

contra legem Dei et ~inem suum ANSELM (*Ep.* 269) IV 184; **s1235** manifestum est enim eorum accomodationes ab ~ine caritatis sequestrari, cum non manum porrigant egentibus auxiliatricem M. PAR. *Maj.* III 329.

9 form of procedure. **b** (*~o judiciarius*) judicial procedure. **c** (acad.). **d** (*quo ~ine*) by what means, how. **e** (*cum ~ine*) as a rule, regularly. **f** (*in ~ine ad*) in relation to.

hoc .. ~ine Septentrionalis Scottorum provincia .. pascha Dominicum celebrabat BEDE *HE* III 3 p. 131; diem paschae ~ine perverso .. in secunda ebdomada totam compleant *Ib.* V 21 p. 338; clericus cancellarius .. prospicit ut rotulus suus aliis respondeat ut nec iota unum desit nec alius sit ~o scribendi *Dial. Scac.* I 5C; erat enim vir magnanimus et rerum dispendia parvipendens dummodo equitatis ~o et jura ecclesiastica servarentur illesa *Canon. G. Sempr.* 41v; plures alicui competere poterunt acciones, ~ine .. observato *Fleta* 76; fecerunt .. finem levari absque examinacione justiciariorum et absque brevi et absque summonicione et absque ~ine curie *State Tri. Ed. I* 24; **s1290** inclita stirpis regis sponsis datur ~ine legis *Ann. Exon.* 16; **1410** de experimentali .. ~ine (v. experimentalis); **1549** de ~ine advocatorum in judicio *Conc. Scot.* II 123. **b** **a1135** mandamus omnibus vobis et quoniam justum est et judiciario ~ine judicatum .. (*Ch. Heref.*) *EHR* LVI 179 n. 1; bestiis ~ine judiciario dampnatis ANDR. S. VICT. *Dan.* 70; ~inem judiciarium J. FORD *Serm.* 47. 9; **c1200** minutas decimas .. abstulit citra ~inem judiciarium et eidem hospitali dedit *SelCCant* 47. **c** **1549** ~o disputationum hic est inter sophistas. .. ordine sequentur alii juniores ad finem illius anni *StatOx* 346. **d** cum .. pervenissemus ad murum, statim nescio quo ~ine fuimus in summitate ejus BEDE *HE* V 12 p. 307; unde delectat .. paucis sermonibus dicere quo ~ine migraret a saeculo CUTHB. *Ob. Baedae* clx; senior .. ab abbate inquirat quo ~ine frater ille vivat LANFR. *Const.* 164; quo ~ine possimus ad nos ducere Joseph? *Eul. Hist.* I 111. **e** qui se ipsum coinquinat lx dies .. si cum ~ine iij xl^mas^. THEOD. *Pen.* I 8. 11. **f** in ~ine ad dileccionem Dei WYCL. *Mand. Div.* 106 (v. diligibilis).

10 way of ordering behaviour, means of organizing activity; **b** (mon.).

rectum vivendi ~inem .. disseminabat BEDE *HE* IV 2 p. 204; isti jam probati sunt in .. observatione omnium que ~o exposcit *Simil. Anselmi* 79; contrarius ordinis error / et levitas morum non placuere sibi W. MALM. *GR* V 441; ~o noster crux Christi est. .. nihil scienter contra ipsum ~inem facite AILR. *Serm.* 11. 31. 263. **b** insidie que ab indigenis illarum regionum ea tempestate commeantibus et maxime religiosi ~inis viris struebantur eum non nihil retardabant EADMER *HN* 104; Constantem .. tradidit in ecclesia Amphybali .. ut monachilem ~inem susciperet G. MON. VI 5; **1157** donec .. ad religionis ~inem convertatur *Ch. Sal.* 26; Basilius ~inem formavit monachorum, Gregorius vitam clericorum R. NIGER *Chr. II* 42; **1204** obtulerunt ut de eadem ecclesia sibi institutionem et ~inem monachalem religionis suscipiant *RChart* 136b; **1206** etc. custos ~inis (v. custos 8d); **1226** statuentes ut ~o monasticus qui secundum Deum et beati Benedicti regulam .. usque observetur (*Lit. Papae*) *Mon. Hib. & Scot.* 23b.

11 (eccl.) ligurgical order, prescribed form of divine service; **b** (spec. for ordination to Holy Orders). **c** (act of) ordination.

Dominica die, qua ~o ecclesiasticus 'oculi mei semper ad Deum' decantatur BYRHT. *V. Osw.* 467; cum .. jam tertium ~inem nocturnorum .. dedicaret Gosc. *Transl. Mild.* 19; **10..** ~o Romanus. Liber Albini. Psalterium (*MS Bodl. 9823*) *EHR* XXXII 389; deinde ~o canonizationis ejus apud Romanam curiam facte et translationis a vobis sollemnissime ut nostis celebrate *Canon. G. Sempr.* f. 36; **a1223** archidiaconi .. provideant .. quod .. ~o Londoniensis ecclesie in officio nocturno et diurno observetur (*Const.*) *EHR* XXX 299; est ordo: lex auditur; plebs inde resultat GARL. *Myst. Eccl.* 515; **a1332** tractatus de vij sacrificiis et ~ine misse *Libr. Cant. Dov.* 30. **b** ~ines omni tempore aut in vespera sabbati .. celebrentur ORD. VIT. IX 2 p. 464; in dedicationibus ecclesiarum, in celebrationibus ~inum AD. EYNS. *Hug.* V 16 p. 188; **1323** pro ~inibus et aliis sacramentis .. celebrandis *Lit. Cant.* I 109; privatus charactere, qui confertur in ~inibus OCKHAM *Dial.* 587; precepit episcopis ut cum ~ines ecclesiasticos facerent, quod tempore debito fierent, et hoc in plurimorum presencia *Eul. Hist.* I 178; **1419** ~ines celebrati in capella infra prioratum ecclesie Christi Cantuarie *Reg. Cant.* I 191; **1431** septem sunt sacramenta ecclesie sc. baptismus, ~o, confirmacio, matrimonium, eucharistia, uncceo extrema et penitencia *Ib.* III 222. **c** **c1340** exceptis tribus septimanis in quibus circa ~ines suos per diversas vices se asserit absentem fuisse *FormOx* 141; **1446** ratificacio ~inum W. B. quos ab alieno episcopo absque licencia proprii diocesani recepit *Stat. Linc.* III 491.

12 person who has received ordination, ordained man. **b** duty or rank of ordained man.

Christianis omnibus .. convenit sanctuaria et ~ines [AS: *hadas*, cf. *Inst. Cnuti*: ordinatos] et Deo dicata loca .. pacificare, custodire, venerari (*Quad.*) *GAS* 284; ad emendationem ~inis .. tres libre emendentur (*Ib.*) *Ib.* 467. **b** priorem .. ab administratione et ~inis execucione ammoverunt GRAYSTANES 19; presbyteri .. ab executione ~inum .. suspendantur *Conc. Scot.* II 135.

13 kind, sort.

in aliis scematum ~inibus ALDH. *Met.* 10 p. 87; tres ~ines humane conversationis occurrunt, primus naturalis, secundus necessarius, tertius voluntarius AILR. *Spec. Carit.* III 32. 605; navibus ditissimis, velis sericis cum funiculis ejusdem ~inis ac coloris *Eul. Hist.* III 12.

14 state, condition.

tunc erat ordo bonus, cum floruit iste patronus GREG. ELI. *Æthelwold* 1. 10.

ordolaium v. ordalium. **ordum** v. hordeum.

ordura [ME, AN *ordure*], waste matter, excrement.

1248 de quadam domo .. in cimiterio; quam episcopus prosternere fecit pro ~is in ea factis *Ext. Guern.* 26; **1313** quoddam gutterium de magna coquina recipiens omnes ordur' de eadem coquina et cum eisdem ordur' stringulatum et obstupatum *KRAc* 469/16 f. 2*d*; precepit quemdam murum petreum fieri pro ~is exeuntibus de tuell' garderobarum magne turris abscondentis *Ib.* f. 3*d*; debent extrahere totam ordur' et wosam inventam in puteo sub dicto ponte et .. inde cariare dictam ~am et wosam *Ib.* f. 5.

ordurius [ordura + -ius], filthy.

1275 macecrarii et alii sunt remoti a foro domini regis .. usque in valde ord[uri]is locis ad nocumentum plurimorum *Hund.* I 403b.

orea v. horreum.

oreae [CL], bridle.

~ae, frenae [*sic*] *GlC* O 259; haec oria dicimus pro freno, eo quod ori imponatur OSB. GLOUC. *Deriv.* 18.

Oreas [CL < ὀρειάς], wood nymph.

~ades, *muntælfen* ÆLF. *Gl. Sup.* 189; **10..** ~ades, *wuduælfenne* *WW*; amadriades sunt furie fontium, ~ades montium OSB. GLOUC. *Deriv.* 240.

oregmon, ~os [ML < ὄρεγμα; cf. ὀρεγμίη], wheezing, usu. of death rattle.

~on, i. sonnus gutturis qui fit in moriendo *Gl. Laud.* 1090; unde fit ~os, i. sonitus dolorosus quod dicitur preco mortis GILB. II 114. 2; cum jam ad ~on, id est, sonum dolorosum, quem solent morituri, propter angustiam arteriarum, in profundo gutturis murmurando emittere *G. S. Alb.* I 247; **s1248** spiritum extremum, letiferos singultus ~on provocante, ceperat exhalando protrahere M. PAR. IV 262; cum taliter saucius ~on a gutture emitteret *Id.* V 32; asma .. est difficultas in expellendo aerem, et ideo quasi canit si esset ~on GAD. 54v. 2.

oreleg-, orelog- v. horolog-. **orema** v. horoma.

orengia [OF *orenge*], orange.

1404 cum sale, ferro, calibe, rosyn', pomis, orengis et *clowes* ad valorem mille marcarum *Cl* 253 m. 1; **1440** pro j barello continente c dim. de pomegranad' et c de oreng', val. vj s. viij d. *Port Bk. Southampt.* 108.

ores v. 2 ora.

orestonum [ME *oreston*], stone that contains iron ore.

1353 summa orstoni pro xlv *blomes* (*KR Ac* 485/11) *Arch.* LXIV 162; que remanencia liberatur Ricardo

Colpeper in parte convencionis iij^c de *oreston* per annum *Ib.* 164.

oretenus v. 1 os.

orexere [cf. orexis 2], to drivel, spew, or vomit.

~o, A. *to dryvele WW*.

orexia v. orexis.

orexis [CL < ὄρεξις], **~ia**

1 excessive desire to eat or drink.

quos .. distendunt .. donec rapidam ~im excutiant J. SAL. *Pol.* 726B; ~ia, -ie, i. multa comestio vel nimium desiderium comedendi *SB* 32; ~is interpretatur appetitus, inde onorexia, ab a quod est sine, et ~is, i. stomachi appetitu *Alph.* 131; orixia, i. appetitus *MS BL Royal 12 G. IV* f. 136ra.

2 (by assoc. w. ἔρευξις) drivel, slaver, vomit.

~is, *vomisement Teaching Latin* II 16; ~is, i. vomitus exiens ab ore *SB* 32; *bolkyng*, orixis, -is, fem. iij, eructacio .. *slavyre*, ~is, -is, fem. iij *PP*; ~is, A. *drevel* .. hic ~is est anelitus oris ..hec ~is, *a spewynge WW*.

orfanus v. orphanus. **orfaria, orferea** v. orfrea. **orferere** v. orfrere. **orfra, orfraia** v. orfrea. **orfrarium** v. orfrasium.

orfrasium [OF *orfrois* < *aurifrigium*], orphrey, (fringe of) richly embroidered cloth.

1164 vj li. xiij s. iij d. pro orfresio misso imperatrici per breve regis *Pipe* 21; **1207** recepimus .. balteum de ~io cum lapidibus, unum par sotularium et frettas de ~io *Pat* 77b; **1216** recepimus .. unam tunicam albam bendatam de orfras' .. unum par caligarum de samit' cum orfras' *Ib.* 173; j vestimentum de albo *sateyn* cum orfrario bladio et archangelis de auro intextis *Fabr. York* 277; iij palle pro altari, una viz. cum orfrario *Ib.*; **1493** cappa cum orphragiis de valucio nigri coloris pro hamera (*Invent. jocalium*) *Bannatyne Misc.* II 26.

orfrea, ~eum [ME, OF *orfrei* < *aurifrigium*], orphrey, (fringe of) richly embroidered cloth.

1346 in ~eis empt. iiij s. *Sacr. Ely* II 133; **1371** pro una ~a empta .. pro principali capa *Fabr. York* 126; **1398** pro factura caparum puerilium cum novis orfariis emptis pro choro, xx iij d. *Ib.* 132; **1404** item .. remanenc' unius *baudkyn* pro orpharis faciendis *Ac. Durh.* 395; **1415** capa totaliter de auro, cum rosis rubeis et nigris florata, cum orphreis enbroudata nobiliter cum imaginibus *Foed.* IX 273; **1426** vestimentum de nigro et viridi velveto aureo cum orphareis de albo *Reg. Cant.* II 358; **1432** duas tuniculas .. cum orfereis de diversis ymaginibus de blodio eciam veluto *Ib.* 467; **1435** unam sectam vestium sacerdotalium .. panni de auro coloris purpurei cum orfrais de viridi colore *Ib.* 531; **1451** unum vestimentum .. cum una capa et cum rubeis offris *Test. Ebor.* II 198; **14 ..** vestimentum novum .. cum offriis de *sateyn* blodii coloris *Invent. Norw.* 42; unum vestimentum integrum rubei coloris de panno aureo stragulato cum ~eis viridis cum ymaginibus et stellis deauratis *Ib.* 64; unum vestimentum de rubio *worsted* habens in sua orfra ex parte dorsali unum crucifixum et duas literas R. et E. et aliud viride vestimentum de *burd Alexander* habens ~a de fulvo colore *Fabr. York* 280.

orfrere [OF *orfreser* < *aurifrigiare*], to embroider with gold thread.

1419 pro j vestimento de integro de novo orferend' et j capa de novo orferend' (*Comp. Mettingham*) *Arch. J.* VI 65.

orfresaria [cf. OF *orfroisier* < *aurifrigiarius*; cf. aurifrigiaria], orphreyer (f.).

dum .. [Ethelwina] ad opus illud cum ~iis suis sederet *Chr. Wallingf.* 44.

orfresium v. orfrasium. **orfrum** v. orfrea. **organa** v. 1 organum.

organare [ML], to sing.

~ant tibi olores interitum et anser salutem strepit MAP *NC* IV 3 f. 44v.

organarius [LL], organist.

1364 Andree Destrer ~io Philippe regine Anglie *Pat* 270 m. 27.

organice [ML], organically.

organum, -i., inde organicus .. et ~e adverbium OSB. GLOUC. *Deriv.* 397.

---

organicus [CL < ὀργανικός]

1 supplied with bodily organs, (*corpus ~um*) a body in which separate organs have developed; **b** (w. ref. to Arist. *de Anim.* II 1. 412a; cf. Chalcid. *Comm.* 222).

natura nobilissimum subjectum procurat, sc. corpus ~um, dispositum ad vitam rationalem PECKHAM *QA* 10; quatinus in corpora ~a anima intellectiva introducatur BACON VIII 64; anima est actus corporis ~i set planta non est corpus ~um *Id.* XI 177; anima intellectiva, que non est limitata ad perficiendum hanc partem corporis ~i .. potest perficere aliam partem corporis ~i DUNS *Ord.* II 348. **b** anima .. est perfectio corporis ~i viventis potentialiter J. BLUND *An.* 361; primus actus anime est quod est perfectio corporis ~i naturalis GROS. 270; apud animal seu corpus ~um *Ps.*-GROS. *Summa* 324.

2 that consists of a physical organ, (*pars ~a*) organ: **a** (w. ref. to body). **b** (w. ref. to plant).

sicut est diversitas virtutum et partium ~arum et sic est virtus visiva et oculus et auditiva et auris BACON XI 213; corpus Christi habet partes ~as distinctas realiter quarum una non est alia, sicut pes non est oculus OCKHAM *Quodl.* 453. **b** in planta sunt diverse partes ~e .. diversimode ad diversa opera exercenda deputate BACON XI 212.

3 seated in or assigned to a (sense) organ, that needs an organ to function.

vegetativa omnis et sensitiva omnis est virtus ~a et non operantur nisi mediante organo ut virtus visiva non videt nisi mediante oculo BACON II 284; natura ordinabilis ad aliquem actum vel objectum naturaliter habet potenciam ad illud, et organum si potencia est ~a DUNS *Ord.* I 47; sed potencie ~e dedit ut objectum sit presens non in potencia ipsa sed in organo *Ib.* III 236; per illam consideracionem probatur intellectus cujuslibet entis distincte perceptivus non esse ~us WYCL. *Log.* II 142.

4 used as an instrument, functional.

~a sive officialia membra BART. ANGL. V 1 (v. membrum 1b); partes organi[c]e et officiales in corpore animalis, sicud sunt manus, oculus, digitus WYCL. *Misc. Phil.* II 137.

5 vital, necessary to an organism. **b** (*vena ~a*) jugular vein.

hanc adit organico membris deserta vigore / clinica, suppliciter poscens se tangere posse FRITH. 1366; multa fuerunt huic virtuti membra necessaria. .. sunt tam dentes quam isophagus membra ~a RIC. MED. *Anat.* 223. **b** si vena ~a in cervice incidatur GILB. IV 179. 2; sunt due vene magne in collo ex utraque parte gutturis et epigloti vel canne pulmonis que sunt vocales vel ~e GAD. 47. 2.

6 musical, tuneful.

[Caecilia] quae, licet ~a bis quinquagenis et ter quinis sonorum vocibus concreparet armonia ALDH. *VirgP* 40; dulcis ad instar soni ~i OSB. GLOUC. *Deriv.* 24; exsultate Deo agmina fidelia / tympano et cithara organica *Miss. Ebor.* II 310; pro tempore juventutis lascivie emulator assiduus, instrumentis ~is plurimum deditus *Ps.*-ELMH. *Hen.* V 6.

7 harmonized, polyphonic (also contrasted with *planus*); **b** (mus., *liber ~us*) book of polyphonic music.

cum dextra pars [sc. chori] sonum melodum personaret inclytis vocibus, tum sinister jubilando ~is desudabat laudibus BYRHT. *V. Osw.* 465; discrimina vocum varia in unam .. consonantiam et ~am convenientia melodiam GIR. *DK* I 13; de modis de quibus procedunt cantus ~i ODINGTON 131; ad .. instruendum in cantu puro et ~o pueros antedictos W. SAY *Lib. Reg. Cap.* 57. **b** liber ~us *Chr. Rams.* 367 (v. 2 liber 4c).

organista [ML]

1 organ-maker.

1303 magistro Johanni ~e comitis W. pro xv lib. stagni per ipsum emptis pro organ' principis inde facien' .. vij s. vj d. *KR Ac* 363/18 f. 5d.

2 player of musical instrument, esp. organ or sim.; **b** (w. ref. to Psalms).

c**1200** ego Willelmus de Wiltone, ~a .. *Ch. Sal.* 61; hic ~a, qui ludit ad organa *WW*; lyricines, cytharedi,

---

fidicini, tympaniste, tubicines, tibicines, psaltes, ~e [*gl.: portatyves*] WHITTINGTON *Vulg.* 67; **1537** concedimus .. servienti nostro W. B. capitali nostro ~ae .. annualem redditum *Foed.* XIV 584. **b** David propheta et ceteri cithariste et ~e BACON *Tert.* 233.

3 one who composes or sings polyphonic music.

~e populares aures melliti gutturis organo demulcent GARL. *Tri. Eccl.* 97; tractus ille quandoque decipit .. cantores omnes quia nesciunt quandoque, quantum ascendit vel descendit nisi fuissent optimi ~e *Mens. & Disc. (Anon. IV)* 56; longa autem apud priores ~as duo tantum habuit tempora sicut in metris ODINGTON *Mus.* 127; s**1423** de institucione ~arum ... duo sint ad minus .. stipendiarii cantores in ecclesia qui .. intersint misse AMUND. I 106; **1437** quidam .. dum incensant altaria in ecclesia, extrahunt secum meliores ~as in diminucionem cultus divini *Stat. Linc.* III 366.

organistrum [ML], musical instrument.

in quibus chordas et organa, timpana et citharas cum ~is et cimbalis canentes .. audivit (*Visio Tnugdali*) *NLA* II 310.

organius v. organicus.

organizare [LL < ὀργανίζειν=to make music with instruments]

1 to provide with bodily organs, limbs, or physical structure.

corpus, id est illud visibile ~atum *Ps.*-GROS. *Summa* 369; corpus gloriosum est corpus ~atum, et movetur per ministerium organorum PECKHAM *QA* 139; in semine humano, nutriendo, augmentando, ~ando, et universaliter disponendo SICCAV. *PN* 128; omnis virtus anime sibi determinans partem ~atam in corpore BACON VII 16; virtus divina subito organisavit corpus sumptum de Virgine WYCL. *Ente* 164; sicut corpus humanum turpe foret et monstruosum nisi debitis proporcionibus et certis membris fuerit ~atum THORNE 1799.

2 to assign to a (sense) organ.

in intellectu .. non ~ato .. est species in sensu materiali impressa virtuti intellectus agentis WYCL. *Trin.* 70.

3 to play on a musical instrument.

coeperunt itaque dulcissimis ac modulatissimis vocibus psallere, et me ad ~andum quod psallebant invitare OSB. *Mir. Dunst.* 25; tympanizans ejulat .. ~ans flet J. LOND. *Commend. Ed.* I 21; *to synge or to play on the organ'*, ~are *CathA*.

4 to sing (usu. in harmony or polyphony); **b** (w. bird as subj.).

nunc cantare, nunc ~are, nunc cantus et organa facere et docere, nunc rithmis, prosa et versu, ut qui in his omnibus doctissimus erat, certare jocunde solebat *Chr. Pont. Ebor. A* 363; iste modus valde utitur inter puros organistas et inter Lumbardos ~antes *Mens. & Disc. (Anon. IV)* 79; valde bene cantantes cum premunitione magistri scholarum cantus et ~ent ad lectrinam *Stat. Linc.* I 369; **1530** pro vj libris scriptis de *les quaris* pro choro .. et pro emendacione ij librorum pro ~ante cum ligatura eorumdem, xvj s. *Fabr. York* 104. **b** turtur organizat .. cignus citharizat *Ps.*-MAP 238; volucres concentibus organizant letis GARL. *Epith.* VI *Summa* 3; aves multe .. cantantes et ~antes *NLA* II 311.

organizatio [ML]

1 provision of organ, limb, or physical structure; physical structure.

sicut .. vita data est super complexione, sic et spiritus super ~one GILB. VII 285. 1; lineamenta corporis animandi ~onemque formando *Ps.*-GROS. *Summa* 366; quantitas vel equalitas complicabilis respondet substantie anime simplicitati, et diversitas ~onis respondet multiplicitati potentiarum anime PECKHAM *QA* 188; irracionabile est quod aliquid .. casuale .. induceret tantam ~onem membrorum in materia T. SUTTON *Gen. & Corrupt.* 140; oportet resistere peccato in ~one vel com[posici]one, et si tale sit illud amovere GAD. 111. 1; licet corpus humanum ab inicio fuit de limo formatum .. ita fuit proporcionatum ut in eo essent complexionis equalitas, ~onis conformitas *Eul. Hist.* I 17.

2 assignation to different organs of a living structure.

~o est partium dissimilium operationum set partes plante habent easdem operationes BACON XI 213.

3 polyphonic singing.

hec ~o erit in dispositione succentoris *Stat. Linc.* I 369.

organizator [ML], organist, singer.

to synge or to play on the organ, organizare, ~or, organizatrix *CathA*; **1493** quod Joh. Frampton scolaris orgonizator habeat omni termino .. vj s. viij d. ad serviendum Deo in choro collegii diebus festis cum cantu et organis *Reg. Merton* 177.

organizatrix, organ-player or singer (f.).

CathA (v. organizator).

organulum [ML], (little) song, music.

1144 silvas avicule .. suis replent ~is G. FOLIOT *Ep.* 26.

1 organum [CL < ὄργανον]

1 (bodily) organ; **b** (w. gen.).

quamdiu anima est in corpore, ipsis instrumentis corporeis vel ~is utitur AILR. *Anim.* III 29; vite .. et vegetabilitatis, sensus et motus .. diversa sunt principia, diversis ~is a summo .. artifice adscripta ALF. ANGL. *Cor* 2. 5; cum nullius virtutis ministerium conpleatur nisi per ~a convenienter adaptata, tunc exigitur adaptatio et preparatio ~orum multiformium ad texturam humani corporis ordinandam *Ps.*-RIC. *Anat.* 1; lesio ~orum et virtutum anime BACON *Tert.* 64; per illud organum fere contraria / minuti culicis facit industria WALT. WIMB. *Carm.* 399; potencia non-organica est illa que non indiget ~o corporali in sua accione OCKHAM *Quodl.* 369. **b** in 'gutture' ~um vocis .. insinuat BEDE *Prov.* 949; sic .. per animam Deus, qui numeris elementa ligat, ~um cordis suis nervis attemperat, ne alicui eorum dissonantia subrepat, quae sensuum armoniam inpediat ABBO *Calc.* 3. 5; venis omnibus et arteriis cum via spiritus et halitus ~o pariter precisis GIR. *IK* I 4 p. 52; corpus humanum .. proprium anime rationalis ~um [TREVISA: *instrument*] ipsius operacionibus tam naturalibus quam voluntariis deputatum BART. ANGL. IV 1; nareis .. olfactus nimirum ~a D. EDW. *Anat.* C2.

2 power of speech. **b** (*~o vocis suae* or sim.) by the utterance of his own words.

claudus gressum composuit, ibi mutus ~um resumpsit W. MALM. *GR* II 162; **1449** per ora et ~a eorum .. promulgari et declarari *Reg. Dunferm.* 425. **b** **1296** palam, publice .. et expresse cognovit ~o vocis sue *Doc. Scot.* II 60; **1322** lator presencium sue vocis ~o vos .. informabit *FormOx* 78; **1324** et .. latori presencium insinuavimus, vobis .. relevanda [*sic*] ~o vocis vive *Lit. Cant.* I 125.

3 (of person or sim.) instrument, agent. **b** (*~um vocis*) mouthpiece. **c** (*~um Spiritus Sancti* or sim.) mouthpiece of the Holy Spirit. **d** (*per ~um* w. gen. of name) through the instrumentality or agency (of person).

ut vas Dei quondam in ministerio praeparatum vertatur in zabuli ~um GILDAS *EB* 34; sermo vester, imo Dei potius cujus supra fuistis ~um H. BOS. *Thom.* IV 13; fuit .. serpens materialis ~um antiqui serpentis NECKAM *NR* II 105; **c1297** acta .. per magistrum H. de M. tanquam ~um .. domini archiepiscopi tunc presentis *Reg. Cant.* I 64; **1419** prelati et clerus per .. W. L. utriusque juris doctorem, ~um procuratorium cleri ut dicebatur gerentem, concesserunt domino nostro regi medietatem unius integre decime *Ib.* III 58. **b** **1293** dans et committens specialiter vices suas in hac parte dicto precentori ac ipsum super premissis .. constituens ~um sue vocis *DCCant. Reg. Q.* f. 14b; **1415** decani, archidiaconi, et procuratores capitulorum et cleri .. per .. H. W. officialem curie Cantuariensis vocis sue ~um et prelocutorem electum concesserunt domino nostro regi duas decimas *Reg. Cant.* III 5; **1429** per .. magistrum Johannem W., ~um vocis dicti Ricardi *Heresy Tri. Norw.* 88; subdiaconus tanquam ~um vocis capituli *Stat. Linc.* III 485. **c** vates .. qui os .. Dei ~umque Spiritus Sancti .. extitere GILDAS *EB* 37; cum enim ad locum sanctae exhortationis suae ventum est, o qualia, o quanta per ~um suum Spiritus Sanctus effudit! ADEL. BLANDIN. *Dunst.* 11; ex sacra lectione solius Spiritus Sancti ~um .. personabat H. BOS. *Thom.* III 16 p. 232; de impolluto innocentium ore, apto viz. Spiritus Sanctus ~o J. FORD *Serm.* 56. 1; insignia .. ab illo Spiritus Sancti ~o sancto [viz. Gregorio] .. effluxerunt ELMH. *Cant.* 83; **1444** membrum .. de ~o Spiritus Sancti, corpore, viz. sanctissimi Wilfridi *Lit. Cant.* III 187. **d** **1441** per ~um fidelis vestri dilecti Johannis Beke BEKYNTON II 101; **1448** visis et auditis dictis literis, barones et alii de assisa per ~um Alexandri de Strathachyne de Thorntoune deliberaverunt et proposuerunt *Reg. Brechin* 112.

4 mechanical device, instrument.

1290 pro j cista pro speceria et candelis et pro ~is, baneriis de armis regis et pencellis cum cindone, serico, et card' emptis *Doc. Scot.* I 140.

5 musical instrument that can be tuned; **b** (fig.). **c** (*~a suspendere*, w. ref. to *Ps.* cxxxvi 2) to hang up one's instrument, to stop playing, turn to grief. **d** (*~a suspendere* or sim.) to suspend celebration of rites of the Church.

est autem sistrum genus tube vel ~i, quo utuntur tantum Egyptii, quod in simulacro Isidis pingitur ALB. LOND. *DG* 7. 4; hic cantabunt ~a *Ludus Coventriae* f. 219. **b** obedienti .. gemina infunditur leticia: altera de obedientia .. ad spiritum .. dicitur cythara; altera de pace .. ad Deum .. dicitur psalterium. in his spiritualibus ~is homo per penitentiam justificatus a Deo BALD. CANT. *Serm.* 2. 67. 441. **c** sicut filii transmigrationis in medio Babylonis, suspendimus ~a nostra BALD. CANT. *Serm.* 2. 24. 433; suspendantur ~a musica, cedant oscula plorationi J. FORD *Serm.* 41. 1; **c1410** nisi quod primum succurrat benignitas .. in tristicie salicibus nostre consolacionis ~a suspendemus *FormOx* 213. **d** archiepiscopo etiam ad tempus ~um retraxit [sc. papa] et potestatem ligandi regem W. FITZST. *Thom.* 84; **s1147** interdicta .. propter hanc pervicaciam civitate, suspensis ecclesie ~is .. regis filius sacra officia celebrari precepit W. NEWB. *HA* I 17.

6 (sg. or pl.) organ. **b** (*~um hydraulicum*) water organ. **c** organ-pipe.

maxima millenis auscultans organa flabris ALDH. *VirgV* 71 (v. follis 3c); organa cum tibiis resonant dulcisona pulchris ÆLNOTH *Cnut* 44; Constantinus imperator misit Pepino ~um cum aliis donis plurimis R. NIGER *Chr. II* 147; BART. ANGL. XIX 132 etc. (v. fistula 2e); **s1264** fecit magnum campanile, ~a grandiora GRAYSTANES 9; **a1439** cuidam clerico pro flatu ~orum, xvij d. *Ac. Durh.* 73; **s1512** hoc anno magna ~a et mediocra ~a fuerunt quasi de nova reparata ac bene intonata et sonorata *Reg. Butley* 29. **b** ~a hydraulica ubi .. per aque calefacte violentiam ventus emergens implet concavitatem barbiti et per multiforatiles tractus aeree fistule modulatos clamores emittunt W. MALM. *GR* II 168. **c** **10..** ~a, *þeotan WW*; **c1520** vestes ineptas ad modum ~orum in dorsis fabricatas *Conc. Scot.* I cclxxvii.

7 (by assoc. w. psaltery as musical instrument) book of psalms, psalter. **b** (spec. psalm).

psalmorum liber .. Latine ~um dicitur P. BLOIS *Opusc.* 1053D. **b** imponit extremum psalterii ~um, 'Laudate Dominum', ubi .. ultimum verbum hujus ultimi hymni canebant GOSC. *V. Iv.* 87B.

8 song, hymn.

934 angelica ymnidicae jubilationis ~a *CS* 702; dulcia corde pio resonantes organa Christo *Trop. Wint.* 40; sicut David psalterium sumens, citharam percutiens, modificans ~a OSB. *V. Dunst.* 8; hic [in oratorio Mariae] audiebatur concentus angelorum hic ~a virginum, hic assiduabatur virtus miraculorum GOSC. *Transl. Aug.* 33A; organa nunc oris fidibus sociabo sonoris R. CANT. *Malch.* V 407.

9 music, esp. vocal as dist. from instrumental and mensurable as dist. from plainchant. **b** (*~um simplex*) monophonic setting of verse text. **c** mensurable music of two or more parts, usu. a florid melody over a held note. **d** (*~um duplum, triplum, purum, cum alio*, or sim.) mensurable part or parts, as dist. from the tenor.

usula piscis est Danubii qui per tela hostium musice petit mela nec vulneratus absistit, sed vite prodigus et avarus ~i sectatur anime sue mellitas illicebras usque ad mortem MAP *NC* V 1 f. 59v. **b** quandoque simplex ~um dicitur, ut in simplicibus conductis *Mens. & Disc.* (*Anon. IV*) 70. **c** chorus .. virorum et puerorum gratissimam consonantiam diapason reddentium, dum modo junctis modulis concinerent modo distinctis ~is parvuli viris responderent GOSC. *Transl. Aug.* 35A; inter crispatos modulos ~aque multipliciter intricata GIR. *TH* III 11; ~um .. et decentum .. prohibemus *Inst. Sempr.* *xlii (v. discantus); habito de ipsa plana musica, que immensurabilis dicitur, nunc est presens intentio de ipsa mensurabili, que ~um ad nos appellatur, prout ~um generaliter dicitur ad omnem mensurabilem musicam GARL. *Mus. Mens.* 1. 1; ~um per se dicitur id esse, quidquid profertur secundum aliquem modum non rectum, sed non rectum *Ib.* 13. 4; **1322** cuilibet cantantium ~um iij d. *Stat. Linc.* I 337; talibus vero longis utitur vetus ~um purum, sed non formantur sic HAUDLO 116; partim mensurabilis dicitur ~um pro tanto quod non in omni parte sua tempore mensuratur HAUBOYS 182. **d** quandoque dicitur ~um purum ut in 'Judea et Jerusalem' in duplo .. quandoque dicitur alio modo ut in ~o triplo, quamvis improprie, ut in 'Posui adjutorium' in triplo *Mens. & Disc.* (*Anon. IV*) 70; ~um autem cum alio dicitur quidquid profertur per aliquam rectam mensuram GARL. *Mus. Mens.* 13. 8; organum dupliciter dicitur sc. proprie et communiter. est .. ~um proprie sumptum ~um duplum quod purum ~um appellatur. communiter .. organum appellatur quilibet cantus ecclesiasticus tempore mensuratus HAUBOYS 182.

10 (log. & phil.) instrument for reasoning, part of argument.

quis .. sciret que demonstratio esset in primo ~o seu primo metro .. nisi per beneficium Posteriorum Analecticorum? NECKAM *NR* II 173 p. 293.

2 organum v. origanum. **orgea** v. orgia. **orgeare** v. orgiare. **orgeum** v. hordeum.

orgia [CL < ὄργια]

1 secret rites, mysteries (esp. of Bacchus).

Liberalia et Bacchanalia nec non et ~ia nuncupari veterum antiquitas verae religionis expers decreverat ALDH. *Met.* 123; ~ea, mysteria Bacchi *GlC* O 260; rediturus ad orgia Bachi *Babio* 381; suntque ejus proprie cerimonie, sicut et Liberi ~ia ALB. LOND. *DG* 7. 1; ~ia tam Bacchi quam Dionysii denuo celebrabant GIR. *PI* I 20; debacchantibus inter ~ia Bacchi NECKAM *NR* 157.

2 religious service.

vestris ~iis, sacrificiis *geowrum cyrcþenungum GlP* 533; munia atque ~ia .. complevit BYRHT. *V. Ecgwini* 354 (v. munia 1a); assidue divina patravere ~ia et munia *Id. V. Osw.* 424.

3 song.

psalmigraphi recolentes orgia FRITH. 358.

orgiare [cf. orgia 3], to sing.

~eo, *seynge wyth mowth WW*.

orgillus [ὀργίλος], angry.

Matheus, Marcus, Lucas, Johannes, bonus fuit et sobrius religiosus .. me ~us .. susdispensator et pisticus *Leechdoms* III 288.

orgonizator v. organizator. **orhambulus** v. orbambulus. **oria** v. oreae.

oriacanthum [orus+acanthus < ἄκανθος], horseheal, elecampane (*Inula helenium*).

oridanum, *eolone GlC* O 225; **10..** *horidanum, elene* .. oriathamum, *eolone WW*; oriebanum, *horshelone Gl. Durh.* 304; oridanum, i. *heolene Gl. Laud.* 1080; oriatanum, *elle MS BL Sloane 420* f. 119.

oriacantum v oxyacantha.

oriaracha [orus+aracha], garden orach, mountain spinach (*Atriplex hortensis*).

de herbis: .. hec †orirararacha, *drasche* [? l. oriaracha, *orasche*] *Gl. AN Glasg.* f. 19.

oriathamum v. oriacanthum. **oricantum** v. oxyacanthum.

orichalcatus, made of brass.

1431 unum par candelabrorum auricalcatorum precii xl s. *Reg. Cant.* II 451.

orichalceus, made of brass.

siccut .. oricalceum et felle taurino tincta videntur esse aurea cum non sint BACON XV 324.

orichalcus [CL < ὀρείχαλκος], copper alloy, brass, bronze; **b** (assoc. w. *aurum*).

aurichalcum et ~um dicimus et hoc singulariter tantum BEDE *Orth.* 9; tibiam ~o junctam J. SAL. *Pol.* 588D; **1427** duos cumulos ponderum de ~o *MunAcOx*

284. **b** pedes auricalco clibani simillimos ALDH. *Met.* 2 p. 66; BEDE *Orth.* 9 (v. a supra); aurocalcum, *groeni aar GlC* A 957; quales res adduces nobis? [mercator] . . auricalcum [*gl.: mæstlinge*], aes et stagnum ÆLF. *Coll.* 96; qui emere se putat aurum et emit auricalcum NECKAM *NR* II 173; decoctores de facili in cupro et auricalco colorem et quasdam conditiones auri inducunt. convertitur namque artificio cuprum in auricalcum *Ps.*-GROS. *Summa* 641; operi est accipere unam laminam auricalci pollitam et planam WALLINGF. *Alb.* 294; **1454** volo quod tumba mea sit facta de petra marmorea cum ymagine mea . . desuper impressat' de auricalco *Test. Ebor.* II 200; candelabra duo argentea . . tertium ex aurichalco FERR. *Kinloss* 30.

oricudium v. horicudium. **oridanum** v. oriacanthum.

oridurus [cf. 1 os+durus, LL *gl.*: oridurius], hard-mouthed, harsh-speaking.

~us, *daff, or dastard, or he þat spekyth not in tyme PP.*

oriebanum v. oriacanthum. **oriellum** v. 2 oriolum. **oriendus, oriens** v. oriri.

orientalis [CL]

1 eastern, of the east: **a** (topog., geog.); **b** (as one of four directions or regions of the world); **c** (of kingdom or sim.); **d** (of church) eastern, Greek.

a in ~i parte insulae GILDAS *EB* 23; in ~i mare collocatum *Comm. Cant.* II 9; et quaedam insula in ~ibus orbis terrarum partibus esse dicitur *Lib. Monstr.* I 36; ab ~i mari usque ad occidentale BEDE *HE* I 15 p. 32; columnam . . ab illa quae turri ~i arcuatur tertiam GOSC. *Transl. Aug.* 27B; sicut ~es plage propriis quibusdam . . preeminent ostentis GIR. *TH pref.*; **1593** in templo Sancti Petri ~is infra universitatis praecinctum *StatOx* 451. **b** in quocunque lapide inveneris arietem, leonem, et sagittarium insculptum, illi lapides ignei sunt et ~es, et se ferentes faciunt Deo et hominibus gratos *Sculp. Lap.* 450. **c** exercitus paganorum . . Britannicam insulam deserens . . ad ~em Franciam perrexit ASSER *Alf.* 61; ~e [sc. imperium] apud Persas semper durat W. MALM. *GR* IV 360; ~ia regna G. MON. X 8; Trojam reedificare proponens, ibique ~is imperii caput erigere volens GIR. *DK* II 7. **d** secundum morem ~ium ecclesiarum conveniunt omnes qui pro diversis criminibus paenitentia sunt ÆLF. *EC* 45; ecclesia ~is GIR. *GE* II 6 p. 187, HALES *Sent.* IV 555 (v. ecclesia 3b); episcopi habeant uxores in ecclesia ~i OCKHAM *Pol.* II 823.

2 drawn from or that occurs in eastern parts.

ut de ~i abundantia replerent occidentalem inopiam *Ps.*-BEDE *Collect.* 379; cum ~i classe W. MALM. *GR* II 156; due sunt species croci, ortensis . . et ~is BART. ANGL. XVII 41 (v. 1 crocus a).

3 (or person) who lives in or originates from the east or eastern part of an area; **b** (by hypallage).

Porphyrius rabidus ~is adversus ecclesiam canis GILDAS *EB* 4; a nonnullis . . ~ium doctorum *Comm. Cant.* III 115; ~es Saxones BEDE *HE* I 15 p. 31; **786** quo ~es monachi degunt (*Syn.*) *Ep. Alcuin.* 3 p. 22; ~es Anglos GOSC. *Transl. Mild.* 5 p. 161; duce Corbaguath satrapa ~i W. MALM. *GR* IV 364; ~es enim Angli ELMH. *Cant.* 140. **b** ignis ~i sacrilegorum manu exaggeratus GILDAS *EB* 24.

4 (as sb. m.) person who lives in the east.

p**675** genus . . hereticorum aput ~es ALDH. *Ep.* 4 p. 483; habuerat tonsuram more ~ium sancti apostoli Pauli BEDE *HE* IV 1 p. 203; ~es et Northanimbros . . obsides prebere compellens W. MALM. *GR* II 121; quid actum sit apud ~es dignum culleo supra posuimus DICETO *YH* 360; KILWARDBY *OS* 105 (v. occidentalis 4a).

5 (as sb. n.) eastern region.

qui etiam ab ~ibus adventantes interrogabant dicentes . . THEOD. *Laterc.* 5.

orientaliter, easterly, towards the east.

1423 sic debet revertere ~iter . . per unum latus strate . . secundum quod . . jacet occidentaliter, ~iter, borialiter, australiter *BBWint.* 59; s**1452** volo locum sepulture mee esse in introitu janue ecclesie . . versus austrum ~iter in cemeterio . . ecclesie *MunAcOx* 641; **1587** clausum . . adjacens prope altam viam ~iter et borientaliter [*sic*] *Pat* 1265 m. 19.

orifalus v. oxybaphus.

orificium [CL]

1 gap, opening: **a** (in wall) crack. **b** (in vessel, drain) mouth.

a terre motu . . ecclesie . . opus recens . . in australi muro horribilibus ~iis dehiscens *Croyl. Cont. A* 129. **b** suffumigia. fiant de . . floribus camomille . . positis in olla stricti ~ii GAD. 71V. 1; **1440** pro ~io gurgitis viij d. *Cant. Coll. Ox.* 156; quocirca aqua naturalis ita tincta caute evacuetur in aliud vas, habens ~ium valde strictum, ut possit melius et firmius obturari RIPLEY 153.

2 (of bodily organ or part) orifice.

~ium . . i. foramen oris quod etiam pro quolibet foramine dicitur OSB. GLOUC. *Deriv.* 387; egestiones per inferius ~ium turpiter emisit GIR. *PI* I 17; clauditur ergo ~ium matricis ne predicta incommodo accidant, sicut assumpto cibo clauditur ~ium stomaci donec cibus illuc transmissus digeratur *Quaest. Salern.* B 99; musculi . . ~ia sinistri et medii thalami cordis claudentes eisdem nervis vinciuntur ALF. ANGL. *Cor* 6. 1; ~ia splenis GILB. I 53. 1; matrix in ~io quod vulvam appellant multum est sensibilis RIC. MED. *Anat.* 231; est . . matrici duplex ~ium, exterius quod semper est patulum collum matricis, et interius quod certis horis clauditur et aperitur *Ib.* 232; cum enim cetera intestina duo habent ~ia BART. ANGL. V 42.

oriflamma, ~eum [OF *oriflambe* < aurea flamma], banner of St. Denis carried into battle by kings of France.

s**1242** penituit . . regem Francie se regi Anglie sic humiliasse, et evoluta oloflamma, impetum fecit vehementissimum *Flor. Hist.* II 254; que secum gessit oloflammea Karolus olim / clara reponuntur dum nive canet hiems GARL. *Tri. Eccl.* 67; s**1346** vexillarius . . regis [sc. Francie] . . vita privatus, vexillum suum in campo dimisit . . . ~a similiter cum bajulatore . . consimilem sequebatur effectum ita quod non oporteet inter reliquias illam diutius venerari AD. MUR. *app.* 247.

origalis v. aurigalis.

origanalis [CL origanum+-alis], of marjoram, similar to marjoram.

in quibusdam est [humor] ~is, ut qui est in origano et in planta que dicitur opigaidum [vv. ll. opigaida, opigaldum, epigader, epygadrium] ALF. ANGL. *Plant.* 16.

origanum [CL < ὀρίγανον], organum: **a** wild marjoram (*Origanum vulgare*). **b** pennyroyal (*Mentha pulegium*).

a ~um, *wurmille GlC* O 224; ibi crescit . . ambrosia, pionia, pollegia, organum [*gl.: organe*], artemisia, salvia, fel terre vel centaurium ÆLF. BATA 6 p. 99; ~um, i. *organe* vel *wurmele Gl. Laud.* 1089; non sinit origani virtus aconita nocere; / hydropicis confert, inferiora juvat NECKAM *DS* VII 217 p. 477; si vis fortius provocare eructuacionem tunc cum istis, sc. ~o, foliis rute, aniso GAD. 34V. 2; *SB* 23, *Alph.* 130 (v. golena); calamentum folia habet ad modum ~i sed albiora et florem album *Alph.* 27. **b** ~um . . i. pulegium *Gl. Laud.* 1089; recipe . . unam [libram] de foliis lauri, i. e. *lorer*, et ~i, i. e. *puliol real Pop. Med.* 229; **12..** ~um, i. *puliol real*, i. *wdeminte WW*; *pyliol ryal*, ~um *PP*; ~um . . est herba quam vulgus appellat *penyryall* aut *puddyng grasse* TURNER *Herb.* B 3.

Origenianus [ML], follower of Origen, Origenist.

hoc contra ~os dictum est BEDE *Prov.* 948A.

Origenicum, literary work of Origen.

1529 multa ~a displicuerunt veteribus (C. TUNSTALL) *Ep. Erasm.* VIII 2226.

origere, to rise, begin.

1519 mete et bounde . . ab hoc loco usque fontem ibidem origit [*sic*] *Cart. Glam.* 1816.

origeron [cf. origere], groundsel (*Senecio vulgaris*).

~on, senechion, *groundeswilye MS BL Arundel 42* f. 96va; ~en . . A. *groundswilie MS BL Sloane 1067* f. 286ra.

origia v. oryza.

originalis [CL]

1 that exists or occurs at the beginning, original, first; **b** (w. ref. to original sin; also as sb. n.). **c** (*~is mundus*) the antediluvian world. **d** (w. ref. to sum of money originally borrowed).

propter . . ~is patientiae titulum ALDH. *VirgP* 54; **8..** ~ia, *fremðlice WW*; ~e quoddam rei vocabulum lingua Saxonica LUCIAN *Chester* 64; lingua . . Kambris . . propter ~em convenientiam, in multis adhuc et fere cunctis intelligibili GIR. *DK* I 6; **1335** ut supra in ~i commissione *RScot* 329b; terras, non quasi confirmando [sc. domum a comite factum] sed quasi sub ~i domo, nobis concedebat *Meaux* I 93. **b** antequam salutifero lavacri baptisterio mersus ab ~i piaculo purgaretur ALDH. *VirgP* 25; seminum sunt . . quae ex Adam ~ia traximus BEDE *Cant.* 1070; in qua regeneratione remissionem omnium peccatorum, et ~ium et actualium dari . . credo ALCUIN *Dub.* 1073B; illud . . quod trahitur in ipsa origine vocatur '~e' quod potest etiam dici 'naturale', non quod sit ex essentia naturae, sed quoniam propter ejus corruptionem cum illa assumitur ANSELM (*Orig. Pecc.* 1) II 140; si enim conceptus esset per copulam carnalem viri et femine, traxisset maculam ~is culpe quod, ut supradictum est, non est possibile GROS. *Cess. Leg.* II 3 p. 89; quia omnes contraxerunt ~e, ut dicit, preter Christum, qui solus conceptus fuit de Spiritu Sancto BACONTHORPE *Post. Matth.* 262. **c** si ~em mundum propter scelera diluvio perdens Noe justum servavit BEDE *Ep. Cath.* 75; ~is mundus . . non tantum est submersus H. LOS. *Ep.* 6. p. 11; ~em mundum R. BURY *Phil.* 16. 211 (v. 3 mundus 1b). **d** villam . . retradere recusarunt, nisi . . preter . . dccc marcas ~es . . viginti libras annuas . . solvere nos obligaremus *Meaux* II 184.

2 of birth, native; **b** (*~is linea*) line of descent.

diuturni exilii pertesum et in spe fraterne clementie ad ~e solum revertentem *Chr. Rams.* 154. **b** variarum gentium ~em a puncto lineam ducere GIR. *TH intr.*; de Cambria oriundus . . parentibus non infimis propagatus, ~em lineam duxit *NLA* I 174.

3 original, archetype: **a** (phil., as sb.); **b** (of document). **c** (as sb. m. or n.) original document. **d** authentic copy.

a forma nativa, ~is exemplum . . que non in mente Dei consistit sed rebus creatis inheret J. SAL. *Met.* 875D. **b** literas et ~ia scripta . . premittebat GIR. *JS* III 317; **1280** litteris ~ibus Alphonsi . . comitis *RGasc* II 108b; aliquam discrepanciam retinet ab ~ibus . . codicellis ELMH. *Cant.* 237; **1421** item in ij transumptis trium cartarum ~ium archiepiscoporum Ebor., vij s. x d. *Ac. Durh.* 618; **1496** exempla . . cum ~ibus litteris debite collacionata *Melrose* 593. **c** c**1168** vobis mittimus exempla cartarum quas vidistis apud Norhamton quia ipsas ~es propter varia pericula circumferre non audent *Reg. Plympton* 162; protulerunt itaque tandem aliquando monachi abbatis scedulas suas, quas sua ~ia constanter esse dicebant GERV. CANT. *Chr.* 296; **1222** transcriptum . . cartarum . . nobis . . transmittentes, retentis in custodia vestra ~ibus *Pat* 356; *Reg. Plympton* 151 (v. evolvere 1c); **1270** hic transcripto de ~i sumpto . . sigillum suum apposuit *Kelso* 202; **1447** ut . . copiam . . facerem . . et ~e . . abbati retraderem *Eng. Clergy* 244; s**1476** volumus . . quod ipsarum [sc. literarum] transcripto . . tanquam prefatis, si ~es exhiberentur, literis plena fides adhibeatur *MunAcOx* 350. **d** explycit oreginale de Sancta Maria Magdalena *Digby Plays* 95.

4 that is the origin, source, or cause; **b** (as sb. n.); **c** (of written work); **d** (of laws on which later laws are based).

cum cor sit ~e vite domicilium AD. MARSH *Ep.* 247. 14 p. 456. **b** versus illam [sc. partem] dirige acies et bellum et cum omnibus hiis perseveranciam frequenta, quia hoc est de ~ibus victorie BACON V 153. **c** tam in prologis et in textu quam in ~i et glossis BACON *Min.* 351. **d** tunc venit virtus legalis plantativa ~ium [i. e. legum a quibus successores sumunt originem suarum legum quas ipsi addunt] BACON V 131.

5 (leg., *breve ~e*) original writ, writ that originates legal proceedings (usu. issued by chancery, as dist. from *breve judiciale*); **b** (ellipt., as sb. n.).

oportet etiam ut facto brevi de exitu thesauri . . faciat idem scriptor rescriptum ejus, quod vulgo dicitur contrabreve, et illud penes se reservabit clericus cancellarii in testimonium liberate facte per breve regis ~e . . *Dial. Scac.* I 6A; **1200** defendentes . . qui nominati fuerunt in brevi ~i *CurR* I 225; **1201** sine brevi ~i (v. brevis 11); placitare posset per brevia

nostra ~ia de cancellaria *Leg. Ant. Lond.* 236; **1439** in ij brevibus ~ibus versus W. C. et J. G. ac R. S. cum diversis mandatis et execucionibus iij s. ij d. *Ac. Durh.* 72; **1595** tabula registri omnium brevium ~ium *Reg. Brev. Orig.* **b** **1263** habeat breve conquerens .. sine mensione graduum .. per ~ia per consilium regis inde providenda (*Provis. Westm.*) P. Brand *Kings, Barons and Justices* Cambridge, 2003 p. 448; **1270** post titulum predictum exigantur debita contenta in ~ibus, tam majoribus quam minoribus, de quibus onerentur vicecomites per suas responsiones *RBExch* III 843; habeat conquerens breve de recuperanda seisina .. per ~ia per concilium domini regis inde providenda *Leg. Ant. Lond.* 234; **1332** prout in commissiones inde factas predictis Philippo et Philippo et irrotulata in ~ia de anno xviij° dicti regis Edwardi *LTR Mem* 105 m. 12; **1337** in cancellaria nostra, ubi sunt orriginalia seu munimenta que istam materiam concernunt *Lit. Cant.* II 146; **1405** fines illi in ~i dicte cancellarie .. in scaccario liberate [*sic*] ex inadvertencia bis inseruntur *Cl* 254 m. 17.

6 complete, unexcerpted (w. ref. to work of an author, usu. patristic); **b** (as sb. n.).

de investigandis expositionibus Sacre Scripture in libris ~ibus sanctorum AD. MARSH *Ep.* 197; magna volumina diversorum doctorum ~ia .. minora .. volumina de diversis tractatibus et historiis *Croyl.* 53. **b** ad primum objectum dicendum quod inspectione ~is satis patet quia Augustinus a rebus pertinentibus ad tertium genus visionis excludit species PECKHAM *QA* 216; non enim dicit Augustinus 'aut intemperans est aut superstitiosus est' sicut patet respiciendo omnia ~ia mundi, nisi sint de novo corrupta *Id. Paup.* 59; quod eciam sit ornamentum crurium, patet per Isidorum in libro ethimologiarum, et per glosam Isaie tercio, et per Jeronimum in ~i BACON *Gram. Gk.* 76; libri canonistarum non sunt nisi quedam collaciones ex auctoritatibus Biblie et ~ibus theologorum et sanctorum OCKHAM *Dial.* 405; studiosus in divinis scripturis ~ibusque sanctorum patrum RISH. 72; quod probavit per Scripturas et Evangelia, per doctorum ~ia et exemplo religiosorum *Eul. Hist. Cont.* 338.

originaliter [LL]

1 originally, in or from the beginning; **b** (w. ref. to sin).

postquam ~iter materia informis formatas species per revolventem dierum alternationem accepit ALDH. *Met.* 2 p. 68; revera longe facilius est ~iter alienis ab inventionibus quid quasi nomine mutui gratis accipere E. THRIP. *SS* XI 12; non autem fuisset baptismus vel circumcisio, cum omnes nascerentur ~iter justi, et per consequens non esset confirmacio GROS. *Cess. Leg.* III 2 p. 135; **1331** hundredum .. sibi vel antecessoribus suis ~iter fuit concessum *PQW* 55a. **b** quod utique ignoramus modo, sciemus tamen in futuro, ~iter usque adeo sorduisse, ut absque actu proprio, nisi remediaiter subventum fuerit, jure debeatur gehenne PULL. *Sent.* 766B; alia vero persona est Adam peccans cum tota sua progenie ~iter in eo vitiata et ex concupiscentiali lege propaginis in originali peccato de eo nascitura GROS. *Cess. Leg.* I 8 p. 38; prima pars patet quod nisi peccassemus ~iter, quod solum a nobis fuit, omnes predestinaremur et nullus reprobaretur *Id. Quaest. Theol.* 199; circa quod sciendum quod omnis homo excidit in primo parente ~iter S. GAUNT *Serm.* 208.

2 by or from birth.

vis .. ~iter indita cuique ex qua opus aut aptitudo procedit, natura quidem est sed creata J. SAL. *Met.* 835D.

3 as the source or origin: **a** (of river); **b** (of descent); **c** (of abstr. subj.). **d** (phil.) with reference to origin.

a [flumina] ex .. irriguis fontium venis ~iter emersa GIR. *TH* I 7. **b** Elle vero iste rex de semine Ide non descendit, sed tamen ex Woden, de quo Ida originem traxit, et ipse Elle ~iter effluxit R. COLD. *Osw.* 1 p. 339; patres ergo nostri dicuntur in proposito, ex quorum progenie, mediate vel immediate, sed tamen ~iter descendimus, vel quorum similitudinem moribus et vita representamus (KYN.) *Ziz.* 30; s**1339** sanguinis originale principium ab avo ~iter derivatur WALS. *HA* I 202; de racione Normannorum ~iter processerunt *Plusc.* VII 1. **c** cum malitia non possit esse nisi in bono, et ex bono ~iter sc. ex libero arbitrio, oportet ut prius intelligatur bonum quam malitia NECKAM *SS* III xlix 3; potissime ad jus illud quod primordialiter a matre sic exclusa non oritur, sed in nepotem propagatum ab avo ~iter derivatur *G. Ed. III Bridl.* 142. **d** aut effective ut ex patre fit filius aut ~iter tamquam ex termino BACON *Tert.* 197; non .. compositive set .. ~iter et efficaciter *Id.* VII 22 (v. compositive); dico quod hec preposicio 'de' .. accipitur substancialiter et ~iter simul MIDDLETON *Sent.* I 69 Filius habet eandem substanciam .. cum Patre de quo est ~iter DUNS *Ord.* IV 62.

originalius, bondman.

1327 concessionem eciam et donacionem quas Constancia filia Willelmi de Mortona per cartam suam fecit eisdem ecclesie et canonicis de Hugone filio Willemi de M. quondam ~io suo cum tota sequela sua et catallis suis *ChartR* 114 m. 27.

originantia, origination, causation.

dicunt .. doctores communiter quod alia est plenitudo sufficiencie .. alia superhabundancie, ut illa qua omne peccatum veniale excluditur, et alia ~ie, ut Joh. i. xiiij 'vidimus gloriam ejus, gloriam quasi unigeniti a Patre plenum gracie et veritatis WYCL. *Mand. Div.* 128.

originare [ML], (trans.) to give rise to, initiate. **b** (pass. intr.) (w. *ab*, *de*, or *ex* & abl.) to originate, start from; **c** (w. inf.).

ut notet racionem principii ~antis vel efficientis DUNS *Sent.* I 5. 2. 2 p. 466; non erit aliud Patrem ~are Filium quam Patrem habere Filium correlativum .. Pater .. non ~at eum, si nihil ~atur nisi suum correlativum *Ib.* I 26. 1. 13; hoc verbum erat .. ponitur de forma eternaliter emanante a suo ~ante principio WYCL. *Form.* 239. **b** proprie passiones ~antur a substancia .. quod materia cum forma causa est omnium accidencium MIDDLETON *Sent.* I 52; concedo quod non proprie dicitur aliqua persona esse de essencia absolute, sed addendo cum substancia personam aliquam originantem bene dicitur quod persona aliqua ~ata est de substancia illius persone DUNS *Ord.* IV 84; omnia enim ~antur a Deo BRADW. *CD* 210A; ex peccato ~atur omnis talis punicio *Ziz.* 450; ut verbum et raciones exemplares eternaliter ~antur et causantur a Deo WYCL. *Form.* 239; cum oportet talem excommunicacionem ~ari a peccato damnificati WALS. *HA* I 359. **c** minor probatur: nam ad tenorem tendit, a quo in cantando ~atur inesse perfeccio HAUBOYS 270.

originarius [LL]

1 original, that exists at the beginning.

porro quedam offendicula vel obstacula sunt, que humane miserie necessitates juxta ~iam corporis corruptibilis conditionem procreant et producunt J. GODARD *Ep.* 221.

2 concerned with origin, birth. **b** (as sb. m.) a native (w. gen. of place). **c** (leg.) who is born a villein or serf; **d** (as sb. m.).

intueor excellentissimam ex summa ingenuitate totius Europe vos ~iam particulam traxisse carnis J. FURNESS *Walth. prol.* 1; Walthenus .. qui de regum ac principum prosapia particulam ~am ducens, soli Regi regum omnium parenti parere, placere studuit *Ib.* 43. **b** accionem justissime intentatam penitus evacuere nitimini non negando predictum T. vestre civitatis Placencie ~ium fore sed utpote nunc rebellem et exulem affirmando *Dip. Corr. Ric. II* 121. **c** et per hoc patet responsio ad primum, quod ecclesia quodam modo possidet et dominatur, .. et servis ~iis et ascripticiis procuratur PECKHAM *Paup.* 38; s**1213** prepositum nostrum laicum ~ium .. fecit in carcerem detrudi *Chr. Evesham* 242; **1486** quod attemptata per eos super subditos domini regis Scotie debent eodem modo reformari quo reformabuntur attemptata per ~os subditos regis Anglie *RScot* 475b. **d** ~ii, vernaculi *GlC* O 258; coloni quidam dicuntur ~ii ut qui nati sunt in gleba, et eorum cognacio agri culturam peragit VAC. *Lib. paup.* 30; jam per solitudinem septennis incesserat, cum in mentem venit cuidam ex ~iis suis, ut quo deveniret dominus ejus, circumeundo terram perquirat GERV. TILB. III 31.

3 conferred by nature, inborn, natural.

~ius, naturalis OSB. GLOUC. *Deriv.* 403.

4 (phil.) that originates, causative.

seminales eventuum cause et ~ie rationes J. SAL. *Pol.* 427D; est .. Deus fundamentum sine fundamento, in nullo sc. priori fundatum, sed primum et ~ium fundamentum omnium aliorum BRADW. *CD* 178D.

originatio [CL=*etymological derivation*]

1 origin, birth.

s**1461** recessit .. ad manerium sue primarie ~onis *Reg. Whet.* I 399.

2 (phil.) causation, origination.

tria occurrunt circa hanc nocionem consideranda, sc. proprietas significacionis, primitas ~onis, et proprietas nocionis R. MARSTON *QD* 28; ubi per ly 'de' non notatur tantum efficiencia vel ~o, quia si tantum efficiencia, tunc creature essent de substancia Dei, nec notatur per illud 'de' tantum consubstancialitas, quia tunc Pater esset de substancia Filii sed notatur simul ~o et consubstancialitas DUNS *Ord.* IV 62; si vero verbum [incipere] possit utcumque sine offensa locucionis communis et autorum transferri ad significandum processionem, causacionem, ~onem, et ordinem qualemcumque non temporis sed nature BRADW. *CD* 212E.

originativus [ML], that gives rise to, originative.

in 'principium' construitur cum ly 'esse' quia respectu 'esse' est principium ~um DUNS *Sent.* I 9. 1. 4.

origo [CL]

1 beginning, first occurrence, creation. **b** (*ab ~ine*) from the beginning; (*ab ~ine mundi*, usu. w. ref. to time immemorial); **c** (*~o diei*) daybreak.

fausta fuit primo mundi nascentis origo ALDH. *Aen.* 76 (*Melarius*) 1; Jacobus .. ~o evangelicae praedicationis BEDE *Ep. Cath. prol.* 9; **10..** ~o, *frymð WW*; originale peccatum .. videtur dici aut ab ~ine humanae naturae .. aut ab ~ine, hoc est ab initio uniuscuiusque personae quoniam in ipsa ejus trahitur origine ANSELM (*Orig. Pecc.* 1) II 140; de habitatoribus insule et gentium ~ine GIR. *TH intr.* p. 8; ~inis in quo Filius generatur DUNS *Ord.* IV 247. **b** ab ~ine pandam ALDH. *VirgP* 54; T. .. suique consiliarii rem totam ab ~ine noverant ORD. VIT. IX 9 p. 537; **1415** pro .. feloniis .. factis .. infra dominium domini ab ~ine mundi usque hunc diem (*AssizeR*) *March. S. Wales* 55. **c** **1375** ab ~ine diei usque horam nonam *SessPLincs* 207.

2 origin, birth; **b** (w. ref. to lineage); **c** (w. ref. to place of origin).

apibus mea prima processit origo ALDH. *Aen.* 32 (*Pugillares*) 1; erat carnis ~ine nobilis BEDE *HE* II 7 p. 94; ANSELM (*Orig. Pecc.* 1) II 140 (v. 1a supra). **b** de cujus stirpe multarum provinciarum regium genus ~inem duxit BEDE *HE* I 15 p. 32; de antiqua Karoli magni ~ine lineam trahens W. MALM. *GR* IV 349; peccatumque patris plangit origo sequens NIG. *SS* 2550; pater meus et mater mea de optimatibus minoris Britannie traxerunt ~inem P. BLOIS *Ep.* 49. 147B; expectatio eorum homo est de semine Abrahe, ducens ~inem GROS. *Cess. Leg.* II 3 p. 83; ex .. pio patre et matre .. felici .. beatissimus Edmundus duxit ~inem *V. Edm. Rich P* 1776C. **c** Bithynia .. de qua illi qui in Asia sunt Bithyni ~inem ducere perhibentur BEDE *Ep. Cath.* 41; Osbertus qui de castello quod Clara dicitur nativitatis duxit ~inem OSB. CLAR. *Ed. Conf.* 30 p. 123; **1313** in eadem villa traxit ~inem *Reg. Durh.* I 346.

3 origin, source, cause: **a** (of river); **b** (of abstr.); **c** (in phr. *fons et ~o*). **d** (*~inem ducere* or sim.) to derive, spring from. **e** (gram.) derivation.

a capit autem ~inem de uno fonticulo juxta Cirencestriam *Eul. Hist.* II 8. **b** unde etiam angelo et homini sit ~o mali queritur? PULL. *Sent.* 646C; Pater .. est summa caritatis ~o J. FORD *Serm.* 14.3; intellectus est .. ~o virtutum, radix omnium bonorum BACON V 45 (=*Quadr. Reg. Spec.* 33). **c** si dilexisset justitiam, diligeret utique fontem .. et ~inem totius justitiae Deum GILDAS *EB* 62; Salvator mundi, fons et ~o omnis veri gaudii AILR. *Serm.* 3. 3. 220. **d** ut spiritus animalium .. ab ipsis humoribus nascitur .. sic logica ab aliis ducit ~inem J. SAL. *Met.* 869C; non .. motus aliarum virtutum directe .. oriuntur a caritate nec ab ea habent ~inem T. CHOBHAM *Praed.* 182. **e** proprias dictionum ~ines OSB. GLOUC. *Deriv.* 61; duplicitatem .. hujus significationis nomen a Greca .. ~ine contrahit J. SAL. *Met.* 837C; sed ~o vocabuli illius a servando dicitur, quia jure belli poterant occidi, dum servabantur dicebantur servi FORTESCUE *NLN* II 45.

4 literary source.

1466 predicator .. has perficiet determinaciones ..

ex scriptis sacris, ex ~inibus sanctorum *MunAcOx* 716.

origon [ML, cf. ὀρέγων *pr. ppl. of* ὀρέγειν=*to stretch out*], sail.

ad postremum ventorum vehementiam minime ferentes, ~one summisso remigando furentibus elementis aliquatenus reluctari nitebantur CIREN. I 375.

orilegium, -ligium, -logium v. horolog-.

orin [cf. ὥρα=*prime of the year, time of day*, Aramaic *orin=lights, glories*], splendour.

splendor enim Greco nomine fertur orin GARL. *Hon. Vit.* 290.

oriola, orioldum, oriollum v. 2 oriolum.

1 oriolum v. horreolum.

2 oriolum, ~us, ~a [ME, OF *oriol, oriole*], small room above or adjacent to existing edifice, gallery, porch, antechamber.

1186 in operatione j gradus lapidei et orioldi in eodem clauso *Pipe* 178; **1233** ad capud oriolli camere regis in castro Heref' fieri faciat quandam capellam *Liberate* 10 m. 3; **1234** in quadam capella pulchra et decenti facienda ad caput ~i camere regis in castro Herefordie de longitudine xx pedum (*Pipe*) *Arch.* XXIII 108; **1235** in uno magno oriollo pulchro et competenti ante ostium magne camere regis [in] castro de Kenilworth faciendo vj li. xvj s. *Ib.*; **1236** affidaverunt .. pro vj li. xvj s. iiij d. positis in opere ~e castri de Kenilwurth' *KR Ac* 14 m. 10 (11); **1236** visores operis de Wudestok', sc. picture orielli et curtin' regis et private camere *Ib.* 15 m. 15; **1236** pro plumbo empto ad oriell' nostrum Westm' cooperiendum *Liberate* 11 m. 15; **1237** cum quodam ~o super predictum gradum *Ib.* 12 m. 14; promisit enim conventui inter alia, quod generale suum et pitantias .. omnino remitteret, nisi in refectorio vel ~o cum sociis suis pranderet M. PAR. *Maj.* V 259; adjacet atrium nobilissimum in introitu, quod porticus vel ~um appellatur et plures thalami .. ad hospites suscipiendos *G. S. Alb.* I 314; **1263** ad picturas ejusdem camere et capelle regis retro lectum regis et oriollorum regis ibidem faciendas *Cl* 316; **1267** precipimus tibi quod .. duas fenestras vitreas in parte boriali in aula nostra infra castellum nostrum de Brug' .. et quoddam auriolum ad hostium camere regine *Liberate* 43 m. 4; **1285** in servicio Stephani Dauboris qui perjactavit .. orriolum ante cameram domini regis *KR Ac* 460/27 A 3(b); **1302** pro amocione plumbi de oriollo facto super .. turellum quia idem oriollus fuit amotus de novo loco in alium *MinAc* 771/2 m. 7; s**1423** ne in ostiis cellarii aut ~i .. immoderatas staciones faciant aut potaciones AMUND. I 114.

Orion [CL]

1 name of giant huntsman killed by Diana.

Orion autem talis fuisse confingitur, ut omnia maria transire potuisset et profundissimi quamvis gurgitis undas superare humeris *Lib. Monstr.* I 56.

2 name of constellation figured as hunter with belt and sword.

BEDE *TR* 34 (v. Arcturus); qua Procyonve furit, qua Lemnius ignifer urit, / spectat et ensiferum videt Oriona severum, / ignes infestos mortalibus atque molestos R. CANT. *Malch.* V 25; ensifer Orion rutilantibus emicat astris NECKAM *DS* I 408.

3 ? knotgrass (*Polygonum aviculare*).

~on, centinodium idem *SB* 32.

oripillatio v. horripilatio. **oriraracha** v. oriaracha.

oriri [CL]

1 to rise, appear: **a** (of heavenly body, light, *etc.*); **b** (transf. or fig.).

a occiduo claudor, sic orto sole patesco ALDH. *Aen.* 51 (*Eliotropus*) 3; cometa .. matutinis horis ~ebatur BEDE *HE* IV 12 p. 228; ~ente autem sole FELIX *Guthl.* 50 p. 158; stelle que ~untur in oriente elevantur paulatim et successive quousque veniant in medium celi SACROB. *Sph.* 80; nihil videtur nisi per lucem ~entem super rem visam BART. ANGL. III 17. **b** ~ens splendor justitie, qui illuminat omnem hominem venientem in hunc mundum *Canon. G. Sempr.* f. 37v; quia cum ipse qui est vita vestra diescet post noctis tenebras, vos ~emini [ME *ȝe schule springen*] cum ipso fulgenciores sole in eterna gloria qui nunc estis sic mortui *AncrR* 136.

2 to come into existence, be born (also fig.): **a** (of person or animal); **b** (of plant).

a populus qui ~tur in arctois pruinis .. promptissime pugnat W. MALM. *GR* IV 347; iste enim piscis eodem die quo ~tur eodem die moritur GAD. 20. 1 (v. ephemerus 2a). **b** ego sum flos virtutum a quo solo .. spiritus fructus ~atur BEDE *Cant.* 1101; byssus de terra virens ~tur *Id. Prov.* 1036; meditationum spiritualium semina preseminare curavi, ex quibus divini amoris fructus uberior ~atur et crescat AILR. *Inst. Inclus.* 33.

3 to be born or descended from.

indolem claris natalibus ortam ALDH. *VirgV* 1266; de alia provincia ortus erat BEDE *HE* III 11 p. 148; naturam .. humanam .. quae de fructu lumbi David per virginem orta est *Id. Retr.* 1003.

4 (~*undus*) born, springing from; **b** (w. abl. or *ab* or *ex* & abl., w. ref. to family or ancestors descended from. **c** (w. *in* or *de* & abl., w. ref. to place of birth) originating from. **d** (~*undus esse* or *existere*, w. abl, *de*, or *in*) to spring from, to originate from. **e** (w. gen., also as sb. m.).

~undus, natus .. creatus, progenitus OSB. GLOUC. *Deriv.* 399. **b** [Julianus] nobili prosapia ~undus fuit ALDH. *VirgP* 36; Eadmundus, ex antiquorum Saxonum nobili prosapia ~undus ABBO *Edm.* 3; gloriosus ac summo regi acceptus rex Athelberhtus regali prosapia ~undus a Redwaldo rege in East Anglia regnante *Pass. Æthelb.* 1. **c** ~unda in .. Cappadocia ALDH. *VirgP* 47; de finibus illis ~undus GIR. *EH* I 40; in civitate Maguncia ~unda *Eul. Hist.* I 243. **d** qui de genere Australium Saxonum erat ~undus BEDE *HE* III 20 p. 169; erat Osbernus .. de pago Calcegio ~undus ORD. VIT. III 7 p. 94; in insula .. Ninianus extitit ~undus AILR. *Nin.* 1; **1311** ordinarunt quod ille preferatur .. qui de partibus Donelmi .. ~undus extitit *MunAcOx* 88; Athenis exstitimus ~undi R. BURY *Phil.* 4. 70; c**1440** in aliqua diocesi Cantuariensis provincie, in qua ~endus [*sic*] sive ordinatus non fuerit *FormOx* 467. **e** episcopus Burgundie ~undus W. MALM. *GR* I 97; magistrum Simonem sc. Calabrie ~undum GIR. *Galf.* I 12.

5 (usu. w. *ab*, *de*, or *ex* & abl.) to spring forth, have its source, be derived (from): **a** (of spring or river); **b** (of product); **c** (of revenue) to issue (from); **d** (fig.). **e** (~*undus exsistere* or sim.) to be derived.

a †**701** (12c) ubi rivulus qui vocatur Corsaburna ~tur *CS* 103; [Sinnenus] ~tur .. ex lacu quodam maximo GIR. *TH* I 7. **b** Chios est insula maris inter Ciclades ubi bonum vinum ~tur BACON *Gram. Gk.* 140. **c** **1237** inquiras .. qui de illa firma nobis respondere debeant et de quibus firma illa debeat ~ri *KR Mem* 15 m. 25. **d** si .. requiras quo deriventur .. hae aquae, prodit ipse fons vitae de quo ~untur, i. e. Dominus noster BEDE *Cant.* 1163; impossibile tibi est vel initia ejus [sc. amicitie] degustare si fontem de quo ~ri potest, nescieris AILR. *Spir. Amicit.* II 38. 674; non .. motus aliarum virtutum directe et principaliter ~untur a caritate nec ab ea habent originem T. CHOBHAM *Praed.* 182. **e** numerus .. sacer ~undus extitit ALDH. *Met.* 2 p. 62; palimbachius infinitivo modo ~undus extat et 'sopire' *Id. PR* 124.

6 (of event, circumstance, or abstr.) to crop up, arise, occur; **b** (of war, dissension, *etc.*).

si haec ita sunt .. ~tur quaestio quae incorporea unciatim dividi proponat ABBO *Calc.* 3. 46; c**1074** hinc namque pax ~tur, discordia sopitur, et, ut breviter cuncta complectas, Christianae religionis observantia stabilitur LANFR. *Ep.* 38 (10); c**1130** si quid ortum fuerit de eis unde calumniari vel implacitari debeant, volo ut remaneat donec coram me querela fiat *Ch. Westm.* 469; unde et ex his tribus modis .. tria ~untur genera tripliciter distincta ROB. ANGL. I *Alg.* 70; tale peccatum potest ~ri ex aliqua impulsione T. CHOBHAM *Praed.* 223; orta est .. caligo tenebrarum insolita GERV. CANT. *Chr.* 478; ~tur hic questio utrum tenebre sint aliquid S. LANGTON *Gl. Hist. Schol.* 45; quia de Vulcano orta est mentio .. ALB. LOND. *DG* 10. 4. **b** orta regum simultate ALDH. *VirgP* 54; orta .. dissensione BEDE *HE* IV 12 p. 229; discordiarum occasiones quae inter ipsum et regni principes ortae fuerant *V. Gund.* 33; ~tur toto ambitu pagi vicini multa miseria W. POIT. I 24; interdum frivola occasione seculo damnum ~tur lugubre ORD. VIT. VI 1 p. 1; **1221** lusit ad talos ita quod discordia orta inter eos [fuit] *PlCrGlouc* 48; **1382** mala oreuntur et scandala *Doc. Brev.* 6.

7 to begin.

aestas hic oritur ardens nonisque kalendis *Kal. M. A.* I 406; orto sermone de Elfredo regis fratre W. MALM. *GR* II 197.

8 (pr. ppl. *oriens*): **a** (as adj.) of the region where the sun rises, eastern. **b** (as sb. m.) the east. **c** (~*ens ex alto*, of Christ, w. ref. to *Luc.* i 78).

a ultimo ~entis Occeani limbo M. PAR. *Maj.* I 63; in capite partis ~entis claustri .. sedere *Cust. Westm.* 157. **b** stella in ~ente THEOD. *Laterc.* 5; sunt homines in ~ente .. morantes, qui .. barbam usque ad genua pertingentem habent *Lib. Monstr.* I 18; insulam .. quae habet ab ~ente in occasum xxx circiter milia passuum BEDE *HE* I 3 p. 15; sunt quattuor climata cosmi, id est ~ens, occidens, aquilo, meridies BYRHT. *Man.* 202; deinde coram altari se ad ~entem prostravit ORD. VIT. III 4 p. 66; in ~entem genua ponens GIR. *IK* I 2. **c** s**1230** visitavit nos ~ens ex alto *Flor. Hist.* II 198; c**1265** firmiter credimus .. quod in adventu vestro ad regnum Anglie visitaverit nos ~ens ex alto *EHR* XXXIII 224.

oriscopium v. horoscopium.

oristrigium [cf. 1 os+stringere], muzzle.

mosle, or mosyl for a nette, ~ium *PP*.

oristrum v. theristrum. **orites** v. oritis.

oritimum, *f. l.*

hoc †oritimum [? l. oricudium; cf. horicudium], A. *a cloke WW*.

oritis [CL < ὀρείτης], kind of precious stone.

quos impressit atrox fera morsus curat orites NECKAM *DS* VI 297.

orium v. horreum. **orixia** v. orexis. **orizon** v. horizon. **orlare** v. urlare. **orlog-** v. horolog-.

orma [cf. ὅρμος=*collar, wreath, dance performed in a ring*], circle, circular track.

hic Maro vix oram clamidis cernit vel ad horam, / sicque brevi forma mundus signatur in orma, / sique legatur omar, gemitum dat, si sapis, o Mar NECKAM *Poems* 123.

ormella [ML], kind of bird, ? oriole.

adversus modulos ormelle fletus oloris / disputat: illa diem prevenit, ille necem. / dulcis uterque sonus: vivens ormella propinat / ore melos; moriens fert olor ore liram H. AVR. 20. 161, 163.

ormesta [OBreton *uormest*, W. *gormes=disaster, misery*], calamity, disaster: **a** (in *De ~a Britanniae*, as title of Gildas *De Excidio Britanniae*); **b** (in *De ~a Mundi*, as title of Orosius's *Historia adversus Paganos*); **c** (unspec.).

a hoc Gildas commemorans in ~a Britanniae explanat dicens *MS Pembroke Coll. Cambr.* 25 f. 168v. **b** Orosius presbyter qui librum de ~a Mundi scripsit ORD. VIT. V 9 p. 339; alibi inveni in expositione libri de ~a Mundi quod stadium continet duas leucas BACON *Maj.* I 230; Orosius Hispanus, Terraconensis presbyter, in libro de ~a Mundi HIGD. I 2; c**1443** Orosius de ~a Mundi *Cant. Coll. Ox.* 4. **c** **10**.. ex Ormista, *middangeardes metend WW*.

orminon, ~inum, ormium v. horminum. **ormiscus** v. hormiscus. **ormista** v. ormesta.

orna [cf. ὄρνις], wood-fowl.

nomina avium: hic fornix, A. *wodekok*. hec ~a, idem *WW*.

ornaculum [cf. CL ornamentum+-culum], (little) ornament, adornment.

occiput effuso gratis pinguescit olivo, / candiduli primum renitent ornacula lini FRITH. 348.

ornamen [LL], ornament, adornment.

nunc vestium velamina / bella produnt ornamina (ÆTHELWALD) *Carm. Aldh.* 2. 118; ut peplorum per pallia / pulchra pandunt ornamina *Ib.* 164; per culmina / .. candunt praefulgida / .. / gemmifera ornamina *Id.* 4. 53.

ornamentatio [cf. CL ornare, ornamentum+-tio], (act of) ornamenting or adorning.

ad reparationem et ~onem ecclesie *Entries* 637.

ornamentosus [cf. CL ornamentum+-osus], adorned with (rhetorical) ornament.

vivens pomposis [v. l. ornamentosis] virtutum ru-moribus se elevare noluit FELIX *Guthl.* 53 p. 168.

ornamentum [CL]

1 equipment, fitting, accoutrement.

cum ipse coaevus Patri .. caelum et terram cum omni eorum inaestimabili ~o fecerit GILDAS *EB* 74; bollas [i. e. bullas], ~a cinguli *GlC* B 169; Hoelus .. cum proceribus .. qui tanto apparatu ~orum mularum et equorum incedebant G. MON. IX 12; antipagmenta, -torum, i. valvarum ~a OSB. GLOUC. *Deriv.* 34.

2 attire, clothing, dress, vestment: **a** (of person); **b** (of animal).

virgines Christi .. ~is vestium dilicatis [v. l. delicatis] decorari satagunt ALDH. *VirgP* 55; discriminalia, capitis ~um *GlC* D 301; p[e]riscelli[des], feminarum crurum ~a *Ib.* P 705; Deus .. qui diversi generis ~a sacerdotalia fieri et ornari, sacerdotes tibi servientes jussisti .. (*Pont. Claudius*) *HBS* XCVII 62; vivo ego dicit Dominus, haud dubium quin de his et ad sponsam sermo fit, omnibus his velut ~o vestieris, et circumdabis eos tibi velut sponsa J. FORD *Serm.* 5. 133; **1534** inhabitantes .. omnia et singula ~a sacerdotalia, †calces [l. calices], et libros ad quecunque alia dicte capelle seu altari ejusdem congruencia .. sustentabunt *Reg. S. Bees* 370; **1586** pro emendacione unius ornament' pro capite de opere ret' *Ac. LChamb.* 9/77 f. 11 (cf. ib. 5/36 p. 13: *new making of an attire for the head*). **b** falere, ~a equorum *GlC* F 88; nasale, ~um equorum OSB. GLOUC. *Deriv.* 384.

3 an adornment, ornament; **b** (personal); **c** (eccl.); **d** (spec. for an altar).

ars mea gemmatis dedit ornamenta metallis ALDH. *Aen.* 11 (*Poalum*) 3; falerata saeculi ~a parvi pendit *Id. VirgP* 9. **b** Venus .. sextilis aspectu .. dies laudabilis, jungi juvenibus et militibus et querere dilectionem et ~um .. quadratus .. dies laudabilis, bonum est .. ornari ~is, uti balneis et delectari BACON V 112. **c** Gregorius Augustino .. misit ~a .. ecclesiarum et sacerdotalia .. indumenta BEDE *HE* I 29; libris, ~is, et privilegiis ecclesiam ex toto privavit GIR. *IK* I 3 p. 39; c**1193** invenient ibi honesta hornamenta ecclesiastica *Regesta Scot.* 367 p. 362; **1338** item ij parve capselle cum diversis fragmentis argenti et lapidum que cadebant de ~is ecclesie *Ac. Durh.* 376. **d** plurima basilicae sunt ornamenta recentis: / .. pallia .. / quae sunt altaris sacri velamina pulchra ALDH. *CE* 3. 69; altaris autem ornamenta ubi eucharistia conficitur hec esse debent: lintheamina pulchra quatuor .. GIR. *GE* I 10 p. 34; cum .. ~is pertinentibus ad altare (*Test. Hen. V*) *EHR* XCVI 92.

4 distinctive ornament that designates rank, a badge, (pl.) insignia; **b** (fig.).

rex Osuiu .. promisit se ei .. ~a regia vel donaria .. largiturum BEDE *HE* III 24 p. 177; stemma, ~um regale *GlC* S 518; **798** pontificalis apex qui tunc Lundoniae sub honore et ~o pallii fuerat conscriptus pro eo Dorobernensi oblatus est (*Lit. Regis*) W. MALM. *GR* I 88; imperialibus et terrenis hornamentis indui contempsit *Eccl. & Synag.* 87; **1466** pro certis mercanciis emptis .. ad ~a .. regis et sue sororis *ExchScot* 423; **1504** habere libitinam, Anglice *a heeler*, ornatam nobilioribus ~is universitatis coram crucifixo in ede beate Virginis *StatOx* 320. **b** ~a .. universalis ecclesiae .. septenis sacrorum officiorum gradibus continentur ALDH. *Met.* 2 p. 70; cum temporali nobilitate virtutum ~is decorari ANSELM (*Ep.* 10) III 113; hec ~a supradicta octo sunt beatitudines, sine quibus ad celestem patriam perveniri non potest *Id. Misc.* 326.

5 literary or rhetorical ornament.

ad quinto autem utendum ab ea a qua ~um est dicendi aliquid artis sumi oportebit et a similitudinum consideratione BALSH. *AD rec. 2* 114.

6 distinction, honour, glory.

ut sis ei foris tutele, domi letitie, ~o ubique W. MALM. *GR* V 446.

7 (act of) adornment or enhancement.

statuas .. dedit ad spectaculum simul et ad civitatis ~um W. MALM. *GR* IV 355; **1416** item in diversis pannis depictis empt' pro ~o altaris capelle domini prioris, xv s. *Ac. Durh.* 611; **1463** pro tribus ulnis panni viridis ad ~um mensis scaccarii *ExchScot* 164.

ornanter, with adornment.

omnes heroes regni in rubio, scarleto, et herminio ~er induti AD. USK 33.

ornare [CL]

1 to prepare (in quots. w. ref. to *Matth.* xxv 7).

801 dum .. necesse est vigili cura se praeparare ad occursum Domini Dei sui .. suas sollicita cura lampades ~are ALCUIN *Ep.* 236; ornansque lampadem infundat oleum WALT. WIMB. *Sim.* 201.

2 to equip, fit out, supply with.

omnipotens genitor .. / piscibus aequoreos qui campos pinguibus ornas ALDH. *VirgV* 12; auditu surdos et claudos gressibus ornat *Ib.* 860; **672** Hiberniae rus .. numerositate lectorum .. ~etur *Id. Ep.* 5 p. 492; voti compos, voto ~atus, i. e. *faegen GlC* U 267; haec inter tereti juvenis scutale lapillo / ornat FRITH. 383; castellum regis, quod Divisa dicebatur, ~atum et inexpugnabiliter muratum *G. Steph.* 50; [lacus] hortis ~atus et pomeriis .. quandoque conspicitur GIR. *IK* I 2.

3 to attire, dress, vest: **a** (person); **b** (animal). **c** (p. ppl. as adj.) elegantly attired, beautifully dressed.

a induant se omnes ut sint ~ati ad Tertiam *RegulC* 31; leo horribilis qui aperto ore erectisque pedibus virginem pulchre ~atam vestes ejus lacerando invadat BRADW. *AM* 107. **b** cornipedes .. / ornantur faleris WULF. *Swith.* I 1268; falerato, i. ~ato vel ficticio, *gehyrste, geraedod GlH* F 58. **c** vidit hominem honorabilem et mirae pulchritudinis super equum ~atissimum in albis vestimentis sedentem *V. Cuthb.* I 4; mulier .. pulcherrima et .. ~atissima se presentavit GIR. *GE* II 13; cornix videns se ~atum cepit deridere .. aves alias *Latin Stories* 51.

4 to adorn, beautify, decorate; **b** (artefact or building); **c** (tomb); **d** (book). **e** (p. ppl. as adj.) adorned, beautiful, decorated. **f** (p. ppl. as sb. m.) decorated part of a structure.

Brittannia insula .. electa veluti sponsa monilibus diversis ~ata GILDAS *EB* 3; splendida vel ~ata, *beorht* ÆLF. *Gl. Sup.* 179; comptus, i. ~atus, *geglengad GlH* C 1325; sicut illa [Iris] ornatus varios pingens, momentaliter refugit, ita et Fortuna, quamvis ad presens ~ata, tamen est fugitiva ALB. LOND. *DG* 4. 6. **b** falsas effigies .. / aurea seu fulva quas ornant petala fronde ALDH. *VirgV* 1341; construendis ~andisque auro vel argento ecclesiis operam dabant BEDE *HE* II 1 p. 77; circumcisio Domini celebretur sicut una de tribus superioribus festivitatibus, excepto quod aula monasterii non ~atur LANFR. *Const.* 95; ante capitulum et post capitulum debent secretarii monasterium et omnia altaria ~are *Ib.* 117; p**1212** quod habeant in bosco .. tam de viridi quam de mortuo bosco .. ad reparationem domorum suarum et ramillum ad clausturam et buul' ad domos suas ~andas in nativitate beati Johannis Baptiste *BBC* (*Corbridge*) 57; licet enim deformes sint, tamen ~are possunt illam vilem habitationem et penalem, sicut latro ~at carcerem FISHACRE *Quaest.* 47; ~abant .. turrim .. hastilia armorum regalium .. stetit ymago .. sancti Georgii armata, excepto capite, quod ~abat laurea *G. Hen. V* 15. **c** tunc cellerario suppriori et conventui, toto quod de novo ~arent et depingerent tumbas fundatorum in domo capelari prioratus de Kenillewerda STRECCHE *Hen. V* 159. **d** a**939** volumen / .. / quod rex aureolis Sacro Spiramine fusus / ornavit titulis gemmigerisque locis *ASE* IX 95. **e** ego tamen nec sanioribus cibis, nec indumentis ~atioribus uterer, si in regum palatiis habitarem P. BLOIS *Ep.* 72. 223B. **f** †procanas [l. proceres], ~atos aedificiorum *GlC* P 803.

5 to adorn with words, to make elegant or eloquent. **b** to edify, instruct.

primum .. est studere, secundum intelligere, tertium memorari quod intellexeris, quartum dicendo ~are quod memineris ALB. LOND. *DG* 13. 5; unus modus est utendi ~ata facilitate, alius modus est utendi ~ata difficultate. .. superficies .. verborum ~ata, nisi sana et commendabili nobilitetur sententia, similis est picture vili VINSAUF *AV* 3. 2; Francia debetur Edwardo, lippe videte, / compotus ornetur, aper audiet, ergo videte. / vires vi de te puer auferet, ergo videte *Pol. Poems* I 32. **b** qui corda ingeniis ornas et labra loquelis ALDH. *VirgV* 63; cumque pater famulos cellam congessit in almam / quam plures, cunctos sacris sermonibus ornat / utque suo saltim cupiant servire parenti / ammonuit pastor ÆTHELWULF *Abb.* 79.

6 to show respect to, do honour to, distinguish. **b** to bear witness to, confirm, authenticate (also absol.).

~atum, 'non vinolentum, non percussorem, sed modestum, non litigiosum, non cupidum' GILDAS *EB* 108; Althelmum .. / .. / satis ornatum cultibus (ÆTHELWALD) *Carm. Aldh.* 4. 66; susceptum episcopatus gradum .. virtutum ~abat operibus BEDE *HE* IV 26 p. 273; **749** qui .. haec .. custodierit .. aeterna claritate coronetur, ornetur, glorificetur *Land-ch.* 44; et ceteros passim lustravit in ordine sanctos, / quos Deus aeternis ornatos jure triumphis / aurea florigere provexit ad atria vitae *Mir. Nin.* 47; Grimbaldum .. eruditissimum et omnibus bonis moribus ~atum ASSER *Alf.* 78; illum suscipite quem Deus hornat *Trop. Wint.* 179; [rex] in hiis [sc. virtutibus] ~atur magis quam vestimentis aureis, margaritis vel lapidibus preciosis. hec sunt diadema et gloria regni sui .. *Quadr. Reg. Spec.* 37. **b** **956** ego Alfrige episcopus adquiesco. ego Osulf episcopus ~o *CS* 921.

7 to enhance.

denique post mortem sacratis ossibus ornat / sedem Augustorum ALDH. *VirgV* 521; jamque dies aderat quem Julius idibus ornat WULF. *Swith.* I 936.

ornate [CL]

1 lavishly, richly, elaborately.

auditor prudens .. cum candidata ac purpurata solemniter fratrum caterva .. ad illa [ossa] sancti .. ~issime procedit GOSC. *Transl. Aug.* 37D; castella sua que ~issime construxerat *G. Steph.* 34; pictim, colorate, ~e OSB. GLOUC. *Deriv.* 477; structim, ~e *Ib.* 559; ornateque paratur NIG. *Paul.* f. 45v (v. exstruere a); **1260** provideat .. quod cape predicte cum .. aurifragiis .. decenter et ~e fiant .. *Cl* 63; set nimis ornate penam ficta pietate / pontifices regis moderantur ab ordine legis GOWER *CT* I 176.

2 ornately, in embellished rhetorical style.

illam .. deceperat .. ficticiis sermonibus quos ~e componebat G. MON. VIII 19; rhetorica docet loqui ~e NECKAM *NR* II 173; iste quoque Paulinus pro Theodosio principe librum quendam prudenter ~eque composuit GROS. *Hexaem. proem.* § 1; si odis peccatum tuum, quare ~e [ME: *menskeliche*] de eo loqueris? *AncrR* 120.

ornaticius [cf. CL ornatus+-icius], ornate, ornamental.

quid .. latera carinarum memorem .. ~iis depicta coloribus *Enc. Emmae* I 4.

ornatio [CL], adornment, beautification, decoration, ornamentation.

1089 amplificare cupiens non solum in ecclesie constructione et ~one .. *Cart. Worc.* 3; **1330** circa dicti chori reparacionem et ~onem *Reg. Dunfern.* 372; **1424** pro panno lineo pro una alba et ij amictis iiij s. et pro sculptura et suicione et ~one cum stellis viij d. *Ac. Durh.* 271.

ornator [CL]

1 servant who helps one to dress, arrange hair, or apply cosmetics (also fig.).

tunc sponse ~ores simul intrabunt HON. *Spec. Eccl.* 1065D.

2 one who decorates, embellishes, or illuminates (in quot., a book).

hic bibliopola, -le, i. ~or librorum OSB. GLOUC. *Deriv.* 431.

3 one who improves or enhances.

David precipuus musicorum instrumentorum et cultor fuerat et ~or GIR. *TH* III 14.

ornatura [LL], ornament; **b** (fig.).

617 camisia cum ~a in auro (*Lit. Papae*) BEDE *HE* II 10; s**1064** caput ejus [sc. Griffini] caputque navis ipsius cum ~a comiti Haroldo mittitur FL. WORC. I 222. **b** **747** ut domus Dei desolatione spiritalis ~ae vilescat (*Syn. Clovesho* 7) *Conc. HS* 365.

ornatus [CL]

1 preparation, act of supplying or arranging.

vasa sancta .. aliaque hujusmodi quae ad ~um domus Dei pertinent BEDE *HE* V 20; rerum .. quas vel mundo majori ad ~um vel minori ad usum natura produxit GIR. *TH intr.* p. 7.

2 equipment, that with which something is fitted out or supplied: **a** (part of created world); **b** (person); **c** (artefact).

a ficus ipsa virescit ~u cum sol meridianus incaluerit J. Ford *Serm.* 55. 6; de aquis et ejus differenciis et ~u, sc. de piscibus Bart. Angl. *proem.*; prima sunt ~us terre. secunda sunt naturalis ~us aeris. tertia, sc. luminosa inanimata, sunt ~us celi siderei Fishacre *Quaest.* 51; qui a mundo legem tollit humanam quasi celum privat ~u lune et siderum Fortescue *NLN pref.* 64. **b 1375** ad sustentacionem domus sue et pro universo ~u et apparatu suo [sc. regine] *ExchScot* 470. **c** de aliis ~ibus qui sacramentis ecclesiasticis necessarii fore noscuntur Gir. *GE* I 10.

3 act of attiring, dressing, vesting. **b** attire, dress, vestment (of person); **c** (of animal); **d** (fig.).

de ~u corporis superfluo *Spec. Laic.* 60 *tit.*; possunt nos tria ab ~u superfluo corporis cohibere *Ib.* 60. **b** mulier illa procax . . ~u meretricis . . juvenem pellexisse . . describitur Aldh. *VirgP* 57; periscelidus, crurum ~us *GlC* P 330; adducebat in templum regis reginam varietate ~uum circumamictam Gosc. *Transl. Mild.* 21 p. 182; decentissimus ~us mulieris est quem maritus probat W. Donc. *Aph. Phil.* 12. 6; sic miser homo de ~u suo superbit *Latin Stories* 51. **c** ephippia, ~us equorum Osb. Glouc. *Deriv.* 196. **d** de fusca formosam reddidit quia vitiorum nigredinem exuit ac virtutum decoravit ~u (*Ps.*-Bede *Hom.*) *PL* XCIV 255B; Domine, cum nullum mihi reliqueris vel justificationis ~um . . vel excusationis amictum J. Ford *Serm.* 95. 3; qui tibi consuit virtutis ornatum J. Howd. *Cant.* 222.

4 act of adornment, beautification, or decoration. **b** an adornment, a decoration; **c** (w. ref. to clothing); **d** (arch.) decorated part of building.

quia et Dominus sex diebus mundi ~um perfecerit septimo ab opere suo cessaverit Bede *Hom.* II 17. 196; haec . . conpositio ~um rebus subministrat, sine qua cuncta sunt inania Abbo *Calc.* 3. 32; 'plante enim', antipophora; aliquis enim posset putare quod arbores pertinerent ad ~um S. Langton *Gl. Hist. Schol.* 48; **1464** viij pecie de blodeo sago palliato pro ~u murorum et fenestrarum *Feod. Durh.* 190 (=*Ac. Durh.* 639). **b** et rosa sanguineo per dumos flore rubescat, / ex quibus ornatus, qui vincit forte palestris, / accipit Aldh. *VirgV* 196; qui omnem creaturam . . in hoc mundo multifariis induit ~ibus Bede *Hom.* I 6. 336; *GlC* C 897, *GlH* C 2141 (v. crustus); hocque monasterium variis ornatibus ornas Wulf. *Swith. prol.* 29; **1252** sonitus et ~us cx s. viiij d. ob. *DC Cant. Reg. H* f. 172; vestes et gloria nostri velaminis / quedam sunt stigmata nostri piaminis; / is qui nos elevat ornatus tegminis / est culpe titulus et nota criminis Walt. Wimb. *Carm.* 421. **c** monilibus incomparabilibus omnique ornatu glorie decorata Gosc. *Lib. Mild.* 24; **s1140** curie solemnes et ~us regii scematis . . prorsus evanuerant H. Hunt. *HA* VIII 12; pompis etiam diaboli renuntiant, que sunt spectacula, ludi, choree, ~us vestium vel aliarum rerum et queque superflua Hon. *GA* 660A; 'petit cultus', id est ~us, 'decoros regie vestis' Trevet *Troades* 67. **d** †pocerus [?l. proceres], ~us *GlC* P 545.

5 (rhet.) embellishment; **b** (spec. w. ref. to alliteration).

~us eloquentiae et dialecticae artis versutia quae ab ethnicis originem sumpsit Bede *Prov.* 963; varietate etiam studiorum, necne gemmante nitore aureorum ~uum, dictavit B. *V. Dunst.* 5; **1166** allegationum ~u et fantasmatibus dictionum J. Sal. *Ep.* 181 (182); nec facilitas ornata nec difficultas ornata est alicujus ponderis, si ~us ille sit tantum exterior Vinsauf *AV* 3. 2; ~us verborum sine ~u sententiarum audienti placet, diligenti intuenti displicet *Ib.*; magisque ~u quam sensu sermonis plurimi delectentur et gaudeant *Mir. Hen. VI* I *prol.* p. 4. **b** hoc verborum ~u [sc. annominatione] . . Angli . . et Kambri in omni sermone exquisito utuntur . . Gallica lingua, alias tam ornata, hunc verborum ~um . . prorsus ignorat Gir. *DK* I 12.

6 adorned condition: **a** beauty. **b** honour.

a ast alia [sc. vascula] ex auro variato lumine vibrant / ornatuque suo mundi superare metalla Æthelwulf *Abb.* 779; gallus / aureus ornatu, grandis et intuitu Wulf. *Swith. prol.* 190. **b** cives Londonie . . pre omnibus aliis civibus ~u morum, vestium, et mense lautioris spectabiles W. Fitzst. *Thom. prol.* 8.

ornicus [dub.], ? class of tenant.

1299 cum ~is et captivasis, bordis et bordariis, affariis et tenementis et pertinenciis omnium premissorum *Reg. Gasc. A* II 422.

ornimantia [cf. LL ornix < ὄρνιξ+ML manteia < μαντεία; cf. et ὀρνιθομαντεία], divination from the entrails of a bird (in quot., of chicken).

~ia ab ornix Grece, quod est gallina Latina, divinatio sc. facta per sacrificium de gallina *Natura Deorum* 37.

ornithogale [CL < ὀρνιθόγαλον], **~um,** star of Bethlehem (*Ornithogalum umbellatum*).

ornithigalum *is called* in Colon *hondes ullich . . after the folowynge of the Duche tonge it may be called dogleke or dogges onion* Turner *Herb Names* E8.

ornix [LL < ὄρνιξ], (unspec.) bird. **b** partridge. **c** pheasant. **d** wood-fowl. **e** moor-fowl.

1419 pro repastum capon[um] ornic' et perdic' *MinAc* 1249/4 m. 1d.; **1422** de ij s. solutis pro iij ~icibus *dones a la ferme* de vicecomite *Ac. Chamb. Winchester.* **b** ~ix . . perdix *SB* 32, *Alph.* 131 (v. gallina 3b); ~ix, perdrix . . G. *pertris MS BL Sloane 5* f. 10va. **c** ~ix, G. *fesaunt Teaching Latin* II 29; hic ~ix, hic ffesanus, *a fesant WW*; *a fesande*, fasianus, ~ix *CathA.* **d** ~ix . . gallina silvestris *SB* 32, *Alph.* 131 (v. gallina 3b); ~ix, . . gallina silvestris *MS BL Sloane 5* f. 10va; nomina avium: hic †fornix, A. *wodekok WW.* **e** *a mure cok or hene*, ~ix *CathA.*

ornotinus v. hornotinus.

1 ornus [*aphaeretic spelling of* CL hornus], of this year.

sic videas orna [*gl.*: *hiuwergiv*, i. e. *hiu ȝer ȝev* = '*this year's yield*'] primo mollescere corna, / et corno pruna cultura scilicet una R. Cant. *Malch.* V 558; accipitrem instantis anni vel mutatum . . si post hoc in annum vel biennium . . nisi quem maluerit, mutatum sc. vel ornum, solvere non cogetur *Dial. Scac.* II 25.

2 ornus [CL]

1 kind of tree, unspec. or mast-bearing tree or flowering ash (*Fraxinus ornus*). **b** hornbeam (*Carpinus betulus*). **c** yew (*Taxus baccata*).

Orion . . siquando ~os aut ingentia robora de montibus evulsa radicitus traxit *Lib. Monstr.* I 56; ~us, genus ligni *GlC* O 248; ~us, quercus Osb. Glouc. *Deriv.* 401; ~os: per has glandifferas arbores figurat frugiferas virtutes Bern. *Comm. Aen.* 63; nec ornos queritis in alto gurgite / nec rivos viridis in orti cespite Walt. Wimb. *Sim.* 175; ~us est arbor glandifera querci similis *Alph.* 131. **b** ~us, *holintre MS BL Addit. 18752* f. 109; ~us, *horn MS BL Arundel 42* f. 96va. **c** nomina arborum: . . ~us, *eow* Ælf. *Gl.* 139; **10..** ~us, *eow WW.*

2 mallow.

ros Siriacus, i. flos ~i *Gl. Laud.* 1259; fagus silvestris, ornus cameraria mellis / et lotos sitiens pocula dulcis aque Garl. *Epith.* IV 161; flos Syriacus, flos malve, sed ros Syriacus est flos ~i *SB* 21; flos Syriacus, flos ~is, flos malve idem *Alph.* 67.

orobo v. 2 orobus. **orobum** v. 1 orobus, orbus.

1 orobus [LL < ὄροβος], **~um,** vetch, tare (*Lathyrus* or *Vicia*).

~um, i. erbum *Gl. Laud.* 1099; ordei farina aut fabe aut horobi Gad. 20v. 1; de . . thure, cipero, et ~o *Ib.* 121. 2; ~us sive ~um est pisa agrestis, sc. *muspese SB* 32; vesces, i. *fecches* vel *mous pese*, ~us idem *SB* 43; *ffech, corne, or tare*, vicia . . †grobus [l. orobus] *PP*; **s1455** omnes . . de aquilonari plaga regni . . plus sunt penuriosi quam pecuniosi, majorem habentes habundanciam ~i et hordei siliginis, et frumenti, quam aut ostri' aut hebeni aut eboris, muricis, auri vel argenti *Reg. Whet.* I 171; corignum [v. l. dorycnium] . . habet . . semen ~i, i. A. *thare Alph.* 51; erbus vel erbicus, erus ~us idem *Ib.* 59; herbum sive ut alii dicunt ~um nascitur ut lenticula *Ib.* 81; ~us, G. *vesche*, A. *thare* vel *mousepese Ib.* 131; *a fiche*, ~us, vicia *CathA*; ~us, A. *a vech WW.*

2 orobus, orobo, lac, gum-lac.

quando fuerint pustule nigre super digitos utriusque manus sicut ~us et dolor sit vehemens, moritur paciens in quarto die J. Mirfield *Brev.* 62; bovis lacta, ~o idem *Alph.* 23; lacta alio nomine dicitur ~us, ~onis, gumma est de qua urina et humana fit . . carminum *Ib.* 93; ~o, ~bonis, lacca idem, gumma est *Ib.* 131.

orodes [LL < ὀρώδης], that resembles serum.

oroyde, i. aquosum vel serosum *Alph.* 131.

orolog- v. horolog-. **oroma** v. horoma.

oros [LL < ὀρός], serum.

oros . . interpretatur serum *Alph.* 131.

oroyde v. orodes. **orphana** v. orphanus.

orphanare [ML], to orphan (in quot., fig.), to deprive (of).

1435 exclamat ut audiatur a superis et a vestre potencie auribus vox clamantis, ne succumbat misere presidiis ~ata *EpAcOx* 129.

orphanatorium v. orphanotorium.

orphaninus [cf. LL orphanus+-inus], of or like an orphan.

1292 lugentes . . more ~o tanti patris occasum in Domino consolamur *Reg. Cant.* 1260.

orphanitas [LL], state of being an orphan (in quots., fig.), state of being deprived.

perpetuam . . sibi luminis orfanitatem [v. l. orbanitatem, orphanitatem, *gl.*: privationem] inminere conperit Felix *Guthl.* 53 p. 168; miseretur . . me ~atis et debilitatis que vobis accessit G. Mon. VI 2.

orphanotorium [cf. LL orphanus+-torium], orphanage.

almesse howse, . . orphanatorium *PP.*

orphanotrophium [LL < ὀρφανοτροφεῖον], orphanage.

loco humane necessitati statuta sunt hec: xenodochium, nosocomium, gerontochomium, ~ium, prototrophium, brephotrophium Beleth *RDO* 2. 15; ~ium est ubi orbati a parentibus aluntur Vac. *Lib. paup.* 7; ~eum . . ubi . . orphani sive pupilli recipiuntur T. Chobham *Praed.* 30; *a fadirles childe hous*, ~ium *CathA.*

orphanus [LL < ὀρφανός]

1 (as adj.) orphan-, orphaned: **a** (of a child who has lost father and mother); **b** (of one who has lost a secular leader or spiritual guide); **c** (fig., of abstr.).

a 12.. fiant filii eorum ~i *Conc. Scot.* II 6. **b s1270** rex Navarie . . defunctus est. tota illa comitiva pupilla et ~a, desolata et orbata dimissa . . redit ad propria *Eul. Hist.* I 393. **c** femineos mores teneat si miles, abibit / orphanus a stirpe nobilitatis honor Gower *VC* V 232.

2 (as sb.) orphan, child who has lost father and mother: **a** (m. or unspec.); **b** (f.).

a pro moriente uxore . . et orbanis [v. l. orphanis] relictis *V. Cuthb.* II 8; Cnuto . . defensabat sedulo pupillos et viduas, sustentabat ~os et advenas *Enc. Emmae* II 19; cui soli tutelam ~i . . rex obiens commiserat W. Malm. *GP* V 259; ~us, G. *stepchil Teaching Latin* II 27; **1336** concedimus quod si aliqui burgenses . . habeant aliquos ~os de legitimo thoro procreatos . . dicti ~i cum eorum . . possessionibus . . positi sint in custodia alicujus burgensis fidelis . . proximioris parentele *RScot* 429a. **b s1311** post mortem . . patris sui adduxit eam, parvulam et horffanam, ad domum suam *Reg. Gasc. A* I 287; **1384** Johannes . . obiit, eadem Alicia orpha' infra etatem existente *PlRCP* 495 r. 48b; pro maritagio ~e sine licencia majoris *MGL* I 609.

3 bereft person, one who has lost a secular leader or spiritual guide: **a** (m. or unspec.); **b** (f.).

a Rex gloriae . . ne derelinquas nos orphanos Cuthb. *Ob. Baedae* clxi; **798** domine Jesu . . noli nos . . orfanos relinquere Alcuin *Ep.* 156; pareo suadenti, nimium sed corde dolenti, / tot tantisque miser orphanus a dominis *V. Ed. Conf.* 54; **1217** H. regem Anglorum illustrem, pupillum et ~um crucesignatum cure sedis apostolice derelictum *Mon. Hib. & Scot.* 4a. **b** sic suas ~as consolata . . ad hereditarium monasterium suum . . recessit Gosc. *Wulfh.* 9; sese ~am sepius conclamavit. quippe a parentibus et amicis omnibus spreta *V. Chris. Marky.* 13.

orphara, orpharea v. orfrea. **orphragium** v. orfrasium. **orphrea** v. orfrea.

orpimentum [OF *orpiment* < auripigmentum], orpiment, arsenic trisulphide.

1284 pro orpymento empto ad girfalcones ij d. *KR Ac* 351/11 m. 3; **1290** in j libra de *orpiment* vj d. *Doc. W. Abb. Westm.* 184; **1291** pro ~o empto ad opus dictorum falconum *KR Ac* 352/26 m. 5; **1296** in ij libris iij quarteriis et dim. de *orpiment* precium libre viij d. de eodem . . in ovis ad *glayr* pro *orpyment* distemperando *Ac. Galley Newcastle* 179.

orpina [ME, OF *orpin* < auripigmentum], (bot.) orpine (*Sedum telephinum*).

~a, A. *arpyne* vel *hassewort WW.*

orreum v. horreum.   **orriale** v. auriale.   **orriolum** v. 2 oriolum.   **orrium** v. horreum.   **orror** v. horror.   **orstonum** v. orestonum.

orsum [*aphaeretic form of* CL deorsum], below, underneath.

1379 [*lower oven*] orsum *oven' Rec. Leic.* II 182.

orta, ~um [ME *orte* < AS *or-æt*], ort, what is left from a meal, scraps of fodder.

habebit quod remittitur ante duos boves, quod dicitur ~e *Cust. Bleadon* 206; c**1282** habebit ea nocte qua custodiet boves tantum de stramine quantum relinquitur coram iiij bobus quod relictum vocatur *orton RentSurvP* 16/52d.; c**1341** habebit . . omnis ~um quod j caruca domini faciet *RentSurvR* 46 m. 2; **1376** habebit ~as quinque boum (v. foddriare); mescara vel mausacrata alio nomine eciam aortum sive hilla, vulgare salsisas, Gallice *saucisis Alph.* 116.

ortalanus v. hortulanus.

1 ortare [cf. CL ortus, *p. ppl. of* oriri], to cause to begin, to beget, procreate, raise.

cum . . non amor ~andi subolis sed voluntas dominatur in opere commixtionis . . (*Libellus Resp.*) BEDE *HE* I 27.

2 ortare [cf. orta], to cut small branches from felled timber, to trim scraps.

1401 in vadiis ij laborariorum . . prosternencium, ~ancium, et secancium busc' pro carectis predictis *Pipe Wint.* B1/150 rot. 17d.

ortari v. hortari.   **ortatorium** v. orarium.   **ortelanus** v. hortulanus.

ortellus, ortillus [OF *orteil* < CL articulus], claw on a dog's foot.

1217 tres ortilli abscidantur sine pelota (v. canis 2a); **1310** canes . . amputati sinistro orello [l. ortello] (v. impediare).

ortelog- v. horolog-.   **ortensis** v. hortensis.   **orthigonus** v. orthogonius.

orthodoxe [LL], in orthodox manner: **a** with correct opinion, with right belief. **b** according to canonical procedure.

a 679 nos pie atque ~e juxta divinitus inspiratam doctrinam eorum confessi credimus . . (*Conc. Hatfield*) BEDE *HE* IV 15 p. 239; catholice atque ~e predicare CIREN. I 284; nec oportet pios theologos sencientes ~e de Scriptura timere falsificacionem scripture sue per sinistros intellectus WYCL. *Ver.* II 18; **1534** predicabit catholice et ~e *Conc.* III 774b. **b** praefatus equidem rex, ut hujus libelluli epilogum . . ~e [AS: *rihtgeleaflice*] concluderet . . RegulC 69; s**1116** defuncto papa Paschali, Gelasius antipapa anno uno successit, cui successit ~e Calixtus M. PAR. *Maj.* II 143.

orthodoxia [LL < ὀρθοδοξία], orthodoxy.

s**1237** matri nostre [ecclesie] obediunt, in antiqua ~ia immobiles hactenus permanentes M. PAR. *Maj.* III 460; s**1457** ~ie fidei fundamentum (*Lit. Soldani*) *Reg. Whet.* I 269.

orthodoxitas [cf. LL orthodoxia + -itas], orthodoxy.

de aliis pluribus ecclesisticae ~atis institutionibus F. MALM. *V. Aldh.* 70D.

orthodoxus [LL < ὀρθόδοξος]

1 orthodox, of correct opinion, of right belief: **a** (of person); **b** (of church); **c** (of faith). **d** (as sb.) person who maintains correct opinion or right belief.

sanctus Augustinus, sicut et ceteri patres ~i BEDE *HE* I 10 p. 24; in fide quoque catholica, quam assertor veritatis edidit Athanasius post multas persecutiones repertus per omnia ~us ABBO *QG* 21 (44); pio, victorioso atque ~o, summi Regis nutu Anglorum regi, Willelmo . . W. JUM. *pref.*; absit . . ab animabus ~is hec . . perfidia! AD. MARSH *Ep.* 247. 9; **1281** quamvis universos sancte matris ecclesie filios ortodoxos sacrorum canonum instituta . . moneant *Reg. Ebor.* 176; ut mala semina paulatim crescere sinebantur Oxonie a constudentibus et doctoribus ~is *Ziz.* 2; *rygthe trowande*, ortodoxus *CathA.* **b 804** contra ~am ecclesiam quam rite gubernas *CS* 315; c**1180** omnibus ~e ecclesie filiis salutem *Melrose* 51. **c 625, 798, 1536** (v. 1 fides 2c); probavit hoc dogma ~ae fidei omnimodis esse contrarium BEDE *HE* II 1 p. 76; **796** isti heretici . . nullam habent voluntatem ~ae fidei professionem cum universali ecclesia cognoscendi ALCUIN *Ep.* 113 p. 164; ~a fides . . ibidem collocatur W. MALM. *GP* I p. 48; **1417** ne . . ortodoxe fidelitatis integritas . . tenderet ad occasum *Reg. Cant.* III 48; posthabita veritate ~a CHAUNCY *Passio* 82. **d** Christianissimi et ~i multi regnando praecesserant B. *V. Dunst.* 3; nefarium et execrabile cunctis ortodoxis videretur *Enc. Emmae* III 7; sacramentum etiam corporis et sanguinis Domini nostri Jhesu Christi, ortodoxorum omnium salutem T. MON. *Will.* VII 18; ab ~is baptizatus M. PAR. *Maj.* I p. 230; hereticos discernere ab ~is OCKHAM *Dial.* 407; Petrus apostolus ~orum sub Christo vicarius FORDUN *Chr.* I 5.

2 glorious, perfect. **b** (as sb. m., of God) glorious one (in quot., in tmesis).

ortodoxi, gloriosi *GlC* O 227; ortodoxis, recte gloriosis *Gl. Leid.* 2. 129; ortodoxon, gloriosi vel perfecti *Ib.* 30. 94; **9 . .** ortodoxos, *wuldorlic WW*; **10 . .** ~us, *wuldorlic WW*. **b** nomina orto- petas donet, precor, inclita -doxus (JOHN THE OLD SAXON *Vers.*) *ASE* IX 73.

orthogonalis [ML], (geom.), of a right angle, right-angled.

a summitate arundinis usque ad mensoris corpus ~is linea directe ducatur ADEL. *ED* 30; productis diametris ~ibus WALLINGF. *Abb.* 320.

orthogonaliter [ML], (geom.) at a right angle.

si quis ergo quem integrum numerum ij numeri supradicto modo multiplicati conflaverint dubitaverit, uti et illi in hac figura ~iter conveniant diligenter inspiciat THURKILL *Abac.* f. 57; accipies itaque arundinem . . cujus medio aliam ~iter conjungere calle predicte subduplam ADEL. *ED* 29; eruntque in incisione duo circuli supra centrum unum ABGD et HZNT sintque due diametri AG et BD sese ~iter secantes *Id. Elem.* XII 14; si ergo cadunt radii ~iter, reflectuntur ~iter GROS. 83; appende perpendiculum . . super hastam prime tibie ad quemvis arcum datum, ita quod super arcum illum ~iter cadat filum WALLINGF. *Rect.* 418; pro aliis quatuor differenciis notandum quod omne animal absolute habens istas differencias habet tres lineas dimensionales ~iter se secantes in medio WYCL. *Log.* III 7; multae obliquae lineae totidem obliquis ~iter transcriptae aream reddunt apsidalem seu maculatam SPELMAN *Asp.* 86.

orthogonius [CL < ὀρθογώνιος], **orthogonus** [LL]

1 (geom.) that contains a right angle, right-angled.

atqui pyramis que est supra basim multorum angulorum ARBSGJDO et caput ejus L surgit supra eam ~ium esse triangulus EBK ADEL. *Elem.* XII 10; habebis duos triangulos ortogonios, quorum angulis rectis opponuntur due linee ducte a centro terre GROS. 47; duos triangulos ortogonios quorum angulis rectis opponuntur due linee ducte a centro terre BACON IX 195; ortigonus, habens angulum rectum *Id. Gram. Gk.* 73; separemus laminam unam eris quadrilateram, ~am sed oblongam WALLINGF. *Rect.* 406.

2 (as sb. n.): **a** right angle. **b** figure that contains a right angle.

a exeatque de puncto N de linea BD linea secundum ~um sitque NZ ADEL. *Elem.* XII 13. **b** ~um id est rectiangulus figura plana est, id est triangulus, et habet angulum rectum BART. ANGL. XIX 127; ortogonium, A. *a squyre WW.*

orthogonum v. orthogonius.

orthographare [ὀρθογράφειν = to draw the elevation of a building], to write correctly.

c**1497** modus ortographandi et in eodem Donatus secundum ordinacionem Prisciani *Libr. Cant. Dov.* 363.

orthographia [CL < ὀρθογραφία], art of writing correctly, orthography; **b** (as subdivision of grammar).

librum de ~ia, alphabeti ordine distinctum BEDE *HE* V 24 p. 359; ortografia, discriptio litterarum *GlC* O 265; eotenus, inquam, ut quicquid hac in editione contra ~iae normam compositoris vitio usurpatum repereris B. *V. Dunst.* 1; *sum is gecweden* ortographia *on Grecisc, þæt on Leden* recta scriptura *and on Englisc riht gewrit* ÆLF. *Gram.* 291; deinde inferam alia capitula circa vocabula Greca, in quibus indifferenter per quascunque litteras ~ia destruitur per malam scripturam et pronunciacionem BACON *Gram. Gk.* 60; antiquorum grammaticorum ~iam . . consideravimus R. BURY *Phil.* 12. 176. **b** legibus ipsius [sc. grammatice] orthographia subest NECKAM *DS* X 42; grammatica iiij habet partes integrantes ipsam: ortografiam, prosodiam, dyasinte[ti]cam et ethimologiam *Ps.-GROS. Gram.* 67.

orthographus [LL < ὀρθογράφος], one who teaches the art of writing correctly, orthographer.

B . . per digammon scribi veterum auctoritas ~orum testatur ALDH. *PR* 133; grammaticorum et ortograforum disciplinas *Id. VirgP* 4; sacra sophia etiam opulentissime inlustrium chronographorum ortographorumque instructi BYRHT. *Man. epil.* 244; **9 . .** ortogravorum, *rihtwriterum WW*; dicor [MS: decor] Donatus sum radix grammaticatus, / ortographusque vocor Dindimus hicque locor *Vers. S. Alb. Libr.* 219; non hic ortographus [*gl.*: i. rectus gramaticus], sed agrammatus esse probatur *WW.*

ortholanus v. hortulanus.   **orthomia** v. orthopnoea.   **orthomiacus** v. orthopnoicus.   **orthomotius** v. orthopnoicus.

orthonoismus [ὀρθός + νοεῖν + -ισμός], act or habit of correct thinking.

ad occultationem vero propositi, immo ut uterque gimnadiorum [i. e. disputantium] voti compos facilius sit, idiotismus et ortonoismus perutilis est, ut uterque sc. sic artem dissimulet, quod aut eam non habere credatur [sc. idiotismus] aut quod habita nolit uti [ortonoismus] J. SAL. *Met.* 912A.

orthonomia [ὀρθο- + νομία], correct rule, right régime.

quantacumque de vitae ipsius ortonomia [*gl.*: i. e. directa lege; i. e. regula; v. l. orthonomia] stilo perstrinxero FELIX *Guthl. prol.* p. 64; quomodo ortonomiam [vv. ll. orthonomiam, †ortonomia] vitae ducebat *Ib.* 28 cap. p. 68; quomodo ortonomiam [*gl.*: rectam legem, i. e. consuetudinem vel constitutionem] vitae habuit *Ib.* 28 cap. p. 92; vitae . . illius haec immota ortonomia [*gl.*: consuetudo, i. e. legalitas] fuit, ita ut ab illo tempore . . non laneo nec lineo vestimine . . usus est *Ib.* 28 p. 94; propositi tui ortonomias [*gl.*: consuetudinem, i. e. legalia jura] disrumpere nolumus *Ib.* 30.

orthopnoea [CL < ὀρθόπνοια *also assoc. w.* ὀρθός + -θυμία; *? understood as* orthothymia], (med.) form of asthma in which one can breathe only in an upright position.

de squinantia . . item anhelitus est longus; propter stricturam enim pectoris aerem cum impetu trahere nequit quantum sufficit. unde longum tempus in attrahendo requiritur ut ad †orthomiam [? l. orthopniam] infirmum ducat GILB. IV 177. 2; †orthomia [? l. orthopnia] *Ib.* 198. 1 (v. dyspnoea); †orthomia [? l. orthopnia], i. difficilis inspiracio vel respiracio. item †orthomia [? l. orthopnia] est rectus anhelitus vel †orthomia [? l. orthopnia] est que tantum †arerem [l. aerem] sumitur quantum emittit, cum difficultate tamen, et dicitur ab orthos quod est recte et thimus quod est spiritus *Alph.* 131.

orthopnoicus [CL < ὀρθοπνοϊκός], (med.) one who suffers from orthopnoea.

yera fortissima Gal[ieni] facit cephalargicis . . faucium et dentium doloribus, asmaticis, †orthomiacis [? l. orthopniacis], claritati vocis et longis egritudinibus, ydropicis . . GILB. VII 346v. 1; locium pueri bibitum †othonominoitos [? l. orthopnoicos] curat *Alph.* 104; strucio linarii utuntur . . radices . . tussientibus et †orthomoticis [? l. orthopnoicis] medentur *Ib.* 181.

orthos [ὀρθός]

1 (as adj.) upright.

~os, quod est rectus *Alph.* 131.

2 (as sb. n.) upright plant, vervain (*Verbena officinalis*).

orton, verbena recta, ideo quod ejus stipes rectus, G. *verveyne MS BL Sloane 5* f. 9vb; orton, vervena recta, A. G. *verveyne MS BL Addit. 15236* f. 181v.

orthothemia [ὀρθός + θέμα + -ία], correct disposition, right craftsmanship.

addendi minuendique modum vitans eadem ortodemia [v. l. ortothemio; *gl.* i. e. positione] depinxi Felix *Guthl. prol.* p. 64.

ortica v. urtica. **orticula** v. horticola. **ortigometra** v. ortygometra. **ortilanus** v. hortulanus. **ortinus** v. hornotinus. **ortiphinium** v. arcifinius. **ortis** v. orchis.

†ortodoces, *f. l.*

1292 (1432) ordinamus quod quinque primi canonici .. singulos vicarios suos †habent ortodoces [MS: habeant sacerdotes] quibus de suis proventibus teneantur .. (*Pat* 431 m. 13) *MonA* VI 1335b.

ortodoxus v. orthodoxus. **ortodemia** v. orthothemia. **ortoganum, ~gonium, ~gonius, ~gonum, ~gonus** v. orthogonius. **ortolagium** v. hortolagium. **ortolanus** v. hortulanus.

1 orton v. orthos.

2 orton, (bot.) vervain (*Verbena officinalis*).

~on, verbena recta, idem quod erus stipes rectus, G. *verveyne MS BL Sloane 5* f. 10va.

ortonoismus v. orthonoismus. **ortonomia** v. orthonomia. **ortulanus** v. hortulanus. **ortulus** v. hortulus. **ortum** v. hortus, oriri, orta.

1 ortus v. hortus.

2 ortus [CL]

1 act of rising; **b** (of heavenly body). **c** (*~us solis*) rising of the sun (as point of time); **d** (as direction).

hic ~us, -us, -ui, *a spryngyng WW*. **b** ast ubi flammicomos ardescens lucifer ortus / attulit Bede *CuthbV* 780; **798** non aequaliter nobis in his partibus borialibus conversantibus ~us et occasus siderum evenit Alcuin *Ep.* 149; per totam .. noctem .. usque ad ipsius stellae rursus ~um et apparitionem Abbo *Calc.* 3. 38; ~us planete dicitur cum exit de sub radiis solaribus et manifeste mundo apparet non impediente solis splendore Gros. 45; figure igitur lune sunt: generatio, ~us, menoides, dicotomos, amphikirtos, plisiselenos, panselenos *Id. Hexaem.* IX 10 p. 283; eliacus ~us Sacrob. *Sph.* 97 (v. heliacus); determinare ~us et occasus stellarum Kilwardby *OS* 104. **c** vita migravit cum solis per Capricornum / tertius ac decimus medians existeret ortus Dominic *V. Ecgwini* I 17; ab †orte [l. ortu] solis usque ad meridiem *Cust. Taunton* 20; ab ~u solis fere usque horam nonam Avesb. f. 82. **d** haec conscendunt per aethera / ab ortu solis sidera (Aldh.) *Carm. Aldh.* 1. 80; Nilus .. omnia monstra ferarum similia gignit eo gurgite quo se ad ~um dirigit et quo item flexus a Mari Rubro ad occasum refunditur *Lib. Monstr.* II 21; novimus insulam esse aliam .. contra ~um solis Bede *HE* I 1 p. 12; matres etiam .. pullos suos contra solis ~um obvertunt Alb. Lond. *DG* 3. 4; siquis stans in fori medio vultum vertat ad ~um solis Lucian *Chester* 47.

2 beginning (of period of time).

ab ~u nascentis mundi Aldh. *Met.* 2 p. 68; usque ad ~um diei Bede *HE* IV 17 p. 244; oremusque in ~u surgentis aurorae Alcuin *Liturg.* 483C; in eis vero que latitudine carent, ut regio Arin, in qua semper dies equales, omni tempore eorum ~us uniformis Adel. *Elk.* 25.

3 place at which watercourse rises, source, spring.

c**1173** a petra .. usque ad ~um de Blakeden et ab eodem ~u usque ad wacellum qui in proximo oritur versus aquilonem *Regesta Scot.* 145; dederunt quemdam ~um aque in campo suo .. et quamdam placeam terre circa dictum fontem *Cart. Chester* 340 p. 225.

4 the coming into being, beginning, birth: **a** (of person); **b** (of creature); **c** (of object or artefact); **d** (of abstr.).

a post natum Mathusalem .. post ~um Mathusalem in hac vita Deo .. servierit Bede *Gen.* 80; hujus in occiduis convexi partibus orbis / naturae solitum Uuilfridus pertulit ortum Frith. 35; **957** humanum genus ab ~u suo fluere usque ad mortem deficiendo *CS* 988; ~us, G. *nesaunce* Garl. *Unus gl.* 166; cujus ~us gaudium fecit parentibus, patrie splendorem peperit *V. Edm. Rich P* 1776C; **1447** in baptizacione filie comitis .. ac R. R. portanti nova de ~u ejusdem vj s. viij d. *Ac. Durh.* 630; post ortum periit infantulus ortus in orto *WW*. **b** de .. avibus situ potius quam ~u distantibus Gir. *TH intr.* p. 7. **c** ante catervatim per limphas duco cohortes, / dum plures ortu comites potiuntur eodem Aldh. *Aen.* 62 (*Famfaluca*) 7; littera tollatur, non fulget nominis ortus Tatwine *Aen.* 4 (*De litteris*) 5; aplanen quod Greco nomine paradisus dicitur, Latine vero ~us quia ab eo res oriuntur Bern. *Comm. Aen.* 29. **d** omne .. solubile conpositum est. nullum igitur solubile caret ~u. unde constat quod nullum carens ~u solubile sit Abbo *Calc.* 3. 28; de ~u partium philosophie pro modulo nostro diximus Kilwardby *OS* 625; laus que volatili sermone texitur / cum paucis sillabis statim expenditur; / tam cito desinit quam cito nascitur, / fine propemodum in ortu clauditur Walt. Wimb. *Carm.* 202; omnis pompa temporalis / .. / transit sicut aque bulla, / modo magna, modo nulla, / mox post ortum interit *Id. Van.* 152; ortus origo datur, per quartam dum variatur *WW*.

ortygometra [CL < ὀρτυγομήτρα], kind of bird: **a** quail. **b** curlew. **c** corncrake, landrail. **d** bittern or corn bunting.

a ortigomera, *edischen GlC* O 236; **10**.. ortigomera, *erschen WW*; non .. / .. magis invisum timet ortigometra [v. l. hortigometra] nisum R. Cant. *Malch.* III 383; Asterie soror Latone in ortomegram idest coturnicem avem, mutata est *Natura Deorum* 16. 4; hec [Delos] et Orthygia, ab ~is, hoc est coturnicibus, sic dicta, quia illic primum vise sunt Gerv. Tilb. I 921; ardicomata, A. *a quayle WW*. **b** ortigometra, coturnix, curleius, genus avium *Teaching Latin* I 378; *curlu, byrde*, conturnix .. ortagamater .. vel ortigomatra *PP*; *curlewe*, coturnix, ortix Grecum est, ortigometa *CathA*. **c** **10**.. nomina volucrum: .. ortigometra *segscara WW*; de generibus avium: .. ortigometra, *secgescara Teaching Latin* I 23. **d** sunt bona gallina, capo, turdus, sturnus, columba, / quiscula vel merula, fasianus et ortigometra [*gl.*: *a bontyng*, alias *betwre*] *Dieta* 56.

orus [ὄρος, *gen.* ὄρεος], a mountain, peak. **b** (gen. *ori* in plant-names) of a mountain, mountain-.

a erumpebat fons qui erat sterelis in †oneo montis, et fuit inutilis hominibus Hugeb. *Will.* 4 p. 97; monachi .. sedent circa vallem in †oneo rupis montis *Ib.* p. 99; protinus passebantes super Alpium †oneos *Id. Wynn.* 2. **b** *GlC* etc. (v. oriacanthum); *Gl. AN Glasg.* (v. oriaracha).

orvalis [ME, AN *orvale*], (bot.) orval, clary (*Salvia sclarea* or *pratensis*).

argentilla potata, id est orval', ossa fracta consolidat Gilb. IV 205. 1; argentilla, ~is, hec potata ossa fracta consolidat *Alph.* 16; stringni, iiij sunt species, quarum prima est ortolana vel ~is, odoris jocundi, et hoc comeditur *Ib.* 176.

orynale v. urinalis.

oryx [CL < ὄρυξ]

1 kind of antelope or gazelle.

oryx est idem animal quod in lege mundum reputatur .. immundum tamen reputabatur quoad sacrificium .. cornua vasta et magna quibus earum capita onerantur Bart. Angl. XVIII 78; oryx orygis est aliquid mundum et commestibile quod in lege veteri concessum est, sicut Jeronimus dicit, licet aliqui glosatores pro immundo reputabant Bacon *Gram. Gk.* 64.

2 kind of mouse-like rodent.

oryx .. est animal immundum nec sacrificiis aptum .. est .. bestia sicut mus aquaticus vel sicut glires Bart. Angl. XVIII 78.

3 kind of chicken-like bird.

oryx est quedam avis pinguissima .. quod est avis similis galline Affricane vel ipsa gallina Bart. Angl. XVIII 78.

oryza [CL < ὄρυζα], rice.

9.. de mensa: .. origia, *suntreow* [? l. *sum treow*] *WW*; †onza [l. oriza] genus est leguminis nobis ignotum *Alph.* 130; †oziza [l. oriza] est genus leguminis nobis ignoti; quidam dicunt esse idem quod spelta *Ib.* 134; orizam .. recentiores concordibus suffragiis risum esse asserunt. quare adducor ut credam herbam esse cujus semen nos vocamus *ryce* Turner *Herb.* B4; oriza est risum *LC* 256.

1 os [CL]

1 mouth (of person or animal, also w. ref. to beak of bird); **b** (as organ of taste); **c** (as organ of speech); **d** (as organ of sexual intercourse, *v. et. lingua* 1d); **e** (fig.).

Castalidas nimphas non clamo cantibus istuc / examen neque spargebat mihi nectar in ore Aldh. *Aen. praef.* 11; clausit manum suam contra os ejus *V. Greg.* p. 93; equus .. spumas ex ore demittere .. coepit Bede *HE* III 9 p. 145; hic oscen .. i. avis quelibet ore canens Osb. Glouc. *Deriv.* 87; ligno .. in ore [taxi] ex transverso locato Gir. *TH* I 25; castor .. quando amplius fugere non potest proprio ore abscidit genitalia T. Chobham *Serm.* 9. 38rb; Sampson frangit ora leonis et Daniel draconis *Vers. Cant.* 25. **b** creavit Deus hos tanquam necesarium instrumentum gustus, in cujus radice interius sunt duo foramina *Ps.*-Ric. *Anat.* 29. **c** ora .. scientium obturantes Gildas *EB* 66; prophetico ore dicens *V. Cuthb.* II 8; recte primo ammonet aurem quemque citius accommodare docenti sero autem os ad docendum aperire Bede *Ep. Cath.* 16; nullus supersedeat *outhorn* .. ore et cornu juxta preceptum heretemiorum regni (*Leg. Angl. Lond.* 19) *GAS* 656 (v. cornu 4c); **1290** pro hutesio levato cornu et ore (v. hutesium a); os duplex odias; ad mensam non paciaris / detractus *Dietarium* 57. **d** qui semen in os miserit, vij annos peniteat: hoc pessimum malum Theod. *Pen.* I 2. 15. **e** oblato sibi per apostolos pane Verbi .. mox aperuerunt ora sui cordis Bede *Hab.* 1249; os cordis aperuit ad discendam ab ipsa Sapientia interius veritatem quam alios foras doceret *Id. Prov.* 1038A; quia totius vitae tuae gratias in ore mentis assidue tibi et libentissime susurramus Anselm (*Ep.* 7) III 109; sapor dilectionis nec oculis nec auribus agnoscitur, sed solo cordis ore delectabiliter gustatur *Id.* (*Ep.* 59) III 174; eadem .. lege .. et ab eodem omnium auctore dentes in ecclesie ore dispositi J. Ford *Serm.* 50. 3.

2 (in phr.): **a** (*in* or *ex ore*) on the lips or from the mouth (of someone as relator of information). **b** (*ex ore* & gen.) in the name (of), on behalf of. **c** (*ore ad os*) mouth to mouth, face to face (*cf. Num.* xii 8). **d** (as nickname, *os auri* or *aureum*) golden mouth (w. ref. to John Chrysostom); **e** (w. ref. to Gregory the Great). **f** (*os Dei* or sim., w. play on *verbum*; w. ref. to) prophet; **g** (w. ref. to) Christ.

a s**1139** omnibus esse in ore quod .. W. Malm. *HN* 473 p. 31; **1236** hujusmodi excepcio de bastardia quam .. Bartholomeus profert versus eandem Isabellam non potest .. stare in ore predicti Bartholomei *CurR* XV 1793 p. 453; **1242** sciatis quod quedam secreta nostra posuimus in ore Rustiani .. quem ad vos mittimus, vobis referenda *RGasc* I 6b; **1242** mittimus ad vos R. de C. et P. B., in quorum ore posuimus quedam vobis exponenda *Ib.* I 92a. **b** summa vero querele eorum in hoc niti videbatur, quod Willelmus comes Eboraci in capitulo Eboracensi precepit, ex hore regis, hunc Willelmum eligi *Hexham* I 142; precepit ex ore regis, ut exiret de capella M. Par. *Maj.* III 227. **c** qui cum eo ore ad os loqui meruerunt Bede *Cant.* 1206; nonne Abraham vidit te dum loquebatur tecum ore ad os? Anselm *Misc.* 325; fratris colloquium ore ad os petiit Ord. Vit. X 19 p. 114; s**1198** qui .. ore ad os vobis loqui merebuntur Gerv. Cant. *Chr.* I 571; **1224** ore ad os et per .. litteras precepimus ut .. *Pat* 425. **d** Johannes Constantinopolitanus Crisostomus quem Graeci Crisostomum, i. os auri clamant *Comm. Cant.* II 3. **e** a gente Romana quae pre ceteris mundo intonat sublimius proprie de aurea oris ejus gratia, os aureum appellatur *V. Greg.* p. 100. **f** figurative .. os Domini prophetae dicuntur Andr. S. Vict. *Sal.* 22. **g** os autem Dei Unigenitus Dei est .... hujus oris osculum sponsa quesit G. Stanford *Cant.* 227; mentior si non de ore veritatis hec discipulis repromissio in evangelio sonat J. Ford *Serm.* 5. 3; sic per os veritatis caritatis illa plenitudo .. erat significanda *Ib.* 48. 6; [Christus] dicitur os [Trevisa: *mowþ*] Dei quia per ipsum Deus mundo loquitur Bart. Angl. I 21.

3 (*oretenus*; al. div.): **a** from the mouth. **b** by word of mouth (usu. dist. from *litteratorie* or sim.).

a egressa ecclesiam diversi coloris et quantitatis vermes evomuit; totaque simul prurulenta sanie ore tenus stillabat, quod horror erat cernere *Mir. Wulfst.* I 20; facies oretenus subinde plana; pro naso, preter duo narium foramina, nullam eminentiam habens GIR. *TH* II 21. **b** s**1239** favorem omnem promisit ore tenus, sed per nuntium suum literas .. deferentem latenter injunxit (*Lit. Imperatoris*) M. PAR. *Maj.* III 632; si non ante judicium ore tenus convinci possunt, post judicium convinci poterunt per juratam BRACTON f. 289; **1262** ita quod vix habent victualia, prout vobis plenius oretenus explanabimus cum ad vos venerimus *RL* II 218; **1280** resignavit dictus magister Adam oretenus et litteratorie prebendam *Reg. Heref.* 63; non minus tempus requiritur ad narrandum oretenus quam ad legendum in libro HOLCOT *Wisd.* 205; c**1343** tam oretenus quam litteratorie *FormOx* 159.

4 mode of utterance, pronunciation, delivery.

semilonga vero et longa similes sunt in figura, dissimiles vero in proporcione et ore secundum vocem HAUDLO 88.

5 word, voice.

prius delectatione languescens sed apostolorum opere et ore sanatum BEDE *Acts* 965; cum vero legis, et os Dei in aure tua est AD. SCOT *QEC* 15. 827B.

6 specific mode of speech, jargon.

in ore medici vocatur frigiditas GAD. 135. 1 (v. frigiditas 2b).

7 allowance, bouche.

1205 iiij dolia vini .. ad os nostrum (v. dispensabilis 1); **1237** eligi faciant viginti dolia vini ad os regis *Cl* 259; Bernardo Bourdet et Radulfo fratri ejus, pro expensis orum suorum per xx dies in toto per quos fuerunt extra curiam pro negociis regis .. vij s. vj d. *AcWardr* 76; **1300** custodi garderobe regis, percipienti per annum ducentas libras pro expensis oris sui, clericorum et scutiferorum suorum qui solebant comedere in aula regis et non comedunt ibidem amplius *Ib.* 84; **1408** pro ore nostro *CalPat* 429; **1461** archicoco pro ore nostro *CalPat* 80.

8 (thing that resembles) mouth, aperture, opening, orifice: **a** (feature of landscape or river); **b** (bodily organ); **c** (artefact).

a Hebraeum nomen congruit qui pithona os abyssi dicunt BEDE *Acts* 978; at vero puteus putidum qui eructuat ignem / est os inferni ALCUIN *SS Ebor* 991; fumo in ora cavernarum immisso quo latrones fugati pertinatiam amisere W. MALM. *GR* IV 377; c**1230** dicit quod nullus habet consuetudinem a ponte de Jarum usque ad os Tesye ex parte episcopi nisi solus episcopus, et Petrus de Brus ex parte altera *Feod. Durh.* 253. **b** quidam infernum interpretantur .. os vulvae et terram quae non satietur aqua [cf. *Prov.* xxx 16] BEDE *Prov.* 1025; os pupille dicunt sonare Physon. et si hoc verum est, sicut ad pupillam visio, sic ad os locutio referri potest; nam in ore lingua est qua loquimur, in oculo pupilla qua videmus AD. SCOT *QEC* 16. 828D; ut profluat in os stomachi [TREVISA: *in þe mouþ of þe stomak*] BART. ANGL. IV 11 p. 111; ab ore stomachi ad cor multi sunt anfractus GILB. I 10v. 1; in ore matricis est appetitus et delectatio coitus RIC. MED. *Anat.* 231; isofagus est membrum .. a radicibus lingue incipiens usque ad meri, i. os stomachi, protensum *SB* 26; precordia apud veteres dicebatur os stomachi *SB* 35. **c** Philippus interpretatur os lampadis BEDE *Acts* [viii 35] 963 (v. lampas 1e); si facias fistulam bino ore unde aqua intret, simplici unde exeat *Id. Ep. Cath.* 29; os in ventre mihi [fornaci] est, quadrato in gutture nares ALCUIN *Carm.* 64. 2. 5; multa brevi cohibens os lampadis ore rotundo, / ut reor, ad votum, Petre, petita dedit L. DURH. *Dial.* III 255; aperto dolii ipsius ore GIR. *GE* II 10 p. 214; convertit os patere ad palmam suam: et stetit liquor in patera, et sola gutta cecidit quam magus immisit (*V. S. Patricii*) *NLA* II 282; rex continuo pulverem in eam mitti jussit et lapidem grandem in ejus ore poni et igni accendi STRECCHE *Hen. V* 183.

9 (*os gladii*) edge of sword (*cf. Exod.* xvii 13 or *Luc.* xxi 24).

s**1066** rex Anglorum Haroldus .. in ore gladii regem Haraldum comitemque Tostium .. occidit FL. WORC. I 226; in ore gladii penitus prostraverunt *G. Steph.* 8; c**1173** quia presumptuose et inique gladii exercuerunt officium, in ore gladii corruerunt P. BLOIS *Ep.* 42. 124A; plures trucidarunt in ore gladii DICETO *YH* 407; c**1242** sicut preceptum est Sauli universa percutiatur et interficiatur in ore gladii GROS. *Ep.* 98; omnes in ore gladii perierunt M. PAR. *Maj.* I 249.

10 (pl.) bridle.

a bridylle, .. frenum, ora, bajulum *CathA*.

11 face (also pl.): **a** (of person); **b** (of heavenly body).

a tristia rorifluis umectant imbribus ora ALDH. *VirgV* 1907; qui .. mansueto corde et ore sereno bona .. operatur BEDE *Ep. Cath.* 29; ora fluunt lacrimis, pectora mesta dolent ALCUIN *Carm.* 9. 192; lurida cui gelidus pallor praetexerat ora *Id. SS Ebor* 1141; erumpens vapor nardifluus quaesitorem suum in ora reverberavit GOSC. *Transl. Aug.* 17C; sanguine mixte per ora volvuntur lachryme (*V. S. Albani*) *NLA* I 30. **b** cujus judicium obscura demergit / .. / radiancia solis ora revelat J. HOWD. *Cant.* 2.

12 foremost part, front.

ora, frons *GlC* O 246.

2 os, ossum [CL]

1 bone: **a** (human); **b** (animal). **c** tusk of elephant or of other animal used as ivory; **d** (understood as symbol of strength, virtue, or sim., also fig.). **e** (in gl. or expl.).

a dispersiones ossium discerptionesque membrorum GILDAS *EB* 74; tali femineam sontes molimine spinam / excruciare student, membratim quatenus ossa / si fieri posset, vacuarent cruda medullis ALDH. *VirgV* 1995; ligatur ossuum fractura, convalescit egrotus cum gratia W. MALM. *GP* III 100 p. 218; sonus fit quoniam transitus est strictus et angustus, sc. per quedam foramina que transeunt usque ad ossanaria [? l. ossa naris], et ita per concavitates narium *Quaest. Salern.* B 312; **1201** ita quod iij ossa ex capite ejus per illam verberacionem extracta fuerunt *SelPlCrown* 2; tres plagas ei fecerunt in capite et j plagam in sinistro brachio ita quod ei brusaverunt parvum ossum ejusdem brachii *PlCrGlouc* 102; in [in]teriori concavitate ossis petrosi [*ear-drum*] .. manet aer quietus; ibi enim determinantur omnes vocis differentie *Ps.*-RIC. *Anat.* 27; **1272** hoss' [l. ossa] fendidit (v. findere 1a); tulit unam de costis ejus carnem et ossam [v. l. ossa] .. illam [Evam] edificavit in mulierem *Eul. Hist.* **b** beluae .. quae in suis verticibus ossa serrata velut gladios gestant *Lib. Monstr.* II 12; a**1075** ne ossa mortuorum animalium quasi pro vitanda animalium peste alicubi suspendantur *Conc. Syn.* 614; cum comederet in refectorio ad prandium servientum, os piscis ex transverso adhesit gutturi ejus et inde graviter anxiata manum apposuit ut extraheret *Canon. G. Sempr.* 148v; os cordis cervi, .. G. *os de quer' de cerf MS BL Sloane 5* f. 10va; os de cost' cervi viij, ij pecie ij d. *Invent. Med.* 79. **c** ebur .. os est elephantis quod nimiae castitatis animal et frigidi sanguinis esse ferunt BEDE *Cant.* 1167; eburneis, de ossibus elefantis. ebur os ejus dicitur *Gl. Leid.* 22. 4; de spodio sunt diverse opiniones .. alii [dicunt] quod sit os elefantis combustum *Quaest. Salern.* B 276; puerulus deinde .. in os crucifixi reversus est, non gradiens vel pedes movens, sed leniter spacium aeris inane pertransiens (*V. S. Godrici*) *NLA* I 482; **1431** lego M. C. .. unum os unicorni hernesiatum cum una cathena argentea deaurata de *trefoill Reg. Cant.* II 450; **1582** *verthingales* strenior fact' .. pro *les bent* et oss' cet' *Ac. LChamb.* 9/73f. 11v (cf. ib. 5/35 p. 280: *with bent and whale bone*). **d** Scriptura .. ossuum vocabulo fortia solet ac spiritalia facta designare BEDE *Hab.* 1250; in ossibus solida virtutum opera, in umbilico .. infirma adhuc et imperfecta bonorum actio designatur *Id. Prov.* 950; vere crura dilecti mei ossa patientie ac longanimitatis ipsius J. FORD *Serm.* 30. 6; omnes quidem virtutes ossa sunt propter fortitudines [v. l. fortitudinem] quam habent T. CHOBHAM *Praed.* 242. **e** 'os, ossis' et 'ossum, ossi' declinaverunt antiqui et, ideo ut sit differentia singularis et pluralis numeri, per duo u scribunt moderni ABBO *QG* 17 (39); hoc in loco quidam falsi correctores sed veri corruptores pro 'ossuum' quarte declinationis genitivo 'ossium' tertie scribi faciunt et legi, nescientes .. ab 'ossu' indeclinabili et quarte declinationis et non ab 'osse' tertie hunc regulariter genitivum descendere ANDR. S. VICT. *Sal.* 26; os, ossis, antiqui tamen malebant dicere hoc ossum OSB. GLOUC. *Deriv.* 387.

2 (pl.) bones of dead person, mortal remains, or relics of a saint. **b** (alch., *ossa Adae*) *s. dub.*

ossa illius [sc. Lucae] ad tutelam regni Romanorum Constantinopolim translata leguntur ALDH. *VirgP* 24; rex Hyglacus .. cujus ossa in Rheni fluminis insula .. reservata sunt et de longinquo venientibus pro miraculo ostenduntur *Lib. Monstr.* I 2; reliquias ossium sancti Cudberhti episcopi totius familiae probatissimi viri de sepulchro proposuerunt elevare *V. Cuthb.* IV 14; de Joseph .. solo Scriptura refert quod ejus ossa de Aegypto translata et in Sychem sunt tumulata BEDE *Acts* 957; non .. hec sola ecclesia tanto debet munere gloriari cum tanta ossuum multitudo multis possit ecclesiis satis esse AILR. *SS Hex* 11 p. 192; quia alii peregrini cum multo labore tendunt ad querendum ossa [ME: *bones, sontes banes*] alicujus sancti, sicut beati Jacobi vel Egidii *AncrR* 135. **b** accipiatur igitur de ossibus Ade et de calce sub eodem pondere; et sint sex ad lapidem Tagi et quinque ad lapidem unionis; et terantur simul cum aqua vite BACON *NM* 550.

3 (transf., of fruit) stone.

alie immutantur et non immutant ut panis, alie vero nec immutant nec immutantur ut ossa cerasarum, alie immutant et immutantur ut piper *Quaest. Salern.* B 49; ossa dactilorum et mirobolan[orum] GILB. I 78v. 2, S. SIM. *Itin.* 46, NETTER *DAF* II 101 (v. dactylus 3a); os dactuli, *pire de date MS BL Addit. 17866*, f. 43ra.

4 bobbin (for lace-making).

1560 laquei de auro operat' super ossa *Ac. LChamb.* 54 f. 35 (cf. ib. 57 f. 27v. [**1564**]: laquei aur' et argent' operat' super *bobbins* L.C. 9/57 f. 27v).

osa, (bot.) alkanet (*Alkanna tinctoria* or *Pentaglottis sempervivens*); *cf. ozon.*

osa, *rede alknyt MS CUL Dd. 11.45* f. 107rb.

osalinum v. oxyalme. **osamund-** v. osmund-. **osanna** v. hosanna.

1 oscedo [CL = *morbid tendency to yawn*], mouth-ulcer or sim.

~o, *muðcoþu* ÆLF. *Gl.* 114.

2 oscedo [cf. 1 oscedo, 2 os], affliction of the bones, bone-illness.

bonschaw syknes, tessedo [? l. oscedo] *PP*; *þe bane schawe*, ossedo *CathA*.

oscen [CL]

1 bird from whose cry one interprets omens; **b** (generally) song-bird.

~ines aves, *wigole fugules* ÆLF. *Gl.* 133; aves juxta artis disciplinam aut ~ines sunt, id est, que futura ore canunt ALB. LOND. *DG* 11. 13. **b** hic ~en, -nis, i. avis quelibet ore canens OSB. GLOUC. *Deriv.* 86.

2 (understood as) augury, omen.

~ines, auspicia *GlC* O 270.

osceptrus [*representing* c *before* e *as* s, *pronunciation spelling of* accipiter], hawk.

nec homines illuc mittant qui osceptros vel falcones portant, aut canes aut caballos ducant *Chr. Abingd.* I 31.

osceum v. oscheum.

oscha, ~ia [ML; cf. OF *ouche* = *enclosed garden*], 'ouche', land adjacent to a dwelling and enclosed by hedge or sim.

1168 medietariam de Charreriis .. totam cum nemore et pratis et ~is Gillarderie .. accommodaverat *Act. Hen. II* I 415; **1168** predictam medietariam .. dimiserunt cum bosco et pratis et ~iis Gillarderie *Ib.* 416.

oscheum [CL oscheos, ~on < ὄσχεος, -ον], scrotum.

dolor in loco ex quadam speciali parte sentitur testiculi aut ossei GILB. VII 289. 2; hos [sc. testiculos] in maribus includit natura in folliculo visibili, carneo et pelliculoso ad defensionem mollis membri principalis; vocant autem folliculum illum philosophi osceum [v. l. oceum], quod est folliculus RIC. MED. *Anat.* 230; pars spermatis transit in glandulosam carnem in osseum deposita *Ps.*-RIC. *Anat.* 42 p. 29; testiculi .. indurantur aliquando in osseo GAD. 29v. 2 (v. bursa 6a); ruptura intestinorum cum cadunt in osseum, i. in bursam testiculorum *Id.* 75. 2; oceum, i. folliculis testiculorum *SB* 32; osteum *SB* 32 (v. bursa 6a).

oscida v. 3 oscillum.

oscillare [CL = *to ride in a swing*]

1 to afflict, punish.

~are, verberare, contendere, depunire, vapulare, multare, plagiare OSB. GLOUC. *Deriv.* 399; **s1239** quanta volubilitate fortuna aulicos exagitat et ocillat M. PAR. *Min.* II 423 (cf. id. *Maj.* III 545: quanta volubilitate aulicos fortuna edomat).

2 to set alight (with a torch).

occilleo, *braundoner Teaching Latin* II 89.

1 oscillum [CL], small mouth.

~o oblongo [*gl.*: ocillo, i. parvo ore, *buche*] BALSH. *Ut.* 48; ocillum dulciter et labra dulcia / salivam parvuli more manancia / aptat ad osculum WALT. WIMB. *Carm.* 225.

2 oscillum [cf. CL ossiculum], small bone.

ossulum .. vel ossiculum .. vel ~um .. i. parvum os OSB. GLOUC. *Deriv.* 387; ~um .. i. parvum os *Ib.* 388; ex dentibus beati Nicasii, cujus nudum in manibus tenuerat capud sanctissimum .. misit digitos in nares illius .. et summa cum facilitate eduxit unum ~um valde speciosum, quo martyris geminos oculorum orbes interjectu sui discriminare consueverat AD. EYNS. *Hug.* V 13 p. 154; *a bane*, os, ossiculum, ossillum *CathA.*

3 oscillum [CL], **~a**

1 a swing or sim.; **b** (fig.).

~ae, *totridan GlC* O 268; **10..** oscida, *totrida* .. ~e, *totridan WW*; *myrytotur*, *chyldysgame*, ostillum *PP*; *a merytotyr*, ~um, petaurus *CathA*; *a poppin*, ~um LEVINS *Manip.* 134. **b** sub ocillo fortune tacitus et tremebundus M. PAR. *Maj.* V 266.

2 torch.

occillum, *braundun Teaching Latin* II 89.

oscinare [cf. CL oscen], to whistle.

whystlyn, ossino, ~as *PP.*

oscitabundus [CL], who yawns, yawning.

quo sompnolentiam ejus nutu arguente resedit invitus; perstitit ~us W. MALM. *Wulfst.* III 3; cum sompnolentiam cujusdam fratris nutu nocte quadam argueret et ille ~us et invitus resideret (*V. S. Wulfst.*) *NLA* II 526.

oscitamen [CL oscitare + -men], (act of) gaping or yawning.

oscito .. et hoc ~en [v. l. ocitamen] OSB. GLOUC. *Deriv.* 387.

oscitantia [cf. CL oscitare], (state or act of) gaping or yawning (fig., w. ref. to idleness, negligence, or sluggishness).

ne .. ~ia magis quam contemptu .. Deum ad indignationem provocet FERR. *Kinloss* 6; pauca .. quibus facile illius lapsum et turpem ~iam deprehendas .. subnectemus BEKINSAU 745.

oscitare [CL], **~ari** [LL]

1 to open the mouth, to gape (also w. ref. to breathing forth); **b** (as sign of dismay, indignation, or sim.). **c** (transf. or fig.) to gape at, be lulled by.

halat, holet, ~atur *GlC* H 27; ~are [v. l. ocitare], aperto ore hiare vel foras emittere OSB. GLOUC. *Deriv.* 398; ne autem qui spem dabat spe frustraret, tandem mortuus ~are cepit, et potum sibi postulavit W. CANT. *Mir. Thom.* VI 33; ossito [*gl.*: *galpen, baler*], sternuto, gemo, strideo, pulso, cachinno (*MS Bodl. Ashmole 342*, f. 86v) *Würzburger medizinhistorische Mitteilungen* X (1992) 176. **b** quare non oscitas? WALT. WIMB. *Carm.* 488 (v. dissilire 1a). **c** nec illi .. inani philosophie amplius ~eris ADEL. *ED* 9.

2 to gape from weariness, to yawn; **b** (used in divination). **c** (transf. or fig., w. ref. to laziness, negligence, or sluggishness).

~antes, *geongendi GlC* O 272; ~avit, crasmavit *Ib.* 283; hiare, ~are, ringere *gynian GlP* 196; muliercula quaedam / .. quae tempore noctis opacae / oscitat, ore crucem neglexit et indere sanctam WULF. *Swith.* II 866; ocito, A. *galpe Teaching Latin* I 156; myna sit tibi *duc* et dic ocitare *baaler*, / ducere dat mino *bayler* ocitare figurat NECKAM *Corrog.* 249; queritur quare aliquis videns alium ~are ~at? *Quaest. Salern.* B 211; corpora distemperata .. ossitant sepe vel sternutant M. SCOT *Phys.* 32; proprietates hominis senis, que sunt: quod ipse est somnolentus et ~ans, morti vicinus et morbidus DOCKING 111; ideo homines benedicunt se quando ossitant ne .. accidat mors subita GAD. 128. 1; in tantum ossitando os aperuit .. quod mandibula fuit dislocata *Ib.* **b** quid .. refert ad consequentiam rerum si quis semel aut amplius sternutaverit? quid si ~averit? J. SAL. *Pol.* 415C; auguria .. ut sternutatio ossitantis obviatio volatus avium M. SCOT *Phys.* 57 f. 18va. **c** sacerdotes habet Britannia .. ad praecepta sanctorum .. ~antes ac stupidos GILDAS *EB* 66; si .. perpetua premia ~antes non contingimus GOSC. *Lib. Confort.* 46; aderat ~antibus provintialibus virtus martiris, semisopitas mentes eorum ad sui reverentiam signis excitans W. MALM. *GR* II 213; ne videretur ~are otio dum avunculus suspiraret in ergastulo *Ib.* IV 387; visio brachii ~antem archidiaconi roboravit fidem *Id. GP* V 270.

oscitatio [CL]

1 (act of) opening of the mouth, gaping.

adiens .. beate virginis ecclesiam .. post cruciatus multos et tremores inauditos, ructibus et ~onibus a noxiis .. humoribus liberata, sanitatem consecuta est *Mir. Fridesw.* 27; premissis non paucis ~onibus gravibusque gemitibus *Ib.* 110 p. 589b.

2 (act of) yawning.

~o, *ganung* ÆLF. *Gl.* 162; superfluitatum quedam sunt subtiles ut capillus et quod per ~onem emittitur *Quaest. Salern.* B 300; membra ergo illa fumositatibus sentientia se onerata, quodam naturali et voluntario motu moventur ad expellenda illa superflua, et ex tali motu fit ~o *Ib.* P 8; repletio malorum humorum .. ostenditur per hec signa .. plurima ossitatio, spissa sternutatio M. SCOT *Phys.* 40; ossitatio et allices propter fumos exeuntes et aerem inficientes GAD. 42. 1; ex frequentibus ossitationibus nimis os dilatantibus *Ib.* 128. 1; signum est quod multe erat sternutacionis et multe ocitacionis J. MIRFIELD *Brev.* 64; ocitacio fit ex fumo et ventositate musculos gule replente *SB* 32.

oscitatus [cf. CL oscitare]

1 (act of) gaping or yawning.

oscito .. et hic ~us [v. l. ocitatus], -ui OSB. GLOUC. *Deriv.* 387; spiritus ejus vagitus cum ~ibus plurimis .. mihi comparuit R. COLD. *Godr.* 182.

2 (act of) vomiting or substance that issues from sickness, vomit.

orexis, vomitus .. quod aliter dicitur nausea, vomitium, ~us OSB. GLOUC. *Deriv.* 398.

osculabundus [CL], who kisses, kissing.

genibus ejus et pedibus reverenter affusi, non numquam etiam ~i W. MALM. *Wulfst.* I 12.

osculamentum [cf. CL osculari], (act of) kissing, a kiss.

1281 regi Anglie Ferrandus filius .. regis Aragonum humile manuum ~um *Foed.* II 201.

osculari, ~are [CL], to kiss (also quasi-fig.); **b** (w. ref. to *Cant.* i 1); **c** (refl. or as true pass.). **d** (p. ppl. as sb. n.) a kiss or (act of) kissing.

sacerdos si tangendo mulierem aut ~ando coinquinabitur xl dies peniteat. presbiter si ~atus est feminam per desiderium, xx dies peniteat THEOD. *Pen.* I 8. 1–2; benedicens ~atus est infantem *V. Cuthb.* IV 6; qui adhaeret meretrici etiam labia vel ~ando vel turpia fando commaculat BEDE *Prov.* 956; **790** non solum oculos aures et os, sed etiam manuum vel pedum singulos digitorum articulos, non semel, sed multoties ~arer ALCUIN *Ep.* 10; suaviat, ~at *GlC* S 670; videbimus .. illum cujus Spiritus super mel dulcis .. et spiritalibus brachiis amplexabimur et mira quadam dulcedine ~abimur AILR. *Serm.* 24. 47. 335; Hester ~atur summitatem virge regis Assueri AD. DORE *Pictor* 151; **1276** vel vitam suam amittere vel ipsam Matildam retro ~ari (v. affidare 6a); ~avit quendam leprosum *Eul. Hist.* I 217. **b** ~etur me potius iterum atque iterum Dominus meus osculo oris sui J. FORD *Serm.* 89. 3; succedentibus virtutum meritis ~abitur aliquando sponsus in osculo oris sui *Ib.* 90. 4. **c** in hac benedictione confisus, ~atis abbate et fratribus, cum sociis ad locum properat *Mir. Crisp.* 739B; deinde in cameram ubi prius extitit iturus et .. a conventu ~abitur *Cust. Cant.* 70; **1392** adjudicaverunt .. quod predicti Johannes et Nicholaus essent amici ad invicem et quod simul ~entur *Mem. York* II 15; ~ati sunt mutuo coram prelatis *Proc. A. Kyteler* 20. **d** in ~ato est omnino culpabile, quia non potest parificari Cristo, ut tantam dignitatem recipiat WYCL. *Blasph.* 6.

osculatio [CL], (act of) kissing.

quid enim est osculum vel ~o .. quam aliquorum oris ad os conjunccio? *Medit. Farne* 26v.

osculatorius [CL osculari + -torius], of, for, or characterized by kissing, osculatory; **b** (as sb. n.) an osculatory, paxbred, pax (*cf.* J. Braun *Das christliche Altargerät* Munich, 1932, pp. 561–2).

1388 tabule ~ie sunt quatuor unde tres argentee et amelate pro pace danda (*Invent. Westm.*) *Arch.* LII 236. **b** **1295** item textus parvus evangelii. item unum ~ium. item tres phiale *Vis. S. Paul.* 330; parochiani tenentur invenire .. vas pro aqua benedicta, ~ium *Reg. S. Aug.* 357; **p1368** item unum ~ium cum iiij xx reliquiis sanctorum infixis in eodem *Invent. Norw.* 22; **1414** ij osculataria argentea et deaurata pro pace portanda *Reg. Cant.* II 40; **1423** j tabula parva super altari picta; ij olculat' [l. osculatoria]; j pixis pro pane celebrantis inponendo *Ac. Obed. Abingd.* 98; **1448** item j ~ium pacis cum ymagine beate Marie lamentantis filium suum (*Invent. All Souls*) *Arch. J.* LI 121; item j ~ium pacis *enameled* cum *azure*. item j grande ~ium pacis cum pinnaculis et patibulo in medio *Ib.* 122; **1450** lego .. unum ~ium pro pace portanda *Test. Ebor.* II 139; **14..** unum pacis ~ium argenteum deauratum *Chr. Evesham* 301; hoc ~ium, A. *a paxbrede WW.*

osculum [CL]

1 kiss; **b** (w. ref. to *Cant.* i 1); **c** (w. ref. to *Prov.* xxvii 6); **d** (w. subj. gen.); **e** (w. obj. gen.); **f** (*~um pacis* or sim., usu. eccl. & mon.) kiss of peace (given during Mass); **g** (quasi-fig. or fig.).

sed tamen armatus Christi testudine tiro / oscula virgineis dispexit lubrica labris ALDH. *VirgV* 1155; oscula melligeris decies da blanda labellis ALCUIN *Carm.* 4. 48; oscula facta tibi non fiant oscula Jude D. BEC. 619; ~um a nobis vos et magister vester non minus impudenter quam fraudulenter et infideliter extorsistis, dum ~um Jude domino ac magistro porrexistis. .. si fides utrimque vera, tunc benevolencie est ~um et dilectionis; sin autem scelus et fraus, sub ~o tecta, in actum post eruperint, nequicie est ~um istud et prodicionis GIR. *SD* 128–30; sexta conclusio quod superflua libido in ~is, tactibus, et abusibus in modo delectandi sunt peccata mortalia de facili HOLCOT *Wisd.* 158; eum venientem .. occurrens ei, recepit in ~um [cf. *Luc.* xv 20] *Meaux* II 276. **b** osculetur me .. Dominus meus ~o oris sui J. FORD *Serm.* 89. 3 (v. osculari b). **c** meliora sunt vulnera diligentis quam ~a odientis ALDH. *VirgP* 58 p. 318; sepe meliora sunt verbera amici quam ~a inimici T. CHOBHAM *Serm.* 13. 49rb. **d** qui verba vel ~a meretricis libenter amplectitur BEDE *Prov.* 1004; continuoque pontificis exceptus ~o, benedictionem ultro expetiit W. MALM. *GP* I 51; ad cubiculi regii necdum secreta meruit penetrare ut amplexum Salomonis obtineret et ~um J. FORD *Serm.* 55. 9. **e** certatim in ~a defuncti ruerent, certatim colla subicerent W. MALM. *GR* II 165; **1309** sanctissimo in Christo patri domino Clementi .. summo pontifici, Edwardus eadem gracia rex Anglie .. devota pedum ~a beatorum (*Lit. Regis*) *Cust. Cant.* 23; que eciam [reliquiarum philacterie] .. cum genuflexione atque oris et oculorum ~o admittentur *Ib.* 115. **f** qui non commonicat non accedat ad panem neque ad ~um in missa; et qui prius manducat, ad hoc ~um non permittitur THEOD. *Pen.* II 1. 2; **p675** non salutatio pacifica praebetur, non ~um piae fraternitatis offertur ALDH. *Ep.* 4 p. 484; a quo .. in eucharistiae acceptione pacis ~um [AS: *coss*] presbyteris .. detur *RegulC* 41 (= ÆLF. *EC* 9); ~um pacis postmodum fuit pro eucharistia institutum GIR. *GE* I 9 p. 32; et quibusdam donativis optinuit .. ~um concordie M. PAR. *Maj.* III 478; **1445** una pulcra tabula pro ~o pacis ornata cum argento deaurato *Invent. S. Paul.* 521. **g** miro affectu in amoris Jesu dulcedinem resolutus, quodam mentis ~o ipsum videretur amplecti AILR. *Spec. Car.* II 7. 553; cujus spiritalibus ~is .. languores tumultuantium curarum exsudes *Ib.* III 39. 109. 619; salutat quemlibet cheruca ventulum / omnesque suscipit flatus ad osculum WALT. WIMB. *Palpo* 81.

2 bridal gift, dowry.

1255 domina Willelma de Blankefort habet .. in terra de Grayan xv li. Burdegalensium quolibet anno quamdiu vixerit pro suo ~o *RGasc* I *sup.* 44b; **1292** Margarete, uxori quondam Petri de V., defuncti, assignetis in certo loco .. ~um quod habere debet et sibi

est assignandum in bonis viri sui . . et de arreragiis . . ~i sibi satisfacere faciatis *Ib*. III 48.

3 (in gl., w. ref. to *Matth*. xxvii 8, *Act*. i 19).

damasculum, sanguinem libens, ~um sanguinis *GlC* D 3.

oscurus v. obscurus.   **osebandus** v. husbondus.

osellum [2 os + -ellum], little bone.

mulier . . dum portionem piscium commederet os [v. l. osellum] repente ad digiti dimedium longitudinem in gutture ejus ex transverso subintravit (*V. S. Lawr. Dubl*. § 54) *Anal. Boll*. XXXIII 173.

osemond-, osemund- v. osmund-.

osera, ~ia [ME, OF *oser*], **osiera** [ME, OF *osier*], osier, withy.

a1140 concessi eis . . rameam de salicibus et oseris que super aqua pendent *Cart. Tutbury* 62; **1296** de oseriis de Castleford' et Knott' venditis *DL MinAc* 1/1 r. 17; **1297** de x s. de oseris vend' *Ac. Cornw* I 31; **1336** de vj d. de oseriis venditis ibidem, deducta decima *DL MinAc* 242/3886 m. 1; **1344** in stipendiis iiij garcionum pro lapidibus colligendis et osier' excoriandis *KRAc* 458/4 D. 1.

oserium [osera + -ium, cf. OF *osiere*]

1 place in which osiers grow, osier-bed.

quadam piscaria vocata Garnys Were cum parvo osorio J. GLAST. *app*. 315.

2 container made of withies, wicker basket.

1198 oisereorum (v. hottarius).

osianus v. obsianus.   **osier-** v. oser-.   **osmium** v. ocimum.

osius [ὅσιος], hallowed, holy, sinless, pure.

me ossius ossi Dei fucanus susdispensator et pisticus *Leechdoms* III 288.

osma [LL *gl*. < ὀσμή], smell, odour.

~a, *suice GlC* O 276; ~a, *odor Gl. Leid*. 47. 24.

osmites [LL < ὀσμίτης], (bot.) mint (*Mentha*).

~es, *quite mynt MS CUL Dd*. *11.45* f. 107rb.

osmius (bot.) ? wood avens (*Geum urbanum*).

~ius, *avence or harefote MS CUL Dd*. *11.45* f. 107rb.

osmunda [ML; cf. ME, OF *osmunde*], royal fern (*Osmunda regalis*) or polypody (*Polypodium vulgare*).

recipe . . origani, ungule cabaline, filicis, os munde, yringi, radic' . . GILB. II 99. 1; ~a herba est, A. *everferne SB* 32; ~a, filex silvestris idem, similis est faici, valet ossibus †braccus [l. fractis] G. *osmonde*, vel *feugerol*, A. *everfarn* vel *moreclam Alph*. 132; ~a, i. *osmunde*, i. *bonwurt WW*; ~o, . . G. *omunde*, A. *eververn MS BL Sloane* 5 f. 10va; ~a, *polipodie ys fern of an oke MS BL Sloane 282* f. 171vb-c; ~a, G. *osmounde*, A. *everfern* vel *mulberyte MS BL Sloane 964* f. 75; osamunda, *omonde MS BL Sloane 2479* f. 101; ~a, *wild brake MS BL Harley 2378* f. 115v.

osmundus [ME, AN *osmund* < ON *personal name* = *hand of God, divine protection*], sort of iron made in Sweden.

1284 pro iiij barellis ferri osemondi et ij barellis calibi *KR Ac* 467/9 m. 6; **1300** in mmm c et dim' ferri et viij garbis de *osemond* . . cxiij s. viij d. *Ib*. 501/23 m. 1; **1325** idem Petrus pro ferro de *osmund* val. xij s. [cust.] ij d. *EEC* 379; **1397** de Johanne Lancowe pro ij lastis osmundi val. ix li. vj s. viij d. *Ib*. 437; **1438** . . panno lineo, *osemund'* et aliis mercandisis suis *Law Merch*. III 165; **1504** pro quinque lastis osmundi val' xx li. *EEC* 666.

1 osor [CL], hater, one who hates: **a** (person); **b** (abstr.)

a osor, -ris, i. ille qui aliquem odit OSB. GLOUC. *Deriv*. 388; ille [Adam] contemptor Dei propter fructum et feminam, iste [Abraham] osor unigeniti sui propter Deum *Medit. Farne* f. 61v. **b** vir pudicus, . . osor turpitudinis et impudicitie W. FITZST. *Thom*. 11; rex Ricardus, osor desidie *Itin. Ric*. V 39; paupertatis amator . . osor inhonestatis et vitiorum *Canon. Edm*.

Rich 192; fuerat nempe facinorosus, fallax, refuga, osor pietatis RISH. 226.

2 osor, ? *f. l.*

muton', muto, osor [? l. esor; cf. 1 esse], carnes ovine, carnes vervicine *CathA*.

1 osorium v. oserium.

2 osorium, *f. l.*

hoc osorium, [l. hostorium], *a strikylle WW*.

ospicitare v. hospititare.   **ospitalis** v. 2 hospitalis. **ospitium** v. hospitium.

ossamentum, (usu. pl., collection of) bones: **a** (human); **b** (animal).

a s1257 inventa sunt ~a regis Scotorum Malcolmi et Edwardi filii sui cum fundamenta cujusdam structure pararentur M. PAR. *Maj*. V 633; presentacio cantarie in capella super ~a mortuorum *MGL* I 552. **b** 1209 scrutati sunt domum . . Roberti et in ea invenerunt ~a ferarum et ipsum ceperunt et in prisona miserunt. et in domo Rogeri T. invenerunt aures et ossamenta ferarum *SelPlForest* 3.

ossanaria v. 2 os.

ossarium [CL], place for collection of bones.

1465 Johannis Cowepere capellani divina in ~ia mortuorum infra cimiterium ecclesie cathedralis Sancti Pauli London' . . dum vixit celebrantis *Pat* 512 m. 27.

ossare [ML], to make of bone.

1605 unum par tessararum precar' ossat', A. *a paire of prayinge beades of bone HMC Rep*. IX *app*. 1 p. 293a.

ossatim [cf. ossatio + -im, CL ossiculatim], in the bones, bone by bone.

os, ossis . . inde . . ossim vel ~im adverbia OSB. GLOUC. *Deriv*. 388; licet Sampsone robustior extitisset aut centum habuisset hominum vires, ~im comminuta credi potuisset *Mir. Hen. VI* II 29 p. 88.

ossatio, ossification, turning into bone (in quot., fig.).

ecce ~onem non invenio, conversionem reperio NETTER *DAF* II f. 112. 2c.

osscceum v. oscheum.   **ossedo** v. 2 oscedo.   **osses** v. obses.   **osseum** v. oscheum.

osseus [CL]

1 (anat.) of bone, bony. **b** (of artefact) made of bone.

cartilago . . i. naris et auris ~ea teneritudo OSB. GLOUC. *Deriv*. 99; ~ea congeries W. CANT. *Mir. Thom*. II 43; que sc. testa interior tanquam carens aquositate, siccitate vehementer agente, efficitur quasi ~ea substantia *Quaest. Salern*. B 144; omnia ~ea membra, et maxime spina et spondilia et tibie RIC. MED. *Anat*. 226. **b** agricolae virgulta . . ~eis solent incidere cultellis BEDE *Cant*. 1098; per . . cultellulum ~eum intellige discipline regularis mansuetudinem NECKAM *NR* II 71; **1214** si que charta fuerit . . impressa illo veteri ~eo sigillo *Reg. S. Osm*. I 374; **1362** baculus ~eus (*Ac. Holy Is*.) *North Durh*. 103.

2 hard as bone.

noster ~eus . . Christi athleta H. Bos. *Thom*. VI 4.

ossiculum [CL], small bone.

a989 prius lassarentur ~a quam laudationis verbula (*Ep*.) *Mem. Dunst*. 374; os, ossis . . inde . . ~um . . i. parvum os OSB. GLOUC. *Deriv*. 388; multa cura adhibita et ~is multis extractis W. CANT. *Mir. Thom*. VI 159; veniunt autem ei duo musculi ab additamentis sisaminis, idest quibusdam parvis ~is ad modum seminis sisami *Ps.*-RIC. *Anat*. 29; *a bane*, os, ~um, ossillum *CathA*.

ossides v. obses.

ossifragium, fracture of a bone.

os . . unde hoc ~ium, -gii, sicut dicimus aliquem fecisse ~ium quia os alicujus fregit OSB. GLOUC. *Deriv*. 388; ~ium, fractio ossis *Ib*. 399.

---

ossifragus [CL]

1 (as adj.) that breaks bones.

~us, ossa frangens OSB. GLOUC. *Deriv*. 399.

2 (as sb.) bird of prey, osprey. **b** drake.

10 . . ~us, *herefong WW*; 11 . . ~us, pullus sc. herefang *WW Sup*. 131. **b** 11 . . ~us, . . anax *WW Sup*. 131.

ossillum v. 2 oscillum

ossim [cf. 2 os + -im], in the bones, bone by bone.

os, ossis . . inde . . ~im vel ossatim adverbia OSB. GLOUC. *Deriv*. 388; *from bane to bane*, ~im *CathA*.

ossiolum [2 os + -olum], small bone.

consumpta omni corporis valitudine nuda pene ~a sola cutis laxa contegeret *Mir. Hen. VI* I 3 p. 22.

ossiscindere [2 os + scindere; cf. AS *banbryce*, *bangebrec*], (leg.) to injure by breaking a bone.

1199 vulneratus est in capite et in brachio ita quod pene ossiscinditur *CurR* I 91.

ossitare v. oscitare.   **ossius** v. osius.   **Osmannus** v. Ostmannus.

ossosus, ossuosus [LL], (anat.) of bone, bony.

membra . . minime . . ~osa vel molesta . . at vero carnea ideoque tenera ADEL. *QN* 38; brachiis ceterisque membris ~osis GIR. *EH* II 9; superior mola ~uosa est nec est alligata craneo nervis vel musculis, unde non potest relaxari *Quaest. Salern*. B 236; in nervosis vel ~uossis locis GILB. VII 329v. 2; quasi gutta innodata vel indurata vel ~uosa GAD. 29. 1.

ossulum [LL], small bone.

c1130 cujuslibet ~i sui lavaturum (*Reliq. S. Audoeni*) *Anal. Boll*. LI 289; os, ossis . . inde . . hoc ~um . . i. parvum os OSB. GLOUC. *Deriv*. 388.

ossum v. 2 os.

ossuositas [cf. ossuosus + -itas], boniness.

in maribus thoracis latitudo et pectoris eminentia multam in se ~atis copiam obtinet *Quaest. Salern*. B 104; reliqua . . animalia . . non habent dentes superius licet inferius, quoniam humiditas cerebri ad superiorem molam non potest defluere, tum propter nullam meatuum apertionem, tum propter partium ~atem *Ib*. C 27; ratione sue osseositatis [TREVISA: *bonynes*] et nervositatis maximam habent fortitudinem BART. ANGL. V 26.

ossuosus v. ossosus.   **ost-** v. et. host-.   **ostaculum** v. obstaculum.   **ostadum** v. worsteda.   **ostag-** v. hostag-.   **ostal-, ostel-, ostil-** v. hostel-.

†ostella, *f. l.*

fforcere, †ostella [l. cistella] . . theca . . clitella *PP*.

ostencio v. ostensio.

ostendere [CL]

1 to show, exhibit; **b** (relic). **c** to produce (account, document, *etc*.) for inspection. **d** (*terga ~ere*) to turn in flight, to flee.

~erunt nummos suos *Comm. Cant*. III 115; cum . . mater sua . . Saxonicum poematicae artis librum, quem in manu habebat, ~eret ASSER *Alf*. 23; martrinas pelles . . ut nulli venderent donec sibi prius ostensas compar020et *DB* I 262va; **1202** ipse nunquam ~it vulnus usque nunc et vulnus quod ipse ~it recens est *SelPlCrown* 9. **b** evulsum cadaveris lacertum et in sarcofago delatum ~erent ALDH. *VirgP* 32 p. 273; ossa in . . insula . . reservata sunt et de longinquo venientibus pro miraculo ~untur *Lib. Monstr*. I 2; ut sibi quadam singularis potentiae auctoritate preciperet ~i corpus tanti martyris ABBO *Edm*. 16; ut ~erentur legatis regis . . septem dormientium martiriales exuviae W. MALM. *GR* II 225. **c** c1228 prout carta Gilberti de T. et confirmatio Willelmi R., †que [l. quas] illi habuerunt et ~erunt, testantur *Ch. Chester* 422; **1281** senescallus misas et expensas . . nobis ostendidit [sic] *RGasc* II 139; a1349 quesito ab abbate . . si quid haberet pro se ~ere ad informandam curiam de particulari taxatione temporalium *Meaux* III 26. **d** nihil tunc de solita magnanimitate ausus, antequam in manus veniretur, terga ~it W. MALM. *GR* III 231.

2 to cause to be seen, reveal, expose. **b** (refl.) to appear. **c** (w. pred.) to show oneself to be, (pass.) to be shown to be.

natura firma et solida quidquid protulerit ~it THEOD. *Laterc.* 17; Domine, si fallit me conscientia mea, ~e mihi me ipsum et corrige me ANSELM (*Ep.* 156) IV 19; Dominus post resurrectionem corpus suum ~it palpabile T. CHOBHAM *Praed.* 110; tenens candelam rem ~ere potest, sed lumen facere non potest *Id. Serm.* 12. 47rb; s**616** erectis vestibus quantis esset verberibus laceratus ~it M. PAR. *Maj.* I 266. **b** qualiter post obitum suum Æthelbaldo se ~it et quae ventura essent sibi per signa manifestavit FELIX *Guthl.* 52 *tit.* p. 164; hodie .. obvolutum pannis quasi tectum et occultum se ~it AILR. *Serm.* 30. 19; cum vellet Evam decipere ~it se in figura serpentis T. CHOBHAM *Praed.* 203; ~erunt se dicto comiti in circiter quinque millibus de electissimis eorum ELMH. *G. Hen. V* 16. **c** videte fratres quomodo iste antequam per laborem operum suorum agnoscatur, per providentiam Dei electus ~itur *V. Cuthb.* I 3; si talis miles Christi es qualem te ~is WULF. *Æthelwold* 14; c**1212** se per omnia mendacem ~it GIR. *Ep.* 5 p. 194.

3 to show, perform: **a** (miracle); **b** (entertainment).

a sanitatum miracula in eodem loco solent .. ~i BEDE *HE* II 16 p. 117; miracula multa .. ad tumbam illius ~ens W. MALM. *GR* III 253; aiunt eo loci multa miracula celitus ostensa *Ib.* III 261. **b** **1519** in regardo dato iiij^or^ interlusoribus comitis Arundele ~entibus ballivis et comparibus suis diversa interludia *Med. Stage* II 251; **1527** ~entibus et offerentibus joca sua (v. interlusor).

4 to point out, indicate.

in monte constituto ~untur omnia regna hujus terrae BEDE *Ep. Cath.* 93; ~untur ab accolis loca singula in quibus vel malae fortunae copiam vel bonae persensit inopiam W. MALM. *GR* II 121; tantum precedat eum et ~at illi viam AILR. *Serm.* 1. 42. 217; locum scripture ubi [hec verba] reperiuntur ~ens GIR. *IK* I 2; **1202** levavit uthes et clamorem unde vicini ejus et villata de W. venerunt et per hoc quod ipse eis ~it illum fugientem secuti sunt eum cum clamore *SelPlCrown* 10.

5 to reveal, disclose, make known; **b** (in dream or vision).

neque ultra cessavit .. arcana suae cogitationis .. aliis ~ere BEDE *HE* V 2 p. 284; **1221** villata cognovit quod non levaverunt clamorem nec .. illud ~erunt coronatoribus *PlCrGlouc* 20; **1239** in bosco .. vidit vij homines cum arcubus et sagittis .. et istud ~it .. patri suo *SelPlForest* 70. **b** quod .. Sergio papae in visione ~itur ut virum Dei honorifice susciperet ALCUIN *WillP* 7 *tit.*; [Æthelwold] sepultus est in cripta .. ubi eum requiescere debere sicut ipse nobis retulit, olim sibi caelitus ostensum est WULF. *Æthelwold* 41; si vera sunt quae mihi nocturno tempore ostensa sunt OSB. *V. Dunst.* 17; non indecens opinor si quiddam quod ei divinitus ostensum est stilo commendem W. MALM. *GR* II 154; revelatio misterii quod tibi per somnium Deus ~it ANDR. S. VICT. *Dan.* 26; angelus .. dixit "Deus misit me ad te, ut mecum venires, et ~em tibi occulta ejus judicia" *Latin Stories* 10.

6 to make known, teach, explain.

ad ~endam primae declinationis in ablativo finalitatem ALDH. *PR* 133; de quo cum dixit "vos estis lux mundi" et postea omnibus lucere in domo debere ~it *V. Greg.* p. 101; per opera justitiae .. quam non humana prudentia repperit nec legalis institutio docet sed per evangelium loquens Dominus .. ~it BEDE *Ep. Cath.* 67; quod ad me pertinet, breviter ~am ANSELM (*Ep.* 308) IV 230; beatus Paulus apostolus aperte ~it quid significant ista AILR. *Serm.* 26. 38. 346; ut scripto conarer ~ere quibus potissimum exercitiis in cella debeat intendere AD. SCOT *QEC prol.* 801A; et ~e differentiam inter duplum et quadruplum *Mens. & Disc.* (*Anon. IV*) 70.

7 to show, demonstrate, prove; **b** (w. acc. & inf.); **c** (w. *quod* or *quia* & indic.); **d** (w. *quod* or *quia* & subj.); **e** (w. indir. qu.).

ut .. exemplum patientiae ipsius ~eretur FELIX *Guthl.* 38 p. 120; cum talia plurima suppetant argumento, satis sit ~isse in numeris ABBO *QG* 22 (48); dicit quod sue assercioni amore veritatis adhesit. quod ~it per hoc, quod libencius esset pro conclusione alia, si sibi probaretur esse vera OCKHAM *Dial.* 751. **b** ut ~at Patrem et Filium unum esse Deum verum BEDE *Ep. Cath.* 122; si corpus illud est corpus Christi, quomodo se ~at esse membrum Christi ANSELM (*Ep.* 345) V 283; illa pellicea tunica .. ~ebat illum esse terrenum AILR. *Serm.* 9. 30. 256. **c** ~itur quia quattuor fuerunt milites *Comm. Cant.* III 118; sed Dominus ~it quod parum adhuc profecerat AILR. *Serm.* 33. 14; cum de re sermo dicitur predicari, ~itur quod ei talis nuncupatio aptatur J. SAL. *Met.* 887D; si amas, ~e quia amas BALD. CANT. *Serm.* 11. 16. 514; ~it quod necesse habet intrare T. CHOBHAM *Serm.* 17. 63vb; primo ~it quod talis generacio punitur per confusionem temporalem HOLCOT *Wisd.* 147. **d** palam ~it quia ille stultus sit vocandus BEDE *Prov.* 1008; cur non satis tibi videtur ostensum quod grammaticum esse substantiam et grammaticum esse qualitatem nequaquam sibi repugnent invicem .. ? ANSELM (*Gram.* 11) I 156. **e** simul .. ~ens quomodo placaretur GILDAS *EB* 42; sermo prolixior erit ut ~am quanta vitia in eo sub pretextu virtutum pullularint W. MALM. *GR* IV 312.

8 to show forth, manifest (feeling, quality, or sim.). **b** to offer (advice).

devotae mentis effectum ~ens ALDH. *PR* 143; priusquam Deus ~at iram suam ANSELM (*Ep.* 369) V 313; ut fidem et dilectionem ~amus in amicum nobis carissimum W. MALM. *GR* I 93; voluit ~ere et misericordiam suam AILR. *Serm.* 12. 17. 281; apostolus conversionem cordis sui ~ens per contemptum vanitatis BALD. CANT. *Serm.* 9. 20. 422; de ostensa clemencia Dei in occultis judiciis suis ELMH. *G. Hen. V* 17. **b** ~entes consilium justum, contestamur .. ut recorderis quam fugitiva sit vita presens W. MALM. *GR* I 81.

9 to represent.

una .. substantia duabus radicibus equiparatur, et radix substantie sunt 2—et substantiam quaternarius ~it numerus ROB. ANGL. I *Alg.* 68.

10 to make a show of, pretend.

interim ille perversa compositione verba facere .. deinde religionem ~ere, et denuo eadem repetere OSB. *V. Dunst.* 14.

11 (p. ppl. as sb. n.): **a** manifestation or performance of miracle. **b** portent of future event. **c** strange phenomenon, marvel.

a mentis excessum .. convertens per ostenta viz. praestigiorum suorum BEDE *Retr.* 1016; cujus incarnata divinitas innumeris virtutum claruit ostentis GOSC. *Aug. Maj.* 61B. **b** portentum vel prodigium vel ostentum, *fortacen* ÆLF. *Gl.* 108; novi alicujus .. futuri casus ostentum GIR. *IK* I 2. **c** ostentum, monstrum *GlC* O 284; sicut orientales plage propriis quibusdam et sibi innatis .. precellunt ostentis, sic et occidentales .. suis naturae miraculis illustrantur GIR. *TH pref.* p. 21.

12 (as division of time, usu. reckoned as) sixtieth part of an hour, one minute.

scinditur .. hora .. in ostenta quorum lx faciunt horam BACON VI 48.

13 (astr., as division of the zodiac) sixtieth part of a moment, 0.125″ of arc.

mathematici .. dum .. punctos singulos in momenta xl, momenta singula in ostenta lx distribuunt BEDE *TR* 3 p. 183; **798** in quibusdam locis .. ipsi punctus aliter atque aliter conputantur. .. etiam et ostenta aliter calculatores ponunt, aliter etiam mathematici solent dividere ALCUIN *Ep.* 155.

ostensibilis [ML]

1 perceptible, visible.

hamsocna est si quis alium in sua vel alterius domo .. vel persequatur, ut portum vel domum sagittet vel lapidet vel colpum ~em .. faciat (*Leg. Hen.* 80. 11) GAS 597.

2 (log.) that can be demonstrated, proved.

secundum hoc oporteret dicere quod conclusiones ~es de infinito in actu et de vacuo et de conceptibus quibus repugnat quid rei non sunt simpliciter scibiles DUNS *Metaph.* VI 2 p. 330b.

ostensim, obviously.

~im, i. aperte OSB. GLOUC. *Deriv.* 571.

ostensio [CL]

1 showing forth, display, exhibition. **b** production (of document) for inspection. **c** (*armorum ~o* or sim.) assembling of soldiers for inspection of weapons, parade.

s**1179** torneamenta .. in quibus milites .. ad ~onem virium suarum .. temere congrediuntur *G. Hen. II* I 226; demonia .. mala suggerunt in cogitatione; mundus allicit in rerum sensibilium visibili ~one GERV. CANT. *Chr.* 84; **1263** redditio clavium, introitus et ascensus .. in predicta castra cum vexillo predicto et ejusdem vexilli ~o fient semel tantummodo tempore nostro *Foed.* I 759; **1423** quanta ex nostrorum ~one jocalium .. ministratur materia extorquendi exiguum patrimonium nostrum AMUND. I 113; *a schewynge*, apodixis, ~o *CathA.* **b** **1199** .. ~onem brevis illius *CurR RC* II 152; **1226** propter ~onem mandati vestri *RL* I 291; ~onibus statutorum papalium OCKHAM *Dial.* 658; **1352** volumus .. te erga nos de eisdem obsidibus per ~onem indenturarum predictarum exonerari *RScot* 750b; ?**1460** bona defuncti per ~onem literarum secretarum olim dicto militi missarum ex confidencia speciali *Paston Let.* 606; **1471** post .. commissionis .. ~onem et lecturam *Scot. Grey Friars* II 220. **c** armorum ~onem et succursum *Melrose* II 396; s**1257** premuniti .. fuerunt tam milites quam armigeri ut in ~one equorum et armorum tales apparerent ne domini .. dampnum incurrerent M. PAR. *Maj.* VI 374; **1267** Thomas et communitas civitatis congregati erant ad ~onem armorum suorum faciendam *Cl* 319; debent in eadem placea facere ~onem armorum suorum *MGL* II 338; **1339** assignavimus vos ad supervidendum arraiacionem et ~onem omnium hominum ad arma *RScot* 564a.

2 revelation, appearance.

ut victoriam resurrectionis non solum ~one corporis .. sed nomine quoque loci in quo appareret .. commendaret BEDE *Hom.* II 7. 137; significat tempus post resurrectionem quo cum discipulis conversatus est et illis multimoda ~one apparuit ALCUIN *Exeg.* 955A; Anglorum tempora per ~onem corporalis praesentiae illius beatificare voluit OSB. *Mir. Dunst.* 26; de visione illa—immo aperta ~one DOMINIC *V. Ecgwini* I 11; hec est prima ~o qua ostendit se nobis AILR. *Serm.* 30. 12; s**709** testem .. ~onis beate virginis Marie *Chr. Evesham* 10.

3 performing: **a** (of miracle). **b** (of entertainment).

a caelestium ~one signorum gentem .. ad agnitionem veritatis perducebant BEDE *HE* II 1 p. 78; miraculorum operatione et signorum ~one ALCUIN *WillP* 14; virtutum ejus gratia post obitum splenduit, tam .. corporis .. incorruptela quam .. miraculorum ~one W. MALM. *GP* IV 182; ad miraculi majoris et evidentioris ~onem GIR. *GE* I 11; que vera esse miraculorum .. ~one firmaverant CIREN. I 58. **b** **1486** pro ~one Coronacionis B. Marie in festo S. Anne (*DC Linc.* Bj/3/2) *Malone Soc. Coll.* VIII (1974) p. 37; **1488** in ~one et lusu vocato Ascensionem usitato singulis annis (*Ib.* A/3/1) *Ib.* p. 38.

4 (act of) pointing out, showing. **b** indication, sign.

1205 preceptum fuit quod H. ostenderet legalibus militibus terram in qua roberia facta fuerat ..; .. milites qui debuerunt interfuisse ~oni illius terre dixerunt quod ostendit eis tres selliones *CurR* IV 56. **b** Deus omnipotens .. utrum voluntati tue placeat ut in monachatu maneam an ad canonicatum redeam da ~onem J. FURNESS *Walth.* 34.

5 disclosure, making known, account.

simile quoque huic aliud miraculum ~one multorum probabilium virorum qui praesentes fuerant *V. Cuthb.* IV 5; a**1183** proximus heres .. statim sine ~one ballivo .. facienda hereditatem suam ingredietur *BBC* (*Cardiff*) 74; **1274** auditis super hoc .. Petri ~one et querela .. justiciam .. fieri faciatis eidem *RGasc* II 8; necesse non erit quod sit generacio creaturarum .. propter ~onem divine sapiencie T. SUTTON *Gen. & Corrupt.* 194.

6 demonstration, proof.

non .. opus est ut pro ejus ~one labores. nam adverto ejus fallaciam ANSELM (*Gram.* 4) I 149; plura possem adhuc dicere ad infirmandum verbum 'malitiae' eorum .. sed sapientiam vestram scio non indigere apertae rei .. ~one *Id.* (*Ep.* 192) IV 80; Domino hujusmodi beneficiis famulum suum honorante, ut daret intuentibus ~onem quod sibi grata fuerint merita ipsius AD. EYNS. *Visio* 42; ad iddem alias proponit ~ones Aristoteles *Ps.*-RIC. *Anat.* 20.

7 manifestation, display (of feeling, quality, or sim.).

proficiente ejusdem caritatis ~one dicit Johannes BEDE *Cant.* 1104; nec in his hesit regie sanctitatis ~o, sed in ulteriora processit, sanato ibi furioso et ceco W. MALM. *GR* II 160; ad ire divine ~onem exusta est ecclesia Sancti Michaelis R. NIGER *Chr. I* 88; **1333** caritatis ~one devicti *RScot* 258b; ad majoris dileccionis et familiaritatis ostencionem *Plusc.* VII 16.

8 representation.

hic viij .. diminutionem recipit sub ~one cubice quantitatis ABBO *QG* 22 (48); demonstrabatur genus singularum tenerorum ~one foliorum *Holy Rood-Tree* 42.

9 pretence.

nihil per ~onem fingere, sensum verbis aperire, vera .. diligere, falsa devitare, bona gratis exhibere AD. MARSH *Ep.* 92 p. 217; hoc .. firmiter promittendo corpus exanime per ostencionem designans corporis animati, simplices simplici demonstracione fefellit *V. Edm. Rich C* 611.

10 scavage, tax levied on foreign merchants.

Hogge et Leodium et Nivella, qui per terras ibant, ~onem dabant et telon' (*Quad.*) *GAS* 233 (cf. *EEC* 154–5); vendicio seu ~o lanarum non fiat infra tria milliaria circa stapulam *MGL* I 547.

ostensive [ML]

1 in a manner that demonstrates or is indicative of, as a sign.

sunt .. alia exempla istius modi equivocationis, ut in equivocatione 'sani' quod formaliter dicitur de animali, ~e vel indicative de urina, effective de medicina, conservative de dieta BACON *CSTheol.* 65; adhuc autem penitenciam actualem justificare injustum et delere peccata potest habere duplicem intellectum sc. effective vel ~e, manifestative seu etiam significative BRADW. *CD* 414D.

2 by means of direct proof.

probare molitur, quod male intelligit auctoritatem apostoli .. de eadem materia ostendens, quod verba apostoli non intelliguntur dicta iis, qui omnium temporalium abdicaverunt dominium, contenti solo simplici usu facti, quod ostendit primo ~e sic, apostolus loquebatur Corinthiis conversis ad fidem, sed illi non renunciaverant bonis suis ... secundo, ibi .. probat idem ducendo ad inconveniens OCKHAM *Pol.* II 797; quod et consequenter per impossibile et ~e demonstrat BRADW. *CD* 645A; secundo confirmatur ~e sic WYCL. *Ver.* I 111; patet assumptum ex hoc quod omnes sciencie doctrinales supponunt diffiniciones et alia principia implicancia quantitatem distingui a substancia et qualitate, et ex illis procedunt concludendo ~e, nec dicunt necessaria de inesse *Id. Ente Praed.* 54.

ostensivus [ML]

1 that reveals or makes known.

presentem paginam predictorum eventuum ~am ad vos duximus destinandam *Leg. Ant. Lond.* 27.

2 that manifests, indicative of (w. gen.). **b** that symbolises.

verba .. proprie fatuitatis et ignavie ~a (ASTON) *Ziz.* 332. **b 1416** emanavit oleum divine miseracionis .. ~um *Reg. Cant.* III 29.

3 (log. & phil.) demonstrative; **b** (of syllogism, dist. from *ad impossibile*).

ex ignotis tum quia nova, ut si illud genus disserendi quo disputatur 'disputativum' appelletur, tum quia parum audita, ut si alterum '~um' BALSH. *AD rec.* 2 109; sophistica, etiam secundum quod sophistica est, sui explanativa est vel ~a KILWARDBY *OS* 581; quod respectu illius noticia esset tantummodo ~a, non directiva DUNS *Ord.* I 198; argumentorum ~is investigationibus .. dulcius fovebamur R. BURY *Phil.* 8. 130. **b** nisi quandoque demonstrator utatur syllogismo ad impossibile, ~o relicto NECKAM *NR* II 173; sua prima racio est ~a et reliqua ducens ad impossibile DUNS *Sent.* II 2. 9. 42.

ostensor [LL]

1 one who shows, displays, produces for inspection.

c**1000** hujus igitur ~orem cartule nomine N. (*Lit.*

Episc.) *Conc. Syn.* 234; **1328** prout presencium ~or vestre posset exprimere charitati *Conc.* II 551a.

2 one who performs (in quot., miracle).

745 dicunt enim de Aldeberto .. quod patronum et oratorem et virtutum factorem et signorum ~orem abstraxissem BONIF. *Ep.* 59 p. 111.

3 one who indicates.

monachum .. vadi .. monstrandi ducem .. et ~orem *G. Steph.* 47.

4 one who reveals, makes known.

tam enuntiatores et assertores alicujus quod erat quam ~ores eorum que possibilia erant GROS. *Cess. Leg.* IV 6. 8.

ostentamen [LL], demonstration, display, indication.

sanctum invocans orat medullitus ne eum hac vice voluntatis frustretur ~ine HERM. ARCH. 5.

ostentare [CL]

1 to display, exhibit. **b** (*operam ~are* w. dat.) to display zeal for or commitment to.

mulier defunctae funera prolis / .. fessis ostentat in ulnis FRITH. 496. **b** caput periculis objectans eo studiosius quo fratri operam ~are affectabat impensius W. MALM. *GR* I 47.

2 to reveal, expose. **b** (refl.) to appear. **c** (w. pred.) to show oneself to be.

ille retecto capite novam ~at calvitiem Gosc. *Transl. Mild.* 21 p. 185; ablata galea caput suum .. ~ans W. MALM. *GR* II 180. **b** de caelo corruens .. se velut angelum lucis adhuc stultis ~are praesumit BEDE *Prov.* 1035; ejus se oculis in bello ~ans W. MALM. *GR* IV 305. **c** Claudius .. cupiens utilem reipublicae ~are principem BEDE *HE* I 3 p. 15.

3 to display ostentatiously, show off; **b** (refl.).

quos cepit .. precipue preciosa eorum facinora laudare, nominatim singulos ~are *V. Neot. A* 15; ~ans regalem magnificentiam W. MALM. *GR* II 148; pavo cum laudatur pennas suas ~at in latum, sed totam turpitudinem posteriorem ostendit T. CHOBHAM *Serm.* 17. 64ra; sermonum curiositas .. loquentem ~at RIC. ARMAGH *Serm.* 31. **b** cupiens se provintialibus ~are, in regnum sc. spe prurienti anhelans W. MALM. *GR* II 228; sic se ~at eloquentia *Ib.* III 285.

4 to reveal, disclose, make known.

internos forsitan animi sui motus verborum compositione nobis ~ans GIR. *EH* I 15.

5 to show forth, manifest (feeling, quality, or sim.).

vana pulchritudo caritatis .. quam hominibus ~at anima quae timore caret domino BEDE *Prov.* 1040; bonum esse liberalitatem ~are regiam W. MALM. *GR* II 127.

6 to represent, symbolize.

sardius est puniceus, / cujus color sanguineus / decus ostentat martium / rite agonizantium FRITH. *Cives* 7. 3.

ostentatio [CL]

1 display, manifestation (w. gen.).

nec aliqua virtutis ~one clarescit cui voluptas originem prebet J. SAL. *Pol.* 397D; item in sue liberalitatis ~onem .. in confusionem avaricie largissimus erat in donis BLAKMAN *Hen. VI* 10.

2 ostentatious display, showing off; **b** (w. subj. gen.).

inexcusabilis arrogantiae probrum et ~onis indicium ex eo declaratur quod nemo ibi pretiosis .. vestibus indui desiderat ubi a nullo valet videri ALDH. *VirgP* 55; qui .. habet .. plus scientie quam facundie, plus veritatis quam vanitatis, virtutis quam ~onis J. SAL. *Met.* 868B; pavo .. quedam deliciosa videtur esse nature ~o, ingenii sui vires .. ostentare volentis NECKAM *NR* I 39. **b** immoderatam fortitudinis ~onem .. rex .. castigabat W. POIT. I 11; **1168** sed regalium sicut justitia minor, sic pompa et divitiarum ~o major J. SAL. *Ep.* 244 (272) p. 560; pro modo facultatis sue creatorum bonitatem exposuerunt, licet multis videatur quod magis ad ~onem pericie sue in naturis rerum talia conscripserunt GROS. *Hexaem.* II 6; dico quod

---

non est jactantia dicere sicut nec ~o pietatis causa ostendere bona sua PECKHAM *Paup.* 80.

3 revelation.

ingressus prelati potest fieri .. per miraculosam ostentacionem *Spec. Laic.* 69.

ostentator [CL], one who makes an ostentatious display of (w. gen.).

eratque hoc claustrum inter cameram et privatam domum domesticis tantum consciis; ne videretur esse ~or religionis W. MALM. *Wulfst.* III 9; absque presumptionis periculo et ~oris jactantia R. MELUN *Sent.* 49; non sunt sapientes ~ores scientie sed eam apud se .. humiliter abscondunt ANDR. S. VICT. *Sal.* 45; nullius probitatis sibi collate vel dignitatis nimius ~or *Found. Waltham* 29; aut ~or scientiole mee viderer aut promissum non exsolverem NECKAM *NR* I 5.

ostentatrix [CL]

1 one who is ostentatious or boastful (f.) (in quots., of abstr. or personified abstr.); **b** (as epithet or in apposition); **c** (w. gen.).

me .. cum hac ~ice [sc. Philosophia] confligere permittas, oro ADEL. *ED* 14. **b** jactantia, ~ix pomposa NECKAM *NR* I 69; revocare studet nos contionator noster a vanitatis laudis proprie et ~icis jactantie *Id. Eccles.* 74d; oritur pomposa ~ix jactantia *Ib.* 88d. **c** inanis gloria ~ix esse solet suarum deliciarum in tempore prosperitatis *Id. NR* I 13.

2 one who explains (w. gen.).

numeri .. hec [sc. arithmetica] .. magistra ~ixque est ADEL. *ED* 24.

ostentatus [LL *gl.*]

1 demonstration, display.

ex ipso suae professionis ~u perversorum dogmatum cultores stultos esse patefecit BEDE *Sam.* 621; compellit episcopos .. ire Romam sine ulla necessitate .. sed solo libitu proprie voluntatis et ~u dominationis *Tract. Ebor.* 681; *a schewynge*, apodixis .. ~us *CathA*.

2 parade of troops.

bello apti ex ea exeuntes ~ui haberentur et viginti millia armatorum equitum, sexaginta millia peditum estimarentur W. FITZST. *Thom. prol.* 8.

3 (*~ui haberi*) to be made a spectacle of, to be shamed (cf. *Heb.* vi 6 *ostentui habere*).

ex tali .. ab usu caligarum .. ordo .. scandalizatur in immensum habeturque ~ui et despectioni inter omnes *Cap. Aug.* 71.

ostentus [CL]

1 presentation to view, display, exhibition.

quasi adhuc Jesus per victoriam crucis ~ui non habuit [Moysen] *Comm. Cant.* III 75.

2 ostentatious display.

quoniam hujus temporis malitia ita comparatum est, ad utrumque sufficit manus tua, ut possit simul ~ui servire et usui, pauperum necessitati et divitum vanitati G. HOYLAND *Ascet.* 283D.

3 spectacle, show. **b** (*~ui dari* or sim.) to be made a spectacle of, to be shamed.

erat pluribus stupori, et ~ui magis quam dolori *Mir. Cuthb. Farne* 7. **b** ex inordinata et indisciplinata multitudine sacerdotum hodie datur ~ui nostre redemptionis venerabile sacramentum P. BLOIS *Ep.* 123. 360C.

osteria v. hosteria. **osternum** v. ostrinus. **osteum** v. oscheum.

1 ostia, *f. l.*

hoc †ostia [l. hostiarium], *a cyst WW*.

2 ostia v. ostium. **ostianum** v. ostiatim.

ostiaratus (eccl.), (minor) order or degree of doorkeeper.

1200 dandi monachis et clericis tuis duos minores ordines ~us viz. et lectoratus (*Lit. Papae*) *Reg. Dunferm.* 279; **1258** (v. acolytatus).

1 ostiaria [CL ostium+-aria]

1 doorkeeper (f.), usher; **b** (transf.); **c** (passing into surname).

non .. aggreditur quis ad hanc dominam, maxime ad secretum cubiculi ejus, nisi prius familiaris fiat ancillis ostiariis que eum introducant FISHACRE *Sent. Prol.* 85; **1250** pars serjantie Gunnore de la Mare .. pro qua debuit esse hostiaria de aula domini regis *Fees* 1249; fuit mulier hostiaria [ME: *ȝeteward*] purgans triticum *AncrR* 100 (cf. *II Reg.* iv 5). **b** sed ~ia domus cauta quam diximus continentie virtus fortis et prompta mox repellit, .. inverecundie pulsantia H. Bos. *V. Thom.* II 6. **c 1203** Robertus de Welles [debet] pro serjanteria sua. Elena ~ia pro eodem *Pipe* 160; **1212** Helena Hostiaria *Fees* 83.

2 office of usher. **b** duty to serve as usher.

c1157 dedi Rogero de W., servienti meo, ministerium de hostieria de scaccario meo pro servicio suo ..... precipio quod .. Rogerus et heredes sui habeant .. predictum ministerium de magistratu hostierie *Act. Hen. II* I 190; **1212** fecit cartam suam Randulfo de Broc tenere de eo per serjanteriam hostiarie de camera regia *Fees* 67; que duo officia, sc. officium clamatorie et hostiarie, solebant ad unum et idem pertinere *Mod. Ten. Parl.* 27; **1321** de feoda marescalcie hostiarie sue †claviatorum [l. clamatorum] *PQW* 445b; **1356** quod ad ea consueta officio hostiarie .. que servicio suo .. incumbunt .. sit intendens *Lit. Cant.* II 351; **1357** officium hostiarie de scaccario nostro *CalPat* 583. **b 1236** quietus erit dictus R. de omnibus frithelagiis et hostiariis *Reg. Moray* 464.

3 innkeeper (f.).

nomina dignitatum mulierum: .. hec ~ia, *a ostylle[re] WW.*

2 ostiaria v. 2 ostiarium.

ostiaritas [ostiaria+-tas], office of doorkeeper.

1212 Helena Hostiaria tenet Wigeberga et alias terras suas in Sumerset' per hostiaritatem de domino rege *Fees* 83.

1 ostiarium v. hostiarium.

2 ostiarium, 2 ostiaria [CL ostium+-arium, -aria]

1 door-frame, jamb.

1250 sunt quatuor celaria, de quibus desunt tria ~ia de fusto *CalIMisc* I 30.

2 (by metonymy) door. *Cf. ostium* 2b.

1294 in omnibus redditibus que [sic] Thurnerdus pater suus sibi dedit ad hostillariam ecclesie in libero maritagio cum Willelmo Converso *Carte Nativ.* 49.

ostiarius [CL]

1 janitor, porter, doorkeeper; **b** (pred.); **c** (transf. or fig.).

10.. hostiarius, *dureweard* .. ~ii, *duruweardas WW*; janitorem habet aut hostiarium, ne quis insulsus irruat J. SAL. *Pol.* 741A; hostium erat sed numquam nisi ad ejus nutum reseratum ..; cujus hostii ipsemet erat claviger et hostiarius *Canon. G. Sempr.* 47v; hic ~ius, *a uscher WW.* **b 1453** Willelmo Lepton, valetto ~io camere regine (*DL Ac. Var.*) *JRL Bull.* XL 424. **c** immittuntur etiam in singulis columnarum lateribus quadrati lapides velut ~ii qui sese alterutrum aperte fronte respiciunt ANSELM *Misc.* 315; non arcendam se putat [sc. virtus fidei] ab his qui custodiunt atrium, non ab ~iis, non a cubiculariis BALD. CANT. *Serm.* 4. 5. 404.

2 usher: **a** (in royal or aristocratic household); **b** (in public office); **c** (in guild); **d** (passing into surname).

hostiarius lardarii *Domus Reg.* 131; hostiarii, milites, ipsi in domo comedent ..; alii hostiarii, non milites, in domo comedent sine alia liberacione *Ib.* 134; **1216** R. de B. hostiarius regis Scotie qui captus fuit apud Berewyck *Pat* I 188b; **1241** rex dedit Willelmo, hostiario de garderoba regis domos que fuerunt Isaac Parvi, Judei, in Nortwico *Cl* 314; **1276** [barones London'] habeant hostiarium suum ante hostium aule ubi placitare debent ad introducendum barones et alios de civitate qui placitare debent .. et hostiarius regis sit infra hostium *Eyre Lond.* II 129; **1287** J. de A. tenet .. per serjantiam essendi hostiarius de paneteria domini regis *PQW* 258a; **1426** lego Thome Hoo armigero camere mee hostiario unum de cursariis meis *Reg. Cant.* II 362. **b** ostium domus illius in qua scaccarium residet ~ius .. solus .. custodit *Dial. Scac.* 44; officium hostiarii tale est quod hostium cambii bene servetur ab intrantibus et exeuntibus; et quod vocet et congreget omnes ad officium monetariorum pertinentes sicut fuerit ei injunctum *RBExch* 984; hostiarius principalis Parliamenti stabit infra magnum hostium monasterii aule, vel alterius loci ubi Parliamentum tenetur et custodiet hostium, ita quod nullus intret Parliamentum nisi qui sectam et eventum debeat ad Parliamentum *Mod. Ten. Parl.* 37; **s1317** in aula Westmonasterii .. janitores et hostiarios super ingressu ejus et egressu acriter increpabant TROKELOWE 98; **1361** hostiarii hujus scaccarii virgas portantes optulerunt se .. et queruntur quod .. quidam Johannes de Eland' .. repulsit eosdem hostiarios de barris et sic ingressus est contra voluntatem eorum *SelCKB* V cxlii; in vadiis solutis generalibus magistris de factura monetarum et cunagiorum ac eorum clericis et ~iis *Collect. W. Worc.* 537. **c 1303** unusquisque qui intravit post postremam guldam dabit majori unum den., ~io unum ob., et pincerne unum ob. *Gild Merch.* II 13. **d** Johannis Hostiarius tenet de rege (*Somerset*) *DB* I 98va; Robertus Hostiarius (*Leics*) *DB* 230rb; Willelmus Hostiarius (*Notts*) *DB* 280vb; **c1199** testibus hiis .. Galfrido ~io *Inchaffray* 5; **1266** xxiij s. vij d. ob. de firma de Dull, de quibus Alanus Hostiarius debet respondere *ExchScot* 3; ego Colinus Hostiarius dedi .. *Reg. S. Andr.* f. 156b; sororem regis notham, sc. uxorem Alani Hostiarii FORDUN *GA* 50; **1430** Simone Hostiario *Feod. Durh.* 55.

3 (eccl., as minor order); **b** (in papal chancellery).

quomodo .. ecclesia grados .. commendaverit .. i. e. ~ius, fossarius, lector, subdiaconus, diaconus, presbyter, et episcopus THEOD. *Laterc.* 19; septem .. sunt ecclesiastici gradus. quorum primus est hostiarius, qui clavim ecclesiae tenet ÆLF. *Ep.* 2. 116; pro unoquoque viginti sol. emendet, viz. ad ordinem ~ii viginti sol., item ad exorcistam iterum viginti sol., et sic per ordinem usque transeat presbiteratum (*Inst. Cnuti*) *GAS* 467; ~ii .. vicem supplent templi janitorum .. officium est catechumenos baptyzandos et penitentes .. in ecclesiam introducere BELETH *RDO* 13. 27; episcopus ordinat ~ios in ecclesia AD. DORE *Pictor* 155; janitor vel ~ius [sc. absolvitur] .. ab episcopo vel a sacerdote GROS. *Templ.* 7. 6; de septem gradibus clericorum; et primo de hostiariis J. WALEYS *Commun.* 4. 1. 3; **s277** Gayus papa .. constituit in ecclesia gradus ordinum, sc. ~ium, lectorem, exorcistam, acolytum, et cetera HIGD. IV 24; **1432** te .. ~ium pretensum in habitu ~ii indutum .. ab ordine ~ii degradamus .. et in signum degradacionis .. tibi claves ecclesie auferimus *Reg. Cant.* III 172. **b** de cancellaria donatur tertium, / si pauper habeat intus negocium, / non eat vacuus ad hostiarium / sed si vult ingredi solvat marsupium *Ps.-MAP* 169; **1281** habeat .. cubicularius domini pape x marcas, hostiarius domini pape xl solidos sterlingorum *Reg. Heref.* 274; item, advocatoribus hostiarii domini pape, triginta quatuor Turonenses grossi *G. S. Alb.* II 57.

4 **a** (of Christ, w. ref. to *Joh.* x 9); **b** (of St. Peter, w. ref. to *Matth.* xvi 19).

Christus ~ius fuit quando .. portas inferni aperuit, unde modo hostiarii qui dicuntur aecclesiae ostia et sacrarii .. custodiri [*sic*] jubentur EGB. *Pont.* 10; Christus .. ~ius fuit quando destruxit ostia inferni et ligavit diabolum *Ps.-BEDE Collect.* 373; si ad ostium cubiculi humiliter accedamus, .. scio quia ~ius benignissimus est et novit nos ex nomine et confestim aperiet nobis J. FORD *Serm.* 15. 1; admittuntur alii, alii prohibentur intrare, liquet quia ~ius in promptu est, habens super humerum suum clavem David, in qua claudit et aperit, juxta quod accepit a Patre *Ib.* 113. 10; ostium domus Dei verbi sacri intelligentia est .. per quod alii admittuntur, alii .. repelluntur juxta beneplacitum .. ~ii qui est Christus *Ib.*; nemo .. sufficit suo imperio portas hujus aperire nisi filius hominis qui notus hostiarius prius descenderat WYCL. *Incarn.* 34. **b** consentiunt quod .. Petro .. claves regni caelorum sint dati .. ?.. hic est ~ius ille, cui ego contradicere nolo BEDE *HE* III 25 p. 188.

5 usher or second master of school.

1242 Willelmus scolarum Eboracensium hostiarius *MS Bodl. Dodsworth 45* f. 19v; **s1309** statutum est quod ad hostium hostiarius, sive subhostiarius, continue sedeant, nec duos vel tres scolares simul et semel exire permittant *Reg. Whet.* II 311 (=*Educ. Ch.* 242); **1321** quando hostiarius vel submonitor scolarium Cantuariensium propter numerum scolarium scolas S. Martini visitavit, scolares S. Martini absconderunt se usque ad numerum xiij *Ib.* 262; .. unius magistri in grammatica, et ~ii sub ipso eis intendere debencium propter instruccionem eorum in moribus et sciencia (CHAUNDLER *V. W. Wykham*) *Anglia Sacra* II 356.

6 innkeeper, (mon.) guest-master.

c1197 Willelmus hostiarius abbatis Walteri *Ch. Westm.* 311 (cf. ib. *endorsement* [**12..**]: cum .. pratis quondam W. hostilarii abbatis W.); hic hostiarius, *a nostyller WW.*

ostiatim [CL], from door to door.

mendico .. cibum hostiatim querere OSB. GLOUC. *Deriv.* 346; per multas domos ~im victualia mendicabat R. COLD. *Godr.* 609; ~im mendicancium nullus ab ejus janius vacuus rediit J. SAL. *Thom.* 11 p. 307; **s1191** panem nostrum †ostianum [l. ostiatim] mendicare non erubescimus *Ep. Cant.* 385; **s1258** videres.. honorabiles cum sua .. defecissent, alienis hostiatim mendicando inhiare .. esurientes M. PAR. *Maj.* V 711; fitque ut prior dominus dicte pecunie victum quereret ~im *Spec. Laic.* 10.

ostiator, traveller.

a wayfaryng man, hostiator, viator *CathA.*

osticiarius v. officiarius.

osticulum [CL ostium+-culum], a small door, hatch.

hoc ~um, A. *a hatche WW.*

Ostiensis [CL], of Ostia. **b** (*liber ~is* or sim., also ellipt.) commentary on the Decretals by Henricus de Segusia, bishop of Ostia.

et factum est .. ut Albericus, Hostiensis episcopus, a latere domni pape ad Anglicanas partes accederet SERLO GRAM. *Mon. Font.* 70; **s1239** hoc autem tempore floruit cardinalis Hostiensis, qui librum, qui Copiosa vocatur, composuit *Flor. Hist.* II 232. **b 1337** cum glossa Hostiensis (v. decretalis 2b); **1385** lego .. fratri meo unum librum Decretorum, unam librum Decretalium .. unum librum Hostiens[em] in summa, ij libros Hostiens[es] in lectura *Exc. Hist.* 140; patet per Hostiensem in capitulo super quibusdam de verbo significacione BAD. AUR. 151; **1411** Hostiensis (v. decretalis 2b); **1442** obligavit .. librum quemdam Hostiensem *MunAcOx* 528.

†ostigare v. hostagiare.

ostigelogicon [ὅς τί γε λογικόν], he who does something logical, (in quot., of syllogism) logical.

numquid minus perfectus es logicus, etsi nescias quis syllogismus sit †ostigeloricon [l. ostigeloyicon, i. e. ostigelogicon], que predicatio fiat secundum dinaldim [l. dinamin], que secundum energiam? NECKAM *NR* II 174.

ostigeloricon v. ostigelogicon.

ostillarius v. hostelarius. **ostinax** v. obstinax.

ostiolum [CL]

1 small door or gate, opening; **b** (of reliquary); **c** (quasi-fig., of heart).

portella, portula, valvula, ~um OSB. GLOUC. *Deriv.* 474; hostiolum illud occidentale introeuntes, ecclesiam subiere R. COLD. *Cuthb.* 121; bos .. puerum .. cum ~o domus avulso cornibus arreptum projecit a se W. CANT. *Mir. Thom.* III 37; veniens ad ~um ecclesie et illud aperiens GIR. *GE* II 11; **a1389** pro .. ij ostiol' panetrie et buterie et aliis diversis ost' ibidem *KR Ac* 473/2 m. 8; conclave est locus .. muratus, ita quod preter unum parvum .. hostiolum .. remanebit fortiter munitus AD. USK 89; hoc ~um, A. *hek WW.* **b 1518** brachium divi Fergusiani argento coopertum sine ~o cum aliquibus lapidibus *Reg. Aberd.* II 182. **c** deponite fratres .. hoc pessimae infidelitatis pondus .. et circumstans cordis vestri ~a incredulitatis peccatum ALCUIN *Dogm.* 293B.

2 (w. fig. interp.): **a** (w. ref. to *III Reg.* vi 31–2); **b** (w. ref. to *Dan.* xiv 20).

a cujus ingressus ~a per significationem multifarie possunt accipi BEDE *Templ.* 770. **b** isti sunt secretiora illa ~a, per que ministri Belis sacrificia .. clanculum asportabant P. BLOIS *Ep.* 25. 89B; ministri .. prelatorum ~a sunt abscondita sub mensa Belis subterranea, per que furtim ingrediebantur sacerdotes ejus ut asportarent .. posita .. super mensam GIR. *GE* II 32 p. 322; ad hec ~a occasionaliter pertinent canones quidam, prohibentes aliquos in secundo vel

in tertio genere affinitatis conjungi, conjunctos tamen non separari concedit *Ib.* II 33 p. 326.

ostitor [CL ostium+-tor], doorkeeper, porter.

hostitor, janitor, portitor, januator, atriensis, ostiarius OSB. GLOUC. *Deriv.* 277.

ostium [CL]

1 door; **b** (of church or monastery); **c** (of tent); **d** (w. ref. to office of doorkeeper, porter, or sacristan). **e** doorway (of stone).

quando [Christus] ~ium archae aperuit THEOD. *Laterc.* 19; sicut ~ium vertitur in cardine suo, ita piger in lectulo suo *Ps.*-BEDE *Collect.* 36; quomodo .. Redemptor .. clausis ~iis ad discipulos intravit [cf. *Joh.* xx 19] *Ib.* 290; duxit eum ad unam de cellulis ejus domus dixitque ei "aperi mihi ~ium" GIR. *GE* I 26 p. 82; **1192** ~ia, **1286, 1295** hostia, **1305** ~io (v. haspa a); **1353** item computat in vij petris ferri, cum fabricacione ejusdem in nucis, ligaturis, et clavis, sperris, pro hostiis et fenestris, xij^s^ vj^d^ *Pri. Cold. app.* p. xxvi; **13..** pretor de curia colliget firmam domini regis ad iiij terminos anni et ibit semel propter firmam et alia vice si placuerit ei deponet hostium cujuslibet burgensis. burgensis autem non potest hostium suum reponere donec reddiderit suum debitum nisi pro voluntate pretoris (*Cust. Preston*) *EHR* XV 497; hoc hostium, *a dore WW*; at hostium illud clausum quidem stetit, sed quo firmaretur repagulum non habebat nec pessulum *Mir. Hen. VI* II 55; **1531** janitor dicti hospitalis habens claves hostiarum [*sic*] et portarum *Reg. Aberd.* I 403. **b** pulsans ad ~ium nuntiavit abbatissae. at illa aperiens januam monasterii exivit BEDE *HE* III 11 p. 149; ne forte hostia claustri vel armariorum non firmata remanserunt LANFR. *Const.* 144; **1428** sepeliendum .. juxta hostium capelle Beate Marie ejusdem ecclesie *Wills N. Country* I 35; **1432** coram hostio boriali ecclesie *Reg. Cant.* II 463. **c** clamaverunt me intus, reserato ~io papilionis BEDE *HE* IV 17 p. 245. **d 1199** W. de C. r. c. de xl marcis pro habendo officio suo in domo regis, quod pater suus habuit, sc. ~um pincerne, et servire in domo ut pincerna, et wardam [*sic*], unius quadrige portantis utensilia pincerne, et prisas vini, cum pertinentibus ad officium illud *Pipe* 102; **1235** rex concessit .. quod habeat custodiam hostii thesaurarie regis *Cl* 122; sacrista aut bidellus hostium cancellarie custodiat *Reg. Aberd.* II 119. **e** ad allisionem lapidis hostii sub manu seminudum laesit brachium HERM. ARCH. 48; **1369** in uno hostio lapideo *Ac. Durh.* 209; **1552** altiorem lapide superiore hostiorum, vulgo *the ower lintell of the durris Scot. Grey Friars* II 232.

2 (*ad ~ium, in ~io*) at the door; **b** (w. ref. to giving of dowry at church door); **c** (*per ~ium*) from door to door.

a**1182** decima accipiatur ad ~ium grangie mee *Act. Hen. II* II 159; **1203** unusquisque .. reddat de carrucis suis ad hostia grangiarum suarum *Pat* I 35b; .. in hostio ecclesie a malefactoribus comprehensus (*Hist. Roff.*) *Anglia Sacra* I 366. **b** contraxit matrimonium cum quodam juvene in ~io ecclesie T. CHOBHAM *Conf.* 556; ad hostium ecclesie GLANV. VI 1; maritus meus dotavit me ad ~ium ecclesie GLANV. VI 8 (v. dotare 1a); **1259** A. dotavit .. uxorem suam ad ~ium ecclesie quando eam desponsavit *Cl* 414; **14..** *Reg. Brev. Jud.* 15b (v. dotatio 1). **c** si Christus panem proprium / mendicavit per hostium *Pol. Poems* I 243.

3 (transf., fig., & quasi-fig.): **b** (w. ref. to gate of heaven); **c** (w. ref. to *Joh.* x 1); **d** (w. ref. to *Col.* iv 3).

hesitatio .. ad plurima pulsat ~ia veritatis dumque incerta suspenditur J. FORD *Serm.* 60. 1; set frange cordis hostium / ut exeat suspirium J. HOWD. *Cyth.* 123. 7. **b** dum famulae cecinissent carmina Christo / odis psalmorum pulsantes hostia caeli ALDH. *VirgV* 2233; vidit ~ium in hostia per quod intrare deberet ECCLESTON *Adv. Min.* 45 (v. 1 hostia 2c); usque ad apercionem hostii celestis ROLLE *IA* 189. **c** nec valeat in ovile intrare ovium qui te ductore non ascenderit per ~ium OSB. *V. Dunst.* 31. **d** hoc ~ium ad nos pertinet et ad vos. ~ium nostrum est os nostrum, de quo egredi debet sermo Domini, ~ium vestrum autem quo ingredi debet sunt aures vestre S. LANGTON *Serm.* 2. 1.

4 aperture, opening. **b** mouth, inlet (of river, lake, or strait); **c** (w. ref. to fishing).

per ~ium oris [TREVISA: *by þe dore of þe mouþ*] BART. ANGL. V 19. **b** fluvius .. Nilus, qui in septem ~ia discurrens mari Tyrrheno absumitur *Lib. Monstr.* II 21; ultra ~ium fluminis Homelea BEDE *HE* IV 14 p. 238; Sabrinum mare per vij hostia discurret G. MON. VII 3; in ~ium sc. fluminis quod Aberlessic vocatur, id est '~ium fetoris' SIM. GLASG. *V. Kentig.* 6; classis in hostio Menei applicuit *Ann. Cambr.* 42; Tanays est fluvius, qui et Tanus dicitur, ex Ripheis montibus et silvis veniens, dividens Europam et Asyam, et fluit in Pontum divisus in septem hostia TREVET *Troades* 4. **c 741** capturam piscium quod est in ~io fluminis *CS* 160; **1004** offero .. libertatem monasterii .. ut sit semper cum .. aquarum decursibus piscationum hostiis .. eterna securitate liberrimum *Ch. Burton* 28; c**1169** de piscatura in hostia fluminis *Regesta Scot.* 78.

5 harbour, port.

dum .. ~ia .. marina custodiis strictissime adhibitis arcere juberet *G. Steph.* 41; cumque subire ratis pleno putat ostia velo L. DURH. *Dial.* III 147.

Ostmannicus, of or consisting of Ostmen; **b** (as sb. m.) an Ostman.

gens .. hec que nunc ~a [cf. STANIHURST *Hib.* 262: Oostmannica] gens vocatur GIR. *TH* III 43. **b** domum et messuagium Cristini ~i extra portam et murum Dub' *Cal. Pat. & Cl. Ir.* 4a.

Ostmannus [cf. ON *pl. Austmenn*], Ostman, invader or settler from Denmark or Norway (in Ireland).

dicti sunt ~i [v. l. Oustmanni; cf. et. STANIHURST *Hib.* 262: Oostmanni]; lingua ipsorum, corrupto quodam Saxonico, quasi orientales homines GIR. *TH* III 43; a**1190** Adam faber ad pontem ~orum *Doc. Ir.* 40; non multis ante adventum Anglorum annis, †Oustinannorum [l. Oustmannorum] sc. tempore GIR. *GE* I 52 p. 155; **1201** retento etiam cantredo Osmannorum *Pipe* 87; **1201** retentis in manu nostra cantredo Osmannorum et sancta insula *RChart* 84b; **1213** inter villam Oustmannorum et aquam que vocatur Tulchan *Doc. Ir.* 472; **1215** quod per Anglicos et Osmannos Dublin' .. inquiratis *Cl* I 224b; **1234** suscepimus in protectionem et defensionem nostram Hostimannos nostros de Waterford *Pat* 44 m. 4; **1244** de Arfino Mcardor, ~o *Doc. Ir.* 480; **1283** nunc non sunt infra dictum comitatum [Wesfordie] nisi quadraginta Oustmanni parum boni habentes et duodecim qui serviant Anglicis et aliis pro victu suo nichil in bonis habentes *EHR* XXIII 217; **1283** constat quod †custmanni [l. Oustmanni] nostri Waterford' legem Anglicorum in Hibernia habere .. debent *Pat* 102 m. 9; **1370** in uno tenemento in villa Oustmannorum Dublin [cf. ib. 8: Oustmanton] *Cart. Dublin* I 18; erant isti Germani fratres, Ostomanni a nostris dicuntur, qui in Hibernia magnam olim dignitatem obtinebant STANIHURST *Hib.* 23; hujus gentilitatis homines nostri Oostmannos nuncuparunt, quorum genus est ex Danorum stirpe generatum *Ib.* 111.

Ostomannus v. Ostmannus. **ostorium** v. hostorium. **ostorius** v. asturcus.

ostra [*assoc. w.* CL ostrea], (in gl., understood as) oystershell.

~a .. i. cujusdam piscis testa OSB. GLOUC. *Deriv.* 395; ~a .. G. *escale* GARL. *Unus gl.* 166; hec ~a, A. *a hoysterchelle*; ostra notat testam, clausum notat ostria piscem *WW*.

ostracodermos [LL < ὀστρακόδερμος], hard-shelled, (as sb.) shell-fish.

derma, i. cutis, inde ostrocoderma, i. piscis degens in conchis vel habens durum corium *Alph.* 49.

ostracum, ~us [LL < ὄστρακον]

1 floor or pavement made of small stones or shells of crustaceans.

hic ostricus vel ~us, i. pavimentum quoddam ex minutis testis vel lapidibus factum OSB. GLOUC. *Deriv.* 396; porticum .. in qua .. ~um [*gl.: paviment' de ceste de ostres*] testaceum calcari videbam BALSH. *Ut.* 47; hoc ostreacium .. sc. *pavement de oyistris Teaching Latin* II 107.

2 shell-fish, oyster, crab, or sim. (cf. ὀστράκιον).

ciborum quidam inducunt luxuriam .. ~a saturitas conveniens ciborum et quedam electuaria M. SCOT *Phys.* 1 f. 10ra.

ostrea, ~eum [CL < ὄστρεον], **~ia, 1 ostrium**

1 oyster (*Ostrea edulis*), usu. as food.

ostrea quem metuit duris perterrita saxis ALDH. *Aen.* 37 (*Cancer*) 6; communes cibos vocat .. suillam carnem, ~eas, lepores [cf. Jerome *In Matth.* 128–9] BEDE *Acts* 968; quid capis in mari? .. ~eas [AS: *ostran*] et cancros .. et similia ÆLF. *Coll.* 94; c**1177** onus .. ~earum [v. l. hostrearum] iiij denarios *Act. Hen. II* II 56; ~eum quandoque testam aperit ut clementioris aure deliciis glorietur NECKAM *NR* II 36; acephalum piscis genus, ostrea, judice vulgo, / pectus cum stomacho grata sapore juvant *Id. DS* III 477; bocca maris et ~ia [*gl.: oystre, ostrei, hostre*] et colchiria *Id. Ut.* 98; de cibis mollibus .. ut viz. de *ris* vel de *tailliz* aut de ~iis *Cust. Westm.* 75; **1285** venerunt in quadam navi apud Bradflete in mari ad emend' hostria ad ducendum apud Sandwyz *IMisc* 44/33; c**1300** Alexander ate Delve, nauta, habuit .. j *dragge* ad cap' ~ia *RParl* I 254a; **1377** capit brodos ~iarum (v. 2 brodium).

2 kind of shell-fish that yields a purple dye, prob. murex or purpura.

~re †porphite [l. porphire] unde tinguntur purpurea coclee sunt que uste dessicative sunt virtutis *Alph.* 132.

3 the colour purple or purple-red.

[apud Jordanem] sunt armenta mirabilia longo dorso et brevis [*sic*] cruribus ..; omnes sunt unius coloris, ~eae HUGEB. *Willib.* 4 p. 96.

ostreacium v. ostracum. **ostrech'** v. ostrica.

ostrearius [CL *as adj.*], one who sells oysters.

ostrea .. et hic ~ius .. qui piscem illum vendit OSB. GLOUC. *Deriv.* 395; ostratus moritur par ostreareo, / mango magnatibus, eques equario WALT. WIMB. *Sim.* 111.

ostreatus [CL *as adj.=striped as an oyster*], one who wears cloth dyed purple.

ostratus moritur par ostreareo WALT. WIMB. *Sim.* 111 (v. ostrearius).

ostria v. hosteria, ostrea.

ostriago [LL], **ostrago,** kind of plant, prob. greater stitchwort (*Stellaria holostea*) or danewort (*Sambucus ebulus*).

herba ~iago, *þæt is liðwyrt Leechdoms* I 16; ~ago, *stic vyrt* [*stitchwort*] .. ~iago, *lith vyrt* [*danewort*] *Gl. Durh.* 304; ~iago, A. *lichewort* vel *liverwort MS BL Sloane 420* f. 119.

ostriagum, ostragium, kind of plant, prob. buck's-horn plantain (*Plantago coronopus*).

12.. ostragium, i. *herbyve*, i. *liþewurt WW*; ostragium, *ive oþer herbe yve oþer hertishorne MS BL Sloane 5* f. 29vb.

ostribrum, kind of plant, prob. charlock (*Sinapis arvensis*) or wild radish (*Raphanus raphanistrum*).

ostribrum, i. caulis agrestis A. *cherlok MS BL Sloane 3545* f. 8; ostribium, i. *cant silvestre cherlok MS BL Harley 3388* f. 83v.

ostrica [cf. ME *ostriche*, OF *ostrice*, *ostruce* < avis struthio], ostrich (*Struthio camelus*).

ovum ~e GILB. VII 305. 2; c**1376** legavit .. aulam suam de pennis de ostrech' et tapestria nigra *Invent. Ch. Ch.* 97; **1384** custodiam duorum ostriorum nostrorum, qui nobis per probos homines ville de Gand' nuper presentati fuerunt *Pat* 318 m. 35; **1401** cum .. concesserimus .. custodiam ostrigii nostri (*14 May, John Wudesbury*) *War. Issue*.

ostricium v. ostrutheum. **ostricus** v. ostracum.

ostriger [CL ostrum+-ger]

1 dark-purple, purple-red.

ostriger en arvo vernabam frondibus hirtis / conquilio similis ALDH. *Aen.* 98 (*Elleborus*) 1; ~er, *brunbeosu GlC* O 279; **10..** ~er, *brunbaso WW*.

2 that yields a (purple) dye.

10.. ~er, *tælberend WW*.

ostrinus [CL < ὀστρεΐνος], ὀστρῖνος], purple, (as sb. n.) purple cloth.

c**1099** iij pannos brusdatos de serico ad opus altarium et j osternum brusdatum ad opus defunctorum (*Invent.*) *Process. Sal.* 184; triginta quattuor cappas

quarum viginti septem de pallio et alie de osturino, quarum eciam novem sunt adornate usque ad pedes de aurifixo et xij cum tassalis et aurifixo .. xx casulas, earum xviij de pallio; quarum etiam ix sunt adornate cum aurifixo et due de osturino *Ib.*

1 ostrium v. ostrea.

2 †ostrium, *f. l.*

1251 [*tax collected*] per ostria *CalIMisc* I 109 [cf. *IMisc* 5/13: tallag[ium] cum collectum esset in civitate eadem per astra (v. 2 astrum 2)].

ostrius v. ostrica. **ostrucium** v. ostrutheum.

ostrum [CL]

1 purple dye, purple colour; **b** (of blood or martyrdom).

curtinae .. tabernaculi purpureis ~i et cocci coloribus fucatae [cf. *Exod.* xxvi 1: purpura coccoque] ALDH. *Met.* 2 p. 64; lana ostri elabitur / vermiculo cum vertitur (ÆTHELWALD) *Carm. Aldh.* 2. 141; **10. .** ~um, *wyrma WW*; blatia, genus purpure, blatta, ~um, murex OSB. GLOUC. *Deriv.* 79. **b** sententiam decollationis accipiens .. sacrosancto cruoris ~o purpurescit ALDH. *VirgP* 43 p. 296; sic igitur Christum signavit sanguinis ostro / horrendum mundi medicantem vulnere vulnus *Id. VirgV* 450; in cruce baptismi laticem fudisse cruorem / martyrii, vicii purgamen martyris ostrum GARL. *Myst. Eccl.* 321.

2 purple cloth, garment, or sim. (usu. to indicate royal or noble status).

c**675** neglecto, ut decet Christi discipulum, fucato ~o potius lacernae gracilis amictu ac mastrucae tegmine incompto utatur ALDH. *Ep.* 3 p. 480; infantem non Tyrio exceptum ~o sed pannis involutum BEDE *Luke* 333; atque auro ac Tyrio devotus vestiit ostro (*Vers.*) *Id. HE* V 19 p. 330; cur Tyrio corpus inhias vestirier ostro / quod mox esuriens pulvere vermis edet? ALCUIN *Carm.* 123. 13; **10. .** ~um, *wurma, read godweb WW*; non marmora strata tapetibus non vestiti parietes ~o AILR. *Spec. Car.* II 24. 572D.

3 (as adj.) of purple colour, purple.

qui olim strato laetus recubabat in ostro [cf. Vergil *Aen.* I 704] ALCUIN *Carm.* 9. 103; †sarranist† recubans ostris sericisque tapetis *De lib. arb.* 73.

ostrusse v. ostrutheum.

ostrutheum, **~ium** [cf. CL strutheum, ~ium < στρούθειος]

1 plant used as detergent, soapwort (*Saponaria officinalis*).

strucius, i. ostricium *Gl. Laud.* 1323; ostricium, i. *bisshippswort MS BL Harley 3388* f. 83; obstrucio, strution idem A. *bisopiswort MS BL Addit. 15236* f. 19; ostrucium *Ib.* f. 181v.

2 brook-cress, water-cress (*Nasturtium officinale*).

ostrucium, *brok-karse MS BL Harley 2558* f. 4vb.

3 wild cabbage (*Brassica oleracea*).

ostrusse, caulis agrestis, *wile coul MS BL Arundel 42* f. 96va; os stuse, i. caul' agrestis, A. *wyld coule MS BL Sloane 347* f. 91; osturse, i. caulis agrestis, *wilde cole MS BL Sloane 964* f. 75; osturce, i. caul' agrestis *MS BL Royal 12 G. IV* f. 136ra.

4 angelica (*Angelica archangelica* or *Archangelica officinalis*).

ostricii radix fetorem temperat oris NECKAM *DS* VII 165; ostrutium transplantatum, est angelica *LC* 256.

5 woodruff (*Aperula odorata*).

ostricium, *uude rofe Gl. Durh.* 304.

ostucium v. ostrutheum. **osturcarius** v. asturcarius. **osturce** v. ostrutheum. **osturcus** v. asturcus. **osturinum** v. ostrinus. **osturse** v. ostrutheum.

osyris [CL < ὄσυρις, ὄσιρις], kind of shrub, perh. poet's cassia (*Osyris alba*).

osyris or osyrias *groweth plentuously in Englande, but I do not remembre what name it hath* TURNER *Herb. Names* E viii.

---

1 ota [ὦτα *pl. of* οὖς], **otos** [ὠτός *gen. of* οὖς], ear.

quid flebs, hota [*gl.*: hotis est auris nervosa et cartiloginosa, vocum et sonorum receptaculum], nefron, cistis, thessis, anathossis? *Gloss. Poems* 103; ochis [v. l. othis] auris dicitur *Alph.* 132.

2 ota v. symphoniacus.

otalgicus [LL < ὠταλγικός = *characterized by or suffering from ear-ache*], of the ear, auditory.

nervus obtalgicus [*by analogy with* optalmicus] RIC. MED. *Anat.* 217 (v. audibilis b).

othis v. 1 ota. **othonia** v. othonna.

othonna [CL < ὀθόννα], kind of plant, perh. greater celandine (*Chelidonium majus*).

othonia folia habet similia sed percussa et fragilia, florem croceum et latum, unde multi speciem amnonis dixerunt; succus ejus oculis prestat effectum et caliginem detergit *Alph.* 132; ~a, *celidony, tetiwort MS CUL Dd. 11.45* f. 107rb.

othonominoitus v. orthopnoicus.

otiabunde, idly, lazily.

otianter .. ~e OSB. GLOUC. *Deriv.* 399.

otiabundus [LL], who or that abounds in leisure.

~us, otio habundans OSB. GLOUC. *Deriv.* 399.

otianter, idly, lazily.

~er, otiose, segniter, pigranter, inerter, flaccide, otiabunde OSB. GLOUC. *Deriv.* 399.

otiari [CL], to be at leisure, take one's ease (also transf. & fig.).

fides .. ~atur ANSELM I 85 (v. 2 contemptus a); satius .. fuerat ~ari quam turpiter occupari J. SAL. *Pol.* 406A; ante sero penitus pigeat ~ari R. BURY *Phil.* 6. 100; caro querit ~ari BRINTON *Serm.* 23. 103; nam miles ocians .. est tamquam proditor .. multo magis ocians a spirituali milicia WYCL. *Ver.* II 149–50; nostrum nolentes calamum inutiliter ~ari .. *Reg. Whet.* II 428.

otiose [CL]

1 at one's leisure, in a leisurely manner.

nec .. inter cetera .. studia .. ~e et incuriose vivere permituntur ASSER *Alf.* 75.

2 idly, lazily.

otianter, ~e, segniter, pigranter, inerter OSB. GLOUC. *Deriv.* 399.

3 without due consideration, to no purpose.

quid falso, quid impedite, quid ~e, quid turpiter, quid improprie BALSH. *AD* 8; non enim ~e, non sine causa, sic poeta librum suum inchoavit: 'dic mihi, musa ..' GIR. *SD* 54; indigne manducat qui ~e comedit [sc. panem Eucharistie] T. CHOBHAM *Serm.* 18. 66va; tunc natura ageret ~e, quia poneret in entibus appetitum .. ad corrupcionem .. et totum hoc est impossibile SICCAV. *PN* 154; non sic sequitur naturam ~e egisse W. ALNWICK *QD* 364; ~e egisset natura BACONTHORPE *Quaest. Sent.* 5a.

otiositas [LL], idleness, laziness, want of purpose; **b** (w. ref. to Bened. *Regul.* xlviii, as the enemy of the soul); **c** (as mother of vices, stepmother of virtues, or sim.).

793 nolite conformare vos saeculi hominibus in vestimentorum vanitate, in ebrietatis luxoria, in joci lascivia, in ~atis petulantia ALCUIN *Ep.* 19; fidei scintilla ne ~atis [AS: ydelnysse] torpore .. delitesceret *RegulC* 1; desidiam ~atis velut mortiferi veneni poculum fugiendo BYRHT. *V. Osw.* 422; ad vitandam curiositatem, scurrilitatem, ~atem LANFR. *Const.* 162; metallorum .. diversorum genera .. ejusdem ~atis vitio nec ad usum prodeunt nec proficiunt GIR. *TH* III 10; prohibere debet princeps civitatis ~atem et vacationem BACON *Maj.* II 251; hec .. est .. introducta in sanctam ecclesiam ad colorandam ~atem (*Concl. Loll.*) *Ziz.* 361; **1429** ad sustentandam .. superbiam, luxuriam et ~atem *Heresy Tri. Norw.* 45. **b** ~as, quae inimica est animae BYRHT. *V. Osw.* 424; ~as inimica est anime AILR. *Inst. Inclus.* 9; ~as inimica est anime P. BLOIS *Ep.* 9. 25B; s**1439** est enim ~as anime inimica tam grandis AMUND. II 210. **c** de ~ate dicit Bernardus 'fugienda est ~as, mater nugarum, noverca

---

virtutum' GROS. *DM* IV 38; ~atem, cujuscunque vitii nutricem *NLA* II 70; pigricies mane sompnolenta otiositas que / mater viciorum omnium est janitrix dicta *Dietarium* 57; ~as est virtutum inimica *Plusc.* VII 33.

otiosus [CL]

1 leisured, not occupied by business. **b** who would work but is not hired, unemployed (sts. w. ref. to *Matth.* xx 3, 6).

neque enim tibi sufficit a malis ~um esse, si ~us fueris a bonis *Ps.*-BEDE *Collect.* 213; ~us, quietus *GlC* O 291; altioris sunt ista negotii et ~ioris animi W. MALM. *GR* V *prol.*; ~i enim sunt hominis, et sue indulgentis facundie, cum gesta sufficiant, verba nundinari *Id. Wulfst. ep.* p 2. **b** quare stas tota die ~us cum ad operandum Dominus te invitet? P. BLOIS *Ep.* 76. 235C; **1297** homines ~os (v. homo 9c); **1356** de .. ~is hominibus (v. glanator).

2 not used for production: **a** (of animal); **b** (of artefact).

a semper ij r[uncini] et x an[imalia] ~a et xxx por[ci] *DB* II 311; a**1129** in dominio curie sunt .. viij vituli et ix ~a animalia et j taurus *Chr. Peterb. app.* 158; **1211** custode ~orum boum *Pipe Wint.* 90; **1237** *Fleta* 251, *Cust. Bleadon* 208 (v. averium 2f); in stipendiis custodis ~orum pecorum xiij d. *Ac. Beaulieu* 65; **1277** mixtura: .. in liberacionibus .. ij carectariorum et j hominis custodientis averia ~a in ieme *Ac. Stratton* 85 (cf. ib. 95 [**1278**]: averia osciosa). **b** in dominio est una caruca et alia ~a *DB* I 182va; **1351** ~us [*of windmill*] (*Birdbrook*) *MinAc Essex*.

3 who deliberately avoids work, idle, lazy. **b** (as sb. m.) idler, lazy man.

peregrinas .. arborum species, quas optime tellus exhiberet, ~us cultor non exercet GIR. *TH* III 10 p. 152; quis .. potest accidiosus, ~us [ME: *sluggi*], vel lentus existere qui respicit quam sollicitus .. extitit Dominus noster? *AncrR* 95. **b** nullos ~os et sine arte vel modo vivendi in regno suo voluit tolerare *Plusc.* VII 33.

4 who or that lacks purpose, ineffectual, otiose, useless; **b** (phil., of abstr.).

p**675** de .. unitate et .. concordia, sine quibus fides ~a torpescit ALDH. *Ep.* 4; ille primo negavit, ~um dicens esse quod desiderabant BEDE *HE* V 6 p. 289; **796** ~a est lingua docentis, si gratia divina cor auditoris non inbuit ALCUIN *Ep.* 113 p. 164; accipiam .. in illo vivus quidquid ab amicis poteram sperare defunctus, ut sint ~i me defuncto ANSELM (*Ep.* 4) III 105; utrum pronoea .. mundum regat .. an .. apud nostros ut ambiguam disquiri jam est ~um BALSH. *AD rec.* 2 133; ne per ignaviam et socordiam tempora ducamus ~a GIR. *TH* III *intr.*; loquela mala, que est triplex: ~a [ME: *idel*], turpis et atrox *AncrR* 24. **b** actum tamen volandi nequaquam habere potest, nec tamen est in hiis potencia semper ~a GROS. *Hexaem.* VI 10; nulla substantia est ottiosa in rerum natura, sicut ergo potentie non sunt ottiose BACON XI 183; si essent plures materie prime, cum unaqueque earum, si sit prima, sit potencia et sufficiencia ad omnes formas, omnes preter unam erunt ~e, et nihil est ~um in natura SICCAV. *PN* 81.

otis [CL < ὠτίς], bustard.

morinellus .. ut scops et otis saltandi imitatione, ita haec [avis] .. pro capientis gestu capitur CAIUS *Anim.* 21.

otium [CL]

1 leisure, freedom from business or work; **b** (contrasted w. *labor, negotium, opus*, or sim.). **c** (by metonymy) place in which one enjoys leisure, or product of one's leisure.

~um .. quietis et remotio .. solitudinis .. scribendi materiam .. conferunt ALDH. *VirgP* 59; ~um, quies, securitas, vacuatus *GlC* O 290; quis magis libet misticum / summe quietis otium FRITH. *Cives* 9. 6; libris abjectis ad ~um se contulit palatinum P. BLOIS *Ep.* 66. 198C; ex tunc ~o ac paci vacavit *V. II Off.* 10. **b** non .. ad ~um .. sed ad laborem se monasterium intrare signabat BEDE *HE* IV 3 p. 208; quidquid fuerit inventum in te operis vel ~i, sermonis et silenti ANSELM (*Medit.* I) III 77; nobile laudetur ~um inter negotia multa GIR. *TH intr.* p. 8; omnia hominum negocia pariter et ~a, omnes occupationes et vacationes huc se vertunt BALD. CANT. *Serm.* 14. 21. 446; nunquam quievi, semper laboravi; nunc laborem convertam in ~um et quietem P. BLOIS *Ep.*

9. 25A; cum motus non exeat in esse nisi per exitum agentis ab octio in actum, set exitus ab octio in actum est mutatio BACON XIII 293; ut exeat ab ~o in actum agendi SICCAV. *PN* 138.   **c** hec cum dryadibus ruralia nobis ~a R. NIGER *Chr.* II 106.

2 (temporary) relaxation from toil.

quaeso ut ~um mihi, tempus conscribendae fidei, concedas, et muta tantum littera meam rationabiliter fidem adaperiat WILLIB. *Bonif.* 6 p. 28; cumque vires resumpsisset ~o, die constituto palatium Lateranense ingreditur W. MALM. *GP* I 58; sompnus est quies animalium virtutum, id est ~um quinque sensuum BERN. *Comm. Aen.* 69; rex interim, ~a tractare recusans, guerrarum habilimenta diligenter ordinat *Ps.*-ELMH. *Hen. V* 14 p. 28.

3 state of tranquility, peaceful condition.

c**705** si . . cessante . . adversitate . . secura dulcis patriae ~a . . praetulerint ALDH. *Ep.* 9 p. 502; terra . . ipsa videbatur gaudere ~o W. MALM. *GP* I 18.

4 state of inactivity, idleness, laziness.

torpentis ~i segnitie squalescere patiaris ALDH. *PR* 142 (143) p. 203; otia qui sequitur veniet huic semper egestas ALCUIN *Carm.* 62. 189; desidens, negligens vel ~um cupiens *Gl. Leid.* 2. 46; [Ediva] secreta thalami frequentabat, ubi non dissoluta ~o, nec onerosa fastidio, legere aut operari manibus consuevit AILR. *Ed. Conf.* 747D; temptatio carnalis . ., sicut luxuria, gula, ~um [ME: *slauðe*] *AncrR* 66.

otiva v. stiva.

otomega [ML < ὦ τὸ μέγα], great O, long O, omega, twenty-fourth and final letter of the Greek alphabet.

sciat . . notarius . . ubi scribere debeat silen, ubi dasiam, ubi ~a, ubi †otromecon [v. l. otomicron], ubi eta, ubi hee NECKAM *Ut.* 117; hec . . vox . . quando vero scribitur per ~a, id est *Ω* longum, masculinum est et interpretatur 'qui est' *Id. SS* II 67.1; megacosmus, major mundus. similiter ~a fidem dictis facit *Id. NR* II 11; **14** . . othomega (*Pont. Sal.*) *Mon. Rit.* I cccxxxvii.

otomicron [ὅ τὸ μικρόν], little O, short O, omicron, fifteenth letter of the Greek alphabet.

NECKAM *Ut.* 117 (v. otomega); hec . . vox 'on' quando scribitur per ~on, id est O breve, neutrale est et interpretatur 'quod est' *Id. SS* II lxvii 1.

otrix [ME *oter* < AS *otr*], otter (*Lutra vulgaris*).

1428 de custuma trium dacrarum coriorum ~icium *ExchScot* 451; de custuma triginta octo dacrarum et quatuor corriorum wlpium et ~icium *Ib.* 452.

ottiosus v. otiosus.   **otus** v. hortus.

oude gry [οὐδὲ γρῦ], not a syllable, mumchance, complete silence.

mumchance, oude gry LEVINS *Manip.* 21.

ousia [οὐσία]

1 a being, living thing.

c**1055** omnis usiae opifici sit laus Deo *CS* 1006; omnis usya hanc Christi genitricem die ista congaudet exortam per quam sibi sublatam capit vitam *Miss. Westm.* 939.

2 substance, material, matter, something that is.

legat usia / prima secundam / pandere cunctis / quae valet omne *Responsio* 4; materiam, formas, usyas, sydera, celos, / rex regum jussu ducit in esse suo NECKAM *Poems* 460; constat quod hoc lignum est usya composita; ergo partes illius philosophice sunt ypostasis et usiosis, sc. yle sive materia et forma substantialis *Id. SS* III 9.3; per diapenidia tenuis salvatur usia [*gl.*: tenuis substantia] GARL. *Mor. Scol.* 595.

3 essence, essential nature (usu. theol., of God).

785 ideo Graeci solent dicere de Deo: una usia, tres ypostases, id est una substantia, tres subsistentiae ALCUIN *Ep.* 268; usion, substantia *GlC* U 296; cuncta creans, natura triplex in usiade simpla *De lib. arb.* 1; **1167** usia . . Dei cum dicitur quid aliud significat nisi Deum semper esse? J. SAL. *Ep.* 169 (194); personales . . proprietates quibus inter se distinguuntur persone tres non juxta quorumdam dogma fatuum divine usie adsunt, sed magis insunt H. BOS. *LM* 1363B; par

Patri in usia / discumbit in Maria P. BLOIS *Carm.* 21. 2. 14; Patris et Filii et Spiritus Sancti usiam unius esse nature et potestatis . . predicavit M. PAR. *Maj.* I 163; sponsam Trinus advocat unius usie / in qua novi texuit clamidem Helye GARL. *Epith.* X *summa* 11; et unam in tribus agnosces usiam J. HOWD. *Cant.* 591; nec usie summa simplicitas / obstat quin sit eterna Trinitas *Id. Ph.* 208.

ousialis [οὐσία + -alis], substantial, essential.

a substance, substancia, substantivus; usia, usialis *CathA.*

ousiosis [οὐσίωσις], (phil. & theol.) subsistence, existence as substance or entity.

licet . . usiosis Grece idem dicatur quod subsistentia Latine, non tamen dicimus tres . . personas esse tres usioses NECKAM *SS* II 3. 4; Greci . . quatuor nomina posuerunt: usiam, usiosim, hypostasim, personam [cf. Boethius *Contra Eutychen* 1343D–45B] HALES *Qu.* 20.

Oustinannus, Oustmannus v. Ostmannus.

outtollum [MScot. *outtoll*], (Sc.) out-penny, out-toll, due paid on giving up possession of burghal property.

1464 de intollis et . . ~is (v. intollum).

ouvragium [OF *ouvrage*], piece of work, artefact.

1340 unus circulus auri corpore aymellato et x ~iis de rubeis et emeraldis *AcWardr TR Bk 203* 409.

1 ova [cf. ME *eves, ewse, oves*], lower edge of roof, eaves.

c**1280** tonellis emptis ad owas *MinAc W. Wales* 12.

2 ova v. ovum.

ovaceus [CL ovum + -aceus], made of eggs, (as sb. n.) egg-caudle.

caudel . . ofasium *PP*; *a cadle*, potiuncula ~eo, ~eum LEVINS *Manip.* 9; *an egge caudle*, ~eum *Ib.* 56.

ovagium [CL ovum + -agium], (right to collect) rent payable in eggs.

1182 tenementum quod tenebat . . in insula Alrenoij, sc. v acras terre cum campartis ejusdem terre et regardis, pasnagiis, solagis, ~io *CartINorm.* 335.

1 ōvalis [CL], of or connected with triumph or ovation, (as sb. f.) triumphal crown.

~is, corona de pugna victoribus data OSB. GLOUC. *Deriv.* 398.

2 ōvalis [LL]

1 of or pertaining to an egg.

propter debilitatem . . in materia ~i BACON VIII 130.

2 egg-shaped, oval.

si fiat reflexio radiorum solarium in fervido tempore a superficie ~is figure vel annularis BACON *Tert.* 112.

3 (med.) of the head, (*dolor ~is*) headache.

alius dolor est qui comprehendit caput totum et dicitur dolor ~is vel cephalea GAD. 69 v. 1.

ovamen [ML], (act of) rejoicing, joy, exultation.

pretulit ille fidem, spem, plus et amoris ovamen / quam decus omne nitens quod diadema dedit ELMH. *Metr. Hen. V* 73.

ovanter [ML], rejoicingly, exultingly, with joy, gladly.

c**945** titulos liquidae nostrae conversationis ~er sequi ament et delectent O. CANT. *Ep.* 67 (=W. MALM. *GP* I 16); inclytus ille puer, cunctis subjectus ovanter, / jam quiddam majus meditatur tyro beatus FOLC. *Carm.* 12; ~er, gaudenter, lete, letanter OSB. GLOUC. *Deriv.* 401; vere dabitur et si plus vellet illi ~ius daretur V. *Chris. Marky.* 43; tam gratanter tam ~er exceptus est H. BOS. *Thom.* V 7 p. 478; ad eos . . ~er accessit GIR. *EH* I 3 p. 231.

1 ōvare [CL]

1 to celebrate minor triumph.

de pugna . . venientes . . victores . . oves immolabant. unde et ovans dictum est; nam ovatio proprio erat minor triumphus ALB. LOND. *DG* 6. 33.

2 to rejoice (at), exult; **b** (w. abl.).

Virgo triumphat ovans, zelus in hoste furit (*Vers.*) BEDE *HE* IV 18 p. 248; se ovante [v. l. ovanti] spiritu ad perennis regni gaudia praeparare coepit FELIX *Guthl.* 50 p. 152; Pater immensae majestatis misericorditer relaxa culpis / ut cum Domino possit mirifice ovare cum ceruphin atque seraphin (ÆTHELWALD *Or.*) *Cerne* 41; sic obantes et letantes HUGEB. *Wynn.* 2; in te mansit ovans sancta propago patrum ALCUIN *Carm.* 9. 44; in qua sanctus ovat Christo sub principe pollens WULF. *Swith.* I 1295; o fallax fortuna, suis vergenda repente / quos sua dextra levat hos sua leva premat / fingit, ovat, recipit, tradit, variat, negat, aufert (*De morte Henrici IV*) *Pol. Poems* II 122.   **b** hujus [Gregorii] alumnorum numero glomeramur ovantes ALDH. *VirgV* 877; prospero obans [v. l. ovans] fratrum comitatu pervenit ad locum WILLIB. *Bonif.* 4 p. 16; **931** scedula . . episcopis, abbatibus, ducibus . . regia dapsilitate ovantibus perscripta est *CS* 677; ita rex clarus, successibus ovans, regnum regressus est W. MALM. *GR* V 399; castra Venus renovari / novis ovat populis / et tenellas populari / blandis mentes stimulis P. BLOIS *Carm.* 7. 2. 16.

2 ōvare [cf. CL ōvatus =*egg-shaped*], to lay eggs.

aves . . nidificant, ovant [TREVISA: *leggiþ eyren*], pullificant, pullos generatos nutriunt BART. ANGL. XII *intr.* p. 509; ideo non ovant hujusmodi sed seminant BACON VI 108; dico quod tam in animalibus ovantibus quam in non-ovantibus set extrinsecus generantibus possunt accidere monstra et peccata *Id.* VIII 130; columbe ovant omni tempore anni et pullos faciunt si fuerint earum mansio calida et consorcio hominum posita cum cibo sufficienti et parato UPTON 177.

ovaria [cf. CL ovarius], woman who collects or deals in eggs, hen-wife.

c**1285** ~ie j [panis] *Reg. Pri. Worc.* 122a; garcifer stabularii et ancilla ~ie *Ib.* 122b.

ovatim, rejoicingly, exultingly, with joy, gladly.

ovo . . i. letari . . et inde ovanter et ~im adverbia OSB. GLOUC. *Deriv.* 396.

1 ŏvatio [CL], celebration of minor triumph, ovation.

tam in ~onibus quam in laureationibus [*gl.*: minores triumphi ~ones, majores laureationes] NECKAM *NR* II 158 (v. laureatio); ~o proprio erat minor triumphus ALB. LOND. *DG* 6. 33.

2 ōvatio [cf. CL ovum, 2 ovare], (act of) laying eggs.

hec de ovis et de modo ~onis [TREVISA: *of eiren and of þe manere of eiren*] BART. ANGL. XIX 113; aves et pisces, quorum generacio est per ~onem BACON VI 107.

ovatizare [ML], to rejoice, exult.

~o . . i. letari OSB. GLOUC. *Deriv.* 396.

ovatus [CL], exultant cry (as celebration of minor triumph).

sed quid dico ovanter? quin potius, si tamen de pauperibus competit dicere sic, pauperes Christi christo Domini triumphanti laureatum magis exhibuerunt quam ~um H. BOS. *Thom.* V 7 p. 478.

ovecarius [cf. CL ovis, 2 bercarius], shepherd.

c**1140** redderet . . ad natale octo cumulos casei recentis . . . hos cumulos debet ~ius ponere secundum quod emit in mercato et aliquantulum largius *Cart. Rams.* III 164.

ovellum v. ovillus.   **oventio** v. obventio.   **overhyrnessa** v. oferhyrnessa.

overinstaura [cf. ME *over* + *instauren, instoren*, ML instaurum], (act of) supplying with agricultural stock.

1293 quam quidem placeam [juxta pontem] . . sibi per licentiam ad redigendum in culturam vel ad tenendum ad pasturam et overinsturam capiet per totum terminum predictum infra predictam placeam ad illam claudendam *CourtR Hales* 251.

overlondum [ME *overlond*], additional or excess land, overland, held by particular tenure.

1302 de v s. iiij d. de fine ~orum *MinAc* 1131/3 E 2; de xlv acris .. pasture de overlond' *Ib.* E 4; **1336** ij tenentes ferendell' terre et ~i (v. ferthendella 1); **1355** omnia supradicta mesuagium, terram, pratum, et ~um cum omnibus suis pertin' *Pat* 245 m. 10.

overrepa [? ME *over* + *repe, rope*], part of cart harness.

1307 custus carettarum. in iij overepis factis j d. in j hurtero empt' (*Cust. Combe*) *Doc. Bec* 148.

overrestclutum [ME *over* + *reste* + *clut*], metal plate on share-beam of plough.

1278 in ij ~is emptis ad easdem carucas iiij d. ob. (*Colchester*) *MinAc Essex*; **1279** in *strakes* et overest-clutis fabricandis, ij d. (*Suff*) *MinAc*; **1308** in tribus hedclutt' ij d. ob. in tribus overrisclutt' ij d. ob. *MinAc* 997/17.

overrisclut' v. overrestclutum. **overseunessa** v. oferseonnessa.

ovesborda [ME *oves, evesbord*], eaves-board.

1438 in iij ovisbordis emptis vj d. *Comp. Swith.* 444; **1470** in ovysbord' et *lathnail* emptis *Ac. Obed. Abingd.* 138.

oviale [CL *ovis* + -*ale*], pen or enclosure for sheep, sheepfold.

sequebatur insuper tanta ovium et ferarum pestis mortifera, ut ~ia ovibus, foreste feris vacuarentur M. PAR. *Maj.* V 427.

ovianus [CL *ovis* + -*anus*], shepherd.

a**1217** confirmavi .. eisdem locum quemdam ad ovile et domus ~i construendam *Cart. Cockersand* 569.

oviare v. obviare.

ovicula [CL], ~**us**, (little) sheep; **b** (transf. or fig., usu. belonging to the Lord, w. ref. to member of the community of the faithful or sim., cf. *et. Joh.* x 1–16).

10 .. ~a, *lytel sceap WW*; ovilla, ~a, parva ovis OSB. GLOUC. *Deriv.* 401; illius hominis imaginem gerit, qui cum oves innumeras possideret, unicam pauperis ~am concupivit P. BLOIS *Ep.* 18. 66C; septa caularum latitandi gratia inter ~as providus elegit NECKAM *NR* I 24; pueris .. quibus rusticus non committeret curam duarum ~arum T. CHOBHAM *Serm.* 15. 54vb; cum .. / carni oviculi, leporis, civeta paretur (*Modus Cenandi*) *EETS* XXXII ii 42. **b 794** ecce ego una sum regiminis vestri ~a, sed valde peccatorum maculis morbida ALCUIN *Ep.* 27; **804** ego morbida inter gregem evangelicae pascuae ~a *Ib.* 267; postquam autem de Dominici corporis ac sanguinis participatione munivit, pacem propriis commendans ~is ac multa quibus anime salus asseequitur in communi exhortamine prolatis *V. Neot.* A 10; nonne lupus est .. qui ~am ecclesiastici pastoris tondet per rapinam T. CHOBHAM *Praed.* 56; eo quod judicas ~am tibi commissam J. GODARD *Ep.* 242.

oviculus v. ovicula.

Ovidianus [CL], of Ovid, Ovidian, (in quot. as sb. n., supposed) quotation from Ovid.

dixit in corde suo illud ~um 'et stricto supplicat ense potens' M. PAR. *Maj.* III 243.

ovilactum, dish made of eggs, jussel.

~um, A. *jussel WW*.

ovilio [CL], shepherd.

~o, custos ovium qui aliter dicitur opilio OSB. GLOUC. *Deriv.* 401.

ovilire, to tend, guide, or watch over as a shepherd (in quots., trans. or fig.).

nemo vadat qui quem letifer hostis ovilit / nullus inermis eat, cum vulnera seva minantur D. BEC. 490; criminis omne genus in te convertat iniqua / .. / exosum domino te reddens; nectet amaros / nodos: vipereo latitanter ovilet actu *Ib.* 1909; res bene servatur sapiens quam tutor ovilit *Ib.* 2158.

ovilis [CL], of or for sheep; **b** (as sb. n.) pen or enclosure for sheep, sheepfold (sts. w. ref. to the flock); **c** (transf. or fig., of Christ, usu. w. ref. to the Church, the community of the faithful, or sim.).

1553 domus ~es (v. 1 domus 14a). **b** ~e, *sceapahus* ÆLF. *Gl.* 105; in eadem villa est quoddam ~e sexcent' et lxij ovium (*Hunts*) *DB* I 206vb; cellaria .. hostiaria, equimelia, ~ia et cetera hujusmodi bonorum habitacula benedicentur ANDR. S. VICT. *Sal.* 28; c**1290** furati fuerant viij oves apud S. in ~i J. de B. et fuerunt simul apud J. ad furtum x ovium *SelCCoron* 129; **1456** allocate .. pro custodia ~is in dicta foresta de Ettrik .. xxvj s. viij d. *ExchScot* 226. **c** si non lupus callidus ille agnum ex lupo factum te ab ~i Dominico .. rapuisset GILDAS *EB* 34; conditor a summo quos Christus servat Olimpo / pastor ovile tuens, ne possit rabula raptor ALDH. *VirgV prol.* 19; erudiebant pastorem .. esse Dominum Christum atque ejus ~e castum a gregibus sodalium, hoc est ab hereticorum populis BEDE *Cant.* 1092; tu [Carole] pater es patriae, praeclari et pastor ovilis ALCUIN *Carm.* 45. 27; c**956** [abbas] in loco eodem consecretur et ~i Dominico praeficiatur (*Lit. Papae*) *CS* 915; invadunt .. universum ~e Christi cruentissimae bestiae GOSC. *Transl. Mild.* 5 p. 161; ut quod Christus abscondit in ~i a multitudine insidiantium luporum [cf. *Joh.* x 11–12] hoc episcopus rapiat de ~i et exponat multitudini luporum ANSELM (*Ep.* 161) IV 33; praesumo supplicare quatenus ovi, quam Christus quaesitam et inventam in humeris suis ad ~e reportat [cf. *Luc.* xv 4–5] vestra paternitas ostium ~is contra non claudat *Id.* (*Ep.* 197) IV 87; mandat ille .. ut ovis ~i restituatur, ita .. mulier monasterio redditur W. MALM. *GR* II 175; ~e .. ecclesia Dei et T. CHOBHAM *Serm.* 15. 55ra.

ovilium [LL], pen or enclosure for sheep, sheepfold.

1152 ~ium habet xxxix pedes in longitud', xij in latitud' et xxij in altitud' *Dom. S. Paul.* 129.

ovillus [CL]

1 of or issuing from sheep.

c**1520** pro iij duodenis pellium ~arum *Arch. Hist. Camb.* III 432.

2 (as sb. f.) (little) sheep; **b** (transf. or fig., belonging to Christ or sim., w. ref. to member of the Church or the community of the faithful).

saepe licet proprias vetetur pascere ovillas / nulla datur requies, vicino urgente colono FRITH. 411; ~a .. parva ovis OSB. GLOUC. *Deriv.* 401. **b** Odo Dorobernicarum opilio ~arum [v. l. ovium] O. CANT. *Pref. Frith.* 3; ut reparet laesam pastor supremus ovillam FRITH. 595; amicis / Aelfledae, que virgineo succincta pudore / pascebat nitidas Jesu prudenter ovillas *Ib.* 1022.

3 (as sb. n.) sheepskin.

hoc ovellum, *pel de oef Gl. AN Glasg.* f. 20vc.

ovinspex v. ovispex.

ovinus [LL]

1 of or issuing from sheep; **b** (w. *animal*).

ne quid lupinum sub veste gerant ~a BEDE *Cant.* 1194; hae scissurae non sunt ~ae carnis, sed sunt spiritus rationalis ANSELM (*Or.* 9) III 31; habet enim rotuli scriptura hoc .. quod abradi non debet et ob hoc cautum est ut de pellibus ~is fiant, quia non facile nisi manifesto vitio rasure cedunt *Dial. Scac.* I 5 V; oblatus est cuidam armus caprei quasi pro ~o, quia simillima sunt ossa purgata GIR. *IK* I 11 p. 88; lac caprinum multum habet de butiro et lac ~um parum *Quaest. Salern.* B 127; **15** .. nexus overe binam per spinam pendet equinam / Iesus surgit equus, pendet utrumque pecus / adque molendinum portatur pondus ovinum (*Vers.*) *Reg. Whet.* II *app.* p. 298. **b 1430** pro centum animalibus ~is *FormA* 286.

2 made of wool, woollen.

vestes bissinas portant, spernunt et ovinas [*gl.*: grossas et villes et non coloratas] GARL. *Mor. Scol.* 387.

3 typical or characteristic of sheep, like a sheep.

quia non ~a simplicitate pastorem bonum sequi sed ferina potius rabie satagebant persequi BEDE *Hom.* II 24. 245; ~am .. innocenciam et simplicitatem callide simulant ELMH. *Cant.* 242.

oviparus [CL], that produces eggs, oviparous.

[corvus] .. contra rerum naturam in mediis fervoribus estivis ~os producit fetus ALB. LOND. *DG* 8. 14.

ovis [CL]

1 sheep (sts. dist. from *aries* or *multo*); **b** (dist. as *Arabica* or *Tartarica*); **c** (*ovis mater* or *matrix*) ewe; **d** (m.).

oves balant, onagri vagillant ALDH. *PR* 131 p. 180; oves namque ad hoc habet, ut lac sibi ferant et lanam *Simil. Anselmi* 128; quidam dixit ŏvis ubi dicere debuit ŏvis SERLO WILT. 2. 85b; oves sunt animalia timidissima, arietes .. minus timidi quia masculi majori participant audacia *Quaest. Salern.* P 54; **1499** xij d. pro una ove vocata *a hog Ac. Durh.* 194. **b** ovis Arabica paulo major nostra est vulgari .. cauda longa est cubitos tres CAIUS *Anim.* f. 12; ex Arabicarum genere ovis haec est Tartarica .., vulgari nostro arieti .. corporis forma quam simillima, nisi quod duplo fere major nostro est *Ib.* f. 12v. **c** c**1175** oves matres (v. hogaster 2a); **1185** recepit .. matrices oves .. cum agnis (v. hogaster 1a); **1211** de xxx matricibus ovibus vivis venditis (*Ac.*) *Crawley* 196; **1253** due parve bovette femelle et quatuor oves matrices tondentes et quatuor juvenes agni *SelPlForest* 107; c**1280** si .. custodieri multones aut oves matrices (*Cust.*) *Crawley* 235; postea debent ordinari multones et oves matrices et agni dictarum ovium *FormMan* 12; **1319** H. S. vend' R. le C. ij oves matrices quos [*sic*] advocavit ea esse sanas que quidem oves expirarunt pre putredine *CBaron* 128. **d** c**710** ad pastum .. ovium trecentorum *CS* 98; c**850** de agro isto reddat .. unum .. armentum cum c panibus unumque ovem cum uno suillo *CS* 429.

2 (as type of virtue, innocence, defenceless-ness, propensity to stray, or sim.); **b** (w. ref. to *Is.* liii 7, *Psalm.* xliii 22, or *Act.* viii 32); **c** (w. ref. to *Matth.* xviii 12, *Luc.* xv 4, or *I Petr.* ii 25); **d** (w. ref. to *Ioh.* x 11); **e** (w. ref. to *Matth.* xxv 33).

sed Deus excelsus, qui mutat corda reorum / traxit ovem egregiam saeva de fauce luporum ALDH. *VirgV* 490; tauri .. ita omni feritate sopita conquiescunt, ut oves simplicitate putes W. MALM. *GP* III 110; habet .. in unaquaque anima sancta Dominus noster quasdam oves, id est virtutes, quas oportet ut pascat quicumque amat Christum [cf. *Joh.* xxi 17] AILR. *Serm.* 18. 13. 300; cum in sacro eloquio per ovem innocentia simplicis vite, per capram vero peccantis immunditia designetur P. BLOIS *Ep.* 50. 150A. **b** cum sancti martires ut oves occisionis cruentis carnificum mucronibus mactarentur ALDH. *VirgP* 34 p. 276; sicut ovis cum ducitur ad victimam non repugnant BEDE *Acts* 962; [Christus] sicut ovis ad occisionem ductus est *Id. Cant.* 1165; quid est quod ut agniculus obmutescis, / velut ovis ad victimam deportata? J. HOWD. *Cant.* 70; **1313** ut ovis ad victimam et ad mortem ductus (*Bannockburn* 42) *Pol. Songs* 264. **c** veneranda Dei proles descendens ovem erraneam redemptura ALDH. *VirgP* 7 p. 234; quo iret vel ubi lateret ovis erronea, suo destituta pastore? AILR. *Inst. Inclus.* 32 p. 674; quis, nisi ille qui, relictis nonaginta novem ovibus in deserto abiit unam que erraverat querere? *Id. Serm.* 21. 2. 353; querenda erat errabunda ovis, ac pastoris diligentia reconcilianda ovili, si fugeret, si sanctorum congregationem, si virgam discipline, si jugum Domini detrectaret P. BLOIS *Ep.* 88. 276C. **d** imitans .. Christum animum pro ovibus ponentem GILDAS *EB* 11; in testimonium perfecti amoris animam suam pro eisdem ovibus ponere docebat BEDE *Ep. Cath.* 103. **e** vir .. hospitalis, qui Christum colligendo in hospitibus suis certat conjungi ovibus dextris GOSC. *Transl. Mild.* 29.

3 (transf. or fig., usu. belonging to Christ, w. ref. to sheep as member of the Church, the community of the faithful, or sim.).

electi sacerdotes gregis Domini cum innocentibus ovibus trucidati GILDAS *EB* 9; sciscitabatur .. cui pastorum oves Christi in medio luporum positas fugiens ipse dimitteret [cf. *Matth.* x 16] BEDE *HE* II 6 p. 92; construxit ovile / egregium, vitae meritis et moribus illud / exornans ovibus Christi studiosus alendis ALCUIN *SS Ebor* 1027; Sancte .. Petre, fidelis pastor ovium Dei [cf. *Ioh.* xxi 17] ANSELM (*Or.* 9) III 30; ut ovis ovili restituatur, ita .. mulier monasterio redditur W. MALM. *GR* II 175; c**1130** laudando Creatorem qui ovem suam reduxit ad gregem [sc. monasterium] *Ch. Westm.* 248A.

4 (in plant-name, *cresso ovis* or sim.) ? groundsel (*Senecio vulgaris*).

nasturcium .. aquaticum .. dicitur cresso ovis, senacio ovis *SB* 31 (v. nasturcium c).

5 (in place-name).

ovis

in insula quae vocatur Sceapieg quod interpretatur insula ovium Asser *Alf.* 3.

6 (in gl.).

Rahel, ovis Dei *GlC Interpr. Nom.* 269.

ovisborda v. ovesborda.

ovispex [LL *gl.*], one who practises divination by observing the entrails of sheep.

ovinspex, -cis, i. qui ovium viscera inspiciebat Osb. Glouc. *Deriv.* 396; ovinspex, ovium inspector *Ib.* 401.

ovius [cf. CL ovum], made of or with eggs.

diabolus: artocreas facio, parat ovia lagana Bruno J. Bath 279 (v. 1 laganum).

ovulum [ML], ovum, ovule: **a** (of fish); **b** (of mammal).

a putat . . vulgus ex tribus granulis ~orum piscem formari, ita ut . . duo granula oculis formandis debeantur, unum autem formationi ipsius corporis Neckam *NR* II 23. **b** ovula dat matris fecunda potentia, sed mas / vim generaturam spermate prebet eis *Id. DS* III 389.

ovum [CL]

1 egg; **b** (of animal other than bird); **c** (used as food or medicine); **d** (used in paint); **e** (used as decoration or as part of artefact); **f** (paid as rent or sim.); **g** (in phr., w. ref. to egg as thing of little if any value); **h** (in transf. or fig. context).

avis quae nidum suum neglegit ova sive pullos quos foverat aliarum avium . . raptui dimittit Bede *Prov.* 1018; auce, galline ponentes ova, cubantes D. Bec. 2231; dixit ei Latine "Domine, mittam tibi ducentas oves;" de ovis tamen intelligens non de ovibus Gir. *GE* II 34 p. 332; structio ponit ova sua in pulvere ubi conculcantur ab animalibus T. Chobham *Praed.* 275. **b** aspis non catulos sed ova fovens gignit et minus viva quam mortua nocet *Lib. Monstr.* III 22; et tales similes sunt piscibus dulcis aque qui ova sua effusa devorant T. Chobham *Serm.* 12. 48rb; ova aspidum Bart. Angl. XIX 78; ova aranee *Ib.* 79; ova crocodili *Ib.* 87; ova formicarum *Ib.* 92; ova cancrorum *Ib.* 97; debet fieri confortacio eorum cum ovis formicarum, que optima sunt in timpanite et ventositate Gad. 34 v. 2. **c** horti holeribus, ovis paucis, Britannico formello utatur Gildas *Pen.* 1; unum ovum gallinaceum cum parvo lacte . . percipiebat Bede *HE* III 23 p. 175; coque ovum aut assa! quid erit cum coctum aut assatum fuerit nisi ovum? Ælf. *Ep.* 2a. 7; ova . . fricta in aqua calida . . optima sunt Gad. 10v. 1 (v. 2 frigere 1c). **d** 1265 pro ovis ad colores *Ac. Build. Hen. III* 398. **e** ovorum teretes praebens ad pocula testas Aldh. *Aen.* 42 (*Strutio*) 5; a1170 una justa de †onogrifis [l. ovo grifis], cujus colum et inferior pars et ungule concatenate circa ovum argentea sunt Steph. Rouen *addit.* 760; 1232 unam cuppam de ovo griphonis pretii xx sol. *Pat* 43 m. 8; ova [Trevisa: *eiren*] . . struthionis in ecclesiis suspenduntur ad ornatum propter eorum magnitudinem et raritatem Bart. Angl. XIX 110; 1374 unum nucem de ovo agryph' cum uno coopertorio, precii x s. *IMisc* 204/15. **f** 1184 cum oblacionibus panis, ovorum, et carnium *Cart. Mont. S. Mich.* 56; c1186 decimam . . caponum et gallinarum et ovorum ad redditum pertinentium *Act. Hen. II* II 305; 1314 de m et vᶜ ovis de xv virgatis terre ad censum . . et de vijᶜ et dim. ovorum de ij virgatis terre et dim. in brewesilver *Rec. Elton* 227. **g** fraudes tue non valent modo ~um *Latin Stories* 57 (v. fraus 2). **h** per ovum . . spes designatur quia viz. nondum vivum est . . sed speratur Bede *Tob.* 934; tales . . sunt clerici qui ova sua, id est parochianos suos, derelinquunt T. Chobham *Serm.* 12. 48va.

2 (med. or anat.) part of head.

in commissura anteriori valet et in lateribus et in temporibus in emigranea et posterioribus in nucca, in ovo et galea Gad. 71v. 1.

3 (alch.): **a** (? w. ref. to man, philosopher's stone, or sim.); **b** (w. ref. to sort of vessel) philosopher's egg.

a volo ovum philosophorum dissolvere et partes philosophici ovi [v. l. hominis] investigare, nam hoc est initium ad alia. calcem igitur diligenter aquis alkali et aliis aquis acutis purifica Bacon *NM* 545; lapis . . in se continet omnia elementa et dicitur minor mundus. et ego nominabo ipsum nomine suo quod nominat ip-

sum vulgus, sc. terminus ovi, hoc est dicere, ovum philosophorum *Id.* V 115; ovum philosophorum, seu Hermetis, est quod ovi formae philosophicis operationibus inservit *LC* 257. **b** omnis hiatus habeat suum ovum physicum, ubi ponatur lapis ad digerendum Cutcl. *LL* 10; nota quod super tripodem . . potes . . ponere ovum philosophicum *Ib.*; cum duabus illius antimonii partibus ponatur, pars una medicine in ovo philosophorum ad baln' Ripley 196; sume illum lapidem et pone tritum in ovo philosophorum et procede per viam putrefaccionis super eo *Ib.* 199; pone in ovo gryphonis et sigilla *Ib.* 393.

ovysborda v. ovesborda. **owa** v. 1 ova. **owz** v. 2 ō.

oxalis [CL < ὀξαλίς], wild sorrel (*Rumex acetosa*); **b** (var.).

~is, *in barbarus Latin* acetosa *or* acidula, *in Englishe* sorel *or* sourdocke, *in Duche* saur ampsfer Turner *Herb Names* F viii. **b** 1578 ~is Romana, *Tours sorrel or Romayne sorrel OED* s. v. 1 *sorrel* 1b; ~is Franca seu Romana, *round sorrel Ib.*; ~is minor, *small sorrel Ib.*

oxebowum [ME *oxeboue, oxebowe*], ox-bow.

1316 in iiij ~is emptis j d. ob. *MinAc* 1132/13. B 10 (cf. ib. B 11: in arcubus emptis ad boves, ob.); 1369 in bercis et oxbouys emptis pro manerio de M. *Ac. Durh.* 575; 1460 pro . . ducentis oxinbowys, precium centenarii decem solidi *ExchScot* 3.

oxelaeon [LL < ὀχέλαιον], mixture of vinegar and oil.

oxoleon dicitur acetum cum oleo *Alph.* 133.

oxgabulum [ME *ox, oxe* + 1 gabulum; cf. et. ME *gavel* < AS *gafol*], rent in or for oxen, 'ox-rent'.

1308 de ~o per annum vij s. vj d. *Reg. Exon.* 25.

oxi- v. et. oxy-. **oxidentalis** v. occidentalis. **oxidorcas** v. oxyderces. **oxifalus** v. oxybaphus.

oxillare [cf. LL oxys < ὀξύς], to become sour.

~o, A. *to wexe soure WW.*

oxilo- v. et. xylo-.

oximum v. ocimum. **oxionator** v. auctionator.

oxireum [? ὄξος ἰσχυρόν], strong vinegar.

~eum, forte acetum *MS BL Addit.* 15236 f. 192; oxiren, i. forte acetum *Alph.* 133; ~ium, i. forte acetum, G. *forte eysel MS BL Sloane* 5 f. 10va.

oxoleon v. oxelaeon.

oxos [CL < ὄξος], vinegar.

oxi, i. acetum acerrimum, G. *vinegre MS BL Sloane* 5 f. 10va; oxos est acetum *LC* 257.

oxporis, spurge (*Euphorbia*).

essula quedam species est titimalei, G. *ysele.* respice in oxporis et in titimallus: versus esula lactessit, linaria lac dare nescit *Alph.* 60; oxporis, id est esula *Ib.* 133.

oxyacantha, ~us [LL < ὀξυάκανθα, ὀξυάκανθος], **oxyacanthum**, barberry (*Berberis vulgaris*). **b** ? (understood as) opopanax.

oxichantum, i. carspusia *Gl. Laud.* 1114; oriacantum vel oxicantum, berberis idem *Alph.* 131; oxicantos arbor est nimium spinosa, fructum mirte similem habens, sed paulo majorem rubeum interius et granatum, et est autem cohercentis virtutis *Ib.* 133; oxicantum, i. berbis *MS BL Sloane* 5 f. 10va; oxicantum, *verberys MS BL Sloane* 282 f. 171v; oxiacantha sive pyxacanthis aut pyrena, ab officinis et vulgo berberis dicitur, aliquibus *pypryge* vocatur Turner *Herb.* B iv; ~a *is called in Englishe . . berberes Id. Herb Names* E viii; *a barbery tree*, oxochanta Levins *Manip.* 103. **b** ogigantum [? l. oxiacanthum], i. opopanax *Gl. Laud.* 1101.

oxyalme [CL < ὀξάλμη], **oxalme** [LL], **oxalmon**, mixture of vinegar and brine.

osalinum, fomento adhibitum medetur putredines vulnerum *Alph.* 132; oxalmon, i. acetosum cum sale mixtum *Ib.* 133.

oxybaphus, ~um [LL < ὀξύβαφον], unit of measure (= 15 drachms or 1.5 cyathus).

ciatus . . x dragmis appenditur, cui duae dragmae additae acetabulum, tres adjunctae acetabulo oxifalum faciunt Abbo *Calc.* 3. 95; c1100 concule sex et ij coclearia, que decem dragmas appendunt, ciatum faciunt: additis duobus dragmis, que sunt xij, oxifalum [l. oxibafum] non dubites *Eng. Weights* 2; cyatus . . pondus continet x drachmarum quibus si quinque addideris dicitur oxifalus [l. oxibafus] Bart. Angl. XIX 129 p. 1239.

oxycratum [LL < ὀξύκρατον], mixture of water and vinegar.

oxicrato, i. aceto et aqua *Gl. Laud.* 1086.

oxycroceum [ὀξύς + CL croceus], (medicinal) mixture of vinegar and saffron.

cerotum factum de ceroneo et dyaceraseos et oxicroceo Gilb. V 227. 1; vel cerotum calidum vel ceroneum vel oxirocroceum *Ib.* VII 317 v. 1; ex . . oleo intinctum immittatur vel oxirocroceum *Ib.* VII 345. 2; 1307 item pro emplastris cironeis diatrascos hoc sirocrocium [l. oxicroceum] lb xx, pro stauro iiij li. (*KR Ac* 368/30) *EHR* LXVII 173; 1322 oxerocrosin *Cal. Scot.* III 142; cicatrices grosse . . corrigantur . . cum ceroneo vel oxicroceo Gad. 124. 2; accipiatur . . oxicroceum et ossibus fractis superponatur *Ib.* 124v. 2.

oxyderces [ὀξυδερκής; cf. et. LL oxydorcicus < ὀξυδορκικός = *that sharpens sight*; ὀξυδορκής, ὀξύδορκος], sharp-sighted.

oxidorcas, i. acute videns *Alph.* 133.

oxygala [CL < ὀξύγαλα; cf. et. ὀξύγαλον], sour milk, whey.

~a, sur meolc, acidum lac Ælf. *Gl.* 129; oxigala, i. acrum lac *Gl. Laud.* 1085; in obsoniis obsigalam [vv. ll. in gl.: oxigalla, egre leit, sur mec, sur let; oxigallam, let egre; sigalam, sur mac; occigallum, leg egre] sive quactum [gl.: crem] in cimbiis ministrare Neckam *Ut.* 102; oxigalac, i. lac acetosum *SB* 32; sowre mylk, occigulum *PP*; suremylk, occigulum *PP*; exigalum, sowre mylke *WW*; hoc occigalum, A. *a sowyr mylke WW*; galac, i. lac, inde oxialac, i. lac acetosum [vv. ll. gallac, oxigala] *Alph.* 70.

oxylapathum [CL < ὀξυλάπαθον], kind of plant, perh. curled dock (*Rumex crispus*).

oxylapation, . . anes cynnes clate Ælf. *Gl.* 136; oxilapatum, *earth uealle vel scearpe docce Gl. Durh.* 304; oxilapacium, i. rumex seu lappacium et acetum *Gl. Laud.* 1098; oxilapacium, i. acedula, *souredock SB* 33; oxilapacium, acedula, idem G. *eysel vel sorel*, A. *sourdoc MS BL Sloane* 5 f. 10va; oxilapacium, i. *ouenscharp MS BL Sloane* 420 f. 119.

oxylaxativum [ὀξύς + LL laxativus], a laxative that contains vinegar or sim.

oxilaxativum vel simplex Gilb. I 17v. 1; medicine composite sunt oxilaxativum, trifera seracenica, diaprunis Gad. 19 v. 1; purgetur cum electuario de succo ro[sarum] diaprunis, oxilaxativo *Ib.* 51. 2; purgetur cum catartico imperiali oxilatro et hiera pigra Galeni Gad. 66. 2.

oxymeli [CL < ὀξύμελι], **oxymel** [LL; infl. by mel], **oxymellum**, oxymel, mixture of vinegar and honey. **b** (understood as) mixture of water and honey, hydromel.

oximellum, *geswet eced* Ælf. *Gl.* 128; oximelle, i. vino et melle Gl. *Laud.* 1079; oximel, i. acetum et mel commixtum Osb. Glouc. *Deriv.* 357; restat . . ut cum urina spissior plene digestionis tempus nuntiaverit, detis ei frigidum cahonis, quod dare tutius est quam oximel P. Blois *Ep.* 43. 127A; in arte medicine prius datur oximel quam medicina laxativa que totum vitium purget T. Chobham *Serm.* 19. 69va; oximel Juliani optimum artheticis Gilb. VII 316. 1; digeratur materia cum oxiccara composita vel oximelle diuretico Gad. 13. 1; oximel et oxiccac' sunt raro bene facta et propter tenacitatem parcium multi abhorrent eam *Ib.*; gramen est nomen cujuslibet herbe, tamen specialiter accipitur in medicina pro quadam herba cujus radix usualiter ponitur in oximelle et in multis aliis, A. *quikes SB* 23; setanabid, i. oximel *SB* 38; oximellis et oxigalac *Alph.* 133. **b** oximel, mel aqua mixtum Osb. Glouc. *Deriv.* 402.

oxymyrsine [CL < ὀξυμυρσίνη], **~um**, wild myrtle, butcher's broom (*Ruscus aculeatus*).

dampne, quam alii Alexandrinam vocant vel ypo-

glosson, folia habet eximursine [v. l. oximyrsino] similia sed majora et albidiora et molliora; semen in
medio foliorum est *Alph.* 48; mirta agrestis aut ex-
mursine [v. l. oximirsine] aut mircacante, folia habet
mirte similia, alba et acuta in fine, semen rotundum
Ib. 118; *Ib.* 119 (v. myrtacantha).

oxyphoenicia, oxyphoenix [ὀξύς + φοῖνιξ; cf.
et. ὀχνφοίνικον = opopanax], tamarind, (fruit of)
the tree *Tamarindus Indica.*

   prunorum, jujub', oxifenic' GILB. V 208v. 2; oxifenicia, i. tamarindi, i. dactalus acetosus *SB* 32; dactilus
Indicus, respice in oxifenicia *Alph.* 48; fincon Indi
vel oxifenicia, i. tamarindi *Ib.* 65; oxifenicia vel fincon
dicitur, inde dactilus Indicus vel tamarindus, fructus
est cujusdam arboris *Ib.* 133; oxifenicia, finiscodactu-
lus acetosus, *tamarinde MS BL SLOANE 282* f. 171vc;
oxyphenix *is called.. tamarindus and it maye be called
in Englishe a tamarinde. I never saw the tree itselfe, but
the fruit alone* TURNER *Herb Names* F i.

oxyphyllon [LL < ὀξύφυλλον], cranesbill (*Gera-
nium*).

   geranion sive oxifollon vel ut Latini pneumonia
cicutaria *Alph.* 74; oxifollon, respice in geranion *Ib.*
132.

oxyporium [LL < ὀξυπόριον sc. φάρμακον], medicine that penetrates the body quickly or pro-
motes digestion, a digestive.

   oxiporium, i. acute penetrans poros *Alph.* 133.

oxyregmia [ML < ὀξυρεγμία], acidic eructation,
sour belching, heartburn.

   in melancolia .. que fit ex colligantia stomachi habet oxireumon, frequens sputum, ardorem rugitum,
inflationem, et digestionem GILB. II 104. 1; patitur
.. ex frigiditate oxiremiam, bolismum, fastidium, sin-
gultum *Ib.* V 206v. 2; oxiremia in omni fluxu ventris,

postquam non fuerit a principio, est bona, et idem est
quod eructuacio acetosa GAD. 58. 1.

oxyrodinum [LL < ὀξυρρόδινον sc. ἔλαιον], mixture of rose-oil and vinegar; **b** (as etym. gl.).

   oxiredino, i. aceto et oleo roseo *Gl. Laud.* 1082;
oxiredinum, specialiter confert freneticis in vitio quod
fit ex mixtura olei ro' et aceti GILB. III 162. 2; oleo
viol' vel ro' vel oxirodino, i. aceto rosato *Ib.* V 214v.
2. **b** rodon .. unde .. oxirodon .. i. acetum mixtum
cum oleo rosacio *Alph.* 154.

oxys [CL < ὀξύς]

   1 a (as adj.) sharp. **b** (as sb.) vinegar or acid.

   a oxi vel oxis, i. acetum vel acutum .. cum pro
acuto ponitur .. dicitur oxidorcas .. cum pro aceto
ponitur .. dicitur oximellis *Alph.* 133; ozy, est acutum
LC 257. **b** oxis [? l. oxos], i. acetum *Gl. Laud.* 1094;
Ademaro cuidam medico .. medicus alius occasione
oxi toxicatam potionem dedit W. CANT. *Mir. Thom.*
VI 101; *Alph.* 133 (v. a supra).

   2 (as plant-name) wood sorrel (*Oxalis ace-
tosella*).

   oxys *is called in English allelua, cocreowes meate and
wod sorel* TURNER *Herb Names* F i.

oxyschoenus [CL < ὀξύσχοινος], **~um,** kind of
rush, perh. great sea-rush (*Juncus acutus*).

   squini sunt duo genera, unum oxiscinum appellatur
Alph. 174.

oxytonare [cf. ML oxytonus < ὀξύτονος, ὀξυ-
τονεῖν], to pronounce with acute accent.

   baritonans onoma cum debeat oxitonari [*gl.*: acuto
accentu proferri] *WW.*

oxyzaccara [ML < ὀξύς + σάχαρον; cf. Mod. Gk.
ζάχαρη], mixture of vinegar and sugar. **b** ? pectin.

detur oxizacara vel syrupus acetosus GILB. I 18.
1; digeratur prius materia cum oxizaccara et syrupo
de fumo terre *Ib.* IV 205v. 2; oxizacara [vv. ll. oz-
izacachara, oxizac', ozizabra] que incidit et subtiliat
BACON IX 94; secundum Avençoar, in omnibus locis
in quibus utimur oxiçaccara debemus uti nenufare,
maxime tempore calido GAD. 5. 1; si materia fit
sanguinea digeratur cum oxizaccara composita cum
oximelle diuretico *Ib.* 66. 2; oxstacara est vinum de
pomis granatis acetosis coctum cum zucura, G. *oxi-
MS BL Sloane 5* f. 10va. **b** oxizacra [TREVISA: *som
wose*] de pomis sylvestribus et granatis BART. ANGL.
XIX 51 p. 1182.

oygnunus v. oignonus.   **oyletus** v. oillettus.   **oyl-
lagium, oylliagium** v. oillagium.   **oynonett'** v.
oignonetta.   **oynonus** v. oignonus.   **oyrum** v.
eirum.

†oysteria, f. l.

   1256 [*all the king's curtains*] †oysterias [l. cysterias]
Cal. Scot. I 401.

ozaena [CL < ὄζαινα], **~um,** foul-smelling po-
lypus or tumour (in the nose). **b** (w. ref. to) meat
of inferior quality.

   de ozimis. ozime sunt caro superflua cum fetore et
sanie et cum difficultate curabiles GILB. III 154v. 1;
panis de kokobeco decoctus oxomie non valet GAD.
33v. 1; oxima vel oxina, ulcus idem *Alph.* 133. **b** despecte vetule que despectissima / exta, lucanicas, omasum, ozima / popello vendicat et ova pessima, / reginam nobilem lux equat ultima WALT. WIMB. *Sim.*
118.

ozimum v. ocimum, ozaena.   **oziza** v. oryza.

ozon [? *pr. ppl. of* ὄζειν], henna (*Lawsonia*).

   ozon, alcanna idem unde tinguntur pili *Alph.* 134.

ozys v. oxys.

2007.06.18B   72.00 (50.40)